东西哲学与
文明互鉴文库

中山大学东西哲学与文明互鉴研究中心　主编

黄俊杰　著

孟学思想史论　卷三

东北亚域外
孟子学诠释的流衍

商务印书馆
The Commercial Press

总　序

声一无听，物一无文。文，交错也，物相杂故曰文。

举凡古老文明之所以多诞生于大江大河流域或环海之滨，正因彼乃四通八达万方汇聚之所，故各方人群、各种发明、各类技术可以于此相聚会通、相激相荡，由此而有各古老文明孕育生发。故文明本身即诞生于不同因素、不同力量之交流互鉴之中。

而文明之生长持续、繁荣壮大，更离不开与其他文明的相互交流、彼此互鉴。他山之石，可以攻玉。凡古老文明中之源远流长者莫不善于借鉴、吸收外来文明以吐故纳新而生生不息。

当今之世，有各类不同文明并存于天地之间。面对此文明多元之事实，有宣扬本文明之优越而盲目排外者，有信奉文明冲突而彼此敌视者。

然天地之大，无不持载，无不覆帱。我们坚信万物可以并育而不相害，道可以并行而不相悖；我们更坚信，欲求各自文明之持续繁荣发展，必须于不同文明间相互学习、互镜互鉴。兼之，今日之人类实已作为命运共同体生活于同一片天地，必然甚至已经面临若干共同挑战，故我们必须于不同文明间互相学习彼此智慧以应对这些共同挑战。而一切文明之智慧最为集中的体现莫若各民族之哲学，因哲学即爱智慧。

故我们推出此文库，以期让东西哲学与各大文明互镜互鉴，彼此激发，以为各文明也为人类整体走向更加美好的未来寻求智慧之道。

中山大学东西哲学与文明互鉴研究中心

目　录

第二部 朝日儒学史的视野

第三部　结论

附　录

自　序

　　这部书是《孟学思想史论》的第三卷，完稿之日上距 1997 年问世的第二卷（"中研院"文哲所初版，2022 年增订新版）实在稽延太久，惭愧何似！第三卷之所以拖延如此之久，主要原因当然是我自己学殖荒落，力不从心。朝日孟子学第一手史料数量庞大、浩如烟海，研究过程中常有绠短汲深之叹！自从第二卷出版后，我常常想到孟子以孔子私淑弟子自任，所以必须再溯源深入孔学与《论语》。钱穆（1895—1990）先生说："学者仍当潜心论语，确乎有得，然后治孟子之书，乃可以无病。此义不可不知。"[①] 我深受钱先生这句话的启发，深感在研究朝日孟子学之前，必须再回到孔学的思想世界，所以穷数年之力完成了一部《德川日本〈论语〉诠释史论》（台大出版中心，2007 年一版，2015 年二版）。后来，我的研究兴趣又延伸到东亚思想交流史以及东亚儒家仁学等领域，兴味盎然，流连忘返，以致这部书的研究工作进度受到稽延。直到去年（2020）年初新冠病毒开始肆虐全球，在危疑惶恐的日子里，我自己也困于病苦，遂闭门整理过去长期积累的资料，奋力写完这部书，也算是完成了当年自己对自己的约定。

　　在过去长期研究朝日孟子学的过程里，四十几年前向先师萧公权（1897—1981）先生问学的情景，时时涌上心头。回忆他 1925 年在美国康奈

---

① 钱穆：《论语新解》，香港：新亚研究所，1964 年，页 159。

尔大学撰写博士论文的工作原则时,萧先生说:"研读直接资料应力求精悉,参考间接资料宜致其广博。"并拈出"以学心读,以平心取,以公心述"12字,作为撰写学术性著作的座右铭。[①] 我惭愧未能窥萧先生学问殿堂之缝隙,但在写作这部书时,都尽力搜罗第一手史料,广泛参考当代相关研究文献,并遵照萧先生指示的12字原则进行研究工作,希能免于隙越。

在"躲进小楼成一统"(鲁迅诗),与中朝日儒学者亲切对话后写作这一本书时,我常常感受到思想史与哲学之间的互补性及其张力。诚如卡西尔(Ernst Cassirer, 1874—1945)所说,包括思想史事实在内的历史事实之"内在统一性"(inner unity)与"逻辑一致性"(logical homogeneity)[②] 的建立,都有赖于史学家的"主观性"的照映,思想史的"古今之变"的客观意义,只有通过史学家主观的"一家之言"才能被彰显、被解读。

我写作这部书,一方面从数量可观的朝日孟子学第一手资料中选择我主观认定具有思想史意义的文件,另一方面又将这些文件中与本书论述内容具有直接关系者,选编成为两组附录,并加详细注释及评议。我又从孟子学立场出发,衡量这些文本的理论意趣。刘述先(1934—2016)先生曾说他做研究时,"用思想史的观点去校正哲学的观点,也要用哲学的观点去校正思想史的观点,这才不至于陷入一偏之见,而能维持比较全面而平情的观点。……我们要研究思想本身的理论效果,厘清其本义;也要检讨思想所引生的实际效果,观察其作用乃至流弊。"[③] 刘先生所揭橥的研究方法极具启发性,我写这部书时依循刘先生的方法,勉力以赴,希望从对第一手资料的主观性筛选与解释之中,体现主客平衡的效果。马一浮(1883—1967)先生尝悬"通而不局""精而不杂""密而不烦""专而不固"四项,以为读书之要道。我虽不能至,但心向往之,悬为鹄的,黾勉从事。

---

① 萧公权:《问学谏往录》,北京:中国人民大学出版社,2014年,页40。

② Ernst Cassirer, *An Essay on Man: An Introduction to a Philosophy of Human Culture*, New Haven: Yale University Press, 1944, p. 176.

③ 刘述先:《黄宗羲心学的定位》,台北:允晨文化公司,1986年,页198。

本书写作过程中，李欣庭同学与陈芝吟同学协助我借书、查核资料、打字校对等工作；金叶明女士协助本书排版、校对并制作索引；詹巧燕小姐对本书出版事宜，贡献诸多心力，我非常感谢他们的鼎力相助。书稿第七章承蒙蔡振丰先生审阅，提出诸多意见；全书承蒙陈立胜先生、张崑将先生、姜智恩先生、陈威瑨先生与吕政倚先生阅读一过，提出诸多高见，均惠我良多，谨敬申谢意。立胜与崑将二位畏友对全书提出诸多意见，对于我修改书稿助益极大。文哲所所送二份匿名审查人撰写的审查意见书，对我改稿极有裨益，衷心感谢。这部书是我从朝日孟子学资料之中，选择其特具孟学思想史之意义与理论意趣者，试作探讨，所谓"以管窥豹"，所见不免斑文一点，所论不免拘于一隅，未及全貌，读者诸君子其有悯我之所不足，匡我之所不逮者，则幸甚焉。

黄俊杰

2021 年 10 月 15 日

第一章 绪论

　　这部书是《孟学思想史论》的第三卷,继《孟学思想史论》第二卷论述孟子学在中国思想史中的发展之后,[①] 本书讨论的主题是孟子学东传日朝地区之后,朝鲜与日本儒者对孟学思想的新诠释。日朝儒者释《孟子》于异域,出新解于陈编,他们所提出的孟子学新诠,丰富了孟子学的内涵,开发了孟子学的新意义,使孟子学在异域开花结果,绽放异彩,构成东亚孟子学的新篇章。这部书的写作,就是要与读者诸君子一起进入朝日孟子学芳草鲜美、落英缤纷的园林,探索孟子气势磅礴的思想,以及《孟子》这部显微无间的经典在朝鲜与日本思想界所激起的拍岸惊涛、千层浪花,解析日朝孟子学的内涵与特质。[②]

　　在进入"东亚孟子学"这个领域之前,我们必须先解释:为什么在21世纪进行孟子学研究,必须采取东亚的视野? 在21世纪重访东亚思想传统的必要性何在? 研究策略如何?

---

① 黄俊杰:《孟学思想史论》卷二,台北:"中研院"中国文哲研究所,1997、2022 年。
② 本书所论"朝鲜",系在历史上的朝鲜王朝及朝鲜半岛这一地区的含义上使用,与当代政治国家无关。

一、21 世纪重访东亚思想传统的必要性及其策略

（一）20 世纪"以西摄中"研究方法的问题

21 世纪东亚知识界之所以必须重访东亚文化传统，虽然有其现阶段国际政经情势的转移等非学术的考量，但是，最重要的学术理由是：20 世纪东亚各国，饱受西方列强侵略与殖民之凌虐，知识分子丧失了对东亚文化的信心，所以，在国际权力激烈震荡、国际关系与图换稿的 21 世纪重访东亚文化，对东亚的过去、现在与未来提出一套新解释，乃成为新时代的学术使命。

我想以近代中日两国知识分子为例加以阐释。近代日本提倡"文明开化"的精神导师福泽谕吉（1835—1901），三度游学欧美，著作 60 余部，毕生追求近代西方的"民主""科学""自由""民权""平等"等价值理念。他认为文明的发展有其阶段性：欧洲与美国是文明最进步的国家，土耳其、中国、日本是半开化国家，非洲与澳洲则是"野蛮"的，所以，日本必须"以西洋文明为目标"。[1] 1921 年，中国儒家知识分子梁漱溟（1893—1988）认为西洋文明善于"运用理智"；[2] 1926 年，胡适（1891—1962）指出西洋近代文明以"求幸福"为人生之目的。[3] 这类意见中都隐含西洋文明较东方文明优越或先进之看法。五四时代以降，随着国族危机日亟，中国知识分子思考社

---

[1] 福泽谕吉：《文明論の概略》，东京：岩波书店，1997 年。中译文见福泽谕吉：《文明论概略》，北京编译社译，北京：商务印书馆，1959 年，页 9。但是，福泽谕吉对于当时日本帝国殖民统治下的中国台湾所提出的种种论述，充分显示了他的帝国主义思想倾向，彻底违背他作为近代日本启蒙思想家所提倡的各种开明主张，另详黄俊杰：《台湾意识与台湾文化》第 2 章《十九世纪末年日本人的台湾论述：以上野专一、福泽谕吉与内藤湖南为例》，台北：台大出版中心，2006 年，页 39—70。

[2] 梁漱溟：《东西文化及其哲学》，上海：商务印书馆，1935 年，页 158。

[3] 胡适：《我们对于西洋近代文明的态度》，收入《胡适文存（第 3 集）》卷 1，台北：远东图书公司，1961 年，引文见页 4。

会政治以及文化问题表现出愈来愈激进化的倾向。[①]20 世纪中国的反传统主义者,一步一步走向激进化的道路,这些都是近代中国知识分子丧失对自己文化的信心之一种表现。

近代日本知识分子对日本文化信心之沦丧,可以与中国的状况相比拟。19 世纪曾留学英国伦敦大学、回国后出任明治时代(1868—1912)首任文部大臣的森有礼(1847—1889),曾提出以英语作为日本国语的主张。[②]明六社成员之一、贵族院议员、教育家西村茂树(1828—1902),主张废除汉字与日文假名而改用英文。[③]明治维新以后的日本知识分子,在文化与思想的取向上,从福泽谕吉所说的"汉学的上半身",迅速地转换为"洋学的下半身"。[④]以上这些中日两国近代知识精英的言论与主张,都反映出 19 世纪中叶到 20 世纪东亚知识分子对东亚文化传统信心沦丧之一斑。

在上述对东亚文化信心沦丧的思想状态之下,20 世纪东亚学者常常采取"以西摄东"的思想进路,以西方文化的价值理念或从西方历史经验中提炼的理论,作为研究者的最高典范或标准,取之以分析东亚文化,检核东亚文化与西方典范之距离。在这种时代风潮之中,1922 年冯友兰(1895—1990)先生关心的"中国为什么没有科学"[⑤]的问题,就是这种思考倾向的表现。

在 20 世纪的中日学术界,这种类型的研究论著为数众多,指不胜屈。

---

① Ying-shih Yü, "The Radicalization of China in the Twentieth Century", *Daedalus, Journal of the American Academy of Arts and Sciences*, vol. 122, no. 2 (Spring, 1993), pp. 125-150, 收入 Ying-shih Yü, *Chinese History and Culture: Seventeenth Century Through Twentieth Century*, New York: Columbia University Press, 2016, vol. 2, pp. 178-197。

② 参考 Arinori Mori, *Education in Japan: A Series of Letters*, New York: D. Appleton and Company, 1873, pp. lv-lvii, 收入大久保利谦编:《森有礼全集》卷 3, 东京: 宣文堂书店, 1972 年, 页 265—267。

③ 西村茂树:《開化ノ度ニ因テ改文字ヲ發スヘキノ論》,载《明六雑誌》第 1 号(1874 年),页 10 下—12 上。

④ 参看福泽谕吉:《福泽谕吉自传》,马斌译,北京: 商务印书馆, 1995 年。

⑤ Yu-lan Fung, "Why China Has No Science: An Interpretation of the History and Consequences of Chinese Philosophy", *The International Journal of Ethics*, vol. 32, no. 3 (1922), pp. 237-263.

举例言之,20世纪中国哲学大家冯友兰先生撰写《中国哲学史》时,就主张所谓"中国哲学"的工作,就是"就中国历史上各种学问中,将其可以西洋所谓哲学名之者,选出而叙述之"。[①]冯先生的书也从西方哲学的"新实在论"(neo-realism)立场,阐释中国哲学的发展。20世纪中国思想史学者侯外庐(1903—1987)先生在1948年撰写《中国古代社会史》,就以其书作为恩格斯(Friedrich Engels, 1820—1895)学说的中国版而自豪。[②]

　　20世纪日本的汉学大师内藤湖南(1866—1934)提出"唐宋变革说",以10世纪作为近世中国的开始,对日本汉学界与中国史学界影响深远,但是内藤先生笔下中国迈向"近世"的诸多指标,例如贵族政治的式微、君主独裁的出现、相权的低落、人民地位的上升、朋党性质的变化、货币的流通、庶民文学的登场等,[③]就是以欧洲"近世"历史经验作为参照系提出的。[④]战后日本的中国思想史大家岛田虔次(1917—2000)先生受内藤先生启发,在1949年著书指出"中国近代思想的挫折"乃是因为明清时代的中国社会缺乏强有力的布尔乔亚阶级,[⑤]这种说法是假定近代西欧历史经验是人类历史的"普世"法则而提出的。

　　在20世纪东亚知识界,个别学者研究东亚文化与历史时常常以西方经验或理论作为最高标准,用以检核并解释东亚的发展,而且20世纪东亚人文社会学界所使用的重要名词或术语,也大多从西方经验中抽离并移植来解释东亚现象。例如国家(state)、市民社会(civil society)、公领域(public realm)、

---

① 冯友兰:《中国哲学史》,台北:台湾商务印书馆,2015年,页1。
② 侯外庐:《中国古代社会史》,上海:中国学术研究所,1948年,自序。
③ 内藤湖南:《概括的唐宋時代觀》,《歷史と地理》第9卷第5号(1922年),页1—11。此文有中译。(内藤湖南:《概括的唐宋时代观》,收入刘俊文主编:《日本学者研究中国史论著选译》第1卷《通论》,黄约瑟译,北京:中华书局,1992年,页10—18)
④ 内藤先生的弟子宫川尚志(1913—2006)曾指出这一点,参看Hisayuki Miyakawa(宫川尚志), "An Outline of the Naito Hypothesis and Its Effects on Japanese Studies of China", *Far Easter Quarterly*, vol. XIV, no. 4 (1955), pp. 533-552。
⑤ 岛田虔次:《中国における近代思惟の挫折》,东京:筑摩书房,1949年。中译文见岛田虔次:《中国近代思维的挫折》,甘万萍译,南京:江苏人民出版社,2010年。

私领域（private realm）等，均出自近代西方历史经验，随着西方霸权的兴起，成为东亚人文社会研究的支配性概念。因此，在解释东亚历史与文化的特质时，常常出现不相适应，甚至方枘圆凿、扞格难通之问题。1994 年张光直（1931—2001）先生提出"为什么在 20 世纪的学术研究上，中国对人文社会科学作一般性贡献的潜力完全不能发挥"[①] 这个深刻的问题，可以视为面对长期以来西方学术霸权支配东亚学术界之现状，所发出的"东方"的呐喊。

以上所说 20 世纪"西风压倒东风"的东亚学术研究状况，造成至少三个结果。第一，20 世纪许多论著常常倾向于以作为"中心"的西方之经验及其所提炼的理论作为学术典范，检讨作为"边陲"的东亚的发展，而形成某种所谓"忠诚度研究"（可称为 fidelity studies）。这种类型的研究论著，采取的方法论立场近于"一元论"（monism）：预设人类文明只有单一而直线的发展方向，主张不同文明之间是"从属关系"而不是"并立关系"，而西方文明在人类文明发展上不仅在时间上居于先进之地位，在成就上也达到最高之标准；所以，对于非西方文明的研究，最主要的方向就是检核该文明的发展距离西方文明尚有多远。这一类属于"忠诚度研究"性质的论著，在研究不同文化之间的交流时，常常出现许多盲点，其中最重要的盲点就是过度忽视文化交流的接受方实有其主体性这项事实。[②]

第二，这种"以西摄东"的研究论著，预设从西方经验所提炼的价值取向或理论是全球"普世价值"（universal value），从而忽视人类文明的多元多样性，也忽视东亚地区的不同文化各有其"内在价值"（intrinsic value），不能完全化约为源起于西方的近代"普世价值"之东方版本。20 世纪学术界东亚研究中的这个问题，已经使西方经验或理论成为古希腊神话中的"普罗克拉斯提斯的床"（Procrustean bed），使许多研究论著为了符合西方理论，

---

① 张光直：《中国人文社会科学该跻身世界主流》，《亚洲周刊（香港）》第 8 卷第 27 期（1994年），页 64。

② 我曾讨论过这个问题，见黄俊杰：《东亚近世思想交流中概念的类型及其移动》，收入拙著：《思想史视野中的东亚》，台北：台大出版中心，2016 年，页 1—22。

而胶柱鼓瑟，甚至不免削足适履、刻舟求剑，其结果是东亚文化的"分殊"常在欧洲经验的"理一"之中被牺牲，所以东亚研究很容易沦为"折射的东方主义"（reflexive Orientalism）。

　　第三，以上这两种20世纪东亚研究的负面效果，造成了许多论著成为不了解"东亚"的"东亚研究"。这种现象的形成，可以归因于近代东亚与西方互动历史上的不愉快经验及此经验在东亚内部激发的民族主义的滔天巨浪。[1]20世纪是西方帝国主义国家侵略东亚各国的风狂雨骤的百年，东亚各国人民在抵抗西方帝国主义国家侵略时，民族主义极度昂扬，因此，20世纪东亚各国的诸多研究，在民族主义框架之下，成为程度不同的国族研究。以历史研究为例，20世纪初年"国史"（national history）这个概念从日本传入中国，梁启超（任公，1873—1929）、章炳麟（太炎，1869—1936）、刘师培（申叔，1884—1919）等人批判近代以前中国的朝代史观，致力于以"国家"为主体的历史写作。[2]钱穆（宾四）先生1940年撰写的《国史大纲》，致力于在抗战时代以"国史"唤醒国魂，呼吁研读"国史"者"尤必附随一种对其本国已往历史之温情与敬意"，[3]更是20世纪中国史学界以历史作为"民族的史诗"（national epic）的代表性著作。[4]中国之外，20世纪日本的史学研究，也是在所谓"一国史"（いっこくし）的框架之内，跳脱不出国家的视野。日本史大家远山茂树（1914—2011）就曾说，二战之前日本的历史研究与教

---

[1]　孙中山（1866—1925）领导革命时，提倡民族主义，他说"要救中国，想中国民族永远存在，必要提倡民族主义"（《民族主义第一讲》），又说"民族主义这个东西，是国家发展和种族图存的宝贝"（《民族主义第三讲》）。见孙中山：《民族主义》，台北：黎明文化事业公司，1980年，页5、28。

[2]　参考Ying-shih Yü, "Changing Conceptions of National History in Twentieth-Century China", in Erik Lönnroch et al. eds., *Conceptions of National History: Proceedings of Nobel Symposium 78*, Berlin & New York: Walter de Gruyter, 1994, pp. 155-174, 收入Ying-shih Yü, *Chinese History and Culture: Seventeenth Century Through Twentieth Century*, vol. 2, pp. 275-293。

[3]　钱穆：《凡读本书请先具下列信念》，收入氏著：《国史大纲》，台北：台湾商务印书馆，1996年，页1。

[4]　参看黄俊杰：《钱穆史学中的"国史"观与儒家思想》，收入拙著：《儒家思想与中国历史思维》，台北：台大出版中心，2014年，页223—268。

育,是以作为"国家的历程"（くにのあゆみ）而发展的,直到战后,"人民的历史"才受到重视。[1]

因为 20 世纪东亚知识界,在民族主义思潮之下,多半聚焦于本国的人文社会研究,所以对东亚邻国的经验并不关心,造成对东亚近邻的不了解。东亚各国之间的互相不了解,更因为"以西摄东"的研究倾向而加强。这种研究倾向就是:东亚各国的历史经验或价值理念中,只有与欧洲经验或价值可类比者或相反者,才能获得东亚学界的重视;凡与欧洲经验或价值无法类比者,就难以进入东亚研究者的视野。这种研究倾向的流弊所及,造成东亚经验在人文社会科学学者的研究之中,只能成为作为普遍模式的欧洲经验之东亚版本或注解,而东亚文化自身的"内在价值"就完全被忽略了。正是有鉴于这个东亚研究上的问题,所以余英时（1930—2021）先生回顾 21 世纪初年以降国际史学界的"文化转向"（cultural turn）时,特别呼吁应重访东亚文化,注重东亚文化作为人类独特经验的"内在价值"。[2]

从以上所说 20 世纪东亚研究常见的三个问题来看,21 世纪的东亚人文社会科学界,确实必须重访东亚,以加强东亚各国之间的相互了解。东亚文化不应只是作为欧洲文化的类似品或对立物而被研究,而应是作为"东亚之所以为东亚"的根源而被研究。换言之,新时代的东亚研究者应更聚焦于作为"意义之网"而有厚度的东亚文化之研究。文化人类学家格尔茨（Clifford Geertz, 1926—2006）曾说:"人是悬挂在自己所编织的意义之网上的动物,而文化就是那张（意义之）网……文化研究……就是一种寻求意义的解释性的学问。"[3] 作为"意义之网"的东亚文化的形成与发展,必涉及中日朝越各

---

[1]　远山茂树:《戦後の歴史学と歴史意識》,东京:岩波书店,1968 年。

[2]　Ying-shih Yü, "Clio's New Cultural Turn and the Rediscovery of Tradition in Asia", in his *Chinese History and Culture: Seventeenth Century Through Twentieth Century*, vol. 2, pp. 368-384. 此文中文译文见程嫩生、罗群等译:《历史学的新文化转向与亚洲传统的再发现》,收入《人文与理性的中国》,台北:联经出版公司,2008 年,页 619—641。

[3]　Clifford Geertz, *The Interpretation of Cultures: Selected Essays*, New York: Basic Books, Inc., 1973, p. 5.

国文化、思想的共性与殊性，我们应当于东亚各国的文化传统与历史经验之"同"中见其"异"，并于"异"中求其"同"。

（二）21 世纪东亚研究的新策略

正是有鉴于 20 世纪东亚知识界这种不了解东亚的"东亚研究"的状况及其弊病，所以，1994 年沟口雄三（1932—2010）、滨下武志（1943—　）、平石直昭（1945—　）、宫岛博史（1948—　）等人就呼吁"从东亚出发思考"。[1]21 世纪"从东亚出发思考"之下的新"东亚研究"之性质，必然是跨文化的、跨国的、跨域的、跨界的、多音的、多元的研究。

这种"从东亚出发思考"的"东亚研究"之研究策略可得而言者，至少有以下 3 项。

1. 研究焦点从"作为结果的东亚"转向"作为过程的东亚"[2]

过去有关东亚思想的研究论著，虽然研究进路多元多样，但是整体而言比较倾向于聚焦东亚思想发展的结果，而较少从东亚思想发展的过程来观察。因为重视"结果"远过于"过程"，所以，过去许多东亚思想研究论著，常常聚焦于东亚思想之静态的完成态，隐约之间呈现某种"一元论"的方法论倾向。但是，我们如果能将眼光从"结果"移向"过程"，就会更注意东亚思想形成与发展中的动态变化，也更能够顾及东亚各地域的文化主体性形成的过程，使过去单色的东亚文化图像，变成色彩缤纷的文化图像。

2. 兼顾东亚各地文化与思想的共性与殊性

过去的研究成果较为重视的是东亚各地如中日朝文化的共同要素，如

---

① 沟口雄三、滨下武志等编：《アジアから考える》（全 7 卷），东京：东京大学出版会，1994 年。

② 我曾详细讨论这项提议，参看黄俊杰：《作为区域史的东亚文化交流史：问题意识与研究主题》，收入拙著：《东亚文化交流中的儒家经典与理念：互动、转化与融合》第 1 章，台北：台大出版中心，2016 年，页 3—38；Chun-chieh Huang, "Some Observations on the Study of the History of Cultural Interactions in East Asia", in Chun-chieh Huang, *East Asian Confucianisms: Texts in Contexts*, Göttingen: V&R unipress, 2015, pp. 237-259。

西岛定生（1919—1998）先生在 1969 年所说的东亚世界共有的四大指标：汉字文化、儒教、律令制度、佛教。[1]沟口雄三先生等人也强调东亚各国的"知识共同"（共同知，きょうどうち）。[2]这样的研究视野很有创意，而且充满了悲天悯人的胸襟，因为这样的研究可以在东亚各地文化之间求同存异，有助于建构"东亚文化共同体"，以促进 21 世纪东亚各国之间的和平。这样的研究视野比二战期间津田左右吉（1873—1961）的视野更为宽广：津田先生否定作为整体的东方世界的"东洋文化"或"东洋文明"这种名词，[3]并特别强调中国与日本在家族制度、社会组织、政治形态、风俗习惯等各方面的差异。[4]

但是，我想进一步指出的是：我们今日重访东亚，在强调东亚各地文化的"同"的时候，也不能过度忽略各地文化之间的"异"，以致再次落入"中心—边陲"或"起源—发展"的研究窠臼，成为另一种的"忠诚度研究"。自从 17 世纪后，东亚世界中的日本、朝鲜与越南的主体意识逐渐觉醒，东亚各国之间的交流活动中出现的紧张关系也值得注意。[5]我们的东亚研究必须既求其"同"，又观其"异"，既求其"一"，又观其"多"，才能举"总"以赅"别"，由"别"以见"总"，庶几不流于一曲之见。

3. 从关键词切入分析思想交流中诠释典范的转移

在东亚思想交流史中，出现过许多次思想典范的转移，如从汉唐时代

---

[1] 西岛定生：《総説》，收入《岩波講座世界歴史》第 4 册《古代 4》，东京：岩波书店，1969—1980 年，页 5。

[2] 沟口雄三、滨下武志等编：《アジアから考える》（全 7 卷）。

[3] 津田左右吉：《シナ思想と日本》，收入氏著：《津田左右吉全集》第 20 卷，东京：岩波书店，1965 年，页 195。

[4] 津田左右吉：《シナ思想と日本》，页 302—303。增渊龙夫（1916—1983）认为，津田先生是从中国之外的普遍准则看中国，对中国思想缺乏从中国内部出现的思考与理解，见增渊龙夫：《日本の近代史学史における中国と日本（Ⅰ）——津田左右吉の場合》，收入氏著：《歴史家の同時代史的考察について》，东京：岩波书店，1983 年，页 3—48，尤其是页 47—48。

[5] 参看葛兆光：《地虽近而心渐远——十七世纪中叶以后的中国、朝鲜和日本》，《台湾东亚文明研究学刊》第 3 卷第 1 期（总第 5 期，2006 年 6 月），页 275—292；葛兆光：《何为中国？疆域、民族、文化与历史》第 5 章，香港：牛津大学出版社，2014 年，页 145—158。

的声训典范向北宋以后的字义典范的转移;从"理"学向"心"学,再向"气"学的转移等。这些典范的转移虽然都源起于中国,但亦波及日本与朝鲜,成为东亚的共同现象。在思想典范转移、旋乾转坤之际,中日朝思想家常采取从"部分"论"全体"之策略,尤其是从各种经典的关键字词,如"道""仁""礼"等入手,出新解于陈篇,或申"正"以破"邪",在破斥"异端"中重建"正统"。[①] 因此,在我们的东亚研究中,从关键字词切入、从点滴以观潮流,确实是一个可行的策略。

本书各章分析朝鲜与日本儒者对孟子学的解释及其转化时,将在不同程度之内,因应不同的研究课题,运用以上所说这3种研究策略。

二、东亚儒家经典性之类别及其移动

以上我们讨论在21世纪必须重访东亚文化的理由以及3个研究策略,现在,在进入《孟子》这部经典的世界之前,我们必须先分梳东亚儒家经典性之类别,并探讨经典性的移动。这项探讨可以从一封信说起。

16世纪初,明武宗(在位于1506—1521)正德十五年(1520)六月,时年49岁的王守仁(阳明,1472—1529)在平定宁王朱宸濠(?—1521)正德十四年(1519)之乱后,在江西泰和接到朱子学者罗钦顺(字允升,号整庵,1465—1547)的书函,阳明先生在《答罗整庵少宰书》中有以下这一段话:

> 平生于朱子之说,如神明蓍龟。一旦与之背驰,心诚有所未忍。故不得已而为此。……盖不忍抵牾朱子者,其本心也。不得已而与之抵牾者,道固如是,"不直则道不见"也。……夫道,天下之公道也;

---

① 亨德森(Henderson)曾经从比较的视野,析论在宋明儒学、伊斯兰教、犹太教与早期基督教的发展中的"正统"与"异端"之辨。参看 John B. Henderson, *The Construction of Orthodoxy and Heresy: Neo-Confucian, Islamic, Jewish and Early Christian Patterns*, Albany: State University of New York Press, 1998。

学,天下之公学也;非朱子可得而私也,非孔子可得而私也。天下之
公也,公言之而已矣![1]

阳明先生答书中的这一段话,是他经历贵州龙场 3 年(1507—1510)居夷处
困,从"百死千难"中悟"致良知"[2]之教,决定走自己的思想道路,告别朱子
(晦庵,1130—1200)的一段心路历程的表白。从此之后,阳明常起而批判
朱子的"旧说"。[3]

阳明致罗整庵信中的这一段话,激发我们思考许多问题。例如,奉朱子
之说"如神明蓍龟"的王阳明,自称"仆于晦庵亦有罔及之恩"[4]的王阳明,
为什么"不得已"而必须与朱子"背驰"? 阳明所说"道"与"学"之公共性
如何证成? 告别朱子之后的王阳明采取何种策略以重新诠释孔孟经典? 阳
明的新诠释建立在什么理论基础之上? 我们要对这些问题进行探索,就会
触及儒家传统中所谓"经典性"(canonicity)的定义及其移动,以及对经典
进行了不同诠释的典范之间的冲撞、协商及其转移等问题。

(一)东亚儒家的两种经典性:"历史的"与"文化的"

东亚各国儒家学者虽然所处时空环境不同,哲学立场互异,人自为说,
家自为书,但他们都优入圣域,尊崇经典,习于从经典出发思考,所谓"山川

---

[1]　王守仁:《答罗整庵少宰书》,收入陈荣捷:《王阳明传习录详注集评》第 176 条,台北:台湾
　　学生书局,1983 年,页 253。
[2]　王守仁:《传习录拾遗》,收入陈荣捷:《王阳明传习录详注集评》第 10 条,页 396。陈立胜
　　认为阳明在正德十五年前后正式提出致良知工夫,其说甚是。参看陈立胜:《入圣之机:王
　　阳明致良知工夫论研究》,北京:生活·读书·新知三联书店,2019 年,页 302。
[3]　例如王阳明在《答顾东桥书》中,批评顾东桥来书所说"人之心体,本无不明。而气拘物
　　蔽,鲜有不昏。非学问思辨,以明天下之理,则善恶之机,真妄之辨,不能自觉,任情恣意。
　　其害有不可胜言者矣"这一段话系"似是而非,盖承沿旧说之弊"。见王守仁:《答顾东桥
　　书》,收入陈荣捷:《王阳明传习录详注集评》,页 173。阳明所谓"旧说",指朱子之学说而
　　言。陈荣捷先生云:"《年谱》系此书于嘉靖四年(1525)九月,是年阳明在越,九月归余姚
　　省墓。《年谱》系南大吉续刻传习录于嘉靖三年(1524),尚在此书之前一年。何以能采录
　　此书? 故两者必有一误。"(陈荣捷:《王阳明传习录详注集评》,页 164)
[4]　王守仁撰,吴光等编校:《王阳明全集》上册卷 21《外集三》,上海:上海古籍出版社,1992
　　年,页 809。

异域，风月同天"者是也。我们可以说，东亚儒学发展的内在动力，正是植根于历代儒者接受经典的召唤，起而对经典提出多元多样的诠释，从而使经典不再是束诸高阁的高文典册，而在异时异域展现丰沛的生命力，经由解释世界而改变世界。史华慈（Benjamin I. Schwartz, 1916—1999）曾说"中国是个诠释学的文明，是个传统与现代之间没有绝对割裂的文明"，[①] 这句话也可以适用于整个东亚文明圈。中国经典中的思想世界，对异代异域的阅读者而言，虽然可能因为陌生感而成为他们精神世界的异乡，但是如就经典所开显的真理观之，经典的世界却又因为对异代知音的阅读者具有无法抵御的"亲切"[②] 感，而成为阅读者精神的原乡，激发阅读者像生于山涧小溪而成长于太平洋的鲑鱼一样，拼搏其生命力，逆流而上回归他们原生的故乡，使他们的灵魂得到安顿。

但是，在东亚儒学史上，所谓"经典"之范围并非一成不变，而是与时俱进、不断扩张的。"经"之原义指"织"或"法"，[③] 至于"经"之训"常"乃后起之义。《广雅》："经……常也。"[④]《尔雅义疏》："经者，理也。"[⑤]《广雅》："经，径也。"[⑥]《释名》："径，经也，言人之所经由也。"[⑦] 此均以"经"指人之日用常行之道。

"经"之范围与时俱进，春秋时代（公元前 722—公元前 464）以《诗》《书》《易》《礼》《乐》为经典，《左传·僖公二十七年（公元前 633）》载，赵

---

① 史华慈：《研究中国思想史的一些方法问题》，《近代中国史研究所通讯》，台北："中研院"近代史研究所，1987 年，页 56—63，引文见页 59。

② 朱子屡次告诫弟子，读书"要体会亲切"，见黎靖德编：《朱子语类》卷 5《性理二·性情心义等名义》第 61 条，收入《朱子全书》第 14 册，上海：上海古籍出版社、合肥：安徽教育出版社，2002 年，页 225。"亲切"一语是朱子读书法的关键词，我在本书第五章第二节第一小节有所讨论。

③ 钱基博：《经学通志》，台北：中华书局，1962 年，页 1。

④ 郝懿行、王念孙、钱绎、王先谦等：《尔雅、广雅、方言、释名 清疏四种合刊（附索引）》，上海：上海古籍出版社，1989 年，页 348。

⑤ 郝懿行、王念孙、钱绎、王先谦等：《尔雅、广雅、方言、释名 清疏四种合刊》，页 106。

⑥ 同上书，页 482。

⑦ 同上书，页 1020。

衰（？—公元前 622）曰："说《礼》《乐》而敦《诗》《书》。《诗》《书》，义之府也；《礼》《乐》，德之则也。德、义，利之本也。"[1] 战国时代（公元前 463—公元前 222）已见"六经"之名，《庄子·天运》载："孔子谓老聃曰：'丘治《诗》《书》《易》《礼》《乐》《春秋》六经，自以为久矣……'"[2] "六经"之名已经确立。《庄子·天下》又进一步阐明"六经"之思想内涵："《诗》以道志，《书》以道事，《礼》以道行，《乐》以道和，《易》以道阴阳，《春秋》以道名分。其数散于天下而设于中国者，百家之学时或称而道之。"[3]

汉代以降，"五经"之名为儒者所常言，至宋代则经典范围大幅扩张，钱基博（1887—1957）先生云："至宋儒取《礼记》中之《大学》、《中庸》及进《孟子》以配《论语》；谓之'四书'；而'十三经'之名始立。"[4] 自宋以后，"十三经"已经成为经典范围之共识。

在中国儒学史上的经典范围随着时间而扩大的过程中，开显出两种意义的"经典性"。第一种意义的"经典性"指历史上的黄金时代（如夏、商、周等所谓"三代"）所出现的伟大作品。这个意义下的"经典性"指"三代"所实施过的典章制度。钱基博先生说："古之所谓'经'，乃三代盛时典章法度常所秉守，见于政教行事之实；而非圣人有意作为文字以传后世也。"[5] 这种意义下的经典，乃是"三代"文化鼎盛之时，政教行事实践之纪录。自孔孟以降，历代儒者或政治家，常常通过美化"三代"以批导现实政治与社会，从"过去曾如此"提出"未来应如何"之蓝图，展现强烈的"反事实性的"（counter-factual）思维习惯。[6] 这种思维习惯，也见于日朝两地儒者，他们以

---

[1] 引文见杨伯峻：《春秋左传注》上册，台北：源流出版社，1982 年，页 445。

[2] 引文见郭庆藩撰，王孝鱼点校：《庄子集释》第 2 册卷 5 下《庄子·天运篇》，北京：中华书局，1961 年，页 531。

[3] 引文见郭庆藩撰，王孝鱼点校：《庄子集释》第 4 册卷 10 下《庄子·天下篇》，页 1067。

[4] 钱基博：《经学通志》，页 2—3。

[5] 同上书，页 8。

[6] 我曾讨论这个问题，见 Chun-chieh Huang, "Historical Thinking in Classical Confucianism: Historical Argumentation from the Three Dynasties", in Chun-chieh Huang and Erik Zürcher, eds., *Time and Space in Chinese Culture*, Leiden: E. J. Brill, 1995, pp. 72-88.

"三代"与"尧舜"典范为基础,建构具有儒家特色的"崇古论"。

作为"三代"典章制度实践记录的经典,可以以《尚书》为代表。《尚书》记载"三代"特别是西周创建之初的典、谟、制、诰等重要历史文献。这类经典所呈现的是"历史的经典性"(chronological canonicity)。这种意义下的"经典性"具有深厚的"时间性"(temporality),并与具有"时间性"的历史经验(例如"三代")合而为一。

但是,经典之所以取得"经典性",正是在于它具有"超时间性"(super-temporality),经典中的义理可以放诸四海而皆准,百世以俟圣人而不惑。这一项"经典性"之特质,植根于中国历史思维之特性,即在于从"时间性"中提炼具有"超时间性"之道德命题。中国学术传统中史哲合一,[1] 中国思想家常通过历史叙述而进行哲学论证。[2] 因此,"历史的经典性"如何可以克服"时间性"的桎梏而获得"超时间性",就成为"历史的经典性"必须面对的问题。

中国儒学史所见的第二种意义的"经典性",指经典中的义理乃源自于人心,而与人之心性合而为一成为经典。这种意义的"经典性",可称为"文化的经典性"(cultural canonicity)。"文化的经典性"与日常生活中人性的普同性若合符节。例如《论语》中孔门师生的对话,体神化不测之妙于人伦日用之间。17世纪日本古学派儒者伊藤仁斋(维桢,1627—1705),正是在不离事而言理的基础上,推崇《论语》为"最上至极宇宙第一书",[3] 并以"人伦日用当

---

[1] 参考黄俊杰:《儒家思想与中国历史思维》第 1 章,页 31—54;Chun-chieh Huang, "'Time' and 'Supertime' in Chinese Historical Thinking", in Chun-chieh Huang & John B. Henderson, eds., *Notions of Time in Chinese Historical Thinking*, Hong Kong: Chinese University Press, 2006, pp. 19-44.

[2] Chun-chieh Huang, "Historical Discourses in Traditional Chinese Historical Writings: Historiography as Philosophy", in Chun-chieh Huang and Jörn Rüsen, eds., *Chinese Historical Thinking: An Intercultural Discussion*, Göttingen and Taipei: V&R unipress and National Taiwan University Press, 2015, pp. 25-40.

[3] 伊藤仁斋:《論語古義・総論》,收入关仪一郎编:《日本名家四书注释全書》第 3 卷《論語部 1》,东京:凤出版株式会社,1973 年,页 4;亦见于伊藤仁斋:《童子問》卷上第 5 章,收入井上哲次郎、蟹江义丸编:《日本倫理彙編》第 5 卷《古学派の部》(中),东京:育成会,1903 年,页 78。

行之路"诠释孔子的"道",① 将"道"从宋儒的手中,从天上(宇宙论/形上学)拉回人间(社会学)。文化意义的"经典性"正是在日用常行之中,诉诸人性与人心之所同然,所以经典中的圣人与人说理,常能令人心中点头。王阳明阐释最为精彩,王阳明说:"'六经'者非他,吾心之常道也。"② 王阳明认为所谓"六经"只是人心之不同面向的呈现,也对人心产生不同的作用。

但是,经典之所以为经典,首要条件在于经典的原创性,因为具有原创性,所以读者不能免于产生思想的陌生感,这是中西经典常见的共同特质。布鲁姆(Harold Bloom, 1930—2019)曾以西方文学经典为例指出,正是经典对读者的殊异性与陌生感,使经典成为经典。③ 这种状况也常见于解读儒家经典的场合。经典中的"殊异性"与陌生感,使读者在初读经典时,由于时移事异,人事迭迁,常常感到经典的世界是他们精神的异乡。例如秦汉以降帝制中国的读者,诵读先秦经典,或明治时代以降日本的知识分子,阅读德川时代(1603—1868)儒者的经典著作,均不能免于"殊异感"与"陌生感"。但是,在多次诵读经典,深刻浸润在经典的义理之中以后,他们却又发现原来经典中的世界正是他们精神的原乡,产生朱子诗所说"明明直照吾家路"④ 的心灵契合之感。于是,对诠释者而言,经典诠释的事业乃成为他们精神的返乡之旅。

(二)两种"经典性"的共同特质:"规范性"在"历史性"之中

以上所说儒家两种类型的"经典性",类似于伽达默尔(Hans-Georg

---

① 参见伊藤仁斋:《語孟字義》卷上《道》,收入井上哲次郎、蟹江义丸编:《日本倫理彙編》第5卷《古学派の部》中,页18—19。
② 王守仁:《稽山书院尊经阁记》,收入王守仁撰,吴光等编校:《王阳明全集》上册,页254—256。
③ 哈洛·卜伦(布鲁姆,Harold Bloom):《西方正典》上,高志仁译,台北:立绪文化事业公司,1988年,页4。
④ 朱熹:《送林熙之诗五首》,见《晦庵先生朱文公文集》卷6,收入《朱子全书》第20册,页418。

Gadamer, 1900—2002）所区分的"古典型"与"规范型"的"经典性"。①伽
达默尔说：

> "古典型"概念中（这完全符合古代和现代对于该词的用法）首
> 先存在的是规范性的意义。但是，这种规范通过回顾与某种实现和
> 表现它的一度曾有的过去整体相关联而言，这种规范总是已经包含
> 了某种历史地表现它的时代声调。②

伽达默尔指陈"古典型"与"规范型"的"经典性"之间具有深刻的联系，这
一项特质正是儒家两种类型的"经典性"之第一项重大特质——经典的"历
史性"（或"历史的经典性"）与经典的"规范性"（或"文化的经典性"）之
间有其互相渗透性。儒家诸多经典中所呈现的"规范性"（normativity），正
是在具有"时间性"（temporality）的古圣先贤行谊之中，才能被经典阅读者
体知、体现、体验。

第二，不论是"历史的经典性"或是"文化的经典性"，儒家传统中的
经典都在现实上具有可实践性，或可作为政治上的"安民之道"。如德川日
本古文辞学派儒者荻生徂徕（物茂卿，1666—1728）说："先王之道在《诗》
《书》《礼》《乐》"，③以经典为致太平之书；或如18世纪朝鲜儒者丁茶山
（若镛，1762—1836）所说："真儒之学，本欲治国安民，攘夷狄裕财用，能文
能武，无所不当。"④或可以作为社会生活之规范，如伊藤仁斋解释《论语》，

---

① 加达默尔（Hans-Georg Gadamer）:《真理与方法：哲学诠释学基本特征》，洪汉鼎译，台北：
时报文化出版公司，1993年，页376。
② 同上书，页378—379。
③ 荻生徂徕:《弁名》卷下《学》第1则，收入井上哲次郎、蟹江义丸编:《日本伦理彙编》第6
卷《古学派の部》下，东京：育成会，1903年，页106。
④ 丁若镛:《俗儒论》，见《文集》卷12，收入茶山学术文化财团编:《定本与犹堂全书》第2
册，首尔：茶山学术文化财团，2012年，页340。

强调经典中之"道"的意义在于"俗即是道,外俗更无所谓'道'者"。[①] 或可提供人之生命的超越性根据,如《庄子·天运》以《易》为"六经"之一,[②] 太史公司马迁(子长,公元前 145—?)论"六经"以"易"为首出,[③] 均有见于《易》"在'人道'之上别重'天道'"[④],赋予人之存在以宇宙论的意义。儒家经典之具有"可实践性"这项特质,也在很大程度之内决定了东亚儒家经典诠释之学深具"实践诠释学"(praxis hermeneutics)特质。所谓东亚儒家经典的"实践诠释学"之"实"字兼摄二义:第一,是在是非对错意义下的真实无伪;第二,是德行正邪意义下的真诚不妄。前者属于知识范畴,后者属于道德范畴。但是,儒家经典"实践诠释学"就前者而言,致力于转识成智;就后者而言,归本于摄智归仁。班固(孟坚,32—92)云"《书》以广听,知之术也;《春秋》以断事,信之符也",[⑤] 但是,在儒家"实践诠释学"之中,"知"与"信"(或仁)融合为一,博文乃所以畜德,"知识"与"德行"不可分割,而且是为"德行"而"知识",不是为"知识"而"知识"。经典中的"知识"不是一种"游戏"(game),经典乃是为了实践。

第三,不论是"历史的经典性"或是"文化的经典性"意义下的儒家经典之数量与内涵,均非固定不变,而是与时俱进、因地制宜而增益其范围,更新其思想,因此,儒家思想中的"经典性"实有其"流动性"(fluidity),[⑥] 而"经典性"的"流动性"之形成与发展,则与新的经典诠释典范之出现及其转移有深刻之关系,所以,我们接着析论经典诠释典范之转移。

---

① 伊藤仁斋:《論語古義》卷 5,页 130。
② 见杨伯峻:《春秋左传注》上册,页 445。
③ 司马迁:《史记》卷 130《太史公自序》,北京:中华书局,1985 年,页 3297。
④ 陈昭瑛:《先秦儒家与经典诠释问题》,收入氏著:《儒家美学与经典诠释》,台北:台大出版中心,2005 年,页 1—20,特别是页 8。
⑤ 班固:《汉书》卷 30《艺文志》(第 2 册),北京:中华书局,1997 年,页 1723。
⑥ 关于儒家经典的"流动性"之探讨,可参考 On-cho Ng(伍安祖)and Kai-wing Chow(周启荣),"Introduction: Fluidity of the Confucian Canon and Discursive Strategies", in Kai-wing Chow, On-cho Ng & John B. Henderson eds., *Imagining Boundaries: Changing Confucian Doctrine, Texts, and Hermeneutics*, Albany: State University of New York Press, 1999, pp. 1-16。

（三）东亚儒家经典性的移动

儒家"经典性"之"流动性"，常常因为时间之发展与地域之变化以及经典阅读者之变迁，而造成"思想空间"范围之移动。以中国儒学史为例，汉唐时代的"五经"开展的是治国平天下的学问，但是到了南宋，朱子将《中庸》与《大学》从《礼记》中抽出，与《论语》《孟子》合编为"四书"，并撰写《四书章句集注》，提出一套以"理"为基础的崭新的经典诠释典范，建立以个人为基础的人生哲学，为近世中国之个体性的觉醒夫先路，开启中国历史的"近世"之先声。[①] 朱子所建立的新解经典范，完成了从"五经"到"四书"的大的典范转移，而且抟成"理"的哲学，以"理"这个概念通贯"四书"，[②] 建立"道统"之传承，排除汉唐诸儒于"道统"之外，特尊二程并将周敦颐（濂溪，1017—1073）置于二程之前。从 14 世纪以后朱子学成为东亚思想界的主流思潮，[③] 影响至今绵延不绝。

再看日本的状况。从 17 世纪开始，古学派学者伊藤仁斋建立的儒家经典诠释典范是以《论语》《孟子》为首出，这是一种以"人伦日用"为关键词的社会学的经典诠释典范。但是，到了古文辞学派的荻生徂徕，其主张："孔子生于周末，不得其位，退与门人修先王之道，论而定之，学者录而传之，'六经' 传与记是已。"[④] 徂徕进"六经"而退《论》《孟》，代表从仁斋学的"论孟中心主义"向徂徕学的"六经中心主义"的移动。[⑤] 这不仅代表了从仁

---

①　宇野精一：《五経から四書へ：経学史覚書》，《東洋の文化と社会》第 1 辑，京都，1952 年，页 1—14。

②　朱子《四书章句集注》中，"理"这个字共出现 299 次，见金观涛、刘青峰：《观念史研究：中国现代重要政治术语的形成》，香港：香港中文大学当代中国文化研究中心，2008 年，页 40。

③　Wing-tsit Chan（陈荣捷），"Chu Hsi's Completion of Neo-Confucianism", in *Études Song in Memoriam Étienne Balazs*, Editées par Françoise Aubin, Serie II, #I ,Paris: Mouton & Co., and École Practique de Haute Études, 1973, pp. 60-90. 本文中译文见陈荣捷：《朱熹集新儒学之大成》，收入氏著：《朱学论集》，台北：台湾学生书局，1982 年，页 1—35。

④　荻生徂徕：《論語徵》甲卷，收入关仪一郎编：《日本名家四書注释全書》第 7 卷《論語部 5》，引文见页 1。

⑤　丸山真男：《日本政治思想史研究》，东京：东京大学出版会，1972 年，页 79—80。中译文见丸山真男：《日本政治思想史研究》，王中江译，北京：生活·读书·新知三联书店，2000 年，页 50—51。

斋学深具社会学色彩的诠释典范,向徂徕学的政治取向的诠释典范之转换;而且,徂徕学中圣人地位之绝对化以及主观性之被排除这两项新发展,甚至被丸山真男(1914—1996)视为预告了日本的"近代性"之来临。[①]

三、作为经典的《孟子》及其在域外的"脉络性转换"

现在,我想综论《孟子》核心价值及其在异域所经历的"脉络性转换"(contextual turn)。《孟子》之成为经典始于北宋初年。在北宋之前,《孟子》在《汉书·艺文志》与《隋书·经籍志》中,均仅列入"子部·儒家类",地位不高,仅为诸子之一。唐人皮日休(834?—883?)在863年上书请朝廷以《孟子》为科举考试之学科,但不获采纳。[②]洎乎北宋仁宗嘉祐六年(1061)刻石经刊于国子监,包括《孟子》等九经。[③]北宋神宗熙宁四年(1071),王安石(1021—1086)更定贡举法,考试科目纳入《孟子》。[④]神宗元丰七年(1084)五月,朝廷以孟子配享孔庙,孟子地位乃大为提升。北宋大儒程颐(伊川,1033—1107)特重《论语》与《孟子》。[⑤]在北宋以前,中国知识人均以"周""孔"并称,欧阳修(1007—1072)所撰《新唐书·艺文志》,将《孟子》一书列为子部儒家类。[⑥]从10世纪以后,才开始"孔""孟"

[①] 这是丸山真男的主张,见丸山真男:《日本政治思想史研究》,页80(中文译文见丸山真男:《日本政治思想史研究》,王中江译,页51)。丸山真男弟子渡边浩(1946—)先生修正丸山先生之说。渡边先生认为荻生徂徕反自由、反平等、反民主,认为日本之走向近代化,是由于受到中国儒学与西洋思想刺激而形成的民间思想,并不是徂徕学与国学之功。参看渡边浩:《东亚的王权与思想》,区建英译,上海:上海古籍出版社,2016年,页113—198。

[②] 皮日休:《请孟子为学科书》,此文收入《皮子文薮》,我曾加注释后收入拙著:《孟学思想史论》卷二,页499。皮日休主张"去庄、列之书,以《孟子》为主",但不获朝廷采择。参看吹野安:《皮日休と孟軻》,《国学院雜誌》第80卷第9期(1979年),页1—11。

[③] 钱基博:《四书解题及其读法·孟子第三》,台北:台湾商务印书馆,1996年,页33—34。

[④] 徐松辑,刘琳等点校:《宋会要辑稿》第9册《选举》3之44,上海:上海古籍出版社,2014年,页5308;脱脱等撰:《宋史》卷155《选举志》(第14册),北京:中华书局,1997年,页948。

[⑤] 参考近藤正则:《程伊川の『孟子』の受容と衍义》,东京:汲古书院,1996年。

[⑥] 欧阳修、宋祁等撰:《新唐书》卷59《艺文三》,北京:中华书局,1975年,页1510。

并称，至南宋末年王应麟（1223—1296）撰《玉海》，将《论语》《孟子》《孝经》与《易》《诗》《书》《周礼》《礼记》《春秋》合称为"九经"。① 南宋陈振孙（1179—1261？）著《直斋书录解题》将《论语》《孟子》皆列入经部，② 至此《孟子》之经典地位已完全确立。

（一）作为经典的《孟子》

在作为经典的《孟子》的诸多核心价值理念中，以下两项尤为重要。

第一，孟子思想中超越性与现实性的思想融合为一，也就是牟宗三（1909—1995）先生所说"天道性命相贯通"。③ 我在拙著《孟学思想史论（卷一）》"自序"中曾说，在孟子的人性世界里，正是在现实性的关怀之中体现人的超越性的本体，④ 熊十力（子贞，1885—1968）先生曾说儒家思想家常"体神化不测之妙于人伦日用之间"⑤，这项儒学特质也表现在孟子思想之中。

第二，在孟子思想世界中，"心性儒学"与"政治儒学"贯通而为一体。所谓"心性儒学"，在孟子就是指建立人的主体性之哲学，使人不仅是"政治人"、"经济人"或"社会人"，而是"上下与天地同流"（《孟子·尽心上·一三》），⑥ 建立"兴起一切人之心志，以自下升高，而向上植立之道"⑦之人。孟子主张"仁义内在"，牟宗三先生说：

"内在"者是内在于心。"内在于心"者不是把那外在的仁义

① 王应麟辑：《玉海》卷42《艺文·经解》（第2册），扬州：广陵书社，2003年，页783。
② 陈振孙：《直斋书录解题》卷3《语孟类》，上海：上海古籍出版社，1987年，页72。
③ 牟宗三：《中国哲学的特质》第4讲，收入氏著：《牟宗三先生全集》第28册，台北：联经出版公司，2020年，页21—26。
④ 黄俊杰：《孟学思想史论》卷一，台北：东大图书公司，1991年，自序，页1。
⑤ 熊十力：《读经示要》卷1，台北：广文书局，1970年，页67。
⑥ 朱熹：《孟子集注》卷13《孟子·尽心上·一三》，收入朱熹：《四书章句集注》，台北：台大出版中心，2016年，页494。
⑦ 唐君毅：《中国哲学原论·原道篇》一，香港：新亚研究所，1974年、1976年，1974年台湾学生书局初版，引文见页212。

吸纳于心,合而为一,乃是此心即是仁义之心,仁义即是此心之自
发。……此心就是孟子所谓"本心"。孟子云:"非独贤者有是心也。
人皆有之。贤者能勿丧耳。"此所谓本心显然不是心理学的心,乃是
超越的本然的道德心。孟子说性善,是就此道德心说吾人之性,那
就是说,是以每人皆有的那能自发仁义之理的道德本心为吾人之本
性,此本性亦可以说就是人所本有的"内在的道德"。[①]

孟子的"政治儒学",由上述"内在于心"的"良知"舒展于外在世界,孟子
要求统治者以"不忍人之心"行"不忍人之政",孟子高唱人民胜利进行曲,
而不是为封建衰世唱挽歌。简言之,"心性论"与"政治论"在孟子学中绾合
为一,如车之二轮、鸟之双翼,不可分亦不能分。

(二)孟子学视野下的"脉络性转换"

本书的主题是孟子学在朝鲜与日本的发展,第一部从"孟子学的视野"
出发,研究的主轴涉及中国孟子学在日朝思想界如何被赋予新解。这种域
外思想人物出新解于陈编的过程,涉及我称之为"脉络性转换"的思想发
展,所以,我们接下来探讨"脉络性转换"的相关问题。

20世纪以前东亚地区文化与思想交流频繁,中日朝各国官员、知识分
子、商人、僧侣等,常有往来互动。儒学经典及其文化,在东亚思想交流史
中,居于重要地位。儒学传统虽然从修身、齐家到治国、平天下有一套完整
的规划,但"政治儒学"毕竟以"心性儒学"作为基础,儒家相信世界的改
变始于自我的改变,所以,儒家经典在东亚思想交流中,就成为乘载诸多价
值观的最重要平台。日朝越各地人士,通过来自中国而作为"他者"的儒
家经典的诠释,经由理解"他者"而更了解"自我"。但是,在这种思想交

---

① 牟宗三:《从陆象山到刘蕺山》,收入氏著:《牟宗三先生全集》第8册,页178。

流中，经由理解"他者"而加深对"自我"的理解之过程中，儒家思想经历过某种程度与面向的"脉络性转换"，[①] 使来自中国的儒家价值理念，可以为日、朝社会所接受，并开启儒学的新内涵，使儒家更能"风土化"（ふうどか）于异域。王夫之（船山，1619—1692）诗云"六经责我开生面"，[②] 此之谓也。

1. "脉络性转换"的步骤与"脉络"的类型

所谓"脉络性转换"，是东亚思想交流史中屡见不鲜的现象，但是这种现象不仅见于东亚各国之间的思想交流史，也见于东亚各国与欧洲思想的交流史之中。这种现象可以再分为两个细部步骤：（1）"去脉络化"（De-contextualization），与（2）"再脉络化"（Re-contextualization）。虽然在理论上可以区别这两个细部步骤，以方便分析工作的进行，但是在东亚各国之间以及东亚与欧洲之间思想交流史所见的实际中，"去脉络化"与"再脉络化"常同时进行，一体成形，无法切割。[③]

我们再进一步分析：所谓"去脉络化"是指文化、思想、概念或更细的"单位概念"（unit ideas）[④] 离开其原生的社会或语境，传入另一个社会或语境之后，常常出现的逸脱或被抽离其所从出的思想脉络的现象；所谓"再脉络化"是指文化、思想、概念或"单位概念"，在进入不同的时代或传入

[①] 我曾就"脉络性转换"现象做过初步讨论，参看拙文 Chun-chieh Huang, "On the 'Contextual Turn' in the Tokugawa Japanese Interpretation of the Confucian Classics: Types and Problems", in Chun-chieh Huang, *East Asian Confucianisms: Texts in Contexts*, chapter 2, pp. 25-40。

[②] 王夫之：《观生居题壁联》，见《鼓棹初集》，收入《船山全书》第 15 册，长沙：岳麓书社，1998 年，页 717。

[③] 最早使用 "de-contextualization" 与 "re-contextualization" 二词的是法国哲学家里克尔（Paul Ricoeur, 1913—2005），但是里克尔使用这两个名词时的重点，在于强调"去脉络化"与"再脉络化"的动力来自于文本的开放性与自主性，而我所强调的动力除了来自文本之外，更来自异时异地解释者的思想及其所处的时代精神与社会氛围，与里克尔之说同中有异。参考 Paul Ricoeur, *Hermeneutics and the Human Science*, John B. Thompson ed. & trans., New York: Cambridge University Press, 1981, p. 139。

[④] "单位概念"是指一个思想系统中，异质而不可再细分的概念，罗孚若（A. O. Lovejoy,1873—1962）首先使用这个名词，参看 Arthur O. Lovejoy, *The Great Chain of Being: A Study of the History of Ideas*, Cambridge, Mass.: Harvard University Press, 1961, pp. 3-23。

异国的社会或语境之后,必定在异域被赋予新的意义(meaning)或意涵(significance)的现象①。

以上所说"去脉络化"与"再脉络化"这两个步骤,并不是发生于两个不同时间阶段的过程性现象,而是同时发生的,在思想传入异域并被"去脉络化"之际,就已同时完成"再脉络化"。经过"去脉络化"与"再脉络化"之后,异时或异地的文化、思想或概念,被注入了传入之时/地的文化元素,因此就比较容易与传入的时间/空间的文化与社会融为一体,并为当地人民所接受,甚至创生崭新的思想。

"脉络性转换"在绵延的时间与异域的空间中进行。正如 20 世纪法国哲学家里克尔(Paul Ricoeur, 1913—2005)所说:"所有诠释学的目的,都是要征服存在于经典所属的过去文化时代与诠释者本身之间的疏远和距离。"②对域外传入的文化、经典或概念进行"脉络性转换",正是克服陌生感与距离感的最有效方法,并将"他者"融入"自我"且隶属于"自我"。至于进行"脉络性转换"的工具则多元多样,例如为了拉近来自异国的经典与本国读者的距离,就必须进行翻译,德川时代日本常见"和字解"或"谚解";③为了拉近经典所生成的时代与当今读者时代之距离,就必须对经典文本施以训、诂、注、笺、疏、章句或集注。正如清儒陈澧(1810—1882)所说:"地远则有翻译,时远则有训诂。有翻译,则能使别国如乡邻;有训诂,则能使古今如旦暮。"④但是,不论是翻译、训诂或诠释,古代经典文本经由异代异域学

---

① 赫希(Eric Donald Hirsch, Jr., 1928—)区分"意义"(meaning)与"意涵"(significance),前者指作品文本所呈现之"意义",后者指读者身处不同时空情境而对作品所产生的不同的"意涵"。参考 E. D. Hirsch, Jr., *Validity in Interpretation*, New Haven: Yale University Press, 1967, p. 8.

② Paul Ricoeur, *The Conflict of Interpretation: Essays in Hermeneutics*, Don Ihde, ed., Evanston: Northwestern University, 1974, p. 16. 中译本见里克尔:《诠释的冲突》,林宏涛译,台北:桂冠图书公司,1995 年,页 14。

③ 如林罗山著《论语和字解》(尊经阁藏善本),亦名《论语谚解》(日本岛原市公民馆图书馆"松平文库"藏本及国会图书馆藏善本),内容仅注解《论语》自《学而》至《里仁》共 4 篇。

④ 陈澧著,杨志刚编校:《东塾读书记》卷 11《小学》,香港:三联书店,1998 年,页 218。

者施以训诂或注释，以及外来文化、经典文本或思想之传入异域都不是一成不变的移植，而是经由异时异域的移入者加以筛检或重新诠释、进行思想内容的"脉络性转换"之后，融入大量的异代与当地文化元素，而改变原有的面貌与精神并踵事增华、绽放异彩的。

说明思想交流史中的"脉络性转换"及其步骤，最具有启示性的例证，就是中国古代经典中习见的"中国"概念及其在朝鲜与日本的转化。"中国"是一个复杂的"概念丛"（ideas complex），包括"地理中国"、"文化中国"、"政治中国"、"社会中国"、"经济中国"等"单位概念"。诸多"单位概念"共构成为一个有机性、整体性的"中国"概念群。自古以来，中国自认为居于宇宙之中心与地理之中心，乃是文化与道德的发源地，地理划分与政治建制均与宇宙秩序相呼应。这样的"中国"概念乘载着强烈而特殊的"中国性"（Chineseness），所以东传朝鲜与日本以后，朝鲜与日本的知识人纷纷将"中国"概念中的"中国性"予以"去脉络化"，或将"中国"一词中的特殊性意涵置换为普遍性意涵。如18世纪朝鲜儒者丁若镛（茶山）宣称世界各地"无往而非中国"；[①] 或将"政治中国"完全转化为"文化中国"，并以"中国"自居，如17世纪日本儒者与兵学家山鹿素行（1622—1685）宣称"本朝为中国之谓也"。[②] 以上所说"中国"这个概念在异域的"去脉络化"与"再脉络化"都是同时进行，而完成"中国"概念的"脉络性转换"的。[③] 除了中国经典中的"中国"概念之外，其他重要概念如"仁"或"道"等，在日本与朝鲜也都经历了类似的"脉络性转换"过程。

① 丁若镛：《文集序·送韩校理使燕序》，见《集一·诗文集》卷13，收入《定本与犹堂全书》第2册，页393—394。
② 山鹿素行：《中朝事实》上册，收入广濑丰编：《山鹿素行全集：思想编》第13卷《皇统·中国章》，东京：岩波书店，1940—1942年，页234。
③ 以上所论参考黄俊杰：《论中国经典中"中国"概念的含义及其在近世日本与现代台湾的转化》，收入拙著：《东亚文化交流中的儒家经典与理念：互动、转化与融合》第4章，页85—96；黄俊杰：《石介与浅见䌹斋的中国论述及其基础》，收入拙著：《思想史视野中的东亚》第6章，页101—123。

　　那么,"脉络性转换"是在哪些脉络中进行呢?就其大体而观之,某一部经典文本或某一个概念,在传播到异域之后,基本上会在两种"脉络"中进行"脉络性转换"。第一种"脉络"可以称为"个人脉络",指文本解读者或概念的接受者的个人思想脉络。例如 17 世纪日本古学派大师伊藤仁斋的"实学"思想特重"人伦日用",[1]他在"人伦日用"的思想脉络中推崇《论语》为"最上至极宇宙第一书",[2]仁斋也在"人伦日用"的"实学"思想脉络中,肯定"孟子之学,以仁义为本,而王道为要"。[3]仁斋的"实学思想"表现为反形而上学与反观念论的思维倾向,所以仁斋讲《孟子》,特重"王道"。但是,孟子的"王道"概念,到了 1924 年孙中山(1866—1925)在日本神户演讲时,却被放在他自己的政治思想脉络以及 1920 年代中日关系脉络中,重新阐释为"王道"对日本前途的启示。到了太平洋战争期间,曾参与 1945 年 8 月 15 日天皇投降诏书修订工作的安冈正笃(1898—1983)从右翼保守主义脉络对"王道"提出新诠释,此时孟子的"王道"却几乎被等同于战争期间所谓"日本精神"的"皇道"。因为安冈正笃是在战争的紧张氛围之下,在他自己的"儒家民族主义"[4]的思想脉络中,重新诠释儒家的"王道"概念。所以,儒家"王道"这个概念在伊藤仁斋、孙中山、安冈正笃思想的"小脉络"中,被进行不同的解读,以完成"脉络性转换"。

　　思想交流史中所见"脉络性转换"的第二种"脉络",是传入地的时代精神与社会氛围,可称为"时代脉络"。例如 17 世纪以降中日朝各地"实学"思潮风起云涌,伊藤仁斋所谓"以实语明实理"[5]者也。在这样的时代精神之

---

① 伊藤仁斋:《論語古義》卷 4,页 103。
② 伊藤仁斋:《論語古義·総論》,页 4;亦见于伊藤仁斋:《童子問》卷上第 5 章,页 78。
③ 伊藤仁斋:《孟子古義·総論》,收入关仪一郎编:《日本名家四书注释全书》第 9 卷《孟子部 1》,页 4—5。
④ Roger H. Brown, "A Confucian Nationalist for Modern Japan: Yasuoka Masahiro, the Nation-state, and Moral Self-cultivation, 1898-1983", Ph.D. diss., University of Southern California, 2004.
⑤ 伊藤仁斋:《同志会筆記》,见《古学先生詩文集》卷 5,收入相良亨等编:《近世儒家文集集成》第 1 卷,东京:ぺりかん社,1985 年,页 11。

下，儒学经典中的"道中庸"面向被放大解读，而"极高明"的面向就被忽视或被批判。[1]再如18世纪以后日本大阪地区经济发达，大阪有"天下的厨房"（天下の台所）之称，在这样商业勃兴的社会氛围之中，怀德堂诸儒解读孔孟思想就特重"义""利"合一的理念。怀德堂儒者对"义""利"合一的解释，表面上看似逸脱孔子（公元前551—公元前479）所说"君子喻于义，小人喻于利"，[2]以及孟子（公元前371？—公元前289？）严"义""利"之辨的思想脉络，但是却符合孔子之前《易经》所说"利者，义之和也"，[3]以及春秋时代《左传·成公二年》"义以生利，利以平民"，[4]《左传·成公十六年》"义以建利"，[5]《左传·昭公十年》"义，利之本也"[6]的思想脉络。日本怀德堂诸儒对"义""利"的新诠，在18世纪大阪地区社会氛围的刺激之下，反而回归了孔子之前的古义。

另一个在时代精神与社会氛围中对儒学进行"脉络性转换"的例子，是幕末至大正时代日本商界领袖人物涩泽荣一（1840—1931）所著《论语与算盘》。涩泽荣一提倡"道德、事实与利益合一"，[7]弘扬"义利合一"观，使《论语》成为20世纪日本资本主义的道德宝典。[8]

2. 两种"脉络性转换"及其效果

现在，我们进一步分疏"脉络性转换"的种类及其效果。第一类型的"脉络性转换"参前人之解释，可称为"侵入性的脉络性转换"。所谓"侵入

---

① 《中庸》第27章："故君子尊德性而道问学，致广大而尽精微，极高明而道中庸。"见朱熹：《中庸章句》，收入《四书章句集注》，页47。

② 朱熹：《论语集注》卷2《论语·里仁·一六》，收入《四书章句集注》，页97。

③ 《易经·乾卦·文言传》，引文见王弼注，孔颖达疏，李学勤等编：《周易正义》，收入十三经注疏整理委员会编：《十三经注疏整理本》卷1，北京：北京大学出版社，2000年，页14。

④ 《左传·成公二年》，引文见杨伯峻：《春秋左传注》上册，页788。

⑤ 《左传·成公十六年》，引文见《春秋左传注》上册，页880。

⑥ 《左传·昭公十年》，引文见杨伯峻：《春秋左传注》下册，页1317。

⑦ 涩泽荣一：《论语与算盘》，洪墩谟译，台北：正中书局，1988年，页2；《論語と算盤》，东京：国书刊行会，1985、2001年，页2。

⑧ 参看黄俊杰：《德川日本〈论语〉诠释史论》第10章《涩泽荣一解释〈论语〉的两个切入点》，台北：台大出版中心，2007、2015年，页353—369。

性的脉络性转换",最常见于主体性极强的思想家对外来思想的解释中,其效果虽然可以为外来思想别开生面,但是常常不免由于过度曲人从己,而将外来思想狭隘化,仅得古代思想或外来思想之一隅而未能窥其全貌,所论常未能得其平、得其实。

我想举荻生徂徕对孔子的"道"的解释为例加以说明。正如丸山真男所说,从仁斋学到徂徕学的发展,代表从《论》《孟》中心主义向"六经"中心主义的移动,徂徕学中"政治优位性"特别显著。①我想补充的是,如果说《论》《孟》是以"修己"为中心的学问,那么"六经"就可以说是"治人"的学问;如果说《论》《孟》主要代表"心性儒学",那么"六经"就可以说是代表"政治儒学"。荻生徂徕是以"政治儒学"之立场,对孔孟思想的"心性儒学"进行一种"侵入性"的新解释。

荻生徂徕对《论语》进行"侵入性"的阅读以完成对孔学的"脉络性转换",最旗帜鲜明的表现就是对"道"这个关键词的新诠。孔子毕生向道、求道,自谓"朝闻道,夕死可矣"②,孔子以弘道自任,他生死以之所追求的"道",显然是超越时空的"百世以俟圣人而不惑"③的普世真理。但是,荻生徂徕却在孔子的"道"之中加入了鲜明的政治意涵,徂徕说"盖孔子之道,即先王之道也"④"先王之道,安天下之道也",⑤又说:"道者,统名也。举礼乐刑政,凡先王所建者,合而命之也,非离礼乐刑政别有所谓道者也。"⑥记载"先王之道"的,就是"六经",徂徕说:"'六经'即先王之道。"⑦那么,"道"

---

① 见丸山真男:《日本政治思想史研究》,页 71—139。
② 朱熹:《论语集注》卷 2《论语·里仁·八》,页 95。
③ 《中庸》第 29 章,见朱熹:《中庸章句》,页 49。
④ 荻生徂徕:《論語徵》乙卷,页 83—84。
⑤ 荻生徂徕《弁道》第 2 条、第 7 条均主张"先王之道,安天下之道也"。见荻生徂徕:《弁道》,收入井上哲次郎、蟹江义丸编:《日本倫理彙編》第 6 卷《古学派之部》下,东京:育成会,1903 年,页 12、15。
⑥ 荻生徂徕:《弁道》第 3 条,页 13。
⑦ 同上书第 2 条,页 12。

出于何处呢？徂徕进一步指出"圣人者，道之所出也"，[①] 而"圣人"就是"开国先王之称"。[②] 经过徂徕上述"侵入性"的解读之后，孔子欣夕死于朝闻、颜渊（公元前 521—公元前 481）叹欲从而末由的"道"，已经抖落了"道通天地有形外"[③] 这一宋儒超越之"道"的内涵，而被窄化为"礼乐政刑"的政治之道。徂徕将宋儒的"道"进行"去形上化"，[④] 从而完成了孔子之"道"在 18 世纪日本的"脉络性转换"，这是非常典型的"侵入性转换"。

第二种类型的"脉络性转换"有前人的解释作为根据，可称为"选择性转换"。这种类型的"转换"，最常见于不同时间或空间的人对于复杂思想系统的重新解释。我们可以以朱子（晦庵）对《孟子·公孙丑上·二》"知言养气"章的解释为例加以阐释。孟子的"知言养气"论，包括"知言""集义""养气""存心"等单位概念，但朱子在 12 世纪的南宋时代重新诠释孟子学时，却特别选择以"知言"为首出，并以"知言"贯通"集义"、"养气"与"存心"，主张"唯穷理为能知言，唯集义为能养浩然之气"；[⑤] 又说："知言，知理也。"[⑥] 朱子是以他的"理"为中心的哲学之基础，在孟子的复杂系统中特标"知言"作为首出之概念，接着将孟子的"知言"解释成以"穷理"为中心的知识活动，由此而完成对孟子"养气"说之思想脉络的"选择性转换"。

为什么朱子会对孟子学进行上述的"选择性转换"呢？一言以蔽之，朱子基本上是本《大学》解《孟子》，并在他以"理"为中心的哲学之基础进行

① 荻生徂徕：《論語徵》戊卷，页 193。
② 荻生徂徕：《論語徵》丁卷，页 147。荻生徂徕在《太平策》中说："所谓圣人，系开国之君，善鉴于未来，致力使礼乐制度之弊少而称立者。"见荻生徂徕：《太平策》下册，收入吉川幸次郎等校注：《日本思想大系》36《荻生徂徕》，东京：岩波书店，1973 年，页 459。
③ 程颢：《秋日偶成》，见《河南程氏文集》卷 3，收入程颢、程颐著，王孝鱼点校：《二程集》上册，北京：中华书局，1981 年、2004 年，页 482。
④ 这是吴震用的名词，见吴震：《东亚儒学问题新探》，北京：北京大学出版社，2018 年，页 101。
⑤ 朱熹：《与郭冲晦》，见《晦庵先生朱文公文集》卷 37，收入《朱子全书》第 21 册，页 1640。
⑥ 黎靖德编：《朱子语类》卷 52《孟子二·公孙丑上之上·问夫子加齐之卿相章》第 47 条，收入《朱子全书》第 15 册，页 1708。朱子在《孟子·公孙丑上·二》的注中又说："知言者，尽心知性，于凡天下之言，无不有以究极其理，而识其是非得失之所以然也。"见朱熹：《孟子集注》卷 3，页 322。

这种"选择性转换"。朱子这种解《孟》立场，在他以"愚谓"起首，在《孟子·尽心上·一》集注最后所写的个人意见中，表达得最为清楚，朱子说："愚谓：尽心知性而知天，所以造其理也；存心养性以事天，所以履其事也。不知其理，固不能履其事；然徒造其理而不履其事，则亦无以有诸己矣。"[1] 在孟子思想系统中，经由"尽心"以"知性"、以"知天"这种"寻求与超越的精神领域与动力合而为一的一种努力"，[2] 在朱子的系统中被理解为求"理"的知性活动。朱子在这一章第一段的集注说："……以《大学》之序言之，知性则物格之谓，尽心则知至之谓也"，[3] 将他本《大学》解《孟子》之立场，做了最清楚的表白。

朱子之后，中朝日各地儒家学者认为朱子释《孟》言论与孟子多所扞格，挞伐不遗余力。[4] 当代中外学者之评论亦为数甚夥，其中最淋漓尽致的是牟宗三先生。牟先生认为朱子本《大学》解《孟子》，"是他律道德，非孟子'尽心'之义。孟子说'尽心'是充分实现（扩充）本心之谓，既非'知至'之认知地'尽'，亦非'依所知之理、尽心力而为之'之他律式的实行地尽"。[5] 牟先生这一段话，可视为对朱子对孟子"知言养气"说进行的"选择性转换"之最公允的论断。

因此，我们可以进一步说，所谓"选择性转换"其自身在进行选择时，实已渗入解释者的主观哲学立场，虽然朱子曾信誓旦旦对学生宣称他解释的孟子"知言养气"说："若与孟子不合者，天厌之！天厌之！"[6] 但是貌似客观

---

[1] 见朱熹：《孟子集注》卷13，页489—490。

[2] 余英时：《论天人之际：中国古代思想起源试探》，台北：联经出版公司，2014年、2017年，页62。

[3] 见朱熹：《孟子集注》卷13，页489。

[4] 参看黄俊杰：《孟学思想史论》卷二第5章《作为生命诠释学的孟子诠释学（1）：朱子对孟子知言养气说的诠释及其回响》，页189—248。

[5] 参看牟宗三：《心体与性体》第3册，收入氏著：《牟宗三先生全集》第7册，台北：联经出版公司，2020年版，页492。

[6] 黎靖德编：《朱子语类》卷52《孟子二·公孙丑上之上·问夫子加齐之卿相章》第87条，页1719。

平正的"选择性转换"，实已与"侵入性转换"毫无二致。所以，我们也可以说，"侵入性的脉络性转换"与"选择性的脉络性转换"，虽然有直接与间接或强势与温和之差别，但其效果都已导致古代思想含义重新被开发，外来思想在移入地重获新生。得失之间，诚不易言也。

那么，以上所说这两种类型的"脉络性转换"，会带来何种思想交流的效果呢？从东亚思想交流史的经验来看，比较常见的至少有以下两个效果。

第一种效果是经由"脉络性转换"而完成外来思想的"创造性转化"，达到主客交融之境界，使异时异地的思想在不同时间与空间获得新的生命，所谓"从此奇男已丈夫"，此之谓也。朝鲜儒学史上延续 500 年的"四七之辩"，就是一个例证。"四端"一词出自《孟子·公孙丑上·六》，"七情"一词出自《礼记·礼运》，在中国儒家原典中这两个名词的含义，都比较素朴。但是这两个名词东传朝鲜以后，经由朝鲜儒者赋予新的意涵，朝鲜儒者将"四端"与"七情"之关系置于"理"、"气"关系以及"已发"、"未发"思想光谱中思考，使"四端""七情"二词取得新的生命，成为朝鲜儒家思想史中最重大的论争议题。据李明辉（1953—　）先生研究，"四七之辩"在朝鲜之所以成为争辩问题，主要是因为朝鲜儒者"除了要面对《礼记》、《孟子》等早期儒学文本及其所代表的权威（即孔、孟的权威）之外，还要面对程、朱性理学的文本及其所代表的权威（即程、朱的权威）。……由这双重文本及其双重权威所形成的思想史背景本身便成为引发争论的根源。"[1] 朝鲜儒者经由 2 次"四七之辩"而开发 4 个问题："（1）四端与七情是同质的还是异质的？（2）七情是否包含四端在内？（3）四端是否可能不中节？（4）'理'本身是否具有活动性？"[2] 这些问题虽潜藏于中国儒学之中，但却是由朝鲜儒者加以显题化，这个个案可以视为经由"脉络性转换"而完成"创造性转化"的

---

[1]　李明辉：《四端与七情：关于道德情感的比较哲学探讨》，台北：台大出版中心，2008 年、2012 年，页 214。

[2]　同上书，页 370。

成功例证。又如朝鲜儒学史上著名的"人性物性异同论"的论争,问题意识原出于朱子的《中庸章句》①与《孟子集注》②,但是朱子的解释与潜藏在《中庸》之中的"天道性命相贯通"③命题有所扦格。潜藏于朱子"性"论中的"人性物性异同论"这个问题,被朝鲜儒者加以显题化,朝鲜儒者韩元震(字德昭,号南塘,1682—1751)与李柬(字公举,号巍岩,1677—1727)针对这个问题提出种种论辩,深究这个议题之深刻而复杂的内涵。④这个个案也可以视为"创造性转化"的成功案例。再一个例子也许是荻生徂徕。徂徕将明代古文辞学派的"文学"中模式转换的未竟之业,引入"武国"德川日本的新脉络之中,不仅开启"古文辞"之"学"的新面向,而且成功地开创了不同于宋学的诗文观与儒学思想体系。⑤徂徕不仅在中国与日本之间进行"脉络性转换",也在"古""今"脉络的对比之中,提出"'性情分离与气质不变化'、'政教分离论与政治优位论'以及'天人分离论与人间优位论'诸命题基础上的全新理论体系",⑥徂徕在中日之间以及古今之间进行的"脉络性转换",可视为"创造性"转换的成功案例。

第二种效果则是由于异代异地的解释者与经典亲切对话,相与謦欬于一堂之上,但是他们的经典解读采取"以主摄客"的进路,以"自我"为主体而对于异代或外来的文本进行"曲解性的转化","拔赵帜立汉赤帜"⑦,偷龙转凤,使橘逾淮而为枳。这种效果虽然常常表现为对原典的曲解,但有时曲解却开启新解,延续经典文本的开放性。

---

① 朱熹解《中庸》:"天命之谓性,率性之谓道"一句曰:"人物之生,因各得其所赋之理,以为健顺五常之德,所谓性也。"见朱熹:《中庸章句》,页23。
② 见朱熹:《孟子集注》卷11,页457。
③ 牟宗三:《中国哲学的特质》第4讲,页21—26。
④ 参看吕政倚:《人性、物性同异之辨——中韩儒学与当代"内在超越"说之争议》,台北:新文丰出版公司,2020年。
⑤ 参看蓝弘岳:《漢文圈における荻生徂徕:医学・兵学・儒学》,东京:东京大学出版会,2017年,页301。
⑥ 韩东育:《从"道理"到"物理"——日本近世以来"化道为术"之格致过程》,台北:台湾大学人文社会高等研究院东亚儒学研究中心,2020年,页128。
⑦ 司马迁:《史记》卷92《淮阴侯列传第三十二》,页2616。

说明这种"曲解性的转化",最有启示性的例子是伊藤仁斋对《论语·子罕·一三》"子欲居九夷"一语的新解释。《论语》中的"九夷"一词,或认为是在淮泗之间,北与齐鲁接壤;[1] 或认为孔子有意桴海赴朝鲜。[2] 但伊藤仁斋却主张孔子向往之地即为日本,因为日本"君臣相传,绵绵不绝。尊之如天,敬之如神,实中国之所不及"。[3] 为什么伊藤仁斋主张孔子欲去华而居日本呢?因为"苟有礼义,即夷即华也"。[4] 经过上述"以主摄客"的新解释,伊藤仁斋成功地颠覆了传统中国的"华夷之辨",并将《论语》原典中潜藏的"地理认同",经由"曲解性转化"而置换为"文化认同",确实具有创意。

3. "脉络性转换"过程中的中介人物与政治力的作用

现在,我们转而讨论思想交流史中促成"脉络性转化"的中介人物。所谓"中介人物"(professional intermediate agents)一词是杨联陞(1914—1990)先生所创,原指经济、社会、法律、宗教、文化等各方面,介于两端之间而扮演沟通角色的人物,如商人、媒人、律师、教师等。[5] 但是在本书中所用"中介人物"一词,特指东亚思想交流史中的最关键人物——儒家学者。中日朝(特别是日朝两国)的儒者在 20 世纪以前的东亚文化交流中,扮演了外来思想的吸纳者与筛选者的双重角色。他们一方面以其专业学识吸纳来自中国的儒家经典及其思想,但另一方面又从当地人士的立场,将来自中国的儒学加以协商、调整、转化,使儒学融入日朝社会文化风土之中,使儒学成为东亚人民共享的文化资产,对"东亚儒学"这个领域的建构居功厥伟。

但是,20 世纪以前中朝两国的儒者与德川时代日本的儒者,在权力网络

---

[1] 孙诒让:《非攻中第十八》,收入氏著:《墨子间诂》上册,北京:中华书局,1986 年,页126—127。
[2] 刘宝楠:《论语正义》上册,北京:中华书局,1990 年,页 344。
[3] 伊藤仁斋:《論語古義》卷 5,页 138。
[4] 同上。
[5] 杨联陞:《中国文化的媒介人物》,收入《大陆杂志史学丛书》第 1 辑第 1 册《史学通论》,台北:大陆杂志社,未著出版日期,页 243—250,引文见页 244。

中扮演的角色有其巨大的差异。渡边浩（1946— ）先生指出：作为儒家“教养”的乘载者的儒家学者，在中国是“读书人”，在朝鲜是“两班”，在日本是“儒者”，其存在形态并不相同。[①] 儒者在 20 世纪以前的中国是“读书人”，常常也是“士大夫”，是中华帝国权力的执行者与分享者，北宋宰相文彦博（1006—1097）向宋神宗（在位于 1067—1085）说：“为与士大夫治天下，非与百姓治天下也。”[②] 这句话将 10 世纪以后，儒家“士大夫”介入帝国权力网络的状况，和盘托出。朝鲜王朝儒学“教养”的乘载者属于“两班”阶级，是朝鲜王朝政权的分享者，具有世袭的权力与地位。相对于儒家“教养人”在中朝两国的存在样态，德川日本的所谓“儒者”（じゅしゃ）既无官守，亦无言责，是社会上自由流动的知识人。古学派大师伊藤仁斋夜行遇抢匪，他对抢匪宣称其职业是“以人道教人者也”，[③] 这句话可以很传神地说明儒者在德川时代民间社会的角色。在德川日本，介入幕府权力体系的所谓“御用儒者”为数极少。德川日本的儒者受到政治权力牵制的程度，远低于中朝两国的同道。所以，中朝两地儒者的“文化自我”与“政治自我”常处于紧张之状态，但是，作为德川社会文化公共财产的日本儒者如中井履轩（1732—1817）则可悠然自得，对经典提出充满自由学风的新诠（我曾为文分析中井履轩的孟子学，[④] 此处不再赘述）。以上所说儒者在中朝日三地不同的存在样态，在很大程度之内决定了他们对儒家经典以及朱子学的解释，也决定了他们进行儒学“脉络性转换”时的态度与立场。

　　总而言之，所谓“脉络性转换”在理论上可以细分为“去脉络化”与“再

---

① 渡边浩：《儒者・読書人・両班——儒学的「教養人」の存在形態》，收入氏著：《東アジアの王権と思想》，东京：东京大学出版会，1997 年，页 115—141。

② 宋神宗曰：“更张法制，于士大夫诚多不说，然于百姓何所不便？”彦博曰：“为与士大夫治天下，非与百姓治天下也。”见马端临：《文献通考》卷 12《职役考》，收入《景印摛藻堂四库全书荟要》第 227 册，台北：世界书局，1988 年，页 306。

③ 原念斋：《先哲丛谈》卷 4，上海交通大学出版社编：《日本汉文史籍丛刊》第 4 辑《传记》17，上海：上海交通大学出版社，2014 年，页 162。

④ 黄俊杰：《东亚儒学史的新视野》第 5 章《中井履轩的孟子学：善性的“扩充”与“道”之人间性的重建》，台北：台大出版中心，2015 年，页 125—159。

脉络化"两个步骤,但在思想交流实务上,这两个步骤常同时发生。"脉络性转换"常在交流人物的思想的"小脉络"之中,以及交流人物所处的时代背景与精神的"大脉络"中进行。我们进一步分析"脉络性转换",可知其包括"侵入性"与"选择性"两种"脉络性转换",前者常能导致外来思想的"创造性转化",而后者则常会造成"曲解性的转化"。思想在不同时间与空间所进行的"脉络性转换"工程之中,作为"中介人物"的儒家人物,居于重要地位,异域儒者之出新解于陈篇,常能别开生面,对"东亚儒学"的建构居功厥伟。但是,中朝两地的儒者,在为儒学进行"脉络性"转换时,也常常受到权力关系网络的干预,因为他们正是身处于中朝权力网络之中。德川日本的儒者,大多未居官职,既无官守,亦无言责,所以可以悠游于儒家经典之中,以"自由的"(liberal)精神别创新解。

四、孟子学诠释与朝日儒者思想主体性的建立

本书第一部各章的分析主轴,在于孟子学在朝鲜与日本所经历的"脉络性转换"现象,但是,从朝日儒者的立场而言,孟子思想的"脉络性转换"对他们而言不是关心的问题,他们毋宁更关心如何利用孟子学或朱子学思想资源,建构他们自己思想的主体性,所以本书第二部各章研究的焦点必须放在孟子学诠释与朝日儒者思想主体性建立的过程之上。

如果从朝日儒者建立其思想主体性或政治观的过程着眼,孟子学的传入及其再诠释,基本上扮演两种角色:

第 1 种角色是朝日儒家思想形成过程中的触媒(catalyst)之角色。所谓"触媒"的角色,是指日朝地区的儒者原有的价值理念如尊君等,在孟子学传入之后,随着孟子的"王道"政治思想与"孟子不尊周"历史事实的刺激,经由接受或批判孟子,而得以大加彰显,成为他们建构自己思想的外缘因素。

我所谓孟子扮演的"触媒"角色,也可以在朝鲜国王与儒臣讨论孟子思

想时窥其端倪。朝鲜第 23 代国王纯祖（李玜，1790—1834，在位于 1800—1834）就感叹当时儒臣多半空言"王道"，但是"王天下者，徒以恻隐为心，则何以治下乎？"[1]朝鲜第 22 代国王正祖（李祘，1752—1800，在位于 1776—1800）则从《孟子》书中读出了政权合法性问题、"政道"与"治道"问题、"名"与"实"的问题，以及"势"与"德"孰先的问题。这些都是作为政治最高统治者"日用而不自知"，潜藏于心中，经由孟子政治思想的冲撞而显题化的问题，我在本书第八章会详加讨论。在正祖等国王的政治思想形成的过程中，孟子政治思想确实发挥了"触媒"的作用。

孟子在朝日儒学发展过程中扮演的第 2 种角色就是作为对比的角色。孟子学显微无间，孟子从"尽心"而"知性"而"知天"，建立一个既"道中庸"而又"极高明"，既"致广大"而又"尽精微"的思想体系。这套体系东传朝鲜与日本之后，正好作为 17 世纪以后日朝"实学"的对比系统，使日朝儒者的"实学"论述更为完整，如 18 世纪伊藤仁斋对孟子学的"王道"、"道"、"性"、"心"等核心概念的再定义，都充满了反形而上学与反观念论的色彩，我在本书第六章会加以讨论。再如本书第七章会讨论的 18 世纪朝鲜大儒丁茶山对孟子的"道"所提出的新诠释，表现为丁茶山经由对形而上学的拒斥而批判并超越朱子学，建立他自己的"实学"思想体系。我们可以说，正是在孟子学作为对比系统的参照之下，朝日儒者思想主体性的建构更臻于完整。

五、本书结构与论述课题

本书除第一章绪论之外，全书共分三部：第一部是"孟子学的视野"，第二章与第三章从孟子学内部的问题意识出发，探讨朝鲜与日本儒者对于孟

---

[1] 《纯祖实录》卷 12《纯祖 9 年（1809）3 月 27 日丁亥》，见朝鲜国史编纂委员会编：《朝鲜王朝实录》第 47 册，首尔：东国文化社，1955—1963 年，页 627。

子政治思想的论辩,尤其聚焦在"王道"及作为"王道"理想之具体化的"孟子不尊周"这两项议题,以及日朝儒者对孟子所说的汤武论与管仲论的争辩。这两章所探索的是孟子政治思想的核心课题,涉及孟子学对中日朝各国帝王权力不同程度之冲击。第四章则从孟子学中的心性论出发,探索日朝儒者对孟子"养浩然之气"与"不动心"等关键命题所提出的新解释,及其在东亚比较思想史上的意义。

本书第二部展现"朝日儒学史的视野",所谓"朝日儒学史的视野",就是从朝鲜儒学史与日本儒学史的视野出发,考察朝日两国儒者的孟子学诠释及其思想史意义。第五章考察作为17世纪朝鲜朱子学者的李惟泰(1607—1684)与阳明学者郑齐斗(1649—1736)的孟子学之异同。第六章将17世纪日本古学派儒者伊藤仁斋的孟子学,置于东亚儒学比较视域中来衡定其价值与意义。第七章探讨18世纪朝鲜实学大师丁若镛(茶山)对孟子心性论的新解释,并将茶山孟子学与中国朱熹(晦庵)与戴震(东原,1724—1777)以及日本中井履轩的孟子学诠释互作比较,以突出茶山孟子学在东亚儒学史的突出地位。第八章研讨朝鲜王朝(1392—1910)文化水平最高的第22代国王正祖在经筵场合中与诸多儒臣之间有关孟子思想的提问与质疑,并将正祖与儒臣对孟子学的思考置于东亚孟子学视野中加以考量。

本书第三部"结论"第九章综论孟子其人与《孟子》这部书的魅力,回顾中朝日权力结构对孟子学解释之影响,观察朱子学在中朝日孟子学中的角色,析论中朝日孟子学的同调与异趣,并延伸探讨东亚孟子诠释学触及的诸多具有理论意趣的诠释学问题。

第一部　孟子学的视野

引 言

本书第一部共包括第二、三、四等三章，从孟子学的视野观察朝鲜与日本儒者对孟子政治论与心性论的解释，并分析朝日儒者重新诠释孟子时所出现的"脉络性转换"的阶段、类型及其限度。所谓"孟子学的视野"，即是以孟子学为主体，衡断朝日儒者的孟子学论述，以观察孟子学在异域所经历的"脉络性转换"，并衡断其间之因革损益与是非得失，及其在思想史上之位置。

第二章分析孟子"王道"政治论在朝鲜与日本之新诠。朝鲜君臣均以"王道"为政治最高目标，孟子"王道"论成为君臣互动之际儒臣的"批判的武器"，也成为国王对"武器的批判"。孟子"王道"理念在日本历经被解释为"神皇之道"与"皇道"二阶段发展。本书第三章则以"孟子不尊周"事件为焦点，分析朝鲜儒者的"政治的自我"与"文化的自我"之紧张关系，并分疏孟子"王道"在朝鲜所经过的三种"脉络性转换"的类型。本章亦分析德川日本思想史上的"孟子事件"中，所谓"町儒者"与"御儒者"对孟子学之不同诠释，也疏理了藤泽东畡对孟子学的批判。

第四章以孟子"知言养气"说为中心，分析朝鲜儒者诠释孟子心性论时所触及之两大问题：（1）"心"对"气"之关系；（2）"心"之自由与责任。本章也分析日本儒者对孟子心性论之理解。最后则从孟子学视野出发，申论朝日儒者的孟子学解释，涉及三大理论问题：（1）思想原创者的所有权问题；（2）"脉络性转换"与自由度问题；（3）解释的无政府主义问题。

第二章
朝日儒者对孟子政治思想的论辩（上）：以"王道"理念为中心

一、引言

20世纪中国新儒家学者唐君毅（1909—1978）先生曾有"中国孟学三变"之说：一是东汉赵岐（邠卿，？—210）之本经学言孟子，二是宋明儒者之本心性说孟子，三是明清儒者之本"民贵"之义推尊孟子。唐先生并以"立人"之道，贯通历代孟学三变之义旨，[①] 其说特具卓识。从东亚儒学视野观之，孟子学之为后儒特重者，在于孟子心性论与政治论。孟子思想内外交辉，心性论是政治论的基础，两者绾合为一。孟子主张国君以"仁心"（即"不忍人之心"）行"仁政"（即"不忍人之政"），在战国季世建构一个以人民为主体的理想世界，成为两千多年来王权高涨的东亚各国知识分子魂牵梦萦的精神原乡。孟子这一套思想体系东传朝鲜与日本之后，经历朝日当地儒者的淘洗与新诠，出现相当的扭曲，但也被赋予新的生命。作为思想交流的"中介人物"的日朝儒者，"可以被譬喻为棱镜（prism），对于外来的概念进行折射、屈光，或反射"[②]，

① 唐君毅：《中国哲学原论·原道篇》一第5章《孟子之立人之道》上，页210—213。
② 黄俊杰：《思想史视野中的东亚》，页20—21。

使外来思想融入异域而较易为朝日两地知识分子所接受。对朝日儒者而言，孟子学是外来的思想系统。在他们对孟子思想进行筛选以及重新解释的过程中，孟子政治思想的穿透力最强，在朝日儒者之间所引起的争辩也最激烈，所以本章首先从朝日儒者对孟子政治思想的论辩开始分析。

战后初期，著名史学家汤恩比（Arnold Joseph Toynbee, 1889—1975）完成共 12 巨册的《历史研究》（A Study of History），1952 年，汤恩比曾应英国广播公司（BBC）之邀，将最后 4 册的重点钩元提要，发表莱斯系列演讲（The BBC Reith Lectures），题为《世界与西方》（The World and the West）。汤恩比曾宏观东西文化交流的历史经验说：“一个向外辐射的文明之文化光线，射中一个外围的社会体时……（各股）角逐中最重要的，是回折的作用……”[1] 汤恩比对东西文化接触现象的观察，很有见识，完全可以引用来说明孟子学东传之后，孟子政治思想（尤其是“王道”、“不尊周”等议题）因为对日朝政治与社会穿透力特强，而激起的强而有力的“回折”（diffraction）状况。所以我们回顾孟子学在日朝地区的发展，首先便需探讨朝日儒者对孟子政治思想的论辩，尤其聚焦于作为孟子政治思想核心的“王道”理念及其具体化的“孟子不尊周”行为，以及管仲（公元前 730—公元前 645）论之上。

但是，在讨论朝鲜与日本儒者对孟子政治思想的争论之前，我们必须先说明《孟子》这部书进入朝鲜与日本之历史过程。

就朝鲜存世史料观之，《孟子》何时传入朝鲜半岛，已无确切年代可考。788 年，新罗“始定读书三品以出身，读《春秋左氏传》、若《礼记》、若《文选》而能通其义，兼明《论语》《孝经》者为上。读《曲礼》《论语》《孝经》者为中，读《曲礼》《孝经》者为下。若博通五经三史，诸子百家书者，超擢用之。前祇以弓箭选人，至是改之”。[2] 8 世纪新罗的选才新制所依据诸书清

---

[1]　Arnold Joseph Toynbee, The World and the West, London: Oxford University Press, 1953, pp. 68-69. 引文见钟建闳译：《世界与西方》，台北：中央文物供应社，1953 年，页 40—41。

[2]　金富轼：《三国史记》卷 10《新罗本纪》，收入任东权、李元植、娄子匡编：《韩国汉籍民俗丛书》第 5 册，台北：东方文化书局，1971 年，页 112。

单,《孟子》一书均未列其中,可证《孟子》在 8 世纪可能尚未传入朝鲜半岛
或尚未广为人知。但是到了 9 世纪,在曾留学唐朝的新罗翰林学士崔致远
(857—?)的《无染和尚碑铭》(《孤云集》卷 2)中,就出现了"鱼非缘木
可求"一句,[①] 此典系出自《孟子·梁惠王上·七》"以若所为求若所欲,犹
缘木而求鱼也"[②],由此可推知《孟子》一书在 9 世纪已经为留学中国的朝鲜
知识分子所熟知。12 世纪的史学家金富轼(1075—1151)等文臣奉王命而
撰写朝鲜半岛的第一部正史《三国史记》,以纪传体叙述新罗、高句丽与百
济三国的史事。[③] 金富轼在上高丽仁宗(在位于 1123—1146)国王的《进三
国史记》表中,曾有"故孟子曰:'晋之《乘》,楚之《梼杌》,鲁之《春秋》,一
也。'"[④] 之说,可见金富轼已看过《孟子》一书。到了 13 世纪,曾任高丽朝国
子监司业的安珦(1243—1306)从蒙元中国携回朱子著作之后,高丽知识分
子就已经由朱子《四书章句集注》而熟悉《孟子》。13 世纪的李奎报(1168—
1241)在《答全履之论文书》中,曾评论孔、孟、荀、杨,其言曰:

> 孟子不及孔子,荀杨不及孟子。然孔子之后,无大类孔子者,而
> 独孟子效之而庶几矣。孟子之后,无类孟子者,而荀杨近之。故后
> 世或称"孔孟",或称"轲雄"、"荀孟"者,以效之而庶几故也。[⑤]

可见,到了 13 世纪,《孟子》一书必已为朝鲜知识分子所熟知,故他们能对
孔、孟、荀、杨等人有所品评月且。14 世纪的李谷(1298—1351)在宫廷试
策,已能畅论皇、帝、王、霸之别,并期许国王"师皇、帝、王之道,此千载一

---

① 崔致远:《孤云先生文集》卷 2《无染和尚碑铭》,收入韩国文集编纂委员会编:《韩国历代
文集丛书》第 2 册,首尔:景仁文化社,1997 年,页 90—123 ;"鱼非缘木可求"一句见页
99。
② 见朱熹:《孟子集注》卷 1《孟子·梁惠王上·七》,页 289。
③ 金富轼:《三国史记》,收入《韩国汉籍民俗丛书》第 5、6 册。
④ 金富轼:《进三国史记表》卷 44《表笺》,收入末松保和编:《东文选》第 2 册,首尔:太学社,
1975 年,页 241。
⑤ 李奎报:《答全履之论文书》,见《东国李相国全集》卷 26,收入韩国文集编纂委员会编:
《韩国历代文集丛书》第 8 册,页 528—535,引文见页 531。

机会也"。[1]本章第二节将讨论的评论孟子的朝鲜儒者，都是16世纪以后的知识人，他们已经登堂入室，与孟子謦欬相与于一堂之上矣。

我们再看《孟子》传入日本的状况。关于《孟子》传入日本的确切年份已不可考。18世纪藤原贞干（1744—1797）的《闻见录》（刊于1795年）[2]、桂川中良（1732—1808）的《桂林漫录》[3]以及冢田大峰（1745—1832）的《随意录》[4]，都说来自中国的船只如果载有《孟子》，该船必然翻覆。据井上顺理（1915—2009）考证，以上说法都源自于明人谢肇淛（1567—1624）所捏造的说法，[5]与史实不符。事实上，17世纪的松下见林（1637—1703）就说《孟子》一书，日本"千有余年，古来宗之……乃赵岐注也，其后有《十三经注疏》、《四书集注》及《大全》等，流行于世，皆自中国航海稛载而来者也，孰谓无《孟子》乎？"[6]据井上顺理的调查，日本文德2年（852），滋野贞主（785—852）等人所编的《经国集》中已引用《孟子》书中文句，[7]至宽平年间《孟子》其书已著录于《日本国见在书目录》，可以确认至迟在9世纪，《孟子》已经传入日本。[8]在17世纪上半叶的日本，《孟子》的注释书籍就已出现，有江户初期朱子

---

① 李谷：《廷试策·皇帝王霸之道》，见《稼亭先生文集》卷13《策》，收入民族文化推进会编：《韩国文集丛刊》第3辑，首尔：保景文化社，1990—2005年，页180—182。

② 藤原贞干：《聞見録》26"孟子"条，此书收入《日本随筆大成》卷11，我未见此书，此处系转引自井上顺理：《本邦中世までにおける孟子受容史の研究》，东京：风间书房，1972年，页10注1。

③ 桂川中良：《桂林漫録·孟子卷下》，收入《日本随筆大成》卷1，东京：吉川弘文馆，1927年，页659。

④ 冢田大峰：《随意録》，收入关仪一郎编：《日本儒林叢書》第1卷《随筆部》，东京：凤出版株式会社，1978年，页10。

⑤ 谢肇淛之说见谢肇淛《五杂组》卷4《地部2》"靺鞨之狘狘"条云："倭奴亦重儒书，信佛法，凡中国经书皆以重价购之，独无《孟子》。云：有携其书往者，舟辄覆溺。此亦一奇事也。"见谢肇淛：《五杂组》第1册，沈阳：辽宁教育出版社，2001年，页90。参见井上顺理：《本邦中世までにおける孟子受容史の研究》，页3。

⑥ 松下见林：《異称日本伝》卷中第3册，收入物集高见编：《新注皇学叢書》卷11，东京：广文库刊行会，1927年，引文见页481。

⑦ 《经国集》收录日本庆云4年（707）至天长4年（827）之间约120年间的诗文，由此可以推估：《孟子》书至迟在天长4年（827）之前，应已传入日本。

⑧ 井上顺理：《孟子伝来考》，《鸟取大学学芸学部研究报告（人文·社会科学）》第15卷（1964年），页211—232，特别是页232。承藤井伦明教授从日本九州大学图书馆复印此文，谨敬申谢意。

学者藤原惺窝（1561—1619）的《四书大全头书》22 卷（元和 6 年 [1619] ）、朱子学者林罗山（1583—1657）的《四书要语抄》（宽永 3 年 [1626] ），加贺藩第 4 代藩主前田光高（1616—1645）的《孟子闻书》（正保 2 年 [1645] 写本）等书。① 井上顺理并指出：《孟子》一书从 9 世纪传入日本之后，在镰仓时代（1192—1333）、南北朝时代（1336—1392）及室町时代（1338—1573），一般学者、朝廷幕内以及博士家均常诵读《孟子》书，对孟子思想并不陌生。②

但是，在整个德川时代的日本，研究中国儒家经典的学者与著作数量中，《孟子》仅能排名第 7。第 1 是《易经》，共有 212 位学者，著作共 395 种；第 2 是《论语》，共 261 人，著作 363 种；第 3 是《大学》，共有 183 人，著作 246 种；第 4 是《春秋》，共有 164 人，著作 224 种；第 5 是《孝经》，共有 144 人，著作 199 种；第 6 是《诗经》，共有 131 人，著作 173 种；第 7 才是《孟子》，共有 126 人，著有 169 种著作。此外，第 8 是《中庸》，共有 131 人，著作 168 种；第 9 是《书经》，共有 111 人，著有 147 种著作；第 10 种是《礼记》，共有 111 人，著有 147 种著作。③ 在诠释孟子政治思想的著作中，幕末尊王死士吉田松阴（1830—1895）所著《讲孟余话》一书，对明治维新发挥了可观的影响。④ 孟子政治思想中的 "革命"（rebellion）、"舍生取义"（martyrdom）等理念，也广为日本知识分子们所知，对日本明治早期福泽谕吉提出的 "天诛" 思想和佐藤义雄提出的 "义死论"，都有所影响。⑤

---

① 井上顺理：《近世邦人撰述孟子注释书目稿》，收入池田末利博士古稀纪念事业会实行委员编：《池田末利博士古稀記念東洋学論集》，广岛：池田末利博士古稀纪念事业会，1980 年，页 903—942，所引三书见页 904—905。

② 参考井上顺理：《本邦中世までにおける孟子受容史の研究》，页 214。

③ 统计数据见：Wai-ming Ng, *Imagining China in Tokugawa Japan: Legends, Classics, and Historical Terms*, Albany: State University of New York Press, 2019, p. 73。

④ 张崑将：《德川日本 "忠" "孝" 概念的形成与发展——以兵学与阳明学为中心》第 4 章《"忠" 思维的典型：从兵学者山鹿素行到吉田松阴》，台北：台大出版中心，2012 年，页 167—207。Wai-ming Ng, *Imagining China in Tokugawa Japan: Legends, Classics, and Historical Terms*, chapter 4, "The *Mencius* and Politics", pp. 71-90.

⑤ John A. Tucker, "Two Mencian Political Notions in Tokugawa Japan", *Philosophy East and West*, vol. 47, no.2 (1997), pp. 233-253.

二、朝鲜君臣互动中的孟子及其"王道"概念

（一）作为"政道之乡愁"的"王道"

　　孟子政治思想可以"王道"一词加以综括，所谓"王道"一词，早见于《尚书·洪范》"王道平平"、"王道荡荡"等语，[①] 原指周王宫殿前之道路平坦宽阔之意，到了孟子才赋"王道"一词以新意，以"王"与"霸"为对立之敌体。孟子主张"以力假仁者霸""以德行仁者王"[②]，"王"与"霸"是"仁"与"不仁"的对比，两者是本质之差异，而不是程度之区别。春秋时代有所谓"五霸"，但"五霸"指何人而言，则诸说纷纭，史学前辈吕思勉（1884—1957）先生考证诸家"五霸"之说甚详。[③]

---

① 孔安国传，孔颖达疏：《尚书正义》卷 12《洪范》，收入十三经注疏整理委员会编：《十三经注疏整理本》第 2 册，北京：北京大学出版社，2000 年，页 311。

② 朱熹：《孟子集注》卷 3《孟子·公孙丑上·三》，页 325。

③ 吕思勉先生说："五霸之说，尤为纷繁。《白虎通义》第一说曰昆吾、豕韦、齐桓、晋文。《风俗通义》《吕览》先己高注《左氏》成公二年杜注及服虔诗谱序疏主之。第二说曰齐桓、晋文、秦穆、楚庄、吴阖闾，无同者。第三说曰齐桓、晋文、秦穆、宋襄、楚庄，《孟子》告子赵注，《吕览》当务高注主之。《荀子》《王霸篇》曰：'齐桓、晋文、楚庄、吴阖闾、越句践，是所谓信立而霸也。'则其说又异。（《议兵篇》以齐桓、晋文、楚庄、吴阖闾、越句践并举。又《成相篇》谓穆公强配五霸，亦以穆公在五霸之外。）案《国语》《郑语》，以昆吾为夏霸，大彭、豕韦商霸。《谷梁》隐公八年云：'交质子不及二伯。'则第一说有据。《太史公自序》云：'幽厉之后，周室衰微，诸侯专政，五霸更盛衰。'则五霸必在东周之世，第二三说及荀子之说亦有据。《白虎通义》及《风俗通义》疏释辨论之语，亦皆可通而皆有以见必然。由其本无定说，故后人以意言之，其说皆有可取也。"见吕思勉：《读史札记》（影印本），台北：木铎出版社，未著出版年，页 194。"五霸"之名说法不一，甚至"王霸"之外，尚有"二霸"之说，所以陈登原（1900—1975）先生云："五霸云云，难以实指。"见陈登原：《国史旧闻》（影印本）【七九】五霸 条，台北：台湾大通书局，1971 年，页 184。亦有学者认为"五霸"一词乃起于"五行"说，见相原俊二：《孟子の五霸について》，收入池田末利博士古稀纪念事业会实行委员编：《池田末利博士古稀记念東洋学論集》，页 195—210。钱穆先生说："霸者标义，大别有四：一、尊王，二、攘夷，三、禁抑篡弑，四、裁制兼并。"见钱穆：《国史大纲》上册，台北：台湾商务印书馆，1996 年修订三版，页 59。所谓"霸主"在春秋时代政治之角色，或类似公元前 7 世纪以后，古代希腊城邦所出现的"僭主"（tyrant）。历史学家称公元前 7 世纪初至 2 世纪这段期间为"僭主时代"（the age of the tyrants），由于贵族对人民的压迫，希腊许多城邦出现"僭主"以建立新秩序，使人民生活安定。参考 A. Andrews, *The Greek Tyrant*s, New York: Harper & Row Publishers, 1963, pp. 7-30。

　　孟子所谓"王道"政治包括"仁心""仁政""德治""民贵"等 4 个单位概念,要求国君以"不忍人之心"[①]行"不忍人之政",以养民及教民为务,落实为民生乐利、轻徭减税、恢复井田、提升教育等措施。我过去曾说过:

> 　　孟子尊王黜霸,与宋儒之尊王名同而实异。孟子所尊之王并非业已日薄西山之周天子,而系鼓舞野心勃勃的战国国君推行仁政,以早日完成一统之新局面,拯生民于水火之中。孟子的王道政治论之特殊贡献,在于因袭民贵之古义,创造转化,明确标举以人民为政治之主体的主张。这种"民本位"之政治思想,与中国自秦汉以降"君本位"之政治现实,有本质的矛盾,于是,孟子政治思想遂成为中国历代儒臣驯化专制,乃至反抗专制之精神利器。孟子的政治思想实系中华民族永恒的"民族之乡愁"。[②]

孟子"王道"政治思想虽然在 20 世纪以前中华帝国"君本位"的专制体制之下,仅能成为历代儒臣心中的一种"乡愁",例如汉末乱世"建安七子"之一的王粲(177—217)在《登楼赋》中,呐喊着"冀王道之一平兮,假高衢而骋力",[③]王阳明弟子泰州学派王艮(心斋,1483—1541)曾撰《王道论》,在明末乱世呼吁"所谓王道者,存天理,遏人欲而已矣",[④]但是正如萧公权先生所说,"每当君国暗危之际,孟子一夫可诛、保民而王等说,辄起与无为无君之思想相呼应",[⑤]召唤知识分子的良心。最近有学者重新思考通过儒家"王道"秩序而寻求世界正义的可能性,并呼吁:"蒙受儒家之泽几

① 朱熹:《孟子集注》卷 3《孟子·公孙丑上·六》,页 328—329。
② 黄俊杰:《孟学思想史论》卷一,页 184。
③ 王粲:《登楼赋》,收入萧统编,李善注:《文选》卷 11(第 2 册),上海:上海古籍出版社,1986 年,页 491。
④ 王艮:《王道论》,收入《王心斋全集》卷 4,京都:中文出版社,据日本嘉永元年(1846)和刻本影印,总页 108—115。
⑤ 萧公权:《中国政治思想史》上册,台北:联经出版公司,1982 年,页 16 注 50。

千年,拥有世界上最为众多的国民,以天下为一家,以万物为一体,推行王道,舍中国而谁?"[1]在21世纪的台湾,孟子的"王道"理想仍召唤着知识分子。台北民间的中华文化永续发展基金会,提出以儒家价值理念为基础的"王道永续发展指标",其中包含五大元素:仁政、反霸、民本、生生不息、同理心。这套指标还在发展与研究之中,期许将来能够促使儒家"王道"政治理念,发挥其在21世纪的新意义。台湾资深企业领袖多年来提倡企业经营的"王道"精神在于重视"无形、间接、未来"的隐性价值,呼吁"王道"企业的"三大核心信念是创造价值、利益平衡、永续经营"。[2]台湾有一家银行由于推崇"王道"而改名为"王道银行"。在这一套作为中国知识分子的"乡愁"的"王道"政治思想中,孟子高唱的是人民胜利进行曲,所以他不尊王纲不振、王命衰微、没落中的周王。西汉董仲舒(公元前179—公元前104)说:"君者,不失其群者也。故能使万民往之,而得天下之群者,无敌于天下。"[3]这是中国历代儒者的共识。但是,皇帝因为控制国家机器,深知空言"王道"不足以运作复杂的政治实务。史载西汉元帝(在位于公元前49—公元前33)为太子时,建议其父宣帝(在位于公元前74—公元前48):"陛下持刑太深,宜用儒生。"引起宣帝大怒说:"汉家自有制度,本以霸王道杂之,奈何纯任德教,用周政乎!且俗儒不达时宜,好是古非今,使人眩于名实,不知所守,何足委任!"宣帝感叹:"乱我家者,太子也!"[4]一度考虑废太子。由此可知,"王道"作为政治理想与"王道"作为政务纲领,实有巨大之落差。

孟子的"王""霸"之辨,实质上是勾勒未来理想中的新"王"之"应然"

---

① 干春松:《重回王道:儒家与世界秩序》,上海:华东师范大学出版社,2012年,页153。
② 施振荣:《王道价值系统观:翻转"士农工商"的传统思维》,《联合报》2020年12月3日A13版;《王道与第六伦》,《联合报》2021年2月1日A13版;《王道与民主》,《联合报》2021年6月21日A13版。
③ 董仲舒:《春秋繁露》卷5《灭国上》,见苏舆:《春秋繁露义证》,钟哲点校,北京:中华书局,1992年,页133。
④ 班固:《汉书》第2册卷9《元帝纪》,页277。

（ought to be），以批判战国时代当前龌龊的现实之"实然"（to be）。[1] 孟子的
"王""霸"论述呈现典型的儒家式"反事实性"（counter-factuality）的论述方
式。[2]《左传·僖公二十七年》云"晋侯始入而教其民，二年，欲用之"，子犯
阻止，待文侯以具体行动使人民知"义""信""礼"之后，"一战而霸，文之教
也"，[3] 从《左传》记载晋文公取威定霸的史实，春秋时代的霸政实以儒家价值
理念为其根基，所以津田左右吉以"儒教化"或"君子化"一词[4]，说明春秋时
代的霸政之实质。小仓芳彦（1927— ）进一步指出："《左传》中的霸者，是
作为奉行'德行'乃至'德'、'信'、'礼'等行动原理，维持中原诸侯间一定
秩序者，而受到肯定的对待。"[5] 小仓先生之说完全符合春秋时代"霸者"的实
际状况，但是洎乎战国乱世，孟子说"今之诸侯，五霸之罪人也"，所描述的
是孟子所处的战国季世之实情。孟子峻别"王""霸"，正是以理想化的"古"
讽谏战国季世之"今"。赵岐说："孟子通五经，尤长于《诗》《书》。"[6] 从孟子
以"古"讽"今"、曲折以言之的思维方式观之，确属的论。

　　在东亚思想史上，朝鲜儒者对于抽象的"王道"理想及"单位概念"虽
然争议不大，但是，纯祖曾对"王道"的实践，提出极具理论意义的问题。孟
子"王道"理念东传日本之后，从德川时代到20世纪上半叶，历经两阶段
"脉络性转换"，"王道"的内容被置换成"神道"，再被置换成"皇道"，并在
1932年"满洲国"成立后达到高潮（我将在本章第三节加以分析）。在东亚

---

① 《孟子·告子下·七》："孟子曰：'五霸者，三王之罪人也；今之诸侯，五霸之罪人也；今之
　　大夫，今之诸侯之罪人也。'"见朱熹：《孟子集注》卷12，页480。

② Kuang-ming Wu, "Counterfactuals, Universals, and Chinese Thinking", *Tsing Hua Journal of
　　Chinese Studies*, New Series, vol. 19, no. 2 (1989), pp. 1-43.

③ 杨伯峻：《春秋左传注》上册，页447。孔颖达《正义》曰："今晋侯以义、信、礼教民，然后用
　　之，是文德之教也。"杨伯峻认为"文"是指晋文公，似以孔疏为佳。

④ 津田左右吉：《左传の思想史的研究》，收入《津田左右吉全集》第15卷，东京：岩波书店，
　　1964年，页168。

⑤ 小仓芳彦：《〈左传〉中的霸与德——"德"概念的形成与发展》，收入刘俊文主编：《日本
　　学者研究中国史论著选译》第7卷《思想宗教》，许洋主等译，北京：中华书局，1993年，页
　　1—27；引文见页5。

⑥ 赵岐：《孟子题辞》，见黄俊杰：《孟学思想史论》卷二附录1，页467—468。

孟学史上，"王道"理念只有具体化为人物或行动时，才激起中朝日儒者的激烈争论，所以本章处理朝日儒者对"王道"的解释，以及朝日儒者对作为"王道"对立面的"霸道"及其相关的管仲的历史定位等问题所做的分析。

（二）朝鲜经筵讲论与儒臣上疏中的"王道"

在中朝历史上，帝王与儒臣沟通意见主要有两种渠道：其一是在朝廷早朝或经筵讲论的场合，君臣之间讨论当前政务或探讨经典的义理，例如古代中国的《左传》《战国策》《史记》《汉书》等史书所记载的大量君臣对话内容。对话的语境与议题常常由国王主导，大臣对历史的论述，常常在政治对话的脉络中被政治化或扭曲。[①] 在朝鲜王朝的宫廷君臣对话中，国王也扮演议题主导者与提问者的角色；其二则是儒臣的上疏、对策等场合。前者是君臣双向的互动，后者是儒臣单向地向国王陈述关于政务或经典义理的个人意见。不论第一种或第二种状况，朝鲜君臣的沟通都大量触及孟子的"王道"政治思想，本节的任务就在于分析朝鲜君臣对话中的孟子"王道"理念。

在记载朝鲜王朝初代太祖（在位于 1392—1398）到 25 代国王哲宗（在位于 1849—1864）共 472 年（1392—1864）间历代国王事迹的《朝鲜王朝实录》中，[②] 孟子之名共被朝鲜君臣提到 1,114 次，其中最多的是仁祖（李倧，在位于 1623—1649）时期，共出现 186 次，比英祖（李昑，在位于 1724—1776）时期出现 126 次，及成宗时期（李娎，在位于 1469—1494）出现 103 次多。我们今日披览《朝鲜王朝实录》所载有关孟子的言论，就会发现朝鲜儒臣在经筵讲论的场合，常常引用孟子"王道"思想，进谏国王依循"王道"施政。

---

① 关于这一项历史事实的讨论，参考 Garret P. S. Olberding, *Dubious Facts: The Evidence of Early Chinese Historiography*, Albany: State University Press of New York, 2012, 但是奥尔贝丁说中国古代史学是否尊重"事实"有待商榷（p. 9），此说有待商榷。我已有所指摘，见拙著：《儒家思想与中国历史思维》，页 8。

② 朝鲜国史编纂委员会编：《朝鲜王朝实录》。共 49 册。

但是,除了《实录》所记载的君臣对话之外,朝鲜儒臣上奏国王的各类奏章中,也大量触及"王道"理念。我们来看看"王道"在上述这两种管道的君臣对话中,所发挥的作用。

第 1 种作用是朝鲜儒臣引用孟子的"王道"理念,都严王霸之别,以"王道"作为政治的最高目标,正面地要求历代国王勉力以赴,以下是两个较为突出的具体实例。

1. 宣祖对李珥

宣祖(在位于 1567—1608)2 年(1569)8 月 16 日,时任弘文馆校理的 16 世纪大儒李珥(栗谷,1536—1584),于经筵进讲《孟子》,《宣祖实录》记载此事如下:

> 李珥白上曰:"为治,先须识时。人君虽欲有为,若权臣专国,或兵革扰乱,则虽有其志,治务难成矣。今者幸无权奸及戎马,此正殿下汲汲有为之秋也。"上曰:"此言则然矣,但战国扰攘之时,孟子劝齐、梁行王道,则虽有戎马,亦可行王道矣。"珥拜谢曰:"殿下所见,诚卓冠千古矣。但王道之行,在于实功,不在于言语。伏愿殿下实下功夫也。孟子之言曰:'一正君而国定。'此最要语也。……"[1]

值得注意的是,以上这一段记载中李栗谷所说的"伏愿殿下实下功夫也"一句,在《宣祖修正实录》中已经删除,[2]推测应是执笔记录的史臣,以李珥之言对宣祖不敬,而加以删除。

宣祖 6 年(1573)9 月 21 日的《宣祖实录》有以下记载:

---

① 《宣祖实录》卷 3《宣祖 2 年(1569)8 月 16 日丁巳》,见朝鲜国史编纂委员会编:《朝鲜王朝实录》第 21 册,页 220。栗谷这一段话,见于宣祖 2 年 8 月 16 日的《宣祖实录》,亦见于宣祖 2 年 7 月 1 日的《宣祖修正实录》。是否栗谷将同一段话说过两次,已无可考。

② 《宣祖修正实录》卷 3《宣祖 2 年(1569)7 月 1 日壬申》,见朝鲜国史编纂委员会编:《朝鲜王朝实录》第 25 册,页 418。

上读前受《汤誓》讲讫，讲官进讲："自今汝其曰，止观世变矣。"
讲讫，宇顒进榻前，启曰："……孟子曰：'舜生于诸冯，东夷之人也；
文王生于岐周，西夷之人也。前圣后圣，其揆一也。'我国僻在东隅，
殿下以圣明之质，而君临之，其聪明睿智、仁义礼智之性，固已同符
于舜、文，若能留意帝王之学，独得于舜、文之心法，而得其导率之
政，则东国之民之性，亦舜、文之民之性，未尝小异，虞、周之治，岂
不可复见于东国哉？……臣愿，殿下今日觉悟，则便从今日为始，洗
濯磨砺，大加圣志，以王道为心，生灵为念，而不宜过自菲薄，因循苟
[且]，而不复以古昔帝王自期也。殿下欲法哲王，亦不待远求，只据
今日进讲之书，取法成汤而已。……"①

从这一段史料中，我们可以遥想 1573 年经筵讲官引用孟子之言，强调朝鲜
虽"僻在东隅"，但"东国之民之性，亦舜、文之民之性，未尝小异"，要求宣
祖"以王道为心，生灵为念"，义正词严，令人动容。

2. 仁祖对姜鹤年

朝鲜君臣引用孟子而要求国王行"王道"，屡见于《朝鲜王朝实录》之
中，有时已对国王形成无形的压力。仁祖 4 年（1626）12 月 15 日，司御姜
鹤年（1585—1647）对仁祖上疏曰：

殿下近来，进讲《孟子》，为日已久，未闻保民以王之政，是殿下
空钻纸上语，而未尝体诸心，验诸行事而然也。先儒云："王道之外，
举皆荆棘。"若自上躬行仁术，使赤子皆有所依归，然后兴学校、明人
伦，以教化之，乃先王保四海之术也。人伦明于上，小民亲于下，国
家自安，宗社永赖。昔者孟子，劝齐、梁行王道。以齐、梁之时，孟子

---

① 《宣祖实录》卷 7《宣祖 6 年（1573）9 月 21 日戊戌》，见朝鲜国史编纂委员会编：《朝鲜王
朝实录》第 21 册，页 271。

犹为是说,是则无不可为之时也。①

类似这类儒臣严肃要求国王落实孟子的"王道"之言论,在《朝鲜王朝实录》中屡见不鲜。

《实录》所见儒臣正面鼓励国王行"仁政"多为一般性原则,但在儒臣文集所见的疏札、策问、封事等上呈国王的公文书中,则常对施行"王道"提出更详细具体的建议。

举例言之,15 世纪曾任大司宪的孙舜孝(1429—1497)建议国王:"臣又闻有天德者,便可与语王道,其要只在谨独。谨独之方,又在敬之一字。伏愿殿下敬之哉。"②16 世纪李彦迪(1491—1553)上呈国王的《进修八规》第 4 条,向国王解释"王道"之"体""本于至诚仁爱之心",③其"用"则在于"尽道于仁孝"。④17 世纪朱子学大师宋时烈(1607—1689)在1658 年(朝鲜孝宗 9 年,明永历 12 年,日本万治元年)向孝宗国王说朝鲜"拘于法制,不为改嫁,岂纯于王道乎?"⑤李惟泰在 1660 年(朝鲜显宗元年)上疏显宗国王力陈"殿下之臣民,岂无所望于王道之行乎?"⑥18 世纪的金龟柱(1740—1786)在参加朝讲时,力陈王霸之辨即"天理"与"人欲"之辨。⑦19 世纪李羲发(1768—1849)主张"王道"以"裕民"为第一义,他说:

---

① 《仁祖实录》卷 14《仁祖 4 年(1626)12 月 15 日癸丑》,见朝鲜国史编纂委员会编:《朝鲜王朝实录》第 34 册,页 153。

② 孙舜孝:《策问》,见《勿斋集》卷 1《杂著》,收入《韩国文集丛刊(续)》第 1 辑,首尔:民族文化推进会,2005—2011 年,页 233。

③ 李彦迪:《进修八规》,见《晦斋集》卷 8《疏》,收入民族文化推进会编:《韩国文集丛刊》第 24 辑,页 435。

④ 同上。

⑤ 宋时烈:《经筵讲义》,见《宋子大全·拾遗卷第 9》,收入民族文化推进会编:《韩国文集丛刊》第 116 辑,页 177。

⑥ 李惟泰:《疏·己亥封事 庚子五月承命封进》,见《草庐集》卷 2《疏》,收入民族文化推进会编:《韩国文集丛刊》第 118 辑,页 73。

⑦ 金龟柱:《立朝日录·起癸未十月十八日 止甲申三月三十日》,见《可庵遗稿》卷 22《杂著》,收入《韩国文集丛刊(续)》第 98 辑,页 394—395。

《孟子》曰："五亩之宅，树之以桑。"《卫诗》曰："树之榛栗，椅桐梓漆。"诚以王道之始，在于养老。足民之本，在于树艺也。子朱子之知南康，特将星子知县王文林种桑法，申谕坊里，看作裕民之第一义者，岂无以哉？我国接青兖宜桑之地，依山之村，滨水之野，隰可以种桑楮，阪可以树梓漆，山宜松桧榛栗之林，衍宜枣杏梨柿之植，真所谓衣食之乡也。①

李羲发向国王阐释所谓"王道"之根本目标在于裕民，认为应在朝鲜全面落实孟子的"仁政"。

综上所言，朝鲜儒者与历代国王不论是经筵双向对话之中，还是在疏札的单向条陈之中，都正面肯定孟子的"王道"理念，他们更在疏札中常常详细阐释落实"王道"的各项具体措施。

另一种作用则是孟子的"王道"，被朝鲜儒臣引用来负面地批判国王施政公私不分。如果将宫廷里朝鲜君臣的对话，譬喻为一场"语言的战争"，那么，孟子的"王道"理念就是作为儒臣意识形态的"批判的武器"（马克思[Karl Marx, 1818—1883]语），②被用来批评国王施政的缺失。以下是两个具体实例：

3. 孝宗对金益熙

孝宗（在位于1649—1659）5年（1654）11月16日，大司成金益熙（1610—1656）上疏曰：

盖殿下非不欲励精为治，而未甚得乎要领；非不欲好贤嫉邪，而

---

① 李羲发：《朱子大全故寔》，见《云谷集》卷18，收入《韩国文集丛刊（续）》第111辑，页348—349。
② 马克思：《黑格尔法哲学批判·导言》，收入中共中央马恩列斯著作编译局编：《马克思恩格斯选集》第1卷上，北京：人民出版社，1975年，页9。

未甚严乎辨别；非不欲立纪纲，而不知本乎大公至正；非不欲破朋党，而不知明其是非、公私。严辞峻批，每厉言事之臣，厚责重遣，或加刚介之士。凡此数者，皆因殿下未尝留心天德、王道之学。欲以智力，把持一世，救见速效，而意必固我之私，又缠绕相仍，摆脱不得。故发于辞令，施诸事为者，大率多奋励急迫之病，少和平宽裕之气，不能循则乎天理，慰悦乎人心。至于殿下之臣，亦莫不各私其身、各私其家，百隶怠官，纲维解纽，百孔千疮，莫可收拾，如此而其国未有不亡者也。以殿下仁圣，诚得少达治体者，以佐下风，则整顿纪纲、修举废坠，特措置中事。况内无权臣，外无强藩，国虽疲弊，四封尚完。为王为霸，只在力行如何，何惮而不为乎？ ①

在金益熙的上疏中，明白指责孝宗国王是非不分、公私混淆、厚责刚介之士，凡此种种疏失皆因"未尝留心天德、王道之学"，持义峻烈，义正词严，我们可以想象孝宗国王阅览上疏时的心理压力。青年马克思在 1852 年所撰《路易·波拿巴的雾月十八日》中曾说：

> 人们自己创造自己的历史，但是他们并不是随心所欲地创造，并不是在他们自己选定的条件下创造，而是在直接碰到的、既定的、从过去承继下来的条件下创造。一切已死的先辈们的传统，像梦魇一样纠缠着活人的头脑。②

马克思这一段话，可以被引用来形容孟子"王道"政治思想在朝鲜王朝的宫廷政治中发挥的作用。孟子作为二千多年前"已死的先辈"，当时仍"纠缠

---

① 《孝宗实录》卷 13《孝宗 5 年（1654）11 月 16 日壬寅》，见朝鲜国史编纂委员会编：《朝鲜王朝实录》第 35 册，页 691。
② 马克思：《路易·波拿巴的雾月十八日》，收入中共中央编译局编：《马克思恩格斯选集》第 1 卷下，北京：人民出版社，1972 年，页 603。

着"朝鲜政治舞台上"活人的头脑"。

4. 肃宗对朴世采

我说孟子的"王道"政治理念，在《朝鲜王朝实录》所记载的 472 年历史之中，"纠缠"着 25 代国王，[①] 确实是历史事实，例如肃宗（在位于 1674—1720）14 年（1688）6 月 14 日，吏曹判书朴世采（1631—1695）上辞职疏中，就附陈小册论时务 12 条，第一条就论"王道"。朴世采说：

> 其一，论奋大志。略曰，匹夫之治身，犹必立志而后，乃底于成，况人主可不奋大志而能有所为乎？其目有二。一曰，审王道，王道者，本乎人情出乎礼义，若履大路而行，无所回曲，则惟尧、舜、禹、汤、文、武之君，为能合其道，必得天理之正，必极人伦之至者。孟子所谓："以德行仁。"董子所谓："正其谊不谋其利，明其道不计其功。"是也。五霸先诈力而后仁义，然后天下贸贸然，辗转反侧于曲径之中，数千百年，无以王道自立者。今当以必复先王之治为期。[②]

从《朝鲜王朝实录》中的君臣对话来看，绝大多数朝鲜国王都能接受孟子的"王道"理想，并以践行"王道"自惕自励，《宣祖大王墓志文》载有以下这段史料：

> 论者又曰："今者朝无权奸，国无边警，此正为治之日。"王曰："此说不然。孟子当战国之时，劝诸侯以行王道。国家虽战争多事，岂有不能为治之时哉？"[③]

[①] 朝鲜王朝（1392—1910）共 518 年，共有 27 代国王，但《朝鲜王朝实录》仅记载从太祖至哲宗共 25 代国王，未列高宗与纯宗之实录。

[②] 《肃宗实录补阙正误》卷 19《肃宗 14 年（1688）6 月 14 日乙卯》，见朝鲜国史编纂委员会编：《朝鲜王朝实录》第 39 册，页 144。

[③] 《宣祖实录》卷 221《宣祖大王墓志文》，见朝鲜国史编纂委员会编：《朝鲜王朝实录》第 25 册，页 395—396。

宣祖自勉虽然国家战事频仍,但应效法孟子身处战国时代之中仍以行"王道"为己任。

孟子的"王道"在朝鲜儒臣的对话中,所发挥的第三种作用是,被国王运用来质疑儒臣迂腐、不通实务,在这种对话语境中,"王道"成为国王反驳儒臣的意识形态"武器",所进行的"武器的批判"。[①]以下这个例子非常传神。

5. 纯祖的质疑

朝鲜国王在接受孟子"王道"理念的同时,有时也会提出深刻的质疑,最有思想深度的是《纯祖实录》中的一段记载:

> 讲《孟子》。上曰:"《孟子》以以羊易牛,谓之是心足以王。恻隐之心,固善端之发,而王天下者,徒以恻隐为心,则何以治天下乎?"
>
> 玉堂徐长辅曰:"圣教诚然。为人君者,若以生道杀人,则是杀之中,亦不无仁心之可见处。若以妇人之仁,徒事煦煦,则是无益于治也。春生秋杀,即天之道,而春生仁也,秋杀义也。仁、义并行,然后岁功可成,而天下可治矣。"
>
> 上曰:"虽禽兽,不忍其无罪而就死,则是心足以王矣。然若使百姓无罪,而填乎沟壑,乐岁终身苦,凶年不免于死亡,则轻重倒置,失其当然之序矣。"
>
> 长辅曰:"然矣。齐王之不能行王政,实由于不知轻重之序,而不能推广其心故也。"
>
> 上曰:"乐岁终身饱,凶年免于死亡,即王道之效,而不期然而然者也。非高远难行之事,而齐王视以难行。辟土地,朝秦、楚,莅中国,抚四夷,譬如缘木求鱼,而齐王必欲求之,此亦不知轻重难易之序矣。"[②]

---

① 马克思:《黑格尔法哲学批判·导言》,页9。
② 《纯祖实录》卷12《纯祖9年(1809)3月27日丁亥》,见朝鲜国史编纂委员会编:《朝鲜王朝实录》第47册,页627。

纯祖质疑：统治天下如果只有"恻隐之心"，则"何以治天下乎？"纯祖所提出的这个问题非常重要，这个问题的另一种提法就是："只有'仁心'就可以开出'仁政'吗？"纯祖的问题建立在一个未经明言的命题之上：思想(即"仁心")与制度(即"仁政")之间，有其"不可互相化约性"(mutual irreducibility)。这项命题正是宋代政治思想史中功利学派如北宋李觏(泰伯，1009—1059)、王安石(介甫)、南宋陈亮(同甫，1143—1194)、叶适(水心，1150—1223)等人，对理学家如北宋程颐与南宋朱熹(晦庵)政论的挑战。程朱学派诸子论政多立基于《大学》，要求国君力行"诚意正心"，但功利学派诸子则强调"王道"必以建立制度为前提，所以南宋叶适说："……法度立于其间，所以维持上下之势也。唐虞三代必能不害其为封建，而后王道行，秦汉魏晋隋唐必能不害其为郡县，而后伯政举"[1]，强调古代"王道"政治是建立在封建的制度基础(叶适所谓"法度")之上。18世纪日本荻生徂徕(物茂卿)以"举礼乐刑政凡先王所建者"重新定义"道"，[2] 也是指向思想与制度之间有其不可"互相化约性"与互相依存性。孟子告诉梁惠王(在位于公元前370—公元前319)以"王道"之始在于"五亩之宅，树之以桑，五十者可以衣帛矣；鸡豚狗彘之畜，无失其时，七十者可以食肉矣；百亩之田，勿夺其时，数口之家可以无饥矣；谨庠序之教……"。[3]孟子主张只有"仁心"而不经过一套制度或机制运作，就不能转化为"仁政"；反之，"仁"的实践必须以"仁心"作为基础或指引之方向。这就是孟子所说"徒善不足以为政，徒法不能以自行"(《孟子·离娄上·一》)[4]之深意，"仁心"与"仁政"如车之二轮，鸟之双翼，不可分亦不能分。"仁心"如不落实为"法度"(叶适语)或"礼乐刑政"(荻生徂徕语)，则沦为空言；反之，"礼乐刑政"如不立基于

---

① 叶适：《水心别集》卷12《法度总论一》，收入刘公纯、王孝鱼、李哲夫点校：《叶适集》第3册，北京：中华书局，1983年，页787。
② 荻生徂徕：《弁道》第3条，页13。
③ 朱熹：《孟子集注》卷1《孟子·梁惠王上·三》，页282。
④ 朱熹：《孟子集注》卷7《孟子·离娄上·一》，页385—386，引文见页385。

"仁心",则沦为盲动。朝鲜纯祖所提出的问题,切中孟子"王道"政治论的核心问题。

更进一步来看,纯祖的这个问题已触及一个具有现代意义的问题:政治生活是否有其独立自主性?换言之,作为"私领域"之个人道德生活与个人事物,可以决定属于"公领域"的公共事务或政治事务的发展方向吗?纯祖所提出的这个问题,涉及统治者的人格(仁心)是否可以自己开展出政治秩序或制度(仁政)。纯祖的问题如果继续探索下去,必然涉及"道德领域"与"政治领域"之运作逻辑及其界线,以及"政治领域"中的"权力"问题。18世纪日本的荻生徂徕,就因峻别"政治"与"道德",在政治中排除"私智",而被丸山真男推崇为开启了日本的"近代性"之人。[1]可惜纯组的儒臣徐长辅(1767—1830)见不及此,未能如南宋叶适深论制度建构之于落实"王道"之重要性,于是,君臣二人的对话就滑过这个重大命题,惜哉!

其实,以上所说《纯祖实录》所载纯祖提出的重大问题,在大约50年前的儒者韩元震的疏札中,就已提出答案。他说:

> 后世议复三代之治者,徒以法制论王道,而不知其本有在于法制之外者,故迂儒既欲一一追复其制,而俗吏徒知古法之不宜于今者,又谓其治不可复。儒者之论,常屈于俗吏之言,而遂以古治不可复,为不易之论,莫肯有志,可胜叹哉!三代之治,规模固远大矣,气像固皞皞矣。然圣人亦与人同,故为治,本无异事。孟子之论王道,不过曰:"老者衣帛食肉,黎民不饥不寒。颁白者不负戴于道路而已。"然则使斯民无饥寒而知礼义者,此则三代之治。而所谓规模之远大气像之皞皞者,不外于是矣,此岂高远难及之事哉?天之生财,使足

---

[1] 丸山真男:《日本政治思想史研究》,页80。

以养人，人之赋性，亦未有古今丰啬之异，因其财而均节之，则民可使无饥寒矣，因其性而导迪之，则民可使知礼义矣，此又岂高远难行之事也哉？惟在勉强力行，则自有所至矣。惟学可以作圣、惟诚可以求贤、惟仁可以化民、惟师心可以复古治、惟力行可以升大猷，而凡此又莫不以志为本。有志事成，汉之光武犹且知之。况以我殿下之圣学高明，独不知此理而不之信乎？[①]

韩元震主张仅有"法制"（如叶适与荻生徂徕所主张者）绝不足以行"王道"，因为"王道"之"本""有在于法制之外者"。

那么，在韩元震的理解里，什么是"王道"之"本"呢？韩元震的回答一定就是王者的存心。他认为统治者的"仁心"是"王道"之"本"，而"法制"是"王道"之末。

这一种充满"唯心主义"（idealism，或称"理念论"、"观念论"）色彩的朝儒政治哲学，正与宋代理学家的政治哲学互相呼应。事实上，与韩元震同时代的尹东源（1685—1741）在经筵中就对国王这样说：

> 汉唐以下人君，初无留心于学问者，故数千年之间，王道消熄，杂霸横骛，成一大空缺。昭烈武侯言其人品，则可以庶几三代，而初无问学之功，故其治法不能用王道，而自此以下，尤无足论矣。一朝如有大有为之主，奋发大志，从事学问，使正心诚意之效，熏蒸透彻，自身而家，自家而国，则其过化存神之妙用，岂与学者同日语哉？[②]

尹东源与韩元震对"王道"的阐释，代表朝鲜儒者的主流意见，认为统治者

---

① 韩元震：《陈戒疏 九月》，见《南塘集》卷3《疏》，收入民族文化推进会编：《韩国文集丛刊》第201辑，页70—71。
② 尹东源：《经筵讲义》，见《一庵遗稿》卷1，收入民族文化推进会编：《韩国文集丛刊》第208辑，页411—412。

一旦有了"仁心",自然就可以开出"仁政"。这种类型的政治哲学的核心,可以称为"存心伦理学",尹东源与韩元震的政治思想,完全是朱子政治思想的翻版。朱子说,"自秦汉以来,讲学不明",① 所以"千五百年之间,正坐如此,所以只是架漏牵补,过了时日。其间虽或不无小康,而尧、舜、三王、周公、孔子所传之道,未尝一日得行于天地之间也"。② 中朝朱子学者都强调国君如果"心"正,则政治就自然走上正轨。但朝鲜国王是政治最高负责人,他要运作国家机器,不能只靠一己之存心,必须依赖一套制度,而且要就政治运作的成败,负起最后的责任,所以,正祖提出的"王天下者,徒以恻隐之心,则何以治天下乎"是一个统治者每天必须面对的问题,是不容以存心良善为由就可以逃避的问题。

综上所说,孟子的"王道"政治思想在朝鲜宫廷君臣对话中,所发挥的第三种作用,是经由纯祖的问题而成为对儒者意识形态的"武器"发挥的对"武器的批判"的作用。朝鲜儒臣与国王的伦理学立场的对比,正是"存心伦理"(ethic of intention)与"责任伦理"(ethic of responsibility)③的对比。

三、孟子"王道"概念在日本的两阶段"脉络性转换"

在上节回顾了《朝鲜王朝实录》,以及儒臣上呈国王的疏札等各种公文中,朝鲜君臣对孟子的"王道"理念所发表的言论之后,我们可以探讨德川时代日本对孟子"王道"思想所进行的两阶段的"脉络性转换"。

① 黎靖德编:《朱子语类》卷 13《学七·力行》第 60 条,收入《朱子全书》第 14 册,页 396。
② 朱熹:《答陈同甫六》,见《晦庵先生朱文公文集》卷 36,收入《朱子全书》第 21 册,引文见页 1583。我曾探讨朱子对中国历史的解释,见拙著:《儒家思想与中国历史思维》第 6 章,页 183—220。
③ Max Weber, "Politics as a Vocation", in W. G. Runciman ed. & E. Matthews tr., *Max Weber: Selections in Translation*, Cambridge & New York: Cambridge University Press, 1978, pp. 212-225.

（一）第一阶段：“神学的转换”

第一个阶段的“脉络性转换”，可称为神学的转换。所谓神学的脉络性转换，涵盖时间大约是 17 至 18 世纪，此时孟子的“王道”逐渐被置入日本“神道”的含义，这是孟子“王道”思想在日本的“风土化”的第一个阶段。

17 世纪的伊藤仁斋（维桢）与 18 世纪的荻生徂徕尚能掌握孟子“王道”的原意。仁斋盛赞尧舜之时“是为中庸之至、是为王道之极”，[①] 到了秦末汉初才“王道中绝”，[②] 但仁斋阐明“王”与“霸”之真意说：

> 盖王者之治民也，以子养之；霸者之治民也，以民治之。以子养之，故民亦视上如父母。以民治之，故民亦视上如法吏、如重将，虽奔走服役，从其命之不暇，然实非心服。有祸则避，临难则逃，不与君同患难，其设心之异，在于毫厘之间，而民之所以应上者，有霄壤之隔，非徒粹驳之异而已。[③]

仁斋认为“王”与“霸”并非政治发展阶段之差异，而是有本质之不同：“王”者视民如子，所以人民心悦诚服，“霸”者则视人民为被统治者，所以人民虽从命而心不服。

荻生徂徕说孟子之所以独赞周公，实因“帝道莫备于帝尧，王道莫备于周”。[④] 他对孟子所说的“大体”与“小体”赋予政治的新诠释：

> 从其大体为大人，从其小体为小人，是则孟子之辨也，以安民为心，其所志者大也；以富贵为心，不过奉己身，其所志者小也。不以

---

① 伊藤仁斋：《語孟字義》卷下《付論尭舜既没邪説暴行又作》，页 70。
② 伊藤仁斋：《語孟字義》卷下《書》，页 59—60。
③ 伊藤仁斋：《語孟字義》卷下《王霸》，页 54。
④ 荻生徂徕：《蘐園十筆》，收入关仪一郎编：《日本儒林叢書》第 7 卷《統編随筆部》，东京：凤出版株式会社，1978 年，页 10。

安民而以心思，由此而后师道立，而王道亡，圣门之教不若是焉。①

荻生徂徕是渡边浩先生所谓"御儒者"（御用儒者）②的代表人物，特重"政治儒学"，将孟子的"王道"理解为"安民之道"。这一种解释与徂徕对《论语》中的孔子之"道"理解为"先王之道"，而"先王之道，先王为安民立之"，③"非离礼乐刑政，别有所谓道者也"④等说法，完全一脉相承；而与仁斋主张"人伦日用当行之路"，⑤强调"若夫欲外人伦而求道者，犹捕风捉影，必不可得也"，⑥构成强烈对比。徂徕主张"道""术"合一，"道"即"艺"。诚如韩东育（1962— ）所说，徂徕学完成了近世日本思想从"道理"到"物理"转化的"化道为术"的新思想典范。⑦仁斋与徂徕对孟子"王道"的理解之对比，是社会学与政治学的对比，也是"町儒者"与"御儒者"的对比。但是，我必须指出，徂徕对孟子"大体""小体"的新解释，恐已偏离孟子之原意。孟子之说出自《孟子·告子上·一五》答公都子之问而说"从其大体为大人，从其小体为小人"⑧，赵岐注本章《章指》云："天与人性，先立其大，心官思之，邪不乖越，故谓之大人也。"⑨朱注为"大体，心也。小体，耳目之类也"，并说："此天之所与我者，先立乎其大者，则其小者弗能夺也。此为大人而已矣。"⑩孟子在此所谓的"大人"是指成德之人，并不是

---

① 荻生徂徕：《蘐园十筆》，页216。
② 渡边浩：《東アジアの王権と思想》，页127—128。中文译文见渡边浩：《东亚的王权与思想》，区建英译，页96—97。
③ 荻生徂徕：《論語徵》乙卷，页83—84。
④ 荻生徂徕：《弁道》第3条，页13。
⑤ 伊藤仁斋：《語孟字義》卷上《道》，页18—19。
⑥ 伊藤仁斋：《童子問》卷上第8章，页80。
⑦ 韩东育：《从"道理"到"物理"——日本近世以来"化道为术"之格致过程》，新版自序页xvi—xvii。
⑧ 朱熹：《孟子集注》卷11《孟子·告子上·一二》，页469。
⑨ 见焦循：《孟子正义》卷23，北京：中华书局，1987年，页795。关于孟子赵注研究，参考本田济：《趙岐『孟子章句』について》，收入池田末利博士古稀纪念事业会实行委员编：《池田末利博士古稀記念東洋学論集》，页503—518。
⑩ 引文见朱熹：《孟子集注》卷11，页469—470。

指以"安民为心"的政治领袖，徂徕已将孟子的"心性儒学"解释为"政治儒学"。

泊乎 18 世纪，随着日本文化主体性之茁壮发展，开始出现"王道乃神道"①之说，孟子的"王道"逐渐向日本的"神道"发生转移。儒者兼兵学者松宫观山（1686—1780）主张，神道本之于天，其教是以人言天，并以天言人，所以天人一体、幽明不二，儒道与神道暗合之处甚多。②暗斋学派的上月专庵（1704—1752）在《答安澹泊书》中说："吾邦固有祭神灵式，吾党不用神主，勿笑儒者用神道礼，是孔子居鲁衣逢掖之衣，居宋冠章甫之冠之圣意也。"③将儒家冠章甫之礼等同于日本神道之礼。

进入 19 世纪上半叶，从"王道"向"神道"（或称"神皇之道"）的第一种类型"脉络性转换"已经完成。我想以幕末水户学者藤田东湖（1806［日本文化 3 年，清仁宗嘉庆十一年，朝鲜纯祖 6 年］—1855［日本安政 2 年，清文宗咸丰五年，朝鲜哲宗 6 年］）作为代表，论述从王道到神道（"神皇之道"）的移动。

藤田东湖的思想受其父藤田幽谷（1774—1826）的影响，父子二人都是日本水户学派的代表性学者。水户学涵盖水户藩第二代藩主德川光圀（1628—1701）主导编纂《大日本史》过程中孕育出来的尊王思想，以及藤田幽谷、藤田东湖父子和会泽正志斋（1782—1863）等人以国家论形式呈现尊王的政治经济思想，影响及于幕末尊王攘夷运动的思想体系之后期水户学。④水户学特重"名分"论，宽政 3 年（1791）藤田幽谷 18 岁时曾撰《正名论》曰："甚矣！名分之于天下国家，不可不正且严也，其犹天地之不可易邪？有天地，然后有君臣。有君臣，然后有上下。有上下，然后礼义有所

① 富永仲基（1715—1746）：《翁の文》，收入《日本儒林丛书》第 6 卷《解说部》，页 9—12。
② 松宫观山：《三教要论》，收入关仪一郎编：《日本儒林丛书》第 6 卷《解说部》，东京：凤出版株式会社，1978 年，页 2—7。
③ 上月专庵：《答安澹泊书》，见《徂徕学则弁》，收入《日本儒林丛书》第 4 卷《论弁部》，页 9。
④ 徐兴庆：《导言》，收入张宝三、徐兴庆编：《德川时代日本儒学史论集》，台北：台大出版中心，2012 年，页 xxii。

措。苟君臣之名不正,而上下之分不严,则尊卑易位,贵贱失所,强凌弱,众暴寡,亡无日矣。"[1] 水户学的 "名分论" 类似北宋司马光（1019—1086）的 "名分论"。藤田东湖思想宣扬日本国体优越性,并强调树立国民必须忠君之思想,藤田东湖思想也展现了后期水户学将学问与政事合一之经世思想的特点。[2]

日本的水户学大兴于江户后期,主张 "孔子之学" 异于 "儒者之学",显有非孟及反朱思想的用意。[3] 藤田东湖更认为不应将《孟子》与孔子之书并列,认为孟子思想绝对不可用之于日本。[4] 水户学者既区别孔孟,故不云 "孔孟之教",仅称 "周孔之教",藤田东湖主张:"宜体周孔之本意,资明伦正名之大义,以光隆神皇之道。"[5]

藤田东湖撰《孟轲论》一文,写成于 19 世纪上半叶,在东亚孟子学史上,特具意义的有以下 2 点。

第一,藤田东湖是水户学代表人物,特重所谓 "大义名分",批判孟子不重彝伦。他说:

> 为轲者,诚宜奉孔子之遗意,明《春秋》之大义,苟可以扶彝伦、尊周室者,汲汲为之不遗余力。今也不然,开口则谈王道,要其说之所归,不过使其齐、梁之君王于天下而已,呜呼! 周室虽衰,尚有正统在焉,轲生于周之世,食周之粟,何心能忍而发其说耶? [6]

---

[1]　藤田幽谷:《正名论》,见《幽谷遗稿》,收入菊池谦二郎编:《幽谷全集》,东京:康文社印刷所,1935 年,页 227。

[2]　参看吕玉新:《政体、文明、族群之辩:德川日本思想史》,香港:香港中文大学出版社,2017 年,页 264。

[3]　参看张崑将:《德川学者对孔子思想的异解与引伸》,收入黄俊杰编:《东亚视域中孔子的形象与思想》,台北:台大出版中心,2015 年,页 220。

[4]　参看张崑将:《安藤昌益的儒教批判及其对《四书》的评论》,收入黄俊杰编:《东亚儒者的四书诠释》,台北:台大出版中心,2005 年,页 209。

[5]　藤田东湖:《弘道館記述義》,收入高须芳次郎编:《藤田東湖全集:新釈》第 2 卷,东京:研文书院,1943—1944 年,页 125。

[6]　藤田东湖:《孟軻論》,收入高须芳次郎编:《藤田東湖全集:新釈》第 4 卷,引文见页 8—9。

藤田东湖批判孟子不能"奉孔子之遗志，明《春秋》之大义"，认为孟子不能"扶彝伦、尊周室"的"王道"就是"使齐、梁之君王于天下"。他又说：

> 轲平生贵仁义、贱霸术，而无一语及名分，乃反欲隐然移周室之鼎于田魏强僭之国，其为仁为义果何物？假使桓文而在，则鸣罪讨之，将不旋踵，轲岂暇于贱霸术乎哉？由是言之，轲之王道，非孔子所与也亦明矣。[1]

藤田东湖以上对孟子尊王黜霸之批评言论，既不知孟子"王道"论的真义，又不知孟子所处之历史背景，徒以"彝伦"、"名分"责孟子，亦可谓厚诬孟子者矣。东湖以"大义名分"批判孟子"王道"思想，反对孟子的"易姓革命"，实则为"光隆神皇之道"，[2]为日本天皇之神性张目。所以，东湖实系完成了从孟子"王道"向"皇道"的(也就是神学的)"脉络性转换"。

孟子所处的是狂风暴雨的战国时代，各国争战连年，孟子自己亲身经历"齐人伐燕"(《孟子·梁惠王下·一〇》)[3]，"邹与鲁哄"(《孟子·梁惠王下·一二》)[4]，"秦楚构兵"(《孟子·告子下·四》)[5]等战乱，他感受到老百姓的痛苦是"仰不足以事父母，俯不足以畜妻子，乐岁终身苦，凶年不免于死亡"(《孟子·梁惠王上·七》)，[6]他痛切感到："王者之不作，未有疏于此时者也；民之憔悴于虐政，未有甚于此时者也。……当今之时，万乘之国行仁政，民之悦之，犹解倒悬也。"(《孟子·公孙丑上·一》)[7]所以，孟子严王霸之别有其深意。正如萧公权先生所说："孟子黜霸，其意

---

① 藤田东湖：《孟轲論》，引文见页 12。
② 藤田东湖：《弘道館記述義》，页 125。
③ 见朱熹：《孟子集注》卷 2《孟子·梁惠王下·一〇》，页 307。
④ 见朱熹：《孟子集注》卷 2《孟子·梁惠王下·一二》，页 309。
⑤ 见朱熹：《孟子集注》卷 12《孟子·告子下·四》，页 476。
⑥ 见朱熹：《孟子集注》卷 1《孟子·梁惠王上·七》，页 290。
⑦ 见朱熹：《孟子集注》卷 3《孟子·公孙丑上·一》，页 316。

在尊王而促成统一。然所尊者非将覆之周王而为未出之新王,所欲促成者非始皇专制天下之统一而为先秦封建天下之统一。"①水户学者藤田东湖高唱"尊皇",完全未进入孟子的时代及其提倡"王道"之用心。作为水户学者的藤田东湖强调君臣"名分",与北宋史学家司马光的名分论"为人臣者,策名委质,有死无贰"②如出一辙,而与孟子所高标的"王道"理想相去不啻万里!

第二,藤田东湖批判中华帝国常见的易姓革命,其言曰:

> 西土之为邦,能言彝伦,而彝伦常不明,尤疏于君臣之义,夫禅让放伐,姑置不论,周秦以降,易姓革命,指不胜屈,人臣视其君,犹奴仆婢妾之于其主,朝向夕背,恬不知耻,其风土然也。③

藤田东湖并进一步申论日本之天皇制度云:

> 独赫赫神州【"神州"指日本而言】,天地以来,神皇相承,宝祚之盛,既与天壤无穷,则臣民之于天皇,固宜一意崇奉,亦与天壤无穷,而腐儒曲学,不辨国体,徒眩于异邦之说,亦以轲之书与孔子之书并行,欲以奴仆婢妾自处,抑亦惑矣。④

生于19世纪上半叶的藤田东湖在上述对孟子的评论中,展现出完全成熟的日本主体意识。日本主体意识萌芽于17世纪山鹿素行⑤及18世纪的佐久间

---

① 萧公权:《中国政治思想史》上册,页100。
② 司马光撰,胡三省注,章钰校记:《新校资治通鉴注》卷220《唐纪三十六·肃宗至德二载(757)》,台北:世界书局,1976年,页7050。
③ 藤田东湖:《孟轲論》,引文见页16—17。
④ 同上书,引文见页17。
⑤ 山鹿素行:《中朝事实》上册,页234。

太华（？—1783）①与浅见絅斋（1652—1711）②称日本为"中国"之时，18世纪下半叶的尾藤二洲（1747—1813）以"我之为国"对比"汉之为国"，盛赞日本"民稠财富，百物自足"，③18世纪的荻生徂徕在他自己很看重的《政谈》一书中，屡称中国为"异国"。④凡此种种言论，都是19世纪的藤田东湖峻别"中国性"与"日本性"的思想史背景。⑤

因为强调日本的"神皇之道"，藤田东湖总结指出：

> 轲之王道决不可用于神州，然至于其存心养气之论，治国安民之说，与彼辨异端熄邪说，以闲先圣之道者，则虽孔子复生，必不易其言矣，取于人为善者，神皇之道，则轲之书岂亦可悉废耶？顾取舍如何耳，为孟轲论。⑥

从藤田东湖的抉择，我们看到了孟子的"王道"政治理念东传日本之后逐渐被转化为"神皇之道"的迹象。⑦藤田东湖所谓"神皇之道"一语中的"神皇"，是指具有神性的天皇，水户学者将孟子的"王道"转化为"神皇之道"，可以说是"王道"理念在日本第一阶段的"脉络性转换"业已完成，并为第

---

① 佐久间太华：《和漢明弁·序》，收入关仪一郎编：《日本儒林叢書》第4卷《論弁部》，东京：凤出版株式会社，1978年，页1。
② 浅见絅斋：《中国弁》，收入西顺藏等校注：《日本思想大系》34《山崎闇斋学派》，东京：岩波书店，1982年，页418。
③ 尾藤二洲：《静寄余筆》卷上，收入关仪一郎编：《日本儒林叢書》第2卷《随筆部》，东京：凤出版株式会社，1978年，页10。
④ 荻生徂徕：《政谈》卷之4，龚颖译，北京：中央编译出版社，2004年，页229。
⑤ 关于近世日本思想家对"中国"的解释，参看黄俊杰：《论中国经典中"中国"概念的含义及其在近世日本与现代台湾的转化》，收入拙著：《东亚文化交流中的儒家经典与理念：互动、转化与融合》第4章，页85—96；《石介与浅见絅斋的中国论述及其理论基础》，收入拙著：《思想史视野中的东亚》第6章，页101—123；"The Idea of Zhongguo and Its Transformation in the Contexts of Early Modern Japan and Contemporary Taiwan", in Chun-chieh Huang, *East Asian Confucianisms: Texts in Context*, chapter 12, pp. 215-223.
⑥ 藤田东湖：《孟軻論》，引文见页26。
⑦ 关于孟子的"王道"在日本经历的思想内容的转化，参看张崑将：《从"王道"到"皇道"的近代转折》，《外国问题研究》第225期（2017年），页4—12。

二阶段的"脉络性转换"先做了意识形态的铺路工作。

（二）第二阶段："权力的转换"

孟子的"王道"在日本的第二阶段"脉络性转换"，我称之为"权力的转换"。其表现形式就是孟子的"王道"被注入了"皇道"的内容，为日本天皇至高无上的权力而服务，所以第二阶段的"脉络性转换"，实质上是一种"权力的转换"。正如张崑将（1967—　）最近的研究所指出：明治维新以后，天皇将祭、政、教集于一身，成为国家神道的最高权力机关，明治天皇（在位于1867—1912）成为历史上皇权最高的天皇。到了1932年，"满洲国"（1932年3月1日—1945年8月15日）成立，当地所行的"王道"被解释成"皇道"的附庸，接受"皇道"的指导，这是"皇道"支配"王道"的最高峰，[①]所以我们对孟子"王道"在日本的第二阶段"脉络性转换"的探讨，必须集中在1930年代。

1930年代是东亚历史风狂雨骤的年代。1931年9月18日日本发动九一八事变，1932年2月17日在日本关东军策动之下，"满洲国"宣告成立，以溥仪（1906—1967）为执政，定都长春（改名为新京），以郑孝胥（苏龛，1860—1938）为"国务总理大臣"。"满洲国"是日本侵华势力建立的傀儡政权，完全在日本关东军司令部控制之下，"九一八事变以前，关东军不过万余人，到了1941年7、8月间增加到百万人"。[②]1930年代在日本国内正是军方力量快速壮大的年代，丸山真男指出，从1931年日本在中国东北发动九一八事变、1932年5月15日日本海军少壮军人在国内发动"五一五"事件，首相犬养毅（1855—1932）被刺杀，到1936年2月26日日本国内军方发动"二二六"事件这段期间，是日本法西斯主义成熟时期，是"军部成为法

---

① 　参考 Kun-chiang Chang（张崑将），"The Modern Contextual from 'Kingship' to 'Emperorship'"，in Shaun O'Dwyer, ed., *Confucian Thought in Modern Japan*, Tokyo: Japan Documents Publishing, 2022.

② 　见张玉法：《中华民国史稿（修订版）》，台北：联经出版公司，2015年，页355。

西斯主义运动的推动力，逐渐掌握国政核心的过程"①，也是在中国大幅增加兵力的时期。

在上述日本国内法西斯主义与军国主义高涨、日本侵华野心日亟的1930年代，"满洲国"提出以"王道乐土"为建国目标，虽然获得一些提倡国家主义的右翼学者，如东京帝国大学哲学教授井上哲次郎（1855—1944）的大为推崇，②又如东京帝国大学教授、著名汉学家盐谷温（1878—1962）访问新京时，还以"鼓腹重开尧舜天"条幅赠送溥仪，③但在日本关东军侵占中国东北的背景中，"王道乐土"四字显得极为突兀，树立在万里长城山海关上的巨大石碑"王道乐土大'满洲国'"亦为莫大讽刺。"满洲国国务总理大臣"郑孝胥在所著《王道管窥》小册中，首先指出1930年代的世界主要问题说：

> 当世列国所用，以造成国民之思想者，岂不曰爱国乎？所用以养成国民之能事者，岂不曰军国民之教育乎？各国所以练习其国民者，唯恐落于人后。岂知爱国之宗旨，即为仇外之对象，军国民之资格，即为备战之先声。此皆建威图霸之策，而世界之战祸，已酿成于习惯之中。种因得果，不至于破坏治安，戕灭人类不止。且电力火器之技，日进未已，军械之精、军费之巨，皆百千倍于往日。战事未决，而人民之死亡，财用之耗竭，已立见矣。④

郑孝胥认为爱国主义与军国教育是当时各国建威图霸之国策，导致世界战

---

① 丸山真男：《现代政治的思想与行动：兼论日本军国主义》，林明德译，台北：联经出版公司，1984年，页19。

② 参考 Shaun O'Dwyer, *Confucianism's Prospects: A Reassessment*, Albany, NY.: State University of New York Press, 2019, p. 155。

③ 参看陈玮芬：《"天道""天命""王道"与"皇道"——由近代日本天皇政治论德治与血缘的扞格》，收入氏著：《近代汉学的"关键词"研究：儒学及相关概念的嬗变》，台北：台大出版中心，2005年，页184。

④ 郑孝胥：《王道管窥》，"满洲国国务院"总务厅情报处，1934年，页1。

祸频仍,所以,他接着开出对治世界战祸之良方即为"王道",他说:

> 王道者,乃今日起死回生之良药,消世界之战祸,而致之于安居
> 乐业之途者也。果行王道,必先荡涤爱国之思想,而以博爱为主,必
> 先革除军国之教育,而以礼义为先。王道之学,谓之内圣外王之学。
> 王道至大,而不能求之于大。王道至远,而不能求之于远。然则王
> 道安在乎? 今以一言蔽之曰:在于人己之间而已。内圣者,王道之
> 属于己者也。外王者,王道之属于人者也。……①

郑孝胥接着认为"王道"可以对治当代世界"背义之豪举"、"仇外之习气"
以及"种族之陋说"等三大"心病"。② 最后,郑孝胥申论"满洲国"以"王道
主义建国"之理由说:

> "满洲国"建国是王道的主义,这王道就是平天下的法子……所
> 以孟子常说:"得百里之地而君之皆能以朝诸侯,行一不义,杀一无
> 辜而得天下,皆不为也",意思说的,得到百里之地,试行这个王道,
> 将来就能收得平天下的功效,就是王道的真理。③

郑孝胥在日本侵华势力所扶植的傀儡政权"满洲国"提倡作为抽象理念的
"王道",竟无一字涉及具体政务。郑孝胥以上所揭橥的"建国"理想,是在
1932 年"满洲国协和会"开会场合发表。"满洲国协和会"所发表的"建国"
宣言,批判资本主义、共产主义与三民主义,宣称伪"满洲国建国"精神在于
"王道"主义。研究"满洲国"历史的山室信一(1951—)先生,曾以古希腊

---

① 郑孝胥:《王道管窥》,页 1。
② 同上书,页 5—6。
③ 同上书,页 9。

的狮头羊身蛇尾的怪物（Chimera）很传神地形容"满洲国"，他指出"满洲国"政治有4个关键词：（1）日满定位、（2）日满比率、（3）总务厅中心主义、（4）内面指导，在这4大面向上，关东军司令部均为实际掌控者。伪满政府中央及地方机关官僚共7,100人，其中中国人共3,517人，日本人共3,249人，日本人占总数的45.8%，实际运作是独裁的中央集权制。[1]在上述政治军事背景中，郑孝胥高唱"王道主义"作为伪满的"建国"理想，如果不是盲目无知，就是自欺欺人，其遭受批判乃必然之事。

果不其然，当时在"满洲国"的日本新闻记者与时事评论家橘朴（1881—1945）于1934年2月20日在《满洲评论》发表一篇文章，题为《郑总理的王道政策批判》，他将"王道"在中国历史上的实践分为3期：（1）氏族共产时代，指从远古到殷代中期；（2）原始封建制即农奴生产的时代，指殷末到周代中期；（3）集权的封建亦即自由农生产时代，指周末以后。他指出郑孝胥所谓的"王道"属于第2期，但是"满洲国"所要实现的"王道"政治应属于"王道"政治的第3期。他又批判郑孝胥的"王道"思想是保守的儒家思想，仅止于纯粹的观念论。他还引用郑孝胥给他的回信中的内容说："民国以来纷乱20余年，道德文学破坏无余。……建国一年以来财政稍定、寇盗稍戢。今试行青苗法，收效颇善……"[2]他批评"青苗"法在中国历史上恶名昭彰，并指出郑孝胥的"王道"充满"父长主义"，与"满洲国"所追求的"自治主义"正好相反。[3]

---

[1]　山室信一：《キメラ——満洲国の肖像》，东京：中央公论新社，2006年增补三版，页168—175，统计表见页170—171。晚近研究文献指出："满洲国"的工业化的资源并非来自中国东北地区农业部门资源的流入，而是来自日本资本的大量挹注，但这不是因为日本的仁慈，而是因为太平洋战争突然爆发，使日本来不及从"满洲国"榨取利益。见 Nakagane Katsuji, "Manchukuo and Economic Development", in Peter Duus, Ramon H. Myers & Mark R. Peattie, eds., *The Japanese Informal Empire in China, 1895-1937*, Princeton: Princeton University Press, 1989, chapter 5, pp. 133-157, esp. p. 157。

[2]　橘朴：《鄭総理の王道政策批判》，原刊于《満州評論》第8号（1934年），收入氏著：《大陸政策批判・橘樸著作集第二巻》，东京：劲草书房，1966年，页118—123，郑孝胥回信内容系我依橘朴日译文再译回中文，与原函文字或有出入。

[3]　橘朴：《鄭総理の王道政策批判》，页122。

橘朴是一个知识丰富的新闻记者,他对郑孝胥所谓"王道"的批判,仅针对当时"满洲国"政治现实立论。在 1930 年代真正完成孟子"王道"在日本从"王道"到"皇道"的第二阶段的"脉络性转换"的,是对当时政商界颇有影响力,并在 1945 年 8 月参与天皇《投降诏书》修订工作的民间儒者安冈正笃。

安冈正笃在"满州国"成立的 1932 年出版《东洋政治哲学——王道的研究》一书,此书第 2 编"王道"共分 3 章。第 1 章论"造化与王道"的第 2 节论民众教化,强调"王道"之重要工作有三:(1)大臣之任用;(2)劝学尊师,亦即太子之教养;(3)祭祀之尊重。第 2 章论"王""霸"之别,批判孟子的汤武放伐论。第 3 章特论日本天皇制度,明辨日本国体与中国国体完全不同,安冈正笃自称此是其"深意"之所在。[1]

安冈正笃的"深意",就是将孟子的"王道"向以日本天皇为最高权力中心的"皇道"进行"脉络性转换"。相对于第一阶段将"王道"向"神道"进行"脉络性转换",本质上是一种"神学的转换"而言,第二阶段的"脉络性转换"则是将孟子的"王道"转化为日本的"皇道"。如置于 1930 与 1940 年代日本侵华战争的历史背景中来看,这是一种"权力的转换",是企图将"王道"转化为日本帝国发动侵华战争的一套合理化论述。

安冈正笃在"满洲国"成立次年的 1933 年发表的《皇道与王道》这篇文字中,首先感叹自从"满洲国"以来,"王道"一语大为流行,但内容颇为浅薄,距离"真正的王道"尚远。安冈正笃解释:所谓"王道"的"王"指"人格者"而言,能使人心归往、民心悦服;所谓"道",指依宇宙人生而成立的活动之所以然之谓。接着,安冈正笃引用北宋邵雍(康节,1012—1077)之说,[2]将自古以来的国君分成"以道化民"、"以德教民"、"以功劝民"和"以

---

①　安冈正笃:《東洋政治哲学——王道の研究》第 2 编《王道》,东京:玄黄社,1932 年,页 99—188。

②　邵雍著,郭彧整理:《邵雍集·观物内篇·第四篇》,北京:中华书局,2010 年,页 13—15。

力率民"4 种类型,各以"皇"、"帝"、"王"、"霸"称之。安冈正笃认为邵雍所谓"皇"、"帝"、"王",可总称为"王",而与"霸"对扬。但是,安冈进一步指出："王道"之最为醇乎醇者而且无功利之嫌的就是"皇道"。中国儒家的"王道"重视人心之归往,常为霸者及跋扈之奸民所乘,日本当时的政党与左翼人物常自我标榜"王道主义者",这是假的"王道",今日欲重返真正的"王道",非回归日本国体之上的"皇道"不可。[①]

到底安冈正笃如何进行从"王道"到"皇道"的"脉络性转换"呢? 我分析安冈的论证过程,大致可以归纳为以下几个步骤:

（1）真正的"王者"必定是造化其本身,国家若实行真正的"王道",暴君放伐等行为就必然绝迹。

（2）"王者"既是造化之所成,所以超越于万民之上,而又于人民为至亲至尊之存在。

（3）日本的王者,称为"天皇",又称为"人皇",是造化自身,也是造化所成的人。日本的国土、臣民,实是天皇之自我显现。

（4）日本人对天皇的崇敬,乃是基于深厚的造化的自觉,是全世界所未见。日本由皇室与宗家构成大家族的国家,也就是典型的本然的社会,是最合乎造化的国家,称之为"皇胤国家日本",决不过分。

（5）中国现在所实现的其实是"霸道",真正的"王道"是日本的光辉的天皇之道,故称之为"皇道"。[②]

经过以上我所归纳的 5 个步骤的论证过程,安冈正笃"拔赵帜立汉赤帜",[③] 经由偷天换日的思想工程,完成了孟子"王道"到日本"皇道"的"脉络性转换"过程。

---

① 安冈正笃：《皇道と王道》,原刊于《国維》第 11 期（1933 年）,后收入氏著：《经世琐言》,东京：刀江书院,1940 年,页 65—69。
② 安冈正笃：《東洋政治哲学——王道の研究》第 2 编《王道》第 3 章《日本天皇》,页 183—188。
③ 司马迁：《史记》卷 92《淮阴侯列传第三十二》,页 2616。

　　经由第二阶段的"脉络性转换"，安冈正笃将孟子学中原作为普世政治价值而超越国家框架的"王道"，置换成为特殊的国家（日本帝国）权力合法化的"皇道"，成为 1945 年以前日本帝国主义的意识形态基础。丸山真男曾依据"远东国际军事裁判公判纪录第 41 号"，分析战争期间日本帝国"皇道"论述中，"皇道"在时间上永续发展，在空间上无限扩大，"皇道"要求守护的是"皇军的使命"，必然成为日本帝国对外侵略的意识形态基础。[1] 正如丸山真男所说：战前"日本的国家主义始终只想把自己的统治依据，置于内容价值的实体之上"，[2] 日本"国家主权一元性的占有精神权威与政治权力的结果，国家活动的内在本身（团体）即具有正当性的基准，因而国家的对内对外活动，并不服从任何一种超国家的道义标准"。[3] 这真是对战争期间日本帝国主义的"超国家主义"（ultra-nationalism，此处的"超"字是"极端"之意）一针见血地剖析。[4] 由此一端，亦可见"民族主义"如果超越于人类"普世"价值之上，将带来的灾难性的后果。

　　作为一个近代日本的"儒家民族主义者"（Confucian nationalist），[5] 安冈正笃对"王道"所进行的从"普遍的"（universal）到"特殊的"（particular）之"脉络性转换"，为日本军国主义的侵略行动进行了意识形态的背书，使孟子英灵痛哭于地下。也许正是感受到 1920 年代以后，日本政界、军方与民间的"亚洲主义"思想氛围已经从"亚洲一体论"向"日本盟主论"发生微妙转变，所以孙中山先生在 1924 年（民国 13 年，大正 3 年）在神户发表"大

---

① 丸山真男：《现代政治の思想と行動》（增补版），东京：未来社，1970 年。中文译文见丸山真男：《现代政治的思想与行动：兼论日本军国主义》，林明德译，页 154。
② 丸山真男：《现代政治的思想与行动：兼论日本军国主义》，林明德译，页 40。
③ 同上书，页 7。
④ 入江昭对于日本帝国主义的意识形态，也有极为深刻的分析，参看 Akira Iriye, "The Ideology of Japanese Imperialism", in Grant K. Goodman, ed., *Imperial Japan and Asia: A Reassessment*, Occasional Paper of the East Asia Institute, Columbia University, 1967, pp. 32-45。
⑤ Roger H. Brown, "A Confucian Nationalist for Modern Japan: Yasuoka Masahiro, the Nation-state, and Moral Self-cultivation, 1898-1983".

亚洲主义"演讲，警告明治维新成功以后的日本，必须在"做西方霸道的鹰犬，或是做东方王道文化的干城"之间慎重抉择。[1] 但也正是在 1920 年代，安冈正笃就用"王道"口号，为日本侵略亚洲各国以及日本国内政治改革辩护，在 1931 年九一八事变以后，日本侵华野心已完全显露。[2] 在 1930—1940 年代日本侵略中国与亚洲各国的血泪岁月里，孟子所高唱的超越国家疆界的"王道"，竟被日本右翼知识分子置换成为日本军国主义服务的"皇道"，其实质内容已成为孟子"王道"的对立面之"霸道"。可哀可叹，莫甚于此！

四、作为"王道"对立面的"霸道"：兼论管仲的历史定位

在探讨了朝鲜君臣与日本儒者对孟子"王道"论的讨论之后，我们必须接着探讨作为"王道"对立面的"霸道"及其代表人物管仲在日本与朝鲜的形象，我们才能将"王道"与"霸道"对比观之，对"王道"获得更深入理解。因为论"王道"者必以"霸道"作为对照系，而生于孔子之前 96 年的管仲，协助齐桓公（公元前 685—公元前 643 在位）"九合诸侯，不以兵车"，[3] 成就齐桓公霸业，自孔孟以降，就成为东亚各国儒者议论之指标性人物。我们先看管仲在日本的思想意象。

（一）日本思想史"孟子事件"中的管仲论："实学"精神的浸润

在日本孟子学史上，徂徕开启对孟子政治思想的批判之后，徂徕弟子太

---

[1]　孙中山：《演讲·大亚洲主义（民国 13 年 11 月 28 日在神户高等女校对神户商业会议所等五团体演讲）》，收入国父全集编辑委员会编：《国父全集》第 3 册，台北：近代中国出版社，1989 年，页 535—542。

[2]　对安冈正笃的"王道"论述及其历史背景的详细论述参见 Roger H. Brown, "A Confucian Nationalist for Modern Japan: Yasuoka Masahiro, the Nation-state, and Moral Self-cultivation, 1898-1983", pp. 172-180。

[3]　朱熹：《论语集注》卷 7《论语·宪问·一七》，页 212。

宰春台（1680—1747）也批驳了孟子，徂徕学派之后起者如伊东蓝田（1734—1809）认为汤武乃篡弑而非革命，1778 年佐久间太华撰《和汉明辨》，幕末的藤泽东畡（1794—1864）著《思问录》《原圣志》，均批判孟子及其思想。由于徂徕学派斥孟言论太过激越，引起了仁斋学派的深谷公干（生卒年不详）起而反驳春台非孟言论，[1] 回护孟子及仁斋。其后又有肥后（肥后国的领域大约为现在的熊本县）的程朱学者薮孤山（1735—1802）批驳春台批判孟子之立场。其后又引起服部栗山（生卒年不详）补充薮孤山之说，以及徂徕学派弟子中山城山（1763—1837）起而支持太宰春台之非孟立场，以驳斥薮孤山之尊孟论。[2] 这一段从 17 世纪延续到 19 世纪的孟子学争论，可以称为日本思想史上的"孟子事件"，是在思想史中具有影响力的事件，也是有思想价值的事件。[3]

在本章第二节与第三节，我们讨论朝鲜君臣对话或儒臣奏章中的"王道"思想，以及从德川时代到 20 世纪上半叶，孟子"王道"概念在日本所经历的两次"脉络性转换"。现在我们可以进而讨论作为"王道"的对立面的"霸道"及其代表人物管仲在日本的形象。在这一节的讨论中，为避免行文过于枝蔓，我仅选择参与"孟子事件"辩论的日本儒者作为探讨的对象，但在进入这些儒者的争辩之前，我想先说明日本儒者关于"王""霸"之辩问题的两项主流意见。

第一，德川时代的日本儒者大多主张"王霸同质论"，所以大多推崇管仲的政治功业。古学派先行者山鹿素行说"王""霸"之别在于："王道者为义之与比，伯术者有所为也。管仲之高才，夫子以称之……"[4] 山鹿素行的"王""霸"论述，与同时代的中国儒者黄宗羲（梨洲，1610—1695）可谓隔

① 见深谷公干：《驳斥非》附录，收入关仪一郎编：《日本儒林丛书》第 4 卷《論弁部》，东京：凤出版株式会社，1978 年，页 27。
② 黄俊杰：《德川日本〈论语〉诠释史论》，页 106—107。
③ 陈少明（1958— ）先生说："可以把思想史事件分为两个类型：一个是构成思想史影响的事件，一个是有思想价值的事件"，见陈少明：《什么是思想事件》，收入氏著：《经典世界中的人、事、物》，上海：上海三联书店，2008 年，页 48。
④ 山鹿索行：《山鹿語類》卷 33（上册），收入井上哲次郎、蟹江義丸编：《日本倫理彙編》第 4 卷《古学派の部》上，东京：育成会，1903 年，页 174。

海呼应。黄梨洲在《孟子师说》"齐桓、晋文之事"章中说："王霸之分，不在事功而在心术：事功本之心术者，所谓'由仁义行'，王道也；只从迹上模仿，虽件件是王者之事，所谓'行仁义'者，霸也。……譬之草木，王者是生意所发，霸者是翦彩作花耳。"[①]素行与梨洲之所同在于论"王""霸"存心之异，但素行并不以存心不良贬抑管仲。自山鹿素行以下，大多数日本儒者都认为管仲可称为"仁者"，因为他们心目中的"仁者"是济世安民的政治家，而不是思考"仁者，心之德，爱之理也"[②]的哲学家。[③]

第二，日本儒者的伦理学立场，多半倾向于"功效伦理学"立场，他们重视政治成就或功业远过于人物的存心。所以，理学家朱子批判唐太宗（598—649，在位于626—649）说"太宗之心，则吾恐其无一念不出于人欲也"，[④]特重其"存心"之邪曲。但是日本儒者尤其是徂徕学派儒者，对唐太宗的政治功业却大加推崇，《贞观政要》也成为德川时代将军必读的一本书。[⑤]

以上所说日本儒者所主张的"王霸同质论"与"功效伦理学"的立场，都深深地浸润在17世纪以降的"实学"思潮之中。根据源了圆（1920—2020）的研究，日本儒学史中所谓"实学"指人所真实追求的学问，也指道德实践的学问，有其"实证性"与"合理性"，既是真实的（real），又是正确的（true）。[⑥]日本儒者的"实学"可以区分为"实践性"的"实学"与"实证性"的"实学"。"实践性实学"又可细分为"道德实践的实学"与"政治实践的

---

① 黄宗羲：《孟子师说》卷1，"齐桓、晋文之事"章，收入《黄宗羲全集》第1册，杭州：浙江古籍出版社，1985年，页51。
② 见《孟子集注·梁惠王上·一》，页279；又如："仁者，爱之理，心之德也"，见朱熹：《论语集注·学而·二》，收入《四书章句集注》，页62。
③ 笔者曾对日儒以管仲为"仁"者之论点有所讨论。见黄俊杰：《东亚儒家仁学史论》第9章，台北：台大出版中心，2017年，页377—414。
④ 朱熹：《答陈同甫六》，引文见页1583。
⑤ 参看黄俊杰：《从东亚视域论德川日本儒者的伦理学立场》，收入拙著：《思想史视野中的东亚》第5章，页79—100。
⑥ 源了圆：《近世初期実学思想の研究》，东京：创文社，1980年，页59。

实学"。"实证性实学"则由荻生徂徕所肇建,开启了日本从"近世"向"近代"的移动。① 以上所说的日本儒者实学思想的发展轨迹,都可以在他们关于孟子的"王""霸"之辩与管仲论的解释之中见其端倪。

1. 太宰春台

现在,我们回顾"孟子事件"的发展历程。首先,我们看太宰春台的言论。太宰春台是徂徕及门弟子,他所撰《孟子论》分上下两篇,对孟子及其思想大肆批评,论点甚多(参看本书附录二之3),在东亚孟子学史上较具有普遍意义的,有以下几点。

第一,太宰春台批判孟子的君臣相对论,认为违背孔子尊君之义,其言曰:

> 孔子对定公曰:"君使臣以礼,臣事君以忠。"孟子告宣王曰:"君之视臣如手足,则臣视君如腹心;君之视臣如犬马,则臣视君如国人;君之视臣如土芥,则臣视君如寇仇。"夫君子不仕则已,仕则必敬其君。语曰:"君虽不君,臣不可以不臣。父虽不父,子不可以不子。"言尽其道也。故臣人者,不以夷险渝其心,乃若为其君之无礼而怼焉,是不臣也。仲尼之言,可以语君,亦可以语臣,故谓之通论。如轲之言,唯可以闻于君,决不可使人臣闻之,则亦不通之论也。②

春台之说,系对孔子政治思想之误解。孔子论君臣关系主相对义而不主绝对义。孔子主张"以道事君,不可则止",③ 主张"道"先于"君"。孔子强调臣有殉道以求仁之义,而无曲道以从君之理。孟子以腹心犬马与土芥寇仇之语

---

① 源了圆:《近世初期实学思想の研究》,页64、66—67。
② 太宰春台:《孟子論》,见太宰春台:《斥非(付春台先生雜文九首)》,稻垣白嵓、原尚贤校,延享元年(1744)刊,收入《日本儒林叢書》第4卷《論弁部》编23,引文见页17—18。
③ 引文见《论语·先进·二三》,朱注:"以道事君者,不从君之欲。不可则止者,必行己之志",见朱熹:《论语集注》卷6,页177。

喻君臣之相对性。孟子特重以德抗爵，正与孔子的"道"高于"势"之主张一脉相承，绝无"君虽不君，臣不可不臣"之理。太宰春台既不善读《论语》，又非孟子之知音，对孟子持义峻烈而所论多属无的放矢，厚诬古人，莫此为甚！

太宰春台主张君臣关系之绝对性，主张"君虽不君，臣不可以不臣"，此种说法与宋儒挞伐孟子之言论如出一辙。司马光云："夫君臣之义，人之大伦也。……余惧后之人，挟有以骄其君……皆援孟子以自况，故不得不疑。"[①]司马光所提倡"君臣之义"，是在北宋建国以后君权高涨以及《春秋》学再兴的历史背景中所提出，是为政治现状（status quo）背书的政治保守主义，太宰春台之政治保守主义立场，与司马光若合符节。

第二，太宰春台批孟子之以管仲不足为，但语焉不详，未见铺陈，其言曰：

> 仲尼尝称管仲曰："如其仁，如其仁。"又曰："微管仲，吾其被发左衽矣。"仲尼之称管仲也，可谓盛矣。孟子乃以管仲不足为，不亦异乎？[②]

春台在《孟子论》文中挟孔子以批孟子，却未提出论证，恐有诉诸权威之嫌。管仲其人其事是东亚儒学史上一大争议公案。伊藤仁斋认为管仲是较小的"仁"者，[③]荻生徂徕反对孔子的管仲"器小"之说，主张管仲是"大器"。[④]作为荻生徂徕弟子的太宰春台撰《论语古训外传》，在解释孔子以管仲"器小"之说时指出孔子"器小之叹，乃惜之也，非议之也"，[⑤]因为"夫仁，莫大于安民，故孔子论仁，必以事功"。[⑥]这是典型的徂徕宗风，春台发扬了徂徕以事

---

① 司马光：《温国文正司马公文集》卷73（四部丛刊初编缩本），上海：商务印书馆，1936年，页531a。
② 太宰春台：《孟子論》，引文见页18。
③ 伊藤仁斋：《童子問》卷上第52章，页100。
④ 荻生徂徕：《論語徵》卷乙，页68。
⑤ 太宰春台：《論語古訓外伝》卷3《八佾第三·子曰管仲之器小哉章》，江户：嵩山房，延享2年（1745）刻本，页11下。
⑥ 太宰春台：《論語古訓外伝》卷14《憲問第十四》，页13下—14上。

功释"仁"之宗旨。春台之说也为后来的松村九山（1743—1822）、东条一堂（1778—1857）等人所继承，他们都称许管仲为"仁者"。[1] 德川日本的儒者在面对"管仲是否仁者"这个问题时，他们思想中的"仁"是经国利民的事业，而不是如朱子所说"仁者，心之德，爱之理也"[2] 的抽象形上原理（牟宗三先生所谓"爱"之"存在之存在性"[3]）。

第三，太宰春台驳斥孟子所持"王霸之辨"，他说：

> 王天下之谓王，长诸侯之谓伯，所事大小之异耳，非有二道也。高以卑为基，大积小而成，天地之道也，王业亦然。是故"伯"，"王"之未就也；"王"，"伯"之大成也。不能"伯"，未有能"王"者也。[4]

太宰春台在上文中主张"王霸同质论"，认为"王"与"霸"并非对立之政体，"王"与"霸"乃"大小之异同"。春台之说与北宋功利思想家之言论虽时空不同，但遥相呼应。李觏主张"王""霸"乃"其人之号，非其道之目也"，[5] 王安石主张"仁义礼信，天下之达道，王霸之所同也"。[6] 这说法都与春台如出一辙，都主张"王"与"霸"是程度不同，而不是本质的差异。

太宰春台之前，伊藤仁斋已主张"苟行仁政，则秦楚二王，亦皆可以称王者也"，[7] 春台之师荻生徂徕亦主张"王"之于"霸"，"其所以异者，时与位耳……"。[8] 春台继承了其师荻生徂徕之"王霸同质论"。

---

[1]　参看黄俊杰：《东亚儒家仁学史论》第9章，页377—414。
[2]　例如《孟子集注·梁惠王上·一》，页279；又如："仁者，爱之理，心之德也"，见《论语集注·学而·二》，收入《四书章句集注》，页62。
[3]　牟宗三：《心体与性体》第3册，2版页272。
[4]　太宰春台：《孟子論》，引文见页19。
[5]　李觏：《李觏集》卷34《常语下》第1条，北京：中华书局，1981年，页372。
[6]　王安石：《王霸论》，收入《临川先生文集》卷67，上海：中华书局，1959年，页430上。
[7]　伊藤仁斋：《孟子古義》，页7—8。
[8]　荻生徂徕：《弁名》卷下《王霸》，页118。

王霸之辨发自孟子,我过去曾说:"孔子将'王'、'霸'当作政治演进过程中的不同阶段,荀子则将'王'、'霸'视为不同等级之德行,只有孟子高举'王道'政治之大旗,明白指出'王'者以德服人,'霸'者以力服人,两者不可同日而语。"[1] 孟子之所以明辨"王""霸"乃异质之政体,实与孟子倾向"存心伦理学"之立场有关。日本儒者如徂徕、春台之所以主张"王霸同质论",系基于其"功效伦理学"之立场。

2. 薮孤山

在太宰春台之后,继续这场日本思想史上的"孟子事件"的是薮孤山与18世纪中叶的深谷公干。薮孤山撰《崇孟》一文(见本书附录二之4),针对太宰春台《孟子论》而发,逐条批驳,切中要害,并深入孟子思想之肯綮,实属难能,至于文理密察,远过于春台,则犹其余事也。

在东亚孟子学史上,薮孤山在《崇孟》一文所提出的各项论点中,最具思想史意义者有以下三点。

第一,关于孔孟思想中的君臣关系,薮孤山批驳太宰春台主张臣绝对服从君的保守主义立场,其言曰:

辨曰：孔子曰："言岂一端而已夫,各有所当也",[2] 夫言有主教诲而言者,有主理势而言者。君臣之际,当各尽其道。假使君不尽其道,臣不可以不尽其道,是君臣当务之教诲也。如孔子对定公,及语所称是已,君亲臣则臣必亲君,君疏臣则臣必疏君,是人情必然之理势也,如孟子告宣王,是已。大宰不知言各有所当,而求之一端,其疑孟子,不亦宜乎? [3]

---

[1]　黄俊杰:《孟学思想史论》卷二,页148。

[2]　此语出自《礼记·祭义》:"子曰:'济济者,容也远也;漆漆者,容也自反也。容以远,若容以自反也,夫何神明之及交,夫何济济漆漆之有乎? 反馈,乐成,荐其荐俎,序其礼乐,备其百官。君子致其济济漆漆,夫何慌惚之有乎? 夫言,岂一端而已? 夫各有所当也。'"

[3]　薮孤山:《崇孟》,收入关仪一郎编:《日本儒林丛书》第4卷《論弁部》,东京:凤出版株式会社,1978年,页4。

以上这一段文字磅礴有力，直探孔孟政治思想核心，一举摧破太宰春台所持"君虽不君，臣不可以不臣"之"奴隶的道德"（slave morality），[1] 直截了当。薮孤山说，"君臣之际，当各尽其道"，"君亲臣则臣必亲君，君疏臣则臣必疏君"，完全符合孔孟政治思想核心价值。孔子"君君臣臣"之要义在于名实相应，在于君臣各尽其职责，制度从周，为政尚仁。孔子主张，臣无枉道以从君之理；孟子手足腹心、土芥寇仇之喻，则尤能彰显君臣相对之义。薮孤山对春台君臣观之批判，实得孔孟政治思想之肯綮。

第二，薮孤山批判太宰春台所持孟子管仲论异乎孔子之说，其言曰：

> 盖夫子于管仲也，尊其功，而贱其才；称其力，而薄其德。夫平王东迁，周道陵夷，诸侯内攻，夷狄外侵，向微管仲相桓公，内拯诸侯，外攘荆楚，则中国之不为夷狄者，无几矣，故孔子尊其功曰"如其仁"，称其力曰"管仲之力"也。然其为相也，不能行王道；其检身也，不能从礼俭，故贱其才曰"管仲之器小哉"，薄其德曰"焉得俭"，"不知礼"。由是观之，其褒之者，以时无王者能拯诸侯、攘夷狄也，是言也，唯孟子知之，故曰："今之诸侯，五霸之罪人也"，又曰："《春秋》无义战。彼善于此，则有之矣"。其贬之者，以其非王佐也，是言也，唯孟子知之，故曰管仲"不足为也"，又曰，"仲尼之徒，无道桓文之事者"，由是观之，孟子论仲，吾未见其异于夫子也。[2]

管仲论是东亚孟子学一大焦点，中朝日非孟儒者，常主张孟子以管仲"不足

---

① 关于尼采所谓"奴隶的道德"，参见 Friedrich Nietzsche, *On the Genealogy of Morality*, Keith Ansell-Pearson, ed., Carol Diethe, trans., Cambridge & New York: Cambridge University Press, 2007, p. 20. 中文译文见赵千帆译：《论道德的系谱：一本论战著作》，新北：大家出版，2017年，页 77。

② 薮孤山：《崇孟》，页 5—6。

为"违背孔子许管仲为"如其仁"之说，太宰春台之疑孟亦然。薮孤山主张
"夫子于管仲也，尊其功，而贱其才；称其力，而薄其德"，确能得孔子之意。
清儒孙志祖(贻谷，1737—1801)曾说孔子称管仲"如其仁"，"盖疑而不许
之词"，① 其说可从。孟子以管仲"不足为"，盖以管仲得君之专、执政之久，
而不行"王道"，未能符合孟子"王道"政治之理想。

　　第三，薮孤山批判春台之"王霸同质论"，其言曰：

　　　　由是观之，伯有二义，有以位言者，有以道言者，犹君子小人
　　有德位之别也，故西伯之"伯"，"位"也，其"道"，"王道"也；桓
　　公之"伯"，"位"也，其"道"，"霸道"也，故五伯多作五霸，而
　　西伯未有为西霸者也，且西伯之与桓公，其德其道，相去何止霄
　　壤。大宰观其同有"伯"称，遂至并称之，以为非有二道，夫孔孟
　　并称，大宰尚谓拟不以伦，大宰之拟，何不伦之甚也。大宰又曰：
　　"至孟子，王伯之分，遂成泾渭"，夫王伯之分，非独孟子，荀卿亦
　　言之，曰："粹而王，驳而伯"；非独荀卿，左氏亦言之，曰："四王
　　之王也，树德而济同欲焉，五伯之霸也，勤而抚之"；非独左氏，管
　　子亦言之，曰："强国众合，强以攻弱，以图王；强国少合，小以攻
　　大，以图霸。"由是观之，孟子以前，既有王伯之说，王伯果无二道
　　邪？荀卿何说粹驳？左氏何说树德勤抚？而管氏何说图王伯之
　　别邪？②

---

① 朱熹：《论语·宪问·一七》，见《四书章句集注》，页212。《论语·宪问·一七》"如其仁"
　三字，历代儒者颇有争议。清人孙志祖云："如其仁者，盖疑而不许之词，非重言以深许之
　也。岂有夫子而轻以仁许管仲乎？自孔安国误解，而集注因之，后世学者遂疑圣人立论之
　偏，与器小章抑扬悬决。……"见孙志祖(贻谷，1737—1801)：《读书脞录》卷2"管仲非
　仁"条，收入江杏溪编：《文学山房丛书》第14册，成都：巴蜀书社，2010年，页17—18。
　其说可从。
② 薮孤山：《崇孟》，页12。

"王霸之辨"是孟子政治思想一大课题,薮孤山区分"霸"之二义——以"位"言或以"道"言,有力地驳斥太宰春台之说,但薮孤山的说法,已初见于赵岐注。("言霸者以大国之力,假仁义之道,然后能霸,若齐桓、晋文等是也;以己之德,行仁政于民,小国则可以致王,若汤、文王是也。")① 朱子云:"霸,若齐桓晋文是也。以德行仁,则自吾之得于心者推之,无适而非仁也。以力服人者,非心服也,力不赡也;以德服人者,中心悦而诚服也,如七十子之服孔子也。"② 明人蔡清(1453—1508)云:"此章论王霸之辨,最为深切而著明。盖王霸之辨,只是诚伪之分。王者、霸者其操术固有诚与伪之异,而人之应之者,亦随其所感而异"。③

中国儒者解释《孟子》这一章,均重王者与霸者存心之不同。此种解释亦为日朝儒者所遵循,伊藤仁斋云:"人见王霸之效,皆能足以服人,以为无所轻重。故孟子举力不赡,与中心悦之不同,以辨假仁与行仁之真伪邪正也。"④ 朝鲜权得己(1570—1622)云:"王霸之分,在于有意与无意而已,非独王霸,凡人所以处己接物亦然,循其自然是王道之属,有所安排则霸道之类心术,隐微之间,宜切戒之。"⑤ 凡此东亚儒者的解释,均以"存心"而不是"功利"为王霸之分判。薮孤山之"王霸异质论",不仅与赵岐以下东亚儒者之说相呼应,亦对太宰春台提出了有效之批驳。

3. 深谷公干

生于18世纪而思想倾向于古义学派的深谷公干撰《辨非孟论》上中下三篇,驳斥太宰春台的《孟子论》(见本书附录二之3)。从孟子学史观之,《辨非孟论》这篇论文触及两个孟子学史的问题。

---

① 见焦循:《孟子正义》卷7,页221。
② 朱熹:《孟子集注》卷7,页325—326。
③ 蔡清:《四书蒙引》,收入《景印文渊阁四库全书》第206册,台北:台湾商务印书馆,1986年,页481。
④ 伊藤仁斋:《孟子古义》,页64。
⑤ 权得己:《僭疑》,见《晚悔集》,收入《韩国经学资料集成》第35册,首尔:成均馆大学大东文化研究院,1988年,页233。

第一，深谷批评太宰春台既不知孟子又不知孔子，并指出自西汉以降就已"孔""孟"并称，其言曰：

> 呜呼甚矣！纯之不知孟子，非窅不知孟子，虽孔子亦不知焉！……《孟子》之书与《论语》并行，岂非幸哉？干按：以孟子配孔子，盖自西汉以来载史籍者多矣！汉文帝《论语》、《孝经》、《孟子》、《尔雅》各置博士，赵岐注孟子，而以载于题辞焉。班孟坚亦并称仲尼孟轲，又《淮南子》高诱注曰："邹谓孟子，鲁谓孔子"，又张协赋中称"孔孟"，且韩氏曰："孔子传之孟轲，轲之死不得其传焉"，向无孟子，则皆服左衽，而言侏离矣，故推尊孟氏，以为功不在禹下。……①

深谷公干认为自西汉以降即"以孟子配孔子"，此说恐难以获得史实之支持。关于孟子在中国学术史上地位之上升，我在《孟学思想史论（卷二）》，已有所说明，②兹增补若干资料再综述如下：

（1）在 10 世纪之前，孟子仅是儒家诸子之一：《孟子》书在《汉书·艺文志》与《隋书·经籍志》中，均仅列入"子部·儒家类"。《汉书·景十三王传》："献王所得书，皆古文，先秦旧书，《周官》《尚书》《礼》《礼记》《孟子》《老子》之属。"③可证西汉景帝（在位于公元前 157—公元前 141）时《孟子》已入河间献王所藏书中。西汉儒者除扬雄（公元前 53—公元 18）"窃自比于孟子"④之外，重视《孟子》者甚少，如韩婴（公元前 200？—公元前 130？）撰《韩诗外传》屡引《荀子》以说《诗》共 40 余

---

① 深谷公干：《弁非孟論》，见《駁斥非》附录，页 15—17。
② 黄俊杰：《孟学思想史论》卷二，页 131—133。
③ 班固：《汉书》卷 53《景十三王传第二十三》（第 2 册），页 615。
④ 扬雄：《法言义疏》，汪荣宝撰，陈仲夫点校，北京：中华书局，1987 年，页 81。

次，① 而不及善于说《诗》的《孟子》。② 汉武帝（在位于公元前141—公元前87）一朝贤良文学与士大夫之盐铁论辩中，贤良文学常引《孟子》以为据，③ 但对孟子思想之内涵尚嫌一间未达。东汉王充（27—？ ）著《论衡》，有《问孔》《刺孟》二篇，于孟子多所指摘。梁（502—557）元帝（在位于552—554）撰《金楼子》，略及于孟子的历史循环说与五伦之说。④ 唐朝宝应二年（763），⑤ 礼部侍郎杨绾（见于777年之记载）请以《孟子》为孝廉应读的经典。⑥ 唐德宗（在位于779—805）建中元年（780），濠州刺史张镒（？ —783）送呈《孟子音义》。⑦ 韩愈（退之，768—824）撰《原道》《与孟尚书书》，以孟子传孔子之道"功不在禹下"。唐人注释《孟子》而今尚存佚文者有陆善经（生卒年不详，约为玄宗开元至天宝年间人）《孟子陆氏注》、张镒《孟子张氏音义》、丁公（生卒年不详）著《孟子丁氏手义》。⑧ 唐代文人皮日休更在863年，撰《请孟子为学科书》，⑨ 要求提升《孟子》在科举考试中之地位，主张"去庄、列之书，以《孟子》为主"，但不获朝廷采择。⑩

（2）10 世纪以后，孟子地位逐渐提升：《孟子》之获朝廷尊信，始自北宋真宗（在位于997—1021）大中祥符七年（1014）命孙奭（962—1033）作

---

① 据清儒严可均（1762—1843）之说，见严可均：《铁桥慢稿》卷3《荀子当从礼议》，台北：新文丰出版公司，1988 年，页25。

② 参看丰岛睦：《韓詩外伝に見える思想の原流》，收入池田末利博士古稀纪念事业会实行委员编：《池田末利博士古稀記念東洋学論集》，页453—468。

③ 参看齐木哲郎：《『塩鉄論』中の賢良・文学と孟子——漢代における孟子の展開緒論》，《東方学》第87辑（1994年1月），页42—56。关于汉代孟子学最新的研究，参考吴凯雯：《汉代孟子学的转变与实践》，台北：政治大学中文研究所硕士论文，2017年6月。

④ 梁元帝：《金楼子》卷4上，台北：世界书局，未著出版日期，页6—7、25—28。

⑤ "宝应"为唐肃宗（711—762）年号，宝应元年4月18日（762年5月16日）肃宗逝世，代宗（726—779）继位之初沿用"宝应"年号，至同年7月始改元"广德"。参见欧阳修、宋祁撰等：《新唐书》卷6《本纪第六・代宗》，页165—169。

⑥ 王溥：《唐会要》卷76，北京：中华书局，1955 年，页1395。

⑦ 同上书，页1396。

⑧ 均收入马国翰：《玉函山房辑佚书》，长沙：琅环馆，1883 年。

⑨ 此文收入《皮子文薮》，我曾加注释后收入拙著：《孟学思想史论》卷二，页498—499。

⑩ 参考吹野安：《皮日休と孟軻》，《国学院雜誌》第80卷第9期（1979年），页1—11。

《孟子音义》。① 北宋仁宗嘉祐六年（1061）刻石经，立于汴京（今开封）国子监，共包括《易》《诗》《书》《周礼》《礼记》《春秋》《孝经》《论语》及《孟子》等九经。② 宋神宗熙宁四年（1071），王安石更定贡举法，以经义策论取士，考试科目除《易》《诗》《书》《周礼》之外，兼考《论语》及《孟子》。③ 神宗元丰七年（1084）五月，以孟子配享孔庙，大大提升孟子在“官方”的地位。王安石变法，尊崇孟子，并以“大有为”自许，遂激起反对新法的司马光等人借批孟而批王安石。南宋中期陈振孙《直斋书录解题》卷3《语孟类》云：“今国家设科取士，《语》《孟》并列为经，而程氏诸儒训解二书常相表里，故今合为一类。”④ 南宋末年王应麟《玉海》卷41《艺文》以《易》《诗》《书》《周礼》《礼记》《春秋》《孟子》《论语》《孝经》为“九经”，⑤ 可见“孔孟”合称自北宋以降始为惯用名词。在10世纪北宋以前“周孔”并称，孔子的地位继周公之后，所重在孔子的“业”；第10世纪以后则“孔孟”并称，所重在孔子的“德”。诚如牟宗三先生所说：“周、孔并称，孔子只是尧、舜、禹、汤、文、武、周公之骥尾。……但孔、孟并称，则是以孔子为教主……”⑥ 从“周孔”到“孔孟”的转变，在中国思想史上具有重大意义。

　　综上所述，深谷公干主张自西汉以降即“以孟子配孔子”，恐难以成立。至于深谷先生所称班固《汉书》及张协（？—307？）诗赋中已有“孔”“孟”并称，均查无实据，我在本书附录二所收深谷公干的《辨非孟论》注解中均已指出。东汉马融（79—166）撰《长笛赋》，有“温直扰毅，孔孟之方也”一

---

①　朱子疑此书非孙奭之作。朱子曰：“孟子疏，乃邵武士人假作，蔡季通识其人。当孔颖达时，未尚《孟子》，只尚《论语》《孝经》《尔雅》，其书全不似疏样，不曾解出名物制度，只绕缠赵岐之说耳。”见黎靖德编：《朱子语类》卷19《论语一·语孟纲领》第96条，收入《朱子全书》第14册，页663。

②　钱基博：《四书解题及其读法·孟子第三》，页33—34。

③　徐松辑，刘琳等点校：《宋会要辑稿》第9册《选举》3之44，页5308；脱脱等撰：《宋史》卷155《选举志》。

④　陈振孙：《直斋书录解题》卷3《语孟类》，页72。

⑤　王应麟：《玉海》卷42《艺文》，引文见页783。

⑥　牟宗三：《心体与性体》第1册，收入氏著：《牟宗三先生全集》第5册，页16。

句，①已 "孔孟" 并称，但仅能视为特例，"孔孟" 并称并非汉代习见之用词。

第二，深谷公干驳太宰春台的管仲论，其言曰：

> 噫！纯何无眼也！子曰："管仲之器小哉"，或曰，"管氏而知礼，孰不知礼"，可见夫子不偏称管仲也，且子路、子贡疑管仲未仁，故夫子告曰云云，岂可称管仲概言盛矣哉？夫公孙丑不知孟子之所志，而率尔问曰："夫子当路于齐，管仲晏子之功，可复许乎？"故以 "管仲为曾西之所不为"，若夫学孔子而当路，则五尺童子亦羞比管仲与晏婴，况于孟子乎？故以为不足为也。夫子于管仲，虽许以仁，七十子之徒，岂亦喜而期管仲耶？太宰果以愿管晏耶？②

管仲论系东亚儒学史之一大课题。《论语》一书所见人物共 140 人，其中孔子弟子 27 人，③除尧、舜、禹、汤、孔子之外，管仲其人其事最为中朝日各国儒者关心。德川日本儒者自伊藤仁斋以下，如荻生徂徕、太宰春台、松村九山等均推重管仲功业，推评为 "仁" 者。拙书《东亚儒家仁学史论》第 9 章已有详述。

深谷公干驳太宰春台之管仲论，仅引孔子之言为据，未及深论徂徕与春台之 "功效伦理学" 立场，似尚有一间未达也。

4. 中山城山

生活于 18 世纪下半叶至 19 世纪上半叶的中山城山，曾学习古文辞学，在思想立场上可归属徂徕学派。中山城山延续这一场 "孟子事件"，他所撰的《崇孟解》一文（见本书附录二之 6），是针对薮孤山对徂徕弟子太宰春台的批判而提出之反驳。中山城山针对孟子政治思想中的 "王霸之辨" 以及

---

① 马融：《长笛赋》，收入萧统编，李善注：《文选》卷 18（第 2 册），"温直扰毅，孔孟之方也" 一句，见页 817。
② 深谷公干：《弁非孟論》，页 17。
③ 据皇侃《论语义疏·序》，见皇侃：《论语义疏》，大阪：怀德堂刊本，1923 年，页 5 下。

"仁义"之说，提出具有徂徕学色彩的批判。

第一，中山城山批驳孟子的"王霸之辨"，其言曰：

> 王霸之辨，惑孟轲氏之言也。古者八州有八伯，八伯各以其
> 属，属于天子之老。二人分天下以为左右曰"二伯"，管仲答楚使
> 者曰："昔召康公命我先君大公曰：'五侯九伯，女实征之，以夹辅周
> 室'……"，然则管仲所为必随周公之道也，是以楚子服之。且管仲
> 为齐也，与周室制，大同小异也，是以夫子许之。而孟子驳之者，则
> 说之术也，岂公论哉？荀子所谓"粹"、"驳"者谓其德义已至济之与
> 宋至济也，岂绌伯之言哉？左氏亦岂贬霸矣？伯入声霸去声，则后世
> 韵学家之言岂足征哉？嗟乎！薮生之驳杂也，不折中之圣人，动折中
> 之后世杂家，苟以此抗乎吾党，是布鼓过雷门也，多见其不知量也。[①]

中山城山、太宰春台与两宋功利学派儒家思想家一样，主张"王霸同质论"，
并以此为由批判孟子的"王霸异质论"。从"王霸同质论"，可知从徂徕以降
的徂徕学派诸人，在思想倾向上均在不同程度之内，近于荀子（？—公元前
238）而远于孟子。

第二，中山城山特别批判孟子之特重"仁""义"，强调"礼、乐、刑、
政"的重要性，展现出鲜明的徂徕学派思想倾向。荻生徂徕说："道者，统
名也。举礼乐刑政，凡先王所建者，合而命之也。非离礼乐刑政，别有所
谓道者也。"[②] 又说："先王之道，先王所造也，非天地自然之道也。"[③] 徂徕
及其弟子太宰春台，都重新定义儒家的"道"，主张"道"是"人为构作的"

---

① 中山城山：《崇孟解》，见薮孤山：《崇孟（付读崇孟·崇孟解）》，安永 4 年（1775）刊，收入
　关仪一郎编：《日本儒林丛书》第 4 卷《论弁部》编 25，东京：凤出版株式会社，1978 年，引
　文见页 23。
② 荻生徂徕：《弁道》第 3 条，页 13。
③ 同上书第 4 条，页 13。

（anthropogenic）而不是自然所生的。中山城山承继了这种徂徕学宗风，主张"礼乐刑政"等制度的"教化之具"较孟子所说的"仁义"等心性的"教化之道"更重要，也更具优先性。中山城山说：

> 苟知孟子之迂远，则思过半矣，且薮生不知仁义、礼乐之别，而徒云说仁义而礼乐在其中矣，其所云"仁"、"义"何物也？夫"仁"、"义"也者，教化之道也，"礼"、"乐"、"刑"、"政"者，教化之具也，若欲舍其具而行其道，犹欲不持镃基而耕耨也。呜呼！难矣夫！苟有其具则其道可行也，是行"礼""乐"而"仁""义"在其中矣。且战国之士，各有经济之才，故各为其功，苟有圣人出，则豹变者，必在斯人也。①

中山城山在以上这一段论述中批判孟子"迂远"，兼及薮孤山未能区别"教化之道"与"教化之具"的不同，并主张后者先于前者。中山城山的言论潜藏着一种对人性的不信任感，他走的是荀子的以"礼义师法之化"（《荀子·性恶》②）矫治人性的道路，而不是孟子的"仁义礼智根于心"（《孟子·尽心上·二一》③）的道路。进一步推衍，中山城山相信"礼乐刑政"等制度比人性中的善性重要。这种论点与荻生徂徕所说"大抵先王之道在外……故先王之教，唯有礼以制心耳"④，完全如出一辙。"以礼制心"一语出自《尚书·汤誓·仲虺之诰》⑤，是徂徕学派的共识。徂徕学派诸子所特重的

---

① 中山城山：《崇孟解》，引文见页23—24。
② 《荀子·性恶》："今人之性恶，必将待师法然后正，得礼义然后治，今人无师法，则偏险而不正；无礼义，则悖乱而不治。"引文见王先谦撰，沈啸寰、王星贤点校：《荀子集解》卷17，北京：中华书局，1988年，页435。
③ 朱熹：《孟子集注》卷13《孟子·尽心上·二一》，页497。
④ 荻生徂徕：《弁名》卷上《恭敬庄慎独》第4则，页65。
⑤ 孔安国传，孔颖达疏：《尚书正义》卷8《尚书·汤誓·仲虺之诰》，收入十三经注疏整理委员会编：《十三经注疏整理本》第2册，引文见页237。

是孟子所说的"徒善不足以为政"这一面，但却遗漏了孟子"徒法不足以自行"[①]这一面，亦可谓不善读《孟子》者矣。

5. 松村九山

在 18 世纪下半叶到 19 世纪上半叶的日本儒学界，参与管仲论这一"孟子事件"的尚有松村九山与日尾瑜（1788—1858）。

松村九山，名良猷，字公凯，称栖云，自号九山，为日本江户时期著名儒者。松村九山所撰《管仲孟子论》一文，分上下两篇，上篇系《管仲论》，下篇系《孟子论》（见本书附录二之 7）。本文以问答方式提出松树自己关于管仲与孟子的意见。松村九山主张管仲是"仁"者，只是管仲的"仁"的"量"与尧舜等圣人的"仁"之"量不同而已。松村九山说：

> 夫"仁"之工夫不同，尧舜自有尧舜之"仁"，汤武自有汤武之"仁"，伊周自有伊周之"仁"，管仲自有管仲之"仁"，此而同之，岂不诡哉？夫管仲所谓善人也，不践迹，亦不入室。虽先王之制不必从焉，随时而变，应俗以化，非圣人而自作，何屑屑从事于学者之务哉！故奢而失礼，亦不害于其仁也。[②]

松村九山认为，尧、舜、汤、武、伊尹、周公都具有"仁"的本质，只是"仁"的工夫与数量有所不同而已。松村九山与伊藤仁斋一脉相承，仁斋在《童子问》中曾说："尧舜之仁，犹大海之水……管仲之仁，犹数尺井泉……虽有大小之差，岂谓之非水而可乎！"[③]仁斋认为尧舜与管仲皆是"仁"者，只是质同而量异而已。徂徕认为"管仲以诸侯之相，施政于天下，可谓'大器'

---

① 二句出自《孟子·离娄上·一》，见朱熹：《孟子集注》卷 7，页 385。
② 松村九山：《管仲孟子論》，享和 3 年（1803）刊，收入关仪一郎编：《日本儒林叢书》第 12 卷《統統編随筆部及雑部》编 13，东京：凤出版株式会社，1978 年，尤其是页 7。
③ 伊藤仁斋：《童子問》卷上第 52 章，页 100。

已"。① 太宰春台认为："孔子于管仲,盛称其功……器小之叹,乃惜之也,非讥之也。"② 徂徕学派都以"安民"作为"仁"之定义,所以都盛赞管仲的"事功"。③ 松村九山多半从管仲的政治事功的立场,推崇管仲是"仁"者。这个论点显示松村九山多半与诸多德川时代的思想家一样,倾向"功效伦理学"的立场。

6. 日尾瑜

日尾瑜,是日本幕末折衷学派与兵学派的代表学者。日尾瑜所撰《管仲非仁者辨》这篇文章(见本书附录二之8),是从17世纪古学派大师伊藤仁斋、18世纪古文辞学派大师荻生徂徕及其弟子太宰春台以及19世纪初松村九山推崇管仲为"仁者"之后,在19世纪针对日本思想史的"孟子事件"中之"管仲问题"的最新发展。《管仲非仁者辨》一文在东亚孟子学史上的意义有二。

第一,日尾瑜以五伦重新定义"仁",呈现明确的反宋学思想,他说:

> 夫君臣父子夫妇兄弟朋友五者,天下大伦也,能以诚处于其间,大之天下国家,小之一乡一邑,中心说服不能忘焉,此之谓仁也。如小白子纠兄弟争国,姑置焉,设令兄弟相仇,奉其兄者仇其弟,奉其弟者仇其兄,各以其所奉为君,以其所见奉为臣,于义为然,管仲未知君臣之义乎? 又未知兄弟之友乎? 其初出也奉公子纠,子纠为小白所杀,而请自囚,反相桓公霸诸侯,是遗君而奉仇也,弑兄者不友也,贰君者不忠也,嗟呼仲也抱不忠之罪,奉不友之君,恬乎如不知者,汲汲图霸,后世有背君亲侮兄长党不义行不仁,管仲为之俑而已,其何仁之有? ④

---

① 荻生徂徕:《論語徵》卷乙,页68。
② 太宰春台:《論語古訓外伝》卷3《八佾第三・子曰管仲之器小哉章》,页11下。
③ 太宰春台说:"夫仁,莫大于安民,故孔子论仁,必以事功。"参看原贵史:《徂徕学派の管仲評価——『論語』解釈をめぐって》,《北海道大学大学院文学研究科研究論集》第8号(2009年1月),页1—20。
④ 日尾瑜:《管仲非仁者弁》,收入关仪一郎编:《日本儒林叢書》第5卷《解説部1》编28,引文见页2。

我所谓日尾瑜的"反宋学"倾向,更具体地说,特指日尾瑜的"反形上学"思想倾向。日尾瑜强调以"诚"使五伦圆满,重新定义"仁",反映了日本儒学从 16 世纪以"敬"为中心向以"诚"为中心移动的轨迹。[①]日尾瑜将儒家核心价值"仁",从"仁者,心之德,爱之理"[②]的朱子学的形上学诠释典范中解放出来,将"仁"从在朱子学中作为"爱之所以然之理"[③]翻转为日用常行的君臣、父子、夫妇、兄弟、朋友的以"诚"相处之道,将"仁"的定义从天上拉回到人间。"大之天下国家,小之一乡一邑,中心说服不能忘焉,此之谓仁也",日尾瑜的这一反宋学新诠,使儒家"仁"学之"体神化不测之妙于人伦日用之间"(熊十力语[④])的特质,获得落实之处。从日本思想史视野来看,19 世纪的日尾瑜正是站在日本实学的主流思潮之中反宋学的形上学。

第二,日尾瑜主张管仲不可被称为"仁"者,在日本思想界的管仲形象中,可称为非主流观点。日尾瑜说:

> 夫仁也者人也,人各尽其诚,对物无耻之谓。孝悌也,忠恕也,慈爱也,礼也,信也,义也,森然罗列乎其中,故一介背其诚,则不得为仁为,是以孔子许仁者,仅不过五六人,其难可以观也已。若夫管仲者旷世之豪杰,一时之英才,无以尚为,然律之先王之法,则鳌矣,其焉得仁?……[⑤]

日尾瑜进一步厘清"仁"必须落实在"孝悌""忠恕""慈爱""礼""信""义"等日常生活之中,才能符合"仁也者,人也"的定义。

① 相良亨:《近世の儒教思想——「敬」と「誠」について》,东京:塙书房,1966 年。
② 朱熹:《论语集注》卷 1《学而·二》注:"仁者,爱之理,心之德也",页 62。
③ 牟宗三:《心体与性体》第 3 册,页 272。
④ 熊十力:《读经示要》卷 1,页 67。
⑤ 日尾瑜:《管仲非仁者弁》,引文见页 1—2。

因此，他认为管仲虽然"旷世之豪杰"，但不符合他心目中"仁"者的标准，所以管仲不是"仁"者。日尾瑜在文末引用清人孙志祖的《读书脞录》中《管仲非仁》一文，强调孔子说管仲"如其仁"乃"疑而不许之词"①，将孙志祖引为未面心友。孙志祖生于 1737 年，早于日尾瑜 51 年，但日尾瑜已能读到孙志祖的《读书脞录》，亦可显示 19 世纪中日两国文化交流中"书籍之路"②之通畅。

　　我在旧著中曾经说："17 世纪以降的日本儒者深深浸润在这种具有日本文化特色的'实学'思想氛围之中，当他们思考中国春秋早期的管仲是否'仁'者这个问题时，他们念兹在兹的'仁'并不是如朱子学中之抽象的、超时空的形上学概念的'心之德，爱之理'，而是具体的、在时空之中的政治社会经济作为。当伊藤仁斋与荻生徂徕推崇管仲为'仁'者时，他们想象的是管仲九合诸侯、一匡天下的政治事业，使孔子称赞为'民到于今受其赐'。"③从德川时代日本多数儒者都倾向于"功效伦理学"立场来看，④日尾瑜批判管仲、认为管仲不是"仁"者，在当时实属非主流观点。

　　综上所论，从参与日本思想史上的"孟子事件"争辩的儒者所论的"王""霸"之别以及他们对管仲的历史定位言论来看，我们如果说孟子所揭橥的"王""霸"之别及其管仲批判，在德川时代的日本经历了从"存心伦理学"向"功效伦理学"的"脉络性转换"，似亦不为过。换言之，如果我们说徂徕所重视的是"功业"（achievement）而不是"德行"（virtue），反徂徕学

---

① 朱熹：《论语集注》卷 7《论语·宪问·一七》，页 212。《论语·宪问·一七》"如其仁"三字，历代儒者颇有争议。清人孙志祖云："如其仁者，盖疑而不许之词，非重言以深许之也。岂有夫子而轻以仁许管仲乎？自孔安国误解，而集注因之，后世学者遂疑圣人立论之偏，与器小章抑扬悬决。……"见孙志祖：《读书脞录》卷 2 "管仲非仁"条。其说可从。
② 王勇编：《东亚坐标中的书籍之路研究》，北京：中国书籍出版社，2013 年。
③ 黄俊杰：《东亚儒家仁学史论》，引文见页 399—400。
④ 黄俊杰：《从东亚视域论德川日本儒者的伦理学立场》，收入拙著：《思想史视野中的东亚》，页 79—100；Chun-chieh Huang, "On the 'Contextual Turn' of Ethical Stance from Zhu Xi to Tokugawa Japanese Confucians", Unpublished manuscript.

的五井兰洲（1697—1762）、中井竹山（1730—1804）以及本章所说的薮孤山则侧重德行。

（二）朝鲜视野中的"霸道"与管仲论

现在，我们可以探讨朝鲜视野中，作为"王道"对立面的"霸道"及其代表人物管仲的形象。就《朝鲜王朝实录》所载的君臣对话以及朝儒文集中所见的言论来看，大致有两个趋势。

第一，朝鲜国王对"王""霸"之辨的立场，近于现代的"实用主义"（pragmatism），强调"理论"（theoria）与"实践"（praxis）必须有其相应性。朝鲜历代国王虽然对"王道"不胜其向往之情，但基本上肯定"霸道"可致富国强兵。相对于朝鲜国王而言，儒臣的哲学立场倾向于"观念论"（idealism）立场，主张一切政治事务均不独立于统治者的"心"之外，甚至主张"心"之外的外部世界都是"心"的活动的表现或反映，所以儒臣特别告诫国王处理政事时应注意"起心动念"之际。

由于哲学立场的差异，所以朝鲜国王在与儒臣讨论"霸道"问题时，常联系到现实的政治军事策略，注重理念的"可行性"（feasibility）；但是儒臣常将"霸道"作为纯粹政治理念来思考，注重理念的"可欲性"（desirability），严"王""霸"之辨，认为"霸道"是私欲横流的表现。

我们可以用《朝鲜王朝实录中》国王对臣子提出的两个问题，说明朝鲜君臣对于"霸道"的态度之差异，其中博通儒学的正祖是最佳的个案。正祖的问题见于正祖 15 年（1791）7 月 17 日的《正祖实录》：

> 上语及年事丰歉，教曰："两南即国计之根本，而岭南半道，全归下纳，岂非痛叹乎？人皆以富国强兵为霸道，而如欲辟土地朝秦、楚，则固非王者当务，至于疆场之内，裕财而阜民，训兵而御暴，岂有王霸之可论乎？故相柳成龙请练兵一万，五千上番，在京师，五千休

番,就屯田,以屯田之谷,养入番之兵,无事时递休,有虞则征用。此古人兵寓农之美制。如此则资保可减也,放料可除也,在国计为汰冗食,亦岂小补?"[1]

正祖在以上这一个问题中,反对将富国强兵等同于"霸道",认为"裕财而阜民,训兵而御暴"无关"王""霸"之别。

第二个问题是仁祖所提出,收录于儒臣李植(1584—1647)的文集之别集中,李植曾任大司宪、弘文馆大提学等职,历经宣祖、光海君(在位于1608—1632)、仁祖三朝,这一条史料的"王若曰"未载明是哪一位国王,我从李植的年龄推测也许是仁祖。仁祖提问曰:

> 士大夫之论王道者,高谈尧舜而不及于救难应变之策。论霸术者,专事功利而不暇于安民化俗之政。王道之效,茫如河汉。霸者之效,亦不可望。兵弱财匮,事功无成。以至强敌外侮,贼民内讧,日趋乱亡之域,抑何故而至于是欤? 如欲安民善俗措世治平,则行何政术而致之欤?[2]

仁祖之所以提出这个问题,是因为他看出了提倡"王道"的儒臣"高谈尧舜而不及于救难应变之策",而提倡"霸道"的儒臣则"专事功利而不暇于安民化俗之政",两者各有长短优劣,仁祖希望在"王道"与"霸道"之间,获得一个动态的平衡。

仁祖心目中的"霸道"并不是儒臣想象中的"人欲"横流的政治。17世纪上半叶的儒臣柳楫(1585—1651)的文集《白石遗稿》附录《殿策》中,有

---

[1] 《正祖实录》卷33《正祖15年(1797)7月17日庚寅》,见朝鲜国史编纂委员会编:《朝鲜王朝实录》第46册,页232。

[2] 李植:《治道择术》,见《泽堂先生别集》卷13《殿策问》,收入民族文化推进会编:《韩国文集丛刊》第88辑,页507—508。

以下一段文字：

> 王若曰：……吾东一域，素称文献，享祚至于一千年五百年，其
> 时立政，王道欤？伯道欤？惟我祖宗神圣相继，熙洽已久，顷值中
> 否，王政日疵，逮予嗣服，余习犹存，朝臣玩愒，庶绩未凝，生民怨
> 晋，邦本不固，当以德教治之欤？抑以刑政治之欤？海寇狡黠，需索
> 之岁系，山戎桀骜，防戍之日紧，当以文教服之耶？当以武力威之
> 耶？如欲正朝廷，固邦本，御外侮，其道何由？子大夫其悉心以对。
> 予将亲览焉。[1]

显宗(在位于1659—1674)也提出了类似上引《殿策》的问题，他说："富强之
术，虽是霸道，我国则欲行王道，亦当因此增损。"[2] 柳楫在光海君时曾任地方
官，在仁祖时曾任两湖召使、麒麟查访与王子师傅，在孝宗元年(1650)时曾
被召为谘议，但因病未就任，死于孝宗2年(1651)。所以，我推测柳楫文集中
所引这一段"王若曰"，应是仁祖提的策问。仁祖希望在"王道"与"霸道"之
间，找出一条适用于朝鲜的政治道路。可惜柳楫的对策仍是宋儒的陈腔滥调：

> 臣窃惟天下致治之道有二，"王"与"伯"而已。纯乎天理之公，
> 而一出于诚者，王道也。杂乎人欲之私，而一出于伪者，伯道也。出
> 于诚者，无所为而行，出于伪者，有所为而行，此王伯之道，所以不出
> 于公私诚伪之间，而治效之不同，有如爝火之于日月，桔槔之于雨露
> 者也。[3]

---

[1] 柳楫：《王霸之别》，见《白石遗稿》卷6《殿策问》，收入《韩国文集丛刊(续)》第22辑，
页87—90。
[2] 《显宗实录》卷1《显宗即位年(1659)12月5日辛卯》，见朝鲜国史编纂委员会编：《朝鲜
王朝实录》第36册，页230。
[3] 同上。

从以上朝鲜君臣的对话来看,国王念兹在兹的是"霸道"的可行性;但儒臣所关心的是"王道"的"可欲性",君臣殊不同科。

此处可见一个趋势是,虽然朝鲜君臣对"霸道"看法不同,但是他们对"九合诸侯"、襄助齐桓公"一匡天下"、成就霸业的管仲,评价却非常相近。

朝鲜儒者对管仲的评价,虽然有些微出入,但大多都肯定管仲可称为"仁"者。16 世纪的李珥、17 世纪的宋时烈及其门人金昌协(1651—1708)等人,都同意管仲所行的是"霸术"。正祖虽然认为"管仲之心,虽不可谓之仁,而管仲之功,则不可不谓之仁也。管仲之仁,虽不可许之以全体,而惟此一段,则不可不谓之仁也。"[1] 但是 18 世纪大儒丁茶山说:"仁者,非本心之全德,亦事功之所成耳。然则既有仁功,而不得为仁人,恐不合理。"[2] 关于朝鲜君臣的管仲论,我在拙书《东亚儒家仁学史论》[3]中已有详细论述,所以在此不再重复。

综上所论,朝鲜王朝君臣对"霸道"看法之歧异,可说是"实用论"与"理念论"的差异。国王基本上肯定"霸道"可富国裕民,但儒臣则如宋儒一样地严"王""霸"之别,特重"王"与"霸"存"心"之不同。从朝鲜儒者的言论来看,他们坚持"王""霸"乃存"心"不同,但他们对"心"之本质的论述常一语带过,颇嫌粗疏。我们可以进一步再问他们:所谓"心"是存在于"自然"(或"天")之外吗?或是存在于"自然"之中?"心"与"理"是什么关系?这一类有关"心"之本质的问题,都涉及他们的"王""霸"之辨的深层问题,值得进一步探索。

---

① 李祘:《答宫僚》,见《春邸录》卷 3,收入《弘斋全书》,首尔:文化财管理局藏书阁事务所,1978 年,页 7。正祖在另一场合亦说孔子之于管仲"许其仁者,非全德也,谓其利泽及人,有仁之功也。斥其不知礼者,谓其不知圣贤之道,不能正心修德,自归于奢而犯礼也。一则以其事业成就而言,一则指其本领褊卑而言"。见李祘:《鲁论夏笺》,收入《弘斋全书》卷 124,页 753。

② 丁若镛:《论语古今注》卷 7《宪问下》,收入茶山学术文化财团编:《定本与犹堂全书》第 9 册,页 133—134。

③ 另详黄俊杰:《东亚儒家仁学史论》第 9 章,页 377—414。

五、结论

本章分析朝日儒者对于孟子政治思想的理论基础"王道"及其对立面"霸道"的争论，及其所出现的从中国孟子学到朝日孟子学的"脉络性转换"之类型及其含义。现在，在本章论述的基础上，我想提出以下三点结论。

第一，在近代以前的东亚各国儒者，处于程度不同的权力关系之中，中华帝国与朝鲜王朝的儒臣，以及德川日本儒者的"存在结构"（existential structure）[1]深深地浸润在权力关系网络之中，所以，在他们解读孟子政治思想并提出新诠时，他们的论述（福柯［Michel Foucault,1926—1984］称之为"话语形构"［discursive formation］）也常被权力关系（如政治权力关系或学术权力关系）渗透，而在相互之间进行内部的"权力斗争"。[2]福柯的论点，在德川日本思想史上绵延200年的我称之为"孟子事件"，朝鲜王朝儒者与君臣对"王道"的讨论，以及20世纪上半叶日本安冈正笃将孟子"王道"解释成"皇道"并主张"皇道"才是"王道"之醇乎醇者等思想史事件中，都有不同程度的具体的印证。

福柯曾说："正是权力形式，使得个体成为主体。'主体'一词在此有双重意义：凭借控制和依赖而屈从于他人；通过良心和自我认知而束缚于他自身的认同。两个意义都表明权力形式的征服性。"[3]本章所分析的朝日儒者的孟子学解释，也启示我们：这些《孟子》的阅读者与诠释者，一方面在作为主体的"自我"与"他者"之间对话、互动、争辩——这种争辩是"思想

---

① Maurice Merleau-Ponty, *Phenomenology of Perception*, Colin Smith, trans., London: Routledge & Kegan Paul, 1962.

② Michel Foucault, *Archareology of Knowledge*, London & New York: Routledge, 2002, part II chapter 2, pp. 31-39. 中译见王德威译：《知识的考掘》第 2 部第 2 章，台北：麦田出版公司，1993 年，页 107—118。

③ 米歇尔·福柯：《主体与权力》，汪民安译，收入汪民安编：《福柯读本》，北京：北京大学出版社，2010 年，页 280—296，引文见页 284。

的斗争"，常常也是"政治的斗争"——但另一方面，他们的"自我"又一分为二——作为权力网络中之一分子的"政治自我"，与作为孟子学价值理念（如"仁政"、"王道"）的信仰者的"文化自我"之间，有时不免进行"内心的战斗"。本节所探讨的朝日儒者对"王道"的新诠，都显示出他们的"自我"与"他者"以及他们内心的"政治自我"与"文化自我"之间，经由诠释的战斗而追求"和解"（reconciliation）的过程。

第二，从本章的分析可以清楚地看出：朝鲜与日本儒者秉承中国儒家的读经传统，读书非徒博文，读书乃所以畜德，乃所以治国平天下，他们将"诠释文本"（interpreting a text）与"使用文本"（using a text）熔于一炉而治之，[1]他们读《孟子》时即诠释即运用，不仅以《孟子》义理诉诸他们所处时代的社会政治现实，也回归他们自己的安心立命、立身处世。

这种现象是东亚各国儒学史之普遍现象，主要原因有二：（1）包括《孟子》在内的中国儒家经典，不仅是个人修身养性之书，也是经世致用之书，心性论与政治论绾合为一；（2）孟子的"王道"论乃是治国平天下的一套论述，所以包括日朝儒者在内的东亚儒者，解释孟子学于异时异域，虽然议论纷纷，但他们的解释均像中国历代政治思想家一样，"重实际而不尚玄理……多因袭，少创造"。[2]以上这两项因素，使日朝儒者诠释孟子学时，将"诠释文本"与"运用文本"合而为一、密不可分。

第三，从本章所分析朝日儒者对孟子学的解释与争论来看，域外儒者多半是从他们的文化主体性或政治主体性之角度，来重新解读并诠释孟子，所以我们似不宜简单地将朝日孟子学视为中国孟子学的朝日版本。相反，正因为他们是通过"本国文化之眼"、"本国政治之眼"或"自我心性之眼"研

---

[1]　这两个名词是艾柯（Umberto Eco, 1932—2016）所用的名词，参考Umberto Eco et al., *Interpretation and Overinterpretation*, Stefan Collini, ed., Cambridge &New York: Cambridge University Press, 1992, p. 68. 中文译文见安贝托·艾柯等：《诠释与过度诠释》，柯里尼编，王宇根译，北京：生活·读书·新知三联书店，1997年，页83。

[2]　萧公权：《中国政治思想史》下册，页946。

阅《孟子》，所以，他们是对孟子学进行一种具有朝鲜文化特色或日本文化特色的解释。就这一点而言，小岛毅等人所说"书籍的大量输入，使得有更加多样的阶级接触到中国文化，但是这样的现象不能够称为'中国化'，因为抄写和改编本身，会随着接受者的文化体系进行不同解读和变化"[①]，也可以用来描述孟子学在朝鲜与日本的发展实况。朝日儒者的孟子新诠，别开生面，使孟子学在异域开出灿烂的思想花絮，但其创见所在，短亦伏焉，其是非得失诚不易言也。

[①]　羽田正编，小岛毅监修：《東アジア海域に漕ぎだす 1 海から見た歴史》，东京：东京大学出版会，2013 年，页 266。中文译文见羽田正编，小岛毅监修：《从海洋看历史》，张雅婷译，新北：广场出版，2017 年，页 232。

第三章
朝日儒者对孟子政治思想的论辩（下）：
以"孟子不尊周"问题为中心

一、引言

在本书第二章第二节与第三节，我曾说朝鲜儒者对于孟子"王道"政治的理想大多无重大异议，但是"王道"的内涵在日本却经历了巨大的"脉络性转换"，日朝儒者对于孟子"王道"理念之落实为行动（如"孟子不尊周"）或人物（如汤武或管仲），争论不已。本章任务在于讨论日朝儒者对"孟子不尊周"的看法。"孟子不尊周"的行为正是孟子"王道"政治思想的具体表现，在11世纪以降的中国、16世纪以降的朝鲜以及17世纪以降的德川日本，都激起各国儒者内部强烈的辩论，深具比较思想史的意义，值得细加探索。

东亚儒学史中关于"孟子不尊周"这个议题的争议，起源于11世纪的中国。北宋庆历（1041—1048）年间之后，经学大盛，宋儒疑经风气亦起，王应麟（伯厚）引陆游（务观，1125—1210）之言曰："自庆历后，诸儒发明经旨，非前人所及；然排《系辞》、毁《周礼》、疑《孟子》……不难于议经，况传注乎！"[1]北宋神宗元丰七年（1084），孟子配享孔庙，实为名义上已经退隐

---

[1] 王应麟撰，翁元圻注：《困学纪闻》中册卷8《经说》，北京：商务印书馆，1959年，页774。宋人或疑经义，或疑经书之作者，或疑经文之讹误。参考屈万里：《宋人疑经的风气》，收入氏著：《书佣论学集》，台北：开明书局，1969年，页236—244。

的王安石在幕后策动所致；王安石崇敬孟子，主持变法期间以"大有为"之政自我标榜，并著《孟子解》（今已亡佚）。[1] 孟子地位之上升与北宋新旧党争之政治氛围关系甚深，反对王安石新法的旧党领袖司马光（君实）撰《疑孟》，完稿于元丰八年（1085），[2] 这正是孟子配享孔庙之次年，有其明确之政治针对性。在北宋新旧党争中，孟子成为双方争辩之指标性人物。[3] 在上述政治背景之中，北宋孟子地位之上升，引起宋代知识分子对"孟子不尊周"问题之注意，激起诸多争辩，尤集中在王霸之辨、君臣关系及尊孔问题之上，我在旧著《孟学思想史论》卷二第四章已有详细探讨。[4]

　　"孟子不尊周"此一史实，实有其战国季世历史背景，孟子揭橥"民本"与"王道"之理想，"重张坠绪于晚周君专政暴之时"[5]，清儒崔述（东壁，1740—1816）早已指出孟子政治思想实有其救世之用心。[6] 但是，自从前221年大一统帝国从中国历史地平线升起之后，孟子政治思想中的"人民主体性"，与专制政体中的"国君主体性"之间，形成所谓"二重主体性"[7] 矛盾并日益彰显。在王权高涨的北宋时代（960—1127），"孟子不尊周"将中国

---

① 晁公武：《郡斋读书志后志·卷二·孟子解》（国学基本丛书本），上海：商务印书馆，1937年，页817。

② 据近藤正则考证，见氏著：《王安石における孟子尊崇の特色——元豊の孟子配享と孟子聖人論を中心として》，《日本中国学会報》第36号（1984年），页134—147。

③ 关于王安石变法期间新旧两派人士对孟子的不同看法的初步讨论，参考James T. C. Liu, *Reform in Sung China: Wang An-shih (1021-1086) and His New Policies*, Cambridge, Mass.: Harvard University Press, 1959, pp. 34-35.

④ 黄俊杰：《孟学思想史论》卷二，页131—188。李明辉曾引用康德的概念，指出孟子政治思想中的"王者"属于"道德的政治家"，"霸者"属于"政治的道德家"。参见李明辉：《孟子重探》，台北：联经出版公司，2001年，页53。关于北宋诸儒对孟子王霸论的争辩，近藤正则曾详考各家论述所依据之经典，指出王安石、程颢以《孟子》为依据，李觏、司马光、苏轼根据的是《论语》与《春秋》，程颐则以《孟子》《论语》《春秋》为据。参看近藤正则：《「孟子」の王霸論及び管仲評價をめぐる北宋諸儒の議論について》，收入《東洋文化》复刊第58号，町田：财团法人无穷会，1987年，页28—52；此文收入近藤正则：《程伊川の「孟子」の受容と衍義》第3章，东京：汲古书院，1996年，页37—66。

⑤ 萧公权：《中国政治思想史》上册，页96。

⑥ 见崔述：《孟子事实录》，收入崔述：《崔东壁遗书》卷上，顾颉刚编订，上海：上海古籍出版社，1983年，页415—416。

⑦ "二重主体性"是徐复观（1903—1982）先生所创之名词，见徐复观：《儒家政治思想与民主自由人权》，台北：八十年代出版社，1979年，页218—219。

文化中的"二重主体性"之矛盾,以最鲜明的方式完全揭露,遂激起帝制中国儒臣与知识分子对这个问题的争辩。

二、朝鲜儒者对"孟子不尊周"的辩论

"孟子不尊周"是孟子"王道"政治思想的具体表现,此一议题东传朝鲜半岛之后,亦引起朝鲜儒臣极大注意。《朝鲜王朝实录》[①] 所载朝鲜君臣讨论《论语》[②] 与《孟子》之对话,均可见朝鲜君臣研读经典乃所以穷理、更所以畜德、尤有心于经世,显示出在朝鲜政治界与知识界中,"诠释文本"(interpreting a text)与"使用文本"(using a text)[③] 实绾合为一。朝鲜君臣与传统中国儒臣一样,常常在政治脉络与权力互动网络中阅读《孟子》,开发孟子思想的当代意义。朝鲜儒者对"孟子不尊周"议题之关心,远超过德川日本儒者,所以我们就从朝鲜儒者开始讨论。

(一)朝鲜儒者论辩的代表性言论

朝鲜王朝儒者论辩"孟子不尊周"议题者为数甚多,为求清晰起见,我先逐一综述并评析他们的主要论点,再分析他们的两种"自我"及其孟子学解释中所见的"脉络性转换"之问题。

1. 柳成龙

在朝鲜儒学史上,首先严肃地讨论"孟子不尊周"这项史实的朝鲜儒者,是16世纪的柳成龙(1542[朝鲜中宗37年,明世宗嘉靖二十一年,日本天文11年]—1607[朝鲜宣祖40年,明神宗万历三十五年,日本庆长12年])。柳成龙的一生历经宦海浮沉,曾经位极人臣,主持朝政,亦曾罢官,

---

① 朝鲜国史编纂委员会编:《朝鲜王朝实录》,首尔:东国文化社,1955—1963年。
② 黄俊杰:《朝鲜时代君臣对话中的孔子与《论语》:论述脉络与政治作用(14—19世纪)》,收入拙著:《思想史视野中的东亚》第4章,页57—77。
③ 艾柯等:《诠释与过度诠释》,王宇根译,页83。

退隐林泉。他所撰《读余隐之尊孟辨》这篇文章（参看本书附录一之1），对"孟子不尊周"事件进行了诠释，柳成龙指出：《春秋》尊周室，孟子不尊周，但孔孟用心殊无二致，因为孟子之本意在于劝齐、梁行"王道"，所以孔孟"圣人之道，因时处宜，各有攸当……惟其心，皆出于天理之公，而无人欲之私，此其所以同也"。[①] 所以，柳成龙认为指责"孟子不尊周"者，乃因"读《孟子》不熟而轻议之也"。[②]

柳成龙对"孟子不尊周"事件进行了一种或可称为"去（历史）脉络化"之解释。柳成龙将孔子与孟子从他们的历史脉络中抽离而出，无视孔子与孟子所处历史背景与脉络之差异，其说似尚有一间未达。尤有进者，柳成龙运用程朱的"天理之公"与"人欲之私"之二元对应架构，认为孔孟行止均循"天理之公"，所以异行同致，殊途同归。但是，柳成龙所谓"天理"之内涵为何？"天理之公"如何，并由何人证立？凡此均为柳成龙此文所激发而有待索解之问题。

2. 李民宬

生于16世纪但稍晚于柳成龙，并论辩这个问题的是李民宬（1570［朝鲜宣祖3年，明穆宗隆庆四年，日本元龟1年］—1629［仁祖7年，明毅宗崇祯二年，日本宽永6年］）。李民宬是诗人，曾以朝天使身份出使明朝，他撰有《孟子不尊周论》一文（参看本书附录一之2），参与了这个问题的论辩。

李民宬的《孟子不尊周论》一文的思想主轴，在于"名分论"。他说："君臣之义，天地之经也，亘乎古今、贯乎宇宙，不以强弱之势、圣愚之分，而有所移焉者也。圣贤行道济世拳拳之意，莫大于此。《春秋》、孟子之作，其义一也。"[③] 李民宬主张君臣之分不可移动，并主张"发明【孟子】仁义之道，

---

① 柳成龙：《读余隐之尊孟辨》，收入氏著：《西厓文集附惩毖录·别集》卷4，首尔：成均馆大学校大东文化研究院，1958年，页408。
② 同上书，页407。
③ 李民宬：《孟子不尊周论》，见《敬亭先生文集》卷13（第2册），收入韩国文集编纂委员会编：《韩国历代文集丛书》第902册，页368—369。

必主于爱亲而急君"。① 李民宬将孟子的"仁义之道"解释为"主于爱亲而急君",这样的解释明显是对孟子原意的严重扭曲。李民宬将孟子"仁义之道"窄化并曲解为"君臣之义",以符应他自己以"名分论"为核心的政治思想。

所谓"名分论"是北宋以降宋儒主流思想之一,日本汉学大师诸桥辙次（1883—1982）曾指出北宋儒者强调的"正名论"实起于外患之频仍,从而衍生出御戎论、边务论、名节论、忠论等细部论述。② 此种"名分论"最经典的表述,就是司马光在《资治通鉴》卷一,叙述周威烈王二十三年（公元前403）三家分晋后,所写的"臣光曰:'臣闻天子之职莫大于礼,礼莫大于分,分莫大于名。何谓礼? 纪纲是也;何谓分? 君、臣是也;何谓名? 公、侯、卿、大夫是也。'"③ 这一段史论,是典型的保守主义政治理论。

李民宬从"名分论"出发,进而主张孟子之不尊周实为尊周,并说"尊周之实,由仁义明之",④ 完全无视孟子尊王黜霸之目的在于使战国季世政治纷争的乱局"定于一",以拯生民于既溺,"然所尊者非将覆之周王而为未出之新王,所欲促成者非始皇专制天下之统一而为先秦封建天下之统一"。⑤ 李民宬可谓不善读《孟子》者矣。

3. 俞棨

作为孟子政治思想之具体化的"孟子不尊周"这项行为,在 17 世纪朝鲜的论辩较为热烈,可以俞棨（1607—1664）、鱼有凤（1672—1744）以及洪泰猷（1672—1715）等三人的言论为其代表。

俞棨在 1630 年（仁祖 8 年）进士科及第,1633 年的式年文科乙科及第,任官于承文院,开启其仕途。1636 年"丙子胡乱"时,以侍讲院说书的身份批判和议,所以和议成立之后,就因"斥和罪"而被流配林川（位于今韩国忠

---

① 李民宬:《孟子不尊周论》,页 369。
② 参看诸桥辙次:《儒学の目的と宋儒慶曆至慶元百六十年間の活動》,收入《諸橋辙次著作集》第 1 卷,东京:大修馆书店,1975 年,页 192—278。
③ 《新校资治通鉴注》卷 1《周纪一·威烈王二十三年》,页 2—3。
④ 李民宬:《孟子不尊周论》,页 369。
⑤ 萧公权:《中国政治思想史》上册,页 100。

清南道扶余郡）。1639 年获释后，绝意仕途，隐居山林，潜心学问。

俞棨撰《疑孟辨》一文（参看本书附录一之 3），为司马光《疑孟》一文辩解，申论"温公之疑孟，出于信道也"及"惟温公之学几于孟，故能疑孟"二义。俞棨这篇文字未能掌握孟子政治思想中"人民主体性"之精髓，故所说"温公之学几于孟，故能疑孟"[①]一语，完全与事实不符，因为孟子"王道"政治之理想，与司马光特重之"名分论"，相去不啻万里，但是俞棨说"使温公对齐、梁之君，则必不劝其自王；使温公说当世大人，则必不藐视之；使温公见为王留行者，则必不隐几而卧"，[②]却完全处于司马光的保守主义政治立场。[③]

司马光之疑孟，实与其反对王安石新政的政治保守主义密不可分。元人白珽（1248—1328）就说，司马光之所以撰《疑孟》，"盖有为也。当是时王安石假孟子大有为之说，欲人主师尊之，是以温公致疑于孟子，以为安石之言未可尽信也"。[④]这很能说明司马光疑孟实有其北宋政治斗争之现实背景，17 世纪朝鲜的俞棨见未及此。

4. 鱼有凤

在 17 世纪的朝鲜儒学界，为"孟子不尊周"辩护而最有见识的是鱼有凤。鱼有凤在朝鲜景宗（在位于 1720—1724）与英祖时，长期任官职，学问上属于"洛论"一派。

鱼有凤论孟子之不尊周（参看本书附录一之 4），胜义纷披，其精义有二：第一，重申修德可移天命之旨。鱼有凤说："王者，天之所命以治天下者也。人必有王天下之德，然后天命之，天命之然后称天子之号、居天子之位，以君四海而子万民。然天之命之，非私于一、定于一而不易者也。是以

---

① 俞棨：《疑孟辨 课作》，见《市南集》卷 20，收入民族文化推进会编：《韩国文集丛刊》第 117 辑，页 309a。
② 同上。
③ 关于司马光的保守主义政治思想，参看 Xiao-bin Ji, *Politics and Conservatism in Northern Song China: The Career and Thought of Sima Guang (A.D. 1019-1086)*, Hong Kong: The Chinese University Press, 2005, pp. 10-15，35-60。
④ 白珽：《湛渊静语》卷 2（知不足斋丛书本），页 14。

惟其德,则虽匹夫也天与之;无其德,则虽称天子之号、居天子之位也,天弃
之。"① 鱼有凤主张孟子之意在于得"天命"者为王,但惟修德可得"天命",
此说确得孟子政治思想之肯綮;第二,重申天命不离人心,得乎丘民而为天
子之旨。鱼有凤说:"人心离乎周也。人心之所离,天命之所绝也。周之所
存者,虚号也、虚位也,其可以王室尊乎哉? 噫! 周室不可复振矣! 其不能
主天命统人心已久矣,于斯时也,若无贤圣之君作焉,则将使天下之生灵涂
炭且尽,而莫之救矣! 仁人者,其可坐视欤? 此孟子所以劝齐、梁之君,断然
以王道陈之,而不复顾念于周室之存亡也。"② 鱼有凤强调"天命"之存亡见
之于人心之向背,此说可视为孟子民本思想之确解,极有见识。

　　鱼有凤对"孟子不尊周"之解释,触及两大理论问题。第一,汤武革命
的合法性问题。我以前的研究曾指出:"在朝鲜王朝儒者所提出的关于'汤
武革命'的各种意见中,权得己(字重子,号晚悔)的《汤武革命论》③,与丁
若镛(茶山)的《汤论》④ 这两篇论文,正好站在思想光谱的两端。前者强调
君臣名分论与天命论,后者特重以臣伐君之合理性。"⑤ 权得己采取名分论之
立场,主张不能以"天命"已改作为汤武革命之理由,尤其是分享政权之世
族更无革命之权,他说:"若世族之家累世受恩,虽天命已改,无所效忠之地,
其所自处但有二道,若不为逢、干之死,则为微子之行遁而已,岂可乘危徼幸
弁髦吾君,而自取大利图为佐命也哉?"⑥ 相对而言,18 世纪的丁茶山则主
张:以臣伐君是古代历史的常道;古代的政治领袖乃由下而上,众人推举而

① 鱼有凤:《孟子不尊周论》,见《杞园集》卷 22,收入民族文化推进会编:《韩国文集丛刊》第
184 辑,页 251a。
② 同上书,页 251b—251c。
③ 权得己:《汤武革命论》,见《晚悔先生文集》卷 2(第 1 册),收入韩国文集编纂委员会编:
《韩国历代文集丛书》第 598 册,页 52—53。
④ 丁若镛:《文集》卷 11《汤论》,收入茶山学术文化财团编:《定本与犹堂全书》第 2 册,页
304—305。
⑤ 黄俊杰:《东亚儒家仁学史论》,页 428。
⑥ 权得己:《杂著·汤放桀武王伐纣章》,见《晚悔先生文集》第 2 册,收入韩国文集编纂委员
会编:《韩国历代文集丛书》第 599 册,页 343。

产生，如果未能获得众人推尊，则不能成为天子；天子之更改，犹如里长之更换。所以，丁茶山认为放伐天子并非"不仁"。[①]

在上述朝儒汤武论的思想光谱中，鱼有凤近于丁茶山肯定汤武革命之立场，但论证较为粗疏。

第二个问题是"天命"的解释权问题。鱼有凤说：

> 至孟子时，先王之泽泯矣，先王之法坠矣，天下不复知尊周矣，甚不知有周矣。天命之已绝可知矣，孟子安得以尊之哉？尊之也，非私周也，顺天命也；不尊也，非外周也，亦顺天命也。夫文王，大圣人也，德非不足也；三分天下有其二，力非不给也，以服事殷。及武王之身，德非优于文王也，力非强于文王时也，以往伐纣。无他，视天命之改与未改耳！[②]

鱼有凤上文所说"视天命之改与未改耳"一语，出自北宋大儒程颐（伊川）[③]，而为东亚各国儒者论政权合法性之关键词；但是，问题是，何人拥有对"天命"的解释权？是人民或是儒者？所谓"天命之改与未改"，经由何种程序而证立？这些都是东亚儒者以"天命"作为汤武革命之理据时，所触及的更深一层的问题。这些问题如不厘清，则所谓"天命"、"王道"或"仁政"，都极可能被东亚王权统治的政治现实所出卖。鱼有凤囿于他的时代的局限，未能进一步析论这些问题。

5. 洪泰猷

17世纪参与这一场论辩的另一位儒臣是洪泰猷。洪泰猷所撰的《孟子

---

① 丁若镛：《文集》卷11《汤论》，页304—305。

② 鱼有凤：《孟子不尊周论》，页252a—252b。

③ 程颐："或谓孔子尊周，孟子欲齐王行王政，何也？先生曰：'譬如一树，有可栽培之理则栽培之，不然须别种。贤圣用心，视天命之改与未改尔。'"见《河南程氏外书》卷11，收入程颢、程颐：《二程集》上册，页415。

不尊周论》一文（参看本书附录一之 5），在朝鲜孟子学史上最突出的贡献，就是从 "孟子不尊周" 问题触及政权合法化（legitimation）问题。洪泰猷说：

> 王必也存先王之心，而后方见其尊也；王必也行先王之政，而后方见其尊也。先王之心何也？仁心也；先王之政何也？德政也。……尊恶乎在？曰王。王恶乎在？曰道。道之所存，即仁心、德政之所存也。然则孟子之尊周与不尊周，亦视此而已。[①]

这一段文字精彩之处在于指出：（1）统治者（王）之所以可尊，在于其以 "仁心" 行 "仁政"；（2）统治权之合法性建立在王 "道" 之上。以上这两项命题，已经触及政权合法化问题，值得进一步探究。

东亚儒家对生命与世界有其所谓 "整体规划"，[②] 强调 "成己" "成物" 不二、"修己" "治人" 不二。在帝制中国与朝鲜王朝，儒者既是儒家价值理念的承载者与弘扬者，又是帝国权力的分享者与执行者。所以，在中朝两国历史上儒家文化与帝王统治之间实有其千丝万缕之关系。[③] 中朝儒家官员作为文化权威与帝王作为帝国权力之最高代表，既不可分割又有其紧张关系，[④] 所以，中国儒家政治思想虽然绵延二千余年，但是，在 "君本位" 的帝王专制体制之下，儒家论政重 "治道" 而轻 "政道"，[⑤] 流弊所及，使儒家政治思想之

---

① 洪泰猷：《孟子不尊周论》，见《耐斋先生文集》卷 5（第 1 册），收入韩国文集编纂委员会编：《韩国历代文集丛书》第 647 册，页 303—304。

② 余英时：《试说儒家的整体规划》，收入氏著：《宋明理学与政治文化》，台北：允晨文化公司，2004 年，页 388—407。

③ 关于中国历史上帝王统治与文化变迁之互动，参看 Frederick P. Brandauer & Chun-chieh Huang, eds., *Imperial Rulership and Cultural Change in Traditional China*, Seattle & London: University of Washington Press, 1994, 2014。

④ 参看 Chun-chieh Huang, "On the Interaction between Confucian Knowledge and Political Power in Traditional China and Korea: A Historical Overview", *Taiwan Journal of East Asian Studies*, vol. 8, no. 1, issue 15 (2011), pp. 1-19；苏费翔、田浩：《文化权力与政治文化——宋元时期的〈中庸〉与道统问题》，肖永明译，北京：中华书局，2018 年。

⑤ 见牟宗三：《政道与治道》，收入氏著：《牟宗三先生全集》第 10 册，台北：联经出版公司，2020 年，页 1、53—54、58 及 149—155。

论述多半属于"政术"之范围，较少属于"政理"之领域。[①] 孟子"王道"与"仁政"之高贵理想，难以对国君课以道德责任，终为专制政治现实所出卖，其事可哀，其情可悯！[②]

在上述中朝历史背景之中，洪泰猷生于 17 世纪的朝鲜，而其所论已能触及属于"政道"或"政理"层次的统治权合法性问题，甚是难能可贵。众所周知，韦伯（Max Weber, 1864—1920）曾根据欧洲历史经验，将支配的纯粹类型区分为 3 种："传统型支配"（traditional domination）、"法制型支配"（rational-legal domination）与"卡理斯玛型支配"（Charismatic domination）。[③] 但是，东亚各国儒臣论政权合法性，除了以上 3 种欧洲历史经验常见的类型之外，从西周初年以降更常诉诸"天命"之存在与否，[④] 这种具有东亚文化特色的概念或可称为统治权之"宇宙论的合法性"（cosmic legitimacy）。但是，我也必须强调：这种以"天命"为中心的"宇宙论的合法性"概念，并不是以"天"作为"人格神"（personal God），而是强调"天听自我民听，天视自我民视"，[⑤] 申论得人心者得"天命"之旨。洪

---

① 萧公权：《中国政治思想史》下册，页 946。

② 我曾撰文析论这个问题，参看 Chun-chieh Huang, "Humane Governance' as the Moral Responsibility of Rulers in East Asian Confucian Political Philosophy", in Anthony Carty & Janne Nijman, eds., *Morality and Responsibility of Rules: European and Chinese Origins of a Rule of Law as Justice for World Order*, Oxford: Oxford University Press, 2018, pp. 270-291。

③ Max Weber, *The Theory of Social and Economic Organization*, A. M. Henderson & Talcott Parsons, trans., New York: The Free Press, 1964, pp. 324-329. 中文译文参考韦伯：《支配的类型：韦伯选集（Ⅲ）》，康乐编译，台北：远流出版事业股份有限公司，1989 年，页 21—28。

④ "天命"观起源甚早，可溯及远古中华文明的"巫文化"（shamanism），统治者作为人间的最高代表而垄断"天命"的解释权，但在前第一个千年纪元的"枢轴突破"（Axial Breakthrough）之后，新"天命"观逐渐形成。余英时先生的研究指出："大致从西元前 7 世纪中叶起，即孔子出生前 1 世纪左右，一个新的精神运动在卿大夫阶层间悄然兴起并一直延续到后世，而与'轴心突破'相衔接。这一运动可以名之为'修德'。但这时'德'的含义已经发生了很大的变化，西周时期与王朝'天命'相联系的集体和外在的'德'，逐渐转为个人化、内在化的'德'。"（见余英时：《论天人之际：中国古代思想起源试探》，页 236）西周初年以"天命"概念为中心，宗教进行了转化，人文精神大为跃动（见徐复观：《中国人性论史·先秦篇》，台北：台湾商务印书馆，1969 年，页 36—37），正是在上述历史背景之中，孟子主张人君修德可移"天命"。

⑤ 孟子在《孟子·万章上·五》引《尚书·泰誓》之语，见朱熹：《孟子集注》卷 9，页 430。

泰猷的论述,是这种统治权之"宇宙论的合法性"论述在 17 世纪朝鲜的代表个案。

从"王道"概念出发,洪泰猷又将孟子放在孟子的时代背景中,指出孟子之时"王道"早已荡然无存:

> 孟子之时可知也:周之王,丹朱也、商均也;周之政,夏殷之将亡也。其所不可尊者如是,而其所可尊者,已荡然尽矣。孟子虽欲尊周,其可得乎?由是观之,周之不尊,周自为之,非孟子也。若此而犹疑孟子之不尊周,则其何异责唐之臣而曰何不尊丹朱也?责虞之臣而曰何不尊商均也?是岂知尊王之义者哉? ①

洪泰猷将孟子"脉络化"于孟子所处的战国时代历史脉络之中,指出孟子之不尊周,乃时代之必然。然后洪泰猷接着论证孟子因为尊周文王(在位公元前 1100—公元前 1060)、武王(在位公元前 1046—公元前 1043)之"道",所以必然尊周:

> 然则孟子果不尊周欤?曰:非也。孟子未尝不尊周也,人特未见耳。夫尧传之舜、舜传之禹汤、禹汤传之文武者何也?惟"道"而已。则孟子尊"道"者也,尊文、武者也。文武尊而周安有不尊者耶?若然,孟子尊周者也。曷为劝齐、梁行王道也?曰:行王道,乃所以尊周也。②

但是,因为周末王室陵夷,王纲不振,王命衰微,所以导致周王不可尊,洪泰猷就得出结论说:

---

① 洪泰猷:《孟子不尊周论》,页 305—306。
② 同上书,页 306—307。

使周能不为桀纣，而齐、梁不为汤武，则因民心、顺天命而不取若文王，可也。孟子之心，以为我何与于其间哉？惟天命人心之向背焉耳！呜呼！孟子之尊周，夫岂若桓文之有心哉？其惟"道"之所存而已，故曰：周之不尊，周自为之，非孟子也。[1]

洪泰猷以上的论述，潜藏着两个问题。第一，洪泰猷说"王恶乎在？曰道。道之所存，即仁心、德政之所存也"，但是，如果"王"背叛了"道"而使"王道"荡然无存，人民应如之何？第二，所谓"王道"之"道"如何生成，"道"之存灭由何人解释？

以上第一个问题涉及人民革命之合法性问题。从17世纪的洪泰猷所提出关于"孟子不尊周"的论述，必然推演出革命的合法性之结论，这继踵17世纪中国儒者黄宗羲(梨洲)之后，高唱人民胜利进行曲。黄宗羲《明夷待访录》将孟子政治思想中的"人民主体性"与天下为公之精义，发挥得淋漓尽致。诚如萧公权师所说，黄宗羲"政治哲学之大要在阐明立君所以为民与君臣乃人民公仆之二义"。[2] 洪泰猷生年晚于梨洲62年，但他对孟子政治思想精义之发挥，较之梨洲似尚有一间未达。

洪泰猷对"孟子不尊周"这项史实的论述，所涉及的第二个问题是"道"如何生成以及何人拥有"道"的解释权之问题。洪泰猷说："若其仁心、德政之所存，为可尊为不可尊？唯圣哲能知之，夫有可尊而尊之，是王也；有不可尊而不尊之，是非王也。故能尊王能不尊王，亦惟圣哲由之。"[3] 可见他认为只有"圣哲"才拥有对"王道"的解释权，他像许多东亚各国儒者一样，赋予"圣哲"以"王道"的解释权，从而也赋予儒者以帝王的"道德导师"之角色。洪泰猷在论述中呈现的是东亚儒家政治思想史常见的"精

---

① 洪泰猷：《孟子不尊周论》，页307—308。
② 萧公权：《中国政治思想史》下册，页637。
③ 洪泰猷：《孟子不尊周论》，页303—308，引文见页304。

英主义”的思想表现而为“尚贤政治”的理论与实践。①进一步来看,在洪泰猷的孟子学解释中,“道”乃是“人为造做的”(anthropo-genetic)而不是“道法自然”②的;而且,“道”显示于“天命”之有无,也见之于“人心”之向背,“天命”与“人心”构成互为阐释的循环关系,尤以人民的“心”为“天命”变化之根本关键。

6. 郑宗鲁

洎乎 18 世纪,对“孟子不尊周”一事的论辩,以郑宗鲁(1738[朝鲜英祖 14 年,清高宗乾隆三年,日本元文 3 年]—1816[朝鲜纯祖 16 年,清仁宗嘉靖二十一年,日本文化 13 年])最为后劲。郑宗鲁所撰《孟子不尊周论》一文(参看本书附录一之 6),主旨在于论证孟子是孔子之后最为尊周的儒者,其言曰:

> 以愚所见,孔子以后尊周室者,无如孟子。今以七篇观之,虽若无显然语及之事,而其曰“春秋无义战”,是以诸侯之不禀命于天子,而私相攻伐为罪也。其曰“五霸三王之罪人”,是以五霸之名为尊周,而实则搂诸侯以伐诸侯,非所以尊周也。若此类不止一二,而至其答沈同之问,则直以为“子哙不得与人燕,子之不得受燕于子哙。有仕于此,而子悦之,不告于王,而私与吾子之爵禄,夫士也亦无王命而私受之于子则可乎? 何以异于是? ”云者,分明是尊周之意耳,

① 所谓“尚贤政治”早已出现于春秋战国时代(公元前 722—公元前 222),拙著《春秋战国时代尚贤政治的理论与实践》(台北:问学出版社,1977 年)曾有初步讨论。近年来,由于美国民主政治的问题层出不穷,所以有人提倡作为“中国模式”(China Model)的“政治尚贤制”(meritocracy)可以取代民主政治,参看 Daniel A. Bell, *The China Model: Political Meritocracy and the Limits of Democracy*, Princeton: Princeton University Press, 2015。中文译文见吴万伟译:《贤能政治——为什么尚贤制比选举民主制更适合中国》,北京:中信出版社,2016 年。也有人提倡建立“儒家民主式的宪政秩序”,参看 Jiang Qing(蒋庆), *A Confucian Constitutional Order: How China's Ancient Past Can Shape Its Political Future*, Edmund Ryden, trans., Daniel A. Bell & Ruiping Fan, eds., Princeton: Princeton University Press, 2013。
② 《道德经》第 25 章。

如其不然，所谓"无王命"三字，是果何所指而发也？[①]

郑宗鲁在上文中引用《孟子》原典，企图证明孟子最尊周室，并说孟子揭橥的"王道"在于仁义，而弘扬仁义则必定尊周，其言曰：

> 孟子之劝二君以王道者，不过曰仁义而已。而仁义又莫大于尊周，第观于其动引汤、文，亦可见微意之所在，而特未尝显言之。故或疑其异于孔子者误矣。余恐学者不深晓程子之言，而遂谓孟子不尊周也，于是乎辨焉。[②]

以上这两段论证，实未能证立孟子尊周之主张，理由有二。第一，孟子严王霸之辨，其所尊之"王"乃理想中能拯生民于水火之中的"新王"，而非王纲不振、王命衰微中之"周王"。孟子说：

> 王者之不作，未有疏于此时者也；民之憔悴于虐政，未有甚于此时者也。饥者易为食，渴者易为饮。……当今之时，万乘之国行仁政，民之悦之，犹解倒悬也。故事半古之人，功必倍之，惟此时为然。[③]

"王者之不作，未有疏于此时者也"，可见孟子仰首以尊之"王"乃未来能使天下"定于一"之新王。诚如萧公权师所说："孟子深察世变，急思拯民，其所想望者非周室之复兴，乃新王之崛起。所谓定于一者即此想望之表示也。"[④] 孟子不为日薄崦嵫的周王唱挽歌，孟子政治思想充满"向前看"的理想主义精神。

---

① 郑宗鲁：《孟子不尊周论》，见《立斋集》卷25，收入裴宗镐编：《韩国儒学资料集成》中，首尔：延世大学出版部，1980年，引文见页1340。
② 同上书，引文见页1341。
③ 朱熹：《孟子集注》卷3《孟子·公孙丑上·一》，引文见页316。
④ 萧公权：《中国政治思想史》上册，页99。

第二,孟子之尊王黜霸,必须放在战国季世之历史背景中分析,诚如郑宗鲁所说:

> 都缘周室之有天子名而无天子实,礼乐征伐,既不能自天子出,而萎靡衰弱,已至于莫可自振之境。天下生灵,举坠涂炭,苟非强大诸侯如齐、梁之君,则决不足与之有为而成尊主庇民之业。故起应聘币之命,而动劝汤、文之事。[①]

郑宗鲁能知孟子发言之历史背景,但不足以知孟子尊王黜霸之心。他又强辩孟子最尊周室,注入太多他个人所处时代朝鲜尊君政治思想,亦可谓不善读《孟子》者矣。

(二)朝鲜儒者的两个"自我"与《孟子》诠释的"脉络性转换"

1. "政治自我"与"文化自我"

以上所检讨的每一个参与"孟子不尊周"问题论辩的朝鲜儒者,都曾出任朝鲜王朝职位不等的官职,他们是在朝鲜王朝的政治权力结构与官僚系统的网络关系之中,争辩"孟子不尊周"这项议题,因而作为《孟子》解读者的朝鲜儒臣,与帝制中国的儒臣一样,集两种"自我"于一身:其一是"政治的自我"(political self),其二是"文化的自我"(cultural self)。两者虽同在一人之身而不可分,但恒处于紧张之状态,所以,他们的《孟子》诠释,必经本书第一章第四节所谓"脉络性转换"(contextual turn)之过程。

我所说朝鲜儒者的两个"自我"中,所谓"政治的自我"指朝鲜儒者从作为王朝的儒臣的身份,在朝鲜王朝的权力结构之中,所发展出来的"自我

---

① 郑宗鲁:《孟子不尊周论》,引文见页 1341。

认同"(self identity)。所谓"文化的自我"是指他们作为儒家价值的承载者
与弘扬者,浸润在儒家文化氛围中所形塑的"自我认同"。这两种不同的身
份认同,在他们对孟子政治思想进行诠释时,常常处于紧张状态,[①]甚至会引
爆冲突。冲突的引爆点就是作为孟子政治思想之具体化的"孟子不尊周"这
项行为。这间接显示他们认同儒家价值的程度,以及他们面对王权时生命
力的强弱,可以分成以下两种类型。

　　第一种类型是采取逃避问题的立场,以柳成龙为代表。我们先看 16 世
纪的柳成龙的宦海浮沉。柳成龙于 1557 年中乡试,1563 年中生员进士试,
1564 年中生员会试,1566 年及第,选补承文院权知副正字。柳成龙于 1590
年担任右议政一职,执掌朝政。[②]柳成龙从 1598 年起被卷入朝廷的党派斗
争,因被政敌诬告而去职,后虽复职但已心灰意冷,无意仕途,死于 1607 年。
柳成龙解读"孟子不尊周"事件,采取的是一种回避的态度,他说孔子尊周、
孟子不尊周,"圣人之道,因时处宜,各有攸当……惟其心,皆出于天理之公,
而无人欲之私,此其所以同也"。[③]在这种解释之下,孔子尊周与孟子不尊周
皆循"天理之公"而无"人欲之私"。柳成龙轻松逃过帝制时代东亚儒者不
可逃避的问题——"王"如果背叛了"道",那么,"王"是否仍是"王"? 人
民应如之何?

　　第二种类型是完全采取尊君之立场,尽力曲解孟子政治思想以符合君
臣名分,以李民宬、俞棨与郑宗鲁为代表。

　　2. 三种"脉络性转换"

　　我们先简述这三人之政治资历,再看他们如何对《孟子》进行"脉络性

---

①　19 世纪朝鲜儒者申教善(渑泉,1786—1858)读《孟子》时,曾提出问题:"问:齐宣王之以
　　汤放桀、武王伐纣谓臣弑其君者,其非欤? 孟子以闻诛一夫纣为对,得无过欤? 纣虽残贼,
　　曾为万乘之主,则谓之一夫而加诛焉,得无迫切欤?"(申教善:《读孟庭训》,收入《韩国
　　经学资料集成》第 45 册,首尔:成均馆大学大东文化研究院,1988 年,页 62—63)申教善
　　的问题,正是在儒者的两种"自我"的紧张之中,所提出的问题。
②　参考本书附录一《朝鲜孟子学文献选编注释》之 1《柳成龙:〈读余隐之尊孟辨〉》之"引言"。
③　柳成龙:《读余隐之尊孟辨》,页 408。

转换"。李民宬 1597 年（宣祖 30 年）甲科及第，任承文院正字，1601 年任承政院注书。曾任礼曹佐郎、兵曹佐郎、侍讲院说书，并以朝天使团之"书状官"职位出使明朝。1627 年（仁祖 5 年）丁卯胡乱，因岭南号召使张显光（1554—1637）之荐，任庆尚左道义兵都大将，受命保护在当时在全州的国王世子。1629 年获荐刑曹参议，当年即去职，而后病故。[①] 俞棨在 1649 年仁祖逝世之后，任弘文馆副校理，负责制订仁祖丧礼程序。他根据礼论将礼仪予以制度化，反对仁祖庙号使用"祖"字，主张应用"宗"字，因此隔年便因诋毁先王而被流放。1652 年（孝宗 3 年）获释，因宋时烈等人推荐，任侍讲院文学。1659 年任兵曹参知兼备边司副提调，后任大司监、工曹参议、大司成、副提学、副承旨等职。[②] 郑宗鲁于 1789 年（正祖 13 年）任光陵参奉，于 1796 年任司圃署别提，1797 年任康翎县监、咸昌县监。辞官后回乡，仍受赐司宪府持平（正五品）、掌令（正四品）等官职。[③]

以上这 3 位儒臣的政治经历都颇为丰富，他们阅读《孟子》这部书的时候，并不是将《孟子》当作成书于古代中国而与他们自己无关的古典。相反地，3 位朝鲜儒者都是透过他们的"时代之眼"，特别是透过他们生存的时代的"权力关系之眼"而阅读《孟子》，他们面对孟子的"王道"政治论与"不尊周"的行为，常使用两种方法对孟子政治思想进行"脉络性转换"。

第一种方法是将孟子思想中的"义"曲解为"尊君"，李民宬说：

> 昔司马温公疑孟子不尊周。余曰：孟子之辨，尊周之实也。尊周之实，由仁义而明之也。何以明之？仁主于爱亲，义主于尊君，此天下之大经也。惟其出于天理，根于人心者，亡古今强弱之殊，而或蔽于私欲，则求利之害，必至于千乘而弑万乘、百乘而弑千乘，人欲肆

① 参考本书附录一《朝鲜孟子学文献选编注释》之 2《李民宬：〈孟子不尊周论〉》之"引言"。
② 参考本书附录一《朝鲜孟子学文献选编注释》之 3《俞棨：〈疑孟辨〉》之"引言"。
③ 参考本书附录一《朝鲜孟子学文献选编注释》之 6《郑宗鲁：〈孟子不尊周论〉》之"引言"。

而天理灭矣。将欲拔本塞源以救之，则匪仁义而何？故曰"未有仁
而遗其亲，未有义而后其君者。"此孟子之书造端托始之意也。……
呜呼！君臣之义，天地之经也，亘乎古今、贯乎宇宙，不以强弱之势、
圣愚之分，而有所移焉者也。圣贤行道济世拳拳之意，莫大于此。
《春秋》、孟子之作，其义一也。假使孟子之道得行于天下，而辅成
一王之法，则周室虽微，天王固在也。其将尊之耶？仰将废而置之
耶？孟子必以《春秋》之义裁之也。[①]

经过以上的论述脉络的转换，李民宬将孟子的"义"之含义转换为"义主于
尊君""君臣之义，天地之经也"，到了18世纪的郑宗鲁更在这种曲解之上
进一步主张："以愚所见，孔子以后尊周室者，无如孟子。"[②]这样的"脉络性
转换"，可谓偷天换日，是对孟子政治思想的彻底背叛！

　　在"义"的思想发展史中，孟子居于重要之地位。西周时代"义"多
作"宜"解，春秋时人多半认为"义以生利"，到了孟子才严"义""利"
之辨，并强调"义"的内在性，宣称"仁义礼智根于心"（《孟子·尽心
上·二一》），[③]"义"是源自于"自我"的内心之价值，指宜其在我而言，不以
"他者"为对象。孟子强调面对生死抉择时，必须"舍生而取义"（《孟子·告
子上·一〇》），[④]开辟牟宗三所说的"仁义内在"、"即心见性"的思想规模。[⑤]
李民宬等3位儒者将孟子思想中"义"的内在性，转化为以"他者"为对象的
外在性的尊君，甚至主张孟子是孔子以后最尊君者。这样的新解释，已经不
只是"脉络性转换"，而是"意义的骨折"（fracture of meaning）了！

---

①　李民宬：《孟子不尊周论》，页365—369。
②　郑宗鲁：《孟子不尊周论》，引文见页1340。
③　朱熹：《孟子集注》卷13，页497。
④　朱熹：《孟子集注》卷11，页465—466。
⑤　牟宗三："孟子所代表的一路，中心思想为'仁义内在'，即心说性。孟子坚主仁义内在于
人心，可谓'即心见性'，即就心来说性。"见牟宗三：《中国哲学的特质》，页57。

第二种进行"脉络性转换"的方法,是运用传统的"经 vs 权"概念,而将孟子与司马光政治思想的差异,解释为"权"与"经"的差异。俞棨说:

> 温公之疑孟,出于信道也。惟温公之学几于孟,故能疑孟,使温公对齐、梁之君,则必不劝其自王;使温公说当世大人,则必不藐视之;使温公见为王留行者,则必不隐几而卧。此等皆温公信不到处也。温公之疑孟,不亦信矣乎?……孟子达乎权,温公守其经,惟能尽其经,故有疑乎其权,况将欲达其权者,非经末由也耶? 此温公之所以知孟子,而不害其相疑也,又安可与白之白、黑之黑,而懵不知东西,惟人言之信者,同日语哉? 故虽谓之温公不疑孟子,亦宜。①

俞棨在上文中运用"经""权"这一组传统儒家思想的概念,企图拉近孟子与司马光政治思想之间的鸿沟,并曲为弥缝,将两者政治思想的性质差异之问题,转化为程度不同之问题。但俞棨主张"孟子达乎权,温公守其经",其所持之理由是"惟能尽其经,故有疑乎其权,况将欲达其权者,非经末由也耶?",论证似嫌跳跃,说服力不够。孔子以"可与权"为人与人互动之最高境界②,汉儒有反"经"为"权"之说,如《春秋·公羊传·桓公十一年》云"权者反于经,然后有善者也",③均较俞棨之说更能点出"经"与"权"之辩论性关系。

我们再从以上所说李民宬等 3 位朝鲜儒臣对孟子所进行的"脉络性转换"来看,大约呈现以下 3 个"转换"的方向。

第一,从孟子政治思想中的理想主义,转向他们身处的朝鲜王朝政治的现实主义。孟子在战国乱世之中,高标"王道"之理想以强聒时君,要求未来的新"王"以"仁心"行民本位之"仁政",充满理想主义色彩,言论扣人

---

① 俞棨:《疑孟辨 课作》,页 309a—309d。
② 见朱熹:《论语集注》卷 5,页 116。
③ 公羊寿:《春秋公羊传注疏》卷 5,北京:北京大学出版社,1999 年,页 98。

心弦，召唤人心。但是，16 世纪以降李民寏等朝鲜儒臣，生于朝鲜王朝的政治权力网络之中，却将孟子政治思想中的理想主义抹杀殆尽，将"民本位"的孟子政治思想解释成"君本位"的尊君思想，曲解孟子、厚诬古人，诚无过于此者也。所谓"曲学阿世"、所谓"媚世"或"媚俗"，17 世纪明末大儒黄宗羲所批判"小儒规规焉以君臣之义无所逃于天地之间"，[①] 此之谓也！

第二，从孟子政治思想中的"行事原则"导引向"份位原则"。我曾经解释"份位原则"与"行事原则"的含义说：

> 所谓"份位原则"，就是指行为者（如汤武）在采取政治或社会经济行动（如革命）时，所考量的原则是名份与地位的问题；所谓"行事原则"，指行为者所考量的原则是该行为的价值或效益（如能否为人民创造福祉）之问题。[②]

在孟子政治思想中，国君统治之合法性建立在以"不忍人之心"行"不忍人之政"的"行事原则"之上。国君如果违背"仁政"之原则，则失其所以为君之基础（孟子称为"一夫"[③]），所以孟子引用《易经》说汤武革命"顺乎天，应乎人"，主张暴君可诛。[④] 但是，到了李民寏等 3 位朝鲜儒者手上，"行事原则"被置换成"份位原则"，国君的地位从孟子思想脉络中的"获得的地位"（achieved status），被转换为朝鲜王朝政治脉络中的"生就的地位"（ascribed status），[⑤] 使孟子所提出修德可移天命之政治主张为之晦而不彰。这是第二种"脉络性转换"。

---

① 黄宗羲：《明夷待访录·原君》，收入《黄宗羲全集》第 1 册，页 3。
② 黄俊杰：《东亚儒家仁学史论》，页 441。
③ 《孟子·梁惠王下·八》："贼仁者谓之贼，贼义者谓之残，残贼之人谓之一夫"，见朱熹：《孟子集注》卷 2，页 306。
④ 《易经·革》："天地革而四时成，汤武革命，顺乎天而应乎人，革之事大矣哉。"
⑤ 这两个名词见 Ralph Linton, *The Study of Man*, New York: Appleton-Century Company, 1936, chapter 8, pp. 113-131, 尤见页 115—116。

　　第三，从孟子政治思想中的"德"中心思想，转换为"力"本位思想。孟子论政特重"王霸"之辨："以力假仁者霸，霸必有大国。以德行仁者王，王不特大。"(《孟子·公孙丑上·三》)"王"与"霸"之区分，乃"德"与"力"之对比，两者殊不同科。孟子既严"王""霸"之别，又在战国乱世之中鼓励时君修德以移"天命"。但是，孟子"德"本位的王道思想，东传朝鲜以后却被置换为"位"本位之"名分论"思想，例如本节上文所说的李民宬解释《孟子》说其特重"君臣之义，天地之经也，亘乎古今，贯乎宇宙⋯⋯"。[1]18世纪的郑宗鲁主张孟子之"王道"以"仁义"为核心价值，但"仁义又莫大于尊周"，[2] 将孟子"仁义"之普遍义，转换为"尊周"的特殊义。这是第三种类型的"脉络性转换"，但孟子所说的"王"者"以德行仁"，"霸"者"以力假仁"，则又与上文所说"份位原则"近似，所以朝鲜儒者启动的从"德"到"位"的"脉络性转换"，亦可视为上文第二种"脉络性转换"的亚型。

　　第三种"脉络性转换"，必然触及"德"与"位"之关系。这就触孔孟政治哲学的一个核心问题，孔孟都认为政治领域与道德领域的"运作逻辑"(modus operandi)有其一致性(identity)，《易经·系辞上·五》说："显诸仁，藏诸用，鼓万物而不与圣人同忧，盛德大业，至矣哉。"[3]《中庸章句》第17章说"大德必得其位"，[4] 儒家将"盛德"与"大业"画上等号，因为儒家认为道德领域与政治领域的运作逻辑一致。在朝鲜儒者的孟子学解释中，他们将"德"与"位"别别分立，并强调"位"先于"德"，"位"对"德"具有优先性。

　　论述至此，读者也许不免滋生疑问：17世纪的朝鲜儒者鱼有凤与洪泰猷，也是历任官职，何以他们解释"孟子不尊周"这项史实时的言论，与李民宬等3人不同？

---

① 李民宬：《孟子不尊周论》，页368—369。
② 郑宗鲁：《孟子不尊周论》，引文见页1340。
③ 《易经·系辞上·五》。引文见王弼注，孔颖达疏：《周易正义》，页318。
④ 见朱熹：《中庸章句》，页34。

这个问题确实值得考虑。鱼有凤在 1706 年出任天安郡守，1718 年，任掌令，隔年升为执义。景宗（在位于 1720—1724）即位后，任命鱼有凤为杨州牧使，但鱼有凤并未赴任。1722 年（景宗 2 年）辛壬士祸发生，鱼有凤和其他儒生大力为金昌协辩护，遭罢黜。英祖即位后，鱼有凤任职司仆寺正。1734 年（英祖 10 年）任户曹参议，1738 年任世子侍讲院赞善。英祖礼遇甚厚，拜为世子师。[①] 洪泰猷在 1676 年（肃宗 2 年）曾随其祖母（孝宗之女淑安公主）入宫，故曾见过肃宗。1689 年（肃宗 15 年）2 月政局变化，南人党职掌政权，洪泰猷之父遭流配，他击铮诉冤，但同年 6 月其父被赐死。此后其父虽官复原职但又被追夺，洪泰猷遂在骊州的梨湖建了"耐斋"，隐居其中，专研学问，不再参与政治。[②]

鱼有凤与洪泰猷均身处朝鲜王朝的权力结构之中，但是，他们思考"孟子不尊周"问题时，却能深入孟子学堂奥，触及国君统治权合法化之问，"天命"之解释问题，以及汤武革命的合法性问题等。从上文的分析可以很清楚地看出，鱼有凤与洪泰猷对孟子政治思想的解释之深入，除了归因于他们的孟子学已经登堂入室之外，也因为他们的思想生命力较强，劲草不为风偃去，他们解读《孟子》之时不为现实的权力网络所系缚，可能才是更重要的原因。

三、日本儒者对"孟子不尊周"问题之论述

（一）日本儒者孟子观的两种类型

当代学者的研究告诉我们：儒家的价值理念大约从 14 世纪开始，就对朝鲜的社会、政治与思想产生了可观的影响。在朝鲜王朝居于统治地位的

---

① 参考本书附录一（《朝鲜孟子学文献选编注释》）之 4《鱼有凤：〈孟子不尊周论〉》，"引言"。
② 参考本书附录一（《朝鲜孟子学文献选编注释》）之 5《洪泰猷：〈孟子不尊周论〉》，"引言"。

"两班"① 阶级,既是权力精英,又是文化精英,更是儒学的推动者与弘扬者,使儒学在朝鲜王朝取得"准国教"之地位。②

但是,儒学在日本社会的状况,远远无法与在朝鲜的状况相比拟。渡边浩先生曾经说:日本儒者的社会存在形态,大致可以区分为两类:城镇儒者("町儒者")与御用儒者("御儒者"),前一种儒者在城镇开私塾,以授课报酬维生;后一种儒者则侍奉将军或大名,领受俸禄。③ 前者基本上是一种民间知识人,也是一种"社会公共财产";后者参与政治分享权力的程度,则取决于他们所服侍的主子的态度。

但是在日本社会中,儒者基本上是社会边缘人,与儒者在朝鲜的地位完全不能相比拟。儒者在由武士所统治的德川日本社会里的地位,类似于司马迁在《报任安书》中所说"文史星历近乎卜祝之间,固主上所戏弄,倡优畜之,流俗之所轻也"④ 的状况。我想以 17 世纪古学派大师伊藤仁斋(1627 [日本宽永 4 年,明熹宗天启七年,朝鲜仁祖 5 年]—1705 [日本宝永 2 年,清圣祖康熙四十四年,朝鲜肃宗 31 年])作为"町儒者"的代表,而以 18 世纪的荻生徂徕(1666 [日本宽文 6 年,清圣祖康熙五年,朝鲜显宗 7 年]—1728 [日本享保 13 年,清世宗雍正六年,朝鲜英祖 4 年])作为"御儒者"的代表,探讨这两位日本儒者对于孟子政治思想的整体意见,接着再进入日本儒者对"孟子不尊周"的意见之分析。

---

① "两班"(양반)是指高丽与朝鲜时代社会的统治阶级。起初"两班"是指称官制上的"文班"、"武班"。高丽国王上朝时,国王南面而坐,文班列于东方,亦称为"东班",武班列于西方,亦称为"西班",此二班列则通称为"两班"。自朝鲜初年以降,"两班"的意义渐渐扩大,泛指社会统治阶层。参考韩国民族文化大百科辞典:https://encykorea.aks.ac.kr/Contents/Item/E0035521#self。

② 参考 Martina Deuchler, *The Confucian Transformation of Korea: A Study of Society and Ideology*, Cambridge, Mass & London: Council on East Asian Studies, Harvard University, 1992, pp. 3-27。

③ 渡边浩:《東アジアの王権と思想》,页 127—128。中译引文见渡边浩:《东亚的王权与思想》,区建英译,页 96—97。

④ 司马迁:《报任安书》,见班固:《汉书》卷 62《司马迁传》(第 2 册),页 696。

1. 城镇儒者:伊藤仁斋

首先,我们聚焦于伊藤仁斋所撰的《孟子劝诸侯行王道论》这一篇论文来深入分析(参看本书附录二之1);关于仁斋对孟子学的整体解释,我在本书第六章,会再从东亚比较孟子学史的视野进行宏观的探讨。

仁斋的《孟子劝诸侯行王道论》一文,在17世纪日朝儒者对于孟子政治思想中的"孟子不尊周"议题的争辩中,是一篇具有代表意义的论文。《孟子劝诸侯行王道论》系伊藤仁斋在1691年(日本元禄4年,清圣祖康熙三十年,朝鲜肃宗17年)秋所撰,时年64岁。此文可视为仁斋思想完全成熟后之作品。这篇文章在东亚近世孟子学史上的贡献,在于:(1)驳斥程颐以降以"天命之改与未改"作为"孟子不尊周"之思考基础;(2)重申孟子"王道"之本意,指出孟子政治思想中"王"之合法性在"德"不在"位"。以上两项命题,均与孟子所主张修德可移天命,以及"王道"政治以民为本之精神若合符节,可谓有功于孟子者矣。这篇论文要旨在仁斋所著《论语古义》《语孟字义》《孟子古义》等书中,均有详细发挥。

伊藤仁斋在日本儒学史上地位崇高,渡边浩先生称仁斋为"近世日本思想新地平线的开拓者"。[①]我们将《孟子劝诸侯行王道论》一文,置于伊藤仁斋著作的脉络中,就可以发现这篇文字显示了仁斋思想的两大突出面向。

第一,仁斋采取"反形而上学的"思维方法。《孟子劝诸侯行王道论》起首这样写:

> 或曰:"孔子之时,周室虽微,遗泽尚存,故《春秋》以尊周为义。至孟子时,王灵扫地,谁复知有周? 当是时,诸侯能行王道,则可以王矣,此孟子所以劝齐、梁之君也。孔、孟惟视天命之改与未改耳,其心未初异也。"

[①] 渡边浩:《伊藤仁斋·東涯——宋学批判と「古義学」》,收入相良亨、松本三之介、源了圆编:《江戶の思想家たち》上,东京:研究社,1979年,页256—287,引文见页283。

予曰："子论甚正矣！然于孟子之本旨，则未之尽也。夫王者本以德而言，未必斥位言之，吾子之意，亦将以废周天王，自践天子位，号令诸侯，而后方可。……齐、梁之君，若能听孟子，得行王道而王焉，则当尊周之天王，己自修方伯职，号令诸侯，聘享以时，始终无逾臣节矣。若天下朝觐者不之周之天王，而之齐、梁之君；讼狱者不之周之天王，而之齐、梁之君；讴歌者，不讴歌周之天王，而讴歌齐、梁之君，天子亦不自安其位，使其卿士持节奉册，禅以天子位。然后不得已，而受王命，奉周之天王，以一侯国，如山阳公、鄘国公例，永使周祀不绝，而后之中国践天子位焉，是王者之心，而孟子所谓王道者如此。若不然，则曰：'天命已改，遽废天子'，以为庶人已自抗然，敢居天子位，是篡也，王者不为。"[1]

这一段文字驳斥程颐以降的东亚儒者以"天命之改与未改"作为孟子是否尊周之依据，并指"王者本以德而言，未必斥位言之"。[2]仁斋强调统治者应修德以移天命，很能掌握"孟子之本旨"。仁斋摧毁"天命"，特重人事，尤重国君施政之是否得民心。仁斋将眼光从天上拉回人间，完全呈现德川日本古义学的本地风光。仁斋学的通关密语是"人伦日用"[3]四字。仁斋斩断宋儒的形上学的葛藤，驳斥抽象的"天命"，而回归具体的日用常行与民生利乐。仁斋心目中的"道德"不是哲学家在思想世界中对概念的推衍，而是可以造福人民的事业，善乎仁斋之言也："道德者，以徧达于天下而言，非一人之所有也。"[4]

---

[1] 伊藤仁斋：《孟子劝諸侯行王道論》，见《古学先生詩文集》卷2，页26—30，总页50下—52下。引文见总页51上—51下。
[2] 此语亦见于伊藤仁斋：《孟子古義》卷1，页8。
[3] 伊藤仁斋：《論語古義》卷4，页103。
[4] 伊藤仁斋：《語孟字義》卷上《仁義礼智》，页27。

在仁斋眼中，《孟子》这部经典的"血脉"（けつみゃく）[1]在于"王道"。仁斋说："孟子之学，孔门之大宗嫡派也。其学以仁义为宗，以王道为主。而所谓王道者，亦由仁义而行，非外仁义而有所谓王道者矣。"[2]仁斋强调孟子之学以经世为本：

> 读书要知作者之意所在。此书前三篇，备记孟子事业出处，至于《离娄篇》，始及议论。故今定以前三篇为"上孟"，后四篇为"下孟"。盖古人之学，以经世为务，而修身以为之本，明道以为之先，皆所以归夫经世也。故读孟子之书者，当于前三篇观其归趣，而于后四篇知其所本也。[3]

仁斋释《孟》，特重《梁惠王》《公孙丑》《滕文公》等三篇，称为"上孟"，并指出《梁惠王》篇"总论王道之要，本末兼该，巨细殚举，可谓圣门之要法，学问之本领矣。"[4]但是，他感叹孟子"王道之义，隐于天下久矣"，[5]此诋孟、非孟、刺孟、疑孟之所由生也。

细绎仁斋批判"天命"说与阐释"王道"之言论，均清楚地显示出"反形而上学的"的古义学思维方式。

第二，仁斋思想透露一种鲜明的"反观念论的"实学思维方式。仁斋在这篇《孟子劝诸侯行王道论》中说：

---

① 仁斋说："学问之法，予歧为二：曰血脉，曰意味。'血脉'者，谓圣贤道统之旨，若孟子所谓仁义之说是也。'意味'者，即圣贤书中意味是也。盖意味，本自血脉中来，故学者当先理会血脉；若不理会血脉，则犹舡之无柂，宵之无烛，茫乎不知其所底止。然论先后，则血脉为先；论难易，则意味为难。何者？血脉犹一条路，既得其路程，则千万里之远，亦可从此而至矣。若意味，则广大周遍，平易从容，自非具眼者，不得识焉。予尝谓：读《语》《孟》二书，其法自不同。读《孟子》者，当先知血脉，而意味自在其中矣；读《论语》者，当先知其意味，而血脉自在其中矣。"见伊藤仁斋：《語孟字義》卷下《学》，页50。
② 伊藤仁斋：《孟子古義·總論》，页3。
③ 同上书，页1—2。
④ 伊藤仁斋：《孟子古義》卷1，页1。
⑤ 伊藤仁斋：《孟子勧諸侯行王道論》，页29下，总页52上。

苟秦楚之王,能去利怀仁,以相接也,则互相推让,年钧择贤,德钧则卜,而立其可立者。已自退然归其封疆,谨修贡职,不敢生一毫希觊之心,不敢生一毫忿争之心,终身诉然以自乐,不亦可乎?非特秦、楚之君为能然,举天下诸侯亦然,非必视天命之改否,以为去就之谓也。王道之效,不其大乎? ①

以上这一段文字,必须放在仁斋思想中的"实学"脉络中加以理解。仁斋在《同志会笔记》中说:"吾圣贤之书,以实语明实理,故言孝、言弟、言礼、言义,而其道自明矣,所谓正道不待多言是矣。若二氏之学,专以虚无空寂为道,无形影,无条理,故谓有亦得,谓无亦得,谓虚亦得,谓实亦得,至于纵横捭阖,不可穷诘,正足以见其非正道也。"② 仁斋在这里所说的"正学"就是"实学"。这种具有古义学特色的"实学"主张属于"理论"(theoria)层次的理念,只有落实在"实践"(praxis)中才有意义。仁斋在《孟子劝诸侯行王道论》中说"王道之效,不其大乎",这句话也部分地透露德川日本古学派的"实学"之"实"字,既是"真实的"(real),又是"正确的"(true),包括实践性与实证性的"实学"。③ 仁斋的伦理学立场,近于"功效伦理学"者之立场。④ 仁斋在《童子问》一书中,对孟子的"王道"有进一步阐释,指出所谓"王道"至少包括5项:"(1)与民同忧乐、(2)尚俭、(3)制民之产先于礼乐制度、(4)法天道以为德,以及(5)不必'居天子位为王',能行仁政者为王。"⑤ 以上指标均以人民福祉为依归,诚如仁斋所说:"以善养人者,王者之德也。"⑥

①　伊藤仁斋:《孟子勸諸侯行王道論》,引文见页28下—29上,总页51下—52上。
②　见伊藤仁斋:《同志会筆記》,页21右半页,总页107。
③　源了圆:《近世初期实学思想的研究》,序文页5。
④　参看黄俊杰:《从东亚视域论德川日本儒者的伦理学立場》,收入拙著:《思想史视野中的东亚》第5章,页79—100。
⑤　参看张崑将:《日本德川时代古学派之王道政治论:以伊藤仁斋、荻生徂徕为中心》,台北:台大出版中心,2004年、2012年,页133。
⑥　伊藤仁斋:《孟子古義》,页172。

最能体现仁斋古义学的"反观念论"思维方式的，就是仁斋对于《孟子·梁惠王下·七》"闻诛一夫纣矣"的解释：

> 孟子论征伐，每必引汤、武明之。及其疑于弑君也，乃曰："闻诛一夫纣矣，未居家逼迫犹如牢狱闻弑君也。"盖明汤、武之举，仁之至，义之尽，而非弑也。然而后世异议之徒，犹置其喙者，何哉？徒就其迹辨之，而未有直得孟子之意，而极论明辨，是非分明，归于至当而止之说也。何者？道也者，天下之公共，人心之所同然，众心之所归，道之所存也。[①]

"道者，天下之公共，人心之所同然"，可以说是对孟子的"道"，进行一种古义学的诠释。伊藤仁斋又说："圣人之道，不过彝伦纲常之间，而济人为大。"[②]"夫道者，人之所以为人之道也。"[③]仁斋又说："……凡圣人所谓道者，皆以人道而言之。……道者，人伦日用当行之路。"[④]又说："人外无道，道外无人。"[⑤]一言以蔽之，仁斋的"道"存乎日用常行之间，所谓"道在俗中"者是也。仁斋的"道"是庶民生活中的活生生的庸言庸行，他的"王道"也是经世济民的政治经济学，而不是超绝的宋儒之"理"，即形上学与宇宙论。仁斋说得好："俗即是道，外俗更无所谓道。"[⑥]

在以上"反观念论的"仁斋学脉络之中，"王道"抖落了超绝的"天命"的纠缠，成为可以举而措之天下之民的政治事业。仁斋的"反观念论"思考

① 伊藤仁斋：《孟子古義》卷1，页35—36。仁斋的解释受到荻生徂徕的批判，参看野口武彦：《王道と革命の間：日本思想と孟子問題》，东京：筑摩书房，1986年，页59—250；河村义昌：《江戸時代における尊孟非孟の争論について》，《都留文科大学研究紀要》第5集（1968年6月），页21—40。
② 伊藤仁斋：《論語古義》卷2，页53。
③ 同上书，页50。
④ 伊藤仁斋：《語孟字義》卷上《道》，页18—19。
⑤ 伊藤仁斋：《童子問》卷上第8章，页80。
⑥ 伊藤仁斋：《論語古義》卷5，页130。

方法，正是东亚近世出现的所谓"反理学思潮"[①]的一种表现。

如果将仁斋这一篇《孟子劝诸侯行王道论》置于东亚孟子学史的脉络中加以考察，就会发现这篇文字在东亚视野中，尚有以下两项特点。

第一，仁斋在 17 世纪的德川日本重新阐释孟子"王道"理想，回归《孟子》原典，重探孟子本怀。其言曰：

> 若天下朝觐者不之周之天王，而之齐、梁之君；讼狱者不之周之天王，而之齐、梁之君；讴歌者，不讴歌周之天王，而讴歌齐、梁之君，天子亦不自安其位，使其卿士持节奉册，禅以天子位，然后不得已，而受王命，奉周之天王，以一侯国，如山阳公、鄟国公例，永使周祀不绝，而后之中国践天子位焉，是王者之心，而孟子所谓王道者如此。[②]

仁斋回归原典以诠释孟子"王道"之真义，反映了 17 世纪以降东亚各国儒学"返本主义"思潮之趋势。[③]

第二，仁斋在回归《孟子》原典以厘清"保民而王"[④]的"王道"原意之同时，也将孟子的"王道"从诠释者的时代之政治脉络中"拯救"而出。就这一点而言，仁斋采取的是一种"去（当代政治的）脉络化"的方法。仁斋将"孟子劝诸侯行王道"与"孟子不尊周"等议题，从诠释者时代的政治的云山雾海中拨开，就事论事，回归孟子"王道"在"保民而王"之原意。仁斋甚至主张为了实现"王道"，必须放伐暴君。仁斋以放伐暴君作为践行"王道"的

---

① 参看杨儒宾：《异议的意义：近世东亚的反理学思潮》，台北：台大出版中心，2012 年。

② 伊藤仁斋：《孟子勸諸侯行王道論》，页 26—30，总页 50 下—52 下，引文见总页 51 上—51 下。

③ 儒学研究前辈学者狄培理（Wm. Theodore de Bary, 1919—2017）曾指出，原教导主义（fundamentalism）系近世东亚儒者的共同倾向之一，见 Wm. Theodore de Bary, "Some Common Tendencies in Neo-Confucianism", in David S. Navision & Arthur F. Wright, eds., *Confucianism in Action*, Stanford, California: Stanford University Press, 1959, pp. 25-49. 但是，fundamentalism 一词常指涉宗教态度，坚信宗教经典中的每一个字都是真理，这种态度与东亚近世儒家回归原典文本的"返本主义"仍有所不同，所以我避此词而不用。

④ 朱熹：《孟子集注》卷 1《孟子·梁惠王上·七》，页 287。

途径,可谓是近世日本儒者中之第一人。[①]

关于伊藤仁斋对孟子学的解释,我以前的研究曾说:"仁斋析论孟子之'王道'政治论,以王者之仁心为其基础,颇见慧识,亦切中孟子政治思想之肯綮。仁斋对孟子的暴君放伐论的肯认,颇能得孟子政治思想之精义。但是,仁斋对孟子性善论之解释,于孟子即心善以言性善之宗旨却颇有违失。仁斋就'气质'以论性善,特重从'人伦日用'等具体性与特殊性之脉络论人性,对孟子性善说中'人'所同具之普遍必然性、超越性及连续性均有逸脱,殊可惋惜。"[②]仁斋古义学最重要的关键词是"人伦日用",[③]仁斋从"人伦日用"立场推崇《论语》为"最上至极宇宙第一书";[④]他也在这个立场对《孟子》的《梁惠王》《公孙丑》《滕文公》等3篇(他称为"上孟")[⑤]提出了精彩的解释,胜义纷披;但是他对《告子》《尽心》等篇的解释,就捉襟见肘,未能登堂入室。

仁斋对孟子所进行的"去脉络化"解读不受权力干扰,自由自在。如果将仁斋与中朝两国儒者的状况相比较,其意义就豁然彰显。中朝两国解读《孟子》的儒者,大多是官员,他们一方面承继儒家价值理念如"王道"、"仁"、"义"、"礼"等,另一方面又是国家权力的分享者与执行者。因此,20世纪以前中朝两国儒家官员的"政治自我"与"文化自我"[⑥]恒处于紧张乃至撕裂的状态。在中国历史上,王夫之(船山)所说的"儒者之统"与"帝王之统",[⑦]关系极为紧张。明太祖朱元璋(1328—1398,在位于1368—1398)读《孟子》至"草芥寇仇"一语,甚至大怒而欲逐孟子出孔庙以后快,即为典型史例。

---

①　渡边浩:《近世日本社会と宋学》,东京:东京大学出版会,1985年,页239。

②　黄俊杰:《伊藤仁斋对孟子学的解释:内容、性质与含义》,收入拙著:《东亚儒学史的新视野》,页85—123,引文见页122。

③　伊藤仁斋:《論語古義》卷4,页103。

④　伊藤仁斋:《論語古義·總論》,页4。亦见于伊藤仁斋:《童子問》卷上第5章,页78。

⑤　伊藤仁斋:《孟子古義·總論》,页1—2。

⑥　另详本书第二章第二节。

⑦　见王夫之:《读通鉴论》,收入《船山全书》卷15《宋文帝》第13条,长沙:岳麓书社,2011年,页497。

在 20 世纪以前的中国与朝鲜,《孟子》这部经典基本上是被放在政治的脉络中解读,中朝君臣研阅《孟子》时,即解释,即运用。读者不只是经典文字的观察者,更是经典义理的参与者。其优点在于中朝儒者研读《孟子》时,观书不徒为章句,论事不缪于圣人。但是,过度的政治性的阅读也带入过多现实政治的投影。《孟子》一书在北宋时代地位之上升,就与王安石的推波助澜密不可分。因此,"孟子不尊周"等问题也在北宋新旧党争之中被显题化,拙著《孟学思想史论(卷二)》已有所析论。[①] "孟子不尊周"之所以在中日朝儒者之间备受重视、引爆争辩,就是因为这个议题直接触及东亚各国王权最敏感的领域。

朝鲜时代的儒者在宫廷经筵进讲《孟子》时,更是将"解释"与"运用"熔为一炉而冶之。19 世纪许传(1797—1886)的《性斋集》保留了一段很传神的实录:

> 上讲孟子不动心章,问:"气之塞于天地之间,何为其然也?"臣传对曰:"人禀天地之正气以生,此气本至大至刚,故养之以直而不以私害正,则其气充满天地之间,此所谓天人一理者也。"仍奏曰:"圣人之言,自有本末纲条。心者本也纲也,气者末也条也,故先儒皆以此章为不动心章,而今之俗士谓之浩然章,此不知本末纲条之所致也。学问之道,先审其本与纲,则其末其条,随而举之矣。盖心之所向曰志,志为之帅而气从而听命焉,则养心养气,相为终始,故孟子所以云持其志,无暴其气也。臣窃伏睹我殿下讲读之际,不无一二字音差错之处,恐是心有所动而气失其正也。伏愿殿下正其心养其气,则非但圣学之日就月将,实为修齐治平之本矣。"[②]

---

① 黄俊杰:《孟学思想史论》卷二第 4 章《作为政治学的孟子诠释学(1):宋儒对孟子政治思想的争辩及其蕴涵的问题》,页 131—188。

② 许传:《孟子不动心章》,收入氏著:《性斋先生文集》卷 12(第 1 册),收入韩国文集编纂委员会编:《韩国历代文集丛书》第 848 册,页 269—270。

以上这一段朝鲜君臣针对《孟子·公孙丑上·二》“知言养气”章的对话，清楚地透露出《孟子》是在政治的语境中被解释。儒臣许传借《孟子》而争取“帝王师”的权力，他甚至当面指责国王“心有所动而气失其正”，要求国王“正其心养其气”！

与上述中朝两国的状况比较之下，日本儒者绝大多数是作为“社会公共财产”的民间知识分子，伊藤仁斋曾经夜行遇抢匪，他对抢匪宣称其职业是“以人道教人者也”。[1] 仁斋研读《孟子》，完全避免了权力网络的纠缠，回归原典的语脉，重新建构起一个“人伦的世界”。[2] 仁斋说：“余每教学者，以文义既通之后，尽废宋儒脚注，特将《语》《孟》正文熟读玩味二三年，庶乎当有所自得焉。”[3] 仁斋因为“尽废宋儒脚注”，所以没有负担，可以直接进入孟子对话的现场，对《孟子》进行一种“去（当代政治）脉络化”的新诠释。仁斋所处社会的背景是“町人文化”，他是一个自由的民间知识人，既无官守，又无言责，所以可以悠游自得，进入孟子精神世界，与孟子精神相往来，拨开权力网络的云山雾海，斩断宋儒形上学之葛藤，直指孟子“人伦日用当行之路”[4]，出新解于陈编。可谓卓矣。伊藤仁斋可被视为德川时代“町儒者”的代表人物。

2. 御用儒者：荻生徂徕

接着，我们再看作为“御儒者”之典型的荻生徂徕。徂徕 31 岁就获幕府将军纲吉的宠臣柳泽吉保（1658—1714）之召，出任书记职务，开始从政，可视为“御用儒者”的代表人物。徂徕所撰的《孟子识》是他晚年的未完成作品（参看本书附录二之 2）。他运用“古文辞”方法，仅就《梁惠王》篇加以阐释，批判宋儒与伊藤仁斋的孟子解释。今中宽司（1913—2007）认为

---

① 原念斋：《先哲丛谈》卷 4，页 162。
② 子安宣邦：《伊藤仁斎：人倫の世界の思想》，东京：东京大学出版会，1982 年，页 27—60。
③ 伊藤仁斋：《同志会筆記》，页 28—29，总页 110—111。
④ 伊藤仁斋：《語孟字義》卷上《道》，页 18—19。

《孟子识》系以纠正朱子与仁斋之孟子解释为目的。[1]张崑将认为荻生徂徕之所以仅解释《梁惠王》篇,系针对仁斋特重《梁惠王》篇之故。[2]其说均可从。丸山真男所说:"徂徕学是朱子学的反命题"[3]一语,在徂徕的《孟子识》中亦可获得验证。

从东亚孟学史来看,荻生徂徕的孟子学解释集中在孟子的政治思想,较为特殊者有四。第一,徂徕驳斥孟子所持"义利之辨"说:

> 义利之辨,先儒以为《孟子》开卷第一义。夫舜之三事,利用、厚生居其二。《文言》曰:"能以义利利天下,不言所利,大矣哉!"故圣人之道,利民为先,道而无所利,岂足以为道乎? 故虽孟子,亦以"安富尊荣"为言,而此章首辨义利者,说之道也。……而孟子义利之辨太严,是其不免于为战国士也。何则? 战国时,百家皆说客,说客之情,务排他人,以伸己说而求售,皆有所标异以耸人之听。[4]

徂徕认为"义利之辨"系战国时代游士说客之言,不可取。此说是针对宋儒而发。"义利之辨"系《孟子》书开卷第一义,朱子《与延平李先生书》云:"义利之说乃儒者第一义。"[5]南宋孝宗淳熙八年(1181)春,陆九渊(象山,1139—1193)访白鹿洞书院,为诸生讲"义利之辨",听者至有泣下者。[6]朱子与南宋功利学派儒者陈亮(同甫)书札往返,以"义利之辩"论汉唐功

---

[1]　今中宽司:《徂徕学の基礎的研究》,东京:吉川弘文馆,1966年,页326。

[2]　张崑将:《日本德川时代古学派之王道政治论:以伊藤仁斋、荻生徂徕为中心》,页331—332。

[3]　丸山真男:《日本政治思想史研究》,页115。中译引文见丸山真男:《日本政治思想史研究》,王中江译,页74。

[4]　荻生徂徕:《孟子識》,收入今中宽司、奈良本辰也编:《荻生徂徕全集》第2卷,东京:河出书房新社,1978年,页661—669。

[5]　朱熹:《与延平李先生书》,见《晦庵先生朱文公文集》卷24,收入《朱子全书》第21册,页1082。

[6]　陆九渊:《象山先生全集》卷23《白鹿洞书院讲义》(四部丛刊初编缩本,第2册),上海:商务印书馆,1935年,页182—183。

过。① 徂徕斥孟子"义利之辨"云："圣人之道，利民为先。道而无所利，岂足以为道乎？"徂徕"化道为术"，呼应北宋改革家王安石所说："孟子所言利者，为利吾国，利吾身耳。……政事所以理财，理财所以义也。一部《周礼》，理财居其半，周公岂为利哉！"② 徂徕之功利思想近于宋代江西、浙江地区之功利学派思想家如北宋之欧阳修、李觏、王安石以及南宋之陈亮、叶适等人，③ 而与理学家如朱子等人之思想相去悬绝。徂徕自云："盖不佞少小时，已觉宋儒之说，于六经有不合者，然已业儒，非此则无以施时，故任口任意，左右支吾，中宵自省，心甚不安。"④ 徂徕反宋代理学之倾向，在《孟子识》及《论语》中均旗帜鲜明。18 世纪徂徕学派儒者的伦理学立场近于"功效伦理学"，而远于"存心伦理学"，⑤ 由徂徕之斥孟子"义利之辨"亦可窥见其一斑。

第二，徂徕批孟子"仁义"之说，认为"仁义"二字不足以尽"道"，其言曰：

> 后世儒者据孟子之文，遂谓"仁义"足以尽乎道矣，如仁斋先生曰：仁义二者，实道德之大端，万善之总脑；智礼二者，皆从此而出，犹天道之有阴阳，地道之有刚柔，二者相须相济，而后人道得全，犹阴阳之不可相无，而不可相胜，是其意。盖谓孟子之时，世衰而道不明，故孟子揭其全以示之也，是无它，理学者流，贵精贱粗之见，沦其骨髓。虽仁斋之敏，亦为旧见所锢，不自觉其鏊乎先王孔子之道已。其所谓"相须相济"者，礼义为尔，今遗乎礼，取乎义，岂人道之全

① 朱熹：《答陈同甫》，共 13 札，见《晦庵先生朱文公文集》卷 36，页 1577—1597。
② 王安石：《答曾公之书》，收入《临川先生文集》卷 73（四部丛刊初编缩本），页 466。
③ 参看萧公权：《中国政治思想史》第 14 章《两宋之功利思想》（上册），页 479—513。
④ 荻生徂徕：《復安澹泊第三书》，收入《日本思想大系》36《荻生徂徕》下册，东京：岩波书店，1973 年，页 537。
⑤ 黄俊杰：《从东亚视域论德川日本儒者的伦理学立场》，收入拙著：《思想史视野中的东亚》，页 79—100。

哉？且古曰："博学于文"，诗书礼乐，亦繁矣哉。然必博学之者，道之不可以一言尽也，喜径喜直，必欲以一言尽之，故以"仁义"为道之纲，岂先王孔子之意哉？果使"仁义"二字，足以尽乎道邪？先王孔子岂不迂乎？且孔子所谓道者，先王之道也，当其时，犹未有杨、墨、老、庄之道，则亦何必有所识别也？及于孟子时，杨、墨、老、庄各有其所为道，则儒者以"仁义"标异之者，势之所必至也。故孟子以"仁义"标异于百氏者可也；而后儒欲以此尽乎道者，不可也。

徂徕并以"礼乐"重新诠释"道"，其言曰：

> 大抵《孟子》一书，主劝时君，故其言专务张孔子，以与百家争，而未至于行道，故礼乐率在所略。假使孟子得君行道，则岂废礼乐哉？宋儒以来喜《孟子》者，皆唯执孟子辨论之言，以为孟之本旨止于如此。故皆不知礼乐谓之道，此非孟子之过也，诸家不善读书之过也，学者察诸。

徂徕主张"道"是"圣人"所建，所谓"圣人"就是"开国先王之称"。[1] 他运用古文辞学的方法，指出"圣者，作者之称也"。[2] 所以，他主张："道者，先王之道也。"[3] 在徂徕的解释之中，孟子的"道"已从"仁义"被置换为"礼乐"，也就是他常讲的"礼乐刑政"[4] 等制度。这是对孔孟的"道"的政治性解读。这种政治性解读，将孔子的"道"加以狭隘化，也是对"道"的

---

[1] 荻生徂徕:《論語徵》丁卷，页147。

[2] 荻生徂徕:《弁名》卷上《聖》第1则，页43。

[3] "道者，先王之道也"一语，屡见于徂徕著作。如《論語徵》，页79、82、149、297、308、324，以及《弁道》各条，见荻生徂徕:《弁道》，页12以下。田原嗣郎（1924— ）对徂徕学中的"道"，有细致之探讨。参看田原嗣郎:《徂徕学の世界》，东京：东京大学出版会，1991年，页53—130。

[4] 荻生徂徕:《弁道》第3条，页13。

曲解。朱子在与学生讨论"道德"与"刑政"时曾说："有道德,则刑政乃在其中,不可道刑政不好,但不得专用刑政耳。"[1] 朱子的话可以补徂徕学说之不足。

第三,徂徕将孟子的"仁义"的"仁"解释为"安民"：

> 又按："仁者以大事小。"朱注曰："仁人之心,宽洪恻怛,而无较订大小强弱之私。"仁斋曰："仁者忘己,而知与物同。"朱子以"无私"解,仁斋以"忘己"解,皆其家言,大非古义。盖仁为安民之谓,仁者以安民为心,故其心不在大小强弱之争,观于大王曰："君子不以其所以养人者害人",邠人曰："仁人也,不可失也",是古义也,孟子既引之,亦当以此解孟子可矣。[2]

徂徕对孟子的解释,与他对《论语》的解释互相呼应。[3]

第四,徂徕肯定孟子的汤武革命说,主张"汤武放伐"论：

> 夫"道"者,圣人所建也,则圣人重于道,岂得执达道以非汤武乎? 是孟子之意也。孔子之时,文武之道,未坠地;孟子之时,既坠地,坠地则必竢圣者,故曰："五百年而必有王者兴",此之谓也,或以五百年为气数,或就冥冥之中,而求天命之改与未改,可谓皆不知道者已!

徂徕主张"汤武放伐论",与 17 世纪伊藤仁斋的"汤武放伐论"一脉相承。但是,两者也同中有异：徂徕的"道"是"先王"（"开国之君"）所创

---

[1]　黎靖德编：《朱子语类》卷 133《本朝七·夷狄》第 39 条,收入《朱子全书》第 18 册。引文见页 4166。

[2]　荻生徂徕：《孟子識》,页 668。

[3]　参看黄俊杰：《德川日本〈论语〉诠释史论》,页 157—194。

建，但是，仁斋的"道"是"天下之公共，非一人之私情。故为天下除残，谓之仁；为天下除暴，谓之义"。[1] 因为对"道"的定义南辕北辙，所以徂徕也批判仁斋说："至于以汤武放伐为道者，则大不然矣，何者？汤武圣人也，圣人者，道之所出也……夫汤武者，开国之君也，开国之君，配诸天，举一代之人，尊而奉之，孰敢间之。……后世有论汤武放伐者，昉孟子也，故汉儒以为权，仁斋以为道，皆僭妄已。"[2] 徂徕主张汤武是开国之君，"配诸天"，乃"道"之所出，所以汤武放伐并不是逆天的行为。

徂徕在 39 岁之龄（1704）曾经修书致伊藤仁斋，表达仰慕之忱，但一年未获仁斋回函，心甚不悦。待仁斋逝后，仁斋门人编仁斋之书，附安东省庵（1622—1701）及徂徕来函于卷后，徂徕尤为不悦。其后阅仁斋之书认为："盖其意专以立门户为务，虽我书牍百往，其何能容人之言乎？"[3] 徂徕之反仁斋，除了思想之差异，以及"古学派"与"古文辞学派"方法之差异外，或有其个人之情绪，亦未可知。

荻生徂徕是日本思想史上激起最多争辩的思想人物。徂徕不仅在《孟子识》中批判孟子的"义利之辨"等命题，激起后世正反两面的回响，其所撰《论语征》批判伊藤仁斋的论语学，也激起冈白驹（号龙洲，1692—1767）[4]、片山兼山（号世璠，1730—1782）[5]、五井兰洲[6]、中井竹山（号积善）[7]、宇野明霞（号士新，1678—1745）[8]、石川正恒（号麟洲，1707—1759）[9]、服部苏

---

① 伊藤仁斋：《孟子古義》卷 1，页 35—36。渡边浩指出：伊藤仁斋主张暴君放伐乃"道"之实践，见渡边浩：《近世日本社会と宋学》，页 239。

② 荻生徂徕：《論語徵》戌卷，页 193。

③ 荻生徂徕：《蘐園随筆》，收入关仪一郎编：《日本儒林叢書》第 2 卷《随筆部》，东京：凤出版株式会社，1978 年，页 15—16。

④ 冈白驹：《论语征批》，台北：艺文印书馆，1966 年。

⑤ 片山兼山：《論語徵廃疾》，收入《崇文叢書》第 2 辑之 41—43，东京：崇文院，1930 年。

⑥ 五井兰洲：《非物篇》（据怀德堂文库复刻本），东京：吉川弘文馆，1989 年。

⑦ 中井竹山：《非徵》（据怀德堂文库复刻本），东京：吉川弘文馆，1988 年。

⑧ 宇野明霞（署名为宇鼎、宇士新）：《論語考》：共 6 卷，1—3 卷出版于大阪的河内屋、江户的须原屋、京都的菱屋，4—6 卷出版于尾洲的和泉屋，出版年代在 1789—1801 年。

⑨ 石川正恒：《弁道解蔽》，出版地不明，京都大学准贵重书库馆藏，1775 年版。

门（号天游，1724—1769）[1]、蟹维安（号养斋，1705—1778）[2]、富永澜（号沧浪，1733—1765）[3]等人之再批判。徂徕学及其所激起的反徂徕学的激荡，波涛壮阔。战前学者岩桥遵成（1883—1933）曾统计驳斥徂徕学的专著，就有三十多种。[4]岩桥先生认为徂徕是日本思想史上影响最大、争议最多的思想人物。[5]子安宣邦（1933— ）将徂徕学称为日本思想史上的"事件"。[6]

（二）以藤泽东畡的论述为中心

现在，我们可以看看仁斋与徂徕之外其他日本儒者对"孟子不尊周"的说法。德川儒者虽然对孟子政治思想议论纷纷、争辩不休，但大多集中在汤武论与管仲论（详见本书第二章第四节所论作为"王道"对立面的"霸道"），但是，直接论述"孟子不尊周"的儒者不多，而且多半片言只语、不成系统，所以我仅选择19世纪徂徕学派殿军藤泽东畡（1794［日本宽政6年，中国清高宗乾隆五十九年，朝鲜正祖18年］—1864［日本元治元年，中国清穆宗同治三年，朝鲜高宗元年］）对"孟子不尊周"说的批驳言论为代表加以讨论。

藤泽东畡是四国赞岐（今日本香川县）人，是19世纪上半叶重振徂徕学派学术传统的重要儒者。他师事徂徕学派的中山城山学习儒学，可称太宰春台的再传弟子。他在1825年（日本文政8年）在大阪创立泊园书院，面向全日本广招学生，重振徂徕学问血脉。泊园书院在藤泽东畡逝世之后，经由东畡之子藤泽南岳（1842—1920），南岳之子藤泽黄鹄（1874—1924）、藤泽

① 服部苏门：《燃犀録》，收入岸上操编：《少年必读日本文库》，东京：博文馆，1891年。
② 蟹维安：《非徂徕学》，收入关仪一郎编：《日本儒林丛书》第4卷《論弁部》，东京：凤出版株式会社，1978年。
③ 富永澜：《古学弁疑》，收入关仪一郎编：《日本儒林丛书》第5卷《解説部1》，东京：凤出版株式会社，1978年。
④ 岩桥遵成：《徂徕研究》，东京：关书院，1934年，页226—228。
⑤ 同上书，序言，页1。
⑥ 子安宣邦：《「事件」としての徂徕学》，东京：青土社，1990年，《序論》及第2章《「事件」としての徂徕学》。

黄坡（1876—1948），以及黄坡义弟、时任关西大学文学部教授的石滨纯太郎（1888—1968）代代经营，直到1945年二战结束，书院才宣告结束，泊园藏书由石滨纯太郎捐赠关西大学、设立"泊园文库"，收藏书院历代负责人，以及其他学者的手稿等贵重资料。[①] 我曾参观"泊园文库"，摩挲当年学院学生的《入学志愿书》，犹能想象泊园书院当年入学盛况。

藤泽东畡批判"孟子不尊周"的意见，均见于所著《思问录》一书（成书于1838年[天宝9年，戊戌]）。我想归纳藤泽东畡批判孟子不尊周的理由如下。

第一，东畡批判孟子不尊周违背孔子特重君臣之义，其言曰：

> 当是时周王在上，九鼎不动，若使惠、宣用其言乎，使孟子遂其志乎，将如周王何？盖夫子之于君臣，最俨矣。八佾雍彻，不惜余论。拜下拜下，不厌违众。周之至德，称其服事，而不及征伐。其著《春秋》也，揭春王以立之极。今劝王之事，与此背驰矣。孟子尝曰："乃所愿则学孔子"，其所学何遗君臣之义也？孟子又曰："圣人人伦之至也。"劝王之事，非乱伦之魁乎？又曰："杨子为我无君也。"劝王之事，无君莫甚焉。又曰："孔子成《春秋》而乱臣贼子惧。"勤王之事，乃为乱贼之归。此不唯与夫子背驰已，于其所自言，亦相犯矣。[②]

以上这段文字主张孔子著《春秋》明君臣之义，孟子号称学孔子但却遗君臣之义。东畡这种说法完全师承太宰春台之说。春台说："夫君子不仕则已，仕则必敬其君。语曰：'君虽不君，臣不可以不臣。父虽不父，子不可以不子。'言尽其道也。故臣人者，不以夷险渝其心，乃若为其君之无礼而怼焉，是不臣

---

① 参看吾妻重二：《泊園書院に関する史実について》，收入吾妻重二编：《泊園記念会創立50周年記念論文集》，大阪：关西大学出版部，2011年，页1—30。

② 藤泽东畡：《思問録附批評》（天保9年[1838]刊），收关仪一郎编：《日本儒林叢書》第4卷《論弁部》编26，东京：凤出版株式会社，1978年，引文见页1—2。

也。"[①] 这种说法是徂徕学派一脉相承的说法，主张君臣关系之绝对义，而非相对义，与孟子"民本位"政治思想相去悬绝，亦与孔子"君君臣臣"之正名论特重"君""臣"，强调不同职位之人必须各尽其职责之原意完全不符。

第二，东畡批判程颐"视天命之改与未改"[②]之说，不能作为"孟子不尊周"之理论基础，其言曰：

> 《春秋》断自隐公，隐公当平王之时，平王东迁之主，而周室之微之首也。则《春秋》以尊周为本者，恐至天下不知尊周之为义，而预防之也。然伊川之说，似谓夫子从时俗尊周者，凡圣贤之教人，救其弊而补其短，其示世亦然。夫子之时，天下果能知尊周乎？既能知之，犹且示以尊周，若至天下不复知有周之时，则其示之，宜加俨焉。而孟子则唱劝王之事，岂非益多乎？以此临生民，其涂炭愈甚矣。梁惠王首章，《集注》引伊川之言曰："当是时，天下之人惟利是求，而不复知有仁义。故孟子言仁义，而不言利，所以拔本塞源而救其弊，此圣贤之心也。"诚如此言，天下不复知有时王，非不仁不义之大者乎？诸侯而欲王，非贪利之大者乎？然于彼则拔本塞源，而救其弊，于此则树本导源，而启其弊。圣贤之心，有时颠倒乎？有人于此，其人薄乎父母，爱敬有不尽，则诲之者，必谆谆陈为子之道，其人愈薄，而至不复知有父母，则谆谆之陈，宜倍蓰之，什佰之，而犹恐其不洽也。然其诲之者，以不可如之何，遂使其人举父母以弃之沟壑，则其谓之何？伊川论劝王之事，何以异乎此？且所谓"天命之改未改"，可以论桀纣，而不可以论周末之王矣。何者？周末之王，有孱弱可怜已，未尝有暴虐可疾也；亦有侮而轻之已，未尝有怨而背之也。苟有圣贤得邦家者兴，率天下而服事之，修礼乐而陶铸之，安知

---

① 太宰春台：《孟子論》，引文见页 17—18。
② 《河南程氏外书》卷 11，页 415。

文武之政，不再举乎？此夫子东周之志，而《春秋》之所以作也，岂论天命之改未改之时乎？ ①

东畡以上所说主要是认为周王并无暴虐行为，不可以认为"天命"已改而不尊周。

第三，东畡批判朱子以"时措之宜"为"孟子不尊周"合理化，其言曰：

裘葛饮食，以论文质宽猛则可，岂可以论君臣之际乎？君臣之际，义与不义而已矣。以齐桓尊周，为迫于大义，则不得不以孟子不尊周，为违于大义。古今岂有宜于不义之时乎？岂有义不义并行之理乎？且时措之宜，与孟子之言不合矣，孟子对公孙丑之问曰："以齐王，由反手"。此言管晏所以不足为也，其心盖曰：使我居管晏之地，必能以齐王矣。晏子与夫子同时，而在先辈行。管仲则先是百有余年。若以夫子之时，为非言王之时。则不可责晏子以王也，况百余年前之管仲乎？ ②

上述言论仍是强调所谓"君臣之际，义与不义而已"，东畡进一步主张君臣一体，他说："君者，君于民也；民者，民于君也。不有君则无民，不有民则无君，不可两其论矣。且民心背周者，有何征耶？抑不知有周之谓乎。不知有周者，亦有何征耶？"

第四，东畡解释孟子所谓"王道"的"王"，指"位"言而不指"道"言。东畡说：

或曰："孟子所谓'王'者，非兼位而言矣，特言其道也。"此亦与

① 藤泽东畡：《思问录附批评》，引文见页 3。
② 同上书，引文见页 4—5。

孟子之言不合矣。及公孙丑有"文王不足法与"之问，孟子乃详言文王之所以难王也。若或之说，则孟子惟曰"吾所谓王者行王道也，非得王位之谓也"而足矣，何必累累百余言，徒费颊舌也？又不曰"行王而保民"，而曰"保民而王"，其以位言之明矣。又曰："大则以王，小则以霸"，岂可以"道"解之乎？ ①

东畡这一段解释认为"王"应指"位"而言，批判孟子所谓的"王"只言"道"不言"位"，可以说是对孟子"王道"政治思想的严重误解。孟子在战国乱世中，以"王道"强聒时君，其心目中之"王"，并不是指现在居"王"位的自私自利之国君，而是未来能践行"道"的新"王"。东畡可谓不善读《孟子》者矣！

总之，东畡批"孟子不尊周"所持之理由并无新意，完全是徂徕学派一脉相承之"君可以不君，臣不可以不臣"之"奴隶的道德"（"slave morality"，尼采语）。② 正如东畡自己在《思问录》书末所说："所谓'圣之时'，以去止久速言之耳。君臣之义，则终古一揆，岂有其时乎？若君臣之义有其时，则《春秋》不足以为万世法矣。"③ 东畡生于幕末"尊王攘夷"思想氛围之中，他主张君臣名分超越时空而不可更易，并以"君臣之义"批判"孟子不尊周"，也许是与日本万世一系的天皇体制有关。

四、结论

本章检讨 16 世纪以降至 20 世纪上半叶，朝鲜与日本儒者对于孟子"王道"理想之具体化行动——"孟子不尊周"的反应与论辩，以及他们在论辩

---

① 藤泽东畡：《思問録附批評》，引文见页 7—8。
② 关于尼采所谓"奴隶的道德"，参见 Friedrich Nietzsche, *On the Genealogy of Morality*, p. 20。中译文见赵千帆译：《论道德的系谱：一本论战著作》，台北：大家出版社，2017 年，页 77。
③ 藤泽东畡：《思問録附批評》，引文见页 10。

之际对孟子思想所进行的"脉络性转换"。在本章论证的基础之上,我想提出以下 3 点结论。

第一,日朝儒者对"孟子不尊周"的论辩过程及其内容,启示我们:人的"自我"(self)是一个身与心之间多层次、多面向、"交错配置"(20 世纪法国哲学家庞蒂[Maurice Merleau-Ponty]喜欢用 Chiasm 这个字)的存在。[①]"交错配置"的"自我"以"心"为中心,表现而为"政治自我""文化自我""经济自我""社会自我"等,诸多"自我"之间既无法切割,而又交互影响,并互为紧张关系。人的"自我"面对外境(如皇帝或政局变化)或文本(如《孟子》)的反应,因不同儒者的内心修持工夫之差异而有不同,并由不同面向的"自我"发挥作用。如果"自我"的"心"弱而"境"强,如 17 世纪朝儒李民宬、俞棨、郑宗鲁等人,就不能免于"心"为"境"所转,他们的"文化自我"屈从于"政治自我",甚至被"政治自我"出卖。但是,同处 17 世纪的朝鲜儒者鱼有凤与洪泰猷则如孟子一样,生命力极为坚韧而不被皇权之威势掩去。另外,17 世纪德川日本的"町儒者"伊藤仁斋,以民间学者身份登场,与权力之网络无关,因此可以他的"文化自我"与孟子相与謦欬于一堂之上,深入孟子"王道"思想的核心,悠游自得。

第二,儒家(尤其是孟子)之学,特重"修己"修持但不遗"治人"事业,"成己"意在"成物",内外融贯,心身一如。儒家之学是实践之学,不仅有心于"解释世界",更致力于"改变世界",所以《孟子》这部经典所开展的解释学,本质上是一种具有东亚文化特色的"实践诠释学"(praxis hermeneutics)。除少数宋儒之外,东亚儒家学者的《孟子》诠释学,深深浸润在"实学"思想氛围之中,本质上不是"本体诠释学"(onto-

---

[①]　Maurice Merleau-Ponty, *The Visible and the Invisible: Followed by Working Notes*, Claude Lefort, ed., Alphonso Lingis, trans., Evanston Ill.: Northwestern University Press, 1968, chapter 4, pp. 130-155. Chiasm 一词之中译"交错配置",参考黄冠闵:《世界中的文化交错配置》,收入黄冠闵、张国贤主编:《世界:欧洲与亚洲的共通哲学旨趣》,台北:政大出版社,2015 年,页 251—272。

hermeneutics），也较少见耽溺在纯思辨层面上"思入风云变态中"[1] 的"哲学诠释学"（philosophical hermeneutics）。源远流长的儒家传统以及 17 世纪以降东亚各国的"实学"思潮，使日朝儒者解释《孟子》时，无法逃避现实世界的"权力"之纠缠，所以他们对孟子"王道"之具体化的"不尊周"行动，极其敏感，必须起而辩论，从而在日朝思想界激起千层浪花。

第三，本章的析论启示我们：儒家经典（如《孟子》）的解释者与权力中心的距离之远近，会决定他们研阅经典时所采取的视角与所提出的新诠。例如北宋王安石对《尚书》的解释，特重周公与召公虽不居于王位而实行王事之事实；又如朱子解读《尚书》时，以帝王之师自期。[2] 权力对经典解释的渗透清晰可见。在德川社会中"町儒者"伊藤仁斋的生活困顿，"往往需要向不理解儒学的世间，阐明此'教'的实际性和实用性"。[3] 身处这样社会情境，仁斋可以盛赞孟子的"王道"作为普世价值。但作为"御儒者"的徂徕，则是身处权力脉络之中解读《孟子》，主张"王道"是"先王之道"，主张"先王"乃"开国先王之称"，将作为普遍意义的"王道"解释为特殊意义的"先王之道"。20 世纪的安冈正笃更是通过"权力之眼"而将孟子的"王道"解释为"皇道"并宣称以日本天皇为权力中心的"皇道"才是真正的"王道"，是"王道"之"醇乎醇者"。凡此种种"王道"的新解释，都一再地印证了"权力"或作为"利维坦"（Leviathan）的"国家"，[4] 对于生命力强韧的孟子以及《孟子》这部经典的解释，随时都在进行如毛细孔渗透般的渗透。因此之故，儒家经典解读者对经典的解释，常能具体而微地透露诠释者的生命力之强弱！

---

[1]　程颢：《秋日偶成》，页 482。

[2]　参看 Kojima Tsuyoshi, "Politics and Interpretations of the Confucian Canon during the Sung: Differences and Similarities between Wang An-shih and Chu Hsi", *Acta Asiatica*, no. 110 (2016), pp. 1-17。

[3]　渡边浩：《东亚的王权与思想》，区建英译，页 74。

[4]　Thomas Hobbes, *Leviathan*, Richard Tuck, ed., Cambridge: Cambridge University Press, 1991.

第四章
朝日儒者对孟子心性论的思考：
以"知言养气"说为中心

一、引言

在本书第二章与第三章，我们分析了朝日儒者对孟子政治论的解释及其"脉络性的转换"。因为孟子的政治论植根于其心性论基础之上，所以我们进而探讨孟子心性论在朝日儒者解释中的新发展。"孟子道性善，言必称尧舜"。[1] 所谓"性善"之确解指"价值意识内在于自觉心"，[2] 孟子主张人之价值自觉，可见之于"四端"之心（"恻隐""羞恶""辞让""是非"之心），[3] 所谓"性"由"心"显者是也。在孟子这一套心性论中，"人的本质，表现了自然秩序与人文秩序之间的连续性，心理层与生理层之间的连续性，以及宇宙的无限性（所谓'天命'）与经验世界的有限性之间的连续性。孟子思想中的人，并不是宇宙中孤零零的存在，人的最高本质是可以与宇宙的本体感应互通的"，[4] 完全体现了"天道性命相贯通"的思想传统，所以孟子认为人

---

① 朱熹：《孟子集注》卷 5《孟子·滕文公上·一》，页 351。
② 劳思光：《新编中国哲学史》一，台北：三民书局，1983 年，页 165。
③ 朱熹：《孟子集注》卷 3《孟子·公孙丑上·六》，页 328—329。
④ 黄俊杰：《孟学思想史论》卷一，页 66。

可以经由"尽心""知性""存心""养性"等工夫，达到"知天"之境界，①进而完成人之"与自己"和"与宇宙"两个层次的合一。②在《孟子》全书之中，将这一套心性论论证最为精详的，也最受中日朝各国儒者重视的，就是《孟子·公孙丑上·二》"知言养气"章中孟子与公孙丑往返问答。此问答层层深入，探索原始生命的理性化与人文化如何可能之主题，及其相关方法论问题，是《孟子》全书之中，最为精彩、扣人心弦和引人入胜的一章。朝鲜儒者对孟子"知言养气"说，论述言论较多，所以本章就先聚焦于朝鲜儒者对"知言养气"论的解释。为求清晰起见，我们仍依朝日儒者的时代先后，逐一讨论，最后再综论在他们的解释中，出现的"脉络性转换"之现象。

二、朝鲜儒者对孟子心性论的解释

孟子心性论以建立人之主体性为其鹄的，《孟子》"知言养气"章之核心命题在于原始生命之理性化。用孟子的语言来说，所谓"原始生命之理性化"，包括什么是"养浩然之气"，如何"养气"，"知言"如何可能，"养气"与"集义"作何解，两者有何关系，"心（或"志"）"与"气"的关系如何，为什么在"养气"修养工夫中必须"勿忘"、"勿助"，什么是"浩然之气"，等问题。用现代的语言来说，《孟子》"知言养气"章触及诸如"自我"与"他者"关系如何，"语言"（language）与"实在"（reality）有何关系，知识（knowledge）与德行（morality）有何关系，等问题。

因为《孟子·公孙丑上·二》这一章中孟子与公孙丑的往返问答太精彩、意蕴太丰富、涉及孟子学要义太多，所以历代东亚儒者对"知言养气"章莫不赋予极大重视，程伊川要求门人对此章"宜潜心玩索"，③朱子更两度对

---

① 朱熹：《孟子集注》卷13《孟子·尽心上·一》，页489。
② 余英时：《论天人之际：中国古代思想起源试探》，页130。
③ 程颢、程颐：《河南程氏遗书》卷18，收入程颢、程颐：《二程集》上册，页205。

学生宣称他解此章"若与孟子不合者,天厌之! 天厌之! "。[①]朱子对"知言养气"说的解释,引起后儒极大的争议,我已在旧著中有所析论。[②]孟子"知言养气"说熠熠生辉,到 20 世纪竟对佛教学者欧阳竟无(1871—1943)发出召唤。欧阳竟无说:"生孟子后二千余年,取其书而读之……光影所照,目眩不得视,音乡所来,耳乱不能听,何物圣言,夺人神识若是! 盖浩然之气,盛大流行,穷天地亘万古而常新者也。"[③]孟子学东传之后,朝日儒者对此章也说解纷纷,胜义纷披,我们依序加以分析。

(一)"心"与"气"之关系

1. 宋时烈

朝鲜儒者对孟子"知言养气"说的诠释,涉及两个重大问题:第一是"心"与"气"的关系,第二是"心"的自由与责任的关系。我们先从第一个问题开始。在朝鲜思想史上,对孟子"知言养气"说最早提出详尽解释的儒者是宋时烈。17 世纪的宋时烈(字英甫,号尤庵、尤斋),不仅是朝鲜孝宗与肃宗朝之重臣,更是朝鲜朱子学大师,继承赵光祖(1482—1520)、李珥的畿湖学派之学脉,曾编《孟子或问精义通考》,抄录朱子《孟子或问》与《国朝诸老先生孟子精义》。宋时烈奠定了朱子学研究方法,正如姜智恩所说,他"致力于确定朱熹定论的学术工作,推动了缜密的朱子学原典研究,宋时烈为朝鲜儒学史奠定具有生命力的学术研究基础"。[④]宋时烈在朝鲜儒学史有其重要之地位。宋时烈浸淫孟子学历有年所,尝自述读孟之心路历程云:

---

① 见黎靖德编:《朱子语类》卷 52《孟子二·公孙丑上之上·问夫子加齐之卿相章》第 87 条,收入《朱子全书》第 15 册,页 1719、1720。

② 黄俊杰:《孟学思想史论》卷二第 5 章《作为生命诠释学的孟子诠释学(1):朱子对孟子知言养气说的诠释及其回响》,页 189—248。

③ 欧阳竟无:《孟子十篇读叙》,收入氏著:《孔学杂著》,济南:山东人民出版社,1997 年,引文见页 23。

④ 姜智恩:《被误读的儒学史》,蒋薰谊译,台北:联经出版公司,2020 年,页 170。

余年十四时受读孟子书，始以为其义无难解者，则大喜。逐日课过，及至浩然章，则茫然莫知其何等语也，愈进而请益，而愈如坚木，有时泚出于颡，而或出惝语曰："孟子何故立言如是，使人难晓也！"先君子笑曰："汝且置此章，而换受下章可也。"遂黾勉承命，而中心蕴结如负罪过者然。至十七岁，慨然叹曰："书无难易，而顾吾之功力有所未至尔。遂闭门俯读至五六百遍，则虽句读上口圆滑，而其义理则终未能窥阃矣，又复权行倚阁，然暇时又不住检看，以至老大，则虽与初间有异，终有隔靴爬痒之叹矣！岁癸丑，尹子仁来访于华阳，余请与通读，质其所疑，而犹未能洒然于心矣。"时复自解曰："朱先生于此章，极力解说，而曰：'余不得孟子意而言者，天厌之、天厌之。'①然则今日吾侪之如是辛苦，无足怪也。"②

宋时烈从 14 岁开始研读《孟子》，自认《孟子·公孙丑上·二》"知言养气"章最难索解，所以，宋时烈所撰《浩然章质疑甲寅》一文（见本书附录一之7），可视为他毕生揣摩孟子学的重要心得，也很能透露他的朱子学立场。宋时烈门人权尚夏（字致道，号遂庵，1641—1721）在 1660 年为宋时烈编《孟子或问精义通考》一书，所撰跋文说："我尤庵先生一生用功于程朱书……未尝一日闲过"，③确属实情。在东亚孟子学史中，宋时烈这篇文字值得注意的有以下两点。

第一，宋时烈释孟子"不动心"之学，特重"心"与"气"配合，始能内外本末洞察通达，其言曰：

①　见黎靖德编：《朱子语类》卷 52《孟子二·公孙丑上之上·问夫子加齐之卿相章》第 87 条，页 1719、1720。
②　宋时烈：《浩然章质疑》，见《尤庵先生文集》卷 86（第 11 册），收入韩国文集编纂委员会编：《韩国历代文集丛书》第 1541 册，引文见页 310—311。
③　引文见权尚夏跋文在《孟子或问精义通考》书末，收入《韩国经学资料集成》第 36 册，首尔：成均馆大学校大东文化研究院，1991 年，总页 627。

　　孟子之学,固主于"心",而于"言"与"气",亦未尝放过。必曰"知言"必曰"养气",故其收功处,内外本末,洞然通达,浑然全具,无有晦涩,无有亏欠。此其不动心之大致也。[①]

宋时烈在上文中主张孟子学"内外本末,洞然通达,浑然全具",如就孟子政治论与心性论绾合为一而言,完全可以成立,但是,宋时烈却又主张"心"不可离"气"。其言曰:

　　按此段凡七言"志"字,而皆当以"心"字看。盖以用而言之则谓之志,以体而言之则谓之心,其实一也。其末端换用"心"字以结之。〇又按"心"者,气之精爽。此朱子说然实该贮此理。故有以气言者,亦有以理言者,今此所谓心,既对气而言则当以理看,然亦不可全然离气看。[②]

宋时烈上文首先指"志"与"心"乃同一物之"用"与"体"之关系,其说可以成立。劳思光(1927—2012)先生说:"'志'与'心'为一事,易其字而不改其义,此古代思想所常有者。'志'即'心',二词所指只有动静之别。故孟子评告子后,乃申述自身之主张,而谓人之意气应以心志为之主;心志指德性我,即含四端之价值自觉。",[③] 其说极是。宋时烈在上文所引朱子之说,见于《朱子语类》:"心者,气之精爽"[④] 一语。但是,宋时烈主张"心""亦不可全然离气看",宋时烈的说法虽本于孟子所说"志壹则动气,气壹则动

---

① 宋时烈:《浩然章质疑》,引文见页291。
② 同上书,引文见页292—293。
③ 劳思光:《新编中国哲学史》一,页172。
④ 见黎靖德编:《朱子语类》卷5《性理二·性情心意等名义》第28条,收入《朱子全书》第14册,页219。

志"，但这种说法可能与孟子所说"志，气之帅也"一语互相矛盾。[①]解决这个表面上的矛盾，最有效的方法就是分析这一个问题——"心"与"气"何者为首出？针对这个问题，宋时烈说：

　　按理无穷，故气亦无穷，而心得之以为心，故其体广大无穷，其所生之气亦随而广大无穷，不但充满天地之间，虽天地之外，亦无所不包。故曰天地者，特道中之一物。然孟子只以"天地之间"为言者，盖孟子以前圣贤之言，未尝及于天地之外。论天地之外者，实原于庄周，而程子、邵子、朱子始极言之。然则孟子非不知也，特从其人所易见者言之，故只曰"天地之间"。学者不可穷高极远，恐于道无补，而有别处去之弊也。[②]

依上文所论，宋时烈的哲学立场以"理"为首出，认为"气"因"理"而生。"心得之以为心"的"之"字，似应作"理"解，"心"得"理"而成其所以为"心"。但是，"心"既得"理"以为"心"，则是有"理"然后生"心"，那么，进一步的问题就是："理"所生的"气"中是否有"道义"呢？宋时烈这样的解释，是否可以得到《孟子》原典的印可呢？

《孟子·公孙丑上·二》中，孟子答公孙丑"何谓浩然之气"云："其为

---

① 例如日本前辈学者大滨皓（1904—1987）就指出：孟子说"志壹则动气，气壹则动志"，显然承认"志"与"气"相互限定；"志"一方面为"气之帅"，一方面又为气所"动"，这是孟子理论的矛盾。大滨皓又认为：孟子一方面将"心"当作"气之帅"，另一方面又让"气"与"心"相互限定，而且终究没有触及"心"为"气"所动的理由到底是什么的问题；"气"与"心"是相通的，由此可看出孟子理论体系的不完整与破绽。见大滨皓：《孟子と告子の論争》，收入氏著：《中国古代思想論》，东京：劲草书房，1977年，页205—240。我此处所引大滨先生论点，见该文页234及页238。大滨先生之说有待商榷，因为当孟子说"志壹则动气，气壹则动志"时，孟子所说的是"志（心）"与"气"之间有互相影响性，属"事实判断"，但孟子主张以"志（心）"率"气"，以"心"定"气"，这是"价值判断"。正因为认知"志（心）"与"气"会互相影响，所以才要特别强调"志，气之帅也"，以及"志至焉，气次焉"的以"心"定"气"工夫。孟子这两个命题之间并无矛盾或破绽。

② 宋时烈：《浩然章质疑》，引文见页297—298。

气也,至大至刚,以直养而无害,则塞于天地之间。其为气也,配义与道;无是,馁也。是集义所生者,非义袭而取之也。"在孟子的回答中,最关键的是:"无是"的"是"这个字作何解? 朱子《孟子集注》云:"言人能养成此气,则其气合乎道义而为之助,使其行之勇决,无所疑惮;若无此气,则其一时所为虽未必不出于道义,然其体有所不充,则亦不免于疑惧,而不足以有为矣。"[1] 朱子这一段《集注》解"是"字为"气",朱子在《答吕子约》书中又确认说:"所谓'是'者,固指此气而言。若无此气,则体有不充而馁然矣。"[2]朱子在回答学生问"'无是,馁也',是指义,是指气"时说:"这是说气。"[3]朱子的解释受到吕祖谦(1137—1181)之弟吕祖俭(子约,?—1200)的反驳,吕子约说:"指道义而言。若无此道义,即气为馁。"[4]从《孟子》原典文本来看,吕子约之说似较朱子之说更贴近孟子原意,因为若无"道""义"为之根,则"浩然之气"必馁,殆无疑义。

但是,宋时烈是一个忠诚的朱子学者,著有《朱子大全札疑》《朱子语类小分》《朱文抄选》等书,他从文理为朱子之说回护。宋时烈说:

> 吕子约说:气无是道义,则气馁矣。盖以"是"字属"道义","馁"字属"气"矣。朱先生力辨其非,其说见《大全》。盖自其为气至大至刚,止是集义所生,此三节,皆主"浩然"而言,而以两"其"字两"是"字,贯彻成文,无论义理,而若以中间一"是"字属之"道义"则不成文理矣。[5]

宋时烈的说法仅以文理立言,而非从孟子思想立论,似欠缺充分的说服力。他又说:

---

[1]　朱熹:《孟子集注》卷3,页324。
[2]　朱熹:《答吕子约》,见《晦庵先生朱文公文集》卷48,收入《朱子全书》第22册,页2224。
[3]　黎靖德编:《朱子语类》卷52《孟子二·公孙丑上之上·问夫子加齐之卿相章》第87条,页1729。
[4]　朱熹:《答吕子约》,见《晦庵先生朱文公文集》卷48,页2224。
[5]　宋时烈:《浩然章质疑》,引文见页294—295。

上文所谓"以直养"者，以道养之之谓也，夫此气始从道义而生，而养之既成，则此气还以扶助道义，正如草木始生于根，而及其枝叶畅茂，则其津液反流于其根，而其根亦以深长。极其本而言之则阴阳生乎太极，而及其阴阳既生，则反以运用乎太极，以生万化，大小虽殊，而其理则一也。愚辄以瞽见妄论如此，未知不甚悖于理否，敢以质于诸君子耳。[1]

宋时烈既已承认"此气始从道义而生"，则"道义"当居首出之地位，所谓"此气还以扶助道义"乃后于此之事。

17 世纪宋时烈的思想可以说完全笼罩在朱子学的诠释典范之下（说详下），所以不免于孟子原意有所滑脱。百年之后的丁茶山就明确地指出朱子之说的疑义。丁茶山说：

朱子之意，以为无浩气则体馁，吕氏之意，以为无道义则气馁。此一讼案也。窃尝思之，体馁，非君子之所攸忧也。唯是集义积善之功，有所不至，则内疚外怍，荼然自沮，气为之馁，是乃君子之所耻也。孟子以集义为生气之本，而朱子以养气为行义之助，其先后本末，似颠倒也。原夫浩然之气，不可徒生，不可强养……若有意养气，以气为业，则除了呴嘘呼吸，熊经鸟伸，无所事于养气也。拔苗助长之戒，正在于此，"非义袭取"之句，亦以申明此义，不知朱子何故而固拒吕说也。[2]

丁茶山说"孟子以集义为生气之本，而朱子以养气为行义之助，其先后

---

[1]　宋时烈：《浩然章质疑》，引文见页 294。
[2]　丁若镛：《孟子要义》卷 1《公孙丑第二》，收入茶山学术文化财团编：《定本与犹堂全书》第 7 册，页 61。

本末似颠倒也", 其说甚是。

宋时烈解孟完全依循朱子学之典范, 他说:

> 以《大学》言之, 则"知言"是格致之事, "养气"是诚正之事。"行有不慊"之"慊", 实"诚意"章之"慊"字。由此伯王, 是治国平天下之事也。盖《大学》说古之明明德于天下, 而格致居末, 盖以用力之最先者, 收杀于最末, 古人语势自如此也。故朱子尝言: "孟子先说知言, 后说养气。丑先问养气, 某以为承上文方论气而问, 今看得不然, 是丑会问处。如《大学》说'正心修身', 合杀在'致知格物一'句"云云。据此则告子之"不得于言勿求于心"者, 是不为格致而径欲诚正, 不先切琢而径欲磋磨者也, 于此虽不复言告子之失, 而其失益自见矣。○按告子之病, 虽本于义外一句, 而其以义为外者, 实出于不知言之过也。盖知言, 穷理也。穷理则必知义之为性, 而集义以养气矣。然则孟子论告子之病而必以"不得于言"一句为先者, 其意可谓深矣。①

以上这一段话有两点值得注意。

（1）宋时烈循朱子之旧轨, 本《大学》解《孟子》, 朱子以"格物穷理致知解孟子之尽心知性知天", ② 皆显示朱子以《大学》的"格物致知"之说解读《孟子》。宋时烈以"知言"为"格致之事", 以"养气"为"诚正之事", 并引朱子之说以"知言"为先、"养气"为后。这种说法, 恐与《孟子》原典有所歧出。李明辉先生曾说孟子"知言"与"养气"两种工夫, "均以'心'为主宰, '知言'是以心定言, '养气'是以心御气, 主要工夫均在'心'上作, 其效

---

① 宋时烈:《浩然章质疑》, 引文见页298—299。
② 牟宗三:《心体与性体》第3册, 2版, 页486—487。

果则分别表现在于'言'和'气'上。[①] 劳思光先生说："所谓'言'，指认知我而说，所谓'心'，指德性我而说，所谓'气'，指情意我或生命我而说。孟子之本旨乃成德之学，以德性我为主宰，故必以志帅气，且必以心正言。故即以驳告子之语表此意。以志帅气，其最后境界为生命情意之理性化；至此境界之工夫过程即孟子所谓'养气'。"[②] 李、劳二氏之说较为通达，能得孟子"知言养气"说之要义，可以纠正宋时烈对孟子之误解。

（2）宋时烈又循朱子学之思路，以"穷理"解"知言"，如此则不免将孟子思想中作为内省性的道德主体活动之"不动心"与"养浩然之气"，都转化为向外求知的知识活动。朱子说：

> 熹窃谓孟子之学盖以穷理集义为始，不动心为效。盖唯穷理为能知言；唯集义为能养浩然之气。理明而无可疑，气充而无所惧，故能当大任而不动心。考于本章，次第可见矣。[③]

朱子主张"穷理"乃能"知言"、"知言"乃"养气"之本。[④] 朱子对孟子"知言养气"说的诠释，与孟子学说有诸多扞格难通之处，引起中日朝后儒之激烈批判，亦良有以也。[⑤] 徐复观（1903—1982）先生说"孟子的理是自内流出，而朱元晦则常常解为是从外面检来"，[⑥] 其说甚是。

综上所言，宋时烈对孟子"知言养气"说的解释，完全笼罩在朱子学诠释典范之下，他在"心"与"气"的关系，本《大学》解《孟子》，以及以"穷

---

① 李明辉：《孟子重探》，见39。
② 劳思光：《新编中国哲学史》一，页173。
③ 朱熹：《与郭冲晦》，见《晦庵先生朱文公文集》卷37，引文见页1639—1640。
④ 黎靖德编：《朱子语类》卷52《孟子二·公孙丑上之上·问夫子加齐之卿相章》第24条："知言本也，养气助也。"见《朱子全书》第15册，页1702。
⑤ 参看黄俊杰：《孟学思想史论》卷二第5章《作为生命诠释学的孟子诠释学（1）：朱子对孟子知言养气说的诠释及其回响》，页189—248。
⑥ 徐复观：《孟子知言养气章试释》，收入氏著：《中国思想史论集》，台北：台湾学生书局，1975年，页24。

理"解"知言"等三项重大立场问题上,都谨守朱子学立场,可谓守成有余而创新不足。我在这里说"创新不足",是从孟子学诠释的角度来说的,如果就朝鲜朱子学的立场来看,从宋时烈开始,"朝鲜儒者使用高度精密的方法进行朱子学研究,他们找出朱熹著作中的变化及矛盾,在此过程中产生了新的见解"[1],在宋时烈及朝鲜朱子学者心目中,如何继承并弘扬朱子学的"道统"于清军入关、明帝国灰飞烟灭的文化危机时代中,才是最使他们魂牵梦萦的"终极关怀"(ultimate concern)。

2. 金昌协

17世纪朝鲜儒学界析论孟子"知言养气"说最为深刻的儒者之一,是金昌协。金昌协是宋时烈门人,作为文学和儒学大家而闻名于朝鲜。金昌协撰《上尤斋孟子浩然章义问目》一文(见本书附录一之8),对其师宋时烈解释孟子"知言养气"说之意见提出质疑,殊为有见,其关乎孟子学要义者有二:

第一,金昌协质疑宋时烈以"集义"为"知言"之功效之说,其言曰:

> 集义则又知言之功。(以下诸条俱系先生所释浩然章义中语,而全文见佚。)
>
> "功"字,本作"效"字用。盖谓其所以能集义者,惟其知言故耳。然是二者,既有知、行之分,而集义又是做工夫事,不可以做工夫者为某事之效也。先生所谓未见恰当者,岂以此否?抑别有他意也?[2]

金昌协敏锐地质疑其师宋时烈所持"其所以能集义者,惟其知言故耳"之说,此一质疑表面上涉及"知言"与"养气"孰先之问题,实际上触及"德性修持能否透过认知性的知识活动而完成"此一问题。

---

[1] 姜智恩:《被误读的儒学史》,页294。
[2] 金昌协:《上尤斋孟子浩然章义问目》,见《农岩先生文集》卷12(第2册),收入韩国文集编纂委员会编:《韩国历代文集丛书》第249册,引文见页337。

　　这一个问题涉及儒家思想传统中常见的"对应的两极"（polarity）概念。史华慈曾指出这些可分而又不可分、既对立而又互补的两极性概念，包括"修身与平天下"、"内在领域与外在领域"、"知与行"。[1] 其实，在儒家传统中这类对应性的概念尚有"德与业"、"学与思"、"人与己"、"本与末"、"君子与小人"、"义与利"、"古与今"等。余英时先生指出，朱子常用"'尊德性'和'道问学' …… '敬'与'学'、'涵养'与'致知'、'居敬'与'穷理'、'约'与'博'、'一贯'与'多识'等其他的对应概念。每一种对应的概念都从不同的方面表述着道德与知识的关系"。[2] 余先生另指出，在朱子哲学系统中，"圣人的言辞表达了圣人的心，而圣人的心只是'理'的体现。只有靠着严谨地、循序渐进地钻研圣人之说，一个人才能掌握这些'理'"。[3] 所以，朱子基本上认为道德应该建立在知识的基础之上。

　　朱子对"知识"与"道德"的关系这个问题的看法，也潜藏于朱子的孟子学解释之中，朱子说：

　　　　知言者，尽心知性，于凡天下之言，无不有以究极其理，而识其是非得失之所以然也。[4]

　　　　人之有言，皆本于心。其心明乎正理而无蔽，然后其言平正通达而无病；苟为不然，则必有是四者之病矣。……非心通于道，而无疑于天下之理，其孰能之？[5]

[1]　Benjamin I. Schwartz, "Some Polarities in Confucian Thought", in David S. Nivison & Arthur F. Wright, eds., *Confucianism in Action*, Stanford, Calif.: Stanford University Press, 1959, pp. 50-62.

[2]　Ying-shih Yü, "Morality and Knowledge in Chu Hsi's Philosophical System", in his *Chinese History and Culture*, Columbia University Press, 2016, vol. 1, chapter 9, pp. 181-208. 中文译文见余英时：《朱熹哲学体系中的道德与知识》，收入氏著：《人文与理性的中国》，台北：联经出版公司，2008 年，页 79。

[3]　余英时：《朱熹哲学体系中的道德与知识》，收入氏著：《人文与理性的中国》，引文见页 106。

[4]　朱熹：《孟子集注》卷 3，页 322。

[5]　同上书，页 323。

> 盖知言本也,养气助也。三者恰如行军,知言则其先锋,知虚识
> 实者;心恰如主帅,气则卒徒也……至于集义工夫,乃在知言之后。
> 不能知言,则亦不能集义。[①]

以上这3段引文,均可证朱子的思想系统中"知识"实居于优先之地位,朱子思想是当代新儒家牟宗三先生所谓"横的静摄系统",[②] 与孟子强调"尽心"、"知性"、"知天"的"天道性命相贯通"[③]的思想系统,出入甚大。朝鲜朱子学大师宋时烈释孟全循朱子之典范,与孟子之说出入甚大,遂引起门人金昌协之疑义。

第二,金昌协又质疑宋时烈所持"集义然后养气"之说,其言曰:

> "然后"二字果有病。然其本意,则只言义须积累,然后气得其
> 养也。朱子所谓:"集义,然后生浩然之气"者。固亦用"然后"二字
> 矣,然此二字,用之于生则可,而用之于养则不可,此诚毫厘千里之
> 分也。[④]

以上这一段质疑必须与下文并观,才能掌握金昌协之意。金昌协又说:

> "必有事焉"以下,《集注》以为"集义养气之节度",盖有事勿
> 忘,是论集义工夫。而勿正勿助,是就"气"上,言其不可添得一物,
> 不要等待催促也。"集义"即所以"养气",固不可分为二事。然此
> 四者,细究其情意,脉络各自有所属矣。来教以四者总谓集义之节

---

① 见黎靖德编:《朱子语类》卷52《孟子二·公孙丑上之上·问夫子加齐之卿相章》第24条,页1702。
② 牟宗三:《心体与性体》第3册,页56—57。
③ 牟宗三:《中国哲学的特质》第4讲,页21—26;"天道性命相贯通"一语见页26。
④ 金昌协:《上尤斋孟子浩然章义问目》,引文见页337—338。

度，而遗却养气二字，恐于事理，少有未该也。小注朱子说：亦有勿
忘勿助，即集义节度之语，而终未若《集注》之完备也，未知如何？[1]

综合以上两段文字，金昌协质疑其师宋时烈有关孟子"养气"工夫论之解
释。宋时烈认为"集义"在先、"养气"在后，两者是工夫论之先后问题。金
昌协主张"'集义'即所以'养气'"，两者不可断为两橛，实系同一物之二
面，其关键在于"心"有其"良知"。

在孟子学中，上文所说儒家传统中的"对应性的概念"，表现在"知言与
养气"以及"仁心与仁政"等对应概念之上。"知言"与"养气"之对应，涉
及两者之间的 4 种关系：(1)本末关系，(2)先后关系，(3)体用关系，(4)迹
本关系。当孟子说"我知言，我善养吾浩然之气"[2] 时，他主张"养浩然之气"
是本来之"本"，是"先"，是"体"，是迹本之"本"，而"知言"则是"末"，是
"后"，是"用"，是"迹"。但是历代中日朝儒者解释孟子"知言养气"说时，
常视其哲学立场而对以上 4 种关系做其不同的衡定。

如果将金昌协置于近世东亚儒学思想的光谱之中，则可见金昌协之立
场近于王阳明，而其师宋时烈近于朱子。王阳明说：

> 心之本体原自不动。心之本体即是性，性即是理。性元不动，理
> 元不动，集义是复其心之本体。[3]

阳明先生以"复其心之本体"解释孟子的"集义"，既切中孟子学之心性
论哲学之立场，又能掌握孟子以"心"定"气"、"养气"即"养心"之肯綮，可
称善解《孟子》者矣。我在《孟学思想史论（卷二）》曾说："如果说孟子的

---

① 金昌协：《上尤斋孟子浩然章义问目》，引文见页 341。
② 朱熹：《孟子集注》卷 3《孟子·公孙丑上·二》，页 318。
③ 陈荣捷：《王阳明传习录详注集评》卷上《薛侃录》81 条，页 107。

'知言'、'养气'、'集义'、'志'、'心'、'事'、'勿忘'、'勿助'等概念,以及孟子与告子之差异等问题,是一颗颗的思想珍珠,那么,王阳明的'致良知'这个概念使《孟子》原典的潜在含义为之豁然彰显,明白晓畅。"[①]朝儒金昌协循阳明"心"学之思路解释"知言养气"说,似较其师宋时烈更能契入孟子学之精义。

(二)"心"的自由与责任

朝鲜儒者对孟子"知言养气"说的解释所涉及的第 2 个问题是:"心"之自由与责任之问题。从上文论述可知,朝鲜儒者对孟子心性论关键之"知言养气"说的理解,从 17 世纪下半叶宋时烈等人所关心的"心"与"气"的关系问题,移向"心"之自由与责任问题,这种对孟子学研究的深入化,与朱子学诠释典范日趋僵化,日益式微,以及阳明学思想的流注,[②]当有相当的关系。我们在前文提到宋时烈谨守朱子学解释典范,就受到他的及门弟子金昌协的批评。而 18 世纪的丁茶山(若镛)、李恒老(1792—1868)与许传,就比较能够掌握孟子"心学"的哲学立场及其中的"心"之自由与责任之问题。

1. 郑齐斗

17 世纪下半叶到 18 世纪上半叶的阳明学者郑齐斗,是阳明学在 1521 年传入朝鲜之后,最彻底、重要的阳明学接受者与发扬者,他的学问被称为霞谷学,他的学统被称为江华学派。[③]郑齐斗站在阳明学立场,将朝鲜儒学界对孟子"心"学的解释,推向一个新的高峰,其学说触及孟子"心"学中"心"的自由与责任之问题。我过去曾撰文论述郑齐斗对孟子"知言养气"说的解

---

① 黄俊杰:《孟学思想史论》卷二,页 261—262。
② 中纯夫(1958—)说朝鲜思想界"真正体系性接受阳明学,必须等到阳明学传入百年之后,郑齐斗(号霞谷,1649—1736)的出现",见中纯夫:《朝鲜阳明学的特质》上,陈晓杰译,收入郭齐勇主编:《阳明学研究》第 4 辑(2019 年 6 月),引文见页 55。
③ 中纯夫:《朝鲜の陽明学:初期江華学派の研究》第 1 部第 1 章,东京:汲古书院,2013 年,页 3。

释，[①]现在仅就郑齐斗的解释中，对孟子"知言养气"说中几个重要的关键词的新诠再加以申论。

阳明学者郑齐斗对孟子"知言养气"章情有独钟，撰有《浩然章图》，《浩然章解》共7篇，以及《浩然章杂解》等文，均收入《霞谷集》（卷14及卷15）。郑齐斗的孟子学解释，就像晚于他百年的丁茶山一样，回归孟子的心性论哲学立场，并以心性论之立场重新解释《孟子·公孙丑上·二》（见本书附录一之9）。其说三大关键词如下。

（1）"知言"

郑齐斗对孟子所说的"知言"，提出以下的诠释：

> 诐，偏陂也；淫，放荡也；邪，邪僻也；遁，逃避也；四者，言之病也。蔽，遮隔也；陷，沉溺也；离，叛也；穷，困屈也；四者，心之失也。凡四者皆相因。言人之有言，皆出于心，苟非其心纯于正理而无蔽者，其言不得平正通达而必有是四者之病矣。即其言之病，而知其心之失，以其心之失，又知其必害于政事者如此。无他焉，以其心发于言也，以其政生于心也。……盖孟子之所以如此者，惟其以仁义为吾心，而就心上集义，其体洞然明白，是是非非，纤毫莫遁，则既能尽其心而知其性矣。[②]

郑齐斗先说"人之有言，皆出于心"，继则曰"（孟子）以仁义为吾心，而就心上集义"，非常精彩，可谓将孟子的"心"作为道德价值之发动处的精义和盘托出。

郑齐斗指出"人之有言，皆出于心"，与一百年以后的朝鲜儒者丁茶

---

① 黄俊杰：《从东亚儒学视域论朝鲜儒者郑齐斗对孟子"知言养气"说的解释》，收入拙著：《东亚儒学：经典与诠释的辩证》第14章，台北：台大出版中心，2007年，页375—394。

② 郑齐斗：《浩然章上解一》，见《霞谷集》卷14，收入民族文化推进会编：《韩国文集丛刊》第160辑，页400上。

山所说"言者，心之旗也"①，前后互相呼应，确实一针见血地指出了孟子以"心"定"言"之根本要义。但是，郑齐斗和丁茶山都没有更进一步深入分析"知言"的重要性。在孟子学中，"言"与"行"有其一体贯通性，"言"虽生于内在的范畴的"心"，但必然落实在外在范畴的政事与社会之中。正如孟子所说："生于其心，害于其政；发于其政，害于其事。"（《孟子·公孙丑上·二》)②最近将孟子所说"知言"一语的社会伦理学意义阐释得最为深刻的，是林远泽（1965— ）先生，他说："诐辞、淫辞、邪辞与遁辞是出于在内容上不真实、在内心中不真诚与在行动规范不正确的心态而表达出来的言说。……知言即是要批判在遭到扭曲的沟通中所形成的规范失序，以洞悉使用诐辞等不当言语行动表达的言谈者的操控意图或错误原因。"③林远泽这一段解释，触及语言的"言内之意"、"言外之意"，以及"言后之意"，④不仅是对孟子"知言"一词的精当解释，而且可以补18世纪朝鲜儒者郑齐斗与丁茶山的未尽之意。

（2）"养气"

郑齐斗解释孟子"养气"之学说：

　　愚按，"不得于心，勿求于气"之论，孟子初以为可，亦有说焉。如使告子合志气言之而曰：气在乎心，心通乎气，一焉无二。而但其为功则求诸心，不求诸气，如是为义而求其心云，则是专于为本，不事其末，正为根本之论。⑤

---

① 丁若镛：《孟子要义》，收入《定本与犹堂全书》第7册，页63。
② 《孟子·公孙丑上·二》，见朱熹：《孟子集注》卷3，引文见页319。
③ 林远泽：《儒家后习俗责任伦理学的理念》，台北：联经出版公司，2017年，页127。
④ 我所说的这3个层次，略近于塞尔（John R. Searle, 1932— ）所说的语言的言外意图（locutionary intention, illocutionary intention）以及说服意图（perloucutionary intention）。参看John R. Searle, "A Taxonomy of Illocutionary Acts", in K. Gunderson ed., *Language, Mind, and Knowledge*, Minneapolis: Minnesota University Press, 1975, pp. 344-369。
⑤ 郑齐斗：《霞谷集》卷14，页396—397。

郑齐斗以上这一段解释孟子"养气"说的内容，非常有见识，他的诠释完全掌握孟子以"心"定"气"的立场，与孟子"仁义内在"的立场完全相应。徐复观先生说："孟子的'义内'说，乃认为此判断系出于吾人之内心，不仅判断之标准为吾心所固有，否则不会作此判断；并且以为吾心既有此判断，即系吾心有此要求；人之行义，乃所以满足吾心之要求。"[1] 此语可以进一步阐释郑齐斗之未尽之意。

（3）"集义"

孟子的"知言养气"说中的"集义"这个关键词，2000 年来东亚各国儒者有许多不同的诠释，郑齐斗的解释如下：

> 集，积聚也，非义袭而取之。袭，外掩也，行有不慊则馁矣，此可以知义之为在心而不自外作。告子外之云云，谓义为外而非内也，故不知集义存理，是无理而志无持矣，无义而气无配矣。无义而不持志，是为不得于心也，失乎志也。[2]

这一段解释虽然也顺从其他学者而将"集"字解为"积聚"，例如朱子说的"集义，犹言积善也……"，[3] 但重要的是郑齐斗强调"义之为在心而不自外作"，潜藏着郑齐斗对"心即理"以及"心"之本体的认识倾向于阳明学立场这一事实。[4] 郑齐斗这句话极精简，我想引用当代学者的意见进一步阐释郑齐斗的诠释。

郑齐斗所谓"义之为在心而不自外作"，是指人的道德判断能力源自于"心"。李明辉先生说：

---

[1]　徐复观：《孟子知言养气章试释》，收入氏著：《中国思想史论集》，页 147。
[2]　郑齐斗：《霞谷集》卷 15，收入民族文化推进会编：《韩国文集丛刊》第 160 辑，页 407 上一下。
[3]　朱熹：《孟子集注》卷 3，页 323。
[4]　郑用重（Edward Chung）对于这一点有精实的分析，见 Edward Y. J. Chung translated & annotated & introduced, *The Great Synthesis of Wang Yangming Neo-Confucianism in Korea: The Chonŏn (Testament) by Chŏng Chedu (Hagok)*, Lexington Books, 2020, pp. 24-29。

从孟子"仁义内在"的观点来看,道德的价值与是非之判准不在外在对象之中,而在于"心",而且此"心"是《告子上》第八章所谓的"仁义之心",亦即道德心。此"心"是道德法则之制定者,因而为这种道德法则与道德价值之根源。[①]

李明辉说孟子的"心"是"道德法则与道德价值之根源",也等于说孟子思想中的"心"之本质是自由的。牟宗三先生说:

> 依孟子,说自律(立法性)即从"心"说,意志即是心之本质的作用。心之自律即是心之自由。心始有活动义,心之明觉活动(无动之动)即自证其实际上是自由的,这实际上是自由的即是其客观上是自由的(这客观以理定)。心之明觉活动亦含有"智的直觉"在内,故能自证其为自由。[②]

牟先生这一段解释非常重要,他指出孟子的"心"具有自律性,所以"心"有其自由;"心"具有普遍必然性,但也因为"心"有其自由,所以"心"必然有其相应之责任。郑齐斗之后百年的丁茶山对于孟子的"心"之自由与责任的阐释就非常清楚,我在本书第七章会再详细析论。

2. 任圣周

洎乎 18 世纪,朝鲜儒者对孟子学的"知言养气"说之诠释,不但已经登堂入室,而且胜义纷披。时代较早的是生于18世纪初年的任圣周(1711 [朝鲜肃宗 37 年,清圣祖康熙五十年,日本正德 1 年]—1788 [朝鲜正祖 12 年,清高宗乾隆五十三年,日本天明 8 年])。

任圣周撰《孟子不动心章说》一文(见本书附录一之 10),在《孟子·公

---

① 李明辉:《〈孟子〉知言养气章的义理结构》,收入氏著:《孟子重探》,引文见页 24。
② 牟宗三:《圆善论》,收入氏著:《牟宗三先生全集》第 22 册,页 30。

孙丑上·二》"知言养气"章的解释史上，提出两项值得注意的命题。

第一，以"心"定"气"。任圣周指出孟子"不动心"工夫在于"持志以养气"。他首先说：

> 此章大旨，专在持志以养气，而无作为以害之耳。"集义"只是持志里面事，非持志之外别有集义工夫也，若取《孟子》本文从头虚心读数三过，则自当洒然无疑也。①

接着进一步解释说：

> 不动心在勇，勇在守，守即是志，勇即是气。北宫黝之志主"必胜"；孟施舍之志主"无惧"；曾子之志主"自反而缩"。志之所在，气必从焉，故才自反而缩，便有千万人吾往之勇。盖持志即所以养气，未有持志而气不得其养者，亦未有舍持志而能养其气者也。故曰"不得于心，勿求于气"可，是则一章命蒂，劈头排铺，精神所注，专在"持志"二字；若"毋暴其气"，只就"持志"上捡（按："捡"字疑系"检"字之笔误。）防其过，其意盖曰养气虽在持志，而若或作为，以害其气，则亦不免反动其心云尔。非以毋暴正作养气之事，而持志则但为其本而已也，此章大意，已具于此。②

以上这项命题上承 17 世纪下半叶至 18 世纪上半叶的朝鲜阳明学者郑齐斗所持"心""气"合一之说。③但郑齐斗主张"持志"是"养气"之本，认为

---

① 任圣周：《孟子不动心章说》，见《鹿门集》卷 21，收入裴宗镐编：《韩国儒学资料集成》中，首尔：延世大学出版部，1980 年，引文见页 1319。
② 任圣周：《孟子不动心章说》，引文见页 1319。
③ 郑齐斗说："愚按，不得于心勿求于气之论，孟子初以为可，亦有说焉。如使告子合志气言之而曰：气在乎心，心通乎气，一焉无二。而但其为功则求诸心，不求诸气，如是为义而求于其心云，则是专于为本，不事其末，正为根本之论。"见《霞谷集》卷 14，页 396—397。

"志"者，心之所之也，任圣周则突出"心"对"气"而言之优位性与主宰性，其说似较郑齐斗更深入孟子心性论之内核。

"心"与"性"、"气"等概念，都是史华慈所说的中国古代思想界的"共同论域"，[1] 孟子尤为古代"心"学之翘楚。孟子明言"仁义礼智根于心"[2]，求则得之，不求则失之。诚如刘殿爵（D. C. Lau, 1921—2010）先生所说，孟子揭橥道德内在之大旗，以人"心"之"自我立法"（self-legislation）取代在此之前的"外在天命"（external divine command）之说，[3] 确为古代中国思想的人观之一大突破。孟子所提出的"尽心"——"知性"——"知天"的"存在的大链锁"，完成了人"与自己"以及"与宇宙"的"合一"。[4]

18 世纪朝鲜儒者任圣周解释孟子的"不动心"之学，提出以"心"定"言"及"持志养气"之说，确为卓识。李明辉说："孟子的'知言'与'养气'这两种工夫均以'心'为主宰，'知言'是以心定言，'养气'是以心御气，主要工夫均在'心'上作，其效果则分别表现于'言'和'气'上。"[5] 其说可从，亦可支持任圣周之说法。

第二，"集义"工夫之基础在"敬"，孟子养气工夫论中的关键词有"持志"、"集义"等。任圣周拈出"敬"字，特具卓识。任圣周说：

> 程子以"必有事焉"为"敬"，胡敬斋谓发明言外旨，恐未必然。盖所谓"事"者，固是"集义"，而今曰"必有事焉而勿正"，又曰"心勿忘"、"勿助长"。详玩其语意，虽无"敬"字，而活"敬"现前。"敬"立"义"集，"持志"之全功即在。程子他日答门人有事于敬之

① 见 Benjamin I. Schwartz, *The World of Thought in Ancient China*, Cambridge, Mass.: Harvard University Press, 1986, chapter 5, pp. 173-185。

② 朱熹：《孟子集注》卷 13《孟子·尽心上·二一》，页 497。

③ 见 D. C. Lau, "Theories of Human Nature in *Mencius*（孟子）and *Shyuntzyy*（荀子）", *Bulletin of the School of Oriental and African Studies*, vol. 15, no. 3 (1953), pp. 541-565, 引文见 p. 551。

④ 参看余英时：《论天人之际：中国古代思想起源试探》，页 130。

⑤ 李明辉：《孟子重探》，页 39。

问，则又以"集义"为言，此非前后不同，合而观之，其意可知也。[1]

"敬"是程朱学派的关键字，朱子说："'敬'之一字，真圣门之纲领，存养之要法。一主乎此，更无内外精粗之间。"[2]又说："'敬'字工夫，乃圣门第一义，彻头彻尾，不可顷刻间断。"[3]朱子在《大学或问》中曾说："敬者，一心之主宰，而万事之本根也。"[4]朱子在解释《论语·学而·五》"敬事而信"一语时说："敬者，主一而无适之谓也。"[5]在解释《论语·雍也·一》时又说："自处以敬，则中有主而自治严。"[6]"敬"字正是朱子思想中的核心概念，与伊川一脉相承。伊川说："识道以智为先，入道以敬为本。……天下无一物非吾度内者，故敬为学之大要。"[7]又说："学必先知仁，知之矣，敬以存之而已。"[8]伊川也告诫弟子涵养"莫如敬"。[9]朱子秉承伊川之教，朱子学特重一"敬"字，并对德川初期日本儒学影响极大。论者尝谓德川儒家思想史之发展，系从 16 世纪的以"敬"为中心的哲学，向 18 世纪以后以"诚"为中心的哲学移动，[10]其说殊为有见。18 世纪朝鲜儒者任圣周解释孟子学时，特别重视朱子学中类宗教情操之"敬"之态度。朱子与张栻（南轩，1133—1180）释孟以

---

[1]　任圣周：《孟子不动心章说》，见《鹿门集》，卷 21，收入《韩国儒学资料集成》中，引文见页 1320。

[2]　黎靖德编：《朱子语类》卷 12《学六·持守》第 86 条，收入《朱子全书》第 14 册，页 371。

[3]　同上书第 85 条，页 371。

[4]　朱熹：《大学或问》，收入《朱子全书》第 6 册，页 506。

[5]　朱熹：《论语集注》卷 1，页 63。

[6]　朱熹：《论语集注》卷 3，页 113。

[7]　程颢、程颐：《河南程氏粹言》卷 1《论学篇》，收入《二程集》下册，页 1183—1184。

[8]　同上书，页 1184。

[9]　同上书，页 1191。

[10]　日本学者相良亨（1921—2000）曾指出：中国宋明儒学以"敬"为中心，而日本儒学则是以"诚"为中心而展开。他认为，德川初期朱子学笼罩全局，中江藤树（1608—1648）、熊泽蕃山（1619—1691）、山鹿素行（1622—1685）、伊藤仁斋（1627—1705）等人，都曾进出朱子学然后才逐渐建构以"诚"为中心的儒学体系。在这股思潮的发展过程中，中井履轩（1732—1817）正是为以"诚"为中心的儒学奠定文献学基础的人物。关于日本儒学从"敬"到"诚"的发展，参看相良亨：《德川时代の「诚」》，收入相良亨：《相良亨著作集》第 2 卷《日本の儒教 II》，东京：ぺりかん社，1996 年），页 121—136；相良亨：《近世の儒教思想——「敬」と「诚」について》。

"集义"与"主敬"为一事。17世纪朝鲜儒者赵翼(字飞卿,号浦渚,1579—1655)对朱子所说的"敬"最为重视,曾撰《持敬图说》《朱子言敬要语》及《心法要语》等文字,阐发朱子的"敬"之理念。[①]

任圣周诠释孟子"养气"之学,特别发挥"敬"的工夫,为18世纪以前孟子学诠释史所少见,为孟子学注入朱子学之活水,亦有功于圣门矣。

3. 丁茶山

18世纪伟大朝鲜儒者丁若镛,字美镛,号茶山、俟庵、与犹堂、菜山。丁若镛系朝鲜正祖时期文臣,青年时期一度因为亲近西学而长期流放。在流放期间,他全心专注于六经、四书之学问,写就其代表著作"一表二书"(即《经世遗表》《牧民心书》《钦钦新书》),以及共五百余卷数量浩大的著作,成为朝鲜后期实学思想之集大成者。由于茶山学在朝鲜儒学史上的重要地位,我在本书第7章将特立专章,将茶山孟子学放在18世纪东亚儒学史视野中加以衡定,本节仅就茶山对孟子"知言养气"说的解释加以分析。

丁茶山孟子学的哲学立场在于对心性论立场的回归以及对形上学的排斥,对此我在本书第7章会有详细论证,在此仅就茶山解释《孟子·公孙丑上·二》之言论(见本书附录一之11)在东亚孟学史上特具意义者加以讨论。

第一,丁茶山认为《孟子》所谓"四十不动心"的"不动"是指"无惧",其言曰:

> 特以诸情之中,恐惧之情,最难裁制,故不动心者,以无惧为首。此孟子所以历言北官黝、孟施舍之所守,曾子、子襄之所言,以明无惧之义,其实不动心,不止于无惧而已。至若先儒之所言,恐非本旨。何也?我之大德,有足以受大任行大道,则自当无惧。我之才德,本自不足,君子宜逡巡退缩,以让贤路。岂可强求其无惧乎?况

---

① 参见赵翼:《浦渚集》,收入民族文化推进会编:《韩国文集丛刊》第85辑,页335。

惑与不惑，系于知识，知所不及，安得不惑？孔子称四十不惑，孟子
称四十不动心。故朱子遂以不动心为不惑，然经所云不动心，非谓
是也。古人称"定大事、决大议，垂绅整笏，不动声色而措天下于太
山之安"，一问一答，当以是求之。[①]

在上文中，丁茶山批判朱子解"不动心"为"不惑"，实为一针见血。中国
古籍本有以"惑"释"动"之例。《吕氏春秋·知分篇》："有所达，则物弗
能惑。"高诱（生卒年不详，约为东汉末年［约200年］人）注云："惑，动
也。"[②] 清儒焦循（1763—1820）《孟子正义》疏云："不惑即不动。"[③] 朱子
注"我四十不动心"云："此承上章，又设问孟子，若得位而行道，则虽由
此而成霸王之业，亦不足怪。任大责重如此，亦有所恐惧疑惑而动其心
乎？"[④] 朱子以"不惑"解"不动心"，实有其以"理"为中心之哲学性基
础，在丁茶山看来，朱子已经偏离孟子心性论的立场，而将德行问题转化
为知识问题了。

　　第二，茶山强调以"心"定"言"，完全彰显孟子心性论之哲学立场，其
言曰：

　　　　镛案：告子不得于言，勿求于心，我知言；告子不得于心，勿求
于气，我善养吾浩然之气。一言一气，彼我相照。所以然者，心不直
则气不旺，气不旺则辞不壮。此所以所讲者不动心，而养气、知言，
为之枢纽也。此一篇之要旨。赵曰："我闻人言，能知其情所趋。"
【《集》意亦大同】○镛案：知言者，知言语之本在心也。[⑤]

---

① 丁若镛：《孟子要义》，页54—55。
② 吕不韦：《吕氏春秋》卷20，高诱注，上海：上海古籍出版社，1989年，页180。
③ 焦循：《孟子正义》卷6，页188。
④ 朱注《孟子·公孙丑上·二》，见朱熹：《孟子集注》卷3，页320。
⑤ 丁若镛：《孟子要义》，页60。

茶山上述说法彰显孟子学作为成德之学的要义。茶山又进一步阐释说：

> 言者，心之旗也，告子分为二物，岂可通乎？孟子知浩然之气，
> 生于心直，通豁之辞，亦生于心直。故曰"我知言"，故曰"我养气"。
> 今人读此章，不知言、气二者之上下通贯，何以解矣？○明理不足以
> 知言，必其心秉义正直，无所蔽陷，然后乃无诐淫之病。如浩然之
> 气，生于集义，不可作明理说。[①]

茶山指出朱子"明理"实不足"知言"，又说"言者，心之旗也"，最为一语中
的。茶山又批判朱子说：

> 《集》曰："孟子能知言，又善养气，则是兼言语德行而有之，岂不
> 既圣矣乎？"○镛案：恐不然也。孟子平日善言善辩，公孙丑之所知
> 也。丑犹不以善言为圣者，不知言出于心也。今闻孟子之言，乃知
> 言不可以徒善，必其心志正直，积义然后，发为言语者（按：此句疑
> 应断句为"积义，然后发为言语者"。），乃无疵病。然则善言者，其
> 养心可知，岂非圣人乎？[②]

以上论述既重申孟子以"心"定"言"之宗旨，又批判朱子的误解，可为定论。

　　但是，丁茶山说"言者，心之旗也""知言者，知言语之本在心也""言出
于心也"时，并未进一步说明所谓"言"是指他人之言或自己之言。朱子《集
注》云："言者，尽心知性，于凡天下之言，无不有以究极其理，而识其是非得
失所以然也。"朱子[③]以"言"指他人之言。伊藤仁斋从朱子说云："知言者，知

---

① 丁若镛：《孟子要义》，页63—64。
② 同上书，页65。
③ 朱熹：《孟子集注》卷3，引文见页322。

言之邪正而不惑也。上自圣贤，下至于诸子百家之言，明知其是非邪正，而成败得失之所由，亦无不避也。”[1] 元人胡炳文（1250—1333）《孟子通》云：“《论语》之知言，为知人之端、入德之事；孟子之知言，为养气之本、成德之事。……若曰人之言，则惟于古人之言有所未达，不可舍置而不求诸心，若夫与今人相接，人言之不达于理者不少，虽舍置可也。”[2] 其说推衍《集注》最为详密。黄宗羲：“孟子‘知言’，全将自己心源，印证群迹。……‘知言’者，但把常心照证，变态无不剖露。知得人心，亦只知得自己心。……”[3]，最能照顾孟子“知言”兼摄人己之意。

第三，茶山指出孟子所说“无是，馁也”一语中的“是”是指“道义”而不是指“气”而言，其言曰：

> 镛案：朱子之意，以为无浩气则体馁，吕氏之意，以为无道义则气馁。此一讼案也。窃尝思之，体馁，非君子之攸忧也。唯是集义积善之功，有所不至，则内疚外怍，苶然自沮，气为之馁，是乃君子之所耻也。孟子以集义为生气之本，而朱子以养气为行义之助，其先后本末，似颠倒也。原夫浩然之气，不可徒生，不可强养。唯是由道行义，日积月累，则心广体胖，俯仰无愧。于是乎贫贱不能戚，威武不能屈，以至于气塞天地。若有意养气，以气为业，则除了呴嘘呼吸，熊经鸟伸，无所事于养气也。拔苗助长之戒，正在于此。“非义袭取”之句，亦以申明此义。不知朱子何故而固拒吕说也。配者，合也，谓浩气须道义以生，须道义以养，不能相离也。[4]

丁茶山上文中的“吕氏”，就是吕祖俭（子约），是朱子好友吕祖谦之弟。朱

---

① 伊藤仁斋：《孟子古義》卷2，页55。
② 胡炳文：《孟子通》，宋健点校，上海：华东师范大学出版社，2020年，页84。
③ 黄宗羲：《孟子师说》卷2，页66—67。
④ 丁若镛：《孟子要义》，页61。

子与吕子约为"是"字书札往返这一段公案，引起后儒议论纷纷。丁茶山的解释与朱子之后批判朱子将"是"字解释为"气"的中日朝儒者互相呼应，是对朱子的孟子学之有力诤言。

4. 李恒老

进入 19 世纪以后，讨论孟子"知言养气"说的朝鲜儒者是李恒老与许传，我们先讨论李恒老。李恒老撰有《孟子浩然章疑义》一文（见本书附录一之 12），在朝鲜孟子学诠释史中的主要贡献有二。

第一，李恒老指出《孟子·公孙丑上·二》全章之要义在"不动心"三字，殊为有见。李恒老说：

> "不动心"三字，为浩然一章命脉，"知言养气"四字，为不动心之工程。"动"非"动静"之"动"，乃"挠动"之"动"，如担当不着，手忙脚乱之类也。下文"志壹动气、气壹动志"之动，皆一意也。①

孟子对公孙丑气势磅礴地宣示，"我四十不动心"，重点不在"四十"（虽然中国古代以"四十"为生命之关键年龄，古人以"四十"泛指成德之年），② 而在"不动心"。王阳明《传习录》：

> 尚谦问："孟子知不动心与告子异。"
> 先生曰，"告子硬是把捉着此心，要他不动。孟子却是集义到自然不动"。又曰，"心之本体原自不动。心之本体即是性。性即是理。性元不动。理元不动。集义是复其心之本体"。③

---

① 李恒老：《孟子浩然章疑义》，见《华西集》卷 24，收入裴宗镐编：《韩国儒学资料集成》中，首尔：延世大学出版部，1980 年，引文见页 1539。
② 见黄俊杰：《〈孟子〉知言养气章集释新诠》，收入拙著：《孟学思想史论》卷一，页 335—413，尤其页 339 讨论古人对"四十"之龄的诸多言论。
③ 见陈荣捷：《陆澄录》第 81 条，收入氏著：《王阳明传习录详注集评》，页 107。

阳明先生"心之本体原自不动"之说极是。我过去曾阐释孟子的"不动心"说："孟贲等人的不动心，走的是'主客析离'的道路；但孟子的不动心，所走的是'主客交融'的道路，把外在世界视为一个主客交融的意义结构，这个意义结构必须通过人的实践历程才能被正确地掌握。在孟子系统中，血气之勇已转化为道德之勇，所以物我一贯，内外交辉。"① 李恒老指出《孟子·公孙丑上·二》的根本重点在"不动心"而不在"知言"，已经趋近孟子"心"学之立场。

第二，李恒老析论孟子所谓"心"之本质云：

> 盖心之为物，所具者理也，所乘者气也。理有未明，故不能无疑惑；气有不充，故不能无恐惧。夫疑惑即动心之由也，恐惧即动心之致也。是故知言为破疑惑之要，养气为疗恐惧之药，二病皆除，则心不期乎不动，而自然不之动也。②

李恒老之说明显采取朱子的思路。朱子说"人心之灵，莫不有知；而天下之物，莫不有理"（《格物补传》③），"心者，人之神明，所以具众理而应万事者也"（《孟子集注》④），在朱子学中的"心"具有"众理"。朱子并从孔子所说"勇者不惧"之思想资源，申论孟子"配义与道，无是馁也"之说。⑤ 朱子盖以"心"之"明""理"作为"心"之无疑或（即"动"）之基础。朱子讲"心具众

---

① 黄俊杰：《孟学思想史论》卷二，页199。
② 李恒老：《孟子浩然章疑义》，引文见页1539。
③ 关于朱子的《格物补传》，参考唐君毅：《中国哲学原论·导论篇》，香港：东方人文学会，1966年、1974年，页278—347，尤其是页284—290、312—323；牟宗三：《心体与性体》第3册，页426—450；杨儒宾：《朱子的格物补传所衍生的问题》，《史学评论》第5期（1983年），页133—172。
④ 朱注《孟子·尽心上·一》。见朱熹：《孟子集注》卷13，页489。
⑤ 《朱子语类》有2条材料：（1）"'勇者不惧。'气足以助道义，故不惧。故孟子说：'配义与道，无是，馁也。'今有见得道理分晓而反懦怯者，气不足也。"泳（2）"或问'勇者不惧'，举程子'明理可以治惧'之说。曰：'明理固是能勇，然便接那'不惧'未得，盖争一节也，所以圣人曰："勇者不惧。"'焘"。见黎靖德编：《朱子语类》卷37《论语十九·子罕篇下·知者不惑章》第7条，收入《朱子全书》第15册，页1370。

理"，主张"心"中有其天"理"，但是，"心"中之"理"可以由内向外舒展流动。朱子又强调"仁""义""礼""智""信"之"理"，可以从圣人"心"中"流出来"。[①] 朝儒李恒老采取的正是朱子学的解释进路。

5. 许传

19世纪的许传，字以老，号性斋。许传有一篇题为《孟子不动心章 己巳五月，以同经筵进参》[②]的文章(见本书附录一之13)，是经筵进讲之内容，这篇经筵进讲内容值得注意之处有二。

第一，强调《孟子·公孙丑上·二》的主轴在"心"不在"气"，所以应称为"不动心章"，而不是"浩然之气章"。其言曰：

> 圣人之言，自有本末纲条。心者本也纲也，气者末也条也，故先儒皆以此章为不动心章，而今之俗士谓之浩然章，此不知本末纲条之所致也。学问之道，先审其本与纲，则其末其条，随而举之矣。盖心之所向曰志，志为之帅而气从而听命焉，则养心养气，相为终始，故孟子所以云持其志，无暴其气也。[③]

许传所提"心"主"气"从之说，切中孟子养气之学肯綮。孟子之学实以"心"定"言"，并以"心"定"气"，许传之说无误。

第二，许传解释此章时，亦劝诫国王说：

> 臣窃伏睹我殿下讲读之际，不无一二字音差错之处，恐是心有所动而气失其正也。伏愿殿下正其心养其气，则非但圣学之日就月将，

---

① 黎靖德编：《朱子语类》卷98《张子之书一》第105条，收入《朱子全书》第17册，页3321。
② 许传：《孟子不动心章 己巳五月，以同经筵进参》，页269—270。
③ 同上书，引文见页269。

实为修齐治平之本矣。①

许传正如中朝历史上的儒者一样,以国君之"道德导师"自期,在经筵讲论之际,随时引用经典以矫正国君之过失。许传对国王的劝诫之言,有一个未经明言的命题:因为孟子学是以"心"定"言"、以"心"定"气",所以"心"是自由的主体,因此,如果如许传所见国王有"心有所动而气失其正"的问题,那么"心"就必起负起责任。许传主张的正是孟子思想中的"心"之自由与责任不可分,"心"有其"可问责性"(accountability)。

综合本节所论,我们可以发现:朝鲜儒者对孟子心性论的理解,随着时间的推进而层层深入。在17世纪朝儒触及的第1个问题是"心"与"气"之关系。17世纪的朱子学大师宋时烈对孟子的"知言养气"说的理解是认为"气"先于"心",持"气"生"心"之说。然而此说就被他的学生金昌协严重质疑。金昌协主张因为"心"有其"良知",所以"集义"就是"养气"。但18世纪以后,朝儒就进入第2个问题:"心"之自由与责任之问题。关于此问题,以郑齐斗与丁茶山的论述最能深入孟子"心"学之肯綮。如果说18世纪以后阳明学的流入为阳明学者郑齐斗开启了新的视野,从而使18世纪朝儒对孟子"心"学提出新解,似无大误。

三、日本儒者对孟子心性论的解释

如果与上节所论朝鲜儒者对孟子心性论的理解互作对比,那么德川时代日本儒者对孟子学中的心性论之解释,显然尚有差距。盖因日本儒者多半重视孟子政治论远超过孟子心性论。我想以山鹿素行、太宰春台、薮孤山与山田方谷(名球,号方谷,1805〔文化1年,清仁宗嘉庆十年,朝鲜纯组5

① 许传:《孟子不动心章 己巳五月,以同经筵进参》,引文见页269—270。

年]—1877［明治 10 年,清德宗光绪三年,朝鲜高宗 14 年］)等 4 人的论述为例,依序加以详论。

(一)山鹿素行

山鹿素行出身武士阶级,《先哲丛谈后编》的作者东条琴台(1795—1878)说:"世人称素行者,皆视以兵家者流,徒知长于韬钤,未知精于经术。余尝读其所著《圣教要录》、《武教要录》、《四书句读》等,持论立说,虽尽不醇,能抒其所独得,未尝剽窃先修之说,专门经义,既在当时别构一格矣。"①朱谦之(1899—1972)先生认为德川日本的古学派虽创始于伊藤仁斋,但山鹿素行实为其先导者,②可称公允。山鹿素行虽然反宋学,但对朱子尚有敬意,他说:"愚按周、程、张、李之大儒,亦其所论说,大概在于禅佛,为朱子杰出其间,明辨杂学辟之,其功尤大也。"③"宋唯朱元晦之学压先儒。"④山鹿素行可以接受朱子的人伦日用之学(《中庸》所谓"道中庸"之学),但是对朱子的形上学与宇宙论(《中庸》所谓"极高明"之学)无法接受。他说:

> 唯朱子以学论日用,有下学而上达工夫,是其意志所以有功圣学也。惜哉因汲先儒之余流,犹有寻本然之善,欲复天命之性、持敬存心之弊,以此其下学上达之言辞,勿交涉论出来,乃又至性心工夫,对越上帝也。⑤

从山鹿素行对朱子的评论,可以看出他的思想倾向及其确实是日本古学派的先导性人物。

---

① 东条琴台:《先哲丛谈后编》卷 6(据文政 12 年〔1829〕江户刻本影印)。引文见上海交通大学出版社编:《日本汉文史籍丛刊》第 4 辑《传记》17,上海:上海交通大学出版社,2014 年,页 255。
② 朱谦之:《日本的古学及阳明学》,上海:上海人民出版社,1962 年,页 35。
③ 山鹿素行:《山鹿语类》卷 33(上册),页 179。
④ 山鹿素行:《山鹿语类》卷 35(上册),页 285。
⑤ 同上书,页 278。

现在，我们看山鹿素行如何理解孟子的"四十不动心"这句话。《山鹿语类》卷42云：

> 或问：孟子曰："我四十不动心"是心之不动也？师曰：孟子所谓"不动心"者，不惑不畏之谓也。志厚道明，德立行正，则富贵贫贱威武死生之间，无所疑惑，无所畏怖，恒伸万物之上，是孟子"不动心"也。而今所谓心属动者，运动流行之动也。西山真氏曰："北辰常不移，故能为列宿之宗，人心常不动，故能应万物之变，不动非无所运用之谓也，顺理而应，不随物而迁，虽动犹静也。"西山言得好，然不随物而迁之说不分明，心能迁转不止，是运动之用也。不可随物，则不随迁底，是心之迁转中节也。乃格物致知之功也。北辰居其处能迁转，列宿守之为宗；人心在胸臆能流行，身体因之为用，皆能动来底也。①

山鹿素行在上文中，以"不惑""不畏"释孟子"不动心"的"动"字，这是自汉儒以降的旧说。山鹿又说"不动""非无所运用之谓也"，还说"心之迁转中节，乃格物致知之功也"。凡此种种言论，都反映出朱子学的投影。

因为山鹿素行仍不脱朱子学的笼罩，所以，他进一步将孟子的"养浩然之气"解释为《大学》的"格物致知"：

> 或问：心之不惑不惧，其应用有道乎？师曰：公孙丑问曰："不动心有道乎？"孟子曰："我善养吾浩然之气""敢问何谓浩然之气？"曰："难言也。其为气也，至大至刚，以直养而无害，则塞于天地之间。其为气也，配义与道；无是，馁也。是集义所生者，非义袭

---

① 山鹿素行：《山鹿語類》卷42（下册），页608—609。

而取之也。行有不慊于心，则馁矣。"愚谓：孟子此答，开示切要不可容言，是便格物致知之谓也。不可离气，气已不离，则其气至大至刚，而充塞天地之间。若有私有邪，乃不慊于心，气忽馁，馁则屈惑竟为情欲所暴，是惑惧之所因也。孟子所谓不动心，只说其气而不及心，是论心未尝不已情欲也，后世末学不深玩，殆陷溺异端之说也。①

他说"养心"之方法"不可离气"，并说"孟子所谓不动心，只说其气而不及心"，但孟子"不动心"特重"心"之价值内在，并不以作为"气"的"他者"之在场为其前提，山鹿之说已完全偏离孟子即"心"言"气"之宗旨。

山鹿素行又说孟子"不动心"之"动"为：

　　或问：人之情尤易动易惊，是无主之谓乎？师曰：孟子养浩然之气，论不动心。愚谓：不尽其事物之极，故有惊动也。凡惊动底皆昏昧来，而其理不明，竟到于惊动也。富贵贫贱之所动，好色恶臭之所动，妖物异类之所惊，战场死地之所惊，是惊动底其情，而疑惑底其理昏昧也。若以惊动为不可来，是立不惊动底为一个用，太造作也。且豫修常习，则其理详尽无疑惑，主一欲无惊动者，非圣人之教也。恒人亦主张一个，要无惊动有不惊动底，告子不动心，可并案也。异端专以不惊动底为至，是皆以不惊动为要为关也。与孟轲不动心，不可同年而语。②

山鹿说"心"之所以惊动，乃是因为"其理不明"。如此说法则将孟子的"养气"成德之学转化为向外觅"理"的知识活动矣。

---

① 　山鹿素行：《山鹿語類》卷 42（下册），页 609。
② 　同上书，页 628—629。

（二）太宰春台

继山鹿素行之后，讨论孟子心性论的日本儒者是徂徕弟子太宰春台。我们在本书第二章已回顾了从 17 至 19 世纪绵延 200 年的日本思想史中的"孟子事件"，太宰春台就是参与"孟子事件"并批驳孟子的要角。

太宰春台批驳孟子"养浩然之气"说，其言曰：

> 孟子曰："我善养吾浩然之气"，夫养气者，卫生之术也。君子之养气也，曰礼乐而已矣。礼以养其阴，乐以养其阳，故曰："礼乐不可斯须去身"，[①] 此先圣王之教也，古之道也。古者君子习礼乐，而养气在其中矣，故仲尼不言养气也。[②]

这段文字反映春台于孟子养气之说恐尚有一间未达。春台认为孟子之"养气"之学只能指"礼乐而已矣"，其说遵循其师徂徕以"礼乐"释"道"之旧轨，二说均未能契入孟子养气学之肯綮。

《孟子·公孙丑上·二》中孟子与公孙丑论养气之学，层层推入，论原始生命之理性化，极为精彩。其说要义在于"其为气也，配义与道；无是，馁也"[③] 一句。自赵岐以下中国儒者释孟，多以"是"字指"义与道"而言。朱子以"是"字为"气"，其说与孟子养气之学颇有差距，故颇受近世东亚各国儒者之批判，我在旧著已详论此事。[④] 但是，春台以"礼乐"为"养气"之资具，则已将孟子内圣之学转化为外王之学，将生理、生命之理性化的心性论，转化为以"礼乐刑政"为基础的政治学。

---

① "礼乐不可斯须去身"一语见《礼记》之《乐记》《祭义》两篇。
② 太宰春台：《孟子論》，引文见页 18。
③ 见朱熹：《孟子集注》卷 3《孟子·公孙丑上·二》，页 319。
④ 黄俊杰：《孟学思想史论》卷二第 5 章《作为生命诠释学的孟子诠释学（1）：朱子对孟子知言养气说的诠释及其回响》，页 189—248。

（三）薮孤山

18 世纪的薮孤山继而批判太宰春台之以"礼乐""养浩然之气"之说，其言曰：

> 辨曰：卫生之养气也，欲长生也；君子之养气也，欲立德也。卫生之养气也，道引而已矣；君子之养气也，集义而已矣。大宰同之，不亦疏乎？又曰："君子之养气也，礼乐而已矣"，是固然，然不知大宰所谓礼乐者，谓其本乎？将末乎？《记》曰："黄钟大吕弦歌干戚，乐之末节也，故童子舞之，筵席俎豆笾豆升降，礼之末节也，故有司掌之"，由是观之，礼乐末节，非君子所专也，果谓本乎？《记》曰："为礼不本于义，犹耕而不种也"，又曰："耳目鼻口心知百体，皆由顺正，以行其义，然后发以声音，而文以琴瑟"，由是观之，义非礼乐之本乎？大宰曰："君子习礼乐，而养气在其中矣"，余亦曰："孟子言集义，而礼乐在其中矣。"①

薮孤山这一段文字，精彩之处在于指出孟子的养气工夫在"集义"，而不是徂徕与春台所主张的"礼乐"等外在社会规范或政治制度（徂徕所谓"礼乐政刑"）。薮孤山之说深得孟子所说"其为气也，配义与道；无是，馁也"的养气之学要义。

前文已提到，在孟子养气之学中"无是，馁也"的"是"字作何解，说解纷纷，朱子认为"是"字指"气"而言，引起东亚诸多儒者之批判。焦循《孟子正义》引毛奇龄（1623—1716）云："无是者，是无道义；馁者是气馁，道义不能馁也。"② 又引全祖望（1705—1755）《经史答问》云："配义则直养而无

---

① 薮孤山：《崇孟》，页 9。
② 焦循：《孟子正义》卷 6，页 201。

害矣。苟无是义，便无是气，安能免于馁？然配义之功在集义。集义者，聚于心以待其气之生。曰生，则知所谓配者，非合而有助之谓也，盖氤氲而化之谓也。"[1] 均以"是"为"道义"，其说可从。

17 世纪的黄宗羲（梨洲）对孟子养气之学中的"集义"一词解释说：

> "集义"者，应事接物，无非心体之流行。心不可见，见之于事，行所无事，则即事即义也。心之集于事者，是乃集于义矣。有源之水，有本之木，其气生生不穷。……故象山云："读书讲求义理，正是告子外义工夫。"亦已深中其病。而朱子谓其静坐澄心，却是外义，恐未必然也。[2]

梨洲对孟子"集气"之解释，深契孟子以"心"言"气"的养气学要义，可以为薮孤山对春台的批判再进一解。

（四）山田方谷

日本儒者对于孟子"知言养气"说所提出诸多解释中，最具思想史意义的，应推 19 世纪的山田方谷。山田方谷是 19 世纪日本阳明学者佐藤一斋（1772—1859）门人，他站在"气一元论"立场对孟子的"养气"学提出一套解释，在日本孟子学史上，有其创新性。但创见所及，蔽亦随之，其说于孟子学有重大歧出，我在 2 篇已刊旧稿中已对山田方谷的孟子学有所讨论。[3] 所

---

[1]　焦循：《孟子正义》卷 6，页 202。

[2]　黄宗羲：《孟子师说》卷 2，页 62。

[3]　黄俊杰：《山田方谷对孟子养气说的解释》，收入拙著：《东亚儒学史的新视野》第 7 章，页 191—214 ；Chun-chieh Huang, "Yamada Hōkoku on Mencius' Theory of Nurturing Qi: A Historical Perspective", Tsuyoshi Ishii, ed., *Life, Existence and Ethics—The Philosophical Moment in East Asian Discourse*, APF Series 2, Tokyo: The University of Tokyo Center for Philosophy, 2014, pp. 13-34, 后收入拙书 *East Asian Confucianisms: Texts in Contexts*, chapter 11, pp. 199-214。

以，本节将从方谷的孟子学解释中拈出 3 个关键句，先分析方谷对孟子"养浩然之气"说的理解，再厘定方谷在孟子学思想史之位置，最后衡断方谷作为宇宙论的"气一元论"之于孟子心性论之歧出及其问题。山田方谷解释孟子"养气论"的 3 个关键句如下：

1. "天地间万物皆一大气耳"①

这句话是山田方谷思想立场的表白。山田方谷是旗帜鲜明的"气一元论"者，他主张"宇宙间一大气而已。唯有此气，故生此理，气生理也，非理制气也"。②山田方谷所主张"宇宙间一大气而已"与"气生理"这两项论点，均与古学派大师伊藤仁斋一脉相承。仁斋宣称："盖天地之间，一元气而已。"③又说："所谓理者，反是气中之条理。"④从 16 世纪以降，"气"论弥漫于东亚思想界。⑤在学术上表现为反宋学；在思想上表现而为反形上学（"理"学），主张抽象性只能见之于具体性之中。山田方谷的"气一元论"，正是16 世纪以降东亚"气"学思潮在 19 世纪日本的代表性论述，也对中江兆民（1847—1901）的"气的哲学"有所影响。⑥中江兆民以"浩然之气"这个概念来阐释他所提倡的"心神之自由"，所以中江兆民的民权思想也被认为是"孟子式的儒教"⑦。山田方谷就是本于"气一元论"而重新解释孟子学。

我们必须首先对山田方谷的"气"学之本质加以分析，为方谷的"气"学定性。杨儒宾（1956— ）先生曾将近世东亚的"气"学，区分为"超越义"（亦即先天类型）与"自然义"（亦即后天类型）两种形态。⑧如果从山田方

① 引文见冈本巍：《序孟子養気章或問図解》，收入山田准编：《山田方谷全集》第 2 册，东京：山田方谷全集刊行会，1951 年，总页 796。
② 冈本巍：《序孟子養気章或問図解》，引文见总页 796。
③ 伊藤仁斋：《語孟字義》卷上《天道》，页 11。
④ 同上书，页 12。
⑤ 杨儒宾认为大约在 16 世纪初期的中国，"气学"已蔚然成形，见杨儒宾：《异议的意义：近世东亚的反理学思潮》，页 91。
⑥ 宫城公子：《幕末儒学史の视点》，《日本史研究》232（1981 年），页 1—29。
⑦ 宫城公子：《日本的近代化与儒教的主体》，许婷婷译，收入张宝三、徐兴庆编：《德川时代的日本儒学史》，台北：台大出版中心，2004 年，页 243—275。
⑧ 杨儒宾：《异议的意义：近世东亚的反理学思潮》，页 88。

谷的"气"是不受"时空因素决定"（temporal-spatially determined）的"存有"而言，方谷所说的"气"近似于"超越义"的"气"。但是，就山田方谷的"气生理"之主张而言，方谷认为"气"是世界的最终之本源，自有其动力，有其自主性。就此而言，则方谷的"气"学更接近"自然义"的后天形态的气学。

2."神者，造化之气也。气者，人身之神也，其为物一也。"[1]

这句话要义有 2 :（1）日本"神道"思想之流入，（2）事神乃所以"养气"。山田方谷曰："事神养气，何国无之？何时无之？我皇国上古事神之道，冠于万国者……"[2]在山田方谷的理解中，孟子的"养气"之学以服事"神道"为前提。这样的理解于孟子以心性论为基础的养气之学歧出甚大。因为孟子"养气"之学要义在于以"心"定"气"，故"养气"乃所以回归心性，"养气"绝非"事神"。

3."从一气自然"[3]

山田方谷主张孟子"养气"工夫论的核心在于"从一气之自然"，所以孟子的"配义与道"一语中的"配"字的含义，就被理解为"配者，合一自然之谓"。[4]因为所谓"理"乃是"人所思索构成，而非气中自然之条理"，[5]孟子所说"以直养而无害，则塞于天地之间"一语中的"直养"，被方谷二字连续读为"直养"并理解为"从其自然而无害条理，则与大气合一，谓之直养"，[6]而不是如焦循（里堂）所说，"直即义也。缘以直养之，故为正直之气"，[7]将"直"解为"义"，以"养"字作动词解。

---

[1]　山田球：《孟子養気章或問図解》，收入《山田方谷全集》第 2 册，总页 798。

[2]　同上书，总页 801。

[3]　"从一气自然"是方谷门人冈本巍所述方谷先生平日讲学之言。见冈本巍：《序孟子養気章或問図解》，总页 796。

[4]　山田球：《孟子養気章或問図解》，总页 799。

[5]　同上。

[6]　同上书，总页 798。

[7]　焦循：《孟子正义》卷 6，页 200。

　　山田方谷经由以上 3 个关键句及其相关新诠,赋予孟子养气之学崭新的解释,可称创新之见,但是方谷将孟子的"浩然之气"论,化约为"气一元"论,却完全背离了孟子学的大经大脉,其所得实不偿其所失,诚所谓"买椟还珠"[①]者也。从本书第一章第四节所提出"脉络性转换"理论言之,山田方谷对《孟子·公孙丑上·二》的新解释,完成了从孟子学的"心性论脉络"向"宇宙论脉络"的转折。兹细释如下:

　　第一,在《公孙丑上·二》中,当孟子向公孙丑宣称"我四十不动心""我善养吾浩然之气""志至焉,气次焉"时,[②]孟子是在建立自我主体性的心性论脉络中,提出这些命题的。孟子的心性论立场与论述脉络,就"价值"的根源来讲,主张的是"价值内在"。他说"君子所性,仁义礼智根于心"(《孟子·尽心上·二一》[③])就是主张"价值"内在于人"心"之中。从"心"所产生的"浩然之气",有其普遍义,所以孟子说"其为气也,至大至刚,以直养而无害,则塞于天地之间";[④]又有其规范义,所以孟子又说"其为气也,配义与道;无是,馁也"。[⑤]所以,孟子的"养气"工夫论,必然是以"心"为首出,走的是以"心"定"言"、以"志"("志"者,"心"也)率"气"的思路。

　　但是,在山田方谷对孟子"养气"之学的解释中,"心"作为"价值"的根源之首出地位,已经被置换给"气"。方谷主张"天地间万物皆一大气耳",所以是"气生理",[⑥]而不是"理制气",亦非以"心"定"气",所以,他主张"气者,人身之神也",又主张"从其自然而无害条理,则与大气合一,谓之

---

① "买椟还珠"典出《韩非子·外储说左上》,见陈启天:《增订韩非子校释》卷 5,台北:台湾商务印书馆,1969 年,页 478—479。

② 朱熹:《孟子集注》卷 3《孟子·公孙丑上·二》,页 317—320。

③ 朱熹:《孟子集注》卷 13《孟子·尽心上·二一》,页 497。

④ 朱熹:《孟子集注》卷 3《孟子·公孙丑上·二》,引文见页 319。

⑤ 同上书,引文见页 319。

⑥ 关于山田方谷的"气生理"之说,可参考吉田公平:《山田方谷の「気は理を生ずる」の説について》,《集刊東洋学》第 100 期(2008 年),页 289—305。

'直养'"。山田方谷将"价值"（value）安立在作为"存有"（being）的"气"之上，而不是安立在人的"心"之内。在这个意义上，我说山田方谷完成了孟子"养气"学的"宇宙论的脉络性转换"。

第二，孟子学乃是成德之学，孟子所谓"养浩然之气"，致力于原始生命的理性化，在"养气"的实践过程中，将自然意义的"气"经由"养"的工夫而转化并提升为伦理学或道德学意义的"浩然之气"。孟子的"养气"工夫，充满了"人文化成"①的内涵，是儒家人文主义最精彩的组成部分。

但是，在山田方谷的"从一气自然"的新解释之下，孟子"养气"之学中原有的人文主义精神，被转化为一种以自然之"气"为中心的"物化主义"，这是对孟子学重大的扭曲。所以我说山田方谷完成了孟子学从心性论脉络到"宇宙论的脉络性转换"。

山田方谷对孟子学所进行的上述两层意义的"脉络性转换"，之所以必须受到批判，乃是因为方谷的解释无法获得《孟子》原典的印可。《孟子·公孙丑上·二》中孟子曰："夫志，气之帅也；气，体之充也。夫志至焉，气次焉。故曰：'持其志，无暴其气。'"②"志"者，"心"之所之也，③古籍中"志"与"心"字常可互换。《孟子》原典明明以"心"（即"志"）率"气"，但山田方谷却将先后顺序颠倒过来，走以"气"率"志"之思路。

山田方谷所采取的"气"为首出的释孟进路，如果与同样讲"气"的中国学者相比较，其说与孟子"养气"之学的歧出，就非常清楚。我只举明清时代各一人对孟子"养气"说的解释为例，以与山田方谷互作比较。

明末江右王门学者章潢（本清，1527—1608）曾撰《浩然之气》一文，起

---

① 《易经·贲·象传》："刚柔交错，天文也；文明以止，人文也。观乎天文，以察时变；观乎人文，以化成天下。"见王弼注，孔颖达疏，李学勤等编：《周易正义》卷3，页124。
② 朱熹：《孟子集注》卷3《孟子·公孙丑上·二》，页317—320。
③ 朱子注《论语·为政·四》子曰："吾十有五而志于学"之"志"云"心之所之谓之志"，见朱熹：《论语集注》卷1，页71。

首就说"天地间一气也"，① 神似山田方谷的"天地万物皆一大气耳"。章潢接着说"一气之运于天地也，俯察于地……一气之运于地也，人生天地中不过一仓一粒耳也……一气之运于人也……此身中之气固散之于天地，人一吸也，天地之气即贯彻于人身……"，② 貌似"气一元论"，但是章潢结论云："心不在焉，则视不见，听不闻，食不知味……人知孟子之长在养气，不知其要在于养心。"③ 这才是孟子以"心"定"气"的宗旨。

清儒吴定（字殿麟，号澹泉，1744—1809）曾在所撰《集义养气解》一文中说：

> 集义所生，生诸中也。义袭而取，取诸外也。直养者，集义于心以养之也。……今夫气听命于心者，圣贤也；心听命于气者，众人也。圣贤以心御气，而不为气御，以心移气而不为气移，历山之耕，南风之琴，劳役变于前，而舜之心未尝变也。④

吴定这一段话极为精彩，完全切中孟子"养气"即"养心"之宗旨。孟子的"养气"之学以"心"为首出，主张从自我的"心"向外亦向上"扩充"，⑤ 既使自我之身与心合一，亦使自我与宇宙合一，达到"上下与天地同流"⑥ 之境界，可谓卓矣！

准此以论，山田方谷以"气一元论"解孟子，则以自然之"气"为首出，

---

① 章潢：《图书编》（景印四库全书珍本五集）卷15，台北：台湾商务印书馆，1974年，页86。
② 同上书，页87—89。
③ 同上书，页90。
④ 吴定：《集义养气解》，见《紫石泉山房文集》（据清嘉庆15年鲍桂星科本景印）卷1，收入《清代诗文集汇编》编纂委员会编：《清代诗文集汇编》，上海：上海古籍出版社，2010年，页38，总页270。
⑤ 关于孟子的"扩充"一词之贯通"心"与"身"，参看石田秀实：《拡充する精神——中国古代における精神と身体の問題》，《東方学》第63辑（1982年），页1—15。
⑥ 朱熹：《孟子集注》卷13《孟子·尽心上·一三》，页494。

又回到汉儒董仲舒的"身之名取诸天"①的以"人"副"天"的宇宙论思想模式。山田方谷对孟子所为的"脉络性转换"，不仅于孟子学为重大歧出，亦与儒家特重人文化成之传统不合。

最后尚有一点不能已于言者。山田方谷解孟子"养浩然之气"说，实以"实然"（to be）解释"应然"（ought to be），其与孟子方枘圆凿乃事所当然、理所必至，因为方谷的"气"是作为"存有"（being）与"事实"（fact）的"气"，涉及"有或无"问题；但孟子的"养浩然之气"则是一种"价值"（value），涉及"应如何"之问题，两者殊不同科。从这个观点来看，山田方谷的孟子学，正是本书第一章第四节所说的"侵入性"的"脉络性转换"。此种类型之"脉络性转换"，常常由于解释者（如山田方谷）之主体性过强，因而以己摄人，乃至曲人从己。这种"侵入性的脉络性转换"，可用于建构一己之哲学系统，但不能平心与人对话，所以难以进入孟子心性论的殿堂，实良有以也。

四、结论

根据本章对日朝儒者对孟子心性论的理解之分析，我想提出以下 3 点结论：

第一，孟子心性论本质上是一种建立人的主体性之哲学，内容丰富，意蕴深刻，朝鲜儒者从孟子心性论解读出"心"与"气"之关系以及"心"之"自由"与"责任"之关系等 2 大问题，较诸日本儒者更能深入孟子心性之学的殿堂，第 2 个问题尤为创新之见。在 21 世纪随着"新冠病毒"（COVID-19）肆虐全球，"主体自由"与"客观秩序"之关系既不能二分但又日益紧张的新时代里，朝儒所开发的"心"之"自由"与"责任"之问题，

---

① 引文见苏舆：《春秋繁露义证》卷 10《深察名号第三十一》，钟哲点校，页 207。

特别具有现代相关性。朝鲜儒者从孟子心性论中开发的"心"之"自由"与"责任"此一创新课题，也启示我们：儒家的"心""志""气"等概念，与西方所谓的"自主""权利"未必不兼容，儒学的思维方式甚至比西方哲学更加强调人类的社会性格，[1] 可以补近代西方个人主义之不足。

第二，就对孟子心性论之深入言，日本儒者显然尚不及朝儒，但山田方谷对孟子的"养浩然之气"进行的日本式解读，也完成了孟子"养气"学从心性论脉络向宇宙论脉络的转换。但因山田方谷将"价值"建立在作为"存有"的"气"而不是内在于人的"心"之上，他所进行的孟子学"脉络性转换"从"仁义内在"一变而为"仁义外在"，其所得恐不偿其所失也。

第三，自孟子提出"四十不动心"的境界并提出"养浩然之气""持其志，勿暴其气"等一大套工夫论以后，这一套"养气"之学就成为客观的存在。东传域外以后，日朝儒者通过他们的思想系统与时代氛围，说解纷纷，各自提出自己的新诠释。这一段思想史经验涉及儒家经典诠释学的3大问题：（1）思想原创者的所有权问题；（2）思想交流中的"脉络性转换"与解释者的自由度问题；（3）诠释的无政府主义问题。

综合本章的论述，我对这3个问题的看法大致可以综述如下：思想命题（如"四十不动心""养浩然之气""集义""知言"等）一经原创者提出之后，就取得自主性，原创者（孟子）无法拥有思想命题的所有权。虽然原创者并不能独霸思想命题的所有权，但是异代异域（如17、18世纪的日朝地区）的诸多解释者（朝鲜的宋时烈、金昌协、郑齐斗、丁茶山，日本的山鹿素行、太宰春台、山田方谷等），在从事经典解释时也不能拥有绝对的"自由"，因为他们都不同程度地浸润在自己的时代思想氛围（如日本的幕末维新之际、朝鲜王朝朱子学如日中天之时、朝鲜末期西方势力东渐之际）之中，而

---

[1] 参看Kwong-loi Shun, "Conception of the Person in Early Confusion Thought", *Confusion Ethics: A Comparative Study of Self, Autonomy and Community*, Cambridge: Cambridge University press, 2004, pp. 183-199。

且他们更必须面对孔孟、朱子以及他们各自国家前辈的"诠释的权威"（如中国的朱子学、朝鲜的退溪学、日本的仁斋学）的印证，在"述"与"作"之间也必须力求其平衡。因为日朝儒者对《孟子》这部经典的诠释，是在日朝诠释者所处的时间或空间特性互动过程之中进行经典中的普世价值的诠释，也是在作为主体的解释者与作为客体的经典文本的对话过程之中进行的诠释活动，所以，双方互为创造，其间并无所谓"诠释的无政府主义"之问题。①

---

① 另详拙作《东亚儒家经典诠释史中的三个理论问题》，《山东大学学报（哲学社会科学版）》2018 年第 2 期，页 143—150；此文后收入《中国诠释学》第 17 辑，济南：山东大学出版社，2018 年，页 1—10。

第二部　朝日儒学史的视野

引　言

　　本书第二部包括第五、六、七、八等四章，从朝日儒学史的视野，分析 17 世纪朝鲜儒者李惟泰、郑齐斗、日本儒者伊藤仁斋，以及 18 世纪朝鲜儒者丁茶山与国王正祖及其儒臣，对孟子学的新解释。所谓"朝日儒学史的视野"，指以朝日儒学为主体，观察朝日儒者如何在诠释孟子学的过程中，建立自己思想的主体性。所谓观察"朝日儒学主体性"，指以朝日儒学为主，孟子学为副、为客，观察孟子学如何成为朝日儒学发展过程中的杠杆。第二部各章的写作，基本上是以思想人物为中心，既从点滴观潮流，又从潮流看点滴。分析朝日儒者在重新诠释孟子的过程，如何建立自我思想的主体性，从而建构两国儒学的主体性。

　　第五章探讨 17 世纪朝鲜儒者李惟泰的孟子学中的朱子学元素，以及郑齐斗孟子学中的阳明学元素。第六章在东亚视野中分析 17 世纪日本伊藤仁斋的孟子学，探讨仁斋学的日本特色。第七章在东亚视域中，讨论朝儒丁茶山孟子学的"后朱子学"含义。第八章析论 18 世纪朝鲜国王正祖对孟子心性论与政治论之提问与意见，及其所展现的"朱子学之眼"与"权力之眼"的视域的融合。

第五章
17 世纪朝鲜儒者的两种孟子学：
李惟泰与郑齐斗

一、引言

在 17 世纪朝鲜思想的地平线上，出现了两种孟子学：一种是通过"朱子之眼"而解释的孟子学，可以以朱子学者宋时烈（尤庵）、李惟泰（草庐）等人为代表。宋时烈在朝鲜儒学史地位崇高，但因为宋时烈的《论孟精义或问通考》，仅将《精义》与《或问》加以排列，所以本章将以李惟泰作为探讨的对象。关于李惟泰生平将在本章第三节加以介绍；另一种是通过"阳明之眼"而诠释的孟子学，可以阳明学者郑齐斗为代表。这两种孟子学之间并无密切互动与交流，因为朝鲜儒者念兹在兹的并不是与同时代的人的争辩，而是与异时代的古圣先贤的心灵交流和亲切对话，他们期许自己承接"道统"，为往圣继绝学，为万世开太平。何况，在 17 世纪的朝鲜，朱子学是最高的思想正统与典范，阳明学并未取得与朱子学平等对话之地位。

本章的任务在于探讨 17 世纪朝鲜的两种孟子学中的朱子学元素与阳明学元素，并申论孟子学如何成为 17 世纪朝鲜思想史发展的杠杆，以及朱子学在其中所扮演的角色。

二、17世纪朝鲜孟子学的思想背景

我们讨论17世纪朝鲜的两种孟子学之前，必须先观察朝鲜两种孟子学的思想背景。

（一）朱子读书法与17世纪朝鲜"忠诚的"朱子学者

首先，在探讨第1种朱子学者的孟子学之前，我们必须先宏观13世纪以后朱子学成为东亚各国的主流思想的历程，但是朱子学在中朝两地，却有其不同的发展轨迹。在13世纪到17世纪的中国儒者之间，关于朱子对《四书》的解释，走过了从继承、发展到扬弃的过程。[1]13世纪的儒者如南宋真德秀（景元，1178—1234）、赵顺孙（和仲，1215—1276），元代胡炳文（仲虎）、倪士毅（仲弘，1303—1348）等人在解释《四书》时，均奉朱注为最高权威。13世纪的赵顺孙在《四书纂疏》的《序》中说："朱子《四书》注释，其意精密，其语简严，浑然犹经也。"[2]赵顺孙这句话告诉我们：朱子的《四书》诠释典范，在当时取得了"浑然犹经也"的最高地位。绵延至于14世纪的明代初年，朱子学仍有其影响力，《明史·儒林传》说"原夫明初诸儒，皆朱子门人之支流余裔"，[3]确是当时实情。陈荣捷（1901—1994）先生的研究指出，明初朱子学已有"心学"之浃流，特重心之存养，[4]到了17世纪的明代末年，许多学者如李贽（卓吾，1527—1602）等人，都强调研读《四书》

---

① 这是佐野公治所提出的论点，见佐野公治：《四书学史の研究》，东京：创文社，1988年，页6。
② 赵顺孙：《四书纂疏》，台北：学海出版社，1988年，序，页2。
③ 张廷玉等撰：《明史》卷282《儒林传》（第20册），北京：中华书局，1997年，页1854。
④ Wing-tsit Chan, "The Ch'eng-Chu School in Early Ming", in Wm. Theodore de Bary ed., *Self and Society in Ming Thought*, New York: Columbia University Press, 1970, pp. 29-51. 中文译文见陈荣捷：《早期明代之程朱学派》，收入氏著：《朱学论集》，页331—351。关于明代程朱学的发展，最新的研究文献是锺彩钧：《明代程朱理学的演变》，台北："中研院"中国文哲研究所，2018年。

必须以自己的"心"与《四书》义理相印证，[①] 反映了佐野公治（1936——　）所说晚明"新四书学"[②] 的兴起与朱子学的式微。17世纪末文人张岱（宗子，石公，1597—1685？）在明亡之后撰写《四书遇》，在《序》中说："余幼遵大父教，不读朱注。"[③]17世纪末的中国思想界扬弃朱子学典范的风潮，亦可见一斑矣。

但是，在17世纪的朝鲜却是朱子学如日中天、成为最高权威的时代。朝鲜朱子学者浸寝朱子学历有年所，毕生悠游涵泳于朱子思想世界之中。如果引用朱子的话，我们可以说：17世纪朝鲜朱子学者精研朱子著作，"汩没于章句训诂之间，黾勉于规矩绳约之内"。[④] 他们娴熟朱子著作，所以研读朱子书时可以做到虚心静虑，依傍文义，推寻句脉，深造有得。他们的读书法完全师承朱子读书法，如朱子学大师宋时烈穷毕生之力编纂《论孟或问精义通考》。因为朱子的《四书或问》传入朝鲜较早，广为朝鲜儒者所知，如李惟泰（草庐）的《四书答问》采用《四书或问》特多，但是，宋时烈认为"苟无《精义》，则未知《或问》所以论辨去取者是为何事，是如有称而无轻重，有尺而无短长矣"，[⑤] 所以数十年来一再托燕行使译官访求朱子的《精义》，到1687年（肃宗13年）在82岁高龄时才经其弟子李选（1632—1692）之手获得《精义》。他取《精义》"附诸《或问》逐条之下，使读者便于通考"，[⑥] 以2年时间投入编纂工作，在83岁被肃宗赐死之前完成。[⑦] 本书第八章将探讨的朝鲜第22代国王正祖，曾手抄朱子书与宋时烈文集中寓意设话之略相似

---

① 荒木见悟先生对这个思想趋势有所阐释，参看荒木见悟：《明代思想研究——明代における儒教と佛教の交流》，东京：创文社，1972年，页300—304。

② 佐野公治：《四書学史の研究》，页358。

③ 张岱：《四书遇》，杭州：浙江古籍出版社，1985年，自序，页1。

④ 朱熹：《答陈抑之》，见《晦庵先生朱文公文集》卷54，收入《朱子全书》第23册，页2547。

⑤ 宋时烈：《论孟或问精义通考·序》，收入《韩国经学资料集成》第19册，首尔：成均馆大学校大东文化研究院，1990年，页3。

⑥ 宋时烈：《论孟或问精义通考·序》，页3—4。

⑦ 宋时烈：《宋子大全》第7册《附录》卷11《年谱》"己巳83岁"条，首尔：保景文化社，1993年，页244。

者若干则，分为4编，以《两贤传心录》命名，"以示道统之相接"。^①宋时烈
这种以生命拼搏研读朱子，以承接"道统"自任的精神，至今仍穿越历史的
时空，感动着21世纪的读者。朝鲜朱子学者可以说是"忠诚的"朱子学者。

但是，我在此所谓"忠诚"二字，不应被简单地解释为朝鲜朱子学者只
能墨守中国朱子学之余绪。我们有必要深入朱子的读书法，尤其是朱子读
书法中的"亲切"境界，再衡断17世纪朝鲜朱子学者解读朱子著作的方法，
以及他们在"守旧"中所开启的"创新"。

朱子读书法是东亚儒学史中最为鞭辟入里，最为扣人心弦的读书法，与
20世纪大儒马一浮先生的《读书法》^②前后互相辉映，謦欬相与，千古如相会
于一堂。余英时先生说："中国传统的读书法，讲得最亲切有味的无过于朱
熹。"^③诚属的论。钱穆（宾四）先生著《朱子新学案》特立"朱子读书法"专
章，^④汇集《朱子文集》与《朱子语类》中有关读书法之文字，并加阐释。当
代学者就朱子读书法所撰论文亦多。^⑤朱子读书法中最常见的关键词包括
"亲切""敬""浃洽""涵泳""虚心""体验""循序渐进""反求诸己"等，
尤其以"亲切"一词最为首出。

朱子所谓读书"亲切"之境界，正与"臆度揣摸""枝蔓"相反。^⑥而且

---

① 李祘：《日得录》，收入《弘斋全书》卷162，页20，总页744下。
② 马一浮：《读书法》，收入氏著：《复性书院讲录》卷1，台北：广文书局，1971年，页14—20。
③ 余英时：《怎样读中国书》，收入氏著：《中国文化与现代变迁》，台北：三民书局，1992年，
　　页262。
④ 钱穆：《朱子新学案》三，收入氏著：《钱宾四先生全集》第13册，台北：联经出版公司，1998
　　年，页691—774。
⑤ 较为重要者包括，大槻信良：《朱子の読書法》，《東方学》第10期（1955年），页97—107；
　　大滨皓：《朱子の哲学》第11章《読書論》，东京：东京大学出版会，1983年，页361—381；
　　陈立胜：《朱子读书法：诠释与诠释之外》，收入李明辉编：《儒家经典诠释方法》，台北：台
　　大出版中心，2004年，页207—234；彭国翔：《儒家传统：宗教与人文主义之间》第3章，
　　北京：北京大学出版社，2007年，页51—105；林启屏：《朱子读书法与经典诠释：一个信念
　　分析的进路》，《中正汉学研究》第23期（2014年），页1—23；王雪卿：《读书如何成为一
　　种工夫——朱子读书法的工夫论研究》，《清华学报》第13期（2015年），页49—106。
⑥ 黎靖德编：《朱子语类》卷9《学三·论知行》第76条，收入《朱子全书》第14册，页310；
　　同书卷11《学五·读书法下》第55条，收入《朱子全书》第14册，页340。

达到读书"亲切"之境与读书多少无关,其关键在"意思通融"。[1]朱子认为读书达到"亲切"就能产生"信":"若见得亲切,自然信得及。"[2]朱子强调读书之所以可以产生"信",是因为"亲切贴身体验出来,不须向外处求"。[3]所谓"不须向外处求",朱子认为关键在"心"。朱子强调将书中之"理"领纳于"心"中,才能体会"亲切"。他又说:"若要亲切,莫若只就自家身上看,恻隐须有恻隐底根子,羞恶须有羞恶底根子,这便是仁义。"[4]朱子以自己读书的经验告诫弟子:"凡读书穷理,须要看得亲切。某少年曾有一番专看亲切处,其他器数都未暇考。此虽未为是,却与今之学者泛然读过者,似亦不同。"[5]朱子所谓"专看亲切处",就是指书中义理与读者之"心"遥相呼应之处。朱子说:"凡学须要先明得一个心,然后方可学。"[6]又说:"读书须是以自家之心体验圣人之心,少间体验得熟,自家之心便是圣人之心。"[7]皆是此意。钱穆先生曾说:"纵谓朱子之学彻头彻尾乃是一项圆密宏大之心学,亦无不可。"[8]朱子学之所以被认为是"心学",与朱子所强调读者之"心"与圣人之"心"遥契之言论有深刻之关系。狄培理(Wm. Theodore de Bary, 1919—2017)[9]与陈荣捷先生[10]都指出:13—14世纪的程朱之学,既是"理学"又是"心学",并成为

① 黎靖德编:《朱子语类》卷1《学五·读书法下》第109条,收入《朱子全书》第14册,页350。

② 黎靖德编:《朱子语类》卷15《大学二·经下》第51条,收入《朱子全书》第14册,页473。

③ 黎靖德编:《朱子语类》卷20《论语二·学而篇上·有子曰其为人也孝弟章》第54条,收入《朱子全书》第14册,页698。

④ 黎靖德编:《朱子语类》卷68《易四·乾上》第32条,收入《朱子全书》第16册,页2263。

⑤ 黎靖德编:《朱子语类》卷114《朱子十一·训门人二》第35条,收入《朱子全书》第18册,页3620。

⑥ 黎靖德编:《朱子语类》卷12《学六·持守》第64条,收入《朱子全书》第14册,引文见页366。

⑦ 黎靖德编:《朱子语类》卷120《朱子十七·训门人八》第19条,收入《朱子全书》第18册,引文见页3774。

⑧ 钱穆:《朱子新学案》二,收入《钱宾四先生全集》第12册,页93。

⑨ Wm. Theodore de Bary, *Neo-Confucian Orthodoxy and the Mind of Learning of the Mind-and-Heart*, New York: Columbia University Press, 1981.

⑩ 陈荣捷先生曾指出,明初曹端、薛瑄、胡居仁、吴与弼等朱子学者,均特重心之存养与居敬之工夫。见 Wing-tsit Chan, "The Ch'eng-Chu School in Early Ming", in Wm. Theodore de Bary ed., *Self and Society in Ming Thought*, New York: Columbia University Press, 1970, pp. 29-51. 中译见陈荣捷:《早期明代之程朱学派》,收入氏著:《朱学论集》,页331—351。

王阳明"心学"的思想远源。① 但是，我想再补充：朱子学虽然屡见对"心"之重视的言论，但究其极，则"理"毕竟居于首出之地位。

朱子论读书求其"亲切"之关键在"心"，在《论语集注》中多所发挥，最具代表性的是朱子对《论语·述而·六》解释。孔子说："志于道，据于德，依于仁，游于艺。"朱子注曰："志者，心之所之之谓。"② 又总摄其义云："盖学莫先于立志，志道，则心存于正而不他；据德，则道得于心而不失；依仁，则德性常用而物欲不行……"③ 朱子主张读书学习必以立志为先，而所谓"立志"就是指"心存于正而不他"，"心"不为外物所扰动，读书才能"亲切"有味。

从朱子有关读书法的诸多言论来看，我认为朱子所说的"亲切"一词，指读者经由读书而优入圣域，与圣人达到同一的境界。这种所谓"同一"，是在"圣"与"凡"对比的脉络中追求"同一"。但是，朱子读书法所追求的"同一性"，并不是神秘主义者所追求的宗教经验中的"同一性"。因为在朱子以及儒家学者看来，成圣、成贤并不诉诸于宗教的神秘经验，而是经由艰困而踏实的修身工夫。修身步骤则可以经由读书而完成，所以周敦颐曾说："'圣可学乎？'曰：'可。'曰：'有要乎？'曰：'有。'"④ 儒家追求成圣并与圣人同一的境界所走的是一条平正踏实的读书之路。朱子劝勉学生经由读书而转化"自我"、超"凡"入"圣"、优入圣域、契悟"天理"。更详细地说，朱子所谓读书"亲切"，包括两层含义：第一，朱子主张经由读书而使自己与圣人合一，而因为圣人之心与自我之心有其同然性，⑤ 所以，所谓"与圣人合

---

① Wm. Theodore de Bary, *The Message of the Mind in Neo-Confucianism*, New York: Columbia University Press, 1989.

② 朱熹：《论语集注》卷4，页126。

③ 同上书，页127。

④ 周敦颐：《圣学》第20，收入周敦颐撰，徐洪兴导读：《周子通书》，上海：上海古籍出版社，2000年，页38。

⑤ 朱熹：《答吴晦叔》："凡吾心之所得，必以考之圣贤之书"，见《晦庵先生朱文公文集》卷42，收入《朱子全书》第22册，页1920。孟子早已说过："圣人先得我心之所同然"，见《孟子·告子上·七》，朱熹：《孟子集注》卷11，页461，本文所谓"同然性"之"同然"二字取自孟子。

一”的确切含义也就是回归自己的本然之心并与圣人之心合一, 如同回到自己的家园, "明明直照吾家路"; [①] 第二, 朱子强调经由读书使自己与圣人合一, 从而与宇宙合一, 契悟 "天理之自然", [②] 完成 "天人合一"。

以上所说这两层含义的 "亲切", 在《文集》与《语类》均可以找到内证。朱子说: "读书以观圣贤之意, 因圣贤之意, 以观自然之理。" [③] 他在《答石子重》书中又说: "故学者必因先达之言以求圣人之意, 因圣人之意以达天地之理。求之自浅以及深, 至自近以及远。循循有序, 而不可以欲速迫切之心求也。" [④] 朱子思想中的 "吾之心"、"圣人之心" 与 "天地之理" 三者之间, 构成一种 "存在的大链锁" (the great chain of being), 并无阻隔, 相互贯通。三者之所以可以相互贯通, 在于三者都分享共同的元素: 人的 "心" 有 "原于性命之正" 的 "道心", [⑤] 可以承圣贤之统, "因其语而得其心"; [⑥] 从而遥契天之 "理", 所以人可以经由读书而与 "圣人之心" 合一, 并上达天 "心", 完成即 "凡" 而 "圣" 的生命跃升过程。

朱子毕生极为敬重程颐 (伊川)。他在《论》《孟》集注之前, 特撰《读论语孟子法》一篇, 全部征引程颐之言。[⑦] 朱子与吕祖谦合编之《近思录》所引亦以伊川之语最多。[⑧] 朱子平日与诸生讨论读书之方, 亦常引伊川之言以为佐证。朱子所说读书 "亲切" 意指人 "心" 与 "圣人之心" 及 "天地之理" 达到合一境界。程伊川有一次曾对王安石 (介甫) 说他自己谈 "道", "直入

---

① 朱熹:《送林熙之诗五首》, 见《晦庵先生朱文公文集》卷 6, 页 418。

② 见朱熹:《孟子集注》卷 3, 页 323。

③ 黎靖德编:《朱子语类》卷 10《学四·读书法上》第 7 条, 收入《朱子全书》第 14 册, 页 314。

④ 朱熹:《答石子重》, 见《晦庵先生朱文公文集》卷 42, 页 1920。

⑤ 朱熹:《中庸章句·序》, 页 19—21, 引文见页 19。

⑥ 同上书, 引文见页 20。

⑦ 朱熹:《读论语孟子法》, 收入《四书章句集注》, 页 59—60。

⑧ 陈荣捷统计指出,《近思录》引用程颐达 338 次, 远超过引用程颢 162 次、张载 110 次及周敦颐 12 次。参考 Wing-tsit Chan, "On the *Chin-ssu Lu* and Its Commentaries", in Wing-tsit Chan trans., *Reflections on Things at Hand: The Neo-Confucian Anthology*, New York: Columbia University Press, 1967, p. 331。

塔中,上寻相轮,辛勤登攀,逦迤而上",①这一段譬喻非常传神,可以与朱子读书法互相发明。朱子读书方法之所谓"亲切"一语,近似伊川先生所说"直入塔中"并与佛塔合而为一,才能寻觅"道"的消息。朱子与弟子论读书曾以"观屋"为喻,与伊川先生"直入塔中"之喻,完全可以互相发明。②朱子论读书之方,曾以服药、捉贼等各种譬喻开示,但以上引述这一段观屋之喻最为传神,与伊川先生"直入塔中"之说前后辉映,得其肯綮。

朱子所说的读书"亲切",近似现代文化人类学家所说相对于"出乎其外"(etic)而言的"入乎其内"的研究进路("emic" approach)。朱子所说的"亲切",就是强调阅读者不应只是一个"观察者"(observer),只对书中名物制度史事进行"客观"的分析,更应是书中真理与价值理念的参与者(participant);阅读者必须"直入塔中",从儒学共同体的一分子的立场进入经典的思想世界,与圣人"心"连"心",携圣人之手,与圣人偕行,对经典所开显的真理实有一番体知、体会、体证、体验,获得一种通过身心淬炼而得的"知"(可称为"bodily knowing");经历一番寒澈骨,境界豁然开朗,朱子赋诗形容这种读书体悟之境界云:"向来枉费推移力,此日中流自在行。"③朱子对于能分享这种读书境界的友、生,也特别感念于心,朱子诗云:"语道深惭话一场,感君亲切为宣扬。"④

分析至此,我想接着提出两点看法:第一,朱子思想中的经典之基本性质是一种"圣书",所记载的不仅是治国平天下的制度宏规,更是使读者得以安身立命的天人性命之学;第二,因为朱子心目中的书之本质是"圣书",所以,朱子与学生论读书,特重一个"敬"字。这两点其实绾合为一,不可切割。读书面对经典,如对圣颜,必须主"敬";反之,如视经典如戏论,以读书

---

① 程颢、程颐:《程氏遗书》卷1,李籲、吕大临等辑录,朱熹编定,收入朱杰人、严佐之、刘永翔主编:《朱子全书外编》第2册,上海:华东师范大学出版社,2010年,页19。
② 黎靖德编:《朱子语类》卷10《学四·读书法上》第83条,页326。
③ 朱熹:《观书有感》,见《晦庵先生朱文公文集》卷2,收入《朱子全书》第20册,页286。
④ 朱熹:《次韵择之听话》,见《晦庵先生朱文公文集》卷5,收入《朱子全书》第20册,页391。

为游戏，不"敬"则读书必无所得于心，无以契悟圣人所启示之天人性命之学之奥义。所以，在朱子读书法中，"亲切"与"敬"完全绾合为一，不可分隔。我们接着讨论朱子读书法中的"敬"。[①]

朱子所谓读书主"敬"之含义，包括专心致志、[②] 不间断、[③] 一切时处都在"庄整齐严"[④]"收敛身心"[⑤] 之中。因为"敬"是"进学之本"，[⑥] 所以必须在日用常行之中实践[⑦]，在做事或读书时应随时持守"敬"之态度。[⑧] 诚如朱子所说："'敬'之一字，真圣门之纲领，存养之要法。一主乎此，更无内外精粗之间。"[⑨] 又说："'敬'字工夫，乃圣门第一义，彻头彻尾，不可顷刻间断。"[⑩] 朱子在《大学或问》中曾说："敬者，一心之主宰，而万事之本根也。"[⑪] 朱子在解释《论语·学而·五》"敬事而信"一语时说："敬者，主一而无适之谓也。"[⑫] 在解释《论语·雍也·一》时又说："自处以敬，则中有主而自治严。"[⑬]"敬"之一字正是朱子读书法中最重要一个字，与伊川一脉相承。伊川说："识道以智为先，入道以敬为本。……天下无一物非吾度内者，故敬

---

① 参看钱穆：《朱子论敬》，见氏著：《朱子新学案》三，收入《钱宾四先生全集》第12册，页429—472。钱先生归纳出朱子论生活中"敬"之含义如下：(1)"敬"略如"畏"字相似；(2)"敬"是收敛其心不容一物；(3)"敬"是随事专一，又曰："主一"之谓"敬"；(4)"敬"须随事检点；(5)"敬"是"常惺惺"法；(6)"敬"是整齐严肃。

② 黎靖德编：《朱子语类》卷10《学四·读书法上》第52条，收入《朱子全书》第14册，页321。

③ 黎靖德编：《朱子语类》卷11《学五·读书法下》第4条，收入《朱子全书》第14册，页331。

④ 朱熹：《答程允夫》，见《晦庵先生朱文公文集》卷41，收入《朱子全书》第22册，页1872。

⑤ 黎靖德编：《朱子语类》卷16《大学四·古之欲明明得于天下一段》第3条，收入《朱子全书》第14册，页584。

⑥ 黎靖德编：《朱子语类》卷118《朱子十五·训门人六》第62条，收入《朱子全书》第18册，页3735。

⑦ 黎靖德编：《朱子语类》卷43《论语二十五·子路·樊迟问仁章》第5条，收入《朱子全书》第15册，页1528。

⑧ 黎靖德编：《朱子语类》卷120《朱子十七·训门人八》第106条，收入《朱子全书》第18册，页3803。

⑨ 黎靖德编：《朱子语类》卷12《学六·持守》第86条，页371。

⑩ 黎靖德编：《朱子语类》卷12《学六·持守》第85条，收入《朱子全书》第14册，页371。

⑪ 朱熹：《大学或问》，收入《朱子全书》第6册，页506。

⑫ 朱熹：《论语集注》卷1，页63。

⑬ 朱熹：《论语集注》卷3，页113。

为学之大要。"[1] 又说："学必先知仁，知之矣，敬以存之而已。"[2] 伊川也告诫弟子涵养"莫如敬"。[3] 英国汉学家葛瑞汉（Angus Charles Graham, 1919—1991）说，伊川哲学中的"诚"（integrity）是指"心"之原初统一状态，而这种使"心"之原初状态得以保持的过程，则称为"敬"。葛瑞汉将伊川思想中的"敬"译为"composure"[4]，其说可从。朱子的居敬论来自伊川的启发，特重未发状态下的存养与涵养，在朱子40岁时已完全确立。[5] 陈立胜（1965—　）先生指出：朱子读书法之所以特重一个"敬"字，乃是建立在"读书者是儒家信仰共同体的一分子""经典乃是圣书""读书不仅是为了知识的探索，更是为了生命之提升"等重要命题之上。[6] 朱子读书法中的核心价值"敬"，并不是社会伦理意义下"自我"与"他者"互动时的"敬"，也不仅是经由经典解读而上接"道统"之系谱，[7] 而是类似宗教情操的"敬"，类似宗教学大师奥托（Rudolf Otto, 1869—1937）所说的人对于"庄严的事物"（the numinous）[8] 的无限崇敬之心，或类似20世纪伟大神学家与思想家田立克（Paul Tillich, 1886—1965）所说对于"究极底、绝对底、全体底、无限底（ultimate, unconditional, total, infinite）关怀"[9] 之"实存的"（existential）体验。

---

[1]　程颢、程颐：《河南程氏粹言》卷1《论学篇》，页1183—1184。

[2]　同上书，页1184。

[3]　同上书，页1191。

[4]　葛瑞汉：《中国的两位哲学家：二程兄弟的新儒学》，程德祥等译，郑州：大象出版社，2000年，页119。

[5]　据友枝龙太郎考证。见友枝龙太郎：《朱子の思想形成》，东京：春秋社，1979年，页99—100。

[6]　陈立胜：《朱子读书法：诠释与诠释之外》，收入李明辉编：《儒家经典诠释方法》，页207—234，引文见页234。

[7]　这是林启屏的论点，见林启屏：《朱子读书法与经典诠释：一个信念分析的进路》，《中正汉学研究》第23期（2014年6月），页20。

[8]　Rudolf Otto, *The Idea of the Holy: An Inquiry into the Non-Rational Factor in the Idea of the Divine and Its Relation to the Rational*, tr. by John W. Harvey, New York: Oxford University Press, 1964, pp. 5-7. 但是，奥图所说的"numinous"所包括的"完全的他者""恐怖"等元素，则是与犹太基督宗教文化背景有关，是儒家读经经验中缺乏的元素。

[9]　Paul Tillich, *Systematic Theology*, Chicago: University of Chicago Press, 1967, vol. 1, p. 12. 中文译文见田立克：《系统神学》，龚书森、尤隆文译，台南：东南亚神学院协会台湾分会，1980年，页17。

经由"敬"的虔诚之心,对圣人之"道"坚信不移,[1] 领悟圣典妙义,进而遥契圣贤之心,并上达"天理"。诚如吾妻重二(1956—)先生所说,朱子思想中的"敬","本来是指对上帝的敬畏,也可以认为是由此延伸出对天命与天理的敬畏这一含义"。[2] 朱子所说的"敬"近于佛家所谓"常惺惺",[3] 也就是在读书中保持自己的"心"之清明朗澈,恒处于不昏昧之精神状态。土田健次郎(1949—)指出:朱子思想中的"敬"指人的"身"受外物所触动而无所逃时,保持"心"之"主一无适"之意,也就是使"心"作自己的主人(朱子所谓"自作主宰");因此,"观心"是"敬"的工夫。[4] 土田先生的说法可以接受。

分析至此,读者不免滋生疑问:朱子所谓"敬"是一种精神或心理状态,但读书是一种知识活动,两者如何融合为一?这个问题是一个现代式问题,实以"知识"与"道德"之分立作为未经明言的预设。但是,从朱子的思想出发,朱子认为读书之目的乃在于经由穷理而蓄德,"道问学"乃所以"尊德性",读书目的不在积累诸多事实以为究竟,否则终沦为玩物丧志。用班固(孟坚)的话来说,"知之术"就是"信之符"[5],两者实绾合为一,不可割裂。朱子读书法实以"穷智见德"[6] 为其鹄的,所以朱子才会说:"史是皮外物事,没紧要,可以札记问人。若是经书有疑,这个是切己病痛。"[7] 朱子以后,马一浮先生《读书法》申论书以载道、读书所以穷理亦所以蓄德,既知其类,又知其义,皆与朱子读书法一脉相承,并互相发明。在朱子思想中,原来在时

---

[1] 黎靖德编:《朱子语类》卷 12《学六·持守》第 134 条:"敬者,守于此而不易之谓",收入《朱子全书》,第 14 册,页 378。
[2] 吾妻重二:《朱子学的新研究——近世士大夫思想的展开》,傅锡洪译,北京:商务印书馆,2017 年,页 270。
[3] 谢良佐:"敬是常惺惺法,心斋是事事放下,其理不同。"见《上蔡语录》卷中,收入朱杰人、严佐之、刘永翔主编:《朱子全书外编》第 3 册,上海:华东师范大学出版社,2010 年,页 30。
[4] 土田健次郎:《朱熹の「敬」——儒教的修養法の試み》,收入伊东贵之编:《「心身／身心」と環境の哲学——東アジアの傳統思想を媒介に考える》,东京:汲古書院,2016 年,页 5—22。
[5] 班固:《汉书》卷 30《艺文志》,页 443。
[6] 这是劳思光先生用的名词,见劳思光:《论"穷智见德"》,收入氏著:《儒学精神与世界文化路向——思光少作集》一,台北:时报文化出版公司,1986 年,页 227。
[7] 黎靖德编:《朱子语类》卷 11《学五·读书法下》第 96 条,页 347。

间与理论上是先后关系的"小学"与"大学"的关系，在"敬"与"格物穷理"的同时并进之中，使得对行为价值的认识与对规矩的服从两者在读书者主体性的建立之中融合为一。"敬"一直都是作为工夫过程中的方法或手段，而与"格物穷理"双峰并峙。[①]

朱子所提倡以"敬"的态度读书，对日朝儒者影响甚大，16世纪朝鲜大儒李滉（退溪，1501—1570）与李珥（栗谷）受程朱启发，强调"居敬穷理"方能使"理"获得真正的自由。[②]赵翼（字飞卿，号浦渚）对朱子所说"敬"最为重视，曾撰《持敬图说》《朱子言敬要语》及《心法要语》等字，阐发朱子的"敬"之理念。[③]17世纪德川时代日本的民间书院教学，要求学生诵读并记忆经典文本即所谓"素读"（そどく），就是以"敬"的态度将经典中的价值理念或圣人之"道"含纳（embody）入学童的身心之中。[④]事实上，德川初期朱子学者林罗山与山崎暗斋（1619—1682）的思想体系，就被相良亨（1921—2000）称为"'敬'中心的儒学"。[⑤]17世纪山崎暗斋弟子、"崎门三杰"之一的朱子学者佐藤直方（1650—1719）弟子柳川刚义（生卒年不明）抄录朱子《文集》与《语类》中有关静坐之说共97条，汇集为《静坐集说》一书，刊于1714年，佐藤直方在享保丁酉年（1717）为此书作序，并删去原书30条，另增41条。[⑥]此书所选编朱子论静坐多数文章，均以"居敬穷理"为

---

① 以上是垣内景子对朱子思想中的"敬"的解读。参看垣内景子：《「心」と「理」をめぐる朱熹思想構造の研究》，东京：汲古书院，2005年，页87。

② Hyong-Jo Han（韩亨祚），"Lixue (Ihak) the Lost Art: Confucianism as a Form of Cultivation of Mind", in *Educational Philosophy and Theory*, vol. 48, no. 1 (2016), pp. 75-84.

③ 参见赵翼：《浦渚集》，页335。

④ Masashi Tsujimoto（辻本雅史），"The Corporeality of Learning: Confucian Education in Early Modern Japan", in *Educational Philosophy and Theory*, vol. 48, no. 1 (2016), pp. 64-74.

⑤ 相良亨：《近世の儒教思想——「敬」と「誠」について》第2章，页25—48。

⑥ 参看野村英登：《佐藤直方の静坐説における実践の側面について》，《東洋大学学学情報リポジトリ》11（2017年3月），页59—65。二十余年前我曾观书于日本关西大学图书馆特藏室，见柳川刚义所编此书刊本，但书名易为《朱子静坐说》（皇都：山田茂助藏板，1915年）。日本国文学研究馆之"日本古典籍総合目録データベース"（http://dbrec.nijl.ac.jp/ KTG_W_2344890），误将《静坐集说》一书之作者定为佐藤直方。

前提。18世纪的后藤芝山（1721—1782）也撰有《朱子读书之要》一册[1]，阐扬朱子读书法。

朱子读书法对朝鲜王朝儒者影响至为巨大。16世纪的金昌协自述他读书"且依朱子读书法，日看数段，反复涵泳。虽于文义未便有新得，然觉得圣人言语，一句一字，皆切身已"。[2]17世纪的李万敷（1664—1732）说"程朱子读书法，严而有序，学者何可违越"。[3]17世纪朱子学大师宋时烈，论读书应完全循朱子读书法，屡次强调读书必以求其"亲切"为急务。[4]18世纪的权正忱（1710—1767）建议朝鲜国王应依朱子读书法读书，必须字字研究，必以娴熟为目标。[5]19世纪的成近默（1784—1852）说"所授书，必依朱子读书法读之"。[6]以上这些事例，均可显示朱子读书法及其中的"亲切"境界已经成为朝鲜王朝儒者读书的最高典范。

在厘清了朱子读书法及其所强调的"亲切"这个概念之后，我们就可以了解朱子读书法是"道问学"与"尊德性"的统一，也是"理性"与"信仰"的统一。17世纪朝鲜的朱子学者在重新诠释孟子时，正是细绎朱子庞大的著作，贴紧朱子的原文，通过朱子而思考的。大多数朝鲜朱子学者的"文化认同"都远过于他们的"政治认同"，例如本书第四章第二节曾讨论过的李恒老曾说："吾人正当为天地立心，以明此道汲汲如救焚。国之存亡，犹是第二事。"[7]李

---

[1] 此书收入"日本古典籍総合目録データベース"，http://dbrec.nijl.ac.jp/ KTG_W_1229716，但是仅存目而无全书电子版。

[2] 金昌协：《答李同甫》，见《农岩先生文集》二卷13《书》，收入《韩国历代文集丛刊》第249册，首尔：景仁文化社，1999年，页443。

[3] 李万敷：《答瓶窝》，见《息山集》卷4《书》，收入民族文化推进会编：《韩国文集丛刊》，第178辑，页120。

[4] 宋时烈：《答宋文哉 丁巳十二月十六日》，见《宋子大全》卷98《书》，收入民族文化推进会编：《韩国文集丛刊》，第111辑，页331。

[5] 权正忱：《书筵讲义》，见《平庵集》卷4《杂著》，收入韩国文集编纂委员会编：《韩国历代文集丛书》第2479册，页242—243。

[6] 成近默：《小学斋规》，见《果斋集》卷5《杂著》，收入民族文化推进会编：《韩国文集丛刊》第299辑，页519。

[7] 李恒老：《华西集·附录卷5语录（柳重教录）》，收入民族文化推进会编：《韩国文集丛刊》第305辑，页420。

恒老将中华道统的传承与弘扬置于朝鲜国家的存亡之上，显示李恒老将儒家"道统"的"文化认同"置于对朝鲜国家的"政治认同"之上。但是，诚如姜智恩所说，在朝鲜儒者看来，继承并弘扬"道统"与守护国家二者并不矛盾，前者是通往后者的方法。① 尤其是1644年清军入关、明帝国灰飞烟灭之后，朝鲜王朝后期的"小中华"思想中，儒者更是以中华正统的继承者自任，以"尊周"为"尊明"之途径。②17世纪朝鲜朱子学者可称为"忠诚"的朱子学者。

那么，17世纪"忠诚的"朝鲜朱子学者能否被认为保守而缺乏创新呢？我认为答案是否定的。朱子诗云："旧学商量加邃密，新知培养转深沉。"③ 我们细读朝鲜朱子学者的著作，就可以发现他们精熟朱子学的程度，已经达到朱子读书法所揭橥的"读书亲切"之境界。朝鲜朱子学者是在仔细"商量"朱子浩如烟海的"旧学"之中，"培养"他们的"新知"。他们常寓实质的创新于表面的守旧之中，他们经由曲折的方式，在朱子学典范之下，提出他们创新的见解。本章第三节就以朱子学者李惟泰的孟子学解释为中心，分析了李惟泰如何仔细选择朱子的诸多解释，并提出自己的论断。他将"选择性的"与"肯认性的"两种方法熔于一炉而治之，完成了艾柯（Umberto Eco, 1932—2016）所谓的"作者意图"、"文本意图"与"读者意图"④ 的融合无间。

（二）阳明学与郑齐斗的登场

其次，17世纪朝鲜的第2种孟子学是阳明学者的孟子学。在进入第2

① 姜智恩：《被误读的儒学史》，页76—77。
② 参考孙卫国：《从"尊明"到"奉清"：朝鲜王朝对清意识的嬗变（1627—1910）》第1章，台北：台大出版中心，2018年，尤其是页54—55。
③ 朱熹：《鹅湖寺和陆子寿》，见《晦庵先生朱文公文集》卷4，收入《朱子全书》第20册，页365。
④ Umberto Eco et al., *Interpretation and Overinterpretation*, Stefan Collini, ed., pp. 45-66. 中文译文见安贝托·艾柯等：《诠释与过度诠释》，柯里尼编，王宇根译，页53—80。

种孟子学之前,我想综述当前学界研究成果,说明朝鲜阳明学的特质与郑齐斗的登场。

根据中纯夫(1958—)先生的考证,薛侃(1486—1546)初刻本《传习录》(今本上卷)在明武宗正德十三年(1518)刊行之后3年(1521［朝鲜中宗16年,明武宗正德十六年］)时,已经传入朝鲜,生于李滉(退溪)之前的金世弼(1473—1533)是最早提到阳明学并加以批判的学者。[①]在朱子学成为绝对正统思想的朝鲜,阳明学几无容身之余地,17世纪初的1600—1601年(朝鲜宣祖33—34年),朝鲜虽屡有以陆象山与王阳明从祀文庙之议,但均被否决。[②]

在上述历史背景之下,郑齐斗的出现就显得非常重要。郑齐斗隐居江华岛,所以他的学派被称为"江华学派",他的思想则被称为"霞谷学"。阳明学在东亚各地的发展,开启了具有各地文化特色的阳明学,不能被简单地视为中国阳明学的朝鲜版本或日本版本。沟口雄三先生就指出,中国阳明学以"儒教道德的大众化"为特征,但日本阳明学特重"心的无限活用",他称之为"两种阳明学"。[③]张崑将先生的研究也指出,特重应用性的"作为方法的阳明学",在中日朝三地发展迅速,常掩盖过特重道德修养论的"作为目的的阳明学"。[④]阳明学在朝鲜与日本落地生根,开出具有在地文化特色的阳明学论述。

郑齐斗的《霞谷集》收录他毕生的文字,包括书、疏、献议、祭文、墓碣、墓志、志铭、行状、遗事、诗、挽词、序、跋等,但最能表达他的思想的是《存言》。此书分上、中、下3篇,共包括57篇论文。《存言》全文2020年已由

① 中纯夫:《朝鲜の陽明学:初期江華学派の研究》,页11—14。中文译文见中纯夫:《朝鲜阳明学的特质》上,陈晓杰译,页55—71。
② 同上书,页20—22。中文译文见中纯夫:《朝鲜阳明学的特质》上,陈晓杰译,页66。
③ 沟口雄三:《两种阳明学》,收入沟口雄三:《李卓吾·两种阳明学》,孙军悦、李晓东译,北京:生活·读书·新知三联书店,2014年,页262。
④ 张崑将:《阳明学在东亚:诠释、交流与行动》,台北:台大出版中心,2011年,页329。

郑用重译为英文并加详尽注解及导论，出版成为专书。[①] 针对郑齐斗对孟子学的解释，我在本书第四章第二节，已经针对他对孟子"知言养气"说的诠释有所探讨，所以本章聚焦在郑齐斗的孟子学中所体现的阳明学元素，对之加以分析。

三、李惟泰孟子学中的朱子学元素

我们先看17世纪朝鲜朱子学者李惟泰的孟子学。李惟泰所撰《四书答问·孟子》一书，以一问一答之方式，提出他经由"朱子学之眼"而理解的孟子学。李惟泰，原籍庆州，字泰之，号草庐。1634年（仁祖12年）李惟泰经金集（1574—1656）举荐，任禧陵参奉；1658年（孝宗9年），因宋时烈、宋浚吉（1606—1672）等人推荐，出任各种官职。李惟泰出身寒微，初从学于闵在汶（生卒年不明），后师事金长生（1548—1631）、金集父子，与宋时烈、宋浚吉、尹宣举（1610—1669）、俞棨等人并称为湖西山林五贤。[②] 李惟泰娴熟朱子所有的著作，进出《集注》《或问》《语类》《文集》如数家珍，有时排比朱子《或问》或《语类》、《集注》文字，让朱子意旨豁然彰显；有时排比朱子文字之后提出自己的意见，确能携朱子之手，与朱子偕行，达到朱子所期许的读书"亲切"之境界。

李惟泰的孟子学解释中，所显示的诸多朱子学元素中，以以下2点最为彰明较著。

（一）"理""气"对应概念

本书第四章第二节曾说朱子学常运用的对应概念，包括"理与

① Edward Y. J. Chung translated & annotated & introduced, *The Great Synthesis of Wang Yangming Neo-Confucianism in Korea: The Chonŏn (Testament) by Chŏng Chedu (Hagok)*.
② 李惟泰生平，参见韩国民族文化大百科辞典，本条目执笔人为郑万祖（정만조，执笔于1997年），https://encykorea.aks.ac.kr/Contents/Item/E0045439。

气""形而上与形而下""本然之性与气质之性""天理之公与人欲之私"等。李惟泰的孟子学解释中,最重要的朱子学元素就是"理""气"对应概念的运用。

《孟子·告子上·三》中孟子与告子辩犬之性、牛之性与人之性之异,李惟泰《四书答问·孟子》中有如下之问与答:

> 问:犬之性、牛之性、人之性是谓"本然之性"耶? 谓"气质之性"耶?
>
> 答:程子曰"论性不论气",孟子也。朱子曰:"以气言之,则知觉运动,人与物不异也;以理言之,则仁义礼智之禀,岂物所得而全哉?"又曰:"犬、牛、人,谓其得于天者未尝不同。惟人得是理之全,至于物,止得其偏。今欲去犬、牛身上全讨仁义,便不得。"由是观之,犬之性异于牛之性,牛之性异于人之性,理之谓也,非气之谓也,明矣。然理之不全者乃气质使然,谓之"气质之性"者恐是。①

李惟泰所引程子之说,出自程子所云"论性,不论气,不备;论气,不论性,不明"②,然程子未指孟子系"论性不论气"者,此说见于朱熹与弟子之讨论之中。③朱子《孟子集注》此章集注之后,有一段"愚按"长文,内容极为精彩:

> 愚按:性者,人之所得于天之理也;生者,人之所得于天之气也。性,形而上者也;气,形而下者也。人物之生,莫不有是性,亦莫不有

---

① 李惟泰:《四书问答·孟子》卷4,收入《韩国经学资料集成》第36册,总页112—113。
② 《河南程氏遗书》卷6,收入《二程集》上册,页81。
③ 程子未指孟子系"论性不论气"者,此说见于朱熹与弟子之讨论,黎靖德编:《朱子语类》卷59《孟子九·告子上·性无善无不善章》第25—33条,收入《朱子全书》第16册,页1889—1891。

是气。然以气言之，则知觉运动，人与物若不异也；以理言之，则仁义礼智之异岂物之所得而全哉？此人之性所以无不善，而为万物之灵也。告子不知性之为理，而以所谓气者当之，是以杞柳湍水之喻，食色无善无不善之说，纵横缪戾，纷纭舛错，而此章之误乃其本根。所以然者，盖徒知知觉运动之蠢然者，人与物同；而不知仁义礼智之粹然者，人与物异也。孟子以是折之，其义精矣。[①]

朱子这一段"愚按"完全是他自己的创见，李惟泰运用"理""气"这一组对应概念，解释人性与犬牛之性的差别，完全与朱子哲学一脉相承，朱子说："天地之间，有理有气。理也者，形而上之道也，生物之本也；气也者，形而下之器也，生物之具也。"[②]朱子又说："所谓理与气，此决是二物。但在物上看，则二物浑沦，不可分开各在一处，然不害二物之各为一物也。"[③]在朱子哲学中，"理"与"气"可分又不可分，朱子将"理""气"既一分为二，又合二为一。劳思光先生的解析最为鞭辟入里，劳先生说："就存有性而言，理与气决不可混；但就其运行显现言，理与气决不可分。"[④]

　　李惟泰所引的第3段引文出自《朱子语类》，[⑤]接着李惟泰下判断说："由是观之，犬之性异于牛之性，牛之性异于人之性，理之谓也，非气之谓也，明矣。然理之不全者乃气质使然，谓之'气质之性'者恐是。"[⑥]李惟泰运用"理""气"这一组对应概念，循朱子之思路，论断犬、牛、人性之不同，在于"理之不全者乃气质使然，谓之气质之性者恐是"。

　　李惟泰完全循朱子"理""气"对应这一概念架构之思路，因此必然主

① 朱熹：《孟子集注》卷11，页457。
② 朱熹：《朱子文集》卷58《答黄道夫》，收入《朱子全书》第23册，页2755。
③ 朱熹：《朱子文集》卷46《答刘叔文》，收入《朱子全书》第22册，页2146。
④ 劳思光：《新编中国哲学史》三上，页273。
⑤ 见黎靖德编：《朱子语类》卷59《孟子九·告子上·生之谓性章》第5条，收入《朱子全书》第16册，页1876。
⑥ 李惟泰：《四书问答·孟子》卷4，总页112—113。

张"性即理"与"心统性情",但是,如此解释必然遭遇孟子与程朱歧异之问题。李惟泰常努力在朱子与孟子原典之间求其调和,他对《孟子·滕文公上·一》的解释是具有代表性的例子。孟子"道性善"首出于这一章,朱子《集注》云:"性者,人所禀于天以生之理也,浑然至善,未尝有恶。"[1]李惟泰针对《孟子·滕文公上·一》提出如下之"问"与"答":

> 问:小注朱子曰"未发之前,气不用事,所以有善而无恶"[2]与孟子所谓"乃若其情则善也"[3]者不同,奈何?
>
> 答:情之未发谓之性,气未用事之时也。性之发为情,气方用事之时也。朱子以为气未用事,所以有善。则孟子所谓"乃若其情"者,气方用事而亦曰善。虽若可疑,然程子曰"未发何尝不善。发而中节,即无往而不善";[4]朱子又尝曰"未发时,怵惕恻隐与孩提爱亲之心皆在里面。少间发出来,即是未发底物事。静也只是这物事,动也只是这物事。如孟子所说,正要人于发动处见得是这物事。"[5]观此数说,可以知性善兼未发之中、已发中节而言也。孟子所谓"乃若其情则善"者,非以情为性也,亦非以情为气未用事故善也。浑然

---

① 朱熹:《孟子集注》卷5,页351。
② 朱熹:《答赵致道》:"于此可见未发之前有善无恶。"见《晦庵先生朱文公文集》卷59,收入《朱子全书》第23册,页2864。
③ 《孟子集注·告子上·六》,页459。孟子曰:"乃若其情,则可以为善矣,乃所谓善也。"
④ 朱熹:《四书章句集注》,页351。朱注引程子曰:"性即理也。天下之理,原其所自,未有不善。喜、怒、哀、乐未发,何尝不善。发而中节,即无往而不善;发不中节,然后为不善。故凡言善恶,皆先善而后恶;言吉凶,皆先吉而后凶;言是非,皆先是而后非。"
⑤ 朱子说:"不消分这个是亲切,那个是不亲切,如此则成两截了。盖是四者未发时,那怵惕恻隐与孩提爱亲之心皆在里面了。少间发出来,即是未发底物事。静也只是这物事,动也只是这物事。如孟子所说,正要人于发动处见得是这物事。盖静中有动者存,动中有静者存。人但要动中见得静,静中见得动。若说动时见得是一般物事,静时又见得别是一般物事;静时见得是这般物事,动时又见得不是这般物事,没这说话。盖动时见得是这物事,即是静时所养底物事。静时若存守得这物事,则日用流行即是这物事。而今学者且要识得动静只是一个物事。"见黎靖德编:《朱子语类》卷55《孟子五·滕文公上·滕文公为世子章》第9条,收入《朱子全书》第15册,页1791—1792。

在中，气未用事之时，所谓"性"者，纯善无恶，外物触形，气方用事；而所谓"情"者，有善有恶，其有善者，以其性之本善而其端发见于外也。以是究之，则孟子、朱子之言并行而不悖也。[①]

李惟泰在上文中解释孟子"乃若其情，则可以为善"（《告子上·六》）一语的"情"指"情""有善有恶"[②]，以调和孟子与朱子之说的差距，但是李惟泰完全忽略孟子此语所谓"情"以及《孟子·告子上·八》"是岂人之情也哉"一语中之"情"字，皆应作"实"字解，不是作为与"性"相对之"情"解。[③]这可以视为李惟泰孟子学中的朱子学元素对于孟子原典所造成的曲解。

（二）即物穷理

李惟泰孟子学中所显示的第2个明确的朱子学元素，是以"即物穷理"解释孟子的"尽心""知性""知天"之说。李惟泰对《孟子·尽心上·一》提出如下的"问"与"答"：[④]

问：尽其心者，知其性。

答：朱子曰："'者'字不可不子细看。人能尽其心者，只为知其

---

① 李惟泰：《四书问答·孟子》卷4，总页65—66。

② 朱子《集注》解此章"情"字云"情者，性之动也"（见朱熹：《孟子集注》卷11，页460），以"情"与"性"对扬，朱注实本于赵氏古注。赵岐注曰："性与情，相为表里，性善胜情，情则从之。《孝经》曰：'此哀戚之情。'情从性也，能顺此情，使之善者，真所谓善也。"（见焦循：《孟子正义》卷22，页752）李惟泰从朱子《集注》，以"情"为"性之动"，然后乃"有善有恶"。

③ 我接受清儒戴震（东原，1724—1777）关于《孟子》中"情"字的解释，戴东原云："首云'乃若其情'，非性情之情也。孟子不又云乎：'人见其禽兽也，而以为未尝有才焉，是岂人之情也哉？'情，犹素也，实也。"见戴震：《孟子字义疏证》卷下《才》，收入戴震研究会编撰：《戴震全集》第1册，北京：清华大学出版社，1991年，引文见页192。

④ 李惟泰：《四书问答·孟子》卷4，总页132。

性,知性却在先。……此句文势与'得其民者,得其心也'相似。"①
又曰:"天大无外,而性裹其全,故人之本心,其体廓然,亦无限量,
惟其梏于形器之私,滞于闻见之小,是以有所蔽而不尽。人能即事
即物,穷究其理,至于一日会通贯彻而无所遗焉,则有以全其本然之
体,而吾之所以为性与天之所以为天者,皆不外乎此,而一以贯之
矣。"②又曰:"人之所以尽其心者,以其知其性故也。"③

　　李惟泰在上文引用朱子《语类》与《文集》的文字,但未加个人意见,就是
完全同意朱子之说,让朱子自己说话。其实,《孟子集注》对《孟子·尽心
上·一》的集注以及最后的"愚按",比李惟泰引用的《语类》与《文集》的
文字更为精准,真是"添一字不得,减一字不得"。④朱子认为"心具众理",
主张孟子的"尽心""知性""知天",就是穷究"心""性""天"之理,他
说:"以《大学》之序言之,知性则物格之谓,尽心则知至之谓。"⑤这样的解
释明显地与孟子有所歧出。朱子本《大学》解《孟子》,李惟泰所引这3段
文字,就是朱子《大学章句·格物补传》的思想立场。但是,孟子所说的
"知性""知天",是德性意义的"知",而不是朱子"即物穷理"的知识意义
的"知"。

　　因为李惟泰的孟子学走的是朱子"即物穷理"的思路,所以,李惟泰对于

---

① 黎靖德编:《朱子语类》卷60《孟子十·尽心上·尽其心者章》第1条:"'尽其心者,知
　其性也。''者'字不可不子细看。人能尽其心,只为知其性,知性却在先。'李问'尽其
　心者,知其性也'。曰:'此句文势与"得其民者,得其心也"相似。'"见《朱子全书》第16
　册,页1931。
② 朱熹:《尽心说》:"天大无外,而性裹其全,故人之本心,其体廓然,亦无限量,惟其梏于形
　器之私,滞于闻见之小,是以有所蔽而不尽。人能即事即物,穷究其理,至于一日会贯通彻
　而无所遗焉,则有以全其本心廓然之体,而吾之所以为性与天之所以为天者,皆不外乎此,
　而一以贯之矣。"见《晦庵先生朱文公文集》卷67,收入《朱子全书》第23册,页3273。
③ 朱熹:《别纸》:"人之所以能尽其心者,以其能知性故也。"见《晦庵先生朱文公文集》卷
　51,收入《朱子全书》第22册,页2380。
④ 黎靖德编:《朱子语类》卷19《论语一·语孟纲领》第59条,收入《朱子全书》第14册,页
　655。
⑤ 朱熹:《孟子集注》卷13,页489。

孟子"知言养气"说中的关键词"集义"一词的解释，也完全顺着朱子讲：①

> 问："必有事焉"《注》以为"集义"、②程子以为"事乎敬"、张氏以敬与义通为一事，是何如？
>
> 答：朱子尝曰："必有事焉，言养气者，必以集义为事"③"须要把做事去做。如主敬，也须把做事去主；如求放心，也须把做事去求。"④由是观之，"必有事焉"，以集义为主，然主敬、求放心等事，皆在集义之中矣如何。

李惟泰找出程颐与朱子对孟子"必有事焉"一语的解释之不同，并认为朱子以"集义"解释"事"可以收摄程颐所说的"敬"。

李惟泰以"集义"解释孟子的"事"，虽符合朱子学的思想，但是，他未能进一步指出朱子所说的"集"乃是"积"⑤或"聚"⑥之意。在朱子的解释中，孟子的"集义"成为一种向外觅"理"的知识性活动，对孟子原典确有歧出。王阳明说："集义只是致良知。"⑦黄宗羲（梨洲）说："集义者，应事接物，无非心体之流行。……心之集于事者，是乃集于义矣。"⑧阳明与梨洲对孟子"集义"的解释，较能贴紧孟子原典之意。

综上所说，李惟泰孟子学中的朱子学元素，以"理""气"对应概念之运

---

① 李惟泰：《四书问答·孟子》卷4，总页43—44。
② 朱注曰："此言养气者，必以集义为事，而勿预期其效。"可见朱子以"集义"解"必有事焉"之"事"。见朱熹：《孟子集注》卷3，页323。
③ 见朱熹：《孟子集注》卷3，页323。
④ 黎靖德编：《朱子语类》卷52《孟子二·公孙丑上之上·问夫子加齐之卿相章》第156条："'必有事焉'是须把做事做。如主敬，也须是把做事去主；如求放心，也须是把做事去求；如穷理，也须是把做事去穷。"见《朱子全书》第15册，页1736。
⑤ "集义，犹言积善，盖欲事事皆合于义也。"见朱熹：《孟子集注》卷3，页323。
⑥ 黎靖德编：《朱子语类》卷52《孟子二·公孙丑上之上·问夫子加齐之卿相章》第132条："集，犹聚也。……须是事事要合义。"见《朱子全书》第15册，页1730。
⑦ 陈荣捷：《王阳明传习录详注集评》卷中《答聂文蔚二》第187条，页268。
⑧ 黄宗羲：《孟子师说》卷2，页62。

用,以及"即物穷理"概念最为突出;这两个概念支配了李惟泰对孟子的人性物性异同论之理解以及对孟子的"尽心→知性→知天"与"集义"等核心概念之解释。李惟泰可说是一个"忠诚的"朱子学者,他通过"朱子学之眼"而对孟子学提出诠释。

讨论至此,我们要问:作为"忠诚的"朱子学者的李惟泰,是否在继承朱子学中有所创新呢? 答案是肯定的。我想举一例以概其余。李惟泰在解释《孟子·公孙丑上·六》中孟子所说"凡有四端于我者,知皆扩而充之矣"这句话时说:

> 答:退溪解:知而扩充;栗谷云退溪解恐非。先师曰:"知"字当释于"充"之下○盖尝考朱子之说曰:"不能扩充者,正为不知……能知而扩充,其势甚顺"退溪之解盖出于此。然辨疑所录朱子他说,如栗谷及先师之说,恐当从之。窃谓朱子所谓"能知而扩充"者,与其他说无异;其曰"能知"者,以上文"知皆扩而充之",如栗谷及先师之意看之,其曰"扩充"者以下文"苟能充之"看,则其说不相妨。未知是否?①

李惟泰先引李退溪之说、再引李栗谷对退溪说的怀疑、再引"先师"②之说,然后提出自己的看法,认为依孟子之意,应以"扩充"为先,以"知"为后。从李惟泰这一小段对朱子说的修正,可以看出李惟泰对朱子学在继承中仍有所创新。与李惟泰生于同年的李退溪在所编《朱子书节要·序》中曾说朝鲜人"生于海东数百载之后",③研读朱子学必须"稍加损约,以为用工之

---

① 李惟泰:《四书问答·孟子》卷4《公孙丑·六》,总页54。
② 李惟泰曾先后师事闵在汶、金长生与金集父子,此处"先师"不知指何人。
③ 李滉:《朱子书节要·序》,收入《陶山全书》三(据旧抄樊南本陶山全书影印)(卷59),首尔:退溪学研究院,1988年,页259。

地"。[①] 李惟泰的孟子学对朱子的孟子学有所"损约"，并提出创新见解，正是"忠诚的"朱子学者之所当为。

四、郑齐斗孟子学中的阳明学元素

现在，我们接着讨论 17 世纪朝鲜儒者郑齐斗，经过"阳明之眼"而重新诠释的孟子学。我在本书第四章第二节第二小节，曾对郑齐斗从孟子"知言养气"说中开出"心"的自由与责任这个新视野有所论述。现在我将聚焦在《霞谷集》中的《四端章解》与《孟子说》这两篇文章，分析郑齐斗孟子学中的阳明学元素。

任何人只要通读《霞谷集》，都可以感受到阳明学理念洋溢于郑齐斗著作的字里行间。郑齐斗孟子学中的阳明学元素，最重要的是以下 3 个理念。

（一）心即理

郑齐斗孟子学的第 1 个阳明学元素，就是"心即理"这项命题。他对《孟子·公孙丑上·一》"人皆有不忍人之心"章提出如下的解说：

> 恻隐、羞恶、辞让、是非之心，情也，性之发也。仁、义、礼、智者，性之德也。仁者，爱也，义者，宜也。礼者，理也。智者，通也。性之德有是四者。端者，指物初头，谓其发生处也。心之生理，全体充满。有是四者之德，发用流行，无非此理。如木之有生理，而枝干发达者。今以其主。在扩充而行之，故谓之"端"焉。始火之始，泉之初，而未及乎焰流者耳。其实人之一心，其全体无非此理者也，亦见《告子》篇。[②]

① 李滉：《朱子书节要·序》，页 259。
② 郑齐斗：《孟子说下》，见《霞谷集》卷 15，页 415 上。

郑齐斗以上这段孟子诠释中,最可注意的是"其实人之一心,其全体无非此理者也"这一句话。这句话中的"理"是指人之行为的道德意义的"规范"(norm)而言,不是指宇宙万事万物运行之认知意义的"规律"(principle)而言。郑齐斗解释孟子"四端之心"说"人之一心,其全体无非此理",是说人的行为取舍之准则,不能求之于外在于自我的客观对象,而应求之于自我的"心"。郑齐斗进一步提出"心体"的概念,他这样解释孟子的"四端":

> 按四端得其本体,则无不善。失其本体,则有过不及矣。盖此则虽食色好恶,亦无不皆然。但孟子所言,本主其出于本体者言之。初未尝论其失体者也。曰四端何如斯为得其本体也。曰心体得乎其本体,则四端即其本体也。①

郑齐斗说"心体得乎本体,则四端即其本体",确能得孟子心性论之精髓。郑齐斗使用"心体"②一语,尤可注意,他对"四端之心"的诠释,完全掌握孟子心性论要义,亦与阳明的孟子学一脉相承。王阳明《传习录》卷1《答徐爱》提出"心即理",③所指的就是人的意志方向源自于"心"。在学生问何谓"心之本体"时,王阳明说:"知是理之灵处,就其主宰处说便谓之心,就其禀赋处说便谓之性。"④我在《孟学思想史论(卷二)》中曾说:"王阳明以'心即理'作为立言宗旨,贯串孟子系统中的诸多概念如'尽心'、'养气'……等。在'心即理'的王学系统观照之下,孟子的'尽心'被理解为'知性',

---

① 郑齐斗:《孟子说下》,见《霞谷集》卷15,页416上。
② 牟宗三先生解释孟子的"心"之含义说:"此心有其绝对的普遍性,为一超然之大主,本无局限也。心体充其极,性体亦充其极。心即是体,故曰心体。自其为'形而上的心'(Metaphysical mind)言,与'于穆不已'之体合一而为一,则心也而性矣。自其为'道德的心'而言,则性因此始有真实的道德创造(道德行为之纯亦不已)之可言,是则性也而心矣。"见牟宗三:《心体与性体》第1册,页44—45。
③ 陈荣捷:《王阳明传习录详注集评》卷上《徐爱录》第3条,页30。
④ 陈荣捷:《王阳明传习录详注集评》卷上《薛侃录》第118条,页140。

也就是'复其心之本体'；孟子的'集义'，被解释为'致良知'；孟子的'必有事焉'，成为从事于'集义'（='致良知'）的功夫。而在王阳明的诠释中'持志'与'养气'同时具足，并无功夫上的先后关系。"① 就郑齐斗从"心即理"这个命题出发诠释孟子学的诸多"单位概念"而言，我们可以说郑齐斗是一个"忠诚"的阳明学者。

（二）心通性情

郑齐斗站在"心即理"这个基本立场，反对朱子在诠释孟子学时所提出的"心统性情"之说，他提出"心通性情"之说：

> 心通性情者也。心者，盖通乎性情而无不在，故心可以兼言于性情而无不该云尔。又曰心可兼通于性情者，故若曰心字可以该性情者也。非总和之谓也，非统帅之意也。朱子谓统是主宰，心为性情之主，作统帅之义者，盖心体本然此自一义。但于性情字下统义，则不无彼此歧贰。②

在这一段"心通性情"之说前面，郑齐斗以图解阐释朱子思想中的"心"统"七情"、"性"之发主"理"、是为"道心"，"形"之动主"气"、是为"人心"。郑齐斗认为朱子的"心，统性情者也"③之说中的这一"统"字已经将"心"与"性情"歧而为二。他主张"心者，盖通乎性情而无不在"。他所谓"心通性情"取其渗透义，近于"普遍的"（pervasive）之义，而不取其"控制"义。

郑齐斗从"心通性情"来阐释孟子"四端恻隐、羞恶、辞让、是非者，指其本源之在我而言……端者，物初生之头，为其初所发之处也"。④ 以上这段

---

① 黄俊杰：《孟学思想史论》卷二，页268。
② 郑齐斗：《孟子说下》，见《霞谷集》卷15，页416上。
③ 朱熹：《孟子集注》卷3，页329。
④ 郑齐斗：《孟子说下》，见《霞谷集》卷15，页416上—下。

话中最关键的是郑齐斗所说 "四端" "指其本源之在我而言",意指人的价值自觉源自于自我主体性。这样的思路完全是阳明学宗风。因此,郑齐斗接着批判朱子说:"《集注》其以为仁在内,端绪发见,即此处而推广云者,可知其非孟子本意。"[1] 郑齐斗并认为 "朱子之言仁义礼知,就未发而言",[2] 正与孟子相反。

(三)"王道仁道不在行事上,而在于其心"

郑齐斗孟子学中的第 3 项阳明学元素,就是他主张 "王道仁道不在行事上,而在于其心"。他说:

> 孟子论货色勇乐猎池台苑囿事虽皆同,其情不同,则仁与不仁各异也。然则王道仁道不在行事上,而在于其心。仁不可求于事也。与百姓同乐,只是心同而好恶同,故能近取譬,推己及人,而不专其好也。吾心之仁尽,而人之心乐无不尽矣。不得而非其上者非也。人之为己,惟在自尽其心而已。人之厚薄,非与于己也,故非其上者非也,不与民同乐者,亦不尽其心之仁于己也,亦非也。[3]

郑齐斗以上这一段解释孟子的文字,可以解读如下:(1)"心" 与 "事" 的关系,是本与末、先与后、体与用的关系。因此,依郑齐斗之见,孟子的 "王道" 政治论中,"心" 比 "事" 更重要;(2)"事" 无独立自主性,完全依 "心" 之运作而运作,亦即 "事" 的运作逻辑依存于 "心" 的运作逻辑。

郑齐斗以上思想,与王阳明所说 "无心外之理,无心外之物"[4],可说若合符节。郑齐斗通过 "阳明之眼",而在 17 世纪朝鲜朱子学如日中天之际,对

---

[1] 郑齐斗:《孟子说下》,见《霞谷集》卷 15,页 416 下。
[2] 同上。
[3] 同上书,页 425 下。
[4] 陈荣捷:《王阳明传习录详注集评》卷上《徐爱录》第 6 条,页 37。

孟子学提出一套具有阳明学特征的新诠释。

　　郑齐斗对孟子的"王道"提出极具阳明学特色的"唯心主义"的解释，仅得孟子"王道"政治论之一面，而遗其另一面。孟子主张国君应以"不忍仁之心"行"不忍仁之政"，但从"仁心"开启"仁政"，必有赖于具体之政治措施，此所以孟子说"徒善不足以为政，徒法不能以自行"。[①] 在郑齐斗之后的朝鲜国王纯祖读《孟子》时，就提出"王天下者，徒以恻隐之心，则何以治天下"[②]这个重要问题。本书第二章探讨朝日儒者对孟子"王道"理念之论辩，第二节分析朝鲜宫廷经筵与儒臣上疏中的孟子"王道"理念，皆重视"存心"远过于"功效"，重视理论远过于实践，只有纯祖的问题可谓一针见血，指出诸多儒者论孟子"王道"空谈心性而无补于"王道"理念之落实。16世纪朝鲜朱子学大师李珥告诫宣祖说："王道之行，在于实功，不在于言语。"[③] 李栗谷这一句话，可以被引用来评论郑齐斗对孟子"王道"政治论的解释之不足。

　　综上所论，郑齐斗的孟子学解释中，以"心"之自主性为核心，而展开了心即理、心通性情以及王道不在行事而在其心等3大命题。第1项命题肯定世界的价值规范皆源自于"心"；第2项命题则肯定"心"的自觉意识，可以通往于"性"与"情"；第3项命题则肯定"存心伦理学"先于"功效伦理学"。以上3大命题都展现了明确的阳明学元素，因而成为17世纪朝鲜思想界中，除朱子学视野中的孟子学之外的第2种孟子学。

五、结论

　　从本章所论17世纪朝鲜儒学界的两种孟子学论述及其所潜藏的朱子学

① 《孟子·离娄上·一》，见朱熹：《孟子集注》卷7，页385。
② 《纯祖实录》卷12《纯祖9年（1809）3月27日丁亥》，见朝鲜国史编纂委员会编：《朝鲜王朝实录》第47册，页627。
③ 《宣祖实录》卷3《宣祖2年（1569）8月16日丁巳》，见朝鲜国史编纂委员会编：《朝鲜王朝实录》第21册，页220。栗谷这一段话，见于宣祖2年8月16日的《宣祖实录》，亦见于宣祖2年7月1日的《宣祖修正实录》。是否栗谷将同一段话说过两次，已无可考。

元素与阳明学元素,我想提出以下 3 点看法作为结论。

第一,朱子学者李惟泰与阳明学者郑齐斗,都可以说是"忠诚的"朱子学者与阳明学者,但从他们通过"朱子学之眼"与"阳明学之眼"所提出的孟子学诠解之中,可以看出他们都在继承朱子与阳明之中有所创新。

第二,孟子学之所以成为 17 世纪朝鲜思想的检核指标,主要原因之一在于孟子思想内外交辉、心性论与政治论绾合为一、心性论是政治论的基础,所以孟子学可以成为 17 世纪朝鲜朱子学与阳明学的共同平台。

第三,由于朱子学在 17 世纪朝鲜思想界是最高权威,也是经典之"诠释的典范",所以朱子学在 17 世纪的两种孟子学论述中,居于中心之地位。本章所论"忠诚的"李惟泰解释孟子,处处贴紧朱子原文固无论矣,即使阳明学者郑齐斗,对朱子学的批判也成为他孟子学论述的内在动力。举例言之,郑齐斗批评朱子将"觉"字解释为"悟其理之所以然",质疑朱子"只悟其然,有何所将以斯道觉斯民",然后主张"所谓觉者,是使得之于其身也"。[①]从郑齐斗对"觉"字的诠释,我们可以看到他从质疑朱子学的向外觅"理",提出"觉"是浸透身心的内省之学的新说。由此一例亦可反映,作为阳明学之反命题的朱子学,在 17 世纪朝鲜阳明学建立的过程中,实发挥举足轻重之杠杆作用。

---

① 郑齐斗:《孟子说》,见《霞谷集》卷 15,页 427 下右侧。牟宗三曾评论朱子"以觉训仁"说中对"觉"的说法之错误。牟先生主张"觉是'恻然有所觉'之觉,是不安不忍之觉,是道德真情之觉,是寂感一如之觉,是人心之恻然之事,而非智之事,是相当于 Feeling 而非 Perception 之意"(见牟宗三:《心体与性体》第 3 册,页 279),牟先生之说与李惟泰可互相发明。

第六章
17世纪东亚比较视域中的伊藤仁斋孟子学

一、引言

在第五章探讨17世纪朝鲜儒者的两种孟子学之后,我们将眼光投向同时代的日本古学派儒者伊藤仁斋(维桢)。我在本书第三章第三节,分析朝日儒者对"孟子不尊周"问题的辩论时,曾引用渡边浩先生之说而区分德川日本儒者孟子观的两种类型——"町儒者"以伊藤仁斋为代表,"御儒者"以荻生徂徕(物茂卿)为代表,他们对孟子学的解释相去悬绝。我并聚焦于仁斋在日本元禄4年(1692)65岁时所撰《孟子劝诸侯行王道论》一文,讨论"町儒者"仁斋释孟展现的自由学风,直探孟子"王道"的核心价值。多年前我也曾为文探讨仁斋孟子学的内容、性质与含义。[①] 本章则从17世纪东亚比较视域析论仁斋的孟子学。

本章任务有3:(1)从东亚儒家思想史背景出发,分析仁斋古义学的方法学及其运用;(2)循仁斋"古义学"的方法学之进路,扣紧仁斋孟子学的关键词,分析仁斋对孟子学的新解释,并观察仁斋如何经由重新解释孟子而对朱子学提

---

① 黄俊杰:《东亚儒学史的新视野》第4章《伊藤仁斋对孟子学的解释:内容、性质与含义》,页85—123。

出批判;(3)将仁斋孟子学置于17世纪东亚比较思想史的视域之中,取之而与同时代明末中国黄宗羲(梨洲)的孟子学解释互做比较,以观其同中之异与异中之同,并在17世纪中日比较思想史的视野中,为仁斋孟子学进行历史定位。

二、仁斋方法学的思想史背景及其运用

伊藤仁斋治学特重对经典的"血脉"之掌握,他说:

> 学问之法,予歧为二:曰血脉,曰意味。"血脉"者,谓圣贤道统之旨,若孟子所谓仁义之说是也。"意味"者,即圣贤书中意味是也。……予尝谓:读《语》《孟》二书,其法自不同。读《孟子》者,当先知血脉,而意味自在其中矣;读《论语》者,当先知其意味,而血脉自在其中矣。[1]

揆仁斋之意,掌握《语》《孟》之"血脉"不可不知其"意味",而"意味"之理解必以字义之解明为基础,所以他在天和3年癸亥(1683)57岁时撰写《语孟字义》一书,[2]因为仁斋认为"学者之先务,莫急于知孔孟真血脉,又莫难于知孔孟真血脉,故学者先以理会孔孟真指为要",[3]而且,"天下无不读《语》《孟》二书者,而能知其意味血脉者,天下鲜矣"。[4]仁斋极重视《孟子》,他主张研究孔子思想,皆当以孟子之言作为正解。[5]仁斋古义学派的方法学正是建立在

---

[1]　伊藤仁斋:《語孟字義》卷下《学》,页50。

[2]　"天和癸亥,稻叶石见侯正休巡察到京,为著《语孟字义》。"伊藤長胤:《先府君古学先生行状》,见《古学先生詩文集》卷1,页7右半页。

[3]　伊藤仁斋:《同志会筆記》,页113。

[4]　同上。

[5]　仁斋说:"孟子之书,为万世启孔门之关钥者也。孔子之言,平正明白,似浅而实深,似易而实难。浑浑沦沦,蟠天根地,靡知其所底极。至于孟子,谆谆然指其向方,示其标的,使学者知源委之所穷,故性命道德、仁义礼智等说,皆当以孟子之言,为之脚注,而解其义,切不可从论语字面,求其意趣焉!"见伊藤仁斋:《孟子古義·総論》,页3。

对《语》《孟》二书的字义学之上并由此回归原典,古义学派的方法渊源有自。现在,我们就进入历史的视野,在东亚思想史背景之中为仁斋方法学定位。

(一)东亚儒家经典诠释典范的转变

在东亚儒家经典诠释史中,新诠释典范之建立源自于理论基础之转变,尤其以下两大转变,最为经典诠释史上的重要现象:

第一是从先秦至汉唐时代的"声训"典范向宋代以后的"字义"典范的转移。所谓"声训"是借音之相近以发其义,如孔子说:"政者,正也。"[①]孟子说:"征之为言正也。"[②]《中庸》第20章:"仁者,人也……义者,宜也。"[③]《礼记·檀弓》:"葬也者,藏也。"[④]《礼记·祭统》:"齐之为言齐也。"[⑤]云云。先秦经典以及汉唐诸儒诠释经典,常循"声训"之旧轨。但是,从12世纪朱门高弟陈淳(字安卿,号北溪,1159—1223)[⑥]撰《北溪先生字义详讲》(又称为《北溪字义》、《性理字义》)以降,开启了东亚各国儒者经典诠释从"声训"向"字义"典范之转移,对德川日本儒学影响深远,在朝鲜也引起相当的注意。

以"声训"诠释经典的旧典范,与儒家对语言的态度有其深刻之关系。孔子认为"言"为心声,所以"巧言令色,鲜矣仁"[⑦],告诫弟子要"敏于事而慎于言"[⑧],要求子贡(公元前520—?)"先行其言,而后从之"[⑨],认为"古者言之不出",乃是因为"耻躬之不逮也"。[⑩]因为孔子深刻认知"言"与

---

① 《论语·颜渊·一七》,见朱熹:《论语集注》卷6,页190。
② 《孟子·尽心下·五〇》,见朱熹:《孟子集注》卷14,页512。
③ 朱熹:《中庸章句》,页37。
④ 《礼记·檀弓》,见孙希旦:《礼记集解》卷9(上册),北京:中华书局,1989年,页227。
⑤ 《礼记·祭统》,见孙希旦:《礼记集解》卷47(下册),页1239。
⑥ 朱子曾语人曰:"南来,吾道喜得陈淳",门人有疑问不合者,则称淳善问。见脱脱等撰:《宋史》卷430(第16册),页3254。
⑦ 《论语·学而·三》,见朱熹:《论语集注》卷1,页62;《论语·阳货·一七》,见同书卷9,页252。
⑧ 《论语·学而·一四》,见朱熹:《论语集注》卷1,页68。
⑨ 同上书,页75。
⑩ 《论语·里仁·二二》,见朱熹:《论语集注》卷2,页99。

"行"之间常会出现的落差,"巧言"之结果必是"乱德"①,所以,孔子告诫弟子"其言之不怍,则为之也难"。②孔子观察别人时"听其言而观其行"③,因为孔子认识到"仁者其言也讱"。④从孔子对语言与行为的相应性的重视,我们可以推知:孔子不仅注重语言的"言内之意",更注重语言的"言外之意"及其所引起后续行为的"言后之意"。我在此所说的语言的这 3 个层次,略近于当代语言哲学家塞尔(John R. Searle, 1932—)所说的言语的(locutionary)、言外的(illocutionary)以及言后的(perlocutionary)的言语内涵。⑤孔子特别注重的是"以言行事的力量"(illocutionary force),子贡所谓"驷不及舌",⑥就是承孔子之教指认为语言具有行事之作用,故必须慎言才能慎行。

先秦孔门的语言观可以说是"声训"解经典范的理论基础,"声训"所强调的正是"言"与"行"的相应性。伍振勋先生对于"声训"作为一种指令,曾提出很有启发性的意见:

> "仁者,人也"的语句,与其说是以"仁"训"人",不如说是将"仁"和"人"两个语词并置在一起而形成某种关系,这个关系不是A训B或B训A,而是A等同B:将"仁"和"人"两个语音相同的语词并置,其实是揭示了两者在语言创造之初(语源)原本就是同一的,被命为"人"者,亦等同于被命为"仁"。"仁者,人也"不是在解说字义,而是在"正名",回到语言创造之初,"仁/人"的命名,已然

---

① 《论语·卫灵公·二六》,见朱熹:《论语集注》卷 8,页 233。
② 《论语·宪问·二一》,见朱熹:《论语集注》卷 7,引文见页 214。
③ 《论语·公冶长·九》,见朱熹:《论语集注》卷 3,引文见页 105。
④ 《论语·颜渊·三》,见朱熹:《论语集注》卷 6,引文见页 183。
⑤ John R. Searle, *Speech Acts: An Essay in the Philosophy of Language*, Cambridge: Cambridge University Press, 1969 ; John R. Searle, "A Taxonomy of Illocutionary Acts", pp. 344-369.
⑥ 《论语·颜渊·八》,子贡曾答棘子成曰:"夫子之说,君子也。驷不及舌。"(见朱熹:《论语集注》卷 6,页 186);萧统编《文选》曾有"出言自口,驷騠不追"一语,李善《文选注》注云:"一言而非,驷马不能追;一言而急,驷马不能及。"今已成惯用俗语。

赋予"人应该修道以仁"的指令。①

伍振勋指出"仁者,人也"的声训意在"正名",也就是我所说的强调"言"与"行"的相应性。伍振勋先生进一步解释说:"'仁者,人也'的声训,不在解说字义,而在正名:透过语言本身而发出'人'必须'修道以仁'的行动指令,而这一行动指令则蕴含人当'成己'、'成物'以回应天命的深层旨意。"②我们可以说,通过"声训"所进行的经典诠释,代表一种指令,更是一种"以言行事的行为"(illocutionary act)。

陈淳的《北溪字义》扬弃汉唐诸儒"声训"的旧典范,企图通过对"字义"的再厘清,而将宋学重要名词的定义予以固定化,经由"字义"而遥契"圣贤之心",③开启了东亚儒家经典诠释典范的大翻转,并且对德川时代日本儒学产生了极大的影响。16至17世纪开创日本朱子学的大师林罗山,在宽永16年(1639)4月1日撰成《性理字义谚解》,但在他死后才在万治2年(1659)刊印;④与林罗山同门的松永尺五(1592—1657)的《彝伦抄》中,大量论述就以《北溪字义》作为根据;⑤山鹿素行的《圣教要录》、⑥

---

① 伍振勋:《从"声训"到"字义":东亚儒学发展中的"仁说"典范》,《台湾东亚文明研究学刊》第10卷第2期(总第20期,2013年12月),页187—210,引文见195。

② 同上,引文见197。

③ 林罗山说:"夫圣贤之心,见于言,其言见于书,若不知字义,何以名之?"见林罗山:《性理字義諺解序》,收入京都史迹会编纂:《林羅山文集》下卷,东京:ぺりかん社,1979年,引文见页584。

④ 林罗山:《性理字義諺解》,京都:山口市郎兵卫,万治2年(1659);同书,京都:荒川四郎左卫门,万治2年(1659)。关于林罗山撰写此书的态度与方法,参考大岛晃:《林羅山の『性理字義諺解』——その述作の方法と姿勢》,《漢文学:解釋與方法》第5辑,东京:汉学研究会,2002年,页1—28。大岛晃亦曾对《性理字义谚解》与朝鲜本的陈淳著《性理字義》做了详细的校订,参看大岛晃:《林羅山の『性理字義諺解』と朝鮮本『性理字義』の校訂》,《漢文学:解釋與方法》第6辑,东京:汉学研究会,2003年,页1—41。

⑤ 参看John A. Tucker, "The Meaning of Words and Confucian Political Philosophy: A Study of Masunage Seikigo's *Ethincs*", in Chun-chieh Huang & John Allen Tucker, eds., *Dao Companion to Japanese Confucian Philosophy*, Dordrecht & Heidelberg & New York & London: Springer, 2014, pp. 31-68.

⑥ 山鹿素行:《聖教要録》,收入广濑丰编:《山鹿素行全集:思想編》第11卷,页1—53。

伊藤仁斋的《语孟字义》，[①] 浅见絅斋的《性理字义讲义》，[②] 荻生徂徕的《辨名》，[③] 熊谷荔墩（活跃于1670—1680）的《性理字义首书》，[④] 渡边弘堂（毅，1689—1760）的《字义辨解》，[⑤] 富永沧浪（澜，1733—1765）的《古学辨疑》，[⑥] 佐藤敬庵（惟孝，1683—1755）的《名义录》，[⑦] 冢田大峰（虎）的《圣道辨物》（1795）、[⑧]《圣道合语》（1788）、[⑨]《圣道得门》（1792），[⑩] 大桥正顺（讷庵，1816—1862）的《性理鄙说》、[⑪] 海保元备（渔村，1798—1866）的《经学古义古训》[⑫] 等书，都是在陈淳《北溪字义》解经典范影响下形成的作品。诚如塔克（John A. Tucker）所说，[⑬] 陈淳确实对德川日本儒者通过字义学（lexicography）而重新诠释宋明儒学造成了极大影响。

　　朝鲜半岛是中国儒学东渡日本的桥梁，在江户初期林罗山就手抄朝鲜本的《性理精义》，在他57岁之龄（1639年），才以日文完成《性理字义谚解》而于1659年出版；山崎暗斋所读的《北溪字义》，就有漳州本与朝鲜本

---

① 伊藤仁斋：《語孟字義》，页11—72。虽然仁斋也循"字义学"的轨迹，但是，《语孟字义》所采取的是回到孔门师生对话的语境，与陈淳从宋儒理学的语境中厘定"字义"的方法同中有异。子安宣邦称仁斋的《语孟字义》所采取的是"事例主义"，其说可以成立。参看子安宣邦：《伊藤仁斋与"人的时代"的《论语》解——"知天命"说》，收入子安宣邦：《东亚儒学：批判与方法》第3章，陈玮芬译，台北：台大出版中心，2004年，页37—53；子安宣邦：《伊藤仁斋の世界》，东京：ぺりかん社，2004年，页310—330。
② 浅见絅斋：《性理字義講義》（手抄本，若林强斋笔录，福井县小滨市立图书馆酒井家文库藏）。承蒙藤井伦明教授告知此书孤本之典藏处所，谨敬申谢意。
③ 荻生徂徕：《弁名》，页28—119。
④ 熊谷荔墩：《性理字義首書》，京都：中野宗左卫门，宽文10年（1670）。
⑤ 渡边弘堂：《字義弁解》，收入关仪一郎编：《日本儒林丛书》第14卷《儒林杂纂》，东京：凤出版株式会社，1978年。
⑥ 富永澜：《古学弁疑》。
⑦ 佐藤敬庵：《名義録》，收入关仪一郎编：《统续日本儒林丛书》第1册《解说部》，东京：东洋图书刊行会，1935—1937年。
⑧ 冢田大峰：《聖道弁物》，收入关仪一郎编：《日本儒林丛书》第6卷《解说部2》。
⑨ 冢田大峰：《聖道合語》，收入关仪一郎编：《统续日本儒林丛书》第1册《解说部》。
⑩ 同上。
⑪ 大桥正顺：《性理鄙説》，收入关仪一郎编：《日本儒林丛书》第5卷《解说部1》。
⑫ 海保元备：《経学古義古訓》，收入关仪一郎编：《日本儒林丛书》第6卷《解说部2》。
⑬ John A. Tucker, "Chen Beixi, Lu Xiangshan, and Early Tokugawa (1600-1867) Philosophical Lexicography", *Philosophy East and West*, vol. 43, no. 4 (1993), pp. 683-713.

两种。^①但是,根据朝鲜儒者的记载,陈淳的《北溪字义》是从日本传到朝鲜之后,才对朝鲜儒者产生较大影响。朝鲜儒者李榘(活斋,1613—1654)说:"丁丑年间,金公世濂奉使日本,得所谓《北溪先生性理字义》以还,刊于关北,吾东学者始见此书。"^②活斋先生所谓丁丑年,应为朝鲜仁祖崇德2年、中国明毅宗(在位于1627—1644)崇祯十年——1637年,《北溪字义》在这一年由日本传入朝鲜。17世纪朝鲜儒者柳元之(拙斋,1598—1674)精研《北溪字义》并对其得失有所诤辩,柳元之撰《陈北溪性理字义说后辨》云:

> 右《北溪字义说》一卷,见其论说颇详,而错理会处亦多,致有失于名理之弊,盖北溪若欲训释字义以示学者,则当于各字之下,用先儒解本字名义之语,各以类附之。因以己见敷陈而畅其义,则似应历落分明,可以有益于初学之士,而今此书不然,所立题目,颇似猥杂,亦间有害义理处,又其所论说,与本题有不相应处,有说不痛快处,有久下落无收拾处,北溪以详于名物称,而犹未免此病何也?末学浅见,不敢妄议前贤得失,而此乃天下之公理,有所未安,不容迁就,故兹记所疑于心者,以为与朋友讲论之资,览者恕其僭踰之罪,而指其迷则幸矣!^③

柳元之对陈淳《北溪字义》有所批判修正,并强调有所论诤,"乃天下之公理"。

陈淳所启动的以"字义"为基础的解经典范,不仅在中国为18世纪戴震

---

① 参看佐藤仁:《北溪先生字义详讲解题》,见《北溪字义详讲》,台北:广文书局,1972年影印和刻近世汉籍丛刊本,页1—3;佐藤仁译:《朱子学の基本用语:北溪字义训解·解题》,东京:研文出版,1996年,页37—39。陈荣捷先生译《北溪字义》为英文,Wing-tsit Chan trans., *Neo-Confucian Terms Explained: the Pei-hsi Tzu-i*, New York: Columbia University Press, 1986。

② 李榘:《谨书陈北溪字义下》,见《活斋先生文集》卷4《跋》,收入《韩国文集丛刊(续)》第32辑,页493。

③ 柳元之:《陈北溪性理字义说后辨》,见《拙斋先生文集》卷8《杂著》,收入韩国文集编纂委员会编:《韩国历代文集丛书》第905册,页66—75,引文见页67。

（东原）的《孟子字义疏证》导夫先路，也为日朝儒者之经典诠释开宗立范。如果说"声训"的旧诠释典范，是从音声相近以发其义理，那么，"字义"的新诠释典范，就是想透过文字而将义理加以固定。但是，在字义新典范成为主流之后，经典中关键词的解释，却从未被固定化，常因人因地因时而有不同之新解释出现。例如陈淳字义学所建构的宋儒思想体系，就被 17 世纪朝鲜儒者柳元之认为"亦间有害义理处"，也为 17 世纪的伊藤仁斋与 18 世纪戴震的字义学所颠覆。

在东亚儒学史的视野中，12 世纪的陈淳通过字义解释的方法，到了 17 与 18 世纪已经在东亚各国儒者之间，形成某种"意见气候"。中日朝各国儒者都接受一种未经明言的假设，认为《论语》与《孟子》等经典中的义理，都可以经"字义"的溯源与考证而被完整且明确地加以证成。如果说字义学是一种"理性"的知识活动，那么，17 与 18 世纪东亚从事于字义学研究工作的各国儒者，对孔孟精神世界的企慕与追求，可以说是一种以"信仰"为基础的类宗教情操。在 17—18 世纪从事字义学工作的各国儒者身上，"理性"与"信仰"是可以统一的。除了本章要析论的 17 世纪日本儒者之外，18 世纪中国的戴震是另一位最具代表性的儒家思想家。戴震的《孟子字义疏证》择定"理""天道""性""才""道""仁义礼智""诚""权"等关键字，重探《孟子》书中"字义"背后的思想，以驳斥宋明儒者之旧说，主张抽象性与普遍性只能在具体性与特殊性之中寻觅，才能免于"以理杀人"。余英时先生在《论戴震与章学诚》一书中，曾指出 18 世纪的乾隆时代有两个戴东原：一是领导当时学风的考证学家戴东原，另一个则是与当时学风相悖的思想家戴东原，但这两个戴东原之间有其内在紧张性。[①]《孟子字义疏证》的撰写，正是戴震化解"两个戴震"之间的紧张性，将考据与义理融合为一，也就是将"理性"与"信仰"融合为一的努力。

---

① 余英时：《论戴震与章学诚》，香港：龙门书店，1976 年，页 92。

伊藤仁斋从 16 岁（宽永 19 年，1642 年）起，研读朱子《四书章句集注》《语类》《或问》《近思录》等著作，可以说是完全浸润在朱子学的学术典范之中，直到 32 岁（万治 2 年，1658 年）所撰《仁说》一文仍笼罩在朱子《仁说》的论述典范之中；从 36 岁（宽文 2 年，1662 年）起，撰写《孟子古义》《论语古义》时才对朱子学大加批判；到了 56 岁（天和 3 年，1683 年），撰写《语孟字义》，完成经由对《语》《孟》字义的再厘定而批判宋儒的学术事业。[1] 仁斋的学思历程让我们看到了朱子学在日朝儒学界的巨大身影，日朝儒者可以诤朱、反朱、批朱，但不能绕过朱子学的典范而立论。

经典诠释典范的第 2 次大翻转，出现在从"理"学向"心"学理论基础的转变。王阳明《答罗整庵少宰书》，[2] 正是这项转变最深切著明的表白。为了简要精准地说明第 2 次诠释典范的大转变，我想以朱子与王阳明对《孟子·公孙丑上·二》"知言养气"章的诠释为例加以说明，因为朱子与阳明对《孟子》"知言养气"章的解释充满张力，很能显示诠释典范的转移。

朱子本《大学》解《孟子》，将孟子所说的"知言""养气"等关键词，都从"格物致知"与"穷理"的立场赋予新诠，以下这段文字最句代表性：

> 熹窃谓孟子之学盖以穷理集义为始，不动心为效。盖唯穷理为能知言；唯集义为能养浩然之气。理明而无可疑，气充而无所惧，故能当大任而不动心，考于本章，次第可见矣。[3]

以上这一段话显示，朱子以"穷理"这个核心概念为出发点，将"穷理"理解为孟子的"知言"的阶梯，也从"穷理"立场将孟子的"集义"一词中的"集"

---

[1]　仁斋长子伊藤长胤说："先生时年四十，大较仍朱说，但耳顺解稍异，然道器精粗，理气性命，及情欲浑尽等语，尚仍旧套，不若后来知浑化，末排以虚论心，以镜譬心之说，复古之见久矣。"见伊藤仁斋：《古学先生詩文集》卷 4《講義類》最末长胤之按语，页 89。

[2]　王守仁：《答罗整庵少宰书》，收入陈荣捷：《王阳明传习录详注集评》第 176 条，页 253。

[3]　朱熹：《与郭冲晦》，见《晦庵先生朱文公集》卷 37，收入《朱子全书》第 21 册，页 1635—1640，引文见页 1639—1640。

字解释为"集,犹聚也"。① 朱子以他"心"与"理"二分的哲学预设,诠释孟子思想,从 16 世纪王阳明开始,在中日朝各国儒者中引起极大反响,受到严厉的批判。

朱子诠释典范的大翻转,始于王阳明。阳明告诉学生他的"立言宗旨"在于"心即理",因为有见于"世人分心与理为二,故便有许多病痛"。② 阳明说:"心不是一块血肉,凡知觉处便是心。"③ 王阳明在《答徐成之二》中将他的"心"学要义讲得最是清楚:

> 心也者,吾所得于天之理也,无间于天人,无分于古今。苟尽吾心以求焉,则不中不远矣。学也者,求以尽吾心也。是故尊德性而道问学,尊者,尊此者也;道者,道此者也。④

"心即理"这项命题正是阳明解释经典的基本立场,阳明强调"心外无事""心外无理"。⑤ 阳明虽然对朱子充满感恩之情地说:"仆于晦庵亦有罔极之恩,岂欲操戈而入室者?"⑥ 但是,阳明强调"夫学术者,今古圣贤之学术,天下之所公共,非吾三人者所私有也",⑦ 所以,阳明"不得已"而在解经途径上必须与朱子分道扬镳,正如我过去研究所说:"王阳明以'心即理'作为立言宗旨,贯串孟子系统中的诸多概念如'尽心'、'养气'等。在'心即理'的王学系统观照之下,孟子的'尽心'被理解为'知性',也就是'复其

---

① 黎靖德编:《朱子语类》卷 52《孟子二·公孙丑上之上·问夫子加齐之卿相章》第 132 条,收入《朱子全书》第 15 册,引文见页 1730。

② 陈荣捷:《王阳明传习录详注集评》第 321 条,页 372。阳明在此所谓"世人",当指朱子及其后学而言。

③ 陈荣捷:《王阳明传习录详注集评》第 322 条,页 373。

④ 王守仁撰,吴光等编校:《王阳明全集》上册卷 21《外集三》,页 809。

⑤ 陈立胜对阳明这两句话提出精彩的解释,参看陈立胜:《入圣之机:王阳明致良知工夫论研究》第 5 章,页 146—178。

⑥ 王守仁撰,吴光等编校:《王阳明全集》上册卷 21《外集三》,页 809。

⑦ 同上。

心之本体'；孟子的'集义'，被解释为'致良知'；孟子的'必有事焉'，成为从事于'集义'（＝'致良知'）的功夫。"①王阳明甚至摘录朱子著作，编为《朱子晚年定论》，以强化他所持的朱子学乃是"心学"之主张。②

王阳明以"心即理"的理论，彻底翻转了朱子所建立的以"性即理"为基础的解经典范，完成了从"理"学到"心"学的典范大转移，这是荒木见悟（1917—2017）先生所谓晚明"新四书学"③的一大重要趋势。在这种"心"学昂扬的新趋势中，明末文人张岱说："余幼尊大父教，不读朱注。"④黄宗羲写《孟子师说》，也在《序》中感叹："此亦一述朱，彼亦一述朱，宜其学者之愈多而愈晦也。"⑤阳明学大兴之后，朱子学的诠释典范之地位已经开始渐趋式微。

以上说明东亚儒家经典诠释史所见的两次诠释理论基础的大转变，当然并不是说东亚儒学史上只有这两次经典诠释理论基础的转折。事实上，17世纪以降东亚各国"气"论的兴起、流衍及其并主导经典解释的方向的现象，就可以被视为"近世东亚的反理学思潮"，⑥也可以视为儒家经典诠释典范的第三次大翻转。因杨儒宾先生已有专书申论东亚近世的"气"学，为节省篇幅，就不再重复，仅以前2次转变作为理论探讨的重点。

（二）仁斋方法学的登场

伊藤仁斋于宽永14年（1627）生于京都堀川，自名其居所为"古义堂"，故仁斋学派或称为"堀川学派"或称为"古义学派"。为了探讨仁斋解经的方法学，我们可以从"古"与"义"这两个关键字切入。

---

① 黄俊杰：《孟学思想史论》卷二，页268。
② 参考陈荣捷：《从朱子晚年定论看阳明之于朱子》，收入氏著：《朱学论集》，页353—383。
③ 参考荒木见悟：《明代思想研究——明代における儒教と佛教の交流》，东京：创文社，1972年，页300—304。
④ 张岱：《四书遇》，自序，页1。
⑤ 黄宗羲：《孟子师说》卷1，页48。
⑥ 杨儒宾：《异议的意义：近世东亚的反理学思潮》。

　　第一，返"古"以开新。仁斋的古义学是东亚近世儒家"复古主义"（restorationism）[①]在17世纪日本的表现。但是，仁斋所复的"古"，并不是榛狉未启的初民社会，也不是大一统帝国从历史地平线升起之后，以"五经"为治国宏谋的时代，而是春秋战国的时代中《论语》和《孟子》两部经典中所描绘之理想文明。仁斋希望重新解释《语》《孟》，回归孔子与孟子思考的原点，从而开创一个以"人伦日用"为中心的平正踏实的新世界。

　　第二，从"字义"求宗趣。仁斋拆碎宋儒所建的形而上的七宝楼台，"悉废语录注脚，直求之于《语》《孟》二书，窹寐以求，跬步以思，从容体验，有以自定，醇如也"，[②]并撰写《语孟字义》《论语古义》《孟子古义》等书，从《语》《孟》的"字义"切入，寻"古义"于经典，出新解于陈篇。我在上文已说，仁斋所走的是朱子门人陈淳所开启的"字义"的新典范的道路。仁斋与林罗山以降17—18世纪日本儒者如松永尺五、浅见絅斋、荻生徂徕、富永沧浪、冢田大峰等人，一样都从字义的再定义，以重建孔孟思想的宗趣。这是一种沿波以讨源，以点滴汇成潮流的新方法。

　　仁斋古义学的方法表面上神似汉儒习见的训诂之学，但实际上仁斋是从经典的关键词切入，解构宋儒形上学的云山雾海，重建一个新的解经典范，与汉儒训诂之学殊不同科。仁斋方法学反而与朱子解经方法学有其可比较性。朱子说："某寻常解经，只要依训诂说字。"[③]朱子又说："如教人亦只言某字训某字，自寻义理而已。"[④]但我们通读朱子著作，就知道朱子解经远非汉儒训诂之学所能羁縻。朱子《四书章句集注》将汉注、唐疏与北宋诸老

---

① 这是狄培理先生使用的名词。见Wm. Theodore de Bary, "Some Common Tendencies in Neo-Confucianism", pp. 25-49, 尤见 34—36 页。狄先生举欧阳修（1007—1072）的"本论"与佐藤信渊（1769—1850）的"复古"思想为例，阐释"复古主义"在近世中日儒学中的发展。

② 伊藤仁斋：《同志会笔记》，页 30。

③ 黎靖德编：《朱子语类》卷 72《易八·咸》第 5 条，收入《朱子全书》第 16 册，页 2419。

④ 黎靖德编：《朱子语类》卷 137《战国汉唐诸子》第 34 条，收入《朱子全书》第 18 册，页 4247。

先生之说熔于一炉而冶之，并以"理"为基础建立新的思想典范，"理"之一字在《四书章句集注》中共出现 299 次。[1]朱子的四书学成为 14 世纪以后东亚儒者仰望的"解释的权威"。在铸新远大于融旧这个意义上，仁斋的方法学可比拟于朱子的解经方法学。其次，仁斋虽然批判朱子，但是他和朱子一样地深信他们的儒学信仰与新解都可以经由"字义"的再定义而被理性地加以证立。在这个意义上，仁斋学与朱子学都是将"信仰"与"理性"融贯而为一体。

三、仁斋孟子学的关键词及其对朱子学的批判

现在我们循着仁斋方法学的足迹，逐一解析仁斋孟子学的 4 个关键词。

（一）关键词

1. "王道"

"王道"是仁斋孟子学最重要的关键词，仁斋将《孟子》前 3 篇称为"上孟"，后 4 篇称为"下孟"，并强调"读孟子之书者，当于前三篇观其归趣，而于后四篇知其所本也"。[2]

仁斋重新定义孟子的"王道"以经世为本，以救民为务，所以必须由"仁义"行，他说：

> 孟子之学，孔门之大宗嫡派也。其学以仁义为宗，以王道为主。而所谓王道者，亦由仁义而行，非外仁义而有所谓王道者矣。而至所以求仁义，则以恻隐、羞恶、辞让、是非之心为之端，以功利邪说为之害。所谓性善者，明仁义之有于己也；浩然之气者，明仁义之功用

---

① 金观涛、刘青峰：《观念史研究：中国现代重要政治术语的形成》，页 40。
② 伊藤仁斋：《孟子古义·総論》，页 1—2。

也；存心者，存此也；养性者，养此也；尽心者，尽此也；求放心者，求
此也，皆莫非所以求仁义也。①

仁斋认为"王道"比"性善"更重要，他说：

> 虽有爱人之心，然不行先王之道，则所谓徒善，而不可以行也必
> 矣。其解《孟子》，不以王道为主，而专倡性善之说者，不善读《孟
> 子》者也。②

又说：

> 孟子意极忠厚，其学以王道为主，以仁义为宗。劝人君，以仁为
> 先，救民为急。至于诲人，则专以反求其身为务，滋味可掬。其以孟
> 子为发越，为无可依据，为有些英气者，岂知孟子者乎哉？③

仁斋将孟子的"王道"重新定义为"由仁义行"，以"仁义"为宗，以"救民
为急"，"论其大要，则在于保民而王"，④而不是"发越"或"性善"。正如他
在"人伦日用"的思想脉络之中推崇《论语》为"最上至极宇宙第一书"⑤一
样，看似平淡无奇，但是，仁斋对孟子"王道"的再定义，实有其发言的特定
对象。

仁斋对"王道"的再定义，是针对宋明儒（特别是朱子）而发。诚如萧
公权师所说，"程朱之政治哲学大体上以《大学》一书为根据"。⑥朱子主张

① 伊藤仁斋：《孟子古義·総論》，页 3。
② 伊藤仁斋：《孟子古義》卷 4，页 138。
③ 伊藤仁斋：《孟子古義·総論》，页 4—5。
④ 伊藤仁斋：《孟子古義》卷 1，页 20。
⑤ 伊藤仁斋：《論語古義·総論》，页 4；亦见于伊藤仁斋：《童子問》卷上第 5 章，页 78。
⑥ 萧公权：《中国政治思想史》上册，页 537。

"王道"之基础在于"心",只要其"心"慎独,就可以行"王道"。① 朱子认为"王道之要,不过推其不忍之心,以行不忍之政",② 因为"天地万物,本吾一体。吾之心正,则天地之心亦正矣"。③ 这一类以"心"为首出,认为修齐治平本于格致诚正的看法,不仅屡见于《四书章句集注》,亦见于朱子对宋孝宗(在位于 1162—1189)的奏札或封事之中,如淳熙八年(1181)《辛丑延和奏札二》云:"人主所以制天下之事者,本乎一心,而心之所主,又有天理、人欲之异。"④ 又如《戊申封事》中说:"天下之事千变万化,其端无穷而无一不本于人主之心者,此自然之理也。故人主之心正,则天下之事无一不出于正。"⑤ 万事既本乎一"心",所以朱子接着说:"愚谓王道即尧、舜、禹、汤、文、武、周公、孔、孟相传之道,由周公而上,上而为君;由孔子而下,下而为臣,固家家可以得而行矣。"⑥ 这种具有高度唯心论色彩的政治哲学,也见于北宋王安石(介甫)所说"夫王之与霸,其所用者则同,而其所以名者则异,何也? 盖其心异而已矣",⑦ 以及 16 世纪阳明学泰州学派的王艮(心斋)所说"所谓王道者,存天理,遏人欲而已矣"一语。⑧

在仁斋的孟子学新诠中,国君的"自我"必须时时心系作为"他者"的人民,而不是视人民如无物。⑨ 仁斋说:"乐民之乐,忧民之忧,王道之至要也。……则天下之事,无大无小,无往而非王道矣。区区天理人欲之辨,岂

---

① 朱熹《论语·子罕·一六》集注引程子曰:"圣人之心,纯亦不已也。纯亦不已,乃天德也。有天德,便可语王道,其要只在谨独。"见朱熹:《论语集注》卷 5,页 153。
② 《孟子·梁惠王上·七》,见朱熹:《孟子集注》卷 1,页 294。
③ 朱熹:《中庸章句》,页 24。
④ 朱熹:《辛丑延和奏札二》,见《晦庵先生朱文公文集》卷 13,收入《朱子全书》第 20 册,页 639。
⑤ 朱熹:《戊申封事》,见《晦庵先生朱文公文集》卷 11,收入《朱子全书》第 20 册,页 590。
⑥ 朱熹:《李公常语下》,见《晦庵先生朱文公文集》卷 73,收入《朱子全书》第 24 册,页 3540。
⑦ 王安石:《临川先生文集》,页 714。
⑧ 王艮:《王道论》。
⑨ 关于这项论点,参考田尻祐一郎:《德川儒教と「他者」の問題——伊藤仁斋『孟子古義』を読む》,《日本の哲学》第 13 号(2012 年),页 85—101。田尻先生特别指出仁斋重视日本社会所重视的"他者感覚"(たしやかんかく),见页 101。

足以论王道之大哉？"① 仁斋强调孟子所谓"王道"，乃是将活生生的、参与劳动的"他者"置于首位，对"他者"的关心兼摄道德与政治层次，而不是如朱子空言"天理""人欲""同行异情"，② 间不容发。

仁斋之所以主张孟子的"王道"必须"以仁义为宗"、必须落实在"救民为急"的"仁政"，而不是空言"性善"或呫呫乎"存天理，遏人欲"。仁斋对孟子"王道"的再定义，完全是针对中国宋明儒的"王道"论而提出的一套反论述。仁斋"古义学"乃返"古"而开"新"之"新"，正是对宋明儒之旧"王道"论而为"新"。

2."道"

仁斋孟子学的第2个关键字是"道"。仁斋对《孟子》书中的"道"字，提出了以下的新解：

> 道，犹路也，人之所以往来也。……大凡圣贤与人说道，多就人事上说。……凡圣人所谓道者，皆以人道而言之。……道者，人伦日用当行之路。③

仁斋回到了古代中国以"路"释"道"之传统。如《尚书·洪范》"王道荡荡……王道平平……"④ 的"道"字，均作"路"字解。仁斋古义学的"古"，是回到秦汉大一统帝国出现之前的古典儒学的思想世界。从"道，犹路也"出发，仁斋进一步提出孟子的"道"有其公共性与同然性，他说："道也者，天下之公共，人心之所同然，众心之所归，道之所存也。"⑤ 仁斋更指出孟子的"道"有其必然性，他说：

---

① 伊藤仁斋：《孟子古義》卷1，页31—32。
② 朱熹：《孟子集注》卷2，页303—304。
③ 伊藤仁斋：《語孟字義》卷上《道》，页18—19。
④ 孔安国传，孔颖达疏：《尚书正义》卷12《洪范》，页368。
⑤ 伊藤仁斋：《孟子古義》卷1，页35。

夫道通于天下，达于万世，人不待由焉，而不能不由之者也。故一人知之，而天下不能知者，非道；一人行之，而天下不能行者，亦非道。是故圣人立教必以五伦为本，语道必以仁义为要，论德必以中庸为主，欲其通于天下，达于万世，而人人可能也。①

仁斋对孟子的"道"所提出的古义学新诠，在"道"的"去形上化"这一点上，可以说与朱子对孔孟的"道"的诠释，正好站在光谱的两端。朱子解释《孟子·公孙丑上·二》中孟子说"浩然之气"必须"配义与道"的"道"时说："义者，人心之裁制。道者，天理之自然。"②朱子解释《论语·里仁·八》中孔子说"朝闻道，夕死可矣"一语中的"道"说："道者，事物当然之理。"③朱子解释《中庸》第4章的"道"字也说："道者，天理之当然，中而已矣。"④朱子显然将孔孟的伦理学安立在宇宙论的基础之上，在"所当然"的具有特殊意义的人伦世界之上，另建一个"所以然"的具有普遍意义的形上学的"理"或"天理"，以统御人伦世界中多元多样的事物。仁斋对孟子学中"道"的古义学新解，正是针对宋学而发，确实具有返"古"以开"新"之意义。

3. "性"

仁斋孟子学的第3个关键字是"性"这个字。仁斋解孟子的"性"说：

性者生之本，以所存而言。情者生之欲，以好恶而言，而才者所以行之者也，三者皆由气质而得名。盖人之为性，刚柔昏明，有万不同，非惟尧舜不能一之，虽天地亦不能一之。故《易》曰："乾道变化，各正性命。"《中庸》曰："天之生物，必因其材而笃焉。"观其曰

---

① 伊藤仁斋:《孟子古義》卷3，页135。
② 朱熹:《孟子集注》卷3，页323。
③ 朱熹:《论语集注》卷2，页95。
④ 朱熹:《中庸章句》，页25。

"各正"，曰"因材"，则性之不能无殊可知矣，人但知性之各殊，而不知亦有所同然，见孺子将入于井，必有怵惕恻隐之心，犹火之必炎上，水之必润下，无古今，无圣愚，一也，是则同，孟子所谓性善者，是也。盖就气质明其善，而非离气质而论之。[1]

仁斋以"生之本"解释孟子的"性"善说，是对孟子心性论的一大误解，而与孟子同时代的论敌告子（公元前 420 ？—公元前 350 ？）所采"生之谓性"相去不远，[2] 也与荀子所说"生之所以然者谓之性"[3]，以及汉儒董仲舒所说"如其生之自然之资谓之性"[4] 之说非常接近。仁斋说"性者，生之本，以所存而言"，可见仁斋是就生之"存有"（being）言性，而不是就"价值"（value）言性。仁斋这种即生以言性的立场，在他所撰《语孟字义》中，表达最为明白。他说：

> 性，生也。人其所生，而无加损也。……而孟子又谓之善者，盖以人之生质虽有万不同，然其善善恶恶，则无古今无圣愚，一也，非离于气质而言之也。[5]

仁斋对孟子的"性"这个概念的解释，虽然回归汉儒言"性"之"古义"，但与孟子即心善以言性善之立场，可谓完全背离。

4."心"

仁斋孟子学的第 4 个关键字是"心"。仁斋将孟子的"心"的重要性放

---

① 伊藤仁斋：《孟子古義》卷6，页242。
② 大滨皓先生说："告子之'性'指生之本能，只要是生之本能，那么犬性、牛性、人性之间便无差别可言。"其说甚是。见大滨皓：《孟子と告子の論爭》，收入氏著：《中国古代思想論》，页213。
③ 王先谦撰，沈啸寰、王星贤点校：《荀子集解》卷16《正名》，页412。
④ 苏舆：《春秋繁露义证》卷10《深察名号篇》，钟哲点校，页291。
⑤ 伊藤仁斋：《語孟字義》卷上《性》，页33。

在"仁义礼智"等具体的德行之下。仁斋说：

> 孔孟之教人，每由仁义礼智之德而修其身，而言"心"者甚罕。何者？仁义礼智，天下之达德，而心者人之所思虑运用，从其所欲，必至违道，故圣人每言"德"而不言"心"，而孟子以"心"为大体者，何也？盖孟子所谓"心"者，指良心而言。其曰："思则得之，不思则不得"者，亦言得仁义与否耳，非徒言心也。后世儒者不知仁义礼智之德而修之，亦无奈心之出入起灭，变现万端何，故以收摄精神为存心，而无欲主静持敬静坐等说兴，其说枯燥而无味，其法危殆而不安，遂使圣人之教，与佛老之说，混为一途，其害可胜言哉！①

仁斋解释孟子的"心"是"人之所思虑运用"，顷刻之间可以升天沉渊、周流四海，颇有违"道"之可能，所以应重"德"而不重"心"。仁斋在《语孟字义》中说：

> 心者，人之所思虑运用。本非贵，亦非贱，凡有情之类，皆有之。故圣人贵德，而不贵心。《论语》中说心者，才有"其心三月不违于仁"，及"从心所欲不踰矩"，及"简在帝心"三言而已，然皆不以心为紧要。至于孟子多说心，然亦皆指仁义之良心而言，不特说心，曰本心，曰存心，是也。②

仁斋以"心者，人之所思虑运用。本非贵，亦非贱，凡有情之类，皆有之"，重新定义孟子的"心"。仁斋定义下的孟子之"心"，基本上是一种"认知心"而不是"道德心"。"心"不是道德价值理念的创发者，所以仁斋说："心自是

---

① 伊藤仁斋：《孟子古義》卷6，页242。
② 伊藤仁斋：《語孟字義》卷上《心》，页31—32。

心,性自是性,所指各殊。"①仁斋显然不承许孟子以"心"定"性"、以"心"定"言"的思考路径,这是对孟子的"道德心"的重大误解。②我过去曾说仁斋对孟子心性论的解释,"完全切断了孟子思想世界中人的存在的超越性根据,而且与孟子心学中'心'的普遍必然性、超越性与连续性,均有重大歧出"③,用李泽厚(1930—2021)先生的话来说,仁斋学的思想世界是"俗即是道"④的"一个世界",而不是"道"在"俗"上的"两个世界"的思想。⑤

综上所说,在仁斋孟子学的 4 个关键字(1)"王道"、(2)"道"、(3)"性"、(4)"心"之中,仁斋特别重视的是孟子的"王道"思想。仁斋将孟子的"王道",从宋明儒以"存天理、遏人欲"解释"王道"的云山雾海中拯救出来,确有拨云见日之效果。我在本书第三章第三节,析论伊藤仁斋所撰《孟子劝诸侯行王道论》一文时,曾指出仁斋具有"反形上学的"及"反观念论的"思维倾向。这 2 大倾向,在他的孟子学诠释之中都一再展现。

(二)作为反朱子学的仁斋孟子学

现在,我们可以进一步观察:仁斋的孟子学在什么意义下,在哪些命题上,可以被视为朱子学的反命题。仁斋经由对孟子学的再诠释而批判朱子学,至少表现在以下 3 个命题之上。

1. 仁斋对朱子"理"学的批判:"实学"的再定义

朱子哲学实以"理"为中心,本章第二节讲朱子方法学的登场,曾说朱

---

① 伊藤仁斋:《語孟字義》卷上《心》,页 31—32。
② 牟宗三说:"孟子所言之心实即'道德的心'(Moral mind)也。此既非血肉之心,亦非经验的心理学的心,亦非'认识的心'(Cognitive mind),乃是内在而固有的、超越的、自发、自律、自定方向的道德本心。"其说最为精当。见氏著:《心体与性体》第 1 册,页 44。
③ 黄俊杰:《东亚儒学史的新视野》,页 111。
④ 伊藤仁斋:《論語古義》卷 5,页 130。
⑤ 所谓"一个世界"的说法,是李泽厚先生首先提出。见李泽厚:《中国古代思想史论》,北京:生活·读书·新知三联书店,2008 年;李泽厚:《初拟儒学深层结构说》,收入氏著:《历史本体论:己卯五说(增订本)》,北京:生活·读书·新知三联书店,2008 年,页 270—288。

子所撰《四书章句集注》这部巨著中，"理"这个字就出现过 299 次。朱子说："宇宙之间，一理而已。"[①]朱子的"理一分殊"之说，建立了一个形而上的"理一"与形而下的"分殊"二分但又合一的世界。朱子所说的"理"，既是自然，又是所以然，更是所当然；既是性理，又是天理。[②]我们可以说，朱子的伦理学确实建立在以"理"为中心的形上学基础之上。

伊藤仁斋重新解释孟子的"理"的字义，以颠覆朱子的"理"学的哲学殿堂。仁斋说："理是有条而不紊之谓，义是有宜而相适之谓。河流派别，各有条理之谓理。"[③]又说："道以往来言，理以条理言，故圣人曰'天道'、曰'人道'，而未尝以'理'字命之。……可见以理字属之事物，而不系之天与人。"[④]仁斋将孟子的"理"字解释为"条理"，是经验世界的事物；他切断超越世界与经验世界的联系，说"（理）不系之天与人"即为此意。仁斋对"理"的新诠完全是针对宋儒尤其是朱子的"理"的思想而发，将眼光从天上拉回人间，解构了朱子学中"理"的形上学的葛藤。仁斋以"条理"重新定义孟子的"理"，与百年之后的清儒戴震竟如出一辙，[⑤]难怪引起许多学者怀疑戴震的《孟子字义疏证》，可能抄袭或受到伊藤仁斋《语孟字义》的影响。[⑥]

---

① 朱熹：《读大纪》，见《晦庵先生朱文公文集》卷 70，收入《朱子全书》第 23 册，页 3376。

② 陈荣捷：《宋明理学之概念与历史》，台北："中研院"中国文哲研究所，1996 年，"理"条（页 133—142），以及"理一分殊"条（页 143—146）。

③ 伊藤仁斋：《語孟字義》卷上《理》，页 22。

④ 同上书，页 21。

⑤ 戴东原说："理者，察之而几微，必区以别之名也，是故谓之分理；在物之质，曰肌理，曰腠理，曰文理；得其分则有条而不紊，谓之条理。"见戴震：《孟子字义疏证》卷上《理》，页 151。

⑥ 参看青木晦藏：《伊藤仁斋与戴東原》，《斯文》第 8 编第 1 号（1926 年 2 月），页 21—49；第 8 编第 2 号（1926 年 4 月），页 16—43；第 8 编第 4 号（1926 年 7 月），页 21—27；第 8 编第 8 号（1926 年 11 月），页 25—30；第 9 编第 1 号（1927 年 1 月），页 19—25；第 9 编第 2 号（1927 年 2 月），页 21—31；高桥正和：《孟子字義疏証と語孟字義》，《别府大学国語国文学》10，收入《中国関係論説資料》第 11 册第 1 分册（上）（1969 年），总页 550—556；冈田武彦：《戴震と日本古学派の思想——唯理論と理学批判論の展開》，收入氏著：《江戸期の儒学——朱王学の日本的展開》，东京：木耳社，1982 年，页 74—110。余英时先生对此一问题有所辩正，见余英时：《戴東原与伊藤仁斋》，《食货月刊》复刊第 4 卷第 9 期（1974 年），页 369—376。上引青木晦藏与冈田武彦论文已有中译本，刊于《中国文哲研究通讯》第 10 卷第 2 期（2006 年），页 19—66 及页 67—90。

但是，从17世纪以后东亚各地儒者风起云涌地批判朱子学的思潮来看，"理"学退潮、"礼"学兴起，"礼治社会"思想成为清代初期的风潮，[1] 因此，伊藤仁斋与戴东原均以"条理"重新定义孟子的"理"这个字，可能不能简单地视为从仁斋到东原前后相承的、线性的"持续性概念"（continuing ideas），而是异地异时各自发展、遍地开花的"再现的概念"（recurrent ideas），[2] 它们都是东亚近世思想界反朱子学的一种表现。

仁斋对朱子学的"理"之批判，主要表现在以下两个方面。

第一，仁斋翻转朱子所谓的"实学"，并赋予崭新的定义。朱子思想中的所谓"实学"建立在作为形上学的"理"之上，朱子在《中庸章句》第1章前言说：

> 子程子曰："不偏之谓中，不易之谓庸。中者，天下之正道，庸者，天下之定理。"此篇乃孔门传授心法，子思恐其久而差也，故笔之于书，以授孟子。其书始言一理，中散为万事，末复合为一理，"放之则弥六合，卷之则退藏于密"，其味无穷，皆实学也。[3]

在朱子思想中，《中庸》从"始"、"中"到"末"皆以"理"为中心，是为"实学"。朱子所认知的"实学"建立在形上之"理"之上，充满了超越的（transcendent）性质。但是，仁斋重新定义的"实学"，则充满了实存的（existential）性格。仁斋主张"道"只存在于"人伦日用"之中，"人外无道，道外无人"，[4] 只有通过活生生而实际的生活经验，才能体证普遍的原则，他

---

[1]　王汎森：《权力的毛细管作用：清代的思想、学术与心态》第2章《清初"礼治社会"思想的形成》，台北：联经出版公司，2019年，页41—87。
[2]　这两个名词是曼德尔鲍姆（Maurice Mandelbaum）所创的名词，参看 Maurice Mandelbaum, "The History of Ideas, Intellectual History, and the History of Philosophy", *History and Theory*, vol. 9, beiheft 5 (1965), pp. 38-40。
[3]　朱熹：《中庸章句》，页22。
[4]　伊藤仁斋：《童子问》卷上第8章，页80。

称之为"实理"。仁斋说:

> 吾圣贤之书,以实语明实理,故言孝、言弟、言礼、言义,而其道
> 自明矣,所谓正道不待多言是矣。若二氏之学,专以虚无空寂为道,
> 无形影,无条理,故谓有亦得,谓无亦得,谓虚亦得,谓实亦得,至于
> 纵横捭阖,不可穷诘,正足以见其非正学也。[1]

仁斋定义下的"实理"或"实学",只能见之于日用常行的孝、悌、礼、义等具
体的"规范"(norm)之中,他可以说完全颠覆了朱子的抽象而作为"规律"
(principle)的最高实有之"理"学。仁斋对朱子"理"学的解构,实与17—
19世纪初叶儒家礼教主义的兴起,[2]隔海呼应,同声相应,同气相求。如果用
本书第一章所提出的"脉络性转换"这个概念来说,从朱子的"实学"到仁
斋的"实学","实学"之名相依旧,但"实学"的内涵却经历了巨大的"脉络
性转换"——从朱子的"形上学的脉络",完成了到仁斋"伦理学/社会学的
脉络"之转换。通过这项转换,仁斋涤除了朱子学的形上学元素,阐释日常
性的"儒家礼教主义"。

第二,仁斋对朱子"天理与人欲"二分思维展开了批判。

诚如劳思光先生所说,朱子面对善恶问题或工夫问题,以"天理"与"人
欲"相对之概念,建立"伦理之二元性"(ethical duality)理论。[3]朱子思想
中的"伦理之二元性",也一再出现于他对孟子的解释之中,《孟子·梁惠王
上·一》中孟子开宗明义首揭"仁义"大纛,朱子释之曰:

---

[1]　伊藤仁斋:《同志会笔记》,页11。
[2]　Kai-wing Chow, *The Rise of Confucian Ritualism in Late Imperial China: Ethics, Classics, and Lineage Discourse*, Stanford: Stanford University Press, 1994. 此书有中译本。见周启荣:《清代儒家礼教主义的兴起——以伦理道德、儒学经典和宗族为切入点的考察》,毛立坤译,天津:天津人民出版社,2017年。
[3]　劳思光:《新编中国哲学史》三上,页292。

此章言仁义根于人心之固有,天理之公也。利心生于物我之相
形,人欲之私也。循天理,则不求利而自无不利;殉人欲,则求利未
得而害已随之。所谓毫厘之差,千里之缪。此孟子之书所以造端托
始之深意,学者所宜精察而明辨也。[①]

朱子注《孟子》,首揭"天理之公"与"人欲之私"这一组相对之概念。在
《孟子·梁惠王下·五》集注中,朱子又以"愚谓"起首,撰写179字长文重
申他"伦理之二元性"主张:

愚谓:此篇自首章至此,大意皆同。盖钟鼓、苑囿、游观之乐,
与夫好勇、好货、好色之心,皆天理之所有,而人情之所不能无者。
然天理人欲,同行异情。循理而公于天下者,圣贤之所以尽其性也;
纵欲而私于一己者,众人之所以灭其天也。二者之间,不能以发,
而其是非得失之归,相去远矣。故孟子因时君之问,而剖析于几微
之际,皆所以遏人欲而存天理。其法似疏而实密,其事似易而实难。
学者以身体之,则有以识其非曲学阿世之言,而知所以克己复礼之
端矣。[②]

在《四书章句集注》中,凡是朱子以"愚按"或"愚谓"起首的文字,都极为
精彩,这也是他个人的哲学创见之表述。以上这一段长文中,最可注意的是
"天理人欲,同行异情"这8个字。朱子阐释"天理"与"人欲"之间既互倚
而立,但又互为消长之关系。

仁斋在重新解释孟子学中,对朱子的"伦理之二元性",提出有力的批

---

① 朱熹:《孟子集注》卷1,页280。
② 朱熹:《孟子集注》卷2,页303—304。

驳。最具代表性的论述，是仁斋最重视的孟子"王道"的解释。仁斋说：

> 问："先儒论王道，必曰：'尽天理之极，而无一毫人欲之私。'
> 此语甚善，无可以加焉。何故不与王道相称？"曰："圣人之治天
> 下也，以天下大同之道，治天下大同之人。建大中之道，而不为过
> 高之行。故《中庸》曰：'君子以仁治人，改而止。'盖尽天理之极，
> 非人人之所能，无一毫人欲之私，亦非具形骸、有人情者之所能
> 为。圣人不以此自治，亦不以此强人。由仁义行，非行仁义也。孟
> 子曰：'先王有不忍人之心，斯有不忍人之政。'又曰：'文王视民如
> 伤。'圣贤之论王道如此，未闻以尽天理之极而无一毫人欲之私为
> 王道者也。①

仁斋阐释孟子的"王道"，特重"人人之所能"的"日用常行"之道。他强调
"由仁义行"，他极不取于朱子的"天理"之说。

2. 作为反朱子学的仁斋孟子学，第 2 项特征表现在于对程朱的"性即
理"之说的拒斥

朱子承二程学统，"性即理"之说在朱子解释孟子时屡见不鲜，《孟
子·滕文公上·一》集注云：

> 性者，人所禀于天以生之理也，浑然至善，未尝有恶。人与尧舜
> 初无少异，但众人汩于私欲而失之，尧舜则无私欲之蔽，而能充其性
> 尔。故孟子与世子言，每道性善，而必称尧舜以实之。欲其知仁义
> 不假外求，圣人可学而至，而不懈于用力也。②

---

① 伊藤仁斋：《童子问》卷中第 9 章，页 107。
② 朱熹：《孟子集注》卷 5，页 351。

在《孟子·告子上·六》集注中,朱子先引程颐(伊川)与张载(横渠,1020—1077)之说,并以"愚按"提出自己的见解:

> 程子曰:"性即理也,理则尧、舜至于涂人一也。才禀于气,气有清浊,禀其清者为贤,禀其浊者为愚。学而知之,则气无清浊,皆可至于善而复性之本,汤、武身之是也。孔子所言下愚不移者,则自暴自弃之人也。"又曰:"论性不论气,不备;论气不论性,不明,二之则不是。"张子曰:"形而后有气质之性,善反之则天地之性存焉。故气质之性,君子有弗性者焉。"
>
> 愚按:程子此说才字,与孟子本文小异。盖孟子专以其发于性者言之,故以为才无不善;程子兼指其禀于气者言之,则人之才固有昏明强弱之不同矣,张子所谓气质之性是也。二说虽殊,各有所当,然以事理考之,程子为密。盖气质所禀虽有不善,而不害性之本善;性虽本善,而不可以无省察矫揉之功,学者所当深玩也。①

上引这一段文字最可注意的是,朱子注《孟》竟引程颐之说以修正孟子之说,认为"以事理考之,程子为密",朱子这一段文字引起仁斋的批判,仁斋说:

> 先儒不得其意,徒以性为理,亦无奈气质之不同。于是性有本然气质二端,支离纷纭,至于一性而有二名。《集注》又引程子曰:"论性不论气,不备;论气不论性,不明。"朱氏断之曰:"以事理考之,程子为密。"夫既以程子为密,则是不免于孟子为疏。而其所谓"论性不论气者",亦指孟子而言,则孔子所谓"性相近"者,亦非"论气不

---

① 朱熹:《孟子集注》卷11,页461。

论性"者邪？呜呼！程子独得密，而孔孟皆不免疏漏可乎？宋儒之学，以性为宗，于是不合。则其他龃于孔孟之旨，概而可知矣。[1]

仁斋笔下的"先儒"，就是指朱子而言，他认为朱子已经偏离孟子的原意；他认为朱子的"性即理"说，注重"虚灵知觉"（朱子《中庸章句·序》）的超越性之"理"，非孔孟注重日常性之人伦日用的生活；他说："大凡欲读孟子之书者，当以孟子之言相证，不可以己之意解之。若旧解所说者，皆臆度之见，非孟子之旨也。"[2] 仁斋所谓"旧解"，特指朱子之说，他主张以孟子解孟子，正是东亚近世儒学中的"返古主义"思潮的一种表现。

3. 仁斋孟子学的反朱子学性格，也表现在他对"本然之性与气质之性"的批判

仁斋从驳斥朱子的"伦理之二元性"出发，驳斥程朱的"本然之性vs气质之性"二分的说法。仁斋强而有力地宣称"孟子性善之说，本就气质论之"，[3] 并进一步阐释说："性，生也，人其所生，而无加损也。……而孟子又谓之善者，盖以人之生质虽有万不同，然其善善恶恶，则无古今无圣愚，一也，非离于气质而言之也。"[4] 诚如朱子所指出，宋儒所谓"气质"之说起于张载与程颐，[5] 指作为具体存在的人之生而有之的材质而言。仁斋主张就

---

[1] 伊藤仁斋：《孟子古義》卷6，页242—243。藤井伦明最近针对朱子所说"以事理考之，程子为密"一语，提出新解，他说："笔者觉得朱子可能并不认为孟子与程子的立场是冲突的，反而是认为必须依据程子的说法才能真正发挥孟子的真义。按朱子的思路而言，从'文本'（文字）的脉络来看，程子的说法看似与孟子有冲突之处，但从'义理'（事理）的脉络来看，程子的说法完全符合孟子的立场。笔者认为程子也并没有意识到自己提出不同于孟子的见解，就程子的立场而言，唯有如此解释才能符合孟子的精神、真义。对朱子而言，程子无非是孔孟之道的真正继承者，在经典文本诠释上，孟子的权威与程子的权威是完全一致的。"见藤井伦明：《东亚儒家经典诠释的基本特色——响应黄俊杰〈东亚儒家经典诠释史中的三个理论问题〉一文》，刊于《中国诠释学》第17辑（2018年），页67—78，引文见页71。

[2] 伊藤仁斋：《孟子古義》卷7，页284。

[3] 伊藤仁斋：《語孟字義》卷上《性》，页34。

[4] 同上书，页33。

[5] 黎靖德编：《朱子语类》卷4《性理一·人物之性气质之性》第64条，收入《朱子全书》第14册，页199。

人生而有之的材质或天赋中,可以发现人之性善。仁斋解释《孟子·告子上·二》说:

> 见孺子之将入于井,而皆有怵惕恻隐之心作,甘食而不受嗟来之食,好色而不搂东家之处子,凡为人者,莫不皆然,此孟子所以论性善之本旨,而发明夫子之意者也。盖皆就气质见善,而非离气质而为言也。先儒谓孟子谓性善者,指本然之性,而夫子之语,兼气质而言。此说一出,而后世不能易其言。非惟孟子之旨不明于后世,且使孔孟一家同脉之学,支离决裂,殆不相入焉,可胜叹哉! ①

以上这一段话,最值得注意的是"皆就气质见善,而非离气质而为言也"一语,这种看法与仁斋所说"生之本,以所存言之"一语完全一脉相承,从人性论上切断了"人"与"天"的联系,与孟子所走的"天道性命相贯通"的路径,有极大之差距。

综上所言,仁斋的孟子学确实含有强烈的反朱子学的元素,尤其表现在对于朱子以"理"为中心的所谓"孔门传授心法"的"实学"之颠覆,从"儒家礼教主义"立场赋予了"实学"以崭新的定义。仁斋孟子学安立在"人伦日用"的世界之上,强烈批判朱子所建构的"天理与人欲"的二元世界,也批判朱子继承程颐而建立的"性即理"的命题。仁斋也反对朱子的"本然之性与气质之性"的二元论的性论。他主张孟子所谓的"性善",就是指"气质之性"而言。这项论点于孟子学有所歧出。

四、伊藤仁斋与黄宗羲的孟子学之比较

在 17 世纪东亚思想史的地平线上,日本伊藤仁斋与中国黄宗羲(梨洲)

---

① 伊藤仁斋:《孟子古义》卷 6,页 234。

对孟子学的解释,可说代表了中日儒家思想界的两个高峰,也可以说是代表17世纪中日的两种孟子学。两者同中有异,异中有同,值得我们比而观之,厘定其思想史的意义。

(一)两种孟子学之异同

仁斋孟子学与梨洲孟子学之比较,可以聚焦在 2 大问题:一是"理"与"气"之关系,二是"心"与"理"之关系。我们先从第 1 个问题开始讨论。

1. "理"与"气"之关系

"理""气"关系是宋明理学重大问题之一,朱子更以"理""气""不离不杂"的形上学,建立他的"世界图像"。劳思光先生说:"若分而言之,则'太极'是'理',阴阳以下皆是'气'。'理'是形而上者,故论世界即专就'气'之领域说。然'气'本身又依'理'而有生成变化;由此,世界万物之生成变化,皆是'理'在'气'中之显现,所谓'从微而至著'是也。"[1] 这是对朱子"理""气"说所开展的世界观最为精准的描述。

但是,17 世纪的东亚是"气"论成为主流论述的时代,仁斋与黄宗羲都分享这种以"气"学的共同论述。这是二人的孟子学解释中最大的共同点。

黄宗羲主张"天地间只有一气充周,生人生物。人禀是气以生,心即气之灵处,所谓知气在上也。心体流行,其流行而有条理者,即性也。"[2] 黄宗羲以"气"居首出之地位,所以"形色,气也;天性,理也。有耳便自能聪,有目便自能明,口与鼻莫不皆然,理气合一也",[3] 他又说:"仁者,天之主意,待人而凝,理不离气也。"[4] 他所谓"理气合一"或"理不离气",是指其完成态而言;如就其发生程序而言,则必先有"气"而后有"理"。黄宗羲以下这一段就更清楚地表示了他的立场:

---

① 劳思光:《新编中国哲学史》三上,页 281—282。
② 黄宗羲:《孟子师说》卷 2,页 60。
③ 黄宗羲:《孟子师说》卷 7,页 157。
④ 同上书,页 161。

> 耳目口鼻,是气之流行者。离气无所为理,故曰性也。然即谓是
> 性,则理气浑矣,乃就气中指出其主宰之命,这方是性。①

但是,黄宗羲在上文中说"离气无所为理",不应被误解为以"气"为首出或仁斋式的"气本论"。从《明儒学案·序》来看,黄宗羲的"心"学立场是非常明确的。

梨洲生年早于仁斋 17 年,但是在有"气"而后有"理"的立场上,竟能隔海互相呼应。仁斋说:

> 盖天地之间,一元气而已。或为阴,或为阳,两者只管盈虚消长
> 往来感应于两间,未尝止息,此即是天道之全体。自然之气机,万化
> 从此而出,品汇由此而生。圣人之所以论天者,至此而极矣。可知
> 自此以上更无道理,更无去处,考亭以谓"阴阳非道,所以阳阴者是
> 道",非也。阴阳固非道,一阴一阳往来不已者,便是道。考亭本以
> 太极为极至,而已一阴一阳为太极之动静,以与《系辞》之旨相戾太
> 甚也。②

仁斋在上文中以"气"为最高创生者,并批评朱子所持"所以阳阴者是道"之说。仁斋进一步解释他主张"气一元论"之理由说:

> 何以谓天地之间一元气而已耶?……盖天地一大匣也,阴阳匣
> 中之气也,万物白醭蛀蠹也。是气也,无所从而生,亦无所从而来,
> 有匣则有气,无匣则无气。故知天地之间,只是此一元气而已矣。
> 可见非有理而后生斯气,所谓理者,反是气中之条理而已。……大

---

① 黄宗羲:《孟子师说》卷 7,页 161。
② 伊藤仁斋:《語孟字義》卷上《天道》,页 11。

　　凡宋儒所谓有理而后有气,及未有天地之先毕竟先有此理,皆臆度之见。……①

　　仁斋以上论述主张"理"在"气"中。他批判宋儒"理"先"气"后之说,②可谓畅快淋漓。仁斋在以"气"学的立场上,与黄宗羲完全互相呼应。

　　但是,黄宗羲与仁斋在这个问题上,也有同中之异,最大的差异在于——仁斋的"气"论近于汉儒的"气"论,是一种以宇宙论为中心的思想,仁斋说:"夫无太虚则已,有太虚则不能无斯气。斯气也,既无所生,亦无所不生,万古独立,颠扑不破,岂容以虚无目之邪?"③这种"气"论与成书于汉代初年的《淮南子》所说"道始于虚霩,虚霩生宇宙,宇宙生气,气有涯垠……",④有其近似之处,所以仁斋说:"汉儒以太极为一元气是也,此是千古不传之秘,大易之露泄天机者也。"⑤但仁斋进一步主张"盖天之所以为活物者,以其有一元之气也",⑥以"既无所生,亦无所不生"的"气"为宇宙创生之中心。这种宇宙论中心的"气"论,与黄宗羲所继承的阳明心学,有巨大之差异。

　　黄宗羲虽然主张"无气外之理",⑦但是他不像仁斋那样以"一元之气为之本",⑧以"气"作为"万化之枢纽",⑨黄宗羲将"理"、"气"、"心"、"性"融贯为一。刘述先先生称之为"内在一元论"说:"他的内在一元的思路,一方面不容许理气、气质之性义理之性歧而分为二,另一方面又要在气之流行中

---

① 伊藤仁斋:《語孟字義》卷上《天道》,页12。
② 朱子说:"有是理后生是气。"见黎靖德编:《朱子语类》卷1《理气上·太极天地上》第5条,收入《朱子全书》第14册,页114。
③ 伊藤仁斋:《童子問》卷中第67章,页130。
④ 何宁:《淮南子集释》上册卷3《天文训》,北京:中华书局,1998年,页165—166。
⑤ 伊藤仁斋:《童子問》卷中第67章,页131。
⑥ 同上书,页130。
⑦ 黄宗羲:《孟子师说》卷6,页133。
⑧ 伊藤仁斋:《童子問》卷中第68章,页131。
⑨ 同上。

建立主宰,不假外求。"① 黄宗羲所建立的主宰就是"心"学。我们可以说,仁斋与梨洲在"理""气"关系这个问题上的差异,正是宇宙论中心的思路与心性论思路的差异。

2. "心"与"理"之关系

第 2 个检核仁斋与梨洲孟子学解释的指标,是看他们对"心"与"理"之关系的解释。我们先从生年早于仁斋 17 年的黄宗羲之孟子学解释中,对这个问题的处理开始探讨。

黄宗羲在所撰《明儒学案·序》中开头就说:

> 盈天地间皆心也,人与天地万物为一体,故穷天地万物之理,必在吾心之中。后之学者,错会前贤之意,以为此理悬空于天地万物之间,无从而穷之,不几于义外乎? 此处一差。则万殊不能归一。夫苟功夫著到,不离此心,则万殊总为一致。②

在《原序》中又说:

> 盈天地皆心也,变化不测,不能不万殊。心无本体,工夫所至,即其本体,故穷理者,穷此心之万殊,非穷万物之万殊也。③

以上第一段话彰显黄宗羲所持"心即理"的基本立场,第二段话在"本体"与"工夫"对比的语境中,阐释"心"之主体性。劳思光先生解释这句话说:"'心'作为一纯自由自主之主体性看,则其自身'如何活动',即决定自身'成为如何'。"④ 因此,控制"心""如何活动"的工夫,决定了"心"是否合乎

---

① 刘述先:《黄宗羲心学的定位》,页 103。
② 黄宗羲:《明儒学案·序》,页 9。
③ 黄宗羲:《明儒学案·原序》,页 9。
④ 劳思光:《新编中国哲学史》三上,页 642。

"理"之"本体"状态。

在黄宗羲思想中，"心即理"的"理"是一种规范（norm）义的"理"，所以"心"也必然是"道德心"而不是"认知心"。黄宗羲说：

> 先儒未尝不以穷理为入手，但先儒以性即理也，是公共的道理，而心是知觉，知得公共的道理，而后可以尽心，故必以知性先于尽心，顾其所穷，乃天地万物之理，反失却当下恻隐、羞恶、辞让、是非之心之理矣。①

黄宗羲所说"先儒"特指朱子而言。他批评朱子以"心是知觉"之说的错误，在于以"知"为认知意义的"知"，以"觉"为认知意义的"觉"，成为一种知觉（perception）而不是感觉（feeling）；②黄宗羲强调所谓"心"就是指"当下恻隐、羞恶、辞让、是非之心之理矣"，他主张"天下之理，皆非心外之物，所谓存久自明而心尽矣"。③黄宗羲将孟子所说的"尽心"，解释为尽其"道德心"。

在主张"心"是一种"道德心"这个立场上，伊藤仁斋与黄宗羲似无二致。仁斋在《语孟字义》卷上说："论心者，当以恻隐羞恶辞让是非之心为本。夫人之有是心也，犹有源之水，有根之草木。生禀具足，随触而动，愈出愈不竭，愈用愈不尽，是则心之本体，岂有实于此者乎？"④仁斋这一段话是在批判佛老之以"心"为"虚"时说的，他以孟子的"四端"说"心"。

但是，关于"理"的内涵，仁斋说：

> 理义二字，亦相近。理是有条而不紊之谓，义是有宜而相适之谓。河流派别，各有条理之谓理，水可舟、陆可车之谓义。……理义两者，

---

① 黄宗羲：《孟子师说》卷7，页148。
② 牟宗三已指出朱子对"以觉训仁"说的误解，见牟宗三：《心体与性体》第3册，页279。
③ 黄宗羲：《孟子师说》卷7，页149。
④ 伊藤仁斋：《語孟字義》卷上《心》，页32。

本自天下之至理,而以吾心即仁义之良心,故理也、义也,皆与吾心相适,故曰:"犹刍豢之悦我口也",岂一以属物,一以属己而可乎哉? ①

仁斋思想中的"理",指条理而言,已经与 18 世纪中国的戴震(东原)极为接近。戴东原说:"理者,察之而几微必区以别之名也,是故谓之分理。……得其分则有条而不紊,谓之条理。" ② 几乎就是仁斋之说的翻版。

但是,仁斋与梨洲在大同之中却有小异,亦应加以说明。检核仁斋与梨洲孟子学的差异点,在于他们对《孟子·公孙丑上·二》中孟子所说"集义"一词的解释。黄宗羲说:

"集义"者,应事接物,无非心体之流行。心不可见,见之于事,行所无事,则即事即义也。心之集于事者,是乃集于义矣。有源之水,有本之木,其气生生不穷。③

黄宗羲以"心体之流行"释孟子的"集义",的确是站在"内在一元论"立场而说的。

但是,仁斋对孟子的"集义",却提出以下的理解:

集义,犹言积善也。谓平生所行,无一不在义也。袭,掩取也。凡师有钟鼓曰伐,无钟鼓曰袭。慊,快也。言是气也事事合义,无所愧怍而所生者,非可一旦以义掩袭得之也,其所行一有不合于义,则心有所不快,而其气饥乏,不足有为矣。告子不知义而外之,其不动心,何足取哉? ④

---

① 伊藤仁斋:《語孟字義》卷上《理》,页 22—23。
② 戴震:《孟子字义疏证》卷上《理》,页 151。
③ 黄宗羲:《孟子师说》卷 2,页 62。
④ 伊藤仁斋:《孟子古义》卷 2,页 57。

仁斋的解释虽然掌握了孟子学"仁义内在","性由心显"之基本性质,[①]但是,他将"集义"理解为"积善"系直承朱子《集注》。朱子将"集"字理解为"聚",[②]又说"集义,犹言积善,盖欲事事皆合于义也",[③]显然与孟子学有所歧出。伊藤仁斋虽然批判朱子学,但在"集义"的理解上循朱子之旧轨,而于孟子"集义"之旨有所滑脱,不如黄宗羲以"心体之流行"释"集义"之明快也。

(二)朱子学批判的同中之异

伊藤仁斋与黄宗羲都对朱子学展开了凌厉的批判,都提倡"实学"。仁斋高唱以"实语明实理"的"实学",主张抽象的"规律"(principle)只能见之于具体的、人伦日用的"规范"(norm)之中。黄宗羲则认为儒者之学,经纬万端,绝不能如宋儒之以语录为究竟。诚萧公权师所说:"梨洲所深恶者,空疏之心性与躁进之事功,而其所欲讲求者,修身治世之实学。"[④]

但是,仁斋与黄宗羲的反朱子学事业,却有巨大的差异。仁斋通过重新解释孟子学而反对朱子的形上学,仁斋说:"孟子之学,以仁义为宗,而所谓浩然之气,亦指仁义之功用而言。盖有仁义之心,则有仁义之气,仁义之气,即浩然之气,非外仁义而别有浩然之气也。"[⑤]仁斋将孟子的"浩然之气"从宋儒(特别是朱子)的形上学/宇宙论的解释之中拯救而出,强调"浩然之气"特指"仁义之功用而言",展现出强烈的反观念论的思路。

---

① 仁斋说:"孟子之学,其要在存心养性,而知言即存心之功,养气即养性之功也。盖知言则心存,心存则智明,智明则于言之是非邪正,自无所迷惑,故知言为存心之功。"见伊藤仁斋:《孟子古义》卷2,页56。
② 黎靖德编:《朱子语类》卷52《孟子二·公孙丑上之上·问夫子加齐之卿相章》第132条,收入《朱子全书》第15册,页1730。
③ 朱熹:《孟子集注》卷3,页323。
④ 萧公权:《中国政治思想史》下册,页636。
⑤ 伊藤仁斋:《孟子古义》卷2,页58。

同时代的黄宗羲与伊藤仁斋相对照之下，则呈现为非常明显的观念论立场。黄宗羲的思想立场，在《明儒学案·序》中和盘托出："盈天地间皆心也。"黄宗羲主张"心"之外的外部世界并无独立实有性，外在世界的万事万物依于"心"的活动而存在。[①]

黄宗羲这种观念论的思想立场，在他解释孟子学时处处呈现，也处处成为针对朱子学的"批判的武器"。黄宗羲解释孟子严"王""霸"之别说："王霸之分，不在事功而在心术：事功本之心术者，所谓'由仁义行'，王道也；只从迹上模仿，虽件件是王者之事，所谓'行仁义'者，霸也。"[②] 黄宗羲解释孟子的"集义"说："大人沛然从心而出，不踰言行之矩，所谓集义者也。"[③] 因为黄宗羲的根本哲学立场就是"心即理"，他将孟子的"尽心""知性""知天"解释为：

> 穷理者尽其心也，心即理也，故知性知天随之矣，穷理则性与命随之矣。孟子之言，即《易》之言也。[④]

黄宗羲主张《孟子》与《易》相通，但是仁斋在反观念论的脉络中，思考"天"与"人"之德性的关系，仁斋《易经古义》云："诚者天之道也，君子之所以自强不息者，一于诚而已矣。……有天德，便可语王道，其要只在谨独。"[⑤] 仁斋将《孟子》与《易》都放在反观念论思想中考量。我们可以说，仁斋与黄宗羲的反朱子学论述，是反观念论与观念论的对比。

---

① 黄宗羲说："散殊者无非一本，吾心是也。仰观俯察，无非使吾心体之流行，所谓'反说约'也。"见黄宗羲：《孟子师说》卷4，页110。
② 黄宗羲：《孟子师说》卷1，页51。
③ 黄宗羲：《孟子师说》卷4，页108。
④ 黄宗羲：《孟子师说》卷7，页148。
⑤ 伊藤仁斋：《易经古义》，收入关仪一郎编：《日本儒林丛书》第5卷《解说部1》，东京：凤出版株式会社，1978年，引文见页13。陈威瑨先生提醒我《易经古义》的这一段文字，谨敬申谢意。

五、结论

本章将伊藤仁斋的孟子学置于17世纪东亚比较思想史的视域中加以考察，取之而与朱子学及黄宗羲的孟子学加以比较，我想提出以下2点看法，作为本章的结论。

第一，在东亚儒学史中，仁斋解经的方法学代表从声训向字义的典范转移。仁斋对孟子学的核心概念如"王道""道""性""心"等，都从他的字义学立场赋予崭新的定义，对朱子施以凌厉的批判，可以说是完成了从朱子学的"形上学脉络"向仁斋学的"伦理学/社会学脉络"移动的"脉络性转换"。

第二，以上所谓"脉络性转换"，实际上是从孟子学视野出发的思考。如果从日本儒学史的立场来看，我们就会进一步发现：仁斋所启动的对朱子学的"脉络性转换"，实为建立日本儒学主体性之所必需。宫崎市定（1901—1995）先生曾经说仁斋的论语学具有日本文化之特色。[1] 其实仁斋的孟子学，洋溢着"以实语明实理"[2] 的"实学"精神，也深具日本文化之特色。因此，同生于17世纪的仁斋与明末黄宗羲的反朱子学事业与孟子学新诠事业，所同者在于2人均重视"气"，但所异者则在于仁斋之"气一元论"，实与梨洲以心性论为基础的"内在一元论"迥不相侔也。

---

[1]　宫崎市定:《論語の新研究》，东京:岩波书店，1974年，页57。
[2]　伊藤仁斋:《同志会筆記》，页11。

第七章
18 世纪东亚比较视域中的丁茶山孟子学

一、引言

18 世纪，东亚经济繁荣，在 19 世纪下半叶起西方列强的坚船利炮卷起狂风骤雨之前，是一个相对安定的世纪。明末清初中国的商品经济日益兴盛，社会风气日趋奢靡。18 世纪日本关西地区经济活动飞跃，大阪取得了"天下的厨房"（"天下の台所"）的称号。但是，在儒家思想的领域之中，18 世纪的东亚却是一个思潮激荡，旋乾转坤的新时代。宋明儒以"理"为中心的思想，逐渐被"礼"学取代。清初的凌廷堪（次仲，1756—1809）是一个代表。[①]朱子建构在形上学与宇宙论之上的伦理学，逐渐被社会学与政治经济学取代，中国的戴震（东原），日本古学派的伊藤仁斋、古文辞学派的荻生徂徕等人，可以作为代表人物。宋明时代"理在气上"的思想，也逐渐被"理在气中"（伊藤仁斋语）取代，甚至到了 19 世纪日本的阳明学者山田方谷，走上了"气生理"的思路。本章在以上所说的 18 世纪东亚思想的历史背景中，探讨 18 世纪朝鲜儒者丁茶山（若镛）对孟子性善论的解释及其历史定位。

---

① 凌廷堪重申以"礼"摄"仁"之说云："仁不能舍礼但求诸理也。……夫仁根于性，而视听言动则生于情者也。圣人不求诸理而求诸礼，盖求诸理必至于师心，求诸礼始可以复性也。"见凌廷堪：《校礼堂文集》卷 4《杂著一·复礼下》，北京：中华书局，1998 年，页 32。

朝鲜学者释孟著作为数可观，仅以收录在《韩国经学资料集成》第三集之专书作者而言，从 16 世纪的李滉（字景浩，号退溪）至 19 世纪初年的奇学敬（字仲心，号谦斋，1741—1809）、高廷凤（1743—1822）、李元培（字汝达，号龟岩，1745—1802）、金履九（字符吉，号然窝，1746—1812）等，就已达 91 人，[①] 而以 18 世纪的若镛（丁茶山）最为其中翘楚。

从东亚视野来看，18 世纪朝鲜的丁茶山与 17 世纪日本古学派大儒伊藤仁斋、18 世纪中国的戴震及日本大阪怀德堂儒者中井履轩前后呼应，都代表东亚近世儒者对日趋僵硬的朱子学批判并超越的新动向。[②] 茶山对朱子学既有因袭亦有创新，他既略知日本古学派思想又能加以批驳，[③] 并与天主教及基督教有所接触，[④] 从而建构自己的思想体系。蔡振丰称许茶山"四书学"为东亚"后朱子学"的代表作，[⑤] 诚属的论。

在丁茶山的孟子学中，对孟子性善论的开发，远较其对孟子政治思想的解释精彩而有创见。所以本章聚焦于茶山对孟子性善论的诠释。关于茶山与孟子的先行研究成果不多。[⑥] 本章第二节探讨茶山对孟子性善论的解释，

---

① 书目可参考李康齐译：《韩国〈孟子〉学著作提要》，《中国文哲研究通讯》第 14 卷第 3 期（2004 年），页 133—184。

② 黄俊杰：《东亚近世儒学思潮的新动向：戴东原、伊藤仁斋与丁茶山对孟学的解释》，收入拙著：《儒学传统与文化创新》，台北：东大图书公司，1983 年，页 77—108。此文韩文译本为郑仁在译：《東亞近世儒學思潮의 신동향——戴東原·伊藤仁斋와 다산의 孟學에 대한 해석》，《茶山学报》6（1984 年），页 151—181。

③ Mark Setton, "A Comparative Study of Chŏng Yagyong's Classical Learning (Susahak) and Japanese Ancient Learning (Kogaku)", *Journal of Tasan Studies*, vol. 3 (2002), pp. 230-245.

④ Don Baker, "Tasan Between Catholicism and Confucianism: A Decade under Suspicion, 1797-1801", *Journal of Tasan Studies*, 5 (June, 2004), pp. 55-86 ; Seoung Nah, "Tasan and Christianity: In Search of a New Order", *The Review of Korean Studies*, vol. 3 issue.2 (2000), pp. 35-51.

⑤ 蔡振丰：《朝鲜儒者丁若镛的四书学：以东亚为视野的讨论》，台北：台大出版中心，2012 年，页 311。关于"后朱子学"一词之含义，我将于本章第三节加以分析。

⑥ 例如卡尔顿（Michael C. Kalton）在东西互动脉络中，讨论茶山对孟子的整体性思维之理解及其当代启示。参看 Michael C. Kalton, "Chŏng Tasan and Mencius: Towards a Contemporary East-West Interface", *Proceedings of the 2nd International Conference on the Meeting of East and West in the Thought of Tasan*, Cambridge, MA.: The American Academy of Arts and Sciences and Tasan Cultural Foundation, November, 2003, pp. 1-34。2019 年 4 月 19—20 日，茶山文化财团在首尔主办"茶山与孟子国际学术研讨会"，以补足此一领域之研究缺憾。

第三节将茶山孟子学置于东亚视域中,将茶山孟子学与宋代中国的朱子、清代中国戴震与 18 世纪日本中井履轩之孟子学互作比较,以突显丁茶山在东亚孟子学史上的定位。

二、茶山对孟子性善论的解释

丁茶山孟子学的基本立场在"心性论"。用劳思光先生的定义,所谓"心性论"是一种"以主体性为中心的哲学"。[①] 丁茶山采取"心性论"进路进入孟子的思想世界,与孟子的哲学立场若合符节,遥相呼应。茶山孟子学中的"心性论"哲学立场,主要呈现在两个方面:第一是以"心"居于首出之地位;第二是对形上学的拒斥。这两方面的论述,通贯于茶山的《孟子要义》全书,而茶山解释《孟子·公孙丑上·二》、《孟子·滕文公上·一》以及《孟子·尽心上·一》等 3 章时,表现得最为深切著明,胜义纷披,兹细说如下。

(一)"心"居于首出之地位

茶山对孟子学的解释,扣紧"心"之优先性与主导性,在解释孟子"知言养气"说时,一针见血地指出孟子的立场就是在于以"心"定"言",并以"心"定"气",最能得孟学之肯綮,可谓孟子之异代知音。茶山说:"知言者。知言语之本在心也。"[②] 可谓一语中的,确系孟子的未面心友。茶山又进一步解释说:

> 言者,心之旗也。告子分为二物,岂可通乎? 孟子知浩然之气,生于心直,通啙之辞,亦生于心直。故曰"我知言",故曰"我养气"。今人读此章,不知言、气二者之上下通贯,何以解矣? 〇明理不足

---

① 劳思光:《新编中国哲学史》三上,页 68。
② 丁若镛:《孟子要义》,页 60。

以知言，必其心秉义正直，无所蔽陷，然后乃无诐淫之病。如浩然之气，生于集义，不可作明理说。①

茶山首先指出孟子与告子立场之所以相反，乃在于孟子以"心"居首出之地位。茶山说"明理不足以知言"，就是预设"言"不是客观且与"自我"无关之"理"，"言"之所以不得其正，其根源在于发言者的"心"之不得贞定，所以"知言"的要件在于深入发言者的"心"。茶山说："言者，心之旗也。……孟子知浩然之气，生于心直。"② 完全掌握孟子"心"学之核心要义。③

我在本书第六章第二节曾说"声训"解经典范，实以孔子语言观为基础。孔子一向以最严肃的态度面对语言之作用，认为语言与行动实有也应有其相应性，所以孔子告诫弟子要言行并观，孔子的语言观实以言行相应作为未经明言的理论基础。孟子以孔子之私淑弟子自居，他继承孔子并进一步完成孔子语言观的"内转"（可称为"inward turn"），确立"心"对"言"所居指导之地位。如果说孔子是在"自我"与"世界"（亦即"言"与"行"）互动的脉络中严肃思考语言问题，那么，孟子可以说是在"内"（"心"）与"外"（"言"）的关系中思考语言问题。孟子认为"心"是人一切价值意识的发动机，当然也包括语言在内。丁茶山解释孟子之意说："必其心秉义正直，无所蔽陷，然后乃无诐淫之病"，确能探骊得珠。④

但是，"心"何以能够"秉义正直"呢？茶山主张人生而有其自主性，他说：

---

① 丁若镛：《孟子要义》，页63—64。

② 同上。

③ 孟子性善要义在于"仁义内在"。牟宗三先生说："不是把那外在的仁义吸纳于心，心与之合而为一，乃是此心即是仁义之心，仁义即是此心之自发。"最能得孟子"心"学之肯綮。见牟宗三：《从陆象山到刘蕺山》，页178。李明辉曾解析《孟子》"知言养气"章的义理结构说："'知言'是以心定言，'养气'是以心御气，主要工夫均在'心'上作，其效果则分别表现在于'言'和'气'上。"见李明辉：《孟子重探》，页39。

④ 丁若镛：《孟子要义》，页64。

　　天之于人，予之以自主之权，使其欲善则为善，欲恶则为恶，游移不定，其权在己，不似禽兽之有定心。故为善则实为己功，为恶则实为己罪。此心之权也，非所谓性也。扬雄误以为性，故乃谓之善恶浑，非初无是事而扬雄诬之也。蜂之为物，不得不卫君，而论者不以为忠者，以其为定心也。虎之为物，不得不害物，而执法者不引律议诛者，以其为定心也。人则异于是，可以为善，可以为恶，主张由己，活动不定。故善斯为功，恶斯为罪。然且可善可恶之理，既已参半，则其罪似当末减，所以作孽之不敢逭者，以性善也。性之乐善耻恶，既真确矣，拂此性而为恶，罪其可逭乎？[①]

　　茶山以上这一段论述非常精彩，从孟子"心"学中抉发了两项要义：人有"自主之权"，人是自由的行动主体，人之为善为恶完全取决于"心"之抉择；所以，人必须要为自己的行为承担起道德之责任，"为善则实为己功，为恶则实为己罪"。茶山所阐发孟子"知言养气"说中潜藏了"自由"是"责任"的前提，而且"自由"与"责任"不可分割这两项要义，在东亚孟子学史上，发前人之所未发，确属丁茶山对孟子学之重要贡献。

　　茶山对孟子"心"学的阐释，曾因他与天主教有所接触，而被怀疑是否受到天主教教义的影响。我认为，就茶山之解释来看，与其说是受天主教影响，不如说是他完全进入孟子"心"学的殿堂，才能发前人之所未发。我过去的研究曾指出：孟子"心"学的要义在于主张"心"的价值自觉具有普遍必然性，所以孟子主张"心"对"气"具有优先性。[②] 用牟宗三先生的话来说，孟子的"心"是"即活动即存有之实体"[③]，孟子的"心"学所开启的必

---

① 丁若镛：《孟子要义》，页94—95。
② 黄俊杰：《孟学思想史论》卷一，页34。
③ 牟宗三：《心体与性体》第3册，页462。

然是一种性体即心、本心即理的自律道德,而不是他律道德。① 丁茶山对孟子"心"学的解释,完全不必取资于天主教的思想资源。而且,茶山从孟子"心"学所开创的"自由"与"责任"不可分之要义,更是茶山之创见,具有现代之意义。

(二)对形上学的拒斥:"道"的新诠释

丁茶山对孟子学的诠释,最为精彩的是他对《孟子·尽心上·一》的解释。《孟子》这一章原文如下:

> 孟子曰:"尽其心者,知其性也。知其性,则知天矣。存其心,养其性,所以事天也。殀寿不贰,修身以俟之,所以立命也。"②

茶山首先指出:孟子所谓"尽心",指实践而言。茶山说:

> 读书,宜明本书之例。梁惠王谓孟子曰:"寡人之于国也,尽心焉已矣。"孟子谓齐宣王曰:"尽心力而为之,后必有灾。"三个尽心,理应同释。彼尽心为竭心,此尽心为充量,必不然也。赵注亦有病。余谓竭心力以率性,则何以知其性矣。《易》曰:"穷理尽性,以至于命。"〇《表记》曰:"乡道而行,中道而废,忘身之老也,不知年数之不足也。俛焉日有孳孳,毙而后已。"此之谓尽心。尽心者,行也,行则必知,知则必行,互发而交修者也。③

茶山在"知行合一"的脉络,而不是在"天人合一"脉络中理解孟子所说的

---

① 牟宗三:《心体与性体》第3册,页467。
② 朱熹:《孟子集注》卷13,页489。
③ 丁若镛:《孟子要义》页223—224。

"尽心"的含义。茶山对"尽心"的诠释,不取天道性命相贯通的"天道观"进路,而回到人作为行动主体的实践工夫上。茶山对孟子"尽心"一词之解释,实浸润在他的实学思想之中。茶山批判与他同时代的儒门同道耽溺于形上的思辨,而无补于世界的平治,他说:"孔子之道,修己治人而已。今之为学者,朝夕讲劚,只是理气四七之辨,《河图》《洛书》之数,太极元会之说而已。不知此数者,于修己当乎? 于治人当乎? 且置一边。"①丁茶山努力以赴的是他心目中的"真儒之学",他说:"真儒之学,本欲治国安民,攘夷狄,裕财用,能文能武,无所不当。"②就是他所主张的"实学"。由于实学精神的流注,所以茶山的伦理学的玄想成分极淡,特别强调人与人互动之际的实践性。③

从实学思想立场出发,茶山批驳程颐(伊川)与朱子将孟子的"心"、"性"与"天"都理解为"理"的说法。茶山说:

> 程子曰:"心也、性也、天也,一理也。自理而言谓之天,自禀受而言谓之性,自存诸人而言谓之心。"○铺案 后世之学,都把天地万物无形者、有形者、灵明者、顽蠢者,并归之于一理,无复大小主客,所谓"始于一理,中散为万殊,末复合于一理"也。此与赵州万法归一之说,毫发不差。盖有宋诸先生,初年多溺于禅学,及其回来之后,犹于性理之说,不无因循。故每曰佛氏弥近理而大乱真。夫既曰弥近理,则其中犹有所取,可知也。子思著《中庸》,明云"天命之谓性",孟子曰"尽其心者,知其性。"今乃以心、性、天三者,总谓之一理,则毛氏所谓理命之谓理,不是佻语,而孟子亦当

① 丁若镛:《为盘山丁修七赠言》,见《文集》卷17,收入《定本与犹堂全书》第3册,页393—397,引文见页395。
② 丁若镛:《俗儒论》,页340。
③ Seungkoo Jang, "Tasan's Pragmatic View of Ethics", *The Review of Korean Studies*, vol. 3 issue. 2 (2000), pp. 19-33.

曰：“尽其理者，知其理也，知其理，则知理矣。”束万殊而归一，复成混沌，则凡天下之事，不可思议，不可分别。惟有栖心冥漠，寂然不动，为无上妙法而已，斯岂洙、泗之旧观哉？夫理者何物？理无爱憎，理无喜怒，空空漠漠，无名无体，而谓吾人禀于此而受性，亦难乎其为道矣。[1]

茶山在上文中所批判的“始于一理，中散为万殊，末复合于一理”，是朱子在《中庸章句》起首所引用程伊川之语（文字略有不同），茶山认为“空空漠漠，无名无体”的“理”，非孔子之教，实来自禅学。茶山从实学思想出发，在诠释《孟子·尽心上·一》时，对宋儒（尤其是程朱）的形上学之“理”展开凌厉的批判。茶山说：

若以理为性，以穷理为知性，以知理之所从出为知天，遂以知理之所从出为尽心，则吾人一生事业，惟有穷理一事而已，穷理将何用矣？夫以理为性，则凡天下之物，水火土石草木禽兽之理，皆性也，毕生穷此理，而知此性。仍于事亲、敬长、忠君、牧民、礼乐、刑政、军旅、财赋，实践实用之学，不无多少缺欠，知性知天，无或近于高远而无实乎？先圣之学，断不如此。[2]

茶山重新诠释孟子，将宋儒的形上学之眼，拉回到人间的“事亲、敬长、忠君、牧民、礼乐、刑政、军旅、财赋，实践实用之学”。[3] 他担心宋儒因为向往天际的彩虹而踩碎地上的玫瑰，更不能接受宋儒遥想风云变态之中的空虚之“理”，而忘却人间杂然纷陈的“事”。

---

① 丁若镛：《孟子要义》，页 227—228。
② 同上书，页 224。
③ 同上。

但是，茶山对程朱的"性即理"之说的批判虽然凌厉，却可能忽略了朱子思想中常常呈现某种既一分而二而又合二为一的思维倾向。正是如我过去所说："朱子既以'体''用'二分、'理''气'二分、'天理''人欲'二分的架构思考问题，但他又同时强调'体''用'、'理''气'、'天理''人欲'等都是不离不杂的关系。"① 朱子解释"礼"说："礼者，天理之节文，人事之仪则也。"② 正可见朱子言"理"而不遗"事"之思想倾向。就朱子思维方式的这一项特质来看，丁茶山批评朱子所说"若以理为性，以穷理为知性……则吾人一生事业，唯有穷理一事而已，穷理将何用矣"③，虽然持义峻烈，但未能得朱子学之肯綮。朱子遍注群经，兴办书院，毕生致力于教育事业。朱子思想虽以"穷理"为首出，但朱子言"理"而不遗"事"。朱子订乡约，办社仓，解除由于中央政权对农民痛苦之忽视所带来的地方、农民生存的危机，完全实践儒家经世精神，④ 将"理"落实在日常生活人伦日用之中。茶山对朱子之批判恐未能得其实、得其平！

茶山对朱子学的批评虽然并不持平，但是，正是从"理"在"事"中的思路出发，茶山解释《孟子·尽心上·一》时，主张即"工夫"即"功效"。他在对正祖讲《孟子》这一章时说：

> 首一节，是先言如是用工，则其功效必如是，此行然后知也。次一节。是既知功效如是，则其用工当如是，此知然后行也。故知性则养性，养性则知性，知天则事天，事天则知天。比如人先知彼处有好地方，然后方起身走去了，到头方知这处果是好地方。如是看，似得之。⑤

① 黄俊杰：《东亚文化交流中的儒家经典与理念：互动、转化与融合》，页 64。
② 朱熹：《论语集注》卷 1，页 67。
③ 丁若镛：《孟子要义》，页 224。
④ 关于朱子的社仓事业之研究，参看 Richard von Glahn, "Community and Welfare: Chu Hsi's Community Granary in Theory and Practice", in Robert P. Hymes & Conrad Schirokauer, eds., *Ordering the World Approaches to State and Society in Sung Dynasty China*, Berkeley, Los Angeles & Oxford: University of California Press, 1993, chapter 5, pp. 221-254.
⑤ 丁若镛：《孟子要义》，页 225。

在茶山看来，"功效"只能在扎实的"工夫"之中寻觅，而不能诉诸于脱离于"事"之上的"理"。茶山所采取的是17世纪以后东亚思想界常见的"理在事中"的思维进路。

茶山循"理在事中"的思维，必然不能接受在"具体性"之上，另立一"抽象性"之"理"以为主宰。他说：

> 凡天下无灵之物，不能为主宰。故一家之长，昏愚不慧，则家中万事不理，一县之长，昏愚不慧，则县中万事不理。况以空荡荡之太虚一理，为天地万物主宰根本，天地间事，其有济乎？①

我们可以说，茶山的实学思想正是经由反形上学思考而完成的。

茶山的"理在事中"的思维，使他对孔孟思想中的许多关键字都能赋予新解，其中最具代表性的就是他对"道"这个字的新解。孔子毕生慕道、求道、以道自任，宣示"吾道一以贯之"（《论语·里仁·一五》②）。孔子欣夕死于朝闻，颜子叹欲从而莫由。孔子之"道"，何道也？朱子解释孔子之"道"云："道者，事物当然之理。"③又释孟子之"道"云："道者，天理之自然。"④朱子在万象纷罗的具体事物之上，另立一"当然之理"以为统御。茶山反对朱子以形上之"理"释孔孟之"道"，茶山说：

> 道者，人所由也，自生至死曰道。自生至死曰道，犹自楚至秦曰道。《中庸》曰："道也者，不可须臾离。"如自楚至秦者，其身在道，不可须臾离也。道不远人若此，而张子以气化为道。夫阴阳造化、金木水火土之变动，非吾身之所得由，则岂吾道乎？若云一阴一阳

---

① 丁若镛：《孟子要义》，页228。
② 朱熹：《论语集注》卷2，页96。
③ 《论语·里仁·八》，见朱熹：《论语集注》卷2，页95。
④ 《孟子·公孙丑上·二》，见朱熹：《孟子集注》卷3，页323。

> 之谓道,本之《易传》,则是言天道,不是人道,是言易道,不是天道,
> 岂可以吾人率性之道,归之于一阴一阳乎?①

茶山解构朱子伦理学的形上学基础,将孔孟之"道"从宋儒手中的超越而形上之"理"拉回人间,宣称:"道者,人之所由也。"但是,他对孔孟的"道"的新诠,并不是东亚儒家舞台上的独唱。茶山与17世纪以降东亚各国儒者互通声息,他加入了近世东亚儒家反形上学的大合唱之中。②17世纪日本古学派伊藤仁斋经由字义的再厘定而重新解释孔孟时,早已有力地宣称"道者,人伦日用当行之路"③"人外无道,道外无人"④"夫道者,人之所以为人之道也"。⑤仁斋对孔门的"道"的新定义,与丁茶山以"人之所由"赋"道"以新义,隔海唱和,若合符节。接着,18世纪日本古文辞学派大师荻生徂徕更宣称"道者,统名也。举礼乐刑政,凡先王所建者,合而命之也,非离礼乐刑政别有所谓道者也"。⑥徂徕宣称在日常性的"礼乐刑政"之外,别无形而上之"道"。这一股东亚反形上学的思潮风起云涌,18世纪中国的戴震,更是痛斥形而上的抽象之"理"的解释权,已经被"尊者"、"长者"、"贵者"垄断,而成为镇压"卑者"、"幼者"、"贱者"之工具的社会实况。⑦戴震所反对的是被官学化而成为官方意识形态的官方朱子学。席卷17世纪以降中日朝各国思想界的这股以反形上学的形式所表现的实学思潮,正如我以前所说,使"18世纪中、日、朝儒家思想家,都有心于体神化不测之妙于人伦日用之间,他们关注的是人民日

---

① 丁若镛:《孟子要义》,页229。
② 我曾探讨茶山学在东亚儒学中之角色,参看Chun-chieh Huang, "The Role of Dasan Learning in the Making of East Asian Confucianisms: A Twenty- First-Century Perspective", in Chun-chieh Huang, *East Asian Confucianisms: Texts in Contexts*, pp. 81-92。
③ 伊藤仁斋:《語孟字義》卷上《道》,页19。关于伊藤仁斋《语孟字义》的研究,参考John Allen Tucker, *Itō Jinsai's Gomō Jigi and the Philosophical Definition of Early Modern Japan*, Leiden: E. J. Brill, 1998。
④ 伊藤仁斋:《童子問》卷上第8章,页80。
⑤ 伊藤仁斋:《論語古義》卷2,页50。
⑥ 荻生徂徕:《弁道》第3条,页13。
⑦ 戴震:《孟子字义疏证》卷上《理》,页161。

常劳动中活生生而具体的生活,他们不再去理会抽象的道德原理"。[1]东亚近世这一股反"理学"的思潮,[2]以"实学"作为表现形式。18世纪的东亚儒者类似同时代的欧洲哲学家,后者努力批判教会与圣经,摧毁中世纪神学所建构的高不可攀的"天国",却膜拜"自然"与"理性"并试图在地上建立一个新的"天国"。[3]丁茶山的孟子学解释,也鲜明地呈现这一股波涛壮阔的实学思潮的波光潋滟,并与同时代中日两国儒者的实学思想相激相荡,声气相求。[4]

综合本节所说,茶山孟子学以"心性论"为其哲学立场,而以"心"定"言"、以"心"定"气",正是建立人之主体性之要件。茶山之诠释特重"心"之优先性,深契孟子"心"学之根本意趣。因为茶山孟子学以人之主体性为中心,所以茶山不能接受在日常生活之上,另立一形上之"理"以为主宰的论述,他反对宋儒的形上学论述乃事所必至、理所当然。

三、东亚儒学视野中的茶山孟子学

现在,我们将茶山孟子学置于广袤的东亚儒学视野之中,与13世纪的朱子、18世纪的戴震及日本的中井履轩的孟子学互作比较,以厘定茶山孟子学的历史地位。

(一)朱子对茶山

首先,我将茶山的孟子学与朱子的孟子学互作比较,因为在东亚儒学

---

① 黄俊杰:《东亚文化交流中的儒家经典与理念:互动、转化与融合》,页68。
② 杨儒宾认为东亚近世有一股反"理学"之"气"学,参考杨儒宾:《异议的意义:近世东亚的反理学思潮》。
③ Carl L. Becker, *The Heavenly City of the Eighteenth-Century Philosophers*, New Haven: Yale University Press, 1932, pp. 30-31.
④ 王汎森(1958—)指出中国"明末清初思想界出现两种趋势:第一、心性之学的衰微;第二、形上玄远之学的没落。这两者几乎同时发生,它们动摇了宋明以来思想传统的两大支柱",其说甚是。见王汎森:《权力的毛细管作用:清代的思想、学术与心态》,页1。清初思想中所出现"形上玄远之学的没落",与朝日二地的实学思潮互为激荡。

史中朱子是孔子之后最具影响力的伟大儒者。朱子将《论语》《孟子》《大学》与《中庸》合为"四书"，施以集注，开启中国知识分子阅读经典从汉唐《五经》向"四书"转移的新时代。[①] 自《四书章句集注》在元代成为科考定本以后，便奠定了中国从"中古"迈向"近世"的意识形态基础。[②] 朱子所建立的"四书"学思想体系，也成为 13 世纪以后，中日朝各国学者研读经典时必须面对的"诠释的权威"。16 世纪朝鲜儒者李退溪以数十年之力编纂《朱子书节要》，以朱子学为最高典范。[③] 明代王阳明奉朱子学说"如神明蓍龟"[④]，所以痛感"一旦与之背驰，心诚有所未忍"。[⑤] 阳明更说朱子对他自己"亦有罔极之恩"。[⑥] 日本德川时代儒者如伊藤仁斋等人，在中年之前多半浸润在朱子学典范之中，到了中年之后才告别朱子学，走自己的道路。所以，将丁茶山与朱子对孟子学的解释互作比较，是极为重要的一项工作。

在茶山的孟子学与朱子的孟子学的诸多对比之中，以下两项命题的对比最为深切著明。

1. 性即理说对性嗜好说

程朱之学以"性即理"而展开，朱子亦以"性即理"说诠释孟子，最具代表性的是以下两段集注。朱子在《孟子·告子上·三》集注云：

> 愚按：性者，人之所得于天之理也；生者，人之所得于天之气也。性，形而上者也；气，形而下者也。人物之生，莫不有是性，亦莫不有是气。然以气言之，则知觉运动，人与物莫不异也。以理言之，则仁

---

① Wing-tsit Chan（陈荣捷），"Chu Hsi's Completion of Neo-Confucianism"。
② 宇野精一：《五経から四書へ：経学史覚書》，《東洋の文化と社会》第 1 辑，京都，1952 年，页 1—14。
③ 李滉：《朱子书节要·序》。
④ 王守仁：《答罗整庵少宰书》，收入陈荣捷：《王阳明传习录详注集评》第 176 条，页 253。
⑤ 同上。
⑥ 王守仁撰，吴光等编校：《王阳明全集》上册卷 21《外集三》，页 809。

义礼智之禀,岂物之所得而全哉? 此人之性所以无不善,而为万物之灵也。①

朱子在上引集注中,以"人之所得于天之理"释"性",此与朱子在《孟子·滕文公上·一》"滕文公为世子"章集注中,以"人所禀于天以生之理"②释"性"一脉相承,均显示朱子以"理气二分"思维架构释孟。这不免使孟子学中以"性"为人之德性主体之原意为之晦而不彰。

朱子在《孟子·尽心上·一》集注又云:

> 愚谓:尽心知性而知天,所以造其理也;存心养性以事天,所以履其事也。不知其理,固不能履其事;然徒造其理而不履其事,则亦无以有诸己矣。知天而不以殀寿贰其心,智之尽也;事天而能修身以俟死,仁之至也。智有不尽,固不知所以为仁;然智而不仁,则亦将流荡不法,而不足以为智矣。③

朱子认为孟子所说的"尽心"而"知性"而"知天",是为了掌握"天"之"理",明显地是在人的"心"、"性"之上,另安立一个形上的"理"作为"事"之主宰。针对孟子所说"尽心"一词,朱子在《胡子知言疑义》中,有进一步的阐释:

> 熹按:孟子尽心之意,正谓私意脱落,众理贯通,尽得此心无尽之体,而自是扩充,则可以即事即物,而无不尽其全体之用焉尔。但人虽能尽得此体,然存养不熟,而于事物之间,一有所蔽,则或有不

----

① 朱熹:《孟子集注》卷11,页457。
② 朱熹:《孟子集注》卷5,页351。
③ 朱熹:《孟子集注》卷13,页489—490。朱注此章极具思想史意义,特值重视。朱子注孟子所云"尽心知性"一语又云:"心者,人之神明,所以具众理而应万事者也。性则心之所具之理,而天又理之所从以出者也。"

得尽其用者。故孟子既言尽心知性,又言存心养性,盖欲此体常存,而即事即物,各用其极,无有不尽云尔。《大学》之序言之,则尽心知性者,致知格物之事;存心养性者,诚意正心之事;而夭寿不贰,修身以俟之者,修身以下之事也。此其次序甚明,皆学者之事也。[①]

朱子本《大学格物补传》以解《孟子》,并以"性即理"说贯通《孟子》之义理,所以上引这一段文字,在"体""用"这一组对应概念的脉络之中,指出"私意脱落,众理贯通",是"尽心"之路径。朱子在《孟子·告子上·六》集注中,甚至引程子"性之理"之说以矫正孟子。他说:孟子与程子"二说虽殊,各有所当,然以事理考之,程子为密。盖气质所禀,虽有不善,而不害性之本善。性虽本善,而不可以无省察矫揉之功。学者所当深玩也"。[②]朱子引程伊川的"本然之性"与"气质之性"二分的说法批评孟子,这样的解经方式确为传统注疏所少见,亦可见朱子对"性即理"之说信持之笃也。朱子在《答张敬夫问目》[③]与《尽心说》中,都重申此意,主张人能"即事即物穷究其理,至于一日会贯通彻,而无所遗焉,则有以全其本心廓然之体"。[④]朱子以"知性"为"尽心"之前提。

相对于朱子注《孟子》时所坚持的"性即理"说,丁茶山提出"性嗜好"说最为旗帜鲜明,在东亚孟子学史上独树一帜,绽放异彩。茶山注《孟子·滕文公上·一》时说:

　　余谓性者,主于嗜好而言,若所谓谢安石性好声乐,魏郑公性好俭素。或性好山水,或性好书画,皆以嗜好为性。性之字义,本如是

① 朱熹:《胡子知言疑义》,见《晦庵先生朱文公文集》卷73,页3555。
② 朱熹:《孟子集注》卷11,页461。
③ 朱熹:《答张敬夫问目·第十书》,见《晦庵先生朱文公文集》卷32,收入《朱子全书》第21册,页1397—1403。
④ 朱熹:《尽心说》,见《晦庵先生朱文公文集》卷67,页3273。

也，故孟子论性，必以嗜好言之。其言曰："口之于味同所嗜、耳之于声同所好、目之于色同所悦"（《告子上》），皆所以明性之于善，同所好也。性之本义，非在嗜好乎？人莫不好财色，人莫不好安逸，其谓之性善者，何也？孟子以尧、舜明性善，我则以桀、跖明性善。穿窬之盗，负赃而走，欣然善也。明日适其邻，见廉士之行，未尝不油然内怍。古所谓梁上君子可与为善，此性善之明验也。①

所谓"性嗜好"说，确实是丁茶山孟子学中的一大创见，茶山指出他的"性嗜好"说有《孟子》原典的根据。茶山在注解《孟子·尽心上·二一》之后，以"附论"说明如下：

余尝以性为心之嗜好，人皆疑之，今其证在此矣。欲、乐、性三字，孟子分作三层，最浅者，欲也，其次，乐也，其最深而遂为本人之癖好者，性也。君子所性，犹言君子所嗜好也。但嗜好犹浅，而性则自然之名也。若云性非嗜好之类，则"所性"二字，不能成文。欲、乐、性三字，既为同类，则性者，嗜好也。②

细绎这一段文字，茶山根据《孟子·尽心上·二一》而指出"欲"、"乐"、"性"系同类而层级不同之"心"之所之的爱好，主体在"心"而不在"嗜好"。③茶山说："孟子借形躯之嗜好，以明本心之嗜好。人之本心，乐善耻恶，即所谓性善也。"④茶山所谓"性嗜好"，即指"本心之嗜好"。茶山以"心"先于"性"，殆无疑义。蔡振丰曾分析茶山之意说："由'性为心之所嗜

---

① 丁若镛：《孟子要义》，页89。
② 同上书，页237。
③ 丁茶山在《梅氏书平》中说："性之为字，本指嗜好之欲。嗜好者，生于心者也，生于心，非性乎？"见丁若镛：《梅氏书平》卷4，收入《定本与犹堂全书》第13册，页359。
④ 丁若镛：《答李汝弘（丙子九月日）》，见《文集》卷19，收入《定本与犹堂全书》第4册，页163—167，引文见页164。

好'可知性嗜好说的论说模式仍是'以心论性'的模式,心、性二者不但不可分别而论,而且必须以心为其关键处。"[1] 蔡振丰指出茶山的"性嗜好说"采取"以心见性"之思维进路,我完全同意。我想进一步强调:茶山基本上循孟子"理义之悦我心,犹刍豢之悦我口"[2] 之思路,他的"性嗜好"说并未区分"嗜好"之层级,他从悦于刍豢推论悦于礼义。茶山说"窃谓人心之有嗜好,犹其形躯之有嗜好。吾所谓嗜好者,借形躯之嗜好,以证吾心之所好耳",[3] 这句话可以作为我的判断之确证。郑仁在认为茶山的"性嗜好"说是受到阿奎那(Thomas Aquinas, 1225—1274)的影响,[4] 但是,以"心"定"性"本来就是孟子"心"学的核心命题,茶山之说恐未必系来自西学。

茶山从"性嗜好"说出发,批评程朱的人性论兼善恶两面之错误,他说:

> 喜怒哀乐未发,谓之中者,谓君子戒慎恐惧,尽其慎独之工,则执中在心。不偏不倚,特不与物接,未有喜怒哀乐之发耳。岂人性本体之谓乎?朱子于《中庸或问》,所论如此。均是朱子之言,岂可执谬而舍正乎?(详见余《中庸说》)孟子言性善,而程子谓"性兼有善恶,如太极之函有阴阳,而特以先吉后凶之义,不得不先言性善",则恶固隐然在中。此与扬子所谓善恶浑,何以异矣?先善后恶而指为善物,则明其物善恶参半,而特以先善后恶之义,权谓之善物也。善恶参半而权谓之善物,则吉凶参半而权谓之吉兆,是非参半而权谓之正论。定龟体决国论者,其差谬多矣,而可通乎?[5]

茶山对程朱的批评,主要仍是因为茶山不取"理气二元"之朱子学思维模

---

① 蔡振丰:《朝鲜儒者丁若镛的四书学:以东亚为视野的讨论》,页85。
② 《孟子·告子上·七》,见朱熹:《孟子集注》卷11,页462。
③ 丁若镛:《答李汝弘(丙子九月日)》,引文见页163。
④ 郑仁在:《西学和丁茶山的"性嗜好"说》,收入黄俊杰编:《东亚视域中的茶山学与朝鲜儒学》第7章,台北:台大出版中心,2006年,页177—209。
⑤ 丁若镛:《孟子要义》,页92—93。

式,他走的是"以心定性"的"心性论"思维方式。

茶山又进一步批评"性即理"说:

> 性理家每以性为理,故《集注》谓"人物之生,同得天地之理以为性",此所谓本然之性也。本然之性,无有大小尊卑之差等,特因所禀形质,有清有浊有偏有正,故理寓于气,不得不随而不同。《集注》曰"人于其间,独得形气之正为小异",亦此说也。审如是也,人之所以异于禽兽者,在于形气,不在于性灵。庶民去形气,君子存形气,岂孟子之本旨乎?形气者,体质也,与生俱生,死而后腐焉,庶民独安得去之乎?性理家谓"本然之性之寓于形气也,如水之注器,器圆则水圆,器方则水方",是明明把人性兽性打成一物,特其毛者为牛,羽者为鸡,倮者为人而已。孟子以犬、牛、人之性,别其同异,与告子力战,今乃以人性兽性浑而一之,可乎?无始自在、轮回转化之说,行世既久,苏东坡于《赤壁赋》及《潮州韩文公庙碑》阴用其说,而世莫之察,谓之奇文。宋、元诸先生所言本然之性,亦无始自在之义。此系古今性道之大关,不敢不辨。[1]

茶山在以上这一段文字中,批评朱子所持"本然之性"与"气质之性"二分的说法,认为所谓"本然之性"说已经受到佛教的影响,认为朱子对"性"之说法,偏离"以心定性"之孟子性善说要义。

朱子释孟常取"天理""人欲"二分架构,例如《孟子·梁惠王上·一》朱子集注云:"仁义根于人心之固有,天理之公也。利心生于物我之相形,人欲之私也。循天理,则不求利而自无不利,殉人欲,则求利未得,而害已随之。"[2]朱子强调必须以"天理之公"克去"人欲之私",这种说法也出现在

---

[1]　丁若镛:《孟子要义》,页145。
[2]　朱熹:《孟子集注》卷1,页280。

《孟子・梁惠王下・五》集注：

> 　　愚谓此篇自首章至此，大意皆同。盖钟鼓、苑囿、游观之乐，与
> 夫好勇、好货、好色之心，皆天理之所有，而人情之所不能无者。然
> 天理人欲，同行异情。循理而公于天下者，圣贤之所以尽其性也；纵
> 欲而私于一己者，众人之所以灭其天也。二者之间，不能以发，而其
> 是非得失之归，相去远矣。[①]

朱子以上这一段言论中，最值得注意的是"天理人欲，同行异情"这 8 个
字。朱子认为圣贤之所以"存天理"，与众人之所以"灭其天"，两者之间的
差异极细微，虽然表现于外的行动（如捐款赈灾）完全一样，但是两者之内
心动机却不一样。"存天理"因为悲天悯人，"灭其天"则为了沽名钓誉。朱
子所谓"存天理去人欲"之工夫论关键在此，这也是朱子的"存心伦理学"
（ethics of conviction）[②]立场的一种表现。

　　茶山对朱子所持"性即理"说之批判，并未注意到以上所说这项关键。
茶山之所以批判朱子，主要是因为朱子的人性论有其形上学之理论基础，而
茶山的"性嗜好"说，则致力于解构人性论之形上学基础。

　　2."穷理知言" vs "以心定言"

　　丁茶山与朱子的孟子学诠释，另一项强烈的对比在于：朱子主张"穷理
知言"，茶山强调"以心定言"，兹详说如下。

　　朱子针对《孟子・公孙丑上・二》有一段提纲挈领的话，可以总括朱子
对"知言养气"章的整体说法：

---

① 　朱熹：《孟子集注》卷2，页303—304。
② 　关于"存心伦理学"与"功效伦理学"的对比，李明辉说："功效伦理学主张：一个行为的道
　　德价值之最后判准在于该行为所产生或可能产生的后果；反之，存心伦理学则坚持：我们
　　判定一个行为之道德意义时所根据的主要判准，并非该行为所产生或可能产生的后果，而
　　是行为主体之存心。"见李明辉：《孟子王霸之辨重探》，收入氏著：《孟子重探》，页47。

熹窃谓孟子之学盖以穷理集义为始,不动心为效。盖唯穷理为能知言;唯集义为能养其浩然之气。理明而无所疑,气充而无所惧,故能当大任而不动心,考于本章次第可见矣。[1]

这一段文字显示朱子在诠释《孟子》"知言养气"章时,所关心的是德行的"完成过程",而不是德行的"本质状态"。所以朱子说:"知言,知理也",[2]他将孟子的"知言"理解为知道客观之"理"的过程。朱子又说:

知言者,尽心知性,于凡天下之言,无不有以究极其理,而识其是非得失之所以然也。[3]

人之有言,皆本于心。其心明乎正理而无蔽,然后其言平正通达而无病;苟为不然,则必有是四者之病矣。即其言之病,而知其心之失,又知其害于政事之决然而不可易者如此。非心通于道,而无疑于天下之理,其孰能之?[4]

以上这两段话都以"穷理"作为"知言"之必要过程。朱子认为"知言"先于"集义"与"养气"。朱子说:

(1)或问"知言养气"一章,曰:"此一章专以知言为主。若不知言,则自以为义,而未必是义;自以为直,而未必是直,是非且莫辨矣。然说知言,又只说知诐、淫、邪、遁之四者。盖天下事,只有一个是与不是而已。……而今人多见理不明,于当为者反以为不当为,于不当为者反以为当为,则如何能集义也?惟见理明,则义可集;义

---

① 朱熹:《与郭冲晦》见《晦庵先生朱文公文集》卷37,页1639—1640。
② 黎靖德编:《朱子语类》卷52《孟子二·公孙丑上之上·问夫子加齐之卿相章》第47条,收入《朱子全书》第15册,页1708。
③ 朱熹:《孟子集注》卷3,页322。
④ 同上书,页324。

既集,则那'自反而缩',便不必说,自是在了。"①

（2）孟子论浩然之气一段,紧要全在"知言"上。所以《大学》许多功夫,全在格物、致知。②

（3）知言、养气,虽是两事,其实相关,正如致知、格物、正心、诚意之类。若知言,便见得是非邪正。义理昭然,则浩然之气自生。③

（4）盖知言本也,养气助也。三者恰如行军,知言则其先锋,知虚识实者;心恰如主帅,气则卒徒也……至于集义工夫,乃在知言之后。不能知言,则亦不能集义。④

从以上这4段话来看,朱子主张:孟子的"知言养气"以"知言"为首出（上引资料1）,即为《大学》"格物致知"之功夫（上引资料2）;必须先"知言",才能使"义理昭然"（上引资料3）;能"知言",则自然能"养气"（上引资料4）。

朱子的哲学立场倾向于在现象界的具体事物之上,在本体界另立一个作为创生根源的形上之"理",这显然不是丁茶山所能接受的立场。茶山解释孟子"尽心"一词时,就批判朱子之"以知理之所从出为知天,遂以知理之所从出为尽心,则吾人一生事业,惟有穷理一事而已,穷理将何用矣"。⑤茶山批判朱子的这一段话,对朱子言"理"而不遗"事"的思想而言,并不公平,我在本章第二节已有所指陈。相对于朱子而言,丁茶山顺着孟子思路,强调以"心"为首出。他说:

---

① 黎靖德编:《朱子语类》卷52《孟子二·公孙丑上之上·问夫子加齐之卿相章》第185条,收入《朱子全书》第15册,页1742—1743。
② 同上书第50条,收入《朱子全书》第15册,页1708。
③ 同上书第51条,收入《朱子全书》第15册,页1708。
④ 同上书第24条,收入《朱子全书》第15册,页1702。
⑤ 丁若镛:《孟子要义》,页224。

生于其心者,言也,发于其政者,亦言也。政,大事也,事,小政也。【孙奭《正义》引冉子退朝。孔子问晏之语】诐淫之言,生于其蔽陷之心,以害其政事,【下篇先言害事,后言害政,宜与此参看】此所谓一心为万事之本也。心有病,则不得发无病之言,言有病,则不得行无害之事,万言万事之本,在于一心。恶得云"不得于言,勿求于心"乎?故自说而自断之曰"圣人必从吾言"。[1]

"万言万事之本,在于一心",丁茶山这一句话雄浑有力,一语中的!

因其站在"以心定言"的立场,丁茶山也无法同意朱子将《孟子·公孙丑上·二》中"无是,馁也"这句话中的"是"字解释为"气"的讲法。朱子挚友、与朱子合编《近思录》的吕祖谦之弟吕子约常与朱子论学不锲。关于《孟子·公孙丑上·二》中"无是,馁也"一语中的"是"字何所指,朱子在《孟子集注》中认为"是"字指"气"而言,[2] 在《朱子语类》中也做同样解释。[3] 但是,吕子约认为"是"字"指道义而言"。[4] 双方书信往返诤辩。

针对朱子与吕子约的歧见,丁茶山支持吕子约而反对朱子之说。茶山说:

朱子之意,以为无浩气则体馁,吕氏之意,以为无道义则气馁。此一讼案也。窃尝思之,体馁,非君子之攸忧也。唯是集义积善之功,有所不至,则内疚外怍,苶然自沮,气为之馁,是乃君子之所耻也。孟子以集义为生气之本,而朱子以养气为行义之助,其先后本末,似颠倒也。……不知朱子何故而固拒吕说也。配者,合也,谓浩

<hr>

[1]　丁若镛:《孟子要义》,页64。
[2]　朱熹:《孟子集注》卷3,页323。
[3]　黎靖德:《朱子语类》卷52《孟子二·公孙丑上之上·问夫子加齐之卿相章》第126条,收入《朱子全书》第15册,页1729—1730。
[4]　朱熹:《答吕子约书》,见《晦庵先生朱文公文集》卷48,页2224。

　　气须道义以生，须道义以养，不能相离也。[1]

茶山认为"浩气须道义以生，须道义以养，不能相离也"，这种说法较能相契于孟子"知言养气"章以"原始生命的理性化"为主轴的论述。因为孟子的"养气"说将在孟子之前作为自然物的"六气"之说，转化为浸润在人文理性之中的"浩然之气"之说。[2] 正如丁茶山所说："浩然之气，非一朝之所能生，必积仁累义，养之无害，然后其气乃成。赵注，非矣。此气既是道义所成，视上志气之气，又超一层，则似不当名之曰气。"[3] 丁茶山认为孟子所养的"气"，是充满"仁""义"等价值理念的"气"，而不是作为自然物的"气"，所以养"气"的根本基础在于养"心"。这样的解说确能得孟子"养浩然之气"说之宗旨。

　　3. 茶山孟子学的"后朱子学"之含义

　　在分析了朱子与茶山解释孟子思想的两大差异之后，我想再就茶山学在东亚儒学史中的定位略加申论。

　　韩国前辈学人尹丝淳（1936— ）曾说丁茶山是"脱性理学实学之集大成者"。[4] 说丁茶山是"集大成"者确无疑义，但"脱"字恐未圆，因为丁茶山并未脱离"性理学"的大论述（grand narrative）。茶山是在"性理学"大论述之内既继往而又开来，既融旧而又铸新，所以，我倾向于接受蔡振丰以"后朱子学"一语指称茶山学的意见。[5] 但是，我想进一步指出：茶山学的"后朱子学"特质，在他的孟子学诠释中主要表现在两方面：（1）继承与创新；（2）批判并超越。

---

① 丁若镛：《孟子要义》，页 61。
② 我在旧著中有所讨论，参看拙著：《孟学思想史论》卷一，页 32—35。
③ 丁若镛：《孟子要义》，页 61—62。
④ 尹丝淳：《韩国儒学史：韩国儒学的特殊性》，邢丽菊、唐艳萍译，北京：人民出版社，2017 年，页 373。贝克（Don Baker）甚至称茶山是儒学传统中的"反叛者"（rebel），参看 Don Baker, "Thomas Aquinas and Chŏng Yagyong: Rebels Within Tradition", *Journal of Tasan Studies*, 3 (2002), pp. 32-69。
⑤ 蔡振丰：《朝鲜儒者丁若镛的四书学：以东亚为视野的讨论》，页 311。

茶山学对朱子学的继承与创新,主要见之于茶山对《论语》的解释之中。《论语·颜渊·一》"克己复礼"章,在孔子思想中最居要津。2000 年来中朝日学者聚讼纷纭,既呈现学者个人之思想立场,又反映其所身处的时代之思想氛围。[①]丁茶山解释"克己复礼"章云:

> 补曰:己者,我也,我有二体,亦有二心,道心克人心,则大体克小体也,一日克己谓一朝奋发,用力行之。孔曰:复,反也。补曰:归者,归化也,天下归仁,谓近而九族,远而百姓,无一人不归于仁。补曰:由己谓由我也,仁生于二人之间,然为仁由我,不由人也。补曰:目,克己之条目也,事者,专心专力以从事也。[②]

茶山所说"道心克人心",出自于朱子的《中庸章句·序》以"人心"生于"形气之私"、"道心"原于"性命之正",并强调以"天理之公"胜夫"人欲之私"。[③]但朱子既一分为二,又合二为一,朱子的"心统性情"说的"心"就是从"心"的知觉来讲,不是从"心"的来源来讲。茶山接受朱子的"人心""道心"二分之说,[④]但是,茶山对"克己复礼为仁"的解释,则极具创新之意涵。正如我在拙著中所说,茶山"翻转了朱熹以'心之德,爱之理'为'仁'所下的定义,而将朱子的形而上意义的'仁',翻转而成为伦理学的关系意义下的'仁'。茶山思想中的'仁'的核心尤其在于强调人与人相互之间的(inter-personal)互动关系"。[⑤]

---

① 我曾讨论这个问题,参看拙著:《东亚儒家仁学史论》第 4 章《东亚儒家"仁"学之内涵(一):孔子"克己复礼为仁"说与东亚儒者的诠释》,页 135—210。
② 丁若镛:《论语古今注》卷 6,收入《定本与犹堂全书》第 9 册,页 12。
③ 朱熹:《中庸章句》,页 19。
④ 我在旧著中已有所讨论,见拙著:《东亚儒学:经典与诠释的辩证》,页 305—321。茶山说"非人心则道心,非道心则人心,公私之攸分,善恶之攸判"(见丁若镛:《梅氏书平》卷 4,页 359),但是茶山并不接受朱子的"理""气"二元之说。
⑤ 黄俊杰:《东亚儒家仁学史论》,页 204—205。

茶山对朱子学的批判,在他对孟子思想的诠释中表现得最为旗帜鲜明。我在前面的论述中已经指出:茶山的"性嗜好"说,就是以作为朱子释孟时的"性即理"说的反命题而提出的。我也指出:茶山强调"心"对"言"的首出地位。茶山批判朱子将"知言"解释为"知理"。我们可以说:茶山挥起了政治经济学的利剑,砍断了朱子学的形上学基础,也切断了"天"与"人"的联系。在激烈的批判之中,茶山完成了对朱子学的超越。

(二)茶山对中井履轩

现在,我想将茶山孟子学放在 18 世纪东亚思想史的视野中,与他同时代的日本中井履轩及中国戴震的孟子学互作比较,以突显茶山孟子学的特质。

18 世纪是中朝日各国的政治与文化主体自觉日趋成熟的时代,也是朱子学典范备受挑战、东亚思想从"近世"(early modern)向"近代"(modern)转移的关键百年。

1.性善论:"扩充" vs "嗜好"

我们先从 18 世纪日本儒者中井履轩对孟子性善说的诠释开始。中井履轩讲学于大阪怀德堂,[①] 学界将中井履轩及其兄中井竹山之学称为"大阪朱子学派"。[②] 中井履轩撰写了包括《孟子逢原》在内的《七经逢原》,以朱子《四书章句集注》作为底本,对朱注加以批判并提出新解,充分展现作为市井儒者的自由学风。中井的《孟子逢原》对孟子的性善论,提出诸多创新诠释。中井履轩说:

　　凡孟子论性,每揭固有之善,辄继之以养之之方。若曰:人皆可

---

① 怀德堂是 18 世纪由大阪地区 5 位富商所资助设立。参看 Tetsuo Najita, *Visions of Virtue in Tokugawa Japan: The Kaitokudo Merchant Academy of Osaka*, Chicago: University of Chicago Press, 1987, p. 8. 此书有日译本(子安宣邦译:《懐德堂:18 世紀日本の「德」の諸相》,东京:岩波书店,1992 年、1998 年)。另参陶德民:《懐德堂朱子学の研究》,大阪:大阪大学出版会,1994 年。
② 例如三浦藤作《日本倫理学史》(东京:中兴馆,1928 年)即将中井兄弟归为"大阪朱子学派"。

以为尧舜,谓有可为尧舜之种子存焉,非谓赤子之心全与尧舜之德
同也。养性养气,其义一也。宋诸贤,主张固有之善大过,诸善众
德,皆归之复初,是故克治之功勤,而扩充之旨微矣。虽未倍于大
道,而亦与孟子异矣。及其理气之说,与孟子不相符者,皆坐于此。①

如果用《中庸》第 1 章的话来说,中井履轩对孟子性善说的解释,所走的是
"率性"的道路;用《论语·颜渊·一》"克己复礼"章孔子的话来说,中井所
走的则是"由己"的道路。

中井之所以对孟子性善说提出这种诠释,主要是因为他对话的对象是
作为"不在场的他者"的朱子。朱子所走的是"克己"的思路。朱子解释孔
子的"学而时习之"一语,就说"学"之目的在于"明善而复其初";②朱子解
释孔子"克己复礼为仁"一语时说:"为仁者必有以胜私欲而复于礼,则事皆
天理,而本心之德复全于我矣。"③中井履轩认为"若心之德,心之制,是宋代
复初之说矣,非所以解七篇"。④他进一步说:

　　性善也,惟有扩充而已,无所施矫揉耳。矫揉必俟习蔽之败坏,
而后可施,不得淆杂作解。人有少壮无过失,将老而迷乱于声色者,
是类不少,岂气禀之由哉? 昏明强弱,究竟气质之优劣而已。优劣
者百人而百级,千人而千等,犹身材之长短,膂力之多少,岂可一之
哉? 然优劣者,愚夫愚妇,皆能知之,不俟识者之辨矣。但以此为
性,而意其一定不可移,遂自画,而无迁善希贤之心,所以孟子有性

---

① 中井履轩:《孟子逢原·公孙丑第二》,收入关仪一郎编:《日本名家四书注释全书》第 10 卷
　　《孟子部 2》,页 84—85。
② 朱熹:《论语集注》卷 1,页 61。
③ 朱熹:《论语集注》卷 6,页 182。
④ 中井履轩:《孟子逢原·梁惠王第一》,收入关仪一郎编:《日本名家四书注释全书》第 10 卷
　　《孟子部 2》,页 12。

善之说,使人扩充焉。迁善希贤,日进而弗息焉。若气质优劣,有不

足恤者,且愚夫愚妇所知,故舍而弗论焉。孰谓之不备哉？[①]

如果说朱子是本《大学》解《孟子》,那么,中井履轩可说是本《中庸》解《孟子》。[②] 所以,中井履轩反对朱子"复性"之说。他说:"复性之本,殊非孔孟之旨。若孟子,唯有扩充而已矣。……凡复初诸说,并不得采入于七篇解中。"[③] 中井履轩认为孟子"性善"说的要义在"率性扩充",这样的说法是可以成立的。诚如清儒陈澧(兰甫)所说:"孟子道'性善',又言'扩充'。性善者,人之所以异于禽兽也;扩充者,人皆可以为尧、舜也。"[④] 中井履轩强调孟子性善要义在"扩充",确实可以从《孟子》原典获得内证。孟子说,"人能充无欲害人之心"[⑤] 与"推恩"[⑥] 等,均为"扩充"之义。

相对于中井履轩以"扩充"释孟子性善论,丁茶山则提出"性嗜好"说,我在本章第二节已有详细说明,所以就不再重复。我在这里要进一步指出的是:18世纪中井履轩与丁茶山对于孟子性善论的解释,涉及两个问题:(1)人性物性异同问题;(2)人的"自由"与"责任"之问题。

以上第1个问题,中井履轩与丁茶山的意见一样,都反对朱子的"本然之性"与"气质之性"二分之说。我在本章第二节已就茶山对朱子的批判有所讨论,所以在此不再赘及。关于这个问题中井履轩首先批判朱子《集注》的说法,中井说:

---

① 中井履轩:《孟子逢原·告子第六》,收入关仪一郎编:《日本名家四書注釈全書》第10卷《孟子部2》,页328—329。

② 中井履轩解释朱子所订《中庸》第21章"故君子尊德性"一句也说:"德性,犹言善性也。……崇奉善性,而率由焉。……合首章天命率性观之,与孟子性善之说吻合无间,孰谓孟子创立乎性善之说哉？……大抵宋代,复初之说盛矣,故克治之功勤,而扩充之旨微矣。以自治,亦无所大失;以解经,则其失弗细。"见中井履轩:《中庸逢原·公孙丑第二》,收入关仪一郎编:《日本名家四書注釈全書》第1卷《学庸部1》,页78—79。

③ 中井履轩:《孟子逢原·告子第六》,页327。

④ 陈澧:《东塾读书记》卷3《孟子》,页44。

⑤ 《孟子·尽心下·三一》,见朱熹:《孟子集注》卷14,引文见页522。

⑥ 《孟子·梁惠王上·七》,见朱熹:《孟子集注》卷1,引文见页289。

注:"人物之生,莫不有是性。"此句尤舛。禽兽何曾有仁义之性哉?凡注娓娓叙说者,皆宋代理气之说,而未吻合于孔孟之言者。是别自立言可也,未可主张用解孔孟之书也。①

中井履轩表达自己的立场说:

> 人之所得于天者,人性也,人气也。物之所得于天者,物性也,物气也。故其知觉运动,未尝有同也。气且然,况性乎?物未尝有仁义之性,何全偏之论。人之知觉运动,未必蠢然也,何同异之疑?②

中井履轩主张人性与物性不可混为一谈,也反对朱子注孟所持的"本然之性"与"气质之性"的说法。

《孟子·告子上·六》所触及的人性与犬牛之性的问题,在18世纪的朝鲜激起了"人性物性同异论",也就是所谓"湖洛辩论",可说是在"四端七情论"之上的关于人性论问题的扩大与深化。③丁茶山在《孟子要义》中对这个问题,有详细的讨论。丁茶山在正祖15年(庚戌,1790年,清乾隆五十五年)对正祖讲课时,正祖曾问这个问题。正祖对这个问题的看法,基本上接受程颐之说,我在本书第八章第三节第二小节有详细的讨论。针对正祖的问题,茶山回答如下:

> 臣以为犬、牛、人之性,同谓之气质之性,则是贬人类也。同谓之

---

① 中井履轩:《孟子逢原·告子第六》,页319。
② 同上。
③ 尹丝淳:《韩国儒学史:韩国儒学的特殊性》,页275—291。参考杨祖汉:《韩儒"人性物性异同论"及其哲学意义》,收入氏著:《从当代儒学观点看韩国儒学的重要论争》第8章,台北:台大出版中心,2005年,页393—424。这个问题最新的研究见吕政倚:《人性、物性同异之辨——中韩儒学与当代"内在超越"说之争议》。

道义之性，则是进禽兽也，二说俱有病痛。臣谓人性即人性，犬、牛之性即禽兽性。至论本然之性，人之合道义、气质而为一性者，是本然也。禽兽之单有气质之性，亦本然也。何必与气质对言之乎？①

茶山认为朱子《集注》中所说人与物皆同源于"本然之理"的说法，不能成立。茶山说："朱子之言，自与孟子不合。"② 茶山说：

> 本然气质之说，不见六经，不见四书。然朱子《中庸》之注曰："天以阴阳五行，化生万物，气以成形，理亦赋焉。"此所谓本然之性，谓赋生之初，其理本然，此所谓人物同得也。然臣独以为本然之性，原各不同。③

茶山认为"人不能踪禽吠盗，牛不能读书穷理"，④ 所以人与动物本性不同。这一项看法与中井履轩一致。

但"人物性同异论"这个问题，又涉及人的"自由"与"责任"问题。关于这个问题，中井履轩似未有一言及之，但是，丁茶山指出人"心"具有自主性，人有"自主之权"，⑤ 可以决定为善或为恶，因此，人必须为自己行为的后果负责。他说："为善则实为己功，为恶则实为己罪。"⑥ 茶山一方面肯定人有"自主之权"，"心"有自主能力，可以自作主宰，人是自由的行动主体（a free agent of action）。茶山肯定人有"自由意志"（free will），所以必须对行为后果负起最后的责任。这项主张与茶山释孟以"心"为首出一脉相承；但另一方面他又对人之为善为恶课以责任。这一项论点却可视为茶山释孟的创见。

---

① 丁若镛：《孟子要义》，页189。
② 同上书，页191。
③ 同上书，页190。
④ 同上书，页191。
⑤ 同上书，页94。
⑥ 同上。

2. "尽心"：悉尽vs行动

中井履轩与丁茶山的孟子学，另一项差异在于对孟子的 "尽心" 概念的解释。中井履轩说：

> 尽心者，是仁义忠信，所以自持而应物，十分备具，心之用无欠阙也。此非知性固具是道理者，弗能也。皆切人身而言，非穷物理无不知之谓。尽，是悉尽之尽，非穷尽之尽，犹是详与审之分。悉尽似详，穷尽似审。审义在浅深，其位直遂。详义在多少，其位横列。自亲义别序信，以至乎子惠万民，其品节亦多矣。然其道理，皆具于心德。①

中井履轩上述论述乃是顺着朱子对 "尽" 字的解释而提出。朱子在《孟子或问》中有以下一段文字：

> 或问："心无限量者也，此其言尽心，何也？"［朱子］曰："心之体无所不统，而其用无所不周者也。今穷理而贯通，以至于可以无所不知，则固尽其无所不统之体，无所不周之用矣。是以平居静处，虚明洞达，固无毫发疑虑存于胸中；至于事至物来，则虽举天下之物，或素所未尝接于耳目思虑之间者，亦无不判然迎刃而解。此其所以为尽心。而所谓心者，则固未尝有限量也。"②

朱子认为孟子所谓 "尽心" 之 "尽" 指本质义而非数量义而言。我们可以在《朱子语类》中找到支持我的说法的证据。朱子说："尽心，如何尽得？不可

---

① 中井履轩：《孟子逢原·尽心第七》，收入关仪一郎编：《日本名家四书注释全书》第10卷《孟子部2》，页385。

② 朱熹：《孟子或问》卷13，收入《朱子全书》第6册，页994。朱子在《胡子知言疑义》中，亦表达一样的意见，见朱熹：《胡子知言疑义》，见《晦庵先生朱文公文集》卷73，收入《朱子全书》第16册，页3555—3564。

尽者心之事,可尽者心之理。"① 中井履轩说"尽,是悉尽之尽",并说"悉尽"与"穷尽"之别在于"详"与"审"之别,"详"指数量之多少,"审"指浅深而言。中井之说与朱子之说不尽相同。

但是,丁茶山解释"尽心"这个名词时,一开始就批评朱注"不穷理,则有所蔽而无以尽乎此心之量"的说法。② 茶山说:

> 余谓竭心力以率性,则可以知其性矣。《易》曰:"穷理尽性,以至于命。"○《表记》曰:"乡道而行,中道而废,忘身之老也,不知年数之不足也。俛焉日有孳孳,毙而后已。"此之谓尽心。尽心者,行也,行则必知,知则必行,互发而交修者也。③

茶山敏锐地指出:朱子的错误在于"以知理之所从出为尽心",④ 乃是因为朱子"以理为性,以穷理为知性"。⑤ 茶山在《孟子要义》全书一再批驳程朱的"性即理"说。他在知行合一的思想脉络中,将孟子的"尽心"理解为"行"。这是茶山孟子解释的另一创新见解。

(三)茶山对戴震

在18世纪东亚思想的地平线上,丁茶山孟子学的另一个对比系统,就是中国清代戴震的孟子学。戴东原在清乾隆四十二年(1777)5月27日写完《孟子字义疏证》,在他致弟子段玉裁(若膺,1735—1815)书云:"仆生平论述最大者,为《孟子字义疏证》一书,此正人心之要"。⑥ 可见《孟子字义疏证》

---

① 黎靖德编:《朱子语类》卷60《孟子十·尽心上·尽其心者章》第26条,收入《朱子全书》第16册,页1937。
② 朱熹:《孟子集注》卷13,页489。
③ 丁若镛:《孟子要义》,页223—224。
④ 同上书,页224。
⑤ 同上。
⑥ 戴震:《与段若膺书》,收入戴震研究会编撰:《戴震全集》第1册,页228。

一书在戴东原心目中居于最高之地位。戴震对孟子学的解释,在18世纪中国也具有一定的代表性。所以,我们接着以丁茶山与戴东原互作比较。

1.“血气心知,性之实体也”对以“心”定“性”

丁茶山与戴震孟子学最大的对立是对孟子性善论的解释之不同。戴震对孟子学的解释,建立在他所谓“合血气心知为一本”[①]的理论基础之上。戴震进一步解释这种所谓“一本论”:

> 常人之欲,纵之至于邪僻,至于争夺作乱;圣人之欲,无非懿德。欲同也,善不善之殊致若此。欲者,血气之自然;其好是懿德也,心知之自然,此孟子所以言性善。心知之自然,未有不悦理义者,未能尽得理合义耳。由血气之自然,而审察之以知其必然,是之谓理义;自然之与必然,非二事也。就其自然,明之尽而无几微之失焉,是其必然也。如是而后无憾,如是而后安,是乃自然之极则。若任其自然而流于失,转丧其自然,而非自然也;故归于必然,适完其自然。夫人之生也,血气心知而已矣。[②]

以上这一段话最关键之处在于宋儒之分“理”“欲”为二。以至于到了18世纪,“理”成为“以理杀人”的工具。“就其自然,明之尽而无几微之失焉,是其必然也”,戴震反对(他所理解的),“有血气,则有心知;有心知,则学以进于神明,一本然也。有血气心知,则发乎血气心知知自然者,明之尽,使无几微之失,斯无往非仁义,一本然也”。[③]戴震的“一本”论,有18世纪中国社会中“理”成为镇压下层庶民的意识形态工具之背景。

但是,戴震从人与生俱来的“血气之自然”解释孟子的“性善”说,则可

---

① 戴震:《孟子字义疏证》卷上《理》,页171。
② 同上书,页170。
③ 同上书,页171。

能违失孟子的"性善"说之宗旨。戴震说：

> 惟不离材质以为言，始确然可以断人之性善。人本五行阴阳以
> 成性，形色其表也，故孟子曰："形色，天性也，惟圣人然后可以践
> 形。"人之于圣人也，其材非如物之与人异。物不足以知天地之中
> 正，是故无节于内，各遂其自然，斯已矣。人有天德之知，能践乎中
> 正，其自然则协天地之顺，其必然则协天地之常，莫非自然也，物之
> 自然不足语于此。孟子道性善，察乎人之材质所自然，有节于内之
> 谓善也。[1]

戴震对孟子"性善"论的解释，正如我在过去的研究中指出的，与孟子思想有两大歧异：（1）戴震未能理解孟子"性善"实就"心善"而言；（2）戴震忽略孟子"性善"乃就人性之原初状态立论，强调人的价值意识实内在于人之自觉心。[2]整体而言，"在戴震的解释中，并非'仁义礼智生于心'（如孟子所言），而是'心''知其不易之则'，这是一种实在论的立场，孟子心学的超越性被扁平化了"。[3]

　　在戴震以"血气心知"为"性之实体"的说法对照之下，丁茶山的"性嗜好"说的价值就彰显了。戴震基本上循着告子、荀子、董仲舒、王充等汉儒"生之谓性"的思路，将人性的本质状态与发展历程混为一谈。但是，丁茶山的"性嗜好"说强调人"心"生来所具有的判断能力，人之为善为恶皆取决于"心"，茶山说："此心之权也，非所谓性也。"[4]茶山又说："人……可以为善，可以为恶，主张由己，活动不定，故善斯为功，恶斯为罪。"[5]茶山既反

---

[1]　戴震：《读孟子论性》，收入戴震研究会编撰：《戴震全集》第 1 册；引文见页 30—31。
[2]　参看黄俊杰：《孟学思想史论》卷二，页 328—333。参考劳思光：《新编中国哲学史》一，页 163。
[3]　参看黄俊杰：《孟学思想史论》卷二，页 353。
[4]　丁若镛：《孟子要义》，页 94。
[5]　同上。

对朱子立超越之"理一"以创生"分殊",又不同于同时代的戴震的实在论(realism)立场。

但应注意的是,丁茶山与戴震在上述重大歧异之外,二人在反形上学这一点上是一致的。戴震早年对程朱之学颇为称许,[1] 中年以后才开始批判朱子的"理"学,强调"理"存乎"欲"之中。戴震的反形上学思路,与茶山所主张抽象性的"理"只能见之于具体性的行为之中的说法,可以互相呼应。戴震与丁茶山都显示了 18 世纪东亚思想界在"存在"中探索"本质"的思想动向。

四、结论

本章探讨丁茶山对孟子"性善"论的解释,并将茶山孟子学置于东亚儒学的视野中,与朱子、戴震及中井履轩的孟子学互作比较,以厘定其思想史之地位。以本章的研究作为基础,我想提出以下几点结论性的看法:

第一,孟子学内外交辉,心性论与政治论融贯为一,如车之二轮、鸟之两翼,不可分割,并以"自觉心"之普遍必然性贯通内外。但是,丁茶山在《孟子要义》书中提出的孟子学诠释,特重其"性善"论而忽视其民本政治论,虽不免务内而遗外。虽然茶山诠释孟子性善论站稳"心性论"之立场,聚焦于"心"的主体性之建立,确得孟子性善论之精髓,但是我也必须在此指出:茶山的政治思想主要表现在《孟子要义》以外的其他著作。例如《牧民心书》,[2] 对实际政策有所规划。此外在《梅氏书平》中的《逸周书克殷篇辨》[3] 及《文集》中的《原牧》[4]《汤论》,[5] 以及《经世遗表·邦礼草本引》[6] 中,也提

①　参看 Ying-shih Yü, "Dai Zhen and the Zhu Xi Tradition", in his *Chinese History and Culture*, vol. 2, New York: Columbia University Press, 2016, pp. 40-56。

②　丁若镛:《牧民心书》,收入《定本与犹堂全书》(第 27—29 册)。

③　丁若镛:《逸周书克殷篇辨》,见《梅氏书平》卷 4,页 328—331。

④　丁若镛:《文集》卷 10《原牧》,收入《定本与犹堂全书》第 2 册,页 206—207。

⑤　丁若镛:《文集》卷 11《汤论》,页 304。

⑥　丁若镛:《经世遗表》卷 1《邦礼草本引》,收入《定本与犹堂全书》第 24 册,页 26—31。

出了精彩的民本政治的论述。

第二,因为茶山释孟的哲学立场在于"心性论",所以茶山念兹在兹的问题是"善的本质是什么""善如何可能"等,他并不同意善行的目的在于善行所能创造的效益。换言之,茶山经由释孟而彰显"性善"之"内在价值",而不是"性善"的边际效益。正因为站稳以主体性的建立为基础的"心性论"哲学立场,所以茶山释孟处处以"心"为首出,掌握孟子"心"学之要义,并以"心性论"立场,对宋儒的形上学思维模式展开凌厉的批判,反对以无声无臭的超越之"理"创生或主宰万物。换言之,茶山的孟子学诠释重视人之存在的根源问题,远过于人之存在的发展历程问题。茶山的孟子学关心的是"价值"(value)问题,而不是"存有"(being)问题。茶山释孟所提出的"性嗜好"说,虽是作为程朱"性即理"说的反命题而提出,但"性嗜好"说中的"以心定性"命题,在东亚孟子学史上确实极具独具慧眼、目光如炬的创新意义。

第三,在东亚视野中,丁茶山的孟子学诠释有其极为重要的地位与贡献。针对13世纪以后朱子学成为东亚儒学界"诠释的权威",18世纪的丁茶山循孟子思路而高举"性嗜好说"的大旗,对朱子学中的"性即理"说发挥摧枯拉朽的作用。茶山所提出"以心定言"的命题,是针对朱子的"穷理知言"最有力的批判。茶山对朱子学既继承又创新,既批判又超越,彰显了茶山学之"后朱子学"的历史地位。

第四,在18世纪东亚比较思想史的视野中,丁茶山与日本怀德堂的中井履轩,有鲜明的对比。中井履轩特重孟子"性善"说中的"扩充"义,茶山的"性嗜好"说则特重"心"作为价值判断之根源。中井履轩重视的是孟子"性善"说的发展历程,丁茶山重视的是"性善"说的本质根源。另外,中井履轩阐释孟子的"尽心"一词,取其"悉尽"之义,其解释与朱子并不相同。丁茶山则以"行"释"尽心",更凸显茶山学中的实学特色。

第五,18世纪中国的戴震释孟,将人之生理欲求(所谓"血气")与价值判断能力(所谓"心知")视为"一本"。戴震孟子学中的"一本"论是一种对 18 世纪清初专制政治的沉痛抗议。戴震"认为贬低人之欲求,乃使执政者不关心人民之苦乐;而其立说以反'理欲说'者,主旨即在于强调'遂民之欲'也"。① 但是,丁茶山的孟子学中未见这种对时代的抗议呼声。丁茶山孟子学采取的是以"心"定"性"的思路,遥契孟子"心"学之精神。

总而言之,丁茶山高举"心性论"的大纛诠释孟子,深得孟子"心"学之肯綮,与孟子謦欬相接,千年如相会于一堂,成为孟子的异代知音与未面心友。正是因为站稳"心性论"的立场,所以茶山对朱子学既能继承又有创新,既能批判又能超越。在 18 世纪东亚思想界,丁茶山相对于日本的中井履轩与中国的戴震而独树一帜,具有突出之历史地位。

---

① 劳思光:《新编中国哲学史》三下,页 876。

第八章
18世纪朝鲜国王正祖与儒臣对孟子学的解读

一、引言

在东亚孟子学史中,18世纪的朝鲜国王正祖可能是中朝日各国帝王中,对孟子学研读最为深入、最有心得的君王。正祖是朝鲜第22代国王,虽日理万机,政务繁忙,但潜心学问,提倡文化不遗余力,建立"奎章阁",指示儒臣编辑《续五礼仪》《增补东国文献备考》《国朝宝鉴》《大典通编》《文苑黼黻》《同文汇考》《奎章全韵》《五伦行实》等书,正祖自己的著作则编为《弘斋全书》(共184卷),刊于1814年。[①]在200多年后的21世纪,我们阅读正祖的文集《弘斋全书》中收录的他在经筵讲论中所提出的问题,完全可以体会他对《四书》与《近思录》的娴熟。他已经完全浸润在朱子学思想之中。正祖对儒学深入堂奥,对性理学登堂入室,使《弘斋全书》内容深刻、熠然生辉。正祖悠游于孟子思想的殿堂,在经筵讲论时正祖与儒臣的对话中,显示正祖不仅深入孟子的政治论,更于孟子心性论有会于心。正祖与孟子之对话,如二人相与謦欬于一堂之上。正祖之于《孟子》,可以说完全做到朱子所说"循序而渐进,熟读而精思",所以他对于《孟子》之意"得之于指

掌之间"。[1] 本章的任务在于探讨正祖与儒臣在经筵讲论的场合中，对孟子学的解读。在经筵讲论中，正祖就他阅读《孟子》的心得，提出问题与儒臣对话。正祖扮演提问者的角色，儒臣扮演"帝王之师"这一回答者的角色。

在《弘斋全书》的卷 76—79《经史讲义》，以及卷 120—121《邹书春记》之中，与正祖对话《孟子》的儒者各不相同，例如选入卷 76 的正祖 5 年（1781 年，清高宗乾隆四十六年，日本天明 1 年）与正祖对话的儒臣，包括李时秀（1745—1821）、洪履健（1751—?）、李益运（1748—1817）、李宗爕（生卒年不详）、李显默（1748—?）、朴宗正（1755—?）、徐龙辅（1757—1824）、金载瓒（1746—1827）、李祖承（1754—1805）、李锡夏（生卒年不详）、洪仁浩（1753—1799）、曹允大（1748—1813）、李鲁春（1752—?）等人。朝鲜正祖与阁臣这类对话之内容广泛涉及"四书"，但本章仅聚焦有关《孟子》的言论。

二、东亚王权与孟子的互动：历史的回顾

在进入朝鲜君臣对孟子学的解读之前，我想先回顾中国皇帝与儒臣对孟子的态度，以及日本皇室对孟子思想的忌惮，以与朝鲜君臣的孟子学论述作为比较。

在中国历史上，历代帝王对孟子的基本态度大致友善，但是明朝开国皇帝明太祖朱元璋对孟子极为忌惮。就史籍所载史实观之，历代皇帝对待孟子常见的有以下 3 种态度。

第一，中国历代皇帝常提倡《孟子》，或置《孟子》于学官，或在经筵讲论《孟子》，或皇帝亲自抄写《孟子》，不一而足。

---

[1]　朱熹《读书之要》："《孟子》每章或千百言，反复论辩，虽若不可涯者，然其条理疏通，语意明洁，徐读而以意随之，出入往来以十百数，则其不可涯者，将可以得之于指掌之间矣。"见《晦庵先生朱文公文集》卷 74，收入《朱子全书》第 24 册，页 3583。

　　中国历史上最早提倡《孟子》的皇帝是西汉文帝（在位于公元前 180—公元前 157），东汉末年第一位注《孟子》的赵岐在《孟子题辞》中说："汉兴，除秦虐禁，开延道德，孝文皇帝欲广游学之路，《论语》、《孝经》、《孟子》、《尔雅》皆置博士。后罢传记博士，独立五经而已。迄今诸经通义，得引《孟子》以明事，谓之博文。"① 据清儒钱大昕（晓征，1728—1804）考证，西汉置"五经博士"当在汉武帝建元五年（公元前 136），② 但汉武帝所立"五经博士"与汉文帝时所谓"博士"殊不同科，文帝时之"博士"乃系诸博士共讲一经，其制与武帝时各博士专责一经，固不可同日而语。③

　　洎乎宋代，北宋真宗大中祥符五年（1012），真宗命孙奭（大中祥符年间为职方员外郎、判国子监④）等人，校对《孟子》。⑤ 真宗大中祥符七年（1014），国子监上呈新印《孟子音义》，真宗赐《孟子音义》，辅臣每人各一部，以提倡《孟子》。⑥ 北宋哲宗（在位于 1085—1100）元祐（1086—1093）年间，曾协助司马光修纂《资治通鉴》唐代部分的史学家范祖禹（淳夫，1041—1098）等五臣一起在经筵进讲《孟子》，据说"贯穿史传，辞旨精瞻"。⑦ 哲宗绍圣（1094—1097）年间，师从王安石并曾任国子直讲的龚原

----

① 赵岐：《孟子题辞》，收入焦循：《孟子正义》卷 1，页 17。我曾对《孟子题辞》详加注解。收入拙著：《孟学思想史论》卷二附录 1，页 467—478。

② 钱大昕：《潜研堂答问》卷 6："建元五年置五经博士，则传记博士之罢，当在其时矣。"收入徐德明、吴平主编：《清代学术笔记丛刊》第 24 册，北京：学苑出版社，2005 年，页 350。

③ 刘汝霖：《汉晋学术编年》卷 2（上册），台北：长安出版社，1979 年，页 6—7。

④ 据《宋会要》大中祥符二年六月二十七日注："命职方员外郎、判国子监孙奭，直史馆刘�│同定诸科"，见徐松辑，刘琳等点校：《宋会要辑稿》第 9 册《选举 7 之 11》，页 5393—5394。

⑤ 王应麟辑《玉海》卷 43《艺文》（第 2 册）："十月校《孟子》，孙奭等言：'《孟子》有张镒、丁公著，二家撰录。今采众家之长为《音义》二卷。'"（页 815）

⑥ 王应麟辑《玉海》第 2 册卷 55《艺文》："七年正月庚子，国子监上新印《孟子》及《音义》，赐辅臣各一部。"（页 1055）朱子认为《孟子音义》并非孙奭所著，朱子说："《孟子疏》乃邵武士人假托，蔡季通识其人，当孔颖达时，未尚《孟子》，只尚《论语》、《孝经》尔，其书全不似疏样，不曾解出名物制度，只绕缠赵岐之说耳。"见黎靖德编：《朱子语类》卷 19《论语一·语孟纲领》第 96 条，收入《朱子全书》第 14 册，页 663。

⑦ 王应麟辑《玉海》卷 41《艺文》（第 2 册）："范祖禹、孔武仲、吴安诗、丰稷、吕希哲，元祐中同在经筵所进讲义，贯穿史传，辞旨精瞻。"（页 782）

（1043—1110）"为司业时，请以安石所撰《字说》、《洪范传》及子雱《论语》、《孟子义》刊板传学者。故一时学校举子之文，靡然从之，其敝自原始"。①南宋高宗（在位于 1127—1162）建炎二年（1128）九月，皇帝"亲书坐右素屏《旅獒》一篇、《大有》、《大畜》二卦与孟子之言七，凡十扇，遣中使宣示宰执"。②高宗绍兴八年（1138）五月四日，高宗皇帝下诏程颐（伊川）弟子尹焞（彦明，1071—1142）解《孟子》。③高宗绍兴十二年（1142），高宗亲自书写《孟子》，④至清代杭州府学尚藏有部分残本。⑤以上史实显示两宋皇帝对《孟子》均颇为崇敬。绍兴十三年（1143）十一月，高宗下诏以所写《孟子》刊石于国学，并颁赐诸路州学。⑥绍兴十六年（1146）五月，高宗以所写《孟子》刊石立于太学。⑦高宗绍兴年间，曾任中书舍人、给事中、兵部侍郎的吴表臣（正仲，1084—1150）于经筵讲《孟子》，高宗书写于座右屏风。⑧

在中国历史上，外族入主中国所建立的朝代（日本学者所谓"征服王朝"⑨）如金代（1115—1234）与元代（1271—1368），对《孟子》亦甚为重视。金废帝完颜亮（1122—1161，在位于 1150—1161）令国子监等学校讲授孟子，《金史·选举志》云："国子监，始置于天德三年……《孟子》用赵岐注、

---

① 脱脱等撰：《宋史》卷 353《列传第一百一十二》，页 2843。
② 王应麟辑：《玉海》卷 34《圣文》（第 1 册），页 645。
③ 尹焞《尹和靖集·师说》（正谊堂丛书本）："先生谓时敏曰：'居仁责我则是，但某荷圣恩……令讲孟子以进，书成日，赐四品之服，当随此上纳……'"收入王云五主编：《丛书集成初编》，上海：商务印书馆，1936 年，页 14。
④ 王应麟辑《玉海》卷 34《圣文》（第 1 册）："绍兴十二年十二月庚辰，上曰：'朕一无所好，惟阅书作字，自然无倦。《尚书》、《史记》、《孟子》俱写毕。'"（页 646）
⑤ "今杭州府学有宋高宗御书《孟子》，虽非全本，较之坊刻间有异同，如'文王事昆夷'，石刻作'混夷'；'有小人之事'，石刻作'小民'，皆胜于今本。"钱大昕：《十驾斋养新录》卷 3"宋高宗书孟子"条（页 48），杨勇军整理，上海：上海书店出版社，2011 年。
⑥ 王应麟辑《玉海》卷 43《艺文》（第 2 册）："《系年录》十三年十一月丁卯……上写六经、《论》、《孟》皆毕，因请刊石国学，仍颁墨本赐诸路州学。诏可。"（页 816）
⑦ 王应麟辑《玉海》卷 34《圣文》（第 1 册）："十六年五月……上又书《论语》《孟子》皆刊石立于太学首善阁及大成殿后三礼堂之廊庑。"（页 645）
⑧ 王应麟辑《玉海》卷 41《艺文》（第 2 册）："绍兴中吴表臣于经筵讲，高宗书于坐右屏。"（页 782）
⑨ 爱宕松男：《アジアの征服王朝》，东京：河出书房新社，1969 年。

孙奭疏……自国子监印之授诸学校"。① 金世宗（在位于1161—1189）大定十四年（1174），国子监建议"邹国公（孟子）力扶圣教者也，当于宣圣像左右列之。今孟子以燕服在后堂，宣圣像侧还虚一位，礼宜迁孟子像于宣圣右，与颜子相对，改塑冠冕，妆饰法服，一遵旧制"。② 金世宗大定二十三年（1183）9月，"译经所进所译《易》《书》《论语》《孟子》《老子》《扬子》、《文中子》《刘子》及《新唐书》。……命颁行之"。③

　　进入元代，元世祖（在位于1260—1294）至元五年（1268）十月，下诏命从臣录《孟子》《毛诗》《论语》等进呈。④ 至元二十四年（1287），"立国子学，而定其制……凡读书必先《孝经》《小学》《论语》《孟子》《大学》《中庸》，次及《诗》《书》《礼记》《周礼》《春秋》《易》。博士、助教亲授句读、音训，正、录、伴读以次传习之。讲说则依所读之序，正、录、伴读亦以次传习之"。⑤ 元世祖至元年间，世祖召精通儒学的畏兀儿人廉希宪（善甫，1231—1280）入宫，询问《孟子》要义，廉希宪"以性善、义利、仁暴之旨为对。世祖嘉之，目曰'廉孟子'"。⑥ 元文宗（在位于1328—1332）天历元年（1328），"金华四先生"之一的金履祥（吉甫，1232—1303）"所著书曰：'……《论语孟子集注考证》十七卷，《书表注》四卷，谦为益加校定，皆传于学者。天历初，廉访使郑允中表上其书于朝。'"。⑦ 在金元两代皇帝对《孟子》一书，均甚崇敬。以上所述中国历代皇帝对待《孟子》的是第一种崇敬提倡的态度。

　　第二，中国皇帝亦有对孟子极为忌惮，恨不得去之而后快者。1368年明

① 脱脱等撰：《金史》卷51（第17册），北京：中华书局，1997年，页297。
② 《金史》卷35（第17册），页218。
③ 《金史》卷8（第17册），页59。
④ 宋濂等撰《元史》卷6（第18册）："敕从臣秃忽思等录《毛诗》、《孟子》、《论语》。"北京：中华书局，1997年，页51。
⑤ 《元史》卷81（第18册），页532。
⑥ 《元史》卷126（第18册），页797。
⑦ 《元史》卷189（第18册），页1107。

帝国建立之后，开国皇帝朱元璋对孟子"民本位"的政治思想就完全无法忍受，这是第二种态度。

朱元璋虽然出身寒微，但勤于读书，清代史学家赵翼（瓯北，1727—1814）曾说他所撰"凤阳《皇陵碑》，粗枝大叶，通篇用韵，必非臣下代言也。此固其聪明天禀，然亦勤于学问所致"，[①] 当距实情不远。《明史·钱唐传》载朱元璋读《孟子》"至'草芥''寇仇'语，谓非臣子所宜言，议罢其配享。诏有谏者以大不敬论。唐【钱唐，1314—1394】抗疏入谏曰：'臣为孟轲死，死有余荣。'时廷臣无不为唐危。帝鉴其诚恳，不之罪。孟子配享亦旋复。"[②] 这一段史实人人皆知，是东亚孟子学史上最能彰显孟子政治思想与皇权的冲突、最为传神的一段历史事实。明太祖洪武三年（1370）祭孔之前，朱元璋以孟子对国君出言不逊，曾说："使此老在今日，宁得免耶？"[③] 遂罢孟子之配享。[④]24 年后的洪武二十七年（1394），朱元璋命大学士刘三吾（1312—1396）等人修纂《孟子节文》（成书于 1394 年），删去与民本思想有关的言论共计 85 条，课士不以命题，科举不以取士。[⑤]

明太祖朱元璋对待孟子的粗暴态度，正如余英时先生所说，反映出朱元

---

①　赵翼著，王树民校证：《廿二史札记校证（订补本）》479《明祖文义》（479），北京：中华书局，1984 年，页 738。

②　张廷玉等撰：《明史》卷 139（第 19 册），页 1038。

③　詹海云校注：《全祖望〈鲒埼亭集〉校注》第 2 册《鲒埼亭集》内编卷 35《辨钱尚书争孟子书》，台北：鼎文书局，2003 年，页 827—828。

④　全祖望（1705—1755）认为孟子罢配享应在洪武二年（1369），明代信仰天主教的著名学者李之藻（1571—1630）著《頖宫礼乐疏》（台北："中央"图书馆，1970 年景印明万历刊本）云："太祖高皇帝，洪武三年黜孟子祀。踰年又奉圣旨：'我听得孟子辩异端、辟邪说，发明先圣之道，今后依还祭祀。'"李之藻的洪武三年（1370）之说，较为可信。容肇祖《明太祖的〈孟子节文〉》（《读书与出版》第 2 卷第 4 期［1947 年 4 月］，页 16—21）亦采用李之藻所持洪武三年之说。

⑤　陈登原：《国史旧闻》（影印本）上册"非孟与孟子节文"条，页 273—276。国立北平图书馆藏有洪武二十七年（1394）刊刻的《孟子节文》，今归北京图书馆（新馆）收藏。北京图书馆所藏《孟子节文》共三种，均为明初刊本，今已由北京图书馆古籍出版编辑组整理，书目文献出版社出版，列入《北京图书馆古籍珍本丛刊拟目》之 1《经部》，北京：书目文献出版社，1987 年。

璋的反智、愚民的"法家本来面目"。[1] 但是,在有明一代,朱元璋的个案是一个特例,其后在明孝宗(在位于 1488—1505)弘治元年(1488),皇帝在文华殿听大学士刘机(1452—1523)讲《孟子》,讲到"责难于君谓之恭,陈善闭邪谓之敬,吾君不能谓之贼。"(《孟子·离娄上·一》)时,孝宗皇帝问何以不讲末句,经筵讲官刘机答以不敢,皇帝说:"何害,善者可感善心,恶者可惩逸志。自今不必忌讳。"[2] 明孝宗弘治五年(1492)因旱灾肆虐,乃下诏广求建言,左庶子兼侍讲学士李东阳(宾之,1447—1516)"……条摘《孟子》七篇大义,附以时政得失,累数千言,上之。帝称善"。[3] 像明孝宗以这样开放态度研读《孟子》一书的帝王,也并非罕见。明世宗(在位于 1521—1566)嘉靖二年(1523),世宗皇帝御文华殿,听讲官刘龙(1476—1554)讲《孟子》,批曰:"龙于至诚能动,乃云'迩者黄河清,是至诚之验也',未免近谀;但其末云'谦以履盈,约以保泰',此二句却好。"[4] 可见明世宗读《孟子》时心平气和,取孟子之言以自我惕励。

第三,历代皇帝亦有引用孟子的言论,而加以有意曲解以张大皇权者,清代的雍正皇帝(清世宗,在位于 1722—1735)是最典型的代表。

清世宗在雍正六年(1728)将曾静(1679—1735)谋反案的口供以及他自己写的上谕合编而成的《大义觉迷录》中,有一段引用《孟子》的话。雍正说:

> 孔孟之所以为大圣大贤者,以其明伦立教,正万世之人心,明千古之大义。岂有孔子、孟子要做皇帝之理乎? 孔子云:"事君尽礼。"又云:"臣事君以忠。"又云:"君君臣臣,父父子子。"看《乡党》一

---

① 参看余英时:《唐、宋、明三帝老子注中之治术发微》,收入氏著:《历史与思想》,台北:联经出版公司,1976 年,页 77—86,引文见页 86。
② 孙承泽著,王剑英点校:《春明梦余录》卷 9,北京:北京古籍出版社,1992 年,页 132。
③ 张廷玉等撰:《明史》卷 181(第 20 册),页 1249。
④ 孙承泽:《春明梦余录》卷 9,页 132。

篇,孔子于君父之前,备极敬畏小心。孟子云:"欲为臣,尽臣道。"又云:"齐人莫如我敬王者。"使孔孟当日得位行道,惟自尽其臣子之常经,岂有以韦布儒生,要自做皇帝之理! ①

关于雍正的《大义觉迷录》中的重要概念与"中华思想",学界已有详赡研究, ② 我在这里只聚焦于雍正引用孔孟时的断章取义及对含义之扭曲,分析雍正所持"势"高于"道"之立场。雍正引孟子说:"欲为臣,尽臣道"一语出自《孟子·离娄上·二》,全文是:

> 孟子曰:"……欲为君尽君道,欲为臣尽臣道,二者皆法尧舜而已矣。不以舜之所以事尧事君,不敬其君者也;不以尧之所以治民治民,贼其民者也。……"③

孟子"道性善,言必称尧舜"(《孟子·滕文公上·一》④),以尧舜为帝王最高典范,当孟子讲"欲为臣,尽臣道"时,是与"欲为君,尽君道"一语对扬,主张君臣二者皆应师法尧舜之道。雍正接着引用孟子"齐人莫如我敬王者"一语,主张孟子抬高皇权之绝对地位。但是《孟子·公孙丑下·二》原文是:"我非尧舜之道,不敢以陈于王前,故齐人莫如我敬王也。"⑤ 孟子之所以"敬王"乃是以"王"行"尧舜之道"(亦即"王道")为前提。"王"如果背叛"道",孔子将"道不行,乘桴浮于海"⑥,绝不屈"道"以从君,孟子则称

---

① 雍正:《大义觉迷录》,台北:文海出版社,1985 年,页 162。
② 邵东方:《清世宗〈大义觉迷录〉重要观念探讨》,《汉学研究》第 17 卷第 2 期(1999 年),页 61—89;韩东育:《清朝对"非汉世界"的"大中华"表达》,收入张崑将编:《东亚视域中的"中华"意识》,台北:台大出版中心,2017 年,页 103—143。
③ 《孟子·离娄上·二》,见朱熹:《孟子集注》卷 7,页 388。
④ 《孟子·滕文公上·一》,见朱熹:《孟子集注》卷 5,页 351。
⑤ 《孟子·公孙丑下·二》,见朱熹:《孟子集注》卷 4,页 336。
⑥ 《论语·公冶长·六》,见朱熹:《论语集注》卷 3 页 103。

无"道"之"王"为"一夫",主张暴君可诛、桀纣可伐。雍正将《孟子》断章取义,使孟子"民本位"思想晦而不彰。雍正引孔子之语,亦如他引孟子,均将孔孟之言从孔孟全文中予以"去脉络化",将孔孟所持君臣相对之义曲解为臣对君服从之绝对义,使孔孟成为皇权至上论的吹鼓手,其心可诛!从雍正曲解孟子这个个案,我们看到了"权力"使孟子解读者如雍正皇帝的"自我"之主体性豁然彰显。我们在 20 世纪上半叶日本安冈正笃对孟子"王道"理念所进行的"脉络性转换"中,也看到了"权力"对诠释者"主体性"的唤醒,发挥了根本性的作用。

雍正皇帝对待孟子的粗暴态度,如果与康熙皇帝(在位于 1661—1722)的态度对比,就更加彰显。众所周知,康熙二十三年(1684)11 月 28 日,康熙初谒曲阜孔庙,行"三跪九叩"礼,并赐"万世师表"御书,对孔子极尽崇敬之事。康熙对儒家的尊崇,可能有其统治广土众民的汉族社会的政治目的,但是,他以"治统"系于"道统"之下的态度是明确的。明末大儒王夫之说:"天下所极重而不可窃者二:天子之位也,是谓治统;圣人之教也,是谓道统。"[1]康熙在《御制日讲四书解义·序》中说的"朕惟天生圣贤作君作师万世道统之传,即万世治统之所系也",[2] 好像是为王夫之另一句话作注解。王夫之说:"是故儒者之统,孤行而无待者也;天下自无统,而儒者有统。道存乎人,而人不可以多得,有心者所重悲也。虽然,斯道亘天垂地而不可亡者也,勿忧也。"[3]康熙以"治统"附于"道统"之下的态度,明确地表现在他对孟子政治思想的解读之中。例如对于孟子所说"民为贵,社稷次之,君为轻"一语,康熙解读说:"此一章书见人君当爱民以保社稷,而勿自恃其尊也。"[4] 其他如孟子所说"闻诛一夫纣矣,未闻弑君也",康熙解释说:"此一章

---

① 王夫之:《读通鉴论》卷 13《东晋成帝》,页 479。
② 康熙:《御制日讲四书解义·孟子解义·序》(钦定四库全书本),页 1 右半页。
③ 王夫之:《读通鉴论》卷 15《宋文帝》,页 569。
④ 康熙:《御制日讲四书解义·孟子解义》卷 26,页 14 右半页。

书见为人君者当尽仁义之道也。"① 此等文字皆可见康熙对孟子的态度一贯崇敬，与雍正之态度相去悬绝。

以上归纳中国历史所见，历代帝王对待孟子其人及其书的3种态度之中，以朱元璋所代表的第2类最为粗暴，具体彰显孟子"王道"政治思想与大一统帝国的专制帝王之间，如水与火之不兼容。但是，以雍正为代表的第3种对待《孟子》的态度，最为狡猾。雍正表面称孔孟为"大圣大贤"，但引用孔孟之言却曲人从己，企图将孔孟曲解并转化为专制王权的旗手。用心邪恶，莫此为甚!

我们再进一步看看中国历史上皇帝与儒臣互动中的孟子。在君臣对话或儒臣上疏中，孟子及其思想是在政治的脉络之中被解读，所以《孟子》这部书发挥的极少是纯粹描述性的（descriptive）作用，而是高度判断性的（judgmental）或指令性的（prescriptive）作用。《孟子》在中国历史上君臣互动中发挥的指令性的作用，又可以细分为两种类型。

第一，《孟子》在君臣对话中常发挥引导性（orientative）的作用。所谓"引导性作用"指国君或儒臣任何一方引用《孟子》，以评论时政得失（如明孝宗时的李东阳②），或企图引导政策方向或政治措施。我想举唐代与宋代各一个史例，以阐释《孟子》在宫廷政治中所发挥的"引导性作用"。首先，唐代宗（在位于762—779）时曾一度有以裴谞（719—793）为御史中丞的构想，但为裴谞的政敌所沮却，所以改任裴谞为河东道租庸盐铁等使。当时关中地区苦于干旱，代宗皇帝召见裴谞问"榷酤之利，一岁出入几何"，裴谞沉默良久。皇帝再问，裴谞才说：

> 臣自河东来，其间所历三百里，见农人愁叹，谷菽未种。诚谓陛下轸念，先问人之疾苦，而乃责臣以利。孟子曰：理国者，仁义而已，

---

① 康熙：《御制日讲四书解义·孟子解义》卷14，页30右半页。
② 张廷玉等撰：《明史》卷181（第20册），页1249。

何以利为？由是未敢即对也。①

代宗叹曰："微公言，朕不闻此。"②乃升裴谞为左司郎中。在唐代君臣间这一场对话中，裴谞引用《孟子·梁惠王上·一》委婉劝诫唐代宗"王何必曰利"。《孟子》在唐代宗与裴谞对话的脉络中发挥了指引政策的作用。

另一个例子是宋徽宗（在位于1100—1126）时的左司谏邹浩（1060—1111）上疏说：

> 孟子曰："左右诸大夫皆曰贤，未可也；国人皆曰贤，然后察之，见贤焉，然后用之。左右诸大夫皆曰不可，勿听；国人皆曰不可，然后察之，见不可焉，然后去之。"于是知公议不可不恤，独断不可不谨。盖左右非不亲也，然不能无交结之私；诸大夫非不贵也，然不能无恩仇之异。至于国人皆曰贤，皆曰不可，则所谓公议也。公议之所在，概已察之，必待见贤然后用，见不可然后去，则所谓独断也。惟恤公议于独断未形之前，谨独断于公议已闻之后，则人君所以致治者，又安有不善乎？③

在这篇呈宋徽宗的上疏中，邹浩引用《孟子·梁惠王下·七》中孟子的话，建议徽宗要重视"公议"，要求皇帝"恤公议于独断未形之前，谨独断于公议已闻之后"。邹浩从孟子的话开发出《孟子》的当代相关性与"公议"的重要性，使《孟子》对宋徽宗发挥引导性的作用，确实深具创意。在中国历代儒家思想家之中，朱子是最重视"公共"精神的一位，朱子以"公"解释"仁"，在《朱子语类》中数次强调"公是仁底道理"④。这句话是朱子毕生最

① 刘昫等撰：《旧唐书》卷126《列传第七十六》（第10册），北京：中华书局，1997年，页917。
② 同上。
③ 《宋史》第16册卷345《列传第104》，页2794。
④ 黎靖德编：《朱子语类》卷6《性理三·仁义礼智等名义》第98条，收入《朱子全书》第14册，页258。

景仰的程颐所说,^①朱子在《近思录》^②与《文集》^③中,都一再引用。但是邹浩生年(1060)早于朱子生年(1130)70年,他从《孟子》开发"公议"在政治脉络中之重要性,殊为难得。明末大儒黄宗羲(梨洲)在《明夷待访录》中,提出以学校作为形成公议之场所。梨洲说:"……天子之所是未必是,天子之所非未必非,天子亦遂不敢自为非是,而公其非是于学校。"^④但邹浩在黄宗羲之前550年,就从《孟子》的思想资源提炼"公议"作为政治导航之圭臬,在孟子学史上特具卓识。

第二,《孟子》一书在中国历代君臣互动中发挥的另一种作用是评价性(evaluative)的作用。所谓"评价性的作用"是指在君臣对话之时,《孟子》书中的理念成为政治实务上进行价值判断的指标。儒臣常引《孟子》以规诫皇帝固然常见,但是在政治斗争中,《孟子》也成为政争的指标。北宋神宗重用王安石变法,王安石崇敬孟子,后虽引退,但仍运用其影响力,在宋神宗元丰七年(1084)促使孟子配享孔庙。孟子因为王安石而成为新旧党争之箭靶,司马光撰《疑孟》就在元丰八年(1085)完稿。此一事件很能彰显《孟子》在政治脉络中的评价性作用。

《孟子》在政治上的评价性作用,也见于君臣对话之间。《宋史·陈渊传》载陈渊(1067—1145)曾对宋高宗批判王安石说:"圣学所传止有《论》《孟》《中庸》《论语》主仁,《中庸》主诚,《孟子》主性,安石皆暗其原。仁道至大,《论语》随问随答,惟樊迟问,始对曰:'爱人。'爱特仁之一端,而安石遂以爱为仁。其言《中庸》,则谓中庸所以接人,高明所以处己。《孟子》七篇,专发明性善,而安石取扬雄善恶混之言,至于无善无恶,又溺于佛,其

---

① 程颐:《伊川先生语一》,见《河南程氏遗书》卷15,收入程颢、程颐:《二程集》上册,页153。伊川曰:"公而以人体之,故为仁。"
② 朱熹、吕祖谦编:《近思录》卷2,收入《朱子全书》第13册,页184。
③ 朱熹:《知旧门人问答·答董叔重五》,见《晦庵先生朱文公文集》卷51,收入《朱子全书》第24册,页2351;朱熹:《知旧门人问答·答陈安卿三》,见《晦庵先生朱文公文集》卷57,收入《朱子全书》第25册,页2737。
④ 黄宗羲:《明夷待访录》,页10。

失性远矣。"① 陈渊对王安石"性论"之批判,实与北宋政治史上的党争有关。

由于《孟子》所发挥的评价性作用,所以有时候孟子的"王道"一词,也成为君臣争论的焦点。《宋史·赵雄传》有以下一段记载:

> 淳熙二年,召为礼部侍郎,除端明殿学士,签书枢密院事。一日奏事,上曰:"今夏蚕麦甚熟、丝米价平可喜。"雄奏:"孟子论王道始于不饥不寒。"上曰:"近世士大夫好高论,耻言农事,微有西晋风。岂知《周礼》与《易》言理财,周公、孔子曷尝不以理财为务?……"②

这一段发生在宋孝宗淳熙二年(1175)的孝宗与赵雄(1129—1194)的君臣对话,很传神地说明了孟子政治思想在南宋政治中的评价性作用。礼部侍郎赵雄对孟子"王道"理想,不胜其向往之情,但宋孝宗从儒臣的高谈"王道",批判"近世士大夫好高论,耻言农事"近似魏晋清谈,孝宗强调理财乃政务之首。宋孝宗的言论,与两宋功利学派儒者如陈亮等人极其神似。17世纪朝鲜的国王仁祖也曾感叹朝鲜"士大夫之论王道者,高谈尧舜而不及于救难应变之策"。③ 中朝历史上的帝王都关心政策之"可行性"(feasibility)远过于其"可欲性"(desirability)。

综上所说,《孟子》一书在中国历史中君臣相与之际,常发挥指令性的作用,或引导当代政务之方向,或成为当代政治的评价之指标。包括《孟子》在内的儒家经典及其文化,在历史进程中与历代王朝及其统治权力,既不可分割又互为紧张,是中国历史文化理想与政治现实的"二重主体性"之中,

---

① 《宋史》第 16 册卷 376《列传第一百三十五》,页 2963。
② 《宋史》第 16 册卷 396《列传第一百五十五》,页 3075。
③ 李植:《泽堂先生别集》卷 13《殿策问·治道择术》,收入民族文化推进会编:《韩国文集丛刊》第 88 辑,页 507—508。

最值得研究的现象。[1]

　　现在，我们再看看孟子与日本皇室的互动。我们在本书第二章第一节已说明，《孟子》这部经典大约在 9 世纪就传到日本，在日本，幕府、博士家以及一般地方学者均常研读《孟子》。[2] 但是，中国儒家思想中蕴蓄着深厚的 "道德平等主义"（可称为 "moral egalitarianism"）。儒家认为人的政治、社会、经济地位，固有上下高低之分，但在道德上人人都生而站在平等的立足点之上。孟子说："舜何人也？ 予何人也？ 有为者亦若是。"[3] 孟子主张 "仁义礼智根于心"，[4] 每个人都生而具有（与 "人爵" 对比的）"天爵"。[5] 这些话都是在 "道德平等主义" 的人性论基础上说的。正因为古代儒家主张人人生而具有内在的善苗，孟子更是 "以心善言性善"，[6] 所以《大学》首章就说："自天子以至于庶人，壹是皆以修身为本。"[7] 在 "修身" 这一件事情上，儒家认为天子与庶人站在平等的立足点之上。

　　但是，儒家（尤其是孟子）所持 "道德平等主义" 的人性观，东传日本之后，与日本历史悠久的天皇具有神性的传统信仰，有巨大之落差。所以，早

---

① 关于这个现象的通论性研究，参看 Frederick P. Brandauer & Chun-chieh Huang, eds., *Imperial Rulership and Cultural Change in Traditional China*。我也曾以《论语》《孟子》为例，探讨儒家经典与政治权力在东亚历史上的互动关系，见拙文 Chun-chieh Huang, "On the Relationship between Interpretations of the Confucian Classics and Political Power in East Asia: An Inquiry into the *Analects and Mencius*"，收入拙著 *East Asian Confucianisms: Texts in Contexts*, chapter 1, pp. 25-40。最近余英时先生以 "连体婴"（Siamese twins）形容儒家文化与历代王朝权力之互相需要但又相互制衡之复杂关系，颇为传神。参看 Ying-shih Yü, "Confucian Culture vs. Dynasitc Power in Chinese History", *Asia Major*, 3rd ser., vol. 34.1 (2021), pp. 1-10。

② 参考井上顺理：《本邦中世までにおける孟子受容史の研究》，页 214。

③ 《孟子·滕文公上·一》，见朱熹：《孟子集注》卷 5，页 351。

④ 《孟子·尽心上·二一》，见朱熹：《孟子集注》卷 13，页 497。

⑤ 《孟子·告子上·一六》："有天爵者，有人爵者。仁义忠信，乐善不倦，此天爵也；公卿大夫，此人爵也。古之人修其天爵，而人爵从之。今之人修其天爵，以要人爵；既得人爵，而弃其天爵，则惑之甚者也，终亦必亡而已矣。" 见朱熹：《孟子集注》卷 11，页 470。

⑥ 徐复观：《中国人性论史·先秦篇》第 6 章，页 161—198，引文见页 161。关于中国古代人性论中的平等思想，参考 Donald Munro, *The Concept of Man in Early China*, Stanford: Stanford University Press, 1969, chapter 1。中文译文见孟旦：《早期中国 "人" 的观念》第 1 章，丁栋、张兴东译，北京：北京大学出版社，2009 年，页 1—24。

⑦ 朱熹：《大学章句》，收入《四书章句集注》，页 4。

在德川幕府成立之前,日本皇室讲官清原宣贤(1475—1550)就在永正13年(1516)10月17日至翌年(1517)10月21日,为知仁亲王讲《孟子》时,感受到孟子的"道德平等主义"与日本的天皇神性信仰产生极大的张力。例如《孟子·公孙丑下·七》:"古者棺椁无度,中古棺七寸,椁称之。自天子达于庶人,非直为观美也,然后尽于人心。"在这句话中,"自天子"三字之旁,清原宣贤注曰:"'自天子'三字御读除之。"[1] 在典藏于京都大学图书馆清家文库并被列为"国宝"的《孟子抄》(或称《永正钞本宣贤自笔孟子》,共14卷)中,这类"御读禁忌"(ごどくきんき)共有4处,[2] 它们讲官对皇室宣讲《孟子》时,为了降低孟子性善论中所潜藏的"道德平等主义"对日本天皇体制的冲击,而自己加上的附注。近年来也有学者研究认为,日本历代天皇之所以没有姓,就是因为畏惧孟子的易姓革命学说之故。[3]

三、正祖与儒臣关于孟子心性论的讨论

以上节所回顾中日两国王权与孟子互动的历史事实作为对比,我们对于朝鲜王朝历代国王与儒臣讨论孟子学的深入情况,就可以获得更清楚的理解。尤其是朝鲜王朝第22代国王正祖对儒臣所提出关于孟子思想之问题,于孟子心性论幽微洞彻、曲畅旁通,能得孟子心性论之肯綮,于孟子政治论则能掌握孟子"王道"政治之内核及其实践,既从本以垂迹,又由迹以显本。正祖对儒学确能探骊得珠,于孟子学尤能悠游自得,谓之为东亚各国国君学问之第一人,似亦不为过。

现在我们就归纳正祖与儒臣之间,关于孟子心性论之问答,依其重要性依序分析如下。

---

① 京都大学清家文库现藏《永正钞本宣贤自笔孟子》,共7册、14卷,被列为"国宝",现已上网(https://rmda.kulib.kyoto-u.ac.jp/reuse)。
② 参考井上顺理:《本邦中世までにおける孟子受容史の研究》,页513。
③ 松本健一:《『孟子』の革命思想と日本——天皇家にはなぜ姓がないのか》,东京:昌平黉出版会,2014年。

（一）"养浩然之气"相关问题

在正祖对孟子心性论所提出的问题中，最深刻的是《孟子·公孙丑上·二》"知言养气"章的问题。正祖说：

> 孟子论性不论气，而于"不动心"，特说出"浩然之气"，何欤？是"气"何"气"？非气质之气，非血气之气，自是别样气欤？夫"气体之充也"，人身之本有，而与生俱生者也，而今曰"集义所生者"何也？生者自无而有之谓，则是未集义之前，无是气。而集义生出之后，始有之欤？集义所以养气，而曰集义而气生，则凡物生而后养，而是气养而后生何欤？道是形而上者，气是形而下者，凡气与理，浑融无间，元不相离，故程子曰：道亦器，器亦道。今是"气""配义与道"，则"配"之为言合也，有若"气"与"理"各在一处，到养成后始合焉者何也？夫有体而后有用，而曰"配义与道"，则配义是用，配道是体。先言用而后言体，又何也？是气也，塞乎天地则无限量矣，无限量者心也，而是"气"亦无限量，何也？抑气与心，有相通之妙欤？朱子释此"气"字曰天地之正气，人之所得而生者。其体本如是也。"本如是"者，言其本自浩然也，是指气之一源处，最初未分清浊时而言，然人于有生之初，气质便分清浊，意或清者是气无亏欠，浊者是气有亏欠，不待于养与不养，而已有圣凡之别欤？抑既分清浊之后，是气超乎清浊之外，而浩然自在，初无圣凡之别欤？若曰无圣凡之别，则是浩然之气，与性善无异欤？仲尼之元气，与孟子之浩气，无分数欤？或曰浩然之气，可言于亚圣以下，生知之大圣不可以浩然名，此说何如？若然则浩然之上有极层，而浩然不足以尽气之本体也，其可乎？或曰浩然之气，是养成以后之称，本初之气，不容得"浩然"二字，此说又何如？若然则气

本不浩然，而人养之而后浩然，是人之用工，增益于本体之外也，此又说不去处，左右窒碍如此，不知如何看，方为通透无疑也。是气孟子自有之，而犹曰"难言"，则终是形容不得者欤？抑有可以明言者欤？愿闻之。[①]

正祖以上这一大段提问，共包括 14 个问题。细加整理，可归纳为以下 7 个问题：

（1）孟子所说"浩然之气"的"气"的本质是什么？"浩然之气"是"集义"之后，才能产生吗？

（2）孟子说"配义与道"似已假定"气""理"二分，它们是经过"养气"工夫后才合而为一吗？"配义"是用，"配道"是体，孟子为什么先讲"用"而后才讲"体"呢？

（3）孟子说"气"无限量，但是"心"才是无限量，为什么"气"也是无限量呢？"气"与"心"可以相通吗？

（4）朱子解释"气"说："天地之正义，人之所得而生者，其体本如是也。"如果"气""本自浩然"，就不待"养气"工夫了，那么，还有圣凡之别吗？

（5）如果没有圣凡之别，那么"浩然之气"就等于"性善"了吗？也就是说"仲尼之元气"与"孟子之浩气"一样吗？

（6）有人说，所谓"浩然之气"只能形容孟子以下的人物，而不可形容生而知之的孔子。这种说法可以成立吗？如果此说可以成立，那么，因为"浩然之气"还在上层存有，所以"浩然之气"就无法完全说明"气之本体"吗？

（7）"养气"工夫完成以后，"本初之气"是否就不"浩然"？如果是的话，"浩然之气"乃是在"本体"之外由人所加上之物，则似不通。又，"浩然

① 李祘：《经史讲义》，收入《弘斋全书》卷 79，页 563—564。

之气"是孟子所自有,为什么孟子无法形容"浩然之气"呢?

以上我所归纳的正祖的 7 大问题,可以进一步整合成以下的两个问题。

(1)本体论问题:"浩然之气"的本质及其产生程序,以及"气"与"理"、"心"之关系如何?

(2)工夫论问题:"养气"之必要性何在? 如何可能? "养浩然之气"有等级的差别吗?

从以上正祖所提出的有关孟子"知言养气"说的本体论与工夫论问题看来,正祖所循基本上近似朱子学的思路,尤其是"心"与"理"的关系之间,更是典型的朱子学的问题的提法。正祖所提出的工夫论问题,环绕在"原始生命的理性化"问题,正是孟子与公孙丑对话的核心课题,可见正祖对孟子学确已登堂入室。

针对正祖一系列问题,经筵讲官尹光颜(1757—1815)说:

> 光颜对:程子言孟子不论气,盖指其不论气质之性也。至于浩然之气,与气质之气,煞有间焉。盖是气也,不囿于气质,不流于血气,亦非舍气质血气之气,而别有所谓气也。人自有生,便有是气,但不能扩充则馁而不充,必待集义之工,然后乃复流行,故曰"集义所生",非谓本无是气,而必待养然后始生也。理与气,本自无间,故集义而气生,气又配夫道义,于此愈见其理气之不相离,岂可谓各在一处,始分终合乎? 至于不曰"配道与义",而必曰"配义与道"者,盖欲其自用而达体也。朱子曰:"心者气之精英","气之灵爽为心",[①] 心之充塞为气,心之体无限量,气之体亦无限量,此所以养气不外于养心也,又何疑于气与心之相关乎? 程子曰:"天人一也……浩然之气乃吾气也。"人得是气以生,则虽气质之禀,有清浊粹驳之不同,

---

① 朱子说:"心者,气之精爽",见黎靖德编:《朱子语类》卷 5《性理二·性情心意等名义》第 28 条,收入《朱子全书》第 14 册,页 219。

而本体则未尝不浩然也。但由其养与不养而有圣凡之别，其清而粹者，固鲜亏欠，而苟不得其养，则反不免昏塞。其浊而驳者，虽有亏欠，而苟得其养，则亦可以扩充。若曰：是气也，超然自在于气质清浊之外，初无圣凡之别，则恐无是理，岂可谓与性善无异乎？仲尼之元气，浑然天成；孟子之浩气，由于养成。圣贤气象，于此可见。然若谓圣人分上，不可言"浩然"二字，而直归之第二层以下则恶乎可哉？又若谓气本不浩然，而养成而后始能浩然，则经文曰"至大至刚"，此言气之本体也。气之本体，既至大至刚，则独不能浩然乎？大抵浩气之说，自孟子已难言，则后儒之听莹无怪，古人有言曰：浩气须于心得其正时识取，此正学者之所当勉也。①

尹光颜提出的回应，基本上循朱子学的思路，可以归纳为以下两点：

第一，孟子所说的"浩然之气"不是"气质之气"，而是人生而有之，但有待于"集义"之工夫才能"扩充"之"气"。在"养浩然之气"的工夫之中，之所以必须"配义与道"而不说"配道与义"，乃是由"用"以达"体"。尹光颜在此运用宋儒常用的"体""用"这一组对应概念，来解释"义"在"道"之前。此说直接来自朱子。朱子说："道是体，义是用……义者，人心节制之用；道者，人事当然之理。"②先"用"而后"体"，以今语释之，可谓从"特殊性"契悟"普遍性"。用朱子的话，可以说必须先掌握"分殊"，才能体认"理一"。

第二，尹光颜解释孟子的"集义"一词说："人自有生，便有是气，但不能扩充则馁而不充，必待集义之工，然后乃复流行，故曰'集义所生'……"又引朱子所说"心者，气之精英""气之灵爽为心"等语，提出"养气不外于养

① 李祘：《经史讲义》，收入《弘斋全书》卷79，页15—16，总页564上—下。
② 黎靖德编：《朱子语类》卷52《孟子二·公孙丑上之上·问夫子加齐之卿相章》第114—122条，收入《朱子全书》第15册，页1727—1728。

心"之结论。尹光颜的诠释,掌握孟子养气之学以"心"定"气"之要义,可称善解。但是,尹光颜对"集义"的"集"字并无解说,似尚有一间未达也。

孟子的"集义"一词中的"集"字,后汉赵岐释"集"为"杂";[①]朱子《集注》云"集义,犹言积善,盖欲事事皆合于义也";[②]朱子《语类》云"集,犹聚也……"[③]。朱子将孟子内省性的养气之学,解释成知识性的活动,偏离孟子以"心"定"气"之宗旨,所以颇受后儒批判。王阳明说:"集义是复其心之本体。"[④] 又说:"集义只是致良知。"[⑤] 黄宗羲说:"集义者,应事接物,无非心体之流行。"[⑥] 皆是对朱子之说的批评。18世纪朝鲜大儒丁茶山亦指出朱子之说与孟子不相应,我在本书第七章已详加析论。尹光颜对"集义"一语轻轻滑过,系一大缺失。

正祖针对孟子"养气"说提出的各种问题中,在东亚孟子学史上特具意义的,是关于孟子所说"配义与道,无是,馁也"一语中的"是"字作何解这个问题。正祖问:

> "无是"之"是",是气耶? 道义耶? 上下"馁"字,先儒以上"馁"字属之道义;下"馁"字属之气。气则馁矣,道义亦可曰"馁"乎? 然而若不分看,则上下"馁"字,无异叠床,上"馁"字以德不孤之"孤"字看,似好耶?[⑦]

针对正祖这个问题,阁臣金近淳(1772—?)答曰:

---

① 焦循:《孟子正义》卷6,页202。
② 朱子注《孟子·公孙丑上·二》语,见朱熹:《孟子集注》卷3,页323。
③ 黎靖德编:《朱子语类》卷52《孟子二·公孙丑上之上·问夫子加齐之卿相章》第132条,收入《朱子全书》第15册,页1730。
④ 陈荣捷:《王阳明传习录详注集评》第176条,页253。
⑤ 同上书第187条,页268。
⑥ 黄宗羲:《孟子师说》卷2,页62。
⑦ 李祘:《邹书春记》,收入《弘斋全书》卷120,页11,总页659上。

"无是"之"是"字。先儒之说,至矣,尽矣,更安容别说?但来说中道义耶云云,太欠指的,既曰"配义与道",则岂离于道义?而直云"道义"则亦有不然,今曰"其为气,配义与道,无是馁也"云云,既曰"气"又曰"义与道",加一"配"字于"义与道"之上,则"无是,馁也"之"是",即《集注》所谓"若无此气"之"气"也,此"气"即"配道与义",盛大流行,无量不屈之正气,乃所谓"浩然之气"也。上下"馁"字,大体别无区别,而上"馁"字多贴于身,下"馁"字多贴于心,此皆犹属于章句间汗漫文义,须自力图于直方大实地喫紧充腹之工夫,如何如何。栗谷李文成之言曰:"若无浩然之气,则虽欲行道义,一身无气,如饥乏然。道义是本有之物,岂有饥乏时?"此言可谓发前所未发。①

正祖与金近淳口中的"先儒",指朱子而言。正祖的问题正是朱子与吕祖谦(伯恭)之弟吕祖俭(子约)争论的问题。朱子认为"是"字指"气"而言,吕子约主张"是"指"道义"。这虽仅系对"是"这个字的解释,但却关乎孟子养气之学的关键,也引起此后东亚儒者的争辩。我在本书第四章第二节论宋时烈时,已有所讨论,此处不再重复。

金近淳对正祖的回答,循朱子以"气"释"是"字的旧轨,并引《集注》为证,可见金近淳完全笼罩在朱子学诠释典范之下。但是,金近淳又说,朱子所说"若无此气"之"气",乃"盛大流行,无量不屈之正气"。如此,则孟子"无是,馁也"一语中的"是",恐须理解为"道义"为妥——"道""义"为"气"之根本,无"道""义"则"气"必馁。如此解释才符合孟子原意。正祖也说:"窃尝以为浩然之气,异于气质之气,强劲者非有余,懦弱者非不足,义之所,气便在……"②18世纪朝鲜大儒丁茶山在所著《孟子要义》中,

---

① 李祘:《邹书春记》,页12,总页659下。
② 同上书,页11,总页659上。

就认为孟子所说"无是,馁也"中的"是"字,是指"道义"而不是指"气"而言。[①]因丁茶山写作《孟子要义》时尚在流放之中,所以与丁茶山同时代的尹光颜对丁茶山的论点并无所知。

(二)人性物性异同论

正祖研读《孟子》,提出一个朝鲜儒学史上的重大问题。他说:

> 犬牛人之性,是本然之性欤?是气质之性欤?以率性之"性"论之,犬率犬之性,牛率牛之性,人率人之性,各率其性之自然,则犬牛人之性,似是本然之性,以"犹"字与"欤"字观之,是言不同也。犬不能为牛之性,牛不能为犬之性,犬牛不能为人之性,则犬牛人之性,似是气质之性,此当作何边看欤?说者曰:孟子论性不论气,未尝言气质之性,何独于此言气质之性,此则恐未然。孟子言性善虽不兼气说,如云"动心忍性"之"性","四肢之于安逸,性也"之类,何尝不言气质之性欤?或曰:孟子只道性善,况方斥告子之认气为性,当以本然之性言之,不当又以气质之性告之,以是知犬牛人之性,非气质之性,此说何如?[②]

针对正祖的问题,尹光颜回答说:

> 光颜对:观乎"犹"字"欤"字,则孟子之意盖谓:人物之性不同也。夫知觉运动,人与物同,而仁义礼智,人与物异,则孟子此言固指本然之性而非气质之性,然人物之性所以不同者,亦由于气质之

① 丁若镛:《孟子要义》,页 61。
② 李祘:《经史讲义》,收入《弘斋全书》卷 79,页 21—22,总页 567 上一下。

通塞，则虽以此章为兼言气质亦可矣。①

这个问题的问题意识，出自《孟子·告子上·三》中孟子曰："然则犬之性，犹牛之性；牛之性，犹人之性与？"朱子《集注》云：

> 愚按：性者，人之所得于天之理也；生者，人之所得于天之气也。性，形而上者也；气，形而下者也。人物之生，莫不有是性，亦莫不有是气。然以气言之，则知觉运动，人与物若不异也；以理言之，则仁义礼智之禀，岂物之所得而全哉？此人之性所以无不善，而为万物之灵也。②

朱子《集注》认为："知觉运动"等生理活动，是人与动物所共同的，但"仁义礼智"等道德价值意识，是人与动物差异之所在，孟子说："人之异于禽兽者，几希？"③ 即指此而言。但朱子以"理"与"气"这一组对应概念，为孟子所说"人之异于禽兽者"提出新诠，则是宋儒的新说。

这个出自《孟子》的问题，在中国较少引起注意，但却在18世纪上半叶的朝鲜引起热烈的讨论。在12世纪中国朱子学的"性"论中，最具争议性的是"人性物性异同论"，到了17世纪的朝鲜儒者韩元震（字德昭，号南塘）与李柬（字公举，号巍岩），才针对这个问题提出全面性的论辩。④ 正祖的问题与尹光颜的回答，都是在宋儒的"本然之性"与"气质之性"这一组对应概念之下，主张人与动物的"本然之性"相异。

在《正祖实录》中，我们看到正祖对孟子性善说有进一步的解释，正祖说：

---

① 李祘：《经史讲义》，收入《弘斋全书》卷79，页22，总页567下。
② 见朱熹：《孟子集注》卷11，页457。
③ 《孟子·离娄下·一九》，见朱熹：《孟子集注》卷8，页411。
④ 参看吕政倚：《人性、物性同异之辨——中韩儒学与当代"内在超越"说之争议》，页1—2。

生之谓性云者,兼理气而言也。与孟子性善之旨,可为表里看。非如告子生之谓性之谓也,盖性不可以一概言。曰天命之谓性,曰性善,即指本然而言也。此云生之谓性,只训所禀受也。此则已有濂、洛正论矣。大抵气禀之说,起于张、程,而朱子称之曰:"有功圣门,有补后学。"孟子之道性善,程子之生之谓性,骤看则似异,而实则不异。若无程子此言,无以辨告子之言矣。且孟子急于辟异端,但说性善,后学不复知有气质之性矣。自有程子此说,始乃晓然知本然之善。又能知才说性,则已带气之义焉。此可谓阐发孟夫子所未道之言,可谓大有功于斯文,功不在禹下者,程子之谓也。[1]

正祖循程颐之说,将孟子的"性善"说理解为兼"本然之性"与"气质之性"而言。此说恐逸脱孟子"性善"说之范围。盖因孟子言"性善"之要义在于点出人之价值意识(如"仁""义""礼""智")源自于"心"之自觉,孟子言"性"未分"本然之性"与"气质之性"。正祖说"生之谓性云者,兼理气而言也。与孟子性善之旨,可为表里看",将告子性论中作为生物学意义的"性"与孟子性善论中作为超越意义的"性"混为一谈。用同时代中国儒者戴震(东原)的话来说,就是将"血气之自然"等同于"心知之自然",[2]显然并非孟子性善论之宗旨。

如果以上所说可以成立的话,那么,如何理解孟子所说的"仁"呢?正祖说:

惟爱字,最当于仁体,而程子曰:"爱自是情,仁自是性。"然则岂

---

① 《正祖实录》卷 11《正祖 5 年(1781)3 月 18 日辛卯》,收入朝鲜国史编纂委员会编:《朝鲜王朝实录》第 45 册,页 225。
② 戴震:《孟子字义疏证》卷上《理》,页 170。

可专以爱字为仁乎？恻隐者，爱也。孟子则谓以仁之端也。既曰端，则不可便谓之仁矣。[1]

正祖引程颐"爱情、仁性"之说，主张"恻隐之心"依孟子说既为"仁之端"，所以"不可便谓之仁"。正祖上说可以成立，但是正祖又说"惟爱字，最当于仁体"，语有未莹，与正祖最服膺的朱子"仁"学亦有偏差。正祖所说"仁体"一词，出自程颢（明道，1032—1085）《识仁》"仁者，浑然与物同体"一语。[2] 朱子说："仁者，心之德，爱之理也"，[3] 则以"仁"为"爱"之"存在之存在性"（用牟宗三先生语），[4] 正祖说"惟爱字，最当于仁体"，对朱子"仁"说颇有违失，盖因混淆朱子学中作为具体行为的现象界意义的"爱"与作为抽象原理的本体界意义的"仁"两者之区别也。

（三）孟子"心"学的解读

正祖对孟子"心"学的解释，集中在"恻隐之心，仁之端也"（《孟子·公孙丑上·六》）。他提出以下的问题：

> 孟子谓"恻隐之心，仁也"，程子谓"不可以恻隐直谓之仁也"。盖"仁"是心之德也，性之体也。"恻隐"是心之发也，性之用也，故以恻隐直谓之仁，则殆同博爱之谓仁，有认用为体之病。然既不可直谓之仁，则所谓"恻隐"者，是指何等境界？所谓端绪者，亦指如何光景耶？[5]

---

① 《正祖实录》卷11《正祖5年（1781）3月18日辛卯》，收入朝鲜国史编纂委员会编：《朝鲜王朝实录》第45册，页225。
② 程颢、程颐：《二程集》上册，页16。
③ 见朱熹：《孟子集注·梁惠王上·一》，页279。又如："仁者，爱之理，心之德也"，见朱熹：《论语集注·学而·二》，页62。
④ 牟宗三：《心体与性体》第3册2版，页272。
⑤ 李祘：《经史讲义》，收入《弘斋全书》卷79，页10，总页514下。

针对正祖问题,儒臣李鲁春这样回答:

> 鲁春对:"恻隐"二字,以心之发见处言之则是情也,非性也;用也,非体也,触物而动,随感而应。论其境界,则见孺子入井,此念之第一起处也。论其光景,则见孺子而怵惕伤痛,周偏融彻之貌也。以其性分之所固有,故不待计较,而真心之自然流出也如此。①

正祖与李鲁春的问答,是以朱子《集注》为基础出发的。朱子《集注》说:

> 恻隐、羞恶、辞让、是非,情也。仁、义、礼、智,性也。心统性情者也。端,绪也。因其情之发,而性之本然可得而见,犹有物在中而绪见于外也。②

朱子以恻隐等"四端"为"情",以仁义礼智为"理",并以"心""统性情"。《孟子·告子上·三》中告子曰:"生之谓性。"这一章原典只有62个字,但朱子《集注》在逐句加以分疏之外,又在全章最后写了一篇长达207字的"愚按",起首就说:"性者,人之所得于天之理也;生者,人之所得于天之气也。性,形而上者也;气,形而下者也。人物之生,莫不有是性,亦莫不有是气。"③朱子在这一篇"愚按"中所运用的"理vs气""形而上vs形而下""生vs性"等对应概念,都是朱子学的核心概念。牟宗三先生曾说告子的"生之谓性"与孟子的"仁义礼智,我固有者也"中"固有"的对比,是"生物学的固有"与"超越意义的固有"的对比。④牟先生完全掌握告子与孟子人性论之根本差异。

李鲁春对正祖的回答,指出"恻隐之心"见于"心之发见处",是"情",

---

① 李祘:《经史讲义》,收入《弘斋全书》卷79,页10,总页514下。
② 见朱熹:《孟子集注》卷3,页329。
③ 见朱熹:《孟子集注》卷11,页457。
④ 牟宗三:《圆善论》,收入氏著:《牟宗三先生全集》第22册,页5—6。

这是循着朱子的解释路径。

正祖顺着李鲁春的回答,进一步追问说:

> 心之初动处,皆谓之恻隐,则极深研几之际,恐未必有四端之界分,将何以识其苗脉、察其境界,而各加扩充之工耶?且以粗迹言之,辞受取予,属于辞让,而能知其可以取可以无取者,又是非之心也;善善恶恶,属于是非,而恶在己必耻之,恶在人必恶之者,又羞恶之心也。如是推类,莫不皆然,然则不待恻隐,四端实皆相通,只拈一个羞恶,可兼辞让、是非;单说一个是非,可包羞恶、辞让耶? ①

正祖说“心之初动处,皆谓之恻隐”,这是朱子学的典型命题。朱子说:“恻隐是个脑子,羞恶、辞逊、是非须从这里发来。若非恻隐,三者俱是死物了。恻隐之心通贯此三者。”② 朱子在孟子“四端”说之中,特重“恻隐之心”,认为“恻隐之心”包得“四端”。③ 诚如李明辉所说:“恻隐之心一方面内在地关联于羞恶、辞让、是非之心,另一方面对于三者具有更为根本的存有论意义。”④ 陈立胜将孟子的“恻隐之心”解释为“一种仁者在世的生存论基调”,⑤ 可以阐释朱子特重“恻隐之心”的深意。正祖的问题可证他对朱子学已经登堂入室。针对正祖对“四端”的分界的质疑,李鲁春这样回答:

---

① 李祘:《经史讲义》,收入《弘斋全书》卷76,页12,总页515下。
② 黎靖德编:《朱子语类》卷53《孟子三·公孙丑上之下·人皆有不忍人之心章》第42条,收入《朱子全书》第15册,页1766—1767。
③ 黎靖德编:《朱子语类》卷53《孟子三·公孙丑上之下·人皆有不忍人之心章》第41条,收入《朱子全书》第15册,页1766。此页有这一条材料:“问:‘恻隐之心如何包得四端?’曰:‘恻隐便是初动时,羞恶、是非、恭敬,亦须是这个先动一动了,方会怎地只于动处便见。譬如四时,若不是有春生之气,夏来长个甚么? 秋时又把甚收? 冬时又把甚藏?’”
④ 李明辉:《四端与七情:关于道德情感的比较哲学探讨》,页116。
⑤ 陈立胜:《恻隐之心“同感”、“同情”与“在世基调”》,《哲学研究》2011年第12期,页19—27,引文见页27。

鲁春对：理无形影，把捉不得，只将他发动处推验其本体，则发动处，虽有界分，论其本体，固自浑然，故随所感而动，恻隐一发到合宜处，义为之主；到中节处，礼为之主；到辨别处，智为之主。此所以溯源头则一个恻隐而及其端绪毕露，体段已成之后，各全一个，不容相混也。然因其所发，必加扩充以极乎本然之量，则性本在我，情随几动，其于反本穷源之际，亦自有间架之井井不紊者矣。①

李春鲁的回答说"性本在我，情随几动"，是朱子学用语，而不是孟子学用语。孟子说："乃若其情，则可以为善矣。"（《孟子·告子上·六》②），孟子说："夫物之不齐，物之情也。"（《孟子·滕文公上·四》③），又说："故声闻过情，君子耻之。"（《孟子·离娄下·一八》④），《孟子》书中的"情"字，作"实"字解，并不是朱子所谓与"性"相对而言的"情"。信广来先生曾详考关于《孟子》的"乃若其情"的"情"字，后儒的3种解释：第一种是将"情"理解为"情感"之意，第二种是将"情"字解为"事实"，第三种是将"情"等同于"性"。⑤但是，如就《孟子》原典中的"情"字而言，应以第2种解释为是。清儒戴震早已指出《孟子》书中的"情"字之含义"犹素也，实也"，⑥可称确解。李明辉先生的研究指出：清儒焦循（里堂）将孟子的"情"作为与"性"相对之概念，是受到汉儒影响。⑦李氏之说可从。

① 李祘：《经史讲义》，收入《弘斋全书》卷76，页12，总页515下。
② 见朱熹：《孟子集注》卷11，页459。
③ 见朱熹：《孟子集注》卷5，页363。
④ 见朱熹：《孟子集注》卷8，页411。
⑤ Kwong-loi Shun, *Mencius and Early Chinese Thought*, Stanford: Stanford University Press, 1997, pp. 213-216；信广来：《〈孟子·告子上〉第六章疏解》，收入李明辉编：《孟子思想的哲学探讨》，台北："中研院"中国文哲研究所，1995年，页98—104。
⑥ 戴震：《孟子字义疏证》卷下《才》，引文见页192。
⑦ 李明辉：《焦循对孟子心性论的诠释及其方法论问题》，收入氏著：《孟子重探》，页69—109。

（四）四七之辩

正祖从针对孟子"心"学所提出的这个问题，而进一步提出朝鲜思想史上最重大的"四七之辩"这个问题。正祖提问说：

> 孔子未尝言四七，而《中庸》始言七情，孟子始言四端。端与情，名既有异，四与七，数亦不同，则复有如思孟之圣，极论心性之妙用，安知七情之外，更无他情？四端之外，更无他端耶？所指而言者，虽若不一，其实四七，不是互发，然且谓端、谓情、曰理、曰气，至于今竞相甲乙，彼人心之酬酢万变者，又谁能穷其说也？ ①

正祖的问题是说人心瞬息万变，顷刻之间上天下地、变化无穷，恐非"四端七情"所能完全穷尽。正祖问："四端之外，更无他端耶？"这确是孟子学重大问题，南宋大儒陆九渊（象山）早已提出这个问题。象山说："万物森然方寸之间，满心而发，充塞宇宙，无非此理。孟子就四端上指示人，启示人心只有这四端而已？" ② 针对正祖的问题，李鲁春这样回答：

> 鲁春对：性固万理灿然，而举其纲只有个仁义礼智。情固泛应曲当，而约其目，不出于喜怒哀乐爱恶欲，虽思孟复起，四端七情之外，岂有别般作用之可指言者耶？不过从四七中，推说其未尽底蕴而已。③

"四七之辩"是朝鲜儒学史中的重大问题，从 16 世纪开始李退溪（滉）与奇高峰（大升，1527—1572）、李栗谷（珥）与成牛溪（浑，字浩原，1535—1598）往返论辩，其后参与者包括权阳村（近，1352—1409）、郑秋峦（之云，

---

① 李祘：《经史讲义》，收入《弘斋全书》卷 76，页 12—13，总页 515 下—516 上。
② 陆九渊：《陆象山全集》，北京：中国书店，1992 年，页 272—273。
③ 李祘：《经史讲义》，收入《弘斋全书》卷 76，页 13，总页 516 上。

1509—1561)、金沙溪(长生)、郑霞谷(齐斗)、丁茶山(若镛)等人。"四七之辩"在朝鲜是众多儒者长达 500 年论争的重大问题。李明辉先生的研究指出,朝鲜儒者在"四七之辩"中,提出"(1)四端与七情是同质的还是异质的?(2)七情是否包含四端在内?(3)四端是否可能不中节?(4)'理'本身是否具有活动性?"等极具创新性之 4 大问题。[1] 正祖与李鲁春针对"四七"问题的问题,仅触及皮毛,未深入其精髓。

至于阁臣李鲁春所说"虽思孟复起,四端七情之外,岂有别般作用之可指言者耶"这个问题,随着 1973 年中国湖南长沙马王堆汉墓帛书《五行篇》的出土,倒是获得了部分的答案。

在《孟子·公孙丑上·六》中孟子所谓的"四端之心",包括"仁"、"义"、"礼"、"智"之"端"。但是,出土的帛书《五行篇》却增加了"圣"这种德行,《五行篇·经一》这样说:

> 仁形于内,谓之德之行;不形于内,谓之行。智形于内,谓之德之行;不形于内,谓之行。义形于内,谓之德之行;不形于内,谓之行。礼形于内,谓之德之行;不形于内,谓之行。圣形于内,谓之德之行;不形于内,谓之行。德之行五,和谓之德;四行和,谓之善。善,人道也;德,天道也。[2]

当代学者一般都同意《五行篇》作者是孟子后学,属思孟学派。思孟后学在"仁、义、礼、智"之外,加上"圣",谓之"五行"。这是思孟学派之后的第一个新发展,也使荀子在《荀子·非十二子》中激烈批判的"思孟五行"说的原因,获得了解答。[3]

---

[1] 李明辉:《四端与七情:关于道德情感的比较哲学探讨》,页 213,引文见页 370。关于朝鲜思想史上思想家对"四端七情"论之论辩,参看民族与思想研究会编:《四端七情论》,姜日天等译,林月惠、李明辉中文编校,台北:"中研院"中国文哲研究所,2019 年。

[2] 庞朴:《帛书五行篇研究》,济南:齐鲁书社,1980 年,页 44。

[3] 另详黄俊杰:《孟学思想史论》卷二第 3 章《荀子对孟子的批判:"思孟五行说"新解》,页 107—129。

第二,帛书《五行篇·经十四》说:"……以其中心与人交,说(悦)也……"①《经十六》云:"以其外心与人交,袁(远)也。"②思孟后学对孟子"心"学所开创的第2个新发展,就是将孟子所说的"心"又区分为"中心"与"外心"。《五行篇》作者强调"中心"比"外心"更重要,通过"思"与"慎独"的工夫,可以完成"心"对"身"之支配的统摄,讲求"心"的内敛、反思与专一。③思孟学派的《五行篇》对孟子学的这两项思想新发展,可称为孟子"心"学的"内向的转向"(inward turn),正好解答了朝鲜儒臣李鲁春的问题。

综上所论,正祖与朝鲜儒臣对于孟子心性论的讨论,集中在:(1)"养浩然之气"问题(2)人性物性异同论问题(3)孟子思想中的"心"之解读(4)"四七之辩"。18世纪正祖与儒臣对这4个问题的讨论,显示他们基本上是从朱子学出发思考问题。朱子的"心统性情"说、朱子以"积善"解孟子的"集气"、朱子主张孟子"无是,馁也"的"是"乃指"气"而言等,处处都引导着正祖与儒臣对孟子心性论的解读。但是,他们所关注的"人性物性异同论"以及"四七之辩",则是具有鲜明的朝鲜儒学特色的问题。

四、正祖与儒臣关于孟子政治论的讨论

正祖阅读《孟子》所提出的问题,属于孟子心性论者远多于属于孟子政治论者,但正祖关于孟子政治论也提出许多深具意义之问题,较为重要者如下。

(一)政权合法性问题:"天命"对"人心"

正祖读《孟子·梁惠王上·四》后提问曰:

---

① 庞朴:《帛书五行篇研究》,页38。
② 同上书,页45。
③ 参看黄俊杰:《孟学思想史论》卷一第3章《孟子后学对身心关系的看法》,页69—89。

程子之论此章曰：圣贤亦何心哉？视天命之改与未改耳。先儒释之曰：天命之改与未改，验之人心而已，此固然矣，而但梁王之问不出利国；齐王之问只在桓文，则周室虽云衰微，当时诸侯犹不敢辄窥天王之家，即此可见。然则孟子何由知天命之必改，人心之必离，而遽以王道劝齐、梁之君耶？[1]

正祖所引程子之论见于朱子《集注》所引：

程子曰："孟子之论王道，不过如此，可谓实矣。"又曰："孔子之时，周室虽微，天下犹知尊周之为义，故春秋以尊周为本。至孟子时，七国争雄，天下不复知有周，而生民之涂炭已极。当是时，诸侯能行王道，则可以王矣。此孟子所以劝齐、梁之君也。盖王者，天下之义主也。圣贤亦何心哉？视天命之改与未改耳。"[2]

正祖提问当天的经筵讲官是金载瓒，他回应说：

载瓒对：孟子之时，周室将亡，人心已去，天命之必改，盖无难知。而齐、梁之君，言不及王道者，特其伎俩不外于富强一事，故孟子告之以王道，岂其彼犹尊周，而反使夺周耶？[3]

正祖的问题之本质触及政治合法化问题。20世纪以前东亚儒者都以"天命"作为政权合法化之依据，所以程颐说汤武革命之基础在于"视天命之改与未改"，引起中朝日各国儒者的诸多争论。可惜金载瓒的回答避重就轻，未能

---

① 李祘：《经史讲义》，收入《弘斋全书》卷76，页2，总页510下。
② 朱熹：《孟子集注》卷1，引文见页284。程伊川所说"视天命之改与未改尔"一句，出自程颢、程颐：《河南程氏外书》卷11，页415。
③ 李祘：《经史讲义》，收入《弘斋全书》卷76，页3，总页511上。

再就政权合法化之理论基础予以深入剖析。

正祖提出"孟子何由知天命之必改，人心之必离"，是从他作为朝鲜国王的立场而提出的。正祖的问题触及孟子政治思想的核心——"王道"，但金载瓒只触及"王道"二字而未进一步剖析。其实，正祖这个问题，100年前17世纪的朝鲜儒者鱼有凤与洪泰猷早已提出解答。鱼有凤说："惟其德，则虽匹夫也天与之；无其德，则虽称天子之号、居天子之位也，天弃之。"[1] 鱼有凤指出是否有"德"，是统治者的"天命"之有无的检核基础。洪泰猷说"天命"有无与"人心"之向背，其惟"道之所存"而已，[2] 他以是否有"道"作为检核王者的指标。鱼有凤与洪泰猷的论述，都正确掌握孟子"王道"政治思想中修德可移天命以及"王"以"道"为基础之宗旨，可以解答正祖的问题。

（二）"政道"对"治道"

正祖以上的问题涉及政治原理与政治措施的问题，也就是牟宗三先生所谓"政道"与"治道"之问题，[3] 也就是萧公权先生所谓"政理"与"政术"之问题。[4] 正祖读到孟子说"不忍人之政"（《孟子·公孙丑上·六》），提出了以下问题：

> 此章只说先王之道、先王之法、不忍人之政而已，不言其如何而为道、如何而为法、如何而为政。曰道、曰法、曰政，竟是何谓？而今欲举而措之，则何者为最要耶？[5]

针对正祖的问题，李鲁春回应说：

---

① 鱼有凤：《孟子不尊周论》，页251a。
② 洪泰猷：《孟子不尊周论》，页304。
③ 见牟宗三：《政道与治道》，页1、53—54、58、149—155。
④ 萧公权：《中国政治思想史》下册，页946。
⑤ 李祘：《经史讲义》，收入《弘斋全书》卷76，页23—24，总页521上—下。

鲁春对：道者政之本也，政者法之要也，法者道之推也、政之具
也。道之于政，犹木之有根、水之有源；政之于法，犹衣之有领、目之
有纲。以尧舜言之，仁民之心，道也；匡直辅翼，政也；同律度量衡、
治六府三事，法也。然道有以心言者，有以政言者，此章所谓尧舜之
道，以心言也。所谓先王之道，以政言也。而一章之内，眷眷以仁
政、仁心、仁闻、仁覆、仁者，反复为说，则举而措之，舍一"仁"字奚
以哉？①

正祖针对孟子所揭橥的从"不忍人之心"开出"不忍人之政"的理想，
提出"如何而为道、如何而为法、如何而为政"的质疑，他的问题是"应如
何"而不是"是什么"的问题。作为政治最高领导人的正祖，所关心的是
"如何落实仁政"这个问题，是如何"实践"（praxis）的问题，而不是"理论"
（theoria）的推衍问题，但是儒臣李鲁春的回应，仍在"仁"的理论层面缠绕，
而未针对正祖问题切入"实践"问题提出回答。

我过去研究朝鲜儒者的"仁政"论述时，曾指出朝鲜君臣对孟子的"仁
政"理想均无异议，但是他们所重视的都是落实"仁政"理念的具体措施。②
例如16世纪李彦迪（晦斋）对国王提出的《进修八规》强调孟子所谓"仁
政"在于"省刑罚、薄税敛"。③18世纪国王肃宗则重申"政之大者，莫过于
量田"。④ 我们可以说，包括朝鲜儒者在内的大多数东亚儒者都将孟子的"政
道"或"政理"转化为"治道"或"治术"，从而将孟子政治论对"政权合法
性"的论述，转化为具体行政措施的问题。这可以说是一种买椟还珠的逃避
专制王权根本问题的态度。

---

① 李祘：《经史讲义》，页24，总页521下。
② 黄俊杰：《东亚儒家仁学史论》第8章，页351—375，尤其是页358—369。
③ 李彦迪：《疏·进修八规》，见《晦斋先生文集》卷8（第1册），收入韩国文集编纂委员会
   编：《韩国历代文集丛书》第638册，页429。
④ 《肃宗实录》卷60《肃宗43年（1706年，丁酉，清康熙四十五年）9月9日癸酉》，收入朝
   鲜国史编纂委员会编：《朝鲜王朝实录》第40册，页677。

（三）"孟子不尊周"问题：名对实

正祖也和东亚各国诸多儒家学者一样对"孟子不尊周"提出质疑。正祖说：

> 孟子之时，周室虽微，犹天子也。况宣、平之际，朝觐会同，未尝去周室而之他。故幽、厉之不仁也，而天下犹不能不尊周，则孟子之于此章，直曰三代之"失天下"何也？孟子之意，固以东迁以后，不足谓有天下而为天子，然天子之名故在也，岂容遽归之失天下耶？[①]

李鲁春回答说：

> 鲁春对：周室东迁，不复为政于天下，则国虽未亡，而政已亡矣。所谓"失天下"者，岂非失其政之谓耶？孔子之时，天下犹知宗周，而至孟子时，天下之不知有周也久矣。孟子独无如天命人心何，则安得不谓周已失？而劝齐、梁之君欲行王政者，亦以此钦！[②]

正祖问题的核心在于："（周）天子之名故在也"，何以孟子不尊周。李鲁春似未能针对这个核心问题回答。我在本书第三章第二节讨论朝鲜儒者对孟子"不尊周"行为的辩论时，曾指出朝鲜儒者在"孟子不尊周"事件的解释上，对孟子进行了 3 种"脉络性转换"：一是从孟子的理想主义，转向朝鲜当代政治的现实主义；二是从孟子的"行事原则"转向"份位原则"；三是从"德"转向"位"。正祖的问题正是建立在周天子居"天子"之名的"份位原则"之上。李鲁春指出孟子所谓"失天下"指周天子"失其政"而言，此说可

---

① 李祘：《经史讲义》，收入《弘斋全书》卷 76，页 25，总页 522 上。
② 同上书，页 25—26，总页 522 上一下。

以成立，但是李鲁春的回答如能扣紧孟子"王道"政治的理想主义立场，申论周"天子"失政之具体事实，[1] 以"行事原则"批判"份位原则"，也许对正祖就比较具有说服力。

为了进一步检核正祖的政治思想立场，我们可以以正祖对唐太宗的评价作为指标。通读《弘斋全书》，我们可以发现，正祖论唐太宗重其"功"（achievement）而不重其"德"（virtue）。正祖立场近于"功效伦理学"而远于"存心伦理学"。

正祖虽然承认唐太宗用兵常"用其诡"[2]，但他推崇"唐之律令，定于太宗之世"[3]，称许"唐太宗虚心求谏，容受尽言"[4]。至于《贞观政要》一书，正祖认为"所载者，皆嘉言嘉谟也，圣人不以人废言。后世人主只观其可取可法而行焉，则不必论唐宗之善恶与记事者之真妄也"[5]。正祖基本上肯定唐太宗的功业，而不批判唐太宗的心术。

正祖对唐太宗的评价，与南宋大儒朱子的评语构成强烈对比。朱子论唐太宗直指其心术之不正，朱子说："唐太宗一切假仁借义以行其私。"[6] 又说："唐太宗从谏，亦只是识利害，非诚实。"[7] 又说："唐太宗好作聪明，与人辩。"[8] 最经典的是朱子《答陈同甫》书中所说：

> 太宗之心，则吾恐其无一念之不出于人欲也。直以其能假仁借

---

① 在整个春秋时代，周天子只举行过9次锡命礼。鲁国虽与周天子关系最为密切，但春秋时代鲁国12个国君，举行锡命礼的也只有桓公、成公、文公而已。除鲁国之外，齐桓公、晋文公因其尊王有功于王室而受锡命。齐灵公则因周天子将婚于齐而受锡命，均属例外。以上都是周天子失政之事实。见齐思和：《周代锡命礼考》，收入氏著：《中国史探研》，石家庄：河北教育出版社，2000年，页99—129。

② 李祘：《经史讲义》，收入《弘斋全书》卷116，页19，总页566上。

③ 同上书，页31，总页572上。

④ 李祘：《故寔·朱子大全》，收入《弘斋全书》卷132，页22，总页109下。

⑤ 李祘：《日得录》，收入《弘斋全书》卷162，页23，总页746上。

⑥ 黎靖德：《朱子语类》卷135《历代二》第3条，收入《朱子全书》第18册，页4192。

⑦ 黎靖德：《朱子语类》卷134《历代一》第32条，收入《朱子全书》第18册，页4175。

⑧ 黎靖德：《朱子语类》卷43《论语二十五·子路篇·君子泰而不骄章》第1条，收入《朱子全书》第15册，页1533。

义以行其私,而当时与之争者才能知术既出其下,又不知有仁义之可借,是以彼善于此而得以成其功耳。若以其能建立国家、传世久远,便谓其得天理之正,此正是以成败论是非,但取其获禽之多而不羞其诡遇之不出于正也。[1]

朱子站在"存心伦理学"立场,批判唐太宗心术不正、假仁借义以行其私。

在与朱子的批判对比之下,朝鲜正祖作为政治最高权力的掌握者,论唐太宗倾向"份位原则"与"功效伦理学"立场,其原因豁然彰显,不证自明。

(四)君臣关系:势对德

正祖作为国王,对孟子与战国时代各国国君相与互动之出处进退极为关心,他多次针对君臣相处之道提出问题。我们举 3 个例子加以说明。

首先,正祖对孟子斥梁襄王(魏襄王,在位于公元前 318—公元前 296)以"望之不似人君",颇不以为然。正祖问道:

> 孟子之于梁襄王,斥之以不似人君,不见所畏。然则为人君者,必以势位自高而厉威严以待人,然后方可谓不失体貌耶?且孔子居是邦,不非其大夫,况于君乎?虽使襄王无人君之威仪,孟子以在梁之日,其辞气恐不当如是迫切,欲闻其说。[2]

针对这个问题,曾任光州牧使及宁边府使的阁臣徐滢修(1749—1824)回答:

> 滢修对:存诸中者必形诸外,有人君之德则自有人君之威,而不

---

① 朱熹:《答陈同甫》,见《晦庵先生朱文公文集》卷 36,页 1583。
② 李祘:《经史讲义》,收入《弘斋全书》卷 78,页 1,总页 545 上。

必作威然后人见其可畏。然此章辞气，圭角太露。先儒或云襄王能谦恭下人，不以势位自高，故此以美之，非以讥之，此固未必然。而以程子所谓比之孔子之言，如水精之于温玉，朱子所谓圣贤之分，本自不同者观之。英气之发，终不能浑然无迹者，可推知也。[1]

徐滢修同意正祖认为孟子斥梁惠王之辞气不当，并说孟子"英气"太高、"圭角太露"。

其次，正祖又问：

> 齐王之就见也，临别之言，眷眷于继此，得见向慕之意，申申于中国万钟，至欲使国人矜式，则其所尊礼爱敬，固可谓勤且挚矣。圣人亦有际可之仕，孟子何若是迈迈，至引龙断之说，而拒之不受耶？[2]

儒臣李鲁春对这个问题这样回答：

> 鲁春对：齐王之言，外虽尊礼，实非诚心。孟子之适齐，本为行可之仕，则言不见用之后，岂可苟縻于矜式之虚文，而不知去哉？若圣人际可之仕，其初亦以际可而来故也。[3]

最后，正祖质疑孟子往见齐王之行为说：

---

[1] 李祘：《经史讲义》，收入《弘斋全书》卷78，页1，总页545上。徐滢修回答中的"先儒"，系指张九成（横浦，1092—1159）而言。张九成说："孟子之意，非薄襄王也，余固论之矣。盖孔子居是邦，不非其大夫，而况乎君？故入公门，则鞠躬如也，如不容。立不中门，行不履阈，过位，色勃如也，足躩如也，其言似不足者。摄齐升堂鞠躬如也，屏气似不息者，又执圭，鞠躬如也。……学者事君当如孔子之法。"见张九成：《张九成集》第1册卷15，杭州：浙江古籍出版社，2013年，页166—167。
[2] 李祘：《经史讲义》，收入《弘斋全书》卷76，页16，总页517下。
[3] 同上书，页17，总页518上。

以位言,则庶人;以德言,则士。召之役,则往焉;召之见,则不往焉者,此也。若孟子之于齐王,既无厚币之聘,又非传质之臣,而先往见之何也?　①

针对这个问题,曾被正祖拔擢为承政院承旨的洪履健这样回答:

履健对:齐王币聘,虽不见于传记,而臣按齐宣王尝好学,聚士于稷下,则孟子岂或因此就养,如太公伯夷之就养于周耶?　②

在与不同的儒臣有关君臣关系这三段问答中,正祖始则质疑孟子在梁国之时对梁襄王"辞气恐不当如是迫切",继则质疑孟子在齐国时有机会"加齐之卿相"(《孟子·公孙丑上·二》③),但却"拒之不受",终又质疑孟子"以位言,则庶人","又非传质之臣",而先往见齐王。正祖这三段质疑直指孟子与国君互动时的出处进退之道,但其深层问题涉及儒家政治思想的核心,也就是"道"与"势"之关系这个问题。

儒家从孔子开始,都主张"道"高于"势",如果"道"不行,孔子宁可"乘桴浮于海"(《论语·公冶长·六》④),绝不接受屈"道"以从君。孟子

---

① 李祘:《经史讲义》,收入《弘斋全书》卷77,页3,总页529上。正祖所问孟子见诸侯之问题,在中国也有一个类似的版本。北宋沈括(1031—1095)所著《梦溪笔谈》有以下一段记载。王圣美为县令时,尚未知名,谒一达官,值其方与客谈《孟子》,殊不顾圣美。圣美窃哂其所论。久之,忽顾圣美曰:"尝读《孟子》否?"圣美对曰:"生平爱之,但都不晓其义。"主人问:"不晓何义?"圣美曰:"从头不晓。"主人曰:"如何从头不晓?试言之。"圣美曰:"'孟子见梁惠王',已不晓此语。"达官深讶之,曰:"此有何奥义?"圣美曰:"既云孟子不见诸侯,因何见梁惠王?"其人愕然无对。见沈括:《新校正梦溪笔谈》卷14,胡道静校注,上海:上海人民出版社,2011年,页107。朱子《孟子或问》亦有类似问答:"或问:孟子不见诸侯,此其见梁惠王,何也?曰:不见诸侯者,不先往见也。见梁惠王者,答其礼也。盖先王之礼,未仕者不得见于诸侯。战国之时,士鲜自重,而孟子独守先王之礼,故其所居之国而不仕焉,则必其君先就见也,然后往见之。"见朱熹:《孟子或问》卷1,收入《朱子全书》第6册,页919。这两段资料可以与朝鲜正祖的问题遥相呼应。
② 李祘:《经史讲义》,收入《弘斋全书》卷77,页3,总页529上。
③ 朱熹:《孟子集注》卷3,页317。
④ 朱熹:《论语集注》卷3,页103。

生乎战国乱世,更是挺立知识人的尊严,斥梁襄王以"望之不似人君"(《孟子·梁惠王上·六》[①]),以"天爵"("道")抗"人爵"("势"或位)。但是在经筵讲论中与正祖对话的三位儒臣,都未能就"道"高于"势"这个儒家核心价值加以申论。

综合本节所论,正祖与不同儒臣之间,有关孟子政治论的讨论,确实非常精彩,涉及:(1)政权合法性问题,(2)"政道"与"治道"问题,(3)"孟子不尊周"问题,(4)君臣关系问题。这4大问题都是孟子政治论的重大问题。第1个问题触及孟子在"人心"中见"天命"之命题,实系从孟子哲学中"人"与"自我"以及"宇宙"合一之祈向中推衍而出。第2个问题触及孟子"王道"理念之落实问题。第3个问题表面虽是有关"孟子不尊周"之争论,实则深入自孔子以降的"名""实"问题。孔孟都强调"名"与"实"应建立相应性,如果"王"者失政,则"名"不符"实",孟子认为暴君可伐,汤武革命合理。正祖的第4个问题表面上虽是像宋儒一样论辩君臣关系,[②]但是实质上已深入孟子政治思想中"德"(或"道")高于"势"、以"德"抗位、尊"王"黜"霸"等根本命题。

从正祖的问题,可以想见其为人与学问。正祖和儒臣的问答,对孟子学已登堂入室,但间或析论未精。此亦有可能系对话现场负责记录的官员笔录较为简要,未及细部论点所致。

五、结论

在东亚各国历代帝王之中,朝鲜历代国王对孟子最具敬意,既未见如朱元璋之粗暴对待孟子者,亦未见如雍正皇帝之扭曲孟子思想的国君,亦未见

---

① 朱熹:《孟子集注》卷1,页286。
② 参看黄俊杰:《孟学思想史论》卷二第4章,尤其是页158—171所析论宋儒(尤其是司马光)对孟子君臣关系论之争议。

如日本皇室对孟子的忌讳。从《朝鲜王朝实录》所载历代朝鲜国王的发言，均可见朝鲜历代国王对孟子大多有所了解，并抱持敬意。本章探讨朝鲜王朝第22代国王正祖与经筵讲说中，对孟子学的解读及其问题。在以上各节分析的基础上，我想提出以下3点结论。

第一，我们从东亚各国王权与孟子学互动的视野，可以发现：朝鲜正祖国王是东亚各国帝王中，对孟子学研读最深入、所提问题最具高度的帝王。孟子论政以民为贵、以德抗位、以师教君，主张暴君可伐、桀纣可诛，中国历代帝王对孟子之态度大致平和，或提倡，或抄写，但也有明太祖朱元璋一度欲逐孟子出孔庙而后快，更有清世宗雍正皇帝扭曲孟子政治论为专制王权服务者。孟子性善论中潜藏的"道德平等主义"与孟子政治论中的民本思想，与日本天皇制度扞格不入，所以日本皇室对孟子颇为忌惮。但孟子在朝鲜半岛却普获君臣上下的重视。本章所论第22代国王正祖，携孟子之手，与孟子偕行，遥契孟子心魂，扣问孟子问题，对孟子心性论与政治论皆深造有得。虽有时因囿于朱子诠释典范之权威，而不免于孟子心性论有所歧出，但正祖所提问题之深刻，殆无疑义。正祖对孟子学所提出之问题，大多数都能切中孟子学之肯綮，允为东亚帝王中孟子学研究第一人。

第二，从本章所探讨正祖与儒臣关于孟子学的问答讨论，可以发现18世纪朝鲜思想界的主流是朱子学。正祖及其儒臣讨论孟子思想时，均笼罩在朱子学的诠释典范之下。正祖论"浩然之气"时聚焦于"心"与"理"之关系、正祖解孟子之性善说含"本然之性"与"气质之性"等，皆循朱子之思路。正祖和他的儒臣，都努力贴紧朱子学典范，循着朱子学而理解孟子。但是，正如正祖自己所说："我国……文教丕阐，儒贤辈出，莫不以朱子为标准，而近日尊尚之风，渐不如前，于世道诚非细虑。"[①] 正是在朱子学如日中天的18世纪朝鲜思想界，开始出现朱子学权威式微的迹象。17世纪下半叶至18

[①]《正祖实录》卷53《正祖24年（1800）3月28日庚辰》，收入朝鲜国史编纂委员会编：《朝鲜王朝实录》第47册，页254。

世纪上半叶江华阳明学者郑齐斗（霞谷）对孟子"知言养气"章所提出不同于朱子的新诠释，[①]就显示了朝鲜思想界中阳明学的流入。

第三，正祖是18世纪下半叶朝鲜王朝最高权力的掌控者，他解读孟子学时有如一只生有复眼的蜻蜓。首先，正祖通过"朱子学之眼"扫描孟子心性论，运用朱子学的概念工具如"理与气""形而上与形而下""本然之性与气质之性""生与性"等，均能得心应手，并提出了具有朝鲜特色的"四七之辩"问题，可以说是寓创新于守旧之中。其次，正祖通过他作为朝鲜国王的"权力之眼"研阅孟子的政治论，提出"何由知'天命'之必改""如何而为道""天子之名故在也，岂容遽归之失天下耶""（孟子）非传质之臣，而先往见之何也"等问题，每一个问题都是孟子政治思想的关键问题，也是东亚孟子学诠释史上的重大课题。这些与孟子"王道"政治论息息相关的问题，正是在正祖的"权力之眼"观照之下，才获得显题化，直指孟子政治思想的核心。所谓"观书不徒为章句，论事不谬于圣人"，其斯之谓欤？

总而言之，正是因为对"朱子学之眼"与"权力之眼"之恰如其分的运用，所以正祖的孟子学诠释处处胜义纷披、引人入胜，开启了东亚帝王研阅《孟子》的新境界。

[①] 我曾讨论这个问题。见黄俊杰：《从东亚儒学视域论朝鲜儒者郑齐斗对孟子"知言养气"说的解释》，收入拙著：《东亚儒学：经典与诠释的辩证》第14章，页375—394。

第三部　结论

第九章
中国孟子学对照下的朝日孟子学

一、引言

　　本书第一章是绪论。第一部从孟子学的视野出发，以两章篇幅讨论朝日儒者对孟子政治论中的"王道"与"不尊周"的争辩（第二、三章），以及对孟子心性论的争论（第四章），并厘定朝日儒者争辩孟子学的短长得失，析论中国孟子学东传日朝地区以后所出现的"脉络性转换"及其类型，并衡定其在东亚孟学思想史中的地位。第二部则采取朝日儒学史的视野，分析17世纪朝鲜的两种孟子学——"朱子学之眼"中的孟子学与"阳明学之眼"中的孟子学（第五章）、与日本伊藤仁斋的孟子学诠释（第六章）、18世纪朝鲜丁茶山的孟子学（第七章）与18世纪朝鲜国王正祖与儒臣对孟子学的解读（第八章），并在东亚比较思想史视域中，为朝日儒者的孟子学诠释定位。

　　在完成了孟子学与朝日儒学视域交融的分析之后，现在我想将朝日孟子学置于中国孟子学的照映之下，在东亚比较儒学史的视域中，解析朝鲜与日本儒者的孟子学之同调与异趣，并提出本书的结论。

　　但是，在进入本章主题之前，我们必须先讨论经典文本《孟子》与作者孟子及其门人之关系。孟子是邹国人，以孔子私淑弟子自任，在战国季世遍历齐、宋、滕、薛、梁诸国，"说大人，则藐之"，[①] 在风狂雨骤的战国时代挺立，坚持知识分子正直不阿的人格与风骨。孟子与同时代的国君、诸侯、大夫或知识人论辩纷纷，以"望之不似人君"斥国君，并批杨墨、驳农家、斥告子，提出各形各色、生气蓬勃的"言说"。但是，当孟子"退而与万章之徒"[②] 将这些"言说"编写成为文字加以固定下来之后，《孟子》这部文本就取得了相当的自主性（autonomy）。如里克尔所说，"文本意旨"（textual meaning）与文本作者的"心理意旨"（psychological meaning）从此就走上了不同的命运。[③]

里克尔强调文本的自主性与主体性的说法固然很有见识，但是，在东亚儒家传统中，"圣人"、经典与"道"三者，恒处于因果相逐的循环关系之中。"道"载于"经"中，读"经"即所以求"道"；但求"道"亦必须征"圣"，窥"圣"则又必须宗"经"；而且，文本作者（也就是"圣人"）恒居于首出之地位。孔子说："人能弘道，非道弘人。"[④] "人"先于"道"，但是，"人"与"道"可分而又不能分。朱子说："道便是无躯壳底圣人，圣人便是有躯壳底道。学道便是学圣人，学圣人便是学道。"[⑤] 而且，就求"道"这个最高目标而言，经典只不过是津梁或舟楫。朱子说："经之有解，所以通经。经既通，自无事

---

① 《孟子·尽心下·三四》，见朱熹：《四书章句集注》，页 524—525。

② "孟子……退而与万章之徒……作《孟子》七篇。"见《史记》卷 74《孟子荀卿列传第十四》，页 2343。自司马迁以降，认为《孟子》一书乃孟子与门人共著，已成主流意见。东汉赵岐注《孟子》，撰《孟子题辞》亦云孟子"退而论集所与高第弟子公孙丑、万章之徒难疑答问，又自撰其法度之，言著书七篇，二百六十一章，三万四千六百八十五字。"见黄俊杰：《孟学思想史论》卷二附录 1，页 467—468。应劭（140—204）撰《风俗通义·穷通第七》从此说。但是唐代韩愈《答张籍书》云："孟轲之书，非轲自籍；轲既没，其徒万章公孙丑相与记轲所言焉。"韩愈之说引起后人怀疑孟子本人未参与万章等人之编纂工作。但是朱子《孟子集注·孟子序说》起首就引《史记》，主张系孟子与万章之徒作《孟子》七篇。清儒崔述（东壁，1740—1816）主张："谓孟子一书为公孙丑、万章所纂述者，近是；谓孟子与之同撰者，或孟子所自撰，则非也。"见《孟子事实录》卷下，收入顾颉刚编订：《崔东壁遗书》，上海：上海古籍出版社，1983 年，页 433。阎若璩（1636—1704）撰《孟子生卒年月考》认为"《论语》成于门人之手，故记圣人容貌甚悉；七篇成于己手，故但记言语或出处耳！"以上各说，仍以《史记》之说最接近实情。

③ Paul Ricoeur, *Hermeneutics and the Human Science*, p. 139.

④ 《论语·卫灵公·二八》，见朱熹：《论语集注》卷 8 页 233。

⑤ 见黎靖德编：《朱子语类》卷 130《本朝四·自熙宁至靖康用人》第 94 条，收入《朱子全书》第 18 册，页 4059。

于解，借经以通乎理耳。理得，则无俟乎经。"[①] 在求"道"以成圣成贤的过程中，经典基本上是一个过渡性的工具。因此，我先讨论孟子其人及其思想的魅力，再说明《孟子》这部经典的吸引力之所在。

二、孟子的魅力何在？

首先，从我们心中浮起的一个问题是：孟子其人及其思想到底有何魅力？ 为什么孟子能激起中日朝各国知识分子、国君以及不同学派的儒者，环绕着孟子而争议不休？

一言以蔽之，两千多年来东亚各地儒者在与孟子对话时，他们都共同浸润在一个以儒家价值为基础的"意义共同体"或"价值共同体"之中，他们都分享孟子的价值理念与意义感，所以他们虽在异时异地仍深深地受到孟子的召唤、倾听孟子的话语，并在这个"意义共同体"之中，起而与孟子对话，对《孟子》提出各种解释。

（一）作为"乡愁"的孟子政治论

孟子思想内外交辉，显微无间。以"王道"理想为核心的政治论，为东亚知识分子揭开了一个理想政治的愿景。这个政治愿景，对前221年"六王毕、四海一"以后身处大一统帝国帝王专制之下的中国历代知识分子，以及身处朝鲜王朝王权至上的儒家知识分子，发出了无法抗拒的召唤，使他们像诞生于山上溪涧而成长于太平洋的鲑鱼一样，奋力想要游回原生的山间溪涧。西汉扬雄早就宣称"窃自比于孟子"。[②] 中国历史上儒者常以帝王之师自期，以孟子"王道"强聒国君。朝鲜王朝时代的儒臣也常以孟子的"王道"

[①] 见黎靖德编：《朱子语类》卷11《学五·读书法下》第109条，收入《朱子全书》第14册，页350。
[②] 扬雄：《法言义疏》，页81。

期许历代国王。来自孟子的召唤,曾经使明代初期的钱唐上表朱元璋,反对朱元璋将孟子牌位移出孔庙,并勇敢宣称"臣为孟轲死,死有余荣",[1] 无惧专制帝王的权力。清初雍正皇帝(在位于 1723—1735)则曾经在问讯曾静口供时痛斥:"岂有孔子、孟子要做皇帝之理乎?"[2] 让我们看到孟子政治思想对专制帝王的冲撞力道之大。17 世纪朝鲜大儒宋时烈"年十四受读孟子书……至十七岁……闭门俯读至五六百遍",[3] 孟子的召唤对宋时烈而言,是如此的强烈而无法抗拒。日本是武士统治的国度,儒者是社会边缘人,参与政治的"御儒者"较少,但是自从荻生徂徕批判孟子"王道"政治思想之后,引起徂徕学派与反徂徕学的儒者针对孟子政治论而展开绵延 200 年的论辩,我在本书第二章称之为日本思想史中的"孟子事件"。19 世纪日本儒者藤田东湖更批判孟子说:"轲之王道,决不可用于神州!"[4]

对东亚各地儒家思想人物来说,孟子的政治论是一种"乡愁",而且是"政道的乡愁"。所谓"乡愁",指"王道"政治理想在孟子的时代曾经有过,但专制王权崛起以后已不可复得,所以是一种"乡愁"。司马迁写《史记·孟子荀卿列传》时,就说梁惠王之所以不接受孟子的"王道",就是认为孟子的政治论述"迂远而阔于事情","是以所如者不合"。[5] 本书第二章曾说,孟子的"王道"政治论是一种以理想的"未来"批判龌龊的"现在"的所谓"反事实性"(counter-factuality)的论述。但是,正是因为孟子所揭橥的政治原乡在王权笼罩东亚各国的时代里已经一去不复还,各国儒者虽有心于挥鲁阳之戈,却终无力再返落日,所以发自孟子原乡的精神的呼唤,对于解读孟子的人才会更缭绕耳畔、深扣心弦,使中朝日儒者起而提出新诠释,为自己的政治认同定位。历史上中朝日儒者对孟子其人及其思想的诠释与

---

[1]　张廷玉等撰:《明史》卷 139《钱唐传》(第 19 册)页 1038。
[2]　雍正:《大义觉迷录》,页 162。
[3]　宋时烈:《浩然章质疑》,引文见页 310—311。
[4]　藤田东湖:《孟轲论》,引文见页 26。
[5]　《史记》卷 74《孟子荀卿列传第十四》,页 2343。

争辩,可视为某种在"乡愁"召唤之下的"返乡之旅",这使他们经由诠释孟子而达到更深层的自我理解。里克尔说得好:"每一诠释学,无论外显地或隐含地,都是经由理解他者而有的自我理解。"[1] 此之谓也。

(二)作为"圣域"的孟子心性论

两千多年来孟子对东亚儒者所产生的巨大魅力,也来自孟子的心性论。孟子在战国乱世之中,挺立人的尊严,以"天爵"抗"人爵",建立人的主体性,与近代"人权"理念遥相呼应。[2] 孟子以"心"定"言"而知"言"之诐、淫、邪、遁,孟子以"心"定"气"而不为"气"所移,建立一个经由人与"自我"的和解、"自我"与"他者"的互动,并经由"尽心"、"知性"、"知天"而与宇宙合一的精神世界,使东亚知识分子为之怦然心动,使他们致力于经由诵读《孟子》而优入圣域的事业,与孟子精神相往来。南宋大儒陆九渊(象山)曾说他的思想"因读《孟子》而自得之",[3] 他又说:"区区之学,自谓孟子之后,至是而始一明也。"[4] 朱子在与学生讨论孟子的"知言养气"说时,对于他对孟子的解释信心满满。他曾两度信誓旦旦地对学生宣称,他对孟子的理解"若与孟子不合者,天厌之! 天厌之!"。[5] 我们在 21 世纪可以遥想陆象山与朱子当年受到孟子心性论开启的"圣域"所召唤,心驰神往、载欣载

---

[1] 里克尔(Paul Ricoeur):《诠释的冲突》,页 14—15。

[2] 德国学者保罗(Gregor Paul)曾主持一项由德国弗里茨-蒂森基金会(Fritz-Thyssen Foundation)支持的"人权争论背景下的孟子"(The *Mencius* in the Context of the Human Right Debate)研究计划,大约 20 年前保罗教授与我谈到他对孟子"上下与天地同流"(《孟子·尽心上·一三》)的人观与人权观的向往时,钦圣之情溢于言表,使我深受感动。关于他的部分研究成果,参看 Gregor Paul, "The Human Rights Question in Context. Establishing Universal Ethics in the Context of Urban Culture: The Notions of Human Dignity and Moral Autonomy in Itō Jinsai's *Gomō jigi*", in Chun-chieh Huang& Gregor Paul & Heiner Roetz, eds., *The Book of Mencius and Its Reception in China and Beyond*, Wiesbaden: Harrassowitz Verlag, 2008, pp. 75-95.

[3] 陆九渊:《陆九渊集》(影印新校标点本)卷 35《语录下》,台北:里仁书局,1981 年,页 471。

[4] 陆九渊:《陆九渊集》(影印新校标点本)卷 10《与路彦彬》,页 134。

[5] 黎靖德编:《朱子语类》卷 52《孟子二·公孙丑上之上·问夫子加齐之卿相章》第 87 条,收入《朱子全书》第 15 册,页 1719。

奔的精神状态。孟子所说的"良知"一词，在明代社会中几乎已经成为民间日常用语。

　　总之，孟子精神对东亚各地儒者而言，既是"乡愁"，又是"圣域"。中日朝各地儒者诵读《孟子》，并不是将《孟子》当作有待剖析的木乃伊，而是将孟子这个思想人物当作活生生的人，与孟子对话，携孟子之手，与孟子偕行。这是将近三千年来孟子对东亚儒者产生不能抗拒的魅力的基本原因。本书所回顾的，正是朝鲜与日本儒者的"乡愁"疗愈之旅与他们优入"圣域"的心路历程。

三、《孟子》文本的魅力何在？

　　现在，我们可以讨论《孟子》文本对东亚各国的知识分子，到底有何魅力。首先，我要阐释《孟子》这部经典文本的特性。当孟子和他的弟子的对话内容被从"言说"写成"文本"之后，《孟子》这部书就获得了确定性，是一部共有 7 篇、261 章、34,685 字的文本。但是，作为文本的《孟子》在被确定之后，人人得而研阅，人自为说，家自为书，因此又具有开放性，中日朝儒者读《孟》、释《孟》、翼《孟》、诤《孟》、非《孟》、批《孟》，均可以自由地对《孟子》读入自己的思想倾向、表现形式、个人风格，乃至所处的社会文化氛围。这种"开放性"正如艾柯（Umberto Eco）所描述的，乐曲演奏者"常常是在演奏时即兴地自己决定一个音符持续时间的长短或者一些音符延长的时间"，[①]《孟子》这部文本的开放性，正是根植于其确定性之中。在东亚孟子学诠释史中，《孟子》文本的确定性与开放性，恒处于辩证发展之关系中。二千多年来中朝日儒者解读在确定性中充满开放性的《孟子》文本，开出 2

---

① Umberto Eco, *The Open Work*, Anna Cancogni, trans., Cambridge, Mass.: Harvard University Press, 1989, p. 1. 中文译文见艾柯：《开放的作品》，刘儒庭译，北京：新星出版社，2005 年，页 1。

个《孟子》诠释的主流。

（一）作为经世致用之学的孟子学：实践诠释学

首先，东亚各国儒者诠释《孟子》时，开发孟子学作为经世致用之学的"意涵"（significance）。[1] 这种类型的经典诠释学，可称为"实践诠释学"。"经世"是儒门通义，陆象山说"儒者虽至于无声、无臭、无方、无体，皆主于经世"，[2] 诚为的论。《孟子》这部经典记载大量孟子所发表有关治国平天下的言论，尤其在《梁惠王》《公孙丑》《滕文公》等 3 篇，亦即伊藤仁斋称为"上孟"的篇章中。早在东汉，赵岐读到《孟子》说"大人者，不失其赤子之心者也"（《孟子·离娄下·一二》）时，就认为"大人谓君。国君视民，当如赤子，不失其民心之谓也"。[3] 赵岐将孟子的成德之"大人"，从政治角度解读为"国君"。清末民初安徽桐城派后劲、曾任北京大学文科学长的姚永概（1866—1923）说："赵氏专主孟子用世之意言之，朱子则专主传道言之"，[4] 其说甚是。在东亚各国之中，中国知识分子最早从政治角度解读《孟子》，从 10 世纪开始开发《孟子》的经世致用之学的意涵。拙书《孟学思想史论（卷二）》，曾分析宋儒对孟子政治思想的争辩实聚焦在"王""霸"之辨与君臣关系之上，[5] 主要原因当然是因为孟子政治思想中的"人民主体性"论述与宋代王权高涨的时代落差过大，也对大一统王权产生了巨大冲击。

本书第二章探讨朝鲜国王与儒臣之间讨论孟子"王道"政治论时，儒臣都以"王道"为不证自明的政治最高理想，他们重视的是"王道"的可欲性

---

① 赫胥区分"意义"（meaning）与"意涵"（significance）的差别：前者指文本所表现之思想，后者指诠释者从文本中所开启的思想，见 E. D. Hirsch, Jr., *Validity in Interpretation*, p. 8。
② 陆九渊：《陆九渊集》卷 2《与王顺伯》，页 17。
③ 赵岐注见焦循：《孟子正义》卷 16，页 556。
④ 姚永概：《孟子讲义》（据安徽省图书馆藏姚氏手稿排印本），陈春秀校点，合肥：黄山书社，1999 年，页 266。
⑤ 黄俊杰：《孟学思想史论》卷二第 4 章《作为政治学的孟子诠释学（1）：宋儒对孟子政治思想的争辩及其蕴涵的问题》，页 131—188。

（desirability），但是国王（尤其是 19 世纪的纯祖）关心的是"王道"的可行性（feasibility）问题。朝鲜君臣的孟子论述，触及"政道"与"治道"的落差问题。本书第三章也指出：朝鲜儒者将孟子政治思想，进行 3 种"脉络性转换"：或将孟子的理想主义挪移到朝鲜王朝政治的现实主义，或将孟子的"行事原则"挪移到"份位原则"，或将"德本位"挪移到"位本位"思考。孟子的"王道"论东传日本之后，经历了日本儒者启动的两个阶段的"脉络性转换"：首先是"神学的脉络性转换"，将孟子的"王道"位移到"神皇之道"，接着进行"权力的脉络性转换"，将"王道"置换为"皇道"，企图使孟子为太平洋战争期间日本帝国至高无上的"皇道"而服务。

　　作为经世致用之学的孟子学，在中朝日各国儒者的解读中，只是一种政治愿景的论述或祈向，与当时政治权力结构的直接关系不大，但是，如果是帝王研阅《孟子》，就完全是不一样的状况。朝鲜第 22 代国王正祖，是东亚历史上文化水平最高、对儒学最具有"同情的了解"的国君。本书第八章分析正祖对孟子政治思想的解释，是通过他的"权力之眼"而进行，所以正祖对孟子所提出的问题，如政权合法性问题、"政道"与"治道"之问题、政治的"名"与"实"之问题，以及君臣关系中的"势"与"德"之问题，均切中孟子政治论之核心。正祖的"权力之眼"使孟子政治思想中的核心问题显题化。我们可以说，正是"权力之眼"使正祖研阅《孟子》这部经典时，看到一般不在权力结构顶端的儒者所看不到或忽视的问题。

　　东亚儒者从《孟子》文本所开出第一种诠释进路是作为经世致用之学的孟子学，是一种"实践诠释学"。东亚思想史中所谓"实践诠释学"一词中的"实"之一字，在《孟子》诠释者眼中既指真实无伪，又指实在可行而言，但以第二义"实在可行"较为常见。

　　我想再举《孟子·梁惠王下·七》为例，进一步说明这种"实践诠释学"的特征。孟子见齐宣王，建议齐宣王必须参采"国人"的意见进用贤才，"国人皆曰贤，然后察之；见贤焉，然后用之"。这一章文本自东汉赵岐到南宋朱子、清代焦循的解释，都贴紧文本，发挥"人君进贤退恶，翔而后集"①之旨意。朱子《集注》强调用人必须注重"国人"之公论，使"不才者不得以幸进"。②

但是，到了20世纪初，康有为（1858—1927）在1901年撰写《孟子微》时，却在《孟子》文本中读入了大量的现代民主政治的祈向。康有为解释《孟子》这一章说："此孟子特明升平、授民权、开议院之制。盖今之立宪体，君民共主法也。今英、德、奥、义、日、葡、比、荷、日本皆行之。……皆是民权共政之体，孔子创立，而孟子述之。"③ "南海圣人"以上这一段《孟子》新诠，显然是他身处20世纪初叶危机时代的中国，对《孟子》文本所进行的"过度解释"。因为"孟子贵民，不过由民享以达于民有。民治之原则与制度皆为其所未闻。故在孟子之思想中民意仅能作为被动之表现，治权专操于'劳心'之阶级"。④《孟子》文本中的"国人"是由士、自由农民与工商业者之所构成，⑤《左传·昭公十三年》（公元前529）鲁昭公"请待于郊，以听国人"，⑥《左传·襄公二十五年》（公元前548）鲁襄公"盟国人于大宫"，⑦ 春秋时代的"国人"是国君咨询之对象，但绝对不是康有为过度解释的"授民权、开议院之制"中的议员。这一类的"过度解释"，在日朝孟子学中也偶然会出现。

总之，我们可以说，东亚孟子学中的"实践诠释学"的优点，在于开发《孟子》文本的"当代相关性"（contemporary relevance），使《孟子》不再是束诸高阁的高文典册，而成为经世致用的宝典。但是，这种类型的经典诠释学，常常会流于"过度诠释"，要求古为今用，不能免于曲人从己之嫌。

---

① 赵岐《章指》之言，见焦循：《孟子正义》卷5，页145。
② 朱熹：《孟子集注》卷2，页305。
③ 康有为：《孟子微》卷1，台北：台湾商务印书馆，1970年，页12下。
④ 萧公权：《中国政治思想史》上册，页97。
⑤ 徐复观：《周秦汉政治社会结构之研究》，台北：台湾学生书局，1972年，页40。
⑥ 杨伯峻：《春秋左传注》下册，页1346。
⑦ 同上书，页1099。

作为"实践诠释学"的孟子解释学,具有两个特征。第一,东亚各地孟子学者的"实践诠释学"常是通过诠释者的"历史性"(historicality)而建立。所谓诠释者的"历史性",指从东汉赵岐到18世纪朝鲜国王正祖及其儒臣,以及20世纪中国的康有为、日本的安冈正笃,都是通过他们身处的"时间性"(temporality)与"空间性"(spatiality)而解读孟子思想。他们的生命是"时间"与"空间"交互渗透的"织锦"(tapestry)而不是拼图或马赛克(mosaic)。他们通过各自的"历史性",而开发孟子思想的新启示,使孟子思想新义迭出。就这一点而言,经典诠释活动在很大的范围内,是一种"历史的"理解活动。

我所谓"历史的"理解,指在作为"实学诠释学"的孟子学之中,东亚孟子学解释者都"不是某种处在幻想的与世隔绝、离群索居状态的人,而是处在一定条件下进行的、现实的、可以通过经验观察到的发展过程中的人"[1],他们通过他们各自具体的、活生生的生活与生命经验,而对孟子提出新解释,所以每一个人的孟学新诠,都是具有时间特色(time-specific)与地域特色(space-specific)的孟子学。举例言之,本书第八章分析18世纪朝鲜第22代国王正祖对孟子的解读,处处显示"18世纪"(指朱子学成为主流思想)特色与"朝鲜"(指从朝鲜政治出发思考)的特色;而且,这种时间特色与地域特色,具体地凝塑在正祖国王一人之身。正祖正是用他的"朱子学之眼"与"权力之眼",才使孟子心性论与政治论中的潜在命题,都获得显题化。17世纪朝鲜李惟泰与郑齐斗(本书第五章),也都推出了极为鲜明而具有个人色彩的孟子新诠。17世纪日本伊藤仁斋的孟子学,如果放在东亚比较思想史视野中加以分析(本书第六章),就完全显露其日本特色。

更进一步说,我所谓通过孟子学解释建构的"实践诠释学"中的诠释者,并不是抽象的、费尔巴哈(Ludwig Andreas von Feuerbach, 1804—1872)

---

[1]　马克思:《德意志意识形态》,收入中共中央编译局编译:《马克思恩格斯选集》第1卷(上),北京:人民出版社,1972年,页31。

式的、作为范畴的存在,而是通过诠释者个人生命的实践而具体化地建构起来的诠释学。最早注解《孟子》的东汉赵岐,经历东汉末年政治的阢隉,"逃难四方,江、淮、海、岱,靡所不历"(《后汉书》赵岐本传),历经艰困,然后才在孙嵩家复壁中完成历史上第一部《孟子》解释。王阳明居夷处困,以他"百死千难中得来"的"致良知",重新解释孟子心学。他们都不是将孟子思想视为现代人所谓"概念的游戏",而是取孟子而与自己的生活经验相印证,视《孟子》为实践的宝典。在这个意义之下,作为"实践诠释学"的孟子学中的"实"之一字,既是真实的(real)又是正确的(true)。日朝孟子学者的"实践诠释学",易地而皆然。

那么,中朝日孟子学所开启的"实践诠释学"中,是否有共享的元素呢? 我认为答案是肯定的。一言以蔽之,东亚各地儒者诵读《孟子》这部经典时,虽然所居不同,山川异域,但是正如本章第二节所说,中朝日孟子学者都身处儒家"意义共同体"之中,他们分享相近的儒家核心价值,他们对儒家的"仁""义""礼""诚"等价值,虽然各有程度与分量的不同解释,但都共同分享儒家"情"胜于"理"之通贯性价值理念,尤其从"情理"的角度解读孟子。[1] 所以,东亚儒家解孟之时,特别强调孟子的"不忍人之心""恻隐之心""与民偕乐"等理念,他们所开启的是"慈爱父母模式"(nurturant parernt model)。[2] 他们都看到孟子以分享、包容、同情、责任所开展的思想

---

[1] 钱宾四(1895—1990)先生说:"在全部人生中,中国儒家思想,则更看重此心之'情感'部分,尤胜于其看重'理智'的部分。……儒家论人生,主张节欲,寡欲,以至于无欲。但绝不许人寡情,绝情,乃至于无情。"见钱穆:《孔子与中国文化及世界前途》,见《孔子与论语》,收入《钱宾四先生全集》编辑委员会编辑:《钱宾四先生全集》第4册,引文见页353。梁漱溟(1893—1988)先生说:"从《孟子》书中见到彭更与公孙丑之两例。他们两人同样对于'君子不耕而食'感情上不安,向孟子发问。其问题自是情理上的问题。情理出自人的理性;我所以说中国古人理性早起正在于此。"见梁漱溟:《梁漱溟讲孔孟》,北京:中国和平出版社,1993年,页211。钱、梁二氏之说均切中肯綮,系东亚儒者共享的价值取向。

[2] 这是美国当代语言哲学家雷考夫(George Lakoff, 1941—)所创的名词,见 George Lakoff, *Moral Politics: How Liberals and Conservatives Think*, Chicago: University of Chicago Press, 1996, p. 35, 以及 George Lakoff, "Metaphor, Morality, and Politics, Or, Why Conservatives Have Left Liberals In the Dust", http://www.wwcd.org/issues/Lakoff.html。

原乡,深具母性思维之特质。[①] 在中朝日近世儒者之中,对于孟子学中的"慈爱父母模式"阐扬得最淋漓尽致的,应是 18 世纪中国的戴震与 17 世纪日本的伊藤仁斋。东原与仁斋孟子学的关键词就是"人伦日用"。尤其是伊藤仁斋解释孟子学特重"他者感觉"(たしゃかんかく),[②] 最称善解,也最能体现具有日本社会文化特色的"实学诠释学"。

第二,孟子学所见的"实践诠释学",是通过诠释者的"主体间性"而建立的。所谓"主体间性"可以上溯到孟子。《孟子·万章下·八》中孟子说:"一乡之善士,斯友一乡之善士……又尚论古之人……"诚如黄玉顺所指出,前一句话可以被理解为"共时性的"(synchronic)主体间性,后一句话可以被理解为"历时性的"(diachronic)主体间性。[③] 中朝日三地作为"实践诠释学"的孟子学解释,正是在"共时性的"与"历时性的"主体间性之中所建立,但是,我在这里所谓"主体间性",却又涉及两种类型的权威。

第一种权威是政治的权威。自从公元前 224 年"六王毕,四海一",大一统帝国在东亚历史地平线升起以后,专制王权在东亚各国所掌握的是"终极的权力"(ultimate power),而儒臣即使位居宰相,所拥有的只是被帝王所授予的"衍生的权力"(derived power)。在东亚近 2000 年专制王权之下,孟子的"王道"政治论,如本书第二章所论述,终不免沦为各国心仪孟子、遥契孟子精神的儒者的"永恒的乡愁"。因为正如福柯(Michel Foucault, 1926—1984)所说:"人这一主体在被置入生产关系和表意关系的同时,他也会同样地置入非常复杂的权力关系中。"[④] 而且,"正是权力形式,使得个体成为主体。'主体'一词在此有双重意义:凭借控制和依赖而屈从于他人;通过

---

① 参看 Joane D. Birdwhistell, *Mencius and Masculinities: Dynamics of Power, Morality, and Maternal Thinking*, Albany: State University of New York Press, 2007, pp. 89-109。

② 参考田尻祐一郎:《德川儒教と「他者」の問題——伊藤仁斎『孟子古義』を読む》,《日本の哲学》第 13 号(2012 年 12 月),页 85—101。

③ 黄玉顺:《前主体性诠释:主体性诠释的解构:评"东亚儒学"的经典诠释模式》,《哲学研究》2019 年第 1 期,页 55—64。

④ 米歇尔·福柯:《福柯读本》,页 281。

良心和自我认知而束缚于他自身的认同。两个意义都表明权力形式的征服性"。①身处各国权力网络之中的东亚孟子学者,在复杂的"主体间性"之中,通过孟子新诠而建构"实践诠释学",确实面对极大挑战。本书第三章分析"孟子不尊周"这项历史事实,在中朝日儒者之间,所激起的各种正反两面的反应,固然一方面显示《孟子》是淑世救世的福音书,但是另一方面也显示,作为"实践诠释学"的孟子政治思想在现实世界落实之艰辛!

诠释者的"主体间性"所触及的第2种类型的权威,我称之为"诠释的权威"。我曾将这种权威区分为3个层次:(1)孔孟思想的权威(2)朱子诠释典范的权威(3)东亚各国前辈儒者的权威。如退溪学成为16世纪以后朝鲜儒者不可逃避的权威。18世纪日本获生徂徕,重新解释孟子,也必须从对伊藤仁斋的批判开始。②以上这3大层次不同的"诠释的权威",是东亚各地孟子解释者经由"主体间性"而建构"实践诠释学"时,必须时时处处都严肃面对的"诠释的权威"。本书各章所分析的日朝二地孟子学者,在建构"实践诠释学"时,时时都与这3层次的权威处于对话之中。

(二)作为修心养气之学的孟子学:生命诠释学

东亚孟子学的第2种进路,是作为修心养气之学的孟子学。这种类型的经典诠释学,也许可以称为具有东亚思想特色的"生命诠释学",以下列3个面向最为突出。

第一,"生命诠释学"经由诠释者与经典的对话而建立。许多东亚儒者研读《孟子》文本时,并不是将《孟子》视为一种与自己无关的客观存在"物件"或者待解剖的木乃伊,而是将《孟子》文本视为他们可以悠游其中的图书馆。他们可以进入孟子的心魂,经由《孟子》文本而与孟子亲切对话。本书第二章第二节析论了朝鲜经筵讲论中的君臣对话与儒臣上疏,儒臣以孟子"王道"为政治最高理想,并批判国王施政,朝鲜国王也批判儒臣空言"王

① 米歇尔·福柯:《福柯读本》,页284。
② 黄俊杰:《东亚儒家仁学史论》,页71—72。

道",无益于实务。在君臣的对话中,孟子都是不在场的重要参与者,甚至是话题的设定者与引导者。在许多对话场合中,我们甚至可以说,并不是东亚儒者在解读《孟子》文本的意义,反而是《孟子》文本掌握了解读者的心魂,是文本中的孟子在与他们对话。

　　第二,"生命诠释学"中的诠释者与经典是主客交融的关系。因为作为"生命诠释学"的孟子学,特重修心养气之学,中朝日各国的孟子学者与《孟子》文本的关系,并不是"我与它"(I and It)的关系,而是"我与你"(I and Thou)的关系,[①] 而且这里所谓的"你",是指会诉说、攫取读者心灵的孟子及其思想传统。作为"你"的《孟子》文本是有生命的,与读者共其呼吸、与读者声欬相接而充满"实存的"(existential)性格的文本。所以,《孟子》文本的诠释活动,就成为中朝日各国儒者体验、体会、体知潜藏于《孟子》文本中的孟子精神的活动,是经由"生命诠释学"而致力于自我理解与转化的活动。本书第五章探讨 17 世纪朝鲜"忠诚的"朱子学者李惟泰与朝鲜阳明学开山大师郑齐斗的孟子学,虽然他们的学说分别呈现明确的朱子学元素与阳明学元素,但是他们解读《孟子》文本时,都不是将《孟子》文本视为客观而与自己无涉的存在,而是以他们的生命亲身体验孟子的精神;他们诠释《孟子》文本时,都呈现一种"理性"与"信仰"合一的精神状态;他们研阅孟子、解释孟子时,是以自己的身心灵重新体验孟子的精神。这正是作为"生命诠释学"的孟子修心养气之学的根本特质。

　　第三,"生命诠释学"聚焦于诠释者自我生命的转化。解读《孟子》文本的东亚各国儒者,在追溯或重建孟子心路历程或养气工夫时,在孟子生命哲学中重新发现自己。他们是在诠释《孟子》文本中重新理解自己。因此,在

---

① 　帕尔默(Richard E. Palmer, 1933—　)曾引用布伯(Martin Buber, 1878—1965)与加达默尔(Hans-Georg Gadamer, 1900—2002)的论点,说诠释学是一种"我与你"的关系的对话。参看 Richard E. Palmer, *Hermeneutics*, Evanston: Northwestern University Press, 1969 pp. 191-192. 中文译文见帕玛:《诠释学》,严平译,台北:桂冠图书股份有限公司,1992 年,页 224。这种"我与你"的对话关系,在东亚经典诠释传统中表现得最为深切著明。

他们的孟子诠释中，重要的不是抽象而超越的"存有"（being）问题，而是如何成为与孟子精神合一的"成为"（becoming）的问题，是生命的"自我转化"的问题。因此，在东亚孟子学诠释史中，功能性概念如"知言"的"知"、"养气"的"养"（《孟子·公孙丑上·二》），"生色"的"生"（《孟子·尽心上·二一》），"所存者神，所过者化"（《孟子·尽心上·一三》）中的"存"与"化"等，都比实体性概念如"人""己""身"等更重要，获得东亚儒者更大的重视。

我在本书第五章第二节讨论朱子读书法时，指出朱子读书追求与圣人合一并与"天理"合一的境界，即朱子称之为"亲切"的境界。这种"入乎其内"（emic）而不是"出乎其外"（etic）的读书方法，必然追求牟宗三先生所说的以"明明德"为中心的"生命的学问"。[①]解读经典是一种以自己身心体验印证经典的"生命诠释学"，所以朱子说他解孟子"知言养气"章如与孟子不合，"天厌之，天厌之"。这种经典的"生命诠释学"，王阳明称为"讲之以身心"而不是"讲之以口耳"的学问，"是行著习察，实有诸己"，[②]而不是"务外遗内，博而寡要"。[③]因此，孟子学的诠释必然涉及诠释者生命的高度与厚度的问题。子贡说"贤者识其大者，不贤者识其小者"[④]是也。

这一种孟子学诠释中所见的生命诠释学，在朝日儒者解读孟子心性论时，一再呈现。本书第四章第二节讲 17 世纪朝鲜阳明学者郑齐斗，解释孟子养气说时强调"气在乎心，心通乎气"，[⑤]以及 18 世纪任圣周对"持志"与

---

① 牟先生说："生命的学问，可以从两方面讲：一是个人主观方面的，一是客观的集团方面的。前者是个人修养之事，个人精神生活升进之事，如一切宗教之所讲。后者是一切人文世界的事，生命之客观表现方面的事。如照儒家'明明德'的学问讲，这两方面是沟通而为一的。"见牟宗三：《关于"生命"的学问》，收入氏著：《生命的学问》，台北：三民书局，2018年，页 33—39，引文见页 37。

② 以上王阳明之言均见于陈荣捷：《王阳明传习录详注集评》第 172 条，页 247。

③ 陈荣捷：《王阳明传习录详注集评》第 134 条，页 169。

④ 《论语·子张·二二》，见朱熹：《论语集注》卷 10，页 268。

⑤ 郑齐斗：《霞谷集》卷 14，页 396—397。

养气之不可分割性的发挥,都诉诸"体知"。这是作为生命诠释学的孟子学解释的表现。

总之,作为修心养气之学的孟子学诠释学中,重要的关键字包括"实存的"、"体知"、"自我理解"与"自我转化"等。

在指出东亚孟子诠释学主要呈现 2 种类型的儒家经典诠释传统("实践诠释学"与"生命诠释学")之后,我想再就儒家经典诠释学的研究方法略加探讨。

东亚各国儒家学者诠释经典时,必须面对 3 个问题。第一,他们必须面对 3 种"诠释的权威"(孔孟的权威、朱子的权威、各国前辈[如退溪学、仁斋学]的权威),并在 3 者之间求取动态的平衡。[①] 第二,他们必须克服自身所处的时空环境所形成的"历史性"的限制,才能深沉构思,理会经典中道理。第三,他们也必须心平气和面对每一种文本(如《论语》《孟子》或朱子学大量的文献),进行选择,求其首尾贯通之见解。不论是在中朝日各国,任何一位儒者要妥善因应以上 3 个问题,都是很艰难的挑战。

居今日而研究东亚儒家经典诠释学,可以采取两种研究方法。第一种是李明辉先生所提出的"多重文本交叠"研究法。李明辉先生精研朝鲜儒学史中从 14 世纪至 19 世纪绵延 500 年的"四端七情之辩"(简称"四七之辩"),深造有得。他发现 500 年间朝鲜儒者的"四七之辩",基本上是由于他们面对我在上文所说的 3 种"诠释的权威"引发的不同理解所致。因此,我们必须将 3 种"诠释的权威"存世的文本交互比勘、逐句玩味,才能就"四七之辩"的思想史背景得其肯綮。李明辉所提出的研究方法论的建议深具卓识。"多重文本交叠"研究法,可以使研究者既不耽溺于"文本主义"(textualism),又不会陷于"脉络主义"(contextualism)而不可自拔,并能在

---

① 黄俊杰:《东亚儒家仁学史论》,页 71—72;黄俊杰:《东亚儒家经典诠释史中的三个理论问题》,《中国诠释学》第 17 辑,济南:山东大学出版社,2018 年,引文见页 5。

"脉络化"（contextualization）与"去脉络化"（decontextualization）之间获得
动态的平衡。[①]

第二项可能的研究方法，可暂称为"文本内部比较法"，就是精研上文
所说3种"诠释的权威"所留下来的文本，交互比对，分析经典诠释者如何
通过商量旧学而培养新知。这一种研究方法，对于研究朝鲜朱子学特别具
有相应性。本书第五章第二节，曾研究17世纪朝鲜"忠诚的"朱子学者的孟
子学诠释，发现他们穷毕生之力，浸润在朱子学文献之中，在朱子不同文本
或不同时期的论点之中有所抉择，从而提出创新见解。朝鲜朱子学者的研
究方法，与元代中国朱子学者胡炳文（仲虎、云峰）遥相呼应。最近宋健先
生点校胡炳文的《孟子通》，指出胡炳文在羽翼朱子《孟子集注》之余，常能
发明朱注精义，"云峰常拟'创为此说'、'极有深意'、'字字首尾相应'、'断
之甚约'、'能发孟子终始教人之本旨矣'等语，以示提点"。[②] 元代中国儒者
与朝鲜儒者的研究方法，对于今日的孟子诠释学研究者，仍有一定的启示，
善乎朱子之言也："大凡读书须是虚心以求本文之意为先，若不得本文之意，
即是任意穿凿……"[③] 朱子的话虽是针对学者之读书方法而言，但是对今日
研究儒家经典诠释学的学者，也深具启示。

四、孟子学与中朝日权力结构之关系

如果将东亚各国孟子学置于比较的视野来看，我们就会发现中朝两国
的孟子学与日本孟子学，最大的差异在于孟子学与东亚三国权力结构的关
系不同。造成这种差别的主要因素在于中朝两国实施科举制度，而德川时

---

① 参看 Ming-huei Lee, "Studies of Chinese Philosophy from a Transcultural Perspective: Contextualization and Decontextualization", in Sor-hoon Tan, ed., *The Bloomsbury Research Handbook of Chinese Philosophy Methodologies*, London/New York: Bloomsbury, 2016, pp. 115-124, 尤见 120—121 页。
② 引文见胡炳文:《孟子通》，宋健点校，上海:华东师范大学出版社，2020 年，前言，页 5。
③ 朱熹:《答吕子约》，见《晦庵先生朱文公文集》卷 48，页 2219。

代的日本并无中国式的科举制度。[1]

中朝两国都实施科举制度。中国的科举制度,可以上溯到隋文帝开皇七年(587)创设的三种举贡制度,其中之一为"宾贡"科。[2] 朝鲜科举制度的实施始于高丽王朝第 4 代国王光宗 9 年(958)。[3] 科举制度在中朝两地的实施,为孟子学在中朝两地的发展,带来了以下两种效应。

第一,《孟子》文本内容在经由科举考试制度,选拔知识分子进入帝国权力体系分享权力时,就已经被进行了看不见的、柔性的严密筛选。我以前曾研究明代登科录中出自《孟子》的试题,结果发现"有明一代,殿试及乡试命题之出自《孟子》一书者共计 46 题,出自《梁惠王》篇者 3 题,出自《公孙丑》篇 4 题,《滕文公》篇 7 题,《离娄》篇 6 题,《万章》篇 10 题,《告子》篇 7 题,《尽心》篇 9 题"。[4] 再进一步细绎这些出自《孟子》的题目,发现它们都属孟

---

[1]　德川日本虽没有实施科举制,但日本古代奈良、平安时期曾短暂实施过"贡举制"。即便在 10 世纪末日渐式微后,仍在形式上有方略试的存在,即秀才试或者文章得业生试。参看高明士:《日本没有实施过科举吗?》,收入氏著:《东亚传统教育与法文化》第 3 章,台北:台大出版中心,2008 年,页 87—127。

[2]　宫崎市定(1901—1995)先生据《隋书》卷 1《高祖记》"开皇七年"条云"制诸州岁贡三人",指出开皇七年贡举成为"永制""常制"之开始。见宫崎市定:《九品官人法の研究——科举前史》,京都:东洋史研究会,1956 年,页 64、520。中文译文见宫崎市定:《九品官人法研究——科举前史》,韩升、刘建英译,北京:中华书局,2008 年,页 36、320。高明士(1940—)先生据《玉海》等传统史料及常鸿(560—615)墓志等新史料,进一步论证隋文帝开皇七年建制的秀才、明经、进士三科之中含有"宾贡科"。参看高明士:《常鸿墓志与隋代宾贡科》,收入吕建中、胡戟编:《大唐西市博物馆藏墓志研究续一》上册,西安:陕西师范大学出版社,2013 年,页 81—88;《隋唐贡举制度》,台北:文津出版社,1999 年,页 140—172。关于科举起源众说纷纭,刘海峰(1965—)先生曾归纳学界说法为"察举为科举论"、"隋代起始论"、"唐代起始论"等诸说,参考刘海峰:《科举学导论》第 4 章,武汉:华中师范大学出版社,2005 年,页 65—94。

[3]　朝鲜王朝开创之际,朝鲜朝廷就对高丽王朝以来的科举制度加以改善。《太祖实录》卷 1 "太祖元年(1392)7 月 28 日丁未"云:"今后内而成均正录所,外而各道按廉使,择其在学经明行修者,开具年贯三代及所通经书,登于成均馆长贰所,试讲所通经书,自四书五经《通鉴》已上通者,以其通经多少,见理精粗,第其高下为第一场;人格者,送于礼曹,礼曹试表章古赋为中场;试策问为终场,通三场相考入格者三十三人,送于吏曹,量才擢用,监试革去。"见朝鲜国史编纂委员会编:《朝鲜王朝实录》第 1 册,页 22。姜智恩说:"中国的科举制度在高丽朝第 4 代国王光宗 9 年(958)时被引入朝鲜半岛。"见姜智恩:《被误读的儒学史》,页 66—67。其说可从。

[4]　黄俊杰:《东亚文化交流中的儒家经典与理念:互动、转化与融合》,页 128。

子内圣之学的范围,孟子政治思想中最为精彩的如本书第二、三、四章所探讨的"王道"、"孟子不尊周"等内容,均不可能被科举命题考官选入试题之中。正因为科举试题具有唐太宗所说"天下英雄,入吾彀中"① 的作用,所以南宋陆象山说:"今天下士皆溺于科举之习,观其言,往往称道《诗》、《书》、《论》、《孟》,综其实,特借以为科举之文耳。"② 在科举之风浸染之下,儒家经典成为知识分子加官晋爵的阶梯。像《孟子》这种充满"民本位"思想的典籍,更是大大受到扭曲。这种情形每下愈况,到了明末黄宗羲(梨洲)更是一针见血地指出"举业盛而圣学亡"!③ 政治权力对孟子学解释的渗透甚至颠覆,也见于朝鲜儒者对孟子学的解释之中。④

第二,在孟子学诠释活动中,"权力"使《孟子》的诠释者(如雍正皇帝、朝鲜国王正祖等)之"自我"的"主体性"为之彰显。但是,"权力"的渗透也进一步使研读孟子学的中朝两国许多儒者的"自我"一分为二("政治的自我"与"文化的自我")。儒臣的"政治的自我"既是帝国政策的执行者,也是权力的分享者,必须伏顺"帝王主体性",但他们"文化的自我",有时被孟子精神感召,向往孟子学中"人民主体性"的政治理念。两种"自我"在现实与理想之间的拉扯,使中朝两国研阅《孟子》的儒臣恒处于内心的紧张之中。⑤

科举制度在中朝两国孟子学所带来的这两种效应,都不见于德川日本孟子学。日本毕竟是武士的国度,儒者表面上是社会公共财富,但实质上是社会边缘人。本书第三章第三节所探讨的"町儒者"伊藤仁斋,固然可以自

---

① 王定保(870—940)撰,姜汉椿校注:《唐摭言》卷15,上海:上海社会科学院出版社,2003年,页293。

② 陆九渊:《陆九渊集》卷11《与李宰》,页150。

③ 黄宗羲:《恽仲升文集序戊申》,收入《黄宗羲全集》第10册,页4。关于科举与明代性理之学的关系(也就是"举业"与"德业"之关系),参看三浦秀一:《科举と性理学——明代思想史新探》,东京:研文出版,2016年。

④ 另详黄俊杰:《东亚文化交流中的儒家经典与理念:互动、转化与融合》第6章,页121—142。

⑤ 我曾讨论过这个问题,详见拙文 Chun-chieh Huang, "On the Interaction between Confucian Knowledge and Political Power in Traditional China and Korea: A History Overview"。

由自在地批判宋儒以重建他心目中的孟子形象,但即使是"御儒者"获生徂徕,也可以自己之意诠释孟子,从未感受来自武家政权的心理压力。

五、朱子学在中朝日孟子学中的角色

东亚比较思想史视野下的中朝日孟子学,另外一项重要的异趣,则在于朱子学所扮演的角色之不同。

朱子学涉及方面极广,体系庞大。朱子毕生理会《四书》,所撰《四书章句集注》完成了进《四书》而退《五经》的学术事业,对东亚近世思想与社会发展影响深远。用朱子《大学·格物补传》的话来说,在朱子学体系中,既"众物之表里精粗无不到",又"吾心之全体大用无不明"。诚如佐野公治所说,朱子四书学将"想要就经文实证地、客观地究明经旨的个别性观点,与想要从经书捕捉普遍的圣贤精神的统一性观点",[①]完成了最具体系性的完美结合。

作为近世东亚的经典"诠释的权威",朱子学在 13—15 世纪末的中国,走过了从权威的建立、发展到被扬弃的历程。但是,正如本书第五章与第八章的探讨所显示,直到 17—18 世纪朝鲜的思想界,仍充斥着大量的"忠诚的"朱子学者。包括第 22 代国王正祖和他的儒臣,他们都是贴紧朱子原文,与朱子共其呼吸,循着朱子的思路,解读孟子并与孟子亲切对话。

但是,朱子学的《四书》诠释典范,从 17 世纪的伊藤仁斋开始在日本就备受批判。正如本书第六章的分析所显示,伊藤仁斋通过反形上学而反朱子学,将孟子的"王道""道""性""心"等关键字,都从朱子学的"形上学脉络"转移为"伦理学/社会学脉络",从而完成思想交流中的"脉络性转换"。本书第七章探讨的 18 世纪朝鲜儒者丁茶山,也批判程朱学的"性即

---

① 佐野公治:《四书学之成立——朱子的经书学构造》,张文潮译,《中国文哲研究通讯》第 23 卷第 1 期(2013 年),页 147—183,引文见页 167。

理”说，并提出他的“性嗜好说”。茶山还批判朱子“唯穷理为能知言”之说，提出他的以“心”定“言”之说，完成了既继承而又创新、在批判中超越的“后朱子学”的孟子学新诠释。朱子学正是在朝日儒者解释孟子学时，作为“不在场的他者”而成为他们对话的对象。

总之，虽然朱子学在近世中朝日孟子学发展史中扮演了不同的角色，而且东亚各国儒者的孟子学新诠可以反朱、诤朱、批朱，但是，他们都不能视朱子学如无物，他们都不能绕过朱子学而重新建构他们的新孟子学。就这一个重要作用而言，我们可以说，朱子学是东亚近世孟子学形成与建构中不可或缺的杠杆，其重要性不言而喻。

六、总结

在本书终卷之际，我想综摄将近 500 年间朝鲜与将近 300 年间日本两地儒者的孟子学诠释。朝日孟子学诠释主要表现为“实践诠释学”与“生命诠释学”两种形态。这两种孟子诠释学的主流，都已经内建在当地孟子学体系之中。孟子的“外王”事业原不遗“内圣”工夫，政治论与心性论两者在孟子思想中实绾合为一。

总而言之，东亚儒者的孟子学诠释所呈现的“实践诠释学”，实以“生命诠释学”作为根本基础。其“实践诠释学”的“实”字，不论是程朱式的“‘放之则弥六合，卷之则退藏于密’，其味无穷，皆实学也”（《中庸章句》引言），还是伊藤仁斋式的“以实语明实理”的实学，都以植根于并回归于生命的体认与实践为其鹄的，呈现出鲜明的东亚思想特质。

附　录

引　言

　　本书附录共 2 篇：一、《朝鲜孟子学文献选编注释》，二、《德川日本孟子学文献选编选注释》。我从朝鲜与日本儒者诠释孟子学的文字中，选择与本书各章论述直接相关的这些文章，施以注释，以备省览。我对这两篇附录的注释，采取的是牟宗三先生所说"文献的途径"[①]，朱子曰："大凡读书须是虚心以求本文之意为先，若不得本文之意，即是任意穿凿……"（《文集》卷 48《答吕子约》）我秉持朱子读书法，虚心平气，汨没于文字章句之间，就朝日孟子学文献通其字义，溯其出处，以备省览，所注释者基本上是第一序的疏通文义的工作。陆象山诗云："大抵有基方筑室，未闻无址忽成岑。"这一种文献解读的工作有其重要性。日本汉学前辈狩野直喜（1868—1947）讲中国古典研究法，就首揭"本文研究"为基本功，其次才是"教义研究"，[②] 其说甚是。

　　但是，这些朝日孟子学诠释的文本，除了"言内之意"外，亦有其"言外之意"与"言后之意"，远非训诂校勘考据之学所能羁縻。对这两批朝日孟子学文本，不能采取"去脉络化"的方式加以解读，必须将其"脉络化"于东亚孟学思想史之中，取之而与同时代或异时代的类似文本加以比较，既求其

[①]　牟宗三：《研究中国哲学之文献途径》，收入《牟宗三先生全集》第 27 册《牟宗三先生晚期文集》，台北：联经出版公司，2020 年，页 329—347。
[②]　狩野直喜：《中国哲学史》，东京：岩波书店，1953 年，页 12。

同又校其异,才能显隐互证,得其肯綮,厘定这些文本在东亚孟学思想史中之特殊含义及其历史地位。如此才能做到戴震引述他的老师阎若璩(百诗,1636—1704)所说的"读一句书,能识其正面、背面"①。而文本的"正面、背面"之含义,确实需要通过东亚比较思想史的视野才能解明。这一层次的第二序工作,是必须将"文本"置于"脉络"之中(可称为"texts in context")解读,才能得其平、得其实。此项工作都在本书各章的论述之中详加探索,以厘定文本之思想史定位。

---

① 段玉裁:《戴东原先生年谱》,收入戴震研究会编撰:《戴震全集》第6册,北京:清华大学出版社,1999年,页3426。

附录一
朝鲜王朝时期朝鲜孟子学文献选编注释

1. 柳成龙（1542—1607）:《读余隐之尊孟辨》

2. 李民宬（1570—1629）:《孟子不尊周论》

3. 俞　棨（1607—1664）:《疑孟辨》

4. 鱼有凤（1672—1744）:《孟子不尊周论》

5. 洪泰猷（1672—1715）:《孟子不尊周论》

6. 郑宗鲁（1738—1816）:《孟子不尊周论》

7. 宋时烈（1607—1689）:《浩然章质疑》

8. 金昌协（1651—1708）:《上尤斋孟子浩然章义问目》

9. 郑齐斗（1649—1736）:《浩然章上解》诠释选文 4 则

10. 任圣周（1711—1788）:《孟子不动心章说》

11. 丁茶山（1762—1836）:《公孙丑问不动心章》诠释选文 5 则

12. 李恒老（1792—1868）:《孟子浩然章疑义》

13. 许　传（1797—1886）:《孟子不动心章 己巳五月，以同经筵进参》

1. 柳成龙（1542—1607）:《读余隐之尊孟辨》

【引言】

柳成龙（1542 年 11 月 7 日［朝鲜中宗 37 年、明世宗嘉靖二十一年十月初一］—1607 年 6 月 7 日［朝鲜宣祖 40 年、明神宗万历三十五年五月十三］），字而见，号西厓，安东丰山（今韩国庆尚北道安东市丰山邑）人，是朝鲜时代的政治家，曾于朝鲜宣祖时期担任朝天使出使明朝，亦曾领议政一职，封号丰原府院君，卒后谥号文忠。柳成龙少年时曾从学于李退溪。1557 年中乡试，1563 年中生员进士试，1564 年中生员会试，1566 年及第，选补承文院权知副正字。柳成龙于 1590 年担任右议政一职，执掌朝政。1598 年，丁应泰诬告朝鲜与日本同谋攻击明朝，宣祖有意指派柳成龙赴北京辩解，柳成龙以被北人党攻击而拒绝。北人党借机大加攻讦，柳成龙去职。虽然两年后又复职，但是他已经无意于政治，不久后辞官回乡，1607 年去世。《宣祖修正实录》云:"成龙素负重望，当国累年，大为群小所惎。"柳成龙著有《惩毖录》《西厓集》《慎终录》等书。[①]

柳成龙所撰《读余隐之尊孟辨》一文，是朝鲜时代最早阐释"孟子不尊周"事件的文章。但是，柳成龙在这篇文字中，"读入"了太多他自己的为朝鲜王权背书的保守政治思想。他指责李觏、郑厚叔、司马光等人之疑孟系因"读《孟子》不熟而轻议之"，他主张孔子与孟子皆循"天理之公"，所以皆尊周室，其实缺乏扎实之理据。

【出处】

柳成龙:《读余隐之尊孟辨》，收入氏著:《西厓文集附惩毖录·别集》卷 4，

---

① 以上柳成龙生平，参见韩国民族文化大百科辞典，http://encykorea.aks.ac.kr/Contents/Index?contents_id=E0041546。

首尔:成均馆大学校大东文化研究院,1958 年,页 407—408。

　　《读余隐之尊孟辨》,[①] 所以发明孟子之心而开三子[②] 之惑者,固已不遗余力。三子之意,盖以孔子作春秋尊周室,而孟子劝齐、梁行王道,其事与《春秋》异,疑孟子劝诸侯行天子事,夺周室而代其位,至曰孟子之欲为佐命,何其躁也? 其意虽主于严君臣之分,立万世大防,而其不知孟子亦甚矣! 孟子曰:"《春秋》成而乱臣贼子惧。"[③] 孔子之尊周室,孟子非不知也。他日论舜禹事曰:"居尧之宫,逼尧之子,是篡也,非天与也。"[④] 公孙丑问伊尹放太甲事,孟子曰:"有伊尹之志则可,无伊尹之志则篡也。"[⑤] 由此言之,虽舜禹以圣人之德,居天下之大位,而揖逊之间,少有未尽,则孟子以为不可,犹以"篡"之一字断之,何尝劝齐、梁之君蔑视周室,攘臂而代其位也? 孟子尝曰:"行一不义、杀一不辜而得天下",[⑥] 有不为也。

① 《读余隐之尊孟辨》一文系朱子所作,朱子针对余允文(隐之,约 1163 年)《尊孟辨》(北京:中华书局,1985 年)所录司马光(君实,1019—1086)、李觏(泰伯,1009—1059)与郑厚叔(叔友,约 1135 年)三人批判孟子之言论,一一加以驳斥。此文在《晦庵先生朱文公文集》卷 73,页 3508—3554。余允文《尊孟辨》系针对北宋非孟言论而发。北宋神宗(在位于 1067—1084)元丰七年五月壬戌(1084 年 6 月 29 日),朝廷以孟子配食孔庙,封荀况、扬雄、韩愈为伯,并从祀。自此以后,孟子学地位上升,而非孟论者亦出焉,如李觏、郑厚叔、司马光均为非孟大将。允文著《尊孟辨》为孟子辩护,但清人质疑余允文著书动机。如《四库全书总目》作者介绍余允文《尊孟辨》云:"周密《癸辛杂识》载晁说之著论非孟子,建炎中宰相进拟除官,高宗以孟子发挥王道,说之何人,乃敢非之? 勒令致仕。然则允文此书,其亦窥伺意旨,迎合风气而作,非真能辟邪卫道者欤?"见纪昀等编:《四库全书总目提要·经·四书类》,台北:台湾商务印书馆,页 102—103。
② "三子"指李觏、郑厚叔、司马光,三人皆撰文批孟。如李觏:《常语》,收入《李觏集》卷 32—34,页 364—377;郑厚叔:《艺圃折中》,收入余允文:《尊孟辨》卷下,页 27—35;司马光:《疑孟》,收入《司马文正公传家集》卷 73,上海:商务印书馆,1937 年,页 894—898。
③ 《孟子·滕文公下·九》:"孔子成《春秋》而乱臣贼子惧。"见朱熹:《孟子集注》卷 6,页 378—379。
④ 《孟子·万章上·五》,见朱熹:《孟子集注》卷 9,页 430。
⑤ 《孟子·尽心上·三一》,见朱熹:《孟子集注》卷 13,页 503。
⑥ 《孟子·公孙丑上·二》:"得百里之地而君之,皆能以朝诸侯有天下。行一不义、杀一不辜而得天下,皆不为也。"见朱熹:《孟子集注》卷 3,页 320。

孟子之心,盖如此也。三子之疑孟子,正坐读《孟子》不熟而轻议之也,且孟子言必称仁义,以告时君。所谓"仁义"者,果何物耶?"未有仁而遗其亲,未有义而后其君者",[①] 非孟子开卷第一义乎?以首章论之,梁惠王始见孟子,即曰"何以利吾国?"所谓利者,不过富国强兵、侵夺诸侯,居中国而莅四海,其心侈然,目中已无周室矣。孟子即以一言断之曰:"王何必曰利,亦有仁义而已矣。"继之曰:"万乘之国,弑其君者,必千乘之家;千乘之国,弑其君者,必百乘之家。"又曰:"不夺不厌。"[②] 所谓"万乘"者,天子;"千乘"者,诸侯;而"百乘"者,诸侯之大夫也。梁王既恶其大夫之图己,则必知己之图万乘,为悖理害道,不安于心矣。"所恶于下,无以事上",[③] 梁王虽为欲利所蔽,不能自觉,而此则利害切身,必有惕然而自悔者。此乃孟子拔本塞源,阴折当时诸侯不臣之心,然则孔子作《春秋》尊周室之意,隐然见于不言之中,而无事于云云矣。且其所谓劝齐、梁行王道者,不过曰"保民"而已,其保民之道,省刑罚、薄税敛,以不忍人之心,行不忍人之政,设为庠序学校以教之,此皆人君之先务、治国之要道,为臣者舍是,无以告君;为君者舍是,无以守邦。孔子历聘诸侯,谆谆不已,其意亦如此而已。其他钱谷、甲兵、城池、战伐之类,无一毫得预于其间,此所谓王道也。如使当时诸君,听用孟子之说,其行己则一以仁义为主而无欲利之心,其爱民则如保赤子,汲汲于制产施仁之政,至于实大而声宏,源深而流长,德盛而天下归之,则天之所以为民立君之意在是。[④] 而虽欲辞而

---

① 《孟子·梁惠王上·一》:"未有仁而遗其亲者也,未有义而后其君者也。王亦曰仁义而已矣,何必曰利?"见朱熹:《孟子集注》卷1,页279。
② 《孟子·梁惠王上·一》,见朱熹:《孟子集注》卷1,页279。
③ 《大学》第10章:"所恶于上,毋以使下;所恶于下,毋以事上。"见朱熹:《大学章句》,页13。
④ 《荀子·大略·六六》:"天之立君,以为民也。"

不为,其可得乎? 孟子所谓"得百里之地而君之,皆能以朝诸侯有天下。"① 此孟子之本意,而舜禹之高拱揖逊,以有天下,亦若此而已矣,何伤于君臣之义,而如三子所谓者乎? 此其大者。其余细琐者,不足尽辨,而隐之之说,亦已详矣,姑记之,以俟后日知孟子者,求正其是非焉。大抵圣人之道,因时处宜,各有攸当;言语行事,未必尽同也。② 惟其心,皆出于天理之公,而无人欲之私,此其所以同也。孔子曰:"唐虞禅,夏后、殷、周继,其义一也。"③ 尧舜禹汤文武既同道,则揖逊、征伐,其事虽异而心则一也。然则《春秋》之尊周室,孟子之陈王道,其亦百虑而一致,不可以差殊论也。

---

① 《孟子·公孙丑上·二》:"得百里之地而君之,皆能以朝诸侯有天下。行一不义、杀一不辜而得天下,皆不为也。"见朱熹:《孟子集注》卷3,页320。

② 这项论点出自程颐(伊川,1033—1107)。伊川先生屡言孟子不尊周乃"时措之宜"、"随时之义"、"随时而动,从宜适变",以下是最详密的说法:"孔子之时,诸侯甚强大,然皆周所封建也。周之典礼虽甚废坏,然未泯绝也。故齐、晋之霸,非挟尊王之义,则不能自立。至孟子时则异矣。天下之大国七,非周所命者四,先王之政绝而泽竭矣。夫王者,天下之义主也。民以为王,则谓之天王天子;民不以为王,则独夫而已矣。二周之君,虽无大恶见绝于天下,然独夫也。故孟子勉齐、梁以王者,与孔子之所以告诸侯不同。君子之救世,时行而已矣。"(《伊川先生语七下》,收入《河南程氏遗书》,页273)关于程伊川对孟子不尊周问题之讨论,参看近藤正则:《程伊川の『孟子』の受容と衍义》第2章《孟子不尊周の問題と「時措之宜」》,东京:汲古书院,1996年,页13—23。

③ 《孟子·万章上·六》,见朱熹:《孟子集注》卷9,页432。

2. 李民宬（1570—1629）：《孟子不尊周论》

【引言】

李民宬（1570［朝鲜宣祖 3 年、明穆宗隆庆四年］—1629［仁祖 7 年、明毅宗崇祯二年］），字宽甫，号敬亭，朝鲜时代诗人，庆尚北道人，籍贯永川。1597 年（宣祖 30 年）甲科及第，任"承文院正字"。1601 年任承政院注书。曾任礼曹佐郎、兵曹佐郎、侍讲院说书，并以朝天使团之"书状官"职务出使明朝。1627 年（仁祖 5 年）"丁卯胡乱"，因岭南号召使张显光之荐，任庆尚左道义兵都大将，受命保护当时在全州的国王世子。1629 年获荐刑曹参议，当年即去职，而后病故。李民宬直言敢谏，声誉甚高。在光海君乱政时期，李德馨、李元翼、永昌大君等人受诬陷，李民宬全力营救。李民宬的诗文与书法出众，出使明朝期间，与当地学者诗文酬唱之作，也获得时人称颂，有李谪仙之美誉。李民宬有诗千余首传世，收录在其著作《敬亭集》《朝天录》中。[①]

李民宬所撰《孟子不尊周论》，将孟子的"仁""义"，曲解为"仁主于爱亲，义主于尊君，此天下之大经也"，规规乎"君臣之义，天地之经也"，虽能呈现他的保守主义政治思想，但与孟子"民本位"政治思想相去不啻万里。

【出处】

李民宬：《孟子不尊周论》，见氏著：《敬亭先生文集》卷 13（第 2 册），收入韩国文集编纂委员会编：《韩国历代文集丛书》第 902 册，首尔：景仁文化社，1997 年，页 365—369。

---

① 　以下李民宬生平，参看韩国民族文化大百科，http://encykorea.aks.ac.kr/Contents/Index?contents_id=E0044315。

　　昔司马温公疑孟子不尊周。余曰：孟子之辨，尊周之实也。尊周之实，由仁义而明之也。何以明之？仁主于爱亲，义主于尊君，此天下之大经也。惟其出于天理，根于人心者，亡古今强弱之殊，而或蔽于私欲，则求利之害，必至于千乘而弑万乘、百乘而弑千乘，人欲肆而天理灭矣。将欲拔本塞源以救之，则匪仁义而何？故曰"未有仁而遗其亲，未有义而后其君者"。① 此孟子之书造端托始之意也。果使梁菅之徒有味于斯言，幡然改图，而于天理人欲之分、君臣上下之辨，精白洞彻，无毫发之可间，则周虽微弱，文武之统未绝，决不为田常之于顷公、三家之于晋室。其所以尊之戴之者，不有愈于桓文之为者乎。或曰：劝行王道于齐、梁，且勿毁明堂。② 则孟子之于尊周，无是意也。子何言之诬也？曰：天下之不尊周也久矣。彼二君之汲汲于富强，懑然有朝诸侯之志不可遏也，若以尊周之说骤以语之，吾知其勃然变怫然怒而不有合也，无以则王此也。夫王道之本，仁义也。仁义行则人欲遏而天理存，叙秩命讨，粲然有不可紊者，上下辨而民志定，王室不薪尊而自尊矣。且明堂者，天子巡狩受朝之处也。毁之，无天子也。劝行王政而勿毁之者，岂有他哉？圣人之言，有经有权。而权不失正，故好勇、好货、好色之答，皆因其欲而进之于道，况又其所大欲者乎？惜乎！安于卑近，不克深体而力行之也。曰：孟子之必称汤武者，子果以为尊周也邪？孟子不曰乎？"贼仁义者，谓之独夫。"③ 使夏商之主，有威叔之弱，而无桀纣之恶，则汤武固当率诸侯而朝而辅之，必不敢放而杀之也。呜呼！君臣之义，天地之

---

① 《孟子·梁惠王上·一》："未有仁而遗其亲者也，未有义而后其君者也。王亦曰仁义而已矣，何必曰利？"引文见朱熹：《孟子集注》卷1，页279。

② 《孟子·梁惠王下·五》："夫明堂者，王者之堂也。王欲行王政，则勿毁之矣。"见朱熹：《孟子集注》卷2，页301。

③ 《孟子·梁惠王下·八》："贼仁者谓之贼，贼义者谓之残，残贼之人谓之一夫。闻诛一夫纣矣，未闻弑君也。"见朱熹：《孟子集注》卷2，页306。

经也,亘乎古今、贯乎宇宙,不以强弱之势、圣愚之分,而有所移焉者也。圣贤行道济世拳拳之意,莫大于此。《春秋》、孟子之作,其义一也。假使孟子之道得行于天下,而辅成一王之法,则周室虽微,天王固在也。其将尊之耶?仰将废而置之耶?孟子必以《春秋》之义裁之也。何者?孔子、孟子同一道也,若曰与孔子之时不同,而周之微弱,谓不足为,则是乃仪秦之徒,视时势为向倍者也,岂君子正谊明道之谓哉?然则孟子之仁义,不几于庄周之所谓嚆矢者耶?曰:子之言,辩则辩矣,与程朱之言不同。何也?曰:程①朱子②之言,论圣贤救世行道之时义,愚则发明仁义之道,必主于爱亲而急君。非吾之言也,孟子之言也。故曰:孟子之辩,尊周之实也,尊周之实,由仁义而明之也。不先其实,而徒哓哓于诸侯曰"我尊周",孟子不为也。

---

① 程颐论"救世行道之时义",见《二程集》之一段对话:"或谓孔子尊周,孟子欲齐王行王政,何也? 先生曰:'譬如一树,有可栽培之理则栽培之,不然须别种。贤圣何心,视天命之改与未改尔。'"见《河南程氏外书》卷11,页415。

② 朱子论救世行道之返"经"为"权",见《朱子语类》之对话:"问:'《中庸》之'庸',平常。所谓平常者,事理当然而无诡异也。《或问》言:"既曰当然,则自君臣父子日用之常,以至尧、舜之禅授,汤、武之放伐,无适而非平常矣。"窃谓尧、舜禅授,汤、武放伐,皆圣人非常之变,而谓之平常,何也?'曰:'尧、舜禅授,汤、武放伐,虽事异常,然皆是合当如此,便只是常事。如伊川说"经"、"权"字,"合权处,即便是经"。'铢曰:'程《易》说"大过",以为"大过者,常事之大者耳,非有过于理也。圣人尽人道,非过于理"。是此意否?'曰:'正是如此。'"见黎靖德编:《朱子语类》卷62《中庸一·纲领》第20条,收入《朱子全书》第16册,页2009。

3. 俞棨（1607—1664）:《疑孟辨》

【引言】

俞棨（1607［朝鲜宣祖40年、明万历三十五年］—1664［朝鲜显宗5年、清康熙三年］），籍贯杞溪，字武仲，号市南。祖父俞大敬曾任遂安郡守，父俞养曾曾任参奉，母亲出身宜宁南氏，是曾任兵曹参判的南以信之女。俞棨师事金长生。就礼学与史学之传承而言，俞棨与宋时烈、宋浚吉、尹宣举、李惟泰等人合称为忠清道的"儒林五贤"。

俞棨在1630年（仁祖8年）进士科及第，1633年的式年中文科之乙科及第后任官于承文院，开启其仕途。1636年"丙子胡乱"时，俞棨任侍讲院说书，批判和议。和议成立之后，因"斥和罪"被流配林川。1639年获释后，俞棨无意仕途，隐居山林，专心学问，编纂《家礼集解》，并撰写《家礼源流》。1649年仁祖薨后，俞棨任弘文馆副校理，负责仁祖丧礼程序。他根据礼论将礼仪予以制度化。因反对仁祖庙号使用"祖"字、主张应用"宗"字，他隔年因为诋毁先王而被流放。1652年（孝宗3年）获释，因宋时烈等人推荐，任侍讲院文学。1659年任兵曹参知兼备边司副提调，后任大司监、工曹参议、大司成、副提学、副承旨等职。1659年孝宗薨，围绕服丧问题，属于西人党的俞棨主张"期年说"，与主张"三年说"的南人党尹鑴、尹善道等相互争论，复遭左迁。1662年（显宗3年）任艺文馆提学。1663年，晋任大司宪、吏曹参判，1664年病殁，追赠左赞成，奉于临川的七山书院、务安的松林书院及稳成的忠谷书院祭享，谥号文忠。

俞棨继承李珥与金长生之学统，在礼论之立场上，系当时以宋时烈为中心的老论派之中坚人物。俞棨效仿李珥的《东湖问答》，讨论古今治道，并申论自己的政治思想，写成《江居问答》，综述李珥的学说为"政治之根本在修己,政治之核心在任官,政治之急务在救民",并提出具体的施政方案。俞棨以《朱子家礼》为底本,就《仪礼》《周礼》《戴礼》等经典内容加以注疏称为"源",将后代儒者之礼学解说称为"流",编纂作成《家礼源流》。俞棨以朱子《资治通鉴纲目》为蓝本,为老论派政权之高丽史观辩护,编成纲目体的《丽史提纲》。其著作皆收入《市南集》中。[1]

俞棨所撰《疑孟辨》一文云:"惟温公之学几于孟,故能疑孟。"其言貌似翼孟,实未能掌握孟子政治论之精义,而且于司马光保守政治思想中之"名分论"[2]亦无所知。

【出处】

俞棨:《疑孟辨 课作》,见氏著:《市南集》卷20,收入《韩国文集丛刊》第117辑,首尔:民族文化推进会,1990—2005年,页309a—309d。

　　问者曰:"疑何从生?"曰:"生于信。"疑与信,正相反,斯言也若相谬戾,而其实有不然者。夫人之于物也,不见焉,则不能知其形,不能知其形,则不能辨乎人言之是非。彼所谓白,我从而白之;彼所谓黑,我从而黑之。苟智于我而谓之东,则我不得不东;苟长于我而谓之西,则我不得不西,何其无特操欤?此无他,实无所见也。如有实见乎己,则又奚以人言为哉?人白而我黑之,人黑而我白之,虽智我长我者,我有时不得从矣。知斯说,然后知温公之疑孟,出于信道也。惟温公之学几于孟,故能疑孟,使温公对齐、梁之君,则必

①　以上俞棨生平,参见韩国民族文化大百科辞典, https://encykorea.aks.ac.kr/Contents/Item/ E0041248。
②　关于司马光政治思想之保守倾向,参看Xiao-bin Ji, *Politics and Conservatism in Northern Song China: The Career and Thought of Sima Guang (A.D. 1019-1086)*, pp. 10-15 & pp. 35-60。

不劝其自王；^①使温公说当世大人，则必不藐视之；^②使温公见为王留行者，则必不隐几而卧。^③此等皆温公信不到处也。温公之疑孟，不亦信矣乎？曰："然则孟子非欤？"曰：否。今有观于山而信山之为巍然，观于水而信水之为渊然者，人或告之曰：山有水、水有山，苟非吾足目之所到，则必狂而不信也。山上非无水泉也，水中非无岛屿也，特吾见之未逮而不能权之耳，恶害其为信也？然则孟子达乎权，温公守其经，惟能尽其经，故有疑乎其权，况将欲达其权者，非经末由也耶？此温公之所以知孟子，而不害其相疑也，又安可与白之白、黑之黑，而懵不知东西，惟人言之信者，同日语哉？故虽谓之温公不疑孟子，亦宜。

① 《孟子·梁惠王上》第1—6章说于梁惠王，第7—16章说于齐宣王。见朱熹：《孟子集注》卷1，页279—294。
② 《孟子·尽心下·三四》："说大人，则藐之，勿视其巍巍然。"见朱熹：《孟子集注》卷14，页524—525。
③ 《孟子·公孙丑下·一一》："有欲为王留行者，坐而言。不应，隐几而卧。"见朱熹：《孟子集注》卷4，页346。

4. 鱼有凤（1672—1744）：《孟子不尊周论》

【引言】

鱼有凤（1672［朝鲜显宗13年、清圣祖康熙十一年］—1744［朝鲜英祖20年、清高宗乾隆九年］），籍贯咸从，字舜瑞，号杞园，系金昌协之门人。1706年，出任天安郡守。1718年，任掌令，隔年升为执义。景宗即位后，任命鱼有凤为杨州牧使，但他并未赴任。1722年（景宗2年）"辛壬士祸"发生，鱼有凤和其他儒生大力为金昌协辩护，遭罢黜。英祖即位后，鱼有凤任职司仆寺正。1734年（英祖10年）任户曹参议。1738年任世子侍讲院赞善，英祖对其礼遇甚厚，拜为世子师。1742年，辞世子侍讲院职。鱼有凤在学术上属所谓"洛论"一派，支持李柬主张之"人物性同论"，门下有李天辅、洪象汉、尹得观等人，著有《杞园集》《经说语录》，并编有《五子粹言》《论语详说》《朱子语类要略闰诵》等书。[①]

鱼有凤论孟子不尊周这篇文章极为精彩，此文起首曰"王者，天之所命以治天下者也"一语，貌似汉儒董仲舒在《春秋繁露·为人者天》所说"唯天子受命于天，天下受命于天子"的"以人应天"之说，但鱼有凤转语云"惟其德，则虽匹夫也天与之"，回归孟子政治哲学立场，申论修德可移天命，以及天命见于人心两大宗旨，均深得孟子政治论之肯綮。

【出处】

鱼有凤:《孟子不尊周论》，见氏著:《杞园集》卷22，收入《韩国文集丛刊》第184辑，首尔:民族文化推进会，1990—2005年，页251a—252b。

---

① 以上鱼有凤生平，参看韩国民族文化大百科辞典，http://encykorea.aks.ac.kr/Contents/Index?contents_id=E0036046。

　　王者，天之所命以治天下者也。人必有王天下之德，然后天命之，天命之然后称天子之号、居天子之位，以君四海而子万民。然天之命之，非私于一、定于一而不易者也。是以惟其德，则虽匹夫也天与之；无其德，则虽称天子之号、居天子之位也，天弃之。天之与也，即亿兆之所戴也；天之弃也，即亿兆之所背也。亿兆戴之，而一人以为可背也；亿兆背之，而一人以为可戴也，是皆不识天者也。是以君子顺焉而已矣。孟子之不尊周，其以是夫？战国之时，周之衰也极矣，天子之尊，无异于滕薛之君长也，土地人民之富，不及乎齐楚之县邑也，外则据千里之地、拥百万之众。僭王而争雄［雄］者，七国相环也。天下之人，非不多也，无一人知周室之可尊也；生民之困苦，非不甚也，无一人思周室之复兴也。若是者，岂有他哉？人心离乎周也。人心之所离，天命之所绝也。周之所存者，虚号也、虚位也，其可以王室尊乎哉？噫！周室不可复振矣！其不能主天命统人心已久矣，于斯时也，若无贤圣之君作焉，则将使天下之生灵涂炭且尽，而莫之救矣！仁人者，其可坐视欤？此孟子所以劝齐、梁之君，断然以王道陈之，而不复顾念于周室之存亡也。夫王者，天下之义主也，是故汤，夏臣也，而伐夏之君，行禹之道者也，而伐禹之子孙，非利天下也；以为夏之命绝矣，非君臣也；禹之业亡矣，非吾不可继也；天下之民溺矣，非吾不可拯也。武王之于纣也亦然。孟子欲使齐、梁之君，行文、武之道，而拯天下之民者，何以异于此哉？呜呼！前圣后圣，其揆一也，明乎天命，察乎人心以顺之也。何所用其心哉？或曰：然则当时诸侯，修德行仁，应天命顺人心，若汤武之为君，则孟子将劝之以行南巢牧野之举乎？曰：否。汤之兴也，十一征而无敌于天下；武王之立也，诸侯不期而会者八百国，则彼一夫桀与纣，于汤武之王天下也何为哉？然必往伐之者，非恶桀纣也，以其悖天虐民贯盈之罪，不可不正也。然非汤武

伐之，实天命讨之也。故《书》曰："予畏上帝，不敢不正。"[①]若周室
则异乎是，陵夷消铄，日益卑微，非自绝于天，而天弃之势也，非其
罪也。苟有王者兴，将存其亡继其绝，爱护之不暇，其可伐之乎？
伐无罪之国，诛先王之后，虽五伯之徒不为，而谓王者为之乎？其
处之也，不过封之以百里之地，赐之以一代礼乐，使奉文武之祀，如
杞宋之国而已也。曰：春秋之世，周宣亦衰矣，而孔子尊之，何哉？
曰：圣人之道则一也，圣人之用，则固有时不同也。非有意于同异
也，顺天命而已。孔子之时，百姓思先王之泽，而自不能忘周，五伯
之徒，畏先王之法，而不敢不尊周，则天命之未绝可知矣，孔子安得
不尊之哉？至孟子时，先王之泽泯矣，先王之法坠矣，天下不复知
尊周矣，甚不知有周矣。天命之已绝可知矣，孟子安得以尊之哉？
尊之也，非私周也，顺天命也；不尊也，非外周也，亦顺天命也。夫
文王，大圣人也，德非不足也；三分天下有其二，力非不给也，以服
事殷。及武王之身，德非优于文王也，力非强于文王时也，以往伐
纣。无他，视天命之改与未改耳！[②]孔孟之不同，亦犹是也，是故饥
食而渴饮、夏葛而冬裘，其事虽殊，其所以合天理则一也。文、武之
于纣；孔、孟之于周，其行异，其所以顺天命则同也。所谓"时中"
者也，[③]易地则皆然者也，何可以同不同疑乎哉？

① 《尚书·商书·汤誓》："王曰：'格尔众庶，悉听朕言，非台小子，敢行称乱！有夏多罪，天命殛之。今尔有众，汝曰："我后不恤我众，舍我穑事而割正夏？"予惟闻汝众言，夏氏有罪，予畏上帝，不敢不正。今汝其曰："夏罪其如台？"夏王率遏众力，率割夏邑。有众率怠弗协，曰："时日曷丧？予及汝皆亡。"夏德若兹，今朕必往。'"见孔安国传，孔颖达疏：《尚书正义》卷8，收入十三经注疏整理委员会编：《十三经注疏整理本》第2册，页227。
② "视天命之改与未改耳"一语，出自《河南程氏外书》，收入程颢、程颐：《二程集》卷11（上册），页415。
③ 《中庸》第2章引孔子曰："君子之中庸也，君子而时中；……"朱子章句引程颐曰："中无定体，随时而在，是乃平常之理也。"见朱熹：《中庸章句》，页24。

5. 洪泰猷（1672—1715）:《孟子不尊周论》

【引言】

洪泰猷（1672［朝鲜显宗13年、清圣祖康熙十一年］—1715［朝鲜肃宗41年、清圣祖康熙五十四年］），朝鲜中期显宗、肃宗时文士，字伯亨，号耐斋。洪泰猷祖父洪得箕为益平尉，父亲洪致祥曾任主簿，母为全州李氏李正英之女。泰猷生于首尔笠洞，幼年丧母，由外祖父李正英与外祖母柳氏夫人抚养。1676年（肃宗2年）洪泰猷曾随其祖母孝宗之女淑安公主入宫，故曾见过肃宗。1689年（肃宗15年）2月政局变化，南人党执掌政权，洪泰猷之父遭流配，他击铮诉冤，但当年6月其父被赐死。此后其父官职虽经恢复但又被追夺，洪泰猷遂在骊州的梨湖建了"耐斋"，隐居其中，专研学问，不再涉足官场。他毕生游历丹阳、五台山、雪岳山、寒溪山、金刚山等山川名胜，留下许多诗文。1715年冬，洪泰猷规划其父迁葬事宜时，于10月2日骤然病逝，葬于骊州。1738年（英祖14年），朝廷恢复其父洪致祥官职，洪泰猷也因孝行而被追赠"司宪府持平"。1754年（英祖30年），其子洪益三任庆州府尹，洪泰猷因推恩而被追赠为嘉善大夫吏曹参判唐恩君，其著作收入文集《耐斋集》。①

洪泰猷论孟子不尊周，要义有二:（1）王必"存先王之心""行先王之政"，而才见其可尊;（2）"道"先于"王"，"道"即"仁心"、"仁政"。以上两大命题均深得孟子"王道"政治论核心价值并触及政权合法性问题，殊为有见。

---

① 以上洪泰猷生平，参见韩国历代人物综合信息系统，http://people.aks.ac.kr/front/dirSer/ppl/pplView.aks?pplId=PPL_6JOb_A1672_1_0016498&curSetPos=0&curSPos=0&category=dirSer&isEQ=true&kristalSearchArea=P。

【出处】

洪泰猷:《孟子不尊周论》,见氏著:《耐斋先生文集》卷 5（第 1 册),收入韩国文集编纂委员会编:《韩国历代文集丛书》第 647 册,首尔:景仁文化社,1997 年,页 303—308。

尊王,大经也、大法也。夫安有圣贤而不知尊王者哉? 然非若愚夫愚妇见王宫室之崇以为尊也、见王衮冕之饰以为尊也,王必也存先王之心,而后方见其尊也;王必也行先王之政,而后方见其尊也。[①] 先王之心何也? 仁心也;先王之政何也? 德政也。故宫室之崇、衮冕之饰,见之者皆知尊也。若其仁心、德政之所存,为可尊为不可尊? 唯圣哲能知之,夫有可尊而尊之,是王也;有不可尊而不尊之,是非王也。故能尊王能不尊王,亦惟圣哲由之。尊恶乎在? 曰王。王恶乎在? 曰道。道之所存,即仁心、德政之所存也。然则孟子之尊周与不尊周,亦视此而已。当孟子时,周之王,其有存先王之心而行先王之政者耶? 使周王有是心而有是政也,则民争趋如赤子投父母之怀也。欲行仁政如孟子,而安有不尊之者乎? 使周王无是心而无是政也,则镐京旧都,尚不能保而东迁矣,天命人心之去也,虽孟子亦无如何矣。故孟子有未必不尊之者,苟不尊之也,周道之衰,抑可知已。何以明其然也? 昔尧传之舜,道不在丹朱而在舜矣,则尧之臣皋陶、稷契,尊舜而不尊丹朱;舜传之禹,道不在商均而在禹矣,则舜之臣益,尊禹而不尊商均。至若伊尹之于夏、吕尚之于殷,亦皆不尊桀、纣而尊汤、武。彼五六臣者,古所称圣哲人也。夫岂不知尊王室耶? 其亦知所可尊者之在此而不在彼矣。然则孟子之时可知

---

① 洪泰猷主张"王"之地位并非"生就的地位"（ascribed status），而是"获得的地位"（achieved status）。关于这 2 个名词之差别,见 Ralph Linton, *The Study of Man*, ch. 8, pp. 113-131, 尤见 pp. 115-116。

也：周之王，丹朱也商均也；周之政，夏殷之将亡也。其所不可尊者如是，而其所可尊者，已荡然尽矣。孟子虽欲尊周，其可得乎？由是观之，周之不尊，周自为之，非孟子也。若此而犹疑孟子之不尊周，则其何异责唐之臣而曰何不尊丹朱也？责虞之臣而曰何不尊商均也？是岂知尊王之义者哉？然则孟子果不尊周欤？曰：非也。孟子未尝不尊周也，人特未见耳。夫尧传之舜、舜传之禹汤、禹汤传之文武者何也？惟"道"而已。则孟子尊"道"者也，尊文、武者也。文武尊而周安有不尊者耶？若然，孟子尊周者也。曷为劝齐、梁行王道也？曰：行王道，乃所以尊周也。行王道者，岂非文王耶？使齐、梁之君，能行王道，则是亦文王也。文王尝三分天下有其二，而服事殷矣，[①]安有行文王之道而不知服事王室者乎？桓文霸者耳，犹知尊王室为美名也，假之以合天下，矧谓孟子鄙桓文之所为，而不知尊王室耶？然孟子非若桓文之有心也，故使周为桀纣，而齐、梁为汤武，则因民心、顺天命而取之若汤武，可也。使周能不为桀纣，而齐、梁不为汤武，则因民心、顺天命而不取若文王，可也。孟子之心，以为我何与于其间哉？唯天命人心之向背焉耳！呜呼！孟子之尊周，夫岂若桓文之有心哉？其惟"道"之所存而已，故曰：周之不尊，周自为之，非孟子也。

---

① 《论语·泰伯·二〇》，见朱熹：《论语集注》卷4，页144。

6. 郑宗鲁（1738—1816）:《孟子不尊周论》

【引言】

郑宗鲁（1738［朝鲜英祖14年、清高宗乾隆三年］—1816［朝鲜纯祖16年、清仁宗嘉靖二十一年］），字士仰，号立斋，又号无适翁。郑宗鲁系大提学郑经世之六世孙，师事李象靖，继岭南学派之学统。郑宗鲁专事性理学之研究与讲习，以其学养与气节，多次获荐出任官职。1789年（正祖13年）任光陵参奉。正祖曾询问宰相蔡济恭有关郑宗鲁之人品，蔡济恭称颂郑宗鲁"经学、文章皆隆盛，为岭南第一人物"，因此宗鲁被拔擢为义禁府都事。郑宗鲁于1796年任司圃署别提，1797年任康翎县监、咸昌县监。辞官后回乡，仍受赐司宪府持平（正五品）、掌令（正四品）等名衔。郑宗鲁门下有李源祚、康俨等人，其著作收入《立斋集》与《昭大名臣言行录》等文集。①

郑宗鲁《孟子不尊周论》一文，企图论证孟子实为孔子之后最尊周者。然仅以孟子之"王道"以"仁义"为宗，而"仁义"之义则"莫大于尊周"，实非孟子之知音。

【出处】

郑宗鲁:《孟子不尊周论》，见氏著:《立斋集》卷25，收入裴宗镐编:《韩国儒学资料集成》中，首尔:延世大学出版部，1980年，页1340—1341。

愚尝疑孟子学孔子者也，而程子以为孔子之时，天下犹知尊周之为义，故《春秋》以尊周为义。至战国时则七国争雄，天下不复知有

---

① 以上郑宗鲁生平，参见韩国民族文化百科大辞典，http://encykorea.aks.ac.kr/Contents/Index?contents_id=E0050887。

周,而生民之涂炭已极,故孟子劝齐、梁行王道,盖王者天下之义主也,圣贤亦何心哉?视天命之改与未改而已矣。自程子之为是说,① 世之学者,遂谓孟子亦不复有尊周之意,而其所以劝齐、梁行王道者,有若置周室于一隅,而不恤其灭亡,惟令所事之君,中天下立而定四海民,则未知学孔子者果如是否乎?且于是时,周室固已衰微,天下虽不知有周,而堂堂天子之位、堂堂天子之号,犹有截然而不可犯者。故鲁仲连之义不帝秦者,② 意非为其戎狄之俗,而司马错之为秦谋也,亦曰"劫天子恶名"③ 而不可为,则今以孟子之亚圣,而虑不及于二子,无是理也。至于天命之说,程子盖泛言之,以为天命一日未改则为天子,一日已改,即为独夫,故圣贤之于此,一视其改与未改而处之云尔。何尝谓周之天命,于时已改,而孟子之劝行王道,真有革周之意耶?又况周之亡,在其六七十年之后,则程子之言,其不出此也审矣。然则孟子之意,果欲如何,盖所谓王道者,粹然一出于天理之谓也。周天子在上而遽欲使齐、梁之君,肆然为天子,则是乃逆天理之甚,而何得为王道耶?以愚所见,孔子以后尊周室者,无如孟子。今以七篇观之,虽若无显然语及之事,而其曰春秋无义战,④ 是以诸侯之不禀命于天子,而私相攻伐为罪也。其曰"五霸三王之罪人",⑤ 是

---

① 见《河南程氏外书》卷11,页415。
② 《战国策·赵策三》。
③ 《史记·张仪列传》:"司马错曰:……今攻韩,劫天子,恶名也,而未必利也,又有不义之名,而攻天下所不欲,危矣。臣请谒其故:周,天下之宗室也;齐,韩之与国也。周自知失九鼎,韩自知亡三川,将二国并力合谋,以因乎齐、赵而求解乎楚、魏,以鼎与楚,以地与魏,王弗能止也。此臣之所谓危也。不如伐蜀完。"
④ 《孟子·尽心下·二》:"孟子曰:'《春秋》无义战。彼善于此,则有之矣。征者上伐下也,敌国不相征也。'"见朱熹:《孟子集注》卷14,页511。
⑤ 《孟子·告子下·七》前半:"孟子曰:'五霸者,三王之罪人也;今之诸侯,五霸之罪人也;今之大夫,今之诸侯之罪人也。天子适诸侯曰巡狩,诸侯朝于天子曰述职。春省耕而补不足,秋省敛而助不给。入其疆,土地辟,田野治,养老尊贤,俊杰在位,则有庆,庆以地。入其疆,土地荒芜,遗老失贤,掊克在位,则有让。一不朝,则贬其爵;再不朝,则削其地;三不朝,则六师移之。是故天子讨而不伐,诸侯伐而不讨。五霸者,搂诸侯以伐诸侯者也,故曰:五霸者,三王之罪人也。'"见朱熹:《孟子集注》卷11,页480—481。

以五霸之名为尊周，而实则搂诸侯以伐诸侯，非所以尊周也。若此类不止一二，而至其答沈同之问，则直以为"子哙不得与人燕，子之不得受燕于子哙。有仕于此，而子悦之，不告于王，而私与吾子之爵禄，夫士也亦无王命而私受之于子则可乎？何以异于是？"云者，① 分明是尊周之意耳，如其不然，所谓"无王命"三字，是果何所指而发也？盖曰子哙不得无周天子命而私与人国，子之亦不得无周天子命而私受国于子哙云尔。而当是时若有天吏者伐之，则亦当以无天子命而私与受其国，为声罪之第一义。故其答或人之问，又以为惟天吏则可者此耳，是其愤天下不知尊周，而显示其意于答问之间者，亦可谓至深切矣。又桓公葵丘之盟，所谓"无有封而不告"、"无专杀大夫"二句。② 皆欲诸侯之必禀命于天子，而孟子时诸侯皆犯其禁，故又曰"今之诸侯，五霸之罪人也"。夫既以五霸为三王之罪人，则五霸之事，孟子犹羞称之，况于五霸之罪人之事，而可为之乎？都缘周室之有天子名而无天子实，礼乐征伐，既不能自天子出，而委靡衰弱，已至于莫可自振之境。天下生灵，举坠涂炭，苟非强大诸侯如齐、梁之君，则决不足与之有为而成尊主庇民之业。故起应聘币之命，而动劝汤、文之事。且道汤之于桀，文王之于纣，彼其所遇之暴君，不啻百倍于周之屠王，而其初亦何尝有一毫翦除之意乎？观其五遣伊尹，必辅桀而后已；三分天下有其二，而服事纣，则汤、文之心，斯可见矣？向使齐、梁之君，诚用孟子而行王道，则吾知其必也率天下诸侯，以朝于周，而礼乐征伐，皆令自天子出，至其卒不可奈何。而天命果改，然

---

① 《孟子·公孙丑下·八》，见朱熹：《孟子集注》卷 4，页 342。
② 《孟子·告子下·七》后半："五霸，桓公为盛。葵丘之会诸侯，束牲、载书而不歃血。初命曰：'诛不孝，无易树子，无以妾为妻。'再命曰：'尊贤育才，以彰有德。'三命曰：'敬老慈幼，无忘宾旅。'四命曰：'士无世官，官事无摄，取士必得，无专杀大夫。'五命曰：'无曲防，无遏籴，无有封而不告。'曰：'凡我同盟之人，既盟之后，言归于好。'今之诸侯，皆犯此五禁，故曰：今之诸侯，五霸之罪人也。"见朱熹：《孟子集注》卷 12，页 481。

后徐徐行汤、文之举,亦未为晚,此即所谓"粹然一出于天理"者也,而王天下之道,亦不外于是。乌有置之一隅,任其灭亡而不恤之理乎? 至于辟土地、朝秦楚、莅中国、抚四夷,孟子盖累非之,而王天下之道,初不在此。故曰"地不改辟矣,民不改聚矣,行仁政而王,莫之能御也。"[①] 又曰"杀一无辜非仁也,非其义而取之非义也。"[②] 如是而得天下,圣人不为也,是则孟子之劝二君以王道者,不过曰仁义而已,而仁义又莫大于尊周,[③] 第观于其动引汤、文,亦可见微意之所在,而特未尝显言之。故或疑其异于孔子者误矣。余恐学者不深晓程子之言,而遂谓孟子不尊周也,于是乎辨焉。

---

① 《孟子·公孙丑上·一》,见朱熹:《孟子集注》卷3,页316。
② 《孟子·公孙丑上·二》:"行一不义、杀一不辜而得天下,皆不为也。"见朱熹:《孟子集注》卷3,页320。
③ 萧公权先生指出,孟子"所尊者非将覆之周王而为未出之新王,所欲促成者非始皇专制天下之统一而为先秦封建天下之统一"。见萧公权:《中国政治思想史》上册,页100。

7. 宋时烈（1607—1689）：《浩然章质疑》

【引言】

宋时烈（1607［朝鲜宣祖40年、明神宗万历三十五年］—1689［朝鲜肃宗16年、清圣祖康熙二十八年］）是儒学者与政治家，初名圣赉，字英甫，号尤庵、尤斋，谥号文正。宋时烈是朝鲜孝宗与肃宗时期的重臣，也是朝鲜王朝中期的大儒及西人党首与老论党的领导人。

宋时烈生于忠清道沃川郡（今大田广域市），1633年登科入仕，为朝鲜仁祖的二王子凤林大君之师（守役）。1636年至1637年"丙子胡乱"，宋时烈主张"大义名分论"，支持明朝，主张北伐清朝。1649年凤林大君即位，是为孝宗，宋时烈政治影响力大增。1668年任右议政，1673年任左议政。下野后隐居乡里，奉国王之召后再度出仕，成为西人党、老论党领导人，在党争中处于重要位置。17世纪所有南人和西人之争论均由宋时烈领导，打击他所谓的"斯道之乱贼"，著名事件包括1659—1660年和1674年针对孝宗身份的礼仪之争，还有宋时烈与朴世堂、尹鑴之间的文字诤论。1689年，肃宗在南人党支持下将禧嫔张氏的儿子册立为世子，宋时烈举明代不册封婴儿为太子为由反对，被肃宗判为"逆反"，流放济州岛，并在同年6月押送济州岛途中被赐死。

宋时烈之政治思想，可视为朝鲜中期"士林政治"之代表。士林派以《大学》为宗，提倡"修己治人"之道，强调对统治者课以道德责任，并详论"仪礼"，认为帝王家之礼与士庶人家之礼并无二致。在外交上，宋时烈主张"大义名分论"，支持明朝，北伐抗清；在社会上，主张实施要求"两班"负担相当兵役责任之"户布制"、严定嫡庶名分之"奴婢从母法"、开设济贫之"社仓"等；在学术上，宋时烈以继朱子学大统自任，承继赵光祖、李珥之畿湖学派之道统，并发扬光大，平生信奉且力行实践朱子学，82岁高龄开始编纂《论孟或问精义通考》，83 岁被赐死前完成初稿。

宋时烈与李惟泰、俞棨、金景余、尹宣举、尹文举、金益熙等人，皆受业于金长生、金集。宋时烈以朱子学为宗，进行朱子书的编纂及研究，[①] 著有《朱子大全札疑》《朱子语类小分》《二程书分类》《论孟或问精义通考》《经礼疑义》《心经释义》《纂定小学谚解》《朱文抄选》《戒女书》等。宋时烈文集《尤庵集》在 1717 年（肃宗 43 年）奉诏令于校书馆编辑、刊行。1787年（正祖 11 年）再次下令编校宋时烈文集，刊行共 102 册之《宋子大全》。[②]

宋时烈从 14 岁开始诵读《孟子》，毕生体会揣摩，所撰《浩然章质疑》一文，可称"晚年定论"。宋时烈是"忠诚的"朱子学者，此文解《孟子》"知言养气"章，特值注意者有以下二事：（1）循朱子学之典范，本《大学》解《孟子》，以"穷理"解"知言"；（2）以"理"与"气"为首出，主张"理无穷，故气亦无穷，而心得之以为心"，认为孟子所说"无是，馁也"一语中的"是"字，指"气"而言。宋时烈之说虽与朱子一脉相承，但于孟子颇有歧出，故引起门人金昌协之质疑。

【出处】

宋时烈：《浩然章质疑》，见氏著：《尤庵先生文集》卷 86（第 11 册），收入韩国文集编纂委员会编：《韩国历代文集丛书》第 1541 册，首尔：景仁文化社，1997 年，页 228—312。

　　动心否乎
　　此"心"字虽似泛说，实一章之骨子。此一字叠见层出，至答知言而后止。

---

① 参见姜文植：《宋时烈的朱子书研究与编纂：以〈朱子大全札疑〉、〈节酌通编〉为中心》，收入黄俊杰编：《朝鲜儒者对儒家传统的解释》，台北：台大出版中心，2012 年，页 197—212。
② 以上宋时烈生平，参见韩国民族文化大百科辞典，http://encykorea.aks.ac.kr/Contents/Index?contents_id=E0030898。

贲黝舍

人能有勇然后不动心。故丑与孟子皆引有勇者。以为问答。○贲、黝、舍皆血气之勇，而贲黝则血气中之尤粗者，舍则略精而然未离于血气也。盖先言血气之勇，然后言义理之勇。使人从违，如与齐王言，先言抚剑疾视之勇，后言文武之勇，与此章意思一般，此亦可见孟子好辩处。盖不如此则人不能知也。○此处虽不拈出气字。而气字血脉则已具矣。

曾子谓子襄 止 吾往矣

孟子于此，收杀以义理之勇，以扫去贲、黝、舍粗底勇。而只以"缩"之一字为本根，此"缩"字即下文所谓"以直养"之"直"字，然则于此虽无浩然之名，而其本根血脉则已具矣。于此虽不复言不动心，而其不动心之所以然则已跃如矣。

自章首至此，为第一问答，皆论不动心。

夫子不动心

此丑因上文"告子先我不动心"之说而发问焉，盖欲知二子同异之实也。

告子曰不得于言 止 无暴其气

此孟子诵告子之言，而著其用功之失，因以著己之用功，内外本末无所不备，故必至于四十之后，而告子则一切反是，故能先我不动心。然则其所"不动"者，岂真不动哉？特疏脱而不自觉耳。○盖理无精粗显微之间，故圣贤之学。内外一致，本末同涂，言出于心，则固不可不以"心"为主。然亦岂可恃此而不慎其言乎？故孔子以"非礼勿言"，[1]为"为仁"之目；《大易》以修辞为立诚之要；[2]温公以

---

① 《论语·颜渊·一》："……颜渊曰：'请问其目。'子曰：'非礼勿视，非礼勿听，非礼勿言，非礼勿动。'"见朱熹：《论语集注》卷6，页181—182。

② 《易·乾·九三》文言传："修辞立其诚，所以居业也。"见王弼注，孔颖达疏：《周易正义》，页18。

"不妄言"，为尽心之方。然则"言"与"心"岂非所以相关而相助者乎？志为气帅则固不可不坚持，然气失其养则反以害志，故古之圣贤，未尝不致谨于此。如曾子之三贵，只在于正颜色而近信，动容貌远暴慢，出辞气远鄙悖。[1] 张子曰"潜心于道，忽忽为他虑引去者，此气也。"[2] 又曰"戏谑不惟害事。志亦为气所流"，[3] 然则岂可徒恃其志而遂暴其气乎？孟子之学，固主于"心"，而于"言"与"气"，亦未尝放过，必曰"知言"必曰"养气"，故其收功处，内外本末，洞然通达，浑然全具，无有晦涩，无有亏欠。此其不动心之大致也。丑兼问孟子，告子之不动，而孟子但言告子之失，则己之实功，固亦可见，故于此不复论说。

　　既曰志至焉 止 反动其心

　　此一节，只言气反动其心之意，所谓"蹶者趋者"，盖借至近易见者以晓之也，以其大而言之则太极为阴阳之主，而反为阴阳之所运用也。凡生于太极阴阳者，莫不皆然，故气之动心与助其心，只在于得养失养之间而已。

　　右第二问答，论孟子、告子不动心之同异。

　　此段问答，最为难晓，盖以心为主，而言与气经纬于其间，以明内外本末之全。然详于气而略于言者，盖养勇不动心，皆主于气，故于此特详之。○又按此段凡七言"志"字，而皆当以"心"字看。盖以用而言之则谓之志，以体而言之则谓之心，其实一也。其末端换

---

① 《论语·泰伯·四》："曾子有疾，孟敬子问之。曾子言曰：'鸟之将死，其鸣也哀；人之将死，其言也善。君子所贵乎道者三：动容貌，斯远暴慢矣；正颜色，斯近信矣；出辞气，斯远鄙倍矣。笾豆之事，则有司存。'"见朱熹：《论语集注》卷4，页139。

② 张载：《张载集拾遗》第36条："有潜心于道，忽忽为他虑引去者，此气也。旧习缠绕，未能脱洒，毕竟无益，但乐于旧习耳。古人欲得朋友与琴瑟简编，常使心在于此。惟圣人知朋友之取益为多，故乐得朋友之来。论语说。"

③ 张载：《经学理窟》第213条："戏谑直是大无益，出于无敬心。戏谑不已，不惟害事，志亦为气所流。不戏谑亦是持气之一端。善戏谑之事，虽不为无伤。"

用"心"字以结之。〇又按"心"者，气之精爽。此朱子说，[1]然实该贮此理。故有以气言者，亦有以理言者，今此所谓心，既对气而言，则当以理看，然亦不可全然离气看。

善养吾浩然之气云云，以直养云云。

此"直"字即上文曾子"自反而缩"之意，此盖养气之根本也。然不可以此"缩"字作"浩然"看也，方其缩时，此心无所愧怍，故不惧千万人，至于以此而养成浩然则塞乎天地，不但不惧千万人而已也。〇无害二字，已是"勿助长"意思也。

配义与道云云

上文所谓"以直养"者，以道养之之谓也，夫此气始从道义而生，而养之既成，则此气还以扶助道义，正如草木始生于根，而及其枝叶畅茂，则其津液反流于其根，而其根亦以深长。极其本而言之则阴阳生乎太极，而及其阴阳既生，则反以运用乎太极，以生万化，大小虽殊，而其理则一也。愚辄以瞽见妄论如此，未知不甚悖于理否，敢以质于诸君子耳。〇吕子约[2]说：气无是道义，则气馁矣。[3]盖以"是"字属"道义"，"馁"字属"气"矣。朱先生力辨其非，其说见《大全》。[4]盖自其为气至大至刚，止是集义所生，此三节，皆主"浩然"而言，而以两其字两是字，贯彻成文，无论义理，而若以中间一

---

① 黎靖德编：《朱子语类》卷 5《性理二·性情心意等名义》第 28 条："心者，气之精爽。节"，收入《朱子全书》第 14 册，页 219。

② 吕祖俭，字子约（？—1200），系朱子好友吕祖谦（1137—1181）之弟。关于吕子约的事迹，详陈荣捷：《朱子门人》，台北：台湾学生书局，1982 年，页 103—104。

③ 朱熹：《答吕子约书》，见《晦庵先生朱文公文集》卷 48，页 2224。

④ 李问："'无是，馁也'，是指义，是指气？"曰："这是说气。"曰："下面如何便说'集义所生'？"曰："上截说须养这气，下再起说所以生此气。每一件事做得合义，便会生这气；生得这气，便自会行这义。伊川云：'既生得此气，语其体，则与道合；语其用，则莫不是义。譬之以金为器，及其器成，方命得此是金器。''生'字与'取'字相对说，生是自里面生出，取是自外面取来。且如今人有气魄，合做事，便做得去。若无气魄，虽自见得合做事，却做不去。气只是身中底气，道义是众人公共底。天地浩然之气，到人得之，便自有不全了，所以须着将道理养到浩然处。"引文出自《朱子语类》卷 52《孟子二·公孙丑上之上·问夫子加齐之卿相章》第 125 条，收入《朱子全书》第 15 册，页 1258。

是字属之道义则不成文理矣。

不慊于心则馁矣

此"馁"字与上文"馁"字,自是一意,而小注饶氏以为"气馁",[1]似亦非是,盖行有不慊于心则有所愧悔而害其浩然之气,既为所害则其体之不充而馁必矣。○盖义者,性之具于心者,而告子外之。故于言之得失,不复裁之于义,而一切放过,又不知集义以养气,以配道义,而一切暴害之,其源皆出于"义外"一句。故孟子先言告子不得于言勿求于心,不得于心勿求于气,而于此以"义外"一句,挑出其病根,其意可谓明白矣。特以语不相连,故读者不之察耳。

必有事云云

此专言集义时用功之节度,孔子尝戒以无所用心,[2]而又戒以欲速。[3]孟子于此,合而言之耳。又朱子尝以为孔子"先难后获"一言尽之。[4]而自孟子以来,说得转险,至程子论以鸢飞鱼跃,[5]则其为说益险,人不能知云云。○"忘"与"助"其病均,而今独详于"助"者,以告子之病专在于"助",[6]故于此痛说以破之。章首所谓"先我不动心"之意,至此而无余蕴矣。○朱子曰:必有事勿正。是天命流

---

① 饶氏,饶鲁,"小注饶氏"指陆陇其撰《四书大全》(清康熙戊寅三十七年[1698]三鱼堂刊本)第17册《孟子集注大全·公孙丑上》卷3页34:"二馁字之分,无是馁也,是无气则道义馁;行有不慊则馁,是无道义则气馁。所指不同,盖二者相资,论其用则道义非气无以行,论其体,则气非道义无以生。"感谢陈立胜教授提示。
② 《论语·阳货·二二》:"饱食终日,无所用心,难矣哉。"见朱熹:《论语集注》卷9,页254。
③ 《论语·子路·一七》:"无欲速,无见小利。欲速,则不达;见小利,则大事不成。"见朱熹:《论语集注》卷7,页202。
④ 《春秋繁露·仁义法·一》:"孔子谓冉子曰:'治民者,先富之而后加教。'语樊迟曰:'治身者,先难后获。'"朱注《颜渊·一二》:"先事后得,犹言先难后获也。"《朱子语类》卷32《论语十四·雍也篇三·樊迟问知章》第1条:"……'先难后获',即仲舒所谓'仁人明道不计功'之意。吕氏说最好,辞约而义甚精。去伪。"收入《朱子全书》第15册,页1152。
⑤ 黎靖德编:《朱子语类》卷93《孔孟周程张子》第59条:"明道说话,亦有说过处,如说'舜有天下不与'。又其说阔,人有难晓处,如说'鸢飞鱼跃',谓'心勿忘勿助长'处。"收入《朱子全书》第17册,页3106。
⑥ 言《孟子》本章中"揠苗助长"之害。

行处。① 盖正是私意也，既无私意则天理自然流行，此程子莺飞鱼跃之说也。

右第三问答专论养气

论告子之病则主于外，论浩然之气则主于内。〇又按理无穷，故气亦无穷，而心得之以为心，故其体广大无穷，其所生之气亦随而广大无穷，不但充满天地之间，虽天地之外，亦无所不包。故曰天地者，特道中之一物，然孟子只以天地之间为言者，盖孟子以前圣贤之言，未尝及于天地之外，论天地之外者，实原于庄周，而程子、邵子、朱子始极言之。然则孟子非不知也，特从其人所易见者言之，故只曰天地之间。学者不可穷高极远，恐于道无补，而有别处去之弊也。

何谓知言云云

以《大学》言之则知言是格致之事，养气是诚正之事。行有不慊之慊。实诚意章之慊字。由此伯王，是治国平天下之事也。盖《大学》说古之明明德于天下，而格致居末，盖以用力之最先者，收杀于最末，古人语势自如此也。故朱子尝言：孟子先说知言，后说养气。丑先问养气，某以为承上文方论气而问，今看得不然，是丑会问处。② 如《大学》说正心修身，合杀在致知格物一句云云。据此则告子之"不得于言勿求于心"者，是不为格致而径欲诚正，不先切琢而径欲磋磨者也，于此虽不复言告子之失，而其失益自见矣。〇按告子之病，虽本于义外一句，而其以义为外者，实出于不知言之

① 黎靖德编：《朱子语类》卷52《孟子二·公孙丑上之上·问夫子加齐之卿相章》第161条："'必有事焉，而勿正'，这里是天命流行处。谟。"收入《朱子全书》第15册，页1737。

② 黎靖德编：《朱子语类》卷52《孟子二·公孙丑上之上·问夫子加齐之卿相章》第185条："又曰：'孟子先说知言，后说养气，而公孙丑便问养气。某向来只以为是他承上文方论气而问，今看得不然，乃是公孙丑会问处。留得知言在后面问者，盖知言是末后合尖上事。如《大学》说"正心修身"，只合杀在"致知在格物"一句，盖是用工夫起头处。'焘。"收入《朱子全书》第15册，页1749。

过也。盖知言，穷理也。穷理则必知义之为性，而集义以养气矣。然则孟子论告子之病而必以"不得于言"一句为先者，其意可谓深矣。

右第四问答专论知言

当丑问夫子告子不动心之时，若使孟子先言告子不得于言勿求于心，不得于心勿求于气之失，而仍言我之知言，与告子不得言勿求心异；我之养气，与告子勿求于气异云尔，则人人皆可晓解。而今此上下问答，不相联属，故以致前后读者纷纭未已。而朱子解此章说话，通注大全集语类殆累万言之多，然则此章之旨，其可灭裂而求之哉。

宰我子贡 止 未有盛于孔子也

右第五问答

此问答，反复曲折虽多，不过明言大圣人规模气象。以见君子之道当不止于不动心而止，必如孔子之大圣然后能尽其性，故于其终也，发明极致，无复余蕴。虽子贡所称夫子之得邦家者，无以有加矣，其中所谓"得百里之地而君之"，皆能以朝诸侯有天下者。则非惟大圣人，而如伯夷、伊尹亦能如此，则凡为圣为贤者，其于伯王也，何足言哉！其曰"行一不义、杀一不辜，得天下不为"者，则又以明凡圣贤之所以为圣贤者，其根基实在于此。此又与上文集义不慊等语，隐然相应。又其所谓泰山河海诸圣人，又不足以当大圣气象，则其为浩然也而塞乎天地者，又何如哉？此章从初至终，节节关锁，而又与上章文王之事相次者，亦不无意思矣。愚见如此，第未知自他人观之，复以为如何也。〇又按论孔子，必举夷、惠、尹并论之，盖不如是则无以以彼较此，以明偏全大小之异矣。今于此章将论己之不动心，而必举告子。将论曾子大勇，而必举黝、舍、子夏。此盖孟子一生语法然也，所以当时得好辩之名，而程子亦以雄辨目之也。

朱先生语

　　先生曰此章前后相应，〇先生尝以为养气之药头，只在于以直养及集义上，其必有事，勿正勿忘勿助，却是炮灸煅炼之法。〇浩然之气如丹，集义如火候。〇义亦是直义。〇先生尝论"至大至刚以直"绝句曰："若于'直'字断句，则'养'字全无骨肋"，[①]却似秃笔写字，其话没头。〇道义在人，须是将浩气衬贴起则自然张王。〇先生尝谕浩然之气若粗说，只是仰不愧俯不怍，无所疑畏，故从黝、舍说，只是说不怕。但二子不怕粗，曾子不怕细腻。〇无此气以扶持之，仁或见困于不仁，义或见陵于不义。〇所谓以直养者，但欲其无私义耳。〇要"养"又要"无害"，助长是害处。〇浩然之气，只是气大敢做，一样人畏避退缩事事不敢做，一样人未必识道理；然事事敢做，如项羽力拔山气盖世便是，这样人须有盖世之气方得。〇无浩然之气，即如饥人。〇若于气存养不足，遇事之际，便有十分道理，亦畏怯而不敢为。问莫是见义不为无勇也？曰：是。〇配义与道，如云人能弘道。〇气义互相资。〇气随道义，如地配天，地在天后，随而合之，妇配夫亦然。道义是形而上者，气是形而下者。〇道义别而言之则道是体义是用，如父慈子孝是义，所以慈孝是道，孟子后面只说集义。〇道义无情。按是形而上者。故无情也。若自家无这气则道义自道义，气自气，如何能助得。〇方集义则须勉强，及气配道义则道义之行，愈觉刚果，更无凝滞，尚何恐惧之有？〇世之理直而不能自明者，正为无气耳。〇如利刀，惟有力者能用之，若自无力，利刀何为？〇春秋时欲攻敌国，先遣问罪之词，我直了，将这个去摧他。汉高为义帝发丧，这个直了，自不怕得他。〇问气之所配者广，何故只说义与道？曰：程子曰"在物为理，处物为义"，道是自然之

[①] 黎靖德编：《朱子语类》卷 52《孟子二·公孙丑上之上·问夫子加齐之卿相章》第 87 条，收入《朱子全书》第 15 册，页 1719。

理，义则所用以处此理者也。〇配义与道，如与人斗敌，得一人在后相助，自然愈觉气胜，告子勿求于心、勿求于气，只是一味勃然，不顾义理。〇孟子活底不动心，告子死底不动心。孟子沉潜积养，自反而缩，理会得道理，虽加齐卿相，是甚做不得。〇问此气裹得天地，便自浩然？曰：本是浩然，被人自坏了，今集义方能生。〇黝、舍之勇，终有馁时。〇助长，无不义之心，而强为不义之形。〇心有所主宰则气之所向自然无前，有其心而无其气则虽十分道理，亦不敢为。〇养气二项，敬以直内，必有事，义以方外，集义。〇才存此心气，便塞乎天地之间。按此先生又以存心为养气之本，盖敬以直内在义以方外之先，其理固如此也。孟子论夜气而又以心之操存舍亡结之，其意亦可见矣，故愚每以为浩然夜气二章，必须参看而互证也。〇正未是助长，待其效而不得则渐助之长矣。〇孟子论养气，全就已发处说；程子论养志，就未发处说。养志莫如敬以直内，自不妨内外交相养。〇不动心在勇，勇在气，气在集义，勿忘勿助长，又集义节度。〇如言"不畏三军"者，出门闻金鼓之声，震怖而死，积习之功至则自然长。〇此章专以知言为主，若不知言，则自以为义而未必是义、自以为直而未必是直。然说知言，又只说诐、淫、邪、遁四者，盖天下事，只有是与非而已。若辨得不是则便识得是，惟见明理则义可集，义既集则自反而缩，便不必说。孟子先说知言，而丑留得知言在后问者，盖知言是末后合尖事，如《大学》说正心修身，只合杀在致知格物一句，盖是用工夫起头处。〇子静不读书求义理，只静坐澄心，却似告子义外。

又疑问

此章始以不动心起头，则此实一章之骨子，而其言用功处，不若养气之详。且其所归重，又若专在于养气上者何欤？且此不动心之意止于何处？而心字脉络亦止于何处欤？

贲、黝、舍皆血气之勇不足称,而孟子必并论之者何意欤?自反而缩之"缩"与直养之"直"字,同耶?异耶?浩然之气张本始于何处?而其本根血脉,亦于何处验之欤?

公孙丑问孟子、告子不动心之同异,而孟子但言告子之失,不言己之用功之实何欤?且此章以"心"为主,以言与气经纬于其间,而独详于气略于言者何欤?又敢问既曰二段凡七言志字,而末端将言心字者何欤?且所谓志所谓心,只作一意欤?抑有所区别欤?且心有以气言者,亦有以理言者,此所谓心,当以理看欤?抑亦以气看欤?

以直养云者,即以道义养气之谓也,是浩然者必藉道义以养,而所谓"配义与道"云者,则是此气还以扶助道义也,此何义欤?

不慊于心则馁矣,此馁字小注饶氏以为"气馁",此说何如?

孟子前以"不得于言勿求于心,不得于心勿求于气",为告子之病,反复言之,而后只以"义外"一句为其病者何欤?

忘与助其病均矣,而孟子独详于助者何意欤?

浩然之气广大无穷,不但充满天地之间,虽天地之外,亦无所不包,而孟子只以天地之间为言者何欤?孟子于养气处,详言告子之病,而于知言处不复言告子之失何欤?

此章自宰我、子贡以下,于原章之意,何所当欤?朱子曰此章前后相应,何以见其然欤?

余年十四时受读孟子书,始以为其义无难解者,则大喜。逐日课过,及至浩然章,则茫然莫知其何等语也,愈进而请益,而愈如坚木,有时沚出于额,而或出愠语曰:"孟子何故立言如是,使人难晓也!"先君子笑曰:"汝且置此章,而换受下章可也。"遂黾勉承命,而中心蕴结如负罪过者然。至十七岁,慨然叹曰:书无难易,而顾吾之功力有所未至尔。遂闭门俯读至五六百遍,则虽句读上口圆滑,而其义理则终未能窥闯矣,又复权行倚阁,然暇时又不住检看,以至老大,则虽与初间有异,终有隔靴爬痒之叹矣!岁癸丑,尹子仁来访于华阳,余请与通读,质其所疑,而犹未能洒然于心矣。时复自解曰:朱先生于此章,极力解说,而曰:余不得孟子意而言者,天厌之、天厌之。[①]然则今日吾侪之如是辛苦,无足怪也。甲寅余赴仁宣大葬于宁陵,仍入龙门寺里坐数日矣,金仲和、李仲深、李同甫诸人自京来会,请讲是章,余逊辞曰:"才与尹友相订,而犹未祛其愤悱矣。"今年夏,孙儿晦锡自砥平来曰:"尝闻妇翁李丈及玄石朴丈言,则以为此章如是之难耶"云尔。余欣然曰:今得解惑之师矣,遂录此数条,使问于二丈,且欲转质于子仁、仲和诸人云。

---

① 黎靖德编:《朱子语类》卷52《孟子二·公孙丑上之上·问夫子加齐之卿相章》第87条:"先生作而言曰:'此语若与孟子不合者,天厌之! 天厌之! '盖卿",收入《朱子全书》,第15册,页1719;第88条:"先生又曰:'某解此段,若有一字不是孟子意,天厌之! '"收入《朱子全书》第15册,页1720。

8. 金昌协（1651—1708）:《上尤斋孟子浩然章义问目》

【引言】

金昌协（1651［朝鲜孝宗2年、清世祖顺治八年］—1708［朝鲜肃宗34年、清圣祖康熙四十七年］）是朝鲜王朝孝宗、肃宗年间的学者、文臣,字仲和,号农岩、三洲,谥号文简,原籍安东。

金昌协是宋时烈门人,以文学和儒学大家而闻名朝鲜。昌协在1669年进士科及第,1682年增广文科状元及第出仕,担任兵曹佐郎、司宪府持平、副校理、校理、吏曹佐郎、咸镜北道兵马评事、兵曹参知、礼曹参议、大司监等官职。1689年因"己巳换局",金昌协之父被流放、赐死,昌协辞官隐居于永平。1694年,其父之罪获昭雪后,金昌协获任命为礼曹判书、大提学等,但推辞不就,专研学问。著有《农岩集》《朱子大全札疑问目》《论语详说》《五子粹言》《二家诗选》《四端七情说》等,编有《江都忠烈录》《文谷年谱》等书。①

金昌协《上尤斋孟子浩然章义问目》,对其师宋时烈之说提出疑问,胜义纷披,要义有二:(1)质疑宋时烈以"知言"为"集义"之工夫之说;(2)主张"集义即所以养气",二者不可分亦不能分。金昌协此文在朱子学成为主流思想的17世纪朝鲜思想界,挑战朱子解释孟子学之典范,特具思想史之意义。

【出处】

金昌协:《上尤斋孟子浩然章义问目》,见氏著:《农岩先生文集》卷12

---

① 以上金昌协生平,参看韩国民族文化百科大辞典, https://encykorea.aks.ac.kr/Contents/Item/E0010723。

（第 2 册），收入韩国文集编纂委员会编：《韩国历代文集丛书》第 249 册，首尔：景仁文化社，1997 年，页 336—342。

　　浩然章义，岂敢自谓有见。当时承问及，不过依文解义，欲以是为求教之端，而临便走草，不暇细检追思，亦多悖理，可笑。今蒙一一批回，其指示谬妄，剖析义理，明白切至，虽甚愚者，亦旷然发蒙矣！受赐之厚，何可胜言，第以浅见，尚有未罄，不容遂已，更此申禀。伏乞痛与镌诲，以卒嘉惠，千万千万。

　　集义则又知言之功。以下诸条俱系先生所释浩然章义中语，而全文见佚。

　　"功"字，本作"效"字用。盖谓其所以能"集义"者，惟其"知言"故耳。然是二者，既有知、行之分，而"集义"又是做工夫事，不可以做工夫者为某事之效也。先生所谓未见恰当者，岂以此否？抑别有他意也？

　　集义然后养气

　　"然后"二字果有病。然其本意，则只言义须积累，然后气得其养也。朱子所谓："集义，然后生浩然之气"者。[1] 固亦用"然后"二字矣，然此二字，用之于生则可，而用之于养则不可，此诚毫厘千里之分也。

　　养气而培其后，以行其道义

　　此非以道义为由气而有也，言人须养成浩然之气，然后可以助行其道义也，盖道义，即理也。浩气，即气也。理无形而气有形，理虚而气实，理弱而气强，此所以欲行道义，必须得浩气为助也。朱子

---

[1]　黎靖德编：《朱子语类》卷 52《孟子二·公孙丑上之上·问夫子加齐之卿相章》第 75 条："'是两相助底意。初下工夫时，便自集义，然后生那浩然之气。及气已养成，又却助道义而行。'淳。"收入《朱子全书》）第 15 册，页 1716。

尝谓："道义是虚底物，便自孤单，得底气衬贴起来"，[①]便张大，无往不达。此段云云，实本朱子此意，而只著一行字，未足以发明扶助之义，且其文势龃龉嵚崎，自觉有病耳。

其知言也，必须反求吾心，以决其是非。

此段不记其上下语势之如何，而意其欲与告子"不求于心"者，比并立说，故如此也。此论孟子事，固不当如是，而在学者或恐有是理，盖圣人则既已理明心尽，故于天下之言，自知其是非得失，而若学者则未便到圣人地位，闻人之言，亦须反求诸心，即此本然之权度，而决彼之是非得失，此虽未到知言极功，而亦可谓知言之事矣。来教谓"理不如此"者，岂以其不当以此论孟子否？抑虽在学者，不当如此说否也？

交致其功　止　通为一事

此段当时固已旋觉其误矣，然本其所以误者，亦自有说。"道义"与"浩气"，虽有本末精粗之分，而实则相须而不可相无也。人有专恃其气，而不知以道义为本者，固不足道矣。或略知道义之可贵，而其一时所为亦善，然且散漫萧索，不能以自振，恐惧疑惑，不足以有为，如朱夫子所云者，[②]则亦其不养是气之过也。故学者于此二者，不可一有偏恃，朱子曰："论'集义所生'则义为主；论'配义与道'则气为主，一向都欲以义为主，故失之"[③]者，亦此意也。前书盖论此意思，而推言之过，遂谓其当交致其功，则亦甚谬矣。

自此所以　止　节度

---

① 黎靖德编：《朱子语类》卷52《孟子二·公孙丑上之上·问夫子加齐之卿相章》第70条："曰：'道义是虚底物，本自孤单；得这气帖起来，便自张主皆去声。无所不达。如今人非不为善，亦有合于道义者。若无此气，便只是一个衰底人。'"收入《朱子全书》第15册，页1713。

② 《孟子·公孙丑上·二》："若无此气，则其一时所为虽未必不出于道义，然其体有所不充，则亦不免于疑惧，而不足以有为矣。"朱熹：《孟子集注》，页323。

③ 朱熹：《答万正淳》，见《晦庵先生朱文公文集》卷51，页2387。

　　"必有事焉"以下,《集注》以为"集义养气之节度",盖有事勿忘,是论集义工夫。① 而勿正勿助,是就"气"上,言其不可添得一物,不要等待催促也。"集义"即所以"养气",固不可分为二事。然此四者,② 细究其情意,脉络各自有所属矣。来教以四者总谓集义之节度,而遗却养气二字,恐于事理,少有未该也。小注朱子说:亦有勿忘勿助,即集义节度之语,③ 而终未若《集注》之完备也,未知如何?

　　"无是馁也",言无是"气",则其体有不充而馁也。或者以"馁"字,作"气馁"看,故于此章,辄致疑曰:既言无是,则已全无是气矣,又何言馁也? 是由误看《集注》"气不充体"一句。④ 遂谓其馁者为气,而不知朱子之意本以"体不充"释"馁"字。而原其所以不充,则须着"气"字说耳,至下文《集注》释"行有不慊于心则馁"一段,则只曰"其体有所不充",⑤ 而更不说气,则其本不以"馁"字为"气馁"者,可见矣。盖气是体之充,故无是气则馁也,然程子所谓歉然而馁,知其小也者,却似言气之馁,未知其何说,而若双峰饶氏所论两馁字之分,恐大失经旨也。

---

① 《孟子·公孙丑上·二》:"但当勿忘其所有事,而不可作为以助其长,乃集义养气之节度也。"朱熹:《孟子集注》,页323。
② 指"必有事焉而勿正,心勿忘、勿助、(勿)长"四者。
③ 黎靖德编:《朱子语类》卷52《孟子二·公孙丑上之上·问夫子加齐之卿相章》第174条:"'养气'一章在不动心,不动心在勇,勇在气,气在集义。勿忘、勿助长,又是那集义底节度。若告子,则更不理会言之得失,事之是非,气之有平不平,只是硬制压那心使不动,恰如说打硬修行一般。"收入《朱子全书》第15册,页1739—1740。此处"小注"应指清康熙戊寅三十七年(1698)三鱼堂刊本《四书大全·孟子集注大全》第17册卷3页38中之小注,感谢陈立胜教授提醒。
④ 《孟子·公孙丑上·二》:"馁,饥乏而气不充体也。"朱熹:《孟子集注》,页323。
⑤ 《孟子·公孙丑上·二》:"慊,快也,足也。言所行一有不合于义,而自反不直,则不足于心而其体有所不充矣。"朱熹:《孟子集注》,页323。

9. 郑齐斗（1649—1736）:《浩然章上解》诠释选文 4 则

【引言】

郑齐斗（1649［朝鲜仁祖 27 年、清世宗顺治六年］—1736［朝鲜英祖 12 年、清高宗乾隆元年］），字士仰，号霞谷、楸谷。郑齐斗是朴世采门人，研究并发展阳明学，是最重要的朝鲜阳明学大师。[①]

郑齐斗在历经科考失败之后，于 1672 年（显宗 13 年）放弃科举，专研学问。1680 年（肃宗 6 年），因领议政金寿恒举荐，出任司圃署别提，而后为宗簿寺主簿、工曹左郎等职。1709 年，郑齐斗迁居江华岛霞谷，续任户曹参议、江原道观察史、同知中枢府事、汉城府左尹等职。1728 年任议政府右参判，1736 年拜为世子贰师。

郑齐斗尝与宋时烈通过书信，辩论经典义理，讨论阳明学义理。郑齐斗接受阳明学"致良知"与"知行合一"之说，著有《学辨》《存言》；[②]对于经典诠释则著有《中庸说》《大学说》《论语说》《孟子说》《三京札录》《经学集录》《河洛易象》等；对于宋代道学之诠释，则著有《心经集义》《定性书解》《通书解》等书。[③]

郑齐斗的《浩然章解》长文，是 17—18 世纪朝鲜朱子学如日中天的时代中，从阳明学立场重新诠释孟子"知言养气"说最为鞭辟入里、探骊得珠的宏文。此文回归孟子学之心性论原点，阐释孟子以"心"定"言"、以"心"

---

① 关于郑齐斗及其学派之研究，最赅博举瞻的是中純夫:《朝鲜の陽明学初期江華学派の研究》，东京:汲古书院，2013 年。

② 郑齐斗所撰《存言》一书，已有详尽英文译本并附注释及导论。见 Edward Y. J. Chung trans., annotated, and introduced, *The Great Synthesis of Wang Yangming Neo-Confucianism in Korea: The Chonŏn (Testament) by Chŏng Chedu (Hagok)*。

③ 以上郑齐斗生平，参见韩国民族文化大百科辞典，http://encykorea.aks.ac.kr/Contents/Index?contents_id=E0050865。

定"气"以及以"心""集义"之论述,最为精彩。

【出处】

郑齐斗:《浩然章解》,见氏著:《霞谷集》卷14—15,收入《韩国文集丛刊》第160辑,首尔:民族文化推进会,1990—2005年,页394—411。

"知言":"人之有言,皆出于心"

诐,偏陂也;淫,放荡也;邪,邪僻也;遁,逃避也;四者,言之病也。蔽,遮隔也;陷,沉溺也;离,叛也;穷,困屈也;四者,心之失也。凡四者皆相因。言人之有言,皆出于心,苟非其心纯于正理而无蔽者,其言不得平正通达而必有是四者之病矣。即其言之病,而知其心之失,以其心之失,又知其必害于政事者如此。无他焉,以其心发于言也,以其政生于心也。此所以知告子之言勿求之说,为心不可,而卒之以圣人不易变之而已。盖孟子之所以如此者,惟其以仁义为吾心,而就心上集义,其体洞然明白,是是非非,纤毫莫遁,则既能尽其心而知其性矣。故于凡天下之言,亦无不知其得失之所在,受病之所从,而发其神奸之所由。如章内所云,于大勇之言,知其必守约,勿求之言,知其必外义之类,无不皆然矣。彼告子以义为非内,谓从其物于外也,不复本于其心也,故以为不得于言,勿求于心,则其所谓言语政事之间,无非以其私智矫妄诐遁作伪于外而已,岂有所因其心而达于言,可以知其言,知其政者哉? 此亦外而不为内者是也。[1]

"养气":"气在乎心,心通乎气"

---

[1] 郑齐斗:《浩然章中解》,见《霞谷集》卷14,页400上。

　　愚按,不得于心勿求于气之论,孟子初以为可,亦有说焉。如使告子合志气言之而曰:气在乎心,心通乎气,一焉无二。而但其为功则求诸心,不求诸气,如是为义而求于其心云,则是专于为本,不事其末,正为根本之论。为此之言,初无不可,但告子以为此则不然,谓其言则勿求于心,心则勿求乎气,其意两勿相求者,反以志气分决而各用之,偏事其一而废其一者也。其所以分离隔断,不相贯通,即其病与上一句初无分别,而同一其指意而已。必若论其本源,则志,帅也;气,充也;志至而气次焉,则志者,其帅其至也者,固已为其本;气者,其充其次焉者,亦所以不可暴之也。其体之相配而不相离如此,如上一句,言者其苗也,心者其本也,一焉无二之体者其为义,亦一而无异而已也。故孟子因此而特发此义,明其一体不可偏无之意,以救告子之失耳! 非谓有持志之功,又有无暴之事,持志之外,别有无暴者,而可以为两般工夫,如告子之见焉也。至此则以其为气所帅而言,故变心而言志。①

"集义":"自心上集义"

　　集,积聚也,非义袭而取之。袭,外掩也,行有不慊则馁矣,此可以知义之为在心而不自外作。告子外之云云,谓义为外而非内也,故不知集义存理,是无理而志无持矣,无义而气无配矣。无义而不持志,是为不得心也,失乎志也。是不培成其根而苗不得生也,以内无义也。无有所事而正其心,以外为义也。作义于外而助其长,是强正袭义,以害道义而气反害矣。正心而害道,是强制于心也,是戕害其根而反伤其根性也。作义以暴气,是作义于外也,是助揠其苗而反害其生理也。②

---

① 郑齐斗:《浩然章中解》,见《霞谷集》卷14,页396下。
② 郑齐斗:《浩然章解四》,见《霞谷集》卷15,页407上—下。

"以一心通天下之志而无不达矣"

知言，则以仁义为内而性之，尽其心而知其理矣。养气，则以道义为里而养之，持其志而帅其气矣。本末尽而内外一焉。有事其本而理无不得者，此孟子之所长也。如此则本于心而理于言，以一心通天下之志而无不达矣。集其义而充其体，以吾心合天地之正而无不慊矣。[①]

---

①　郑齐斗：《浩然章中解》，见《霞谷集》卷 14，页 397 下。

10. 任圣周（1711—1788）:《孟子不动心章说》

【引言】

任圣周（1711［朝鲜肃宗 37 年、清圣祖康熙五十年］—1788［朝鲜正祖 12 年、清高宗乾隆五十三年］），字仲思，号鹿门，系李縡门人。

任圣周于 1733 年（英祖 9 年）在科举考试中的小科（即司马试）中举。1750 年任世子翊卫司洗马，升为侍直后却辞官，1758 年起隐居公州鹿门。1776 年正祖即位后，辅佐东宫，历任地方官。后再次回鹿门隐居，余生沉浸学问之中。任圣周的时代，朝鲜儒学爆发对人性、物性异同之争辩，分为湖论与洛论两派。[①] 任圣周早年信奉师教，主张“人物性同论”，中年以后批判既存的湖、洛学说，主张“气一元论”并申论自己的哲学立场。任圣周之人性论主张“性即气”，认为“本然之性”与“气质之性”并不需要特别区分，人之“性善”也是就“气质之性”而言，不必在“气质之性”以外另求；气质之本体湛一，与天地本源之气相通，气机运动时，渣滓因而用事，从而隐蔽了心性中本来流淌之的善性。[②]

任圣周的思想以“一元论”架构为基调，将理、气以“气一元论”之观念加以统一，成为朝鲜性理学之结晶。任圣周著有《鹿门集》，收录所著《鹿庐杂识》《散录》等重要著作。[③]

任圣周《孟子不动心章说》解释孟子“知言养气”说，特申以“心”定“气”以及以“敬”集“义”二义，尤其论“敬”之工夫，颇得程朱主“敬”之宗旨。

① 参看吕政倚:《人性、物性同异之辨——中韩儒学与当代“内在超越”说之争议》。
② 参看杨祖汉:《任鹿门的“主气”思想》，收入氏著:《从当代儒学观点看韩国儒学的重要论争续篇》第 5 章，台北:台湾大学人文社会高等研究院东亚儒学研究中心，2017 年，页 171—198。
③ 以上任圣周生平，参见韩国民族文化大百科辞典，http://encykorea.aks.ac.kr/Contents/Item/E0047491。

【出处】

任圣周:《孟子不动心章说》,氏著:《鹿门集》卷 21,收入裴宗镐编:《韩国儒学资料集成》中,首尔:延世大学出版部,1980 年,页 1319——1320。

余少读孟子《不动心章》,《集注》至解"无暴其气",以致养其气,即大喜,遂以"集义"为"毋暴","持志"为"集义之本",不复致疑。近更细读之,殆不然。此章大旨,专在持志以养气,而无作为以害之耳。"集义"只是持志里面事,非持志之外别有集义工夫也,若取《孟子》本文从头虚心读数三过,则自当洒然无疑也。若如旧说,则一章义趣,全无骨力,上下语脉,都不相应。而孟子所自谓善养者,只用力于什动一之气,而反漏却根本主宰之志矣,其可乎?兹敢略陈瞽见于下。以俟后日之更读焉。

不动心在勇,勇在守,守即是志,勇即是气。北宫黝之志主"必胜";孟施舍之志主"无惧";曾子之志主"自反而缩"。志之所在,气必从焉,故才自反而缩,便有千万人吾往之勇。盖持志即所以养气,未有持志而气不得其养者,亦未有舍持志而能养其气者也。故曰"不得于心,勿求于气"可,是则一章命蒂,劈头排铺,精神所注,专在"持志"二字;若"毋暴其气",只就"持志"上捡防其过,其意盖曰养气虽在持志,而若或作为,以害其气,则亦不免反动其心云尔。非以毋暴正作养气之事,而持志则但为其本而已也,此章大意,已具于此。下文特因是而更详说之耳。"善养"是合"持志"与"毋暴"而言,以直养是持志,毋害是毋暴,塞于天地是千万人吾往,以直养是兼体用说,动而集义,自反常缩,则虽静而无事,其缩者固在也。或问于朱子曰:克己是动时工夫。未动当如何?答曰:虽未动,须如烈火之不可犯始得，便是此意。①《易》所谓敬以直内者，②即是未动之直也，故曰"其为气也，配义与道"，义是用道是体，持志则动亦直静亦直，静时直便是道，动时直便是义，道义是志之骨子，持志则道义自在其中。《西铭》云"天地之帅吾其性"，③则直以道义为志也。始焉静而存道，动而集义，以养其气者志也；终焉静而配道，动而配义，以行其志者气也。此所谓"器亦道、道亦器"④而合内外之道也。集义一段，是专就用上说，盖工夫多在用处故耳。然下即承之曰"行有不慊于心则馁矣"，又曰"告子未尝知义，以其外之也"，则分明以"义"与"志"合言之，可谓深切著明矣。"必有事焉"一段，是说持志养气之功程节度，合敬义通动静而言者也，所谓善养者盖如此。而上文"持其志毋暴其气"两言，于此始明白说破。有事勿忘，是持志，勿正、勿助是毋暴，至说揠苗则尤跃如矣。如此解说，然后文字义趣，头头相合，节节相应，势如破竹。《集注》大体固明白完备，而但"致养其气"一句，⑤终似以集义属毋暴，下段注中又全不提"持志"二字，遂使持志无归宿处，是甚可疑，更详之。

---

① 黎靖德编：《朱子语类》卷41《论语二十三·颜渊篇上·颜渊问仁章》第15条："林安卿问：'克复工夫，全在"克"字上。盖是就发动处克将去，必因有动，而后天理、人欲之几始分，方知所决择而用力也。'曰：'如此，则未动以前不消得用力，只消动处用力便得。如此得否？且更仔细。'次早问：'看得如何？'林举注中程子所言'"克己复礼"乾道，主敬行恕坤道'为对。曰：'这个也只是微有些如此分。若论敬，则自是彻头彻尾要底。如公昨夜之说，只是发动方用克，则未发时，不成只在这里打瞌睡懵懂，等有私欲来时，旋捉来克！如此得否？'又曰：'若待发见而后克，不亦晚乎！发时固是用克，未发时也须致其精明，如烈火之不可犯，始得。'㑌。"收入《朱子全书》第15册，页1450。
② 《易经·坤卦·文言传》："'直'其正也，'方'其义也。君子敬以直内，义以方外，敬义立而德不孤。'直、方、大、不习无不利'，则不疑其所行也。"
③ 张载《张载文集·西铭》："乾称父，坤称母；予兹藐焉，乃混然中处。故天地之塞，吾其体；天地之帅，吾其性。"
④ 黎靖德编：《朱子语类》卷75《易十一·上系下·右第十一章》第17条："问：'"形而上下"，如何以形言？'曰：'此言最的当。设若以"有形、无形"言之，便是物与理相间断了。所以谓"截得分明"者，只是上下之间，分别得一个界止分明。器亦道，道亦器，有分别而不相离也。'谟。"收入《朱子全书》第16册，页2571。
⑤ 朱熹《孟子集注·公孙丑上·二》："故志固为至极，而气即次之。人固当敬守其志，然亦不可不致养其气。盖其内外本末，交相培养。"（页322）

　　程子以"必有事焉"为"敬"，① 胡敬斋谓发明言外旨，恐未必
然。盖所谓"事"者，固是"集义"，而今曰"必有事焉而勿正"，又曰
"心勿忘"、"勿助长"。详玩其语意，虽无"敬"字，而活"敬"现前。
"敬"立"义"集，"持志"之全功即在。程子他日答门人有事于敬之
问，则又以"集义"为言，此非前后不同，合而观之，其意可知也。

---

① 　程伊川："'必有事焉'，谓必有所事，是敬也。"见《河南程氏遗书》卷15，页171；张栻（南
　　轩，1133—1180）曰："或曰：二程先生多以'必有事焉'为有事乎敬，而孟子则主于集义，
　　有异乎？曰：无以异也。孟子所谓持志者，即敬之道也。非持其志其能集义乎？敬与义盖
　　相须而成者也。故坤六二之直方大君子体之亦本于敬以直内义以方外也。此孔孟之意程
　　子盖得之矣，学者所宜深焉。"见张栻：《南轩孟子说》卷2（通志堂经解本），页11。

11. 丁茶山（1762—1836）:《公孙丑问不动心章》诠释选文 5 则

【引言】

丁若镛（1762 [朝鲜英祖 38 年、清高宗乾隆二十七年] 6 月 16 日—1836 [朝鲜宪宗 2 年,清宣宗道光十六年] 2 月 22 日），字美镛,号茶山、俟庵、与犹堂、菜山。丁若镛系朝鲜正祖时期文臣,青年时期一度因为亲近西学而长时间受到流放。在流放期间,全心专注于《六经》《四书》之学问,写就其代表著作"一表二书"（即《经世遗表》《牧民心书》《钦钦新书》）,共 500 余卷的数量浩大的著作,成为朝鲜后期实学思想之集大成者。

茶山生命历程可分为 4 个阶段。

（1）22 岁以前准备科考,可视为第 1 个阶段（1762—1783）。这段时间茶山随父亲赴任全罗道和顺、庆尚道醴泉等地,并从父学习经史、准备科考。1776 年 16 岁时接触到李瀷的学问,此时因为父亲任官之故,举家迁居汉城（今首尔）。当时闻名一时的李家焕、李承薰等人都师承李瀷,茶山也埋首于李瀷的遗书。李瀷正是近畿学派的核心人物。茶山自幼接触近畿学派的改革理论,对于他青壮年思想有所影响。日后,茶山也因而被评价为近畿学派"实学理论"之集大成者。

（2）从 1783 年丁若镛参加进士考试及第,到 1801 年"辛酉教难"发生,可视为第 2 个阶段。茶山进士登科之后,进入成均馆继续进修学问。在这段时间,他集中研究《大学》《中庸》等经典。1789 年,在每 3 年 1 次的式年中,试文科甲科及第,任禧陵直长。此后 10 年之间,因为正祖的特别垂爱,历任艺文馆检阅等要职。1789 年,丁茶山受命监工汉江的舟桥工程。1793 年担任正祖新造水源华城之设计者,在营造工程方面也留下许多业绩。

　　此时茶山经由李檗等人接触了天主教,虽然只是通过天主教认识西学,对天主教思想在学术层面上有所关怀,并未实际参与教会活动。不过,丁若镛对天主教亲善的态度,造成他政治之路的巨大障碍。天主教全面挑战当时性理学的价值体系,遭到执政阶层严厉的镇压。1791 年,茶山也因为被怀疑是否为天主教徒一事,埋下了日后问题的种子。此后,他因为信教问题几番受难,茶山则一再声明自己并未信奉天主教。不过,在 1801 年天主教"教难"时,他还是遭到流配,从此离开政治核心。

　　(3)从 1801 年遭流配,到 1818 年再次还乡,是茶山人生第 3 阶段。茶山在因"教难"而流放康津期间,倾力于学问研究,成一家之言。茶山带领许多门生,专事讲学、研究、著书。在此时期,他通过对中国先秦儒学之研究,尝试克服性理学的学术问题。同时,茶山反省朝鲜王朝的社会现实问题,撰写《经世遗表》《牧民心书》《钦钦新书》等"一表二书",并且对于《六经》《四书》进行研究,整理出社会改革之方案。根据丁若镛自己的记录,他所著经集共 232 卷、文集 260 余卷等,多数都是在流配地所完成。

　　(4)从 1818 年(57 岁)茶山从流配地获释返乡,直到 1836 年离世,是茶山生命最后阶段。此时茶山隐居乡里,研究《尚书》,并继续康津时期未完成的著书事业,如《梅氏书平》之删定、增补,以及著成《雅言觉非》《事大考例删补》等。茶山在其花甲之年,写下自传体之《自撰墓志铭》。此外他也整理当时与自己有关人物之资料等。茶山毕生编纂专书共 500 余卷,总集为《与犹堂全书》。

　　总结以上所说,茶山毕生历经波涛,但他欲拯朝鲜王朝于危急存亡之秋,推行改革,并为了使现实层面的改革获得理论根据,以先秦儒学思想为起点,对各种学问与思想都深造有得。茶山在流配期间接触了佛教,获释后又继续探求西学,茶山通过在学术方面之研究与对当时社会之省察,集实学思想之大成,成为朝鲜后期儒学思想之代表人物。[①]

---

① 　以上丁茶山生平,参见韩国民族文化大百科辞典,http://encykorea.aks.ac.kr/Contents/Index?contents_id=E0050549。

　　茶山是 18 世纪朝鲜大儒,在朝鲜儒学史地位崇隆。本书第七章专论茶山孟学,指出茶山孟子学回归孟子"心性论"立场,可称为"后朱子学"之伟大儒者。以下就茶山《孟子要义》中,选择茶山论孟子"知言养气"说文字 5则,以见其孟子学诠释之一斑。

【出处】

　　丁茶山:《公孙丑问不动心章》,见氏著:《孟子要义》,收入茶山学术文化财团编,《定本与犹堂全书》第 7 册,首尔:茶山学术文化财团,2012 年,页53—66。

　　1. 镛案　人之所以动心,其端不一。凡外物之来,或可喜可怒可忧可哀恐惧之等,皆足以动吾心。若吾之喜怒忧哀恐惧之情,随物乱动,无所节制,则不可以居高镇物。此所以处大位、当大任者,首以不动心为贵。古人赞美贤宰相,必称太山乔岳、深林巨谷、中流之砥、大厦之柱,诚以其不动心如是,然后方可以居百僚之上,镇万物之情也。虞舜入麓弗迷,① 文王羑里演《易》,② 周公流言弗避,③ 孔子魋、匡不畏,④ 此先古圣人之不动心也。汉高祖百骑赴宴,唐太

① 《史记·五帝本纪》:"舜入于大麓,烈风雷雨不迷,尧乃知舜之足授天下。"《尚书·虞书·舜典》:"纳于大麓,烈风雷雨弗迷。"

② 《史记·周本纪》:"西伯盖即位五十年。其囚羑里,盖益易之八卦为六十四卦。"

③ 《史记·鲁周公世家》:"武王既崩,成王少,在强葆之中。周公恐天下闻武王崩而畔,周公乃践阼代成王摄行政当国。管叔及其群弟流言于国曰:'周公将不利于成王。'周公乃告太公望、召公奭曰:'我之所以弗辟而摄行政者,恐天下畔周,无以告我先王太王、王季、文王。三王之忧劳天下久矣,于今而后成。武王蚤终,成王少,将以成周,我所以为之若此。'于是卒相成王,而使其子伯禽代就封于鲁。"

④ 《史记·孔子世家》:"孔子去曹适宋,与弟子习礼大树下。宋司马桓魋欲杀孔子,拔其树。孔子去。弟子曰:'可以速矣。'孔子曰:'天生德于予,桓魋其如予何!'""将适陈,过匡,颜刻为仆,以其策指之曰:'昔吾入此,由彼缺也。'匡人闻之,以为鲁之阳虎。阳虎尝暴匡人,匡人于是遂止孔子。孔子状类阳虎,拘焉五日,颜渊后,子曰:'吾以汝为死矣。'颜渊曰:'子在,回何敢死!'匡人拘孔子益急,弟子惧。孔子曰:'文王既没,文不在兹乎? 天之将丧斯文也,后死者不得与于斯文也。天之未丧斯文也,匡人其如予何!'孔子使从者为宁武子臣于卫,然后得去。"

宗下马脱兜，宋真宗过桥亲征，明太祖招降入幕，此后世帝王之不
动心也。陈平燕居深念，谢安围棋如故，赵普补缀进奏，韩琦引首
受剑，此大臣之不动心也。周亚夫坚卧不起，李广纵马解鞍，贾复
裹疮督战，费祎开门弹琴，此将臣之不动心也。虽其大小真伪，各
自不同，要其所以植身镇物，皆足以处大位而当大任。若夫得一馈
孩然以悦，遭一骂愦然以忿，值一患色然以骇者，其局量浅小，气象
轻薄，不足以居此位而当大任。故皋陶九德之目，^①若刚、强、塞、毅
诸德，皆以不动心为准，断之曰"彰厥有常，吉哉"。常者，不动也，
即"不动心"三字，乃三古以来，居大位当大任者，头一件大题目。
公孙丑游于圣门，深知此义，故发问如此。特以诸情之中，恐惧之
情，最难裁制，故不动心者，以无惧为首。此孟子所以历言北宫黝、
孟施舍之所守，曾子、子襄之所言，以明无惧之义，其实不动心，不
止于无惧而已。至若先儒之所言，^②恐非本旨。何也？我之大德，有
足以受大任行大道，则自当无惧。我之才德，本自不足，君子宜逡
巡退缩，以让贤路。岂可强求其无惧乎？况惑与不惑，系于知识，
知所不及，安得不惑？孔子称四十不惑，孟子称四十不动心。故朱
子遂以不动心为不惑，^③然经所云不动心，非谓是也。古人称"定大
事、决大议，垂绅整笏，不动声色而措天下于太山之安"，^④一问一
答，当以是求之。

---

① 《尚书·虞书·皋陶谟》："宽而栗，柔而立，愿而恭，乱而敬，扰而毅，直而温，简而廉，刚而
塞，强而义。彰厥有常，吉哉！"
② 赵岐《孟子注疏》卷3解公孙丑"动心否乎"之问曰："如是，宁动心畏难、自恐不能行否
耶？丑以此为大道不易，人当畏惧之，不敢欲行也。"朱注解云："'有所恐惧疑惑而动其心
乎？'二者皆以'恐惧'言'动心'。"
③ 《孟子·公孙丑上·二》朱注解云："四十强仕，君子道明德立之时。孔子四十而不惑，亦不
动之谓。"见朱熹：《孟子集注》卷3，页320。
④ 欧阳修《相州昼锦堂记》："至于临大事，决大议，垂绅正笏，不动声色，而措天下于泰山之
安，可谓社稷之臣矣！"

2. 镛案　赵注大谬，而朱子因之也。[1]吾不慑焉者，吾岂不慑焉也。上下节，论无惧之法，皆我心之无惧也。敌人之惧与不惧，岂所问哉？自反而不直，敌虽寡弱，君子当恐惧自修，此大勇无惧之法也。

赵曰："不得者，不得人之善心善言也。"[2]〇镛案　不得于言，谓言有所跲，[3]【犹言一毫挫于人】不得于心，谓心有不慊。【犹言自反而不缩】告子以为言有所跲，便当弃置，勿复求其故于吾心，所以自守而不动心也，心有不慊，便当弃置，勿复求其验于吾气，亦所以自守而不动心也。告子之学，盖不问是非，惟以不动心为主。

3. 镛案　朱子之意，以为无浩气则体馁，[4]吕氏之意，以为无道义则气馁。[5]此一讼案也。窃尝思之，体馁，非君子之攸忧也。唯是集义积善之功，有所不至，则内疚外怍，苶然自沮，气为之馁，是乃君子之所耻也。孟子以集义为生气之本，[6]而朱子以养气为行义之助，[7]其先后本末，似颠倒也。原夫浩然之气，不可徒生，不可强养。唯是由道行义，日积月累，则心广体胖，俯仰无愧。于是乎贫贱不能

---

① 赵岐《孟子注疏》卷 3 解孟子言"吾不慑"曰："慑，惧也。……己内自省，有不义不直之心，虽敌人被褐宽博一夫，不当轻、惊惧之也。"朱注云："慑，恐惧之也。"

② 赵岐《孟子注疏》卷 3 解孟子言"不得于言""不得于心"之言曰："不得者，不得人之善心善言也。"

③ "跲"，音夹，指言语受阻而不通畅。《中庸》第 20 章："言前定则不跲，事前定则不困。"见朱熹：《中庸章句》，页 38。

④ 朱注云："馁，饥乏而气不充体也。言人能养成此气，则其气合乎道义而为之助，使其行之勇决，无所疑惮；若无此气，则其一时所为虽未必不出于道义，然其体有所不充，则亦不免于疑惧，而不足以有为矣。"见朱熹：《孟子集注》卷 3，页 323。

⑤ 朱熹《答吕子约书》云："若如来喻，以是为指道义，而言若无此道义，即气为之馁，则孟子于此，亦当别下数语，其下亦不须更说是集义所生矣。"

⑥ 《孟子·公孙丑上·二》："其为气也，配义与道；无是，馁也。是集义所生者，非义袭而取之也。"见朱熹：《孟子集注》卷 3，页 319。

⑦ 黎靖德编《朱子语类》卷 52《孟子二·公孙丑上之上·问夫子加齐之卿相章》第 24 条："孟子则是能知言，又能养气，自然心不动。盖知言本也，养气助也。"收入《朱子全书》第 15 册，页 1702。

戚，威武不能屈，^①以至于气塞天地。若有意养气，以气为业，则除了呴嘘呼吸、熊经鸟伸，无所事于养气也。揠苗助长之戒，正在于此。"非义袭取"之句，亦以申明此义。不知朱子何故而固拒吕说也。配者，合也，谓浩气须道义以生，须道义以养，不能相离也。

4. 镛案　生于其心者，言也，发于其政者，亦言也。政，大事也，事，小政也。【孙奭《正义》引冉子退朝，孔子问晏之语】诐淫之言，生于其蔽陷之心，以害其政事，【下篇先言害事，后言害政，宜与此参看】此所谓一心为万事之本也。心有病，则不得发无病之言，言有病，则不得行无害之事，万言万事之本，在于一心。恶得云"不得于言，勿求于心"乎？故自说而自断之曰"圣人必从吾言"。

5.《集》曰："孟子能知言，又善养气，则是兼言语德行而有之，岂不既圣矣乎？"^②○镛案　恐不然也。孟子平日善言善辩，公孙丑之所知也。丑犹不以善言为圣者，不知言出于心也。今闻孟子之言，乃知言不可以徒善，必其心志正直，积义然后，发为言语者，乃无疵病。然则善言者，其养心可知，岂非圣人乎？辞命，孔子亦未自许，而孟子之善言善辩，众所共知。故引孔子之言，以证孟子之圣。

---

① 《孟子·滕文公下·二》："富贵不能淫，贫贱不能移，威武不能屈。"见朱熹：《孟子集注》卷6，页371。
② 朱子于本章公孙丑"然则夫子既圣矣乎"之问，注云："今孟子乃自谓我能知言，又善养气，则是兼言语德行而有之，然则岂不既圣矣乎？"见朱熹：《孟子集注》卷3，页322。

12. 李恒老（1792—1868）:《孟子浩然章疑义》

【引言】

李恒老（1792［朝鲜正祖 16 年、清高宗乾隆五十七年］—1868［朝鲜高宗 5 年、清穆宗同治七年］，初名光老，因避哲宗生父全溪大院君名讳，改名为恒老，字而述，号华西，原籍碧珍，京畿道阳平人。

李恒老 3 岁读《千字文》; 6 岁习《十九史略》，写《天皇地皇辨》，12 岁时拜辛耆宁为师，学习《书传》; 1808 年（朝鲜纯祖 8 年）泮试及第。但当时官场与科场均腐败，用人惟亲，李恒老以出入科场为耻，不再应试，而与当时知名学者任鲁、李友信等人切磋学问。李恒老 25 岁后经历父丧，更加专研学问。30 岁起门下聚集许多青年人前来问学，师生在双溪寺、高达寺等佛寺中，研读《四书》《朱子大全》等书，倾注心力于研究性理学。

李恒老学问以 "主理哲学" 为基础，与湖南奇正镇、岭南李震相等 2 人，因重振沉滞的主理哲学，被视为朝鲜末期主理派三大家。李恒老的主理哲学，反对明代罗钦顺一派主张之 "理气合一说"，认为对 "理" 与 "气" 应予以严格区分，并主张 "理尊气卑"，以 "理" 为主，以 "气" 为从，才能善治万物、天下太平; 反之，如果 "气" 为主，"理" 为役，则万事昏乱，天下危亡。此外，虽然李恒老主理哲学之基础为 "心专说"，但他反对 "心即理" 说与 "心即气" 说，主张 "心合理气" 说。然而因为李恒老固守 "理尊气卑" 之立场，其及门弟子柳重教也曾评断李恒老为 "以理断心"。[1]

李恒老思想以 "心专主理" 论为基础，因此政治思想特重 "尊王攘夷" "春秋大义" 等伦理，主张忠于君如爱于父，忧国如忧自家等爱国思

---

[1]　关于李恒老之 "理尊气卑" 主张，以及李恒老殁后其弟子金平默、柳重教对李恒老 "心说" 之论争，参见林月惠:《异曲同调——朱子学与朝鲜性理学》，台北:台大出版中心，2012 年，页 40—41。

想，并强调民族自主意识，形成朝鲜王朝末期民族思想"卫正斥邪论"之基础，日后也升华为朝鲜民族运动之核心理念。李恒老著有《华西集》、《华东史合编纲目》60卷、《朱子大全札疑辑补》、《华西雅言》12卷等。卒后谥文敬。[①]

李恒老《孟子浩然章疑义》一文，申论孟子"知言养气"说之宗旨在"不动心"三字。但他强调"心之为物，所具者理也，所乘者气也"，采取朱子学"心具众理而应万事"之思路。

【出处】

李恒老：《孟子浩然章疑义》，见氏著：《华西集》卷24，收入裴宗镐编：《韩国儒学资料集成》中，首尔：延世大学出版部，1980年，页1539—1540。

"不动心"三字，为浩然一章命脉，"知言养气"四字，为不动心之工程。"动"非"动静"之"动"，乃"挠动"之"动"，如担当不着，手忙脚乱之类也。下文"志壹动气、气壹动志"之动，皆一意也。下文毋暴之"暴"字，毋害之"害"字，皆动字里面注脚也。《集注》"疑惑恐惧"[②]四字，所以释动字所由之病根也。盖心之为物，所具者理也，所乘者气也。理有未明，故不能无疑惑；气有不充，故不能无恐惧。夫疑惑即动心之由也，恐惧即动心之致也。是故知言为破疑惑之要，养气为疗恐惧之药，二病皆除，则心不期乎不动，而自然不之动也。下文说三圣人事曰"得百里之地而君之，皆能以朝诸侯有天下"一节，见养气之盛矣。"行一不义、杀一不辜而得天下，皆不为

---

① 以上李恒老生平，参见韩国民族文化大百科辞典，http://encykorea.aks.ac.kr/Contents/Index?contents_id=E0046426。

② 朱熹《孟子集注·公孙丑上·二》："任大责重如此，亦有所恐惧疑惑而动其心乎？"（页320）

也"一节,见知言之明矣。孟子自许以不动心,继以知言、养气为不动心之工程,又以所愿则学孔子为准的,终又举宰我说"以予观于夫子,贤于尧舜远矣"者,统下文两节之意。子贡云云,证夫子礼乐政德之极备,以结上文知言之意。有若云云,证夫子禀赋充养之绝伦,以结上文养气之意。如此看,然后一章意脉首尾贯通,无一字无着落矣。且公孙丑举霸王事试问,故说北宫黝、孟施舍之勇,必举"无严诸侯"、"是畏三军"等语,说伯夷、伊尹之事,必举"朝诸侯"、"有天下"等语,亦可见其照应他霸王之问也。

13. 许传（1797—1886）:《孟子不动心章 己巳五月，以同经筵进参》

【引言】

许传（1797［朝鲜正祖21年、清仁宗嘉庆二年］—1886［朝鲜高宗23年、清德宗光绪十二年]），字以老，号性斋。1835年（宪宗元年）39岁时，别试文科丙科及第。1850年（哲宗元年）任经筵侍读官、春秋馆记事官等职，参加经筵，为朝鲜国王讲述儒学经典。1855年升迁为堂上官、右副承旨、兵曹参议等。1864年（高宗元年）任金海府使。他强调乡饮酒礼之乡约的重要性，同时也聚集儒生，讲论学问。

许传在学问上秉承李瀷、安鼎福、黄德吉等人之畿、湖遗风，成为南人学者之儒林宗匠，与继承岭南退溪学派的柳致明，并称儒林双璧。许传解释经义，强调实心与实政，要在现实世界的基础上，提出具体可行的改革策略。著有《性斋集》《宗尧录》《哲命编》等书，并将儒者生活仪式编纂为《士仪》。①

许传指出孟子"知言养气"说重点在"心"不在"气"，并告诫国王应"正其心养其气"。

【出处】

许传：《孟子不动心章 己巳五月，以同经筵进参》，见氏著：《性斋先生文集》卷12（第1册），收入韩国文集编纂委员会编：《韩国历代文集丛书》第848册，首尔：景仁文化社，1997年，页269—270。

---

① 以上许传生平，参看韩国民族文化大百科，http://encykorea.aks.ac.kr/Contents/Index?contents_id=E0063138。

上讲孟子不动心章,问:"气之塞于天地之间,何为其然也?"

臣传对曰:"人禀天地之正气以生,此气本至大至刚,故养之以直而不以私害正,则其气充满天地之间,此所谓天人一理者也。"仍奏曰:"圣人之言,自有本末纲条。心者本也纲也,气者末也条也,故先儒皆以此章为不动心章,而今之俗士谓之浩然章,此不知本末纲条之所致也。学问之道,先审其本与纲,则其末其条,随而举之矣。盖心之所向曰志,志为之帅而气从而听命焉,则养心养气,相为终始,故孟子所以云持其志,无暴其气也。臣窃伏睹我殿下讲读之际,不无一二字音差错之处,恐是心有所动而气失其正也。伏愿殿下正其心养其气,则非但圣学之日就月将,实为修齐治平之本矣。"

附录二 德川时代日本孟子学文献选编注释

1. 伊藤仁斋（1672—1705）:《孟子劝诸侯行王道论》

2. 荻生徂徕（1666—1728）:《孟子识》

3. 太宰春台（1680—1747）:《孟子论》

4. 薮孤山（1735—1802）:《崇孟》

5. 深谷公干（生卒年不详）:《辨非孟论》

6. 中山城山（1763—1837）:《崇孟解》

7. 松村九山（1743—1822）:《管仲孟子论》

8. 日尾瑜（1788—1858）:《管仲非仁者辨》

9. 伊东蓝田（1734—1809）:《蓝田先生汤武论》

10. 藤田东湖（1806—1855）:《孟轲论》

1. 伊藤仁斋（1627—1705）:《孟子劝诸侯行王道论》

【引言】

　　伊藤仁斋（1627［日本宽永4年、明熹宗天启七年、朝鲜仁祖5年］—1705［日本宝永2年、清圣祖康熙四十四年、朝鲜肃宗31年］），名维桢，字助源，号仁斋，又号古义堂，是17世纪日本古学派大师，京都人。仁斋11岁开始从师习句读及作诗。宽永19年（1642）仁斋16岁，开始读朱子《四书集注》《朱子语类》《四书或问》《近思录》《性理大全》等宋学典籍，尊崇宋儒。正保2年（1645），仁斋购得《李延平答问》，反复诵读，心向伊洛之学。万治元年（1658），仁斋32岁，撰《仁说》一文，并以仁斋为别号。从宽文2年（1662）36岁起，仁斋在堀川自宅开塾授徒、组同志会，撰《同志会籍申约》等文，以民间讲学的方式从事社会教育工作，并开始起草《论语古义》《孟子古义》《中庸发择》等书。中年以后的仁斋对宋学（尤其是朱子学）批判不遗余力，所撰论述孟子思想的著作有《语孟字义》（1683年，时年56岁）、《童子问》（1692年，时年65岁）及《孟子古义》（卒后15年、1720年出版）等书，随处就孟子学大义加以发挥、推衍，并借释孟而回归孔孟原始教义、驳斥朱子学，卓然自成一家之言。[①]

　　仁斋所撰《孟子劝诸侯行王道论》一文，完成于1691年（64岁之时），可视为仁斋思想成熟时之作品。仁斋特重《梁惠王》《公孙丑》《滕文公》等3篇，称之为"上孟"。他以"王道"为孟子学之核心。此文呈现仁斋反形上学与反观念论之思想倾向，全文要义有二:（1）重申"道之所存"在于"众心之所归",（2）回归"保民"乃所以"王道"之旨。以上二义均为孟子王道政治论之核心命题。

---

① 　以上有关仁斋生平，参看黄俊杰:《东亚儒学史的新视野》，页87。

【出处】

伊藤仁斋:《孟子劝諸侯行王道論》,见《古学先生詩文集》卷 2,收入相良亨等编:《近世儒家文集集成》第 1 卷,东京:ぺりかん社,1985 年,页 26 下—29 上。

或曰:"孔子之时,周室虽微,遗泽尚存,故《春秋》以尊周为义。至孟子时,王灵扫地,谁复知有周? 当是时,诸侯能行王道,则可以王矣,此孟子所以劝齐、梁之君也。孔、孟惟视天命之改与未改耳,其心未初异也。"

予曰:"子论甚正矣! 然于孟子之本旨,则未之尽也。夫王者本以德而言,未必斥位言之。[1] 吾子之意,亦将以废周天王,自践天子位,号令诸侯,而后方可。此当时辩士,犹欲蹈东海而死者,起孟子而为此邪? 昔成汤放桀于南巢,诸侯大会,汤退而就诸侯之位曰:"天子唯有德者可以处之。"三让,诸侯皆推让汤,于是即天子之位,孔子曰:"三分天下有其二,以服事殷。周之德,其可谓至德也已矣。"[2] 周之德,盖通文王之末武王之初,未伐纣之前而言,故不曰"文王之德"而曰"周之德"也。若始纣恶不至如后来之贯盈焉,则武王犹守臣节如故,而盟津之兵,未必观焉。在成汤亦然,此王者之心也,其有南巢牧野之事,盖圣人之不幸,不得已而行之者也。故孟子每论道德必称尧舜,论征伐则必称汤武,盖为是也。齐、梁之君,若能听孟子,得行王道而王焉,则当尊周之天王,己自修方伯职,号令诸侯,聘享以时,始终无渝臣节矣。若天下朝觐者不之周之天王,

---

[1] 《孟子·公孙丑上·三》:"孟子曰:'以力假仁者霸……以德行仁者王……'"见朱熹:《孟子集注》卷 3,页 325。

[2] 《论语·泰伯·二〇》。见朱熹:《论语集注》卷 4,页 144。

而之齐、梁之君；讼狱者不之周之天王，而之齐、梁之君；讴歌者，不讴歌周之天王，而讴歌齐、梁之君，天子亦不自安其位，使其卿士持节奉册，禅以天子位，然后不得已，而受王命，奉周之天王，以一侯国，如山阳公、酅国公例，永使周祀不绝，而后之中国，践天子位焉，是王者之心，而孟子所谓王道者如此。若不然，则曰："天命已改，遽废天子"，以为庶人已自抗然，敢居天子位，是篡也，王者不为。何以言之？孟子尝遇宋牼于石丘，牼曰："吾闻秦、楚构兵，我将见楚王，说而罢之；楚王不悦，我将见秦王，说而罢之。二王我将有所遇焉！"孟子曰："先生以仁义说秦楚之王，秦楚之王悦于仁义，而罢三军之师，是三军之士乐罢而悦于仁义也。为人臣者怀仁义以事其君；为人子者怀仁义以事其父；为人弟者怀仁义以事其兄：是君臣、父子、兄弟去利，怀仁义以相接也。然而不王者，未之有也。"[1]

夫"天无二日，人无二王"，[2]孟子固尝诵之，今若秦、楚之王，同悦于仁义，则皆具得王焉，然则是人有二王也。孟子之言，必不为若此之前后颠倒，理不相入也。窃谓秦、楚之王，共不相下，各持已逼人，以正位号为先，则是非去利怀仁义者，乃人有二王也。苟秦楚之王，能去利怀仁以相接也，则互相推让，年钧择贤，德钧则卜，而立其可立者。[3]已自退，然归其封疆，谨修贡职，不敢生一毫希觊之心，终身䜣然以自乐，不亦可乎？非特秦、楚之君为能然，举天下诸侯亦然，非必视天命之改否，以为去就之谓也。王道之效，不其大乎？昔

---

① 《孟子·告子下·四》。见朱熹：《孟子集注》卷12，页477。
② 《孟子·万章上·四》。孟子曰："否。此非君子之言，齐东野人之语也。尧老而舜摄也。《尧典》曰：'二十有八载，放勋乃徂落，百姓如丧考妣，三年，四海遏密八音。'孔子曰：'天无二日，民无二王。'舜既为天子矣，又帅天下诸侯以为尧三年丧，是二天子矣。"见朱熹：《孟子集注》卷9，页428。
③ 仁斋论"王道"，特重各国国君"能去利怀仁以相接""互相推让……而立其可立者"，反映仁斋所重在以"爱"为基础的"情"而不在抽象的"理"。仁斋与戴震都反宋儒的"理"，但同中有异。渡边浩说："戴震是反对君临于'上'的'理学'，而仁斋等人则是反对从'横'向进入的'理学'。"其说可从。见渡边浩：《东亚王权与思想》，区建英译，页78。

者尧荐舜于天，二十有八载。尧崩，三年之丧毕，舜避尧之子于南河之南，舜荐禹于天，十有七年。舜崩，三年之丧毕，禹避舜之子于阳城，天下之民，不从尧舜之子，而从舜与禹，然后之中国，践天子位焉，斯之谓三有礼，宁我弃天下，而天下不我弃焉，而后敢从天下之心，此王者之心也。若谓天命在我，遽登天子之位，行天子之事，岂其本心乎哉？呜呼！王道之义，隐于天下久矣，虽被服儒者，扭世俗之恒见，而不识王道之正大，故于孟子之言，或诋，或刺，或非，或疑之，又或得其皮肤，而遗其真髓。孟子之旨，郁乎不著于后世也寥矣。（元禄四年辛末秋八月初五日）

2. 荻生徂徕（1666—1728）：《孟子识》

【引言】

荻生徂徕（1666［日本宽文 6 年、清圣祖康熙五年、朝鲜显宗 7 年］—1728［日本享保 13 年、清世宗雍正六年、朝鲜英祖 4 年］）系江户人，原名双松，小字总右卫门，后以徂徕为本名，又以茂卿为名，人称物茂卿。

徂徕一生学术事业，依张崑将先生研究，可划分为 4 个阶段。第 1 阶段是"朱子学启蒙期"：14 岁随父亲因罪流放，自学《大学谚解》；25 岁随父亲赦归江户，开塾授徒，讲授朱子学，倡汉文直读法；27 岁开始接触王世贞（1526—1590）、李攀龙（1514—1570）之书。第 2 阶段是"从政活跃时期"：31 岁得将军纲吉之宠臣柳泽吉保（1658—1714）之召，掌书记职务；38 岁创立藩学文武教场，教授藩士；31—58 岁在柳泽吉保藩邸从政。第 3 阶段是"古学奠基期"：39—40 岁得王世贞之《漟州山人四部稿》174 卷、李攀龙之《沧溟集》16 卷，自述有如"天之宠灵"，潜研古文辞 10 年；49 岁著《萱园随笔》，开始大力批判仁斋，唯仍未脱离宋学，但已声名渐扬。第 4 阶段是"古文辞学问成熟期"：52 岁著《辨名》《辨道》《学则》，不仅反仁斋，也反宋学，以古文辞研究方式直求"六经"古义；53 岁撰成《论语征》《大学解》《中庸解》。[①] 徂徕个性豪迈，尝自谓："余无它嗜玩，惟啗炒豆，诋毁宇宙间之人物而已。"[②] 所撰文字之字里行间皆可显露其人格与风格。

荻生徂徕《孟子识》仅针对《孟子·梁惠王》提出解释，或系针对伊藤

---

① 参看张崑将：《日本德川时代古学派之王道政治论：以伊藤仁斋、荻生徂徕为中心》，页 74—75。

② 原念斋：《先哲丛谈》卷 6，页 192。

仁斋以《梁惠王》篇为"圣门之要法，学问之本领"①而发。《孟子识》开宗明义批判孟子所持"义利之辨"，主张孟子特重之"仁义"二字不足以尽"道"，并将"仁"解释为"安民"，肯定孟子的汤武放伐论。徂徕学反对自由与平等等近代西方政治价值理念。渡边浩先生说："徂徕学是在没有科举的社会中，由没有统治地位的儒学者提供的统治思想。那么，通过儒学者来让统治者心服，让他们实行'先王之道'，便是理论与实践连接的唯一通道。因为徂徕学的政治观认为，所谓政治主要是自上而下的。"②这种说法一针见血地指出徂徕学的基本性格。

【出处】

荻生徂徕：《孟子識》，收入今中宽司、奈良本辰也编：《荻生徂徕全集》第2卷，东京：河出书房新社，1978年，页661—669。

《史记》称孟子受业于子思之门人，③《孔丛子》载其见子思，④后人故或以人衍文。然其言曰，由孔子而来，于今百有余岁，⑤则岂信哉？又曰"予私淑诸人也"，⑥而不言所师，其不受于子思者审也。然其距孔子最近，而君子之泽未斩，微言大义，存于其书者，犹尚不鲜

---

① 伊藤仁斋：《孟子古義》卷1，页1。
② 渡边浩：《东亚王权与思想》，区建英译，页120。
③ 《史记·孟子荀卿列传》："孟轲，驺人也。受业子思之门人。"
④ 《孔丛子·杂训》："孟子车尚幼，请见子思。子思见之，甚悦其志，命子上侍坐焉，礼敬子车甚崇。子上不愿也。客退。子上请曰：'白闻士无介不见，女无媒不嫁。孟孺子无介而见，大人悦而敬之。白也未谕，敢问？'子思曰：'然。吾昔从夫子于郯，遇程子于途，倾盖而语，终日而别，命子路将束帛赠焉，以其道同于君子也。今孟子车，儒子也，言称尧、舜，性乐仁义，世所希有也。事之犹可，况加敬乎！非尔所及也。'"
⑤ 《孟子·尽心下·三八》："孟子曰：'由尧舜至于汤，五百有余岁，若禹、皋陶，则见而知之；若汤，则闻而知之。由汤至于文王，五百有余岁，若伊尹、莱朱则见而知之；若文王，则闻而知之。由文王至于孔子，五百有余岁，若太公望、散宜生，则见而知之；若孔子，则闻而知之。由孔子而来至于今，百有余岁，去圣人之世，若此其未远也；近圣人之居，若此其甚也，然而无有乎尔，则亦无有乎尔。'"见朱熹：《孟子集注》卷14，页529。
⑥ 《孟子·离娄下·二二》："孟子曰：'君子之泽五世而斩，小人之泽五世而斩。予未得为孔子徒也，予私淑诸人也。'"见朱熹：《孟子集注》卷8，页414。

矣。故君子取焉，汉立之学官，后或废之，及于唐韩愈以排佛老自任，始推尊孟子，而宋儒道统之说兴也，可谓效尤佛氏者已。程子遂骈其书《论语》，并其人孔子，乃《论》、《孟》、孔孟之称至于今，儒者习以为常。夫自千岁之下，而以己所见，操其鉴藻之权，可不谓僭乎？亦彼如来菩萨是放已，然犹未经之矣。迫晚季，俨然升其书于经，何其肆也？大抵孟子时，百家坌涌，极口讥圣人，孟子奋然与之争也。于是乎先王之道降，而为儒家者流，故其言务张儒家，以见孔子之道，踰胜于百家。是虽其时哉，亦孟子之过也。夫孔子之道，二帝三王之道也，岂待争而后尊乎？且彼不信之，而吾聒之，古谓之取辱之道焉！故性善、四端、存心、收放心，及其谈尧舜汤武，凡后儒以为有功于圣门者，皆其好辩之失也。且当其时，儒者稍稍失其所守孔子之业，而礼乐接壤，义理孤行。故其书脱略礼乐，圣夷惠，创仁义礼智、养浩然之气，要之亦非孔子之旧也。荀卿以性恶抗之，讥五行、圣子弓、著礼乐论，可谓善操其短已。吾邦仁斋先生能识宋儒之于其书，皆以己所见，傅诸孟子之。而不自识其犹昧乎古焉，岂不惜哉！学者欲观古之道，必求诸六经、《论语》，而能识古言。然后古之道与义，可得而言已。夫然后观于孟子书，其功与罪，犹视诸掌哉。今以赵朱二家解，征诸古言，以求不凿于孟子之旨；又以孟子之言，质诸古圣人之道，以求亡害乎孔子之较，是亦孟子愿学之意云尔？千载逝矣，孟子而有知，而后其喜可知也。梁惠王章句上，赵岐本下有"凡七章"三字，合为九字，盖牟子章句之文，朱子作新注，废旧解而存之者何？《史记·列传》、《汉书·艺文志》，皆曰七篇，[①] 而篇分上下，岂古哉？

---

① 《史记·孟子荀卿列传》："退而与万章之徒序诗书，述仲尼之意，作孟子七篇。"但《汉书·艺文志》中载"孟子十一篇"。

　　孟子七篇，皆称"孟子曰"，其非自著者审矣。[①] 仁斋之学，专主孟子，其嗜好之偏，遂谓有孟子自著者，有门人录者。其辨十翼非孔子作，援欧阳修说，[②] 据"子曰"为断，而此乃尔，何其言之相戾也？

　　"叟者"，长老之称，犹谓"先生"也。观下篇"高叟"[③] 可见已，"王何必曰利，亦有仁义而已矣。"[④] 赵注："孟子知王欲以富国强兵为利，故曰王何以利为名乎？亦有仁义之道，可以为名。以利为名，则有不利之患矣。"[⑤] 是得曰字义，且不失当时语意。盖孟子务张儒家，此时首见惠王，便以此言，见其道与富国彊兵之流殊也，所争在所以为"名"耳。孟子游齐在先，而以此言，置七篇之首，乃主张儒家，为七篇大指故也，下篇告宋牼，亦曰"何必曰利"，[⑥] 又曰"先生之号不可也"，[⑦] 岂非争所以为名邪？"征"者，上取下也，上下交征利，谓君臣皆务取于民也，下文更言好利弊，遂至于弑君，本与交征殊义，不尔此曰"征"，下曰"取"，何殊其文乎？朱注："上取乎下，下取乎

① 荻生徂徕以"孟子曰"三字判定《孟子》非自著，似嫌粗疏。汉代学者如西汉司马迁、东汉赵岐均以《孟子》书系孟子与弟子公孙丑等人合编，至唐代韩愈开始主张系孟子弟子万章、公孙丑等共编，但自著说仍为主流意见，另详本书第九章注 2。

② 《欧阳修集·传易图序》："昔孔子门人追记其言作《论语》，书其首必以'子曰'者，所以别夫子与弟子之言。又其言非一事，其事非一时，文联属而言难次第，故每更一事必书'子曰'以起之。若《文言》者，夫子自作，不应自称'子曰'。又其作于一时，文有次第，何假'子曰'以发之？乃知今《周易》所载，非孔子《文言》之全篇也。盖汉之《易》师，择取其文以解卦体，至其有所不取，则文断而不属，故以'子曰'起之也。其先言'何谓'而后言'子曰'者，乃讲师自为答问之言尔，取卦辞以为答也，亦如公羊、谷梁传《春秋》，先言'何'、'曷'，而后道其师之所传以为传也。今《上系》凡有'子曰'者，亦皆讲师之说也。"

③ 《孟子·告子下·三》："曰：固哉，高叟之为诗也！有人于此，越人关弓而射之，则己谈笑而道之；无他，疏之也。其兄关弓而射之，则己垂涕泣而道之；无他，戚之也。小弁之怨，亲亲也。亲亲，仁也。固矣夫，高叟之为诗也！"见朱熹：《孟子集注》卷 12，页 476。

④ 《孟子·梁惠王上·一》。见朱熹：《孟子集注》卷 1，页 279。

⑤ 赵岐注见焦循：《孟子正义》卷 2，页 36。

⑥ 《孟子·告子下·四》："……为人臣者怀仁义以事其君，为人子者怀仁义以事其父，为人弟者怀仁义以事其兄，是君臣、父子、兄弟去利，怀仁义以相接也。然而不王者，未之有也。何必曰利？"见朱熹：《孟子集注》卷 12，页 477。

⑦ 《孟子·告子下·四》："先生之志则大矣，先生之号则不可。"见朱熹：《孟子集注》卷 12，页 477。

上",① 可谓不知字义已! 万乘之国,当时如七国,皆地方千里,故曰"万乘之国,千乘之家";如邹鲁小国,皆地方百里,故曰"千乘之国,百乘之家",赵、朱皆以"万乘"为天子畿内之地,② 非矣,仁斋得之。

义利之辨,先儒以为《孟子》开卷第一义。夫舜之三事,③ 利用、厚生居其二。《文言》曰:"能以义利利天下,不言所利,大矣哉!"④ 故圣人之道,利民为先,道而无所利,岂足以为道乎? 故虽孟子,亦以"安富尊荣"为言,⑤ 而此章首辨义利者,说之道也。《论语》曰:"君子喻于义,小人喻于利。"⑥ 君子谓在上之人也,小人谓民也。喻在上之人以义,喻民以利,古之道为尔。故孔子言之,如《盘庚》专以"生生"而言,⑦《左传》诸书所载,凡所说于君,皆援先王之礼与义,⑧ 岂不然乎? 至于战国之世,先王之泽斩焉,而士不识礼义,出言鄙俚,遂以小人道,进于其君,而富国强兵之说兴。故孟子所以言之者,为合于先王孔子之道也。然若使七十子之徒,对于惠王之问,必将曰:王欲利其国,盍行尧舜之道也? 而孟子义利之辨太严,是其不免于为战国士也。何则? 战国时百家皆说客。说客之情,务排他人,以伸己说而求售,皆有所标异以

---

① 朱熹:《孟子集注》卷 1:"征,取也。上取乎下,下取乎上,故曰交征。"(页 280)

② 朱熹:《孟子集注》卷 1:"万乘之国者,天子畿内地方千里,出车万乘。"(页 280);赵岐注:"万乘,兵车万乘,谓天子也。"见焦循:《孟子正义》卷 2,页 37—38。

③ 《尚书·虞书·大禹谟》:"禹曰:于! 帝念哉! 德惟善政,政在养民。水、火、金、木、土、谷,惟修;正德、利用、厚生,惟和。九功惟叙,九叙惟歌。戒之用休,董之用威,劝之以九歌俾勿坏。"

④ 《周易·乾卦·文言传》:"《乾》'元'者,始而亨者也。'利贞'者,性情也。乾始能以美利利天下,不言所利,大矣哉!"(文言传原文为"美利",徐徕引用时作"义利")

⑤ 《孟子·尽心上·三二》:"孟子曰:'君子居是国也,其君用之,则安富尊荣;其子弟从之,则孝弟忠信。'不素餐兮',孰大于是? 见朱熹:《孟子集注》卷 13,页 503。

⑥ 《论语·里仁·一六》,见朱熹:《论语集注》卷 2,页 97。

⑦ 《尚书·商书·盘庚中》:"往哉! 生生! 今予将试以汝迁,永建乃家。"《盘庚下》:"呜呼! 邦伯师长百执事之人,尚皆隐哉! 予其懋简相尔念敬我众。朕不肩好货,敢恭生生。鞠人谋人之保居,叙钦。今我既羞告尔于朕志若否,罔有弗钦! 无总于货宝,生生自庸。式敷民德,永肩一心。"

⑧ 《左传》中"先王"一词共 49 见,如"先王之制"、"先王之明德"、"先王之礼辞"等等。

耸人之听。孟子之言，所争专在所以为名者，坐是故也。盖著书立言，或与其门人私相论说，杨墨之辨，岂不可乎？至于行道当世，则有不然者矣，盖行道当世，以得人才为先，其时百家之徒，岂无所长？兼容并收、人用其能，而后大业可成也。观于孔子，师老聃①、称管晏②，岂不皆孟子所排乎？而俾孔子用于时，岂必若是断断乎哉？孟子乃以其与门人私相辨论者，进之君，则其操心，可谓隘也已。故孟子者，主言之者也，不主行之者也，是其所以仅为后世儒家者流之祖，而不能为古圣贤之徒也。诸侯以兵争，而先王之天下裂矣；百家以言争，而先王之道裂矣，岂不悲哉？后世道学先生，又据孟子之言，每谓唯在义理如何而已矣，而利害非所问也；徒洁其身，而不知其为道远于人者，亦不善读《孟子》之失已。如仁斋先生，信孟子之深，而谓《大学》以义为利者，战国人以利啖人之故智者，亦不知孟子之言止不欲以利为名耳，乃坐不识曰字，而谓孟子绝口于利故也。

"仁义"并称，先王孔子所不言，六经、《论语》所无也，亦以吾道标异于百家之言也。书曰：礼以制心，义以制事，③古之教，诗书礼乐，略而言之，君子之道，唯礼义足以举之。而孔门之教依于仁，④故"仁"与"礼"、"义"三者，虽孟子亦屡并言之，孔氏之旧为尔。至于"仁义"并言，则多见《戴记》，⑤亦七十子之徒，赞礼之言也；赞礼而言之，则为不遗乎礼，亦"仁义礼"并言之旧也。如《易传》曰："立

---

① 《史记·孔子世家》："鲁南宫敬叔言鲁君曰：'请与孔子适周。'鲁君与之一乘车，两马，一竖子俱，适周问礼，盖见老子云。辞去，而老子送之曰：'吾闻富贵者送人以财，仁人者送人以言。吾不能富贵，窃仁人之号，送子以言，曰：聪明深察而近于死者，好议人者也。博辩广大危其身者，发人之恶者也。为人子者毋以有己，为人臣者毋以有己。'孔子自周反于鲁，弟子稍益进焉。"
② 《论语·宪问》第9、16、17章皆称管仲，《公冶长·一七》称晏婴。
③ 《尚书·商书·仲虺之诰》："王懋昭大德，建中于民，以义制事，以礼制心，垂裕后昆。"
④ 《论语·述而·六》，见朱熹：《论语集注》卷4，页126。
⑤ 《大戴礼记》中"仁义"连用共7见，其中3次与"礼乐"连用，4次单读写为"仁义"。

人之道，曰仁与义。"① 是易主象，故以阴阳为天道，刚柔为地道，亦设此而使学者思其象者已。其实阴阳不尽乎天道，刚柔不尽乎地道，则仁义不足以掩先王之道审矣。故《易传》或以"知礼"言之，或以"仁智"言之，不恒其言者，可以见已。要之皆论说道艺之言，借彼以明此，其非先王、孔子之法言者，亦审矣。其后论说弗已，其言终为儒者常言。而老氏自主然，管商之流，主刑名功利，唯墨氏之近于道，乃言仁而无义。故"仁义"之名，足以标吾道，以见异于百家，则孟子亦且其平生师友所常言者言之，岂可深拘乎？后世儒者据孟子之文，遂谓"仁义"足以尽乎道矣，如仁斋先生曰：仁义二者，实道德之大端，万善之总脑；智礼二者，皆从此而出，犹天道之有阴阳，地道之有刚柔，二者相须相济，而后人道得全，犹阴阳之不可相无，而不可相胜。是其意盖谓孟子之时，世衰而道不明，故孟子揭其全以示之也，是无它，理学者流，贵精贱粗之见，沦其骨髓。虽仁斋之敏，亦为旧见所锢，不自觉其鳌乎先王孔子之道已。其所谓"相须相济"者，礼义为尔，今遗乎礼，取乎义，岂人道之全哉？且古曰："博学于文。"② 诗书礼乐，亦繁矣哉。然必博学之者，道之不可以一言尽也，喜径喜直，必欲以一言尽之，故以"仁义"为道之纲，岂先王孔子之意哉？果使"仁义"二字，足以尽乎道邪？先王孔子岂不迂乎？且孔子所谓道者，先王之道也，当其时，犹未有杨、墨、老、庄之道，则亦何必有所识别也？及于孟子时，杨、墨、老、庄各有其所为道，则儒者以"仁义"标异之者，势之所必至也。故孟子以"仁义"标异于百氏者可也；而后儒欲以此尽乎道者，不可也。盖自宋儒以"当行之理"③

① 《周易·说卦传》："昔者圣人之作《易》也，将以顺性命之理，是以立天之道曰阴与阳，立地之道曰柔与刚，立人之道曰仁与义。"
② 《论语·雍也·二五》。见朱熹：《论语集注》卷3，页122。
③ 朱熹《中庸章句》解"道也者，不可须臾离也"一句曰："道者，日用事物当行之理，皆性之德而具于心，无物不有，无时不然，所以不可须臾离也。"（页23）

解道，而后虽仁斋，亦以为道自然有之，而苦无所规矩，故以"仁义"
为规矩准绳耳。殊不知"仁义"亦名而已矣，徒以其名，乌能得其物
哉？且如其所谓为其所当为，而不为其所不当为者，吾未知何者其
所当为，而不为其所不当为也。苟不求诸先王之义，则亦归于宋儒
所谓"常行之理"耳，是"仁义"之名，未足以尽乎道，而徒可以标异
于百氏者，岂不彰彰乎明也哉！学者思诸。

"经始灵台，经之营之"，① 毛传："经，度之也。"② 郑笺：度始灵台
之基趾营表之，③ 盖"经始"、"经营"一也，凡作台榭宫室，必引绳以度
量之，植木以表识之，是其始也。故郑笺"营"连"表"解之。朱注：
"经，量度也；营，谋为也。"④ 其事而解以虚字，非也。"庶民攻之，不日
成之。"⑤ 毛传："攻，作也，不日有成也。"⑥ 郑笺："不设期日而成之。"⑦
朱注："攻，治也，不日，不终日也。"⑧ 盖"攻"之训"治"，如《周礼》攻
木之工，攻金之工，⑨ 皆带"作"意。"攻"、"工"同音，故毛训"作"为
是，庶民治之，可谓不成语矣！不日不几日之义，他书可考，朱注"不
终日"谬矣！郑玄与下"经始勿亟"连读，重泥"之"字，故曰："不设
期日而成之。"亦经生不解诗已！"经始勿亟，庶民子来"，此二句反
覆，解上四句，而明"不日成之"之由，"勿亟"，不亟也。文王作灵台，
经始而已矣，庶民子来攻之，莫有督役之事。故不言"督役"而曰"经

---

① 《孟子·梁惠王上·二》引《大雅·文王之什·灵台》，见朱熹：《孟子集注》卷1，页280。
② 毛亨传，郑玄笺，孔颖达疏：《毛诗正义》卷16之5。
③ 《毛诗正义》卷16之5，笺云："文王应天命，度始灵台之基趾，营表其位。"
④ 朱熹：《孟子集注》卷1："诗大雅灵台之篇，经，量度也。灵台，文王台名也。营，谋为也。"
（页281）
⑤ 《大雅·文王之什·灵台》。
⑥ 毛亨传，郑玄笺，孔颖达疏：《毛诗正义》卷16之5。
⑦ 同上。
⑧ 朱熹：《孟子集注》卷1："诗大雅灵台之篇，经，量度也。灵台，文王台名也。营，谋为也。"
（页281）
⑨ 《周礼·考工记》："凡攻木之工七，攻金之工六"、"攻木之工：轮、舆、弓、庐、匠、车、梓。
攻金之工：筑、冶、凫、㮚、段、桃。"

始"。郑笺:"度始灵台之基趾,非有急成之意。"① 得之;朱注:"言文王戒以勿亟也",② 重泥"勿"字,非矣! 上四句,"营"、"成"一协,下六句"伏"、"翯"、"跃"一协,中间"来"字不协,自是一体。"王在灵囿,麀鹿攸伏",③ 毛传:"麀,牝也。"④ 本释兽文,郑笺:"文王亲至灵囿视牝鹿所游伏之处,言爱物也。"⑤ 是泥"攸"字,亦经生不解诗之言也,且添一"游"字成义,殊属牵强。《赵注》言"文王在囿中,麀鹿怀妊,安其所而伏,不惊动也",⑥ 得之,若非怀妊,何曰麀鹿? "伏"如鸡伏卵之伏,古盖有此言,朱子删怀妊者误矣! "麀鹿濯濯,白鸟鹤鹤"(诗作翯翯),⑦ 毛传:"濯濯娱游也,翯翯肥泽也。"⑧ 郑笺:"鸟兽肥盛喜乐,言得其所。"⑨ 赵注:"兽肥饱则濯濯,鸟肥饱则鹤鹤而泽好"⑩ 而已,朱注:"濯濯肥泽貌,鹤鹤洁白貌。"⑪ 观于牛由濯濯,则朱注似胜,然鹤鹤本翯翯,因音同而作鹤鹤,朱子乃似缘"鹤"字作解。然鹤何皆白鹤已乎? 毛传"娱游肥泽",义互相足邪,"王在灵沼,于牣鱼跃"。⑫ 郑笺:"灵沼之水,鱼盈满其中,皆跳跃。"⑬ "牣"字属鱼,得之,谓其台曰灵台,谓其沼曰灵沼。赵注"谓其台沼若神灵之所为",⑭ 是深泥"灵"

---

① 毛亨传,郑玄笺,孔颖达疏:《毛诗正义》卷16之5。
② 朱熹:《孟子集注》卷1:"诗大雅灵台之篇,经,量度也。灵台,文王台名也。营,谋为也。"(页281)
③ 《大雅·文王之什·灵台》。
④ 毛亨传,郑玄笺,孔颖达疏:《毛诗正义》卷16之5。
⑤ 同上。
⑥ 赵岐注:"文王在此囿中,麀鹿怀任,安其所而伏,不惊动也。"见焦循:《孟子正义》卷2,页46。
⑦ 《大雅·文王之什·灵台》。
⑧ 毛亨传,郑玄笺,孔颖达疏:《毛诗正义》卷16之5。
⑨ 同上。
⑩ 赵岐注:"兽肥饱则濯濯,鸟肥饱则鹤鹤而泽好。"见焦循:《孟子正义》卷2,页46。
⑪ 朱熹:《孟子集注》卷1:"诗大雅灵台之篇,经,量度也。灵台,文王台名也。营,谋为也。"(页281)
⑫ 《大雅·文王之什·灵台》。
⑬ 毛亨传,郑玄笺,孔颖达疏:《毛诗正义》卷16之5。
⑭ 赵岐注见焦循:《孟子正义》卷2,页47。

字，盖"灵"，善也，"灵"、"令"音同，古字通用，民称其台，而曰"灵台"，囿沼曰"灵囿"、"灵沼"，不过命以美名尔，后人动辄为神灵之解非矣！毛传曰："天子有灵台者，所以观祲象、察气之夭祥也"，[1]是或然，然至于孔疏，以"文王有灵德"[2]为解，皆泥矣。《汤誓》之文，[3]赵注："日，乙卯日也。害，大也。"[4]亡为亡之，或是大小夏侯辈说。朱注，乃《孔安国传》及《尚书大传》之说，却为古义。孟子以偕乐独乐为说，与下篇《答庄暴好乐章》、[5]《问文王之囿章》、[6]《答好货好色章》，[7]皆深得人君止于仁之义，与它以恻隐论仁者殊矣，学者其味诸。

"填，鼓音也"。[8]此象其音，贾逵解："塞也，满也"，[9]凿矣！"不违农时"以下，至"王道之始也"，[10]朱注："古者网罟必用四寸之目，鱼不满尺，市不得粥，人不得食"，[11]非矣！此段专主上之节用，不夺民利，故结曰："是使民养生丧死无憾也。"至于下文，始言定民之制，乃王制之详者已。荀子曰："春耕夏耘，秋收冬藏，四者不失时，故五谷不绝，而百姓有余食，网罟毒药，不入泽，洿池渊沼，谨其时禁，故鱼鳖优多，而百姓有余用，斩伐养长，不失其时，故山林不童，而百

---

① 毛亨传，郑玄笺，孔颖达疏：《毛诗正义》卷 16 之 5，毛传："天子有灵台者，所以观祲象，察气之妖祥也。"

② 同上书，孔疏："台、囿、沼皆言灵，是明文王有灵德之义。"

③ 《孟子·梁惠王上·二》所引《汤誓》："时日害丧，予及女皆亡！" 见朱熹：《孟子集注》卷 1，页 281。

④ 赵岐注见焦循：《孟子正义》卷 2，页 49。

⑤ 《孟子·梁惠王下·一》，见朱熹：《孟子集注》卷 2，页 295—296。

⑥ 《孟子·梁惠王下·二》，见朱熹：《孟子集注》卷 2，页 297。

⑦ 《孟子·梁惠王下·五》，见朱熹：《孟子集注》卷 2，页 301—302。

⑧ 《孟子·梁惠王上·三》，孟子对曰："王好战，请以战喻。填然鼓之，兵刃既接，弃甲曳兵而走。或百步而后止，或五十步而后止。以五十步笑百步，则何如？" 赵岐注见焦循：《孟子正义》卷 2，页 52。

⑨ 见焦循：《孟子正义》卷 2，页 53："《说文》土部云'填，塞也。'"

⑩ 《孟子·梁惠王上·三》，见朱熹：《孟子集注》卷 1，页 281—282。

⑪ 朱注《孟子·梁惠王上·三》，见朱熹：《孟子集注》卷 1，页 283。

姓有余财。"① 正与孟子之文,大同小异。其三言百姓,可见已。王制曰:"獭祭鱼,然后虞人入泽梁,豺祭兽,然后田猎,鸠化为鹰,然后设罛罗。草木零落,然后入山林。"② 其以虞人为言,可见供公用者制也,又曰:"古者:公田,籍而不税,市,廛而不税,关,讥而不征,林麓川泽,以时入而不禁。"③ 亦谓虞以时入,而供公用也,其与公田市关连言,主意可知。其下文,"夫圭田无征,用民之力,岁不过三日。田里不粥,墓地不请"④ 者,乃兼言民制,则以"夫"字更端矣,至于"五谷不时,果实未熟,不粥于市"⑤ 一段,则为制度之详者,或引以说《孟子》此段,非矣!孟子此段,全与好乐、好货、好色、文王之囿章一意,乃王道之始,仅以收民心,而未及详定民间之制度。⑥ 诸家之解,混淆不晰,可谓卤莽已!当今之世,无虞官,而虽王侯,皆买辨于市,则学者狃其所见,茫然不识古人之意,故特详之尔。又按,朱注:"洿,窊下之地,水所聚也。"⑦ 非矣!"洿"、"池"连言,只是池沼,亦非小小渟水之处,何必用此解?大氐洿池渊沼,鱼鳖所藏,生育存焉,故不用数罟;至于江河,则其所庑游,故不必禁。是所以止言污池渊沼也。"五亩之宅",赵注:"庐井邑居,各二亩半。"⑧ 班志亦云

---

① 徂徕引文应为《荀子·王制·二二》,但与荀子原文略有出入。"圣主之制也:草木荣华滋硕之时,则斧斤不入山林,不夭其生,不绝其长也。鼋鼍鱼鳖鳅鳣孕别之时,罔罟毒药不入泽,不夭其生,不绝其长也。春耕、夏耘、秋收、冬藏,四者不失时,故五谷不绝,而百姓有余食也。污池渊沼川泽,谨其时禁,故鱼鳖优多,而百姓有余用也。斩伐养长不失其时,故山林不童,而百姓有余材也。"
② 《礼记·王制·二二》。
③ 《礼记·王制·三三》前段。
④ 《礼记·王制·三三》后段。
⑤ 《礼记·王制·五一》。
⑥ 徂徕批评孟子"王道之始,仅以收民心,而未及详定民间之制度",此语极重要,显示徂徕特重"礼乐刑政"之思路,与徂徕批孟子"义利之辨"一脉相承,而与两宋功利学派诸人隔海呼应。
⑦ 朱注《孟子·梁惠王上·三》,见朱熹:《孟子集注》卷1,页283。
⑧ 赵岐注:"庐井邑居,各二亩半以为宅,冬入保城二亩半,故为五亩也。"见焦循:《孟子正义》卷2,页55。

尔。[1]田远者或有庐舍，田近者无之。仁斋援诗，"同我妇子，馌彼南亩"，[2]而谓必无庐舍，为泥矣！盖诸儒以孟子曰皆什一也，而助法井田，实九一，故难其解，遂以公田中二十亩为庐舍，则一夫各得二亩半，因析五亩之宅二之，是"二亩半"之说所以出也，可不谓凿乎！汉儒之泥，往往而然，不泥可矣！以今观之，有百亩之田，而宅仅二亩半，为宅不称其田，古今虽邈乎，民产岂殊？故观古今，为霄壤之迥者，皆经世浮谈耳！"五十者，可以衣帛矣"、"七十者，可以食肉矣"。[3]仁斋曰："犹使菽粟如水火之意，非谓未五十七十者，不得衣帛食肉也。"[4]异哉！果其说之是，则当曰民皆可以衣帛食肉矣，何必有五十七十之文？王制曰："五十异粮，六十宿肉，七十贰膳，八十常珍"[5]"五十始衰，六十非肉不饱，七十非帛不煖。"[6]又曰："庶人无故不食珍"，[7]与孟子相符，岂容生异说于其间乎？但人饮食之养，切于衣服，故六十当言肉，七十当言帛，王制之文为优，孟子或为传写之误耳！大氐天地之生物有限，苟不立之制，则物不足，不足则争乱之所由起也，故先王定贵贱老少之制以为礼，礼以成俗，俗定而物莫不足焉。然此非"法"也，法者，禁令也。令以行之，禁以止之。"礼"则异于此焉，以观效为用，而使民有所耻；"法"者，以禁令为用，而使民有所避。故法不贵细苛，礼不厌繁缛。故礼者，务美焉者也，民

---

① 班固：《汉书·食货志》："理民之道，地著为本。故必建步立亩，正其经界。六尺为步，步百为亩，亩百为夫，夫三为屋，屋三为井，井方一里，是为九夫。八家共之，各受私田百亩，公田十亩，是为八百八十亩，余二十亩以为庐舍。出入相友，守望相助，疾病则救，民是以和睦，而教化齐同，力役生产可得而平也。"

② 《诗经·豳风·七月》。

③ 《孟子·梁惠王上·三》。见朱熹：《孟子集注》卷1，页281—282。

④ 仁斋曰："犹言使有菽粟如水火之意，非谓未五十七十者，不得衣帛食肉也。"见伊藤仁斋：《孟子古義》卷1，收入《日本名家四書注釈全書》第9卷《孟子部2》，页6。

⑤ 《礼记·王制·五六》。

⑥ 《礼记·王制·五八》。

⑦ 《礼记·王制·三二》："诸侯无故不杀牛，大夫无故不杀羊，士无故不杀犬豕，庶人无故不食珍。"

之性,美则效之,是以不待禁令而行。及其久也,习以成俗,民以为固然,是先王之道,所以易易也。至秦以法律治天下,而礼废,其后儒臣有以先王之制进者,则朝廷嘉之,立以为法,于是礼与法混为一焉!观于唐、明律,可以见已。夫法者,以威为治者也,故以礼为法,则民惮之,莫有观效之意,岂行乎哉?礼之所以遂废也。礼废而民不知分,以富为尚,富凌贫、少凌老,民任其意所欲,以为愉快。当其之时,或以文王之制,立以为法,使少壮不得衣帛食肉,则民必不便,骚然以怨其上。不止此耳,今之税什四,而君子尚苦不足,而遽复什一之制,何可行乎?是无它,不晰夫礼与法之分故也。孟子之时,礼虽废乎,惠王为武侯之子。武侯之世,子夏在,魏人尚知五十、七十之制,祇为其衣食不足,故不可得而行之,故孟子曰,可以衣帛、可以食肉,言衣食足则可得而行之。亦管子衣食足,而礼义兴之意,[①] 何不可之有?且孟子此章说王政之本,故止以制民之产为主,而下有谨庠序之文,则礼乐之教,自在其中,此孟子何必废礼?亦岂施失其序乎?今仁斋辈生于礼法混之世,而贵简直之见,为主于中,故每不取《戴记》诸书,而独喜《孟子》,虽孟子稍有不可于其意,辄生异不已,亦宋儒谓道为当行之理者,其习沦于骨随,洗之不去,是以自信深,而信圣人之教浅,取舍任意,势之所必至也,岂不悲乎?大抵《孟子》一书,主劝时君,故其言专务张孔子,以与百家争,而未至于行道,故礼乐率在所略。假使孟子得君行道,则岂废礼乐哉?宋儒以来喜《孟子》者,皆唯执孟子辨论之言,以为孟之本旨,止于如此。故皆不知礼乐谓之道,此非孟子之过也,诸家不善读书之过也,学者察诸。又按,"谨庠序之教",即养老乡饮酒之礼也;"申孝弟之义",即乞言合语之类也。行其礼,民尚未喻,故申之以此,非谓反复

---

① 《管子·牧民·一》:"仓廪实,则知礼节;衣食足,则知荣辱。"

孝悌之义也。大抵后儒狃汉以后之制,专以讲说为学校之教者,非矣。又按:此章曰"狗彘食人食",下章曰"庖有肥肉,厩有肥马",[①]及縠觫之牛,[②]四十里之圃,[③]皆为后世人君,多心溺于近,而爱不及民,故孟子特言之也。孟子劝齐、梁君王,其既引汤武,则固其所也,何容疑乎?而后儒疑之者,不知"道"之过也。夫"道"者,圣人所建也,圣人所以建道之心则在仁。汤武圣人也,汤武放伐,应天顺民,仁也;"五伦"者,道之通于上下者也,以为尽乎道者,非也。夫"道"者,圣人所建也,则圣人重于道,岂得执达道以非汤武乎?是孟子之意也。孔子之时,文武之道,未坠地;[④]孟子之时,既坠地,坠地则必竣圣者,故曰:"五百年而必有王者兴。"[⑤]此之谓也,或以五百年为气数,或就冥冥之中,而求天命之改与未改,可谓皆不知道者已!且汤武兴而天命改,故谓天命改者,必有当于是者焉。孟子之时,孰其当于是者?故程子亦不知措辞者也。若仁斋以汤武放伐为道,既非矣,然其既以放伐为道,则孟子劝齐、梁君王,亦何所讳也?乃其言曰:"孟子所谓王者,本以德称之,而不必以居天子位为王也。齐、梁之君,苟能行仁政而得天下之心焉,则虽为诸侯,皆可以称为王者也。"[⑥]因引文王为证。妄哉!是回护之言也。孟子何啻引文王?亦

---

① 《孟子·梁惠王上·四》。见朱熹:《孟子集注》卷1,页284。
② 《孟子·梁惠王上·七》:"王坐于堂上,有牵牛而过堂下者,王见之,曰:'牛何之?'对曰:'将以衅钟。'王曰:'舍之!吾不忍其縠觫,若无罪而就死地。'对曰:'然则废衅钟与?'曰:'何可废也?以羊易之!'不识有诸?"见朱熹:《孟子集注》卷1,页287—290。
③ 《孟子·梁惠王下·二》,齐宣王问孟子:"寡人之圃方四十里,民犹以为大,何也?"见朱熹:《孟子集注》卷2,页297。
④ 《论语·子张·二二》,卫公孙朝问于子贡曰:"仲尼焉学?"子贡曰:"文武之道,未坠于地,在人。贤者识其大者,不贤者识其小者,莫不有文武之道焉。夫子焉不学?而亦何常师之有?"见朱熹:《论语集注》卷10,页268。
⑤ 《孟子·公孙丑下·一三》。见朱熹:《孟子集注》卷4,页348。
⑥ 仁斋于《孟子古义》一书中《孟子·梁惠王上·三》章末附论曰:"此章详论王道,本末兼该,最为明白。……而先儒疑孟子者,以劝诸侯王为非,殊不知孟子所谓王者,本以德称之,而不必以居天子位为王。齐、梁之君,苟能行仁政,而得天下之心焉,则虽为诸侯,皆可以称为王者也。"见伊藤仁斋:《孟子古义》卷1,页7。

引汤武。而仁斋乃何举一而隐二,非回护而何?且孟子之言曰:"然而不王者,未有之也";^①又曰:"地方百里,而可以王";^②又曰:"不嗜杀人者能一之";^③又曰:"保民而王";^④又曰:"是心足以王矣";^⑤又曰:"今王与百姓同乐则王矣"。^⑥凡此之类不一而足,皆明谓有天下为王也。又如止齐王欲毁明堂,^⑦岂非有天下之谓乎?且仁斋曰:"不必以居天子位为王也。"^⑧其不曰"有天下",而曰"居天子位",亦措辞之未善也。夫齐、梁之君既称王,则居天子位,彰彰乎明矣。秦汉之前,皇帝之号未立,岂有诸侯而称王者邪?楚子称王,公其县尹,以与诸夏抗,而不奉周礼,岂非居天子位邪?然仁斋之不善措辞也,吾知之矣,吾不欲言之。然解古书而枉其义,不若不解,且立言以辨程朱之非,而有所牵乎世,以枉其辞,吾不知其可矣。至于引孟子告宋牼曰:"皆可以为王。"^⑨为害于"人无二王"之义,^⑩则凿之甚也,夫辞犹不识,况意乎?

　　"寡人愿安受教",^⑪"安"者谓坐也,欲使终其言,故各坐以受教也。然非训安为坐,犹如曰"居,吾语女"^⑫也,亦谓坐也,亦非训居

---

① 《孟子·梁惠王上·三》。见朱熹:《孟子集注》卷1,页282。

② 《孟子·梁惠王上·五》。见朱熹:《孟子集注》卷1,页285。

③ 《孟子·梁惠王上·六》。见朱熹:《孟子集注》卷1,页286。

④ 《孟子·梁惠王下·一》。见朱熹:《孟子集注》卷2,页295—296。

⑤ 《孟子·梁惠王上·七》。见朱熹:《孟子集注》卷1,页287—290。

⑥ 《孟子·梁惠王上·七》。见朱熹:《孟子集注》卷1,朱熹:《孟子集注》,页287—290。

⑦ 《孟子·梁惠王下·五》。见朱熹:《孟子集注》卷2,页301—302。

⑧ 伊藤仁斋:《孟子古义》卷1,页7。

⑨ 《孟子·梁惠王上·四》。见朱熹:《孟子集注》卷1,页284。仁斋续云:"而观其告宋牼,秦楚二王各悦仁义,则皆可以为王也。"见伊藤仁斋:《孟子古义》卷1,页8。仁斋文中引用《孟子·告子下·四》,见朱熹:《孟子集注》卷12,页477。

⑩ 《孟子·万章上·四》:"孟子曰:'否。此非君子之言,齐东野人之语也。尧老而舜摄也。《尧典》曰:"二十有八载,放勋乃徂落,百姓如丧考妣,三年,四海遏密八音。"孔子曰:"天无二日,民无二王。"舜既为天子矣,又帅天下诸侯以为尧三年丧,是二天子矣。'"见朱熹:《孟子集注》卷9,页428—429。

⑪ 《孟子·梁惠王上·四》:"梁惠王曰:'寡人愿安承教。'"见朱熹:《孟子集注》卷1,页284。

⑫ 《论语·阳货·八》。见朱熹:《论语集注》卷9,页248。

为坐也。礼有安车、立车，可以见也。

"愿比死者一洒之"，^①孙奭疏曰："今愿为死不惜命者，一洗除之。"^②朱注曰："比，犹为也。言欲为死者雪其耻也。"^③皆非矣，"比死"者，复出公孙丑篇，^④朱子亦以为"死者"解之，^⑤不知古文辞之过也。谚曰："之乎者也矣焉哉，晓得来的好秀才。"要之坐不识者字故耳。又按："省刑罚。"^⑥古言也，"省"者，少也，言"刑罚稀少"也。后世儒者，乃有"轻刑罚"之言，不知道者之言也，盖先王之刑，条数极少，而其刑有斩杀。"斩"者，腰斩也，"杀"者，刎颈也。乱国用重典，新国用轻典，治国用平典，是刑罚世重世轻，初非后世律文，一定不易者比。孔子诛少正卯，^⑦称叔向古之遗直，^⑧可见刑不必贵轻，而专贵稀少已！自秦以法律治天下，而刑始繁矣，繁而重，故民苦之。汉约三章，而刑始省矣，其后萧何造九章、文帝除肉刑，历世相沿以律为治，无复礼乐之化。而刑不繁，不可以遏恶；繁而不轻，民无所措手足。故唐轻于六朝，宋轻于唐，明又轻于宋，皆刑益繁之所致也。儒者又不知礼，乃以礼入刑，所以繁也。礼，先王所建，遂谓建此刑合先王之心，而不知其无知妄作，大戾先王之道矣！故读《孟子》至于此，漫不之察，悲哉！又按："可使制梃以挞秦楚之坚甲利兵矣。"^⑨是甚焉者，辞核其实，虽尧舜汤武之用师，岂

① 《孟子·梁惠王上·五》。见朱熹：《孟子集注》卷1，页285。
② 孙奭疏见《孟子注疏》卷1上。
③ 《孟子·梁惠王上·五》。见朱熹：《孟子集注》卷1，页285。
④ 徂徕应是指《孟子·公孙丑下·七》，有"比化者"一辞。见朱熹：《孟子集注》卷4，页341，但是此处"化者"是"死者"之意。
⑤ 朱注：《孟子·公孙丑下·七》"且比化者"一辞曰："比，犹为也。化者，死者也。"见朱熹：《孟子集注》卷4，页342。
⑥ 《孟子·梁惠王上·五》。见朱熹：《孟子集注》卷1，页285。
⑦ 《史记·孔子世家》记载："定公十四年，孔子年五十六，由大司寇行摄相事……于是诛鲁大夫乱政者少正卯。"少正卯在此为"鲁大夫乱政者"，并无"五恶"之说。
⑧ 《左传·昭公十四年》："仲尼曰：'叔向，古之遗直也，治国制刑，不隐于亲，三数叔鱼之恶，不为末减。'"
⑨ 《孟子·梁惠王上·五》。见朱熹：《孟子集注》卷1，页285。

有不以甲兵而以梃之事乎？自古辨论之言，或有甚焉者，以耸人听，岂无之乎？然孟子之书，此类极多，是其所以为战国游说之流也，学者察诸。

"望之不似人君，就之而不见所畏焉，卒然问"，[①] 是其为人不足以语道者审矣。孟子犹尔与之言，是为失言。夫其人不可与言而与之言，言必无益，是弃言也。弃言者，犹弃诸道路，安有先王之道，而弃诸道路乎？盖孟子以能言自负，以有问而不能对为耻，是其病根。观其訑訑来语人，[②] 岂不然乎？门人不知隐其师之过，笔诸书以传于后世，是其时洙泗之风既变者，可见已。孔子恶夫佞者，[③] 又曰："仁者其言也讱。"[④] 岂然乎？后世诸儒皆贵佞，是以喜孟子之弗已，遂至于以"不嗜杀人"[⑤] 为格言，引汉高祖、光武、唐太宗、宋太祖实之，以予观之，孟子之意善，而言则非矣。夫"不嗜杀人"者，妇人女子之心为尔，信浮屠法者为尔，但如徐偃、梁武，可以当之耳。如汉高祖自将讨黥布以被创，其技痒可见；唐太宗伐朝鲜、明太祖喜用酷刑，岂可谓之不嗜杀人乎？宋太祖没世，不能统一天下，是或可谓之不嗜杀人也，然其风习所被，终宋不能复燕代，遂以和议失天下。则不嗜杀人，不亦失天下乎？何谓孟子之意善矣？《传》曰："为人君止于仁。"[⑥] 何谓孟子之言非矣？先王之道，未有以心为言者矣，而谓"不嗜杀人"者，

---

① 《孟子·梁惠王上·六》。见朱熹：《孟子集注》卷1，页286。
② 《孟子·告子下·一二》有"夫苟不好善，则人将曰：'訑訑，予既已知之矣。'訑訑之声音颜色，距人于千里之外"一句，见朱熹：《孟子集注》卷12，页485。徂徕写作"訑訑"。陈士元：《孟子杂记》卷3："拒人貌，韵府云：訑訑一作施施，盖古字通用訑訑、施施，均取夸张之义。"
③ 《论语·公冶长·五》："子曰：'焉用佞？御人以口给，屡憎于人。不知其仁，焉用佞？'"《先进·二五》："子曰：'是故恶夫佞者。'"《卫灵公·一一》："放郑声，远佞人。"《季氏·四》："友便辟，友善柔，友便佞，损矣。"见朱熹：《论语集注》卷3、6、8，页102、178、229、240。
④ 《论语·颜渊·三》。见朱熹：《论语集注》卷6，页183。
⑤ 《孟子·梁惠王上·六》。见朱熹：《孟子集注》卷1，页286。
⑥ "为人君，止于仁；为人臣，止于敬；为人子，止于孝；为人父，止于慈；与国人交，止于信。"《大学·传之三》，见朱熹：《大学章句》，页7。

以心言者也。孟子亦曰："有仁心仁闻，而民不被其泽，不可法于后世者，不行先王之道也。"① 则孟子亦不知之乎！且孟子之时，天下人牧，未有实嗜杀人者，祇其好战而忘其民，故有似嗜杀人耳。孟子乃以嗜杀人激动之，是其雄辩为尔，雄辩之言，可以快人心，而未有不失诸一偏者矣。如子瞻所引"四君能一天下"② 者，其故乃在能知人安人，颇合于先王之道耳，岂容以"不嗜杀人"言之乎？不论道而论心，其害有不胜言者焉！学者思之。又按，"七八月"，③ 周正辩在春秋，故兹不赘，"苗浡然兴之矣"，④ 此"之"字，古文辞法，后世不识。

　　"无以则王乎？"⑤ 朱注"以、已通"，⑥ 为得，"衅钟"，⑦ 古礼也，不禜钟已，于庙、于龟、于军器、于邦器，皆然，所以神之也。盖天下之物，唯含血为灵，而鬼神喜血，祭必以血，"牲"亦此意。"术"，路也，由此可以至仁，故曰"仁术"也。朱注曰："法之巧者"。⑧ 仁斋曰："良法"，⑨ 皆非也。"折枝"。⑩ 赵岐曰："按摩折手节解罢肢也，少者耻是役，故不为耳"，⑪ 以"按摩"为"折枝"，盖齐方言。岐北海人，必有所受。"罢"，疲也，技、肢通，长者使少者按摩其骨节，而少者之情多不肯为，乃曰"我不能"，是人家常常所有之事，故孟子引之为喻，太为稳当。朱子止知以字解，而不知以言解，故疑。然

---

① 《孟子·离娄上·一》。见朱熹：《孟子集注》卷7，页385。
② 苏辙云："予观孟子以来，自汉高祖及光武及唐太宗及我太祖皇帝，能一天下者四君，皆以不嗜杀人者致之。其余杀人愈多而天下愈乱。"见《孟子·梁惠王上·六》朱子集注所引，朱熹：《孟子集注》卷1，收入《四书章句集注》，页287。
③ 《孟子·梁惠王上·六》。见朱熹：《孟子集注》卷1，页286。
④ 同上。
⑤ 《孟子·梁惠王上·七》。见朱熹：《孟子集注》卷1，页287—290。
⑥ 朱熹：《四书章句集注》，页291。
⑦ 《孟子·梁惠王上·七》。见朱熹：《孟子集注》卷1，页287—290。
⑧ 朱熹：《四书章句集注》，页291。
⑨ 仁斋注《孟子·梁惠王上·七》"仁术"二字云"仁术，谓为仁之良法"，见伊藤仁斋：《孟子古义》卷1，页14。
⑩ 《孟子·梁惠王上·七》。见朱熹：《孟子集注》卷1，页287—290。
⑪ 赵岐注："折枝，案摩折手节解罢枝也，少者耻见役，故不为耳，非不能也。"见焦循：《孟子正义》卷3，页85—86。

以长者之命,折草木之枝,甚无谓,不可从矣。"便嬖"即"便辟",[①]非"嬖幸"之义。"盖亦反其本矣",[②]"盖"即"盍"字,仁斋得之。"本",初也,谓文武之初也。"欲藏于王之市","藏",藏财货也。按此章因宣王爱牛,宛转以言其可以王,亦孟子善于辞喻人,可谓巧矣。"不为者"与"不能者"之形,及"物皆然,心为甚",皆其雄辩入妙处,善推其所为而已矣。及"恒产恒心"一节,[③]皆洙泗遗言,最为可味。"君子远庖厨",亦古语,而孟子引之,但以为"见其生,不忍见其死;闻其声,不忍食其肉",此孟子权以济其说已,其实不尔。盖亦本德末财之意,不尔,田猎其谓之何?又按:仁斋曰:"齐桓晋文,皆用战伐会盟,才能济其事,固不免劳攘焉。若王天下之道,不过能保护其民而已,亦言其甚易也。"[④]此经生之谈也。会盟战伐,岂必非保民之事乎?文王伐崇、伐昆夷,汤十一征,出于孟子言,相夹谷者,非孔子邪?《论语》俎豆之事,[⑤]曾子动容貌,[⑥]皆言朝聘会同之事,孔子亦曰:战必克,[⑦]若固信制梃之言,而谓"吾制民之产"足矣。会盟勿用、战伐勿用,则徐偃王不啻也。读《孟子》而不得孟子之心,皆由徒执辨论之言,而不知孟子所以为道故也,呜呼保民岂易事哉?其事何止一端?孟子但举制产者,亦解喻之初,未暇及其详耳。且孟子本意唯言保民而王,岂有以桓文为劳攘之意?可谓横生波澜。

---

① 《孟子·梁惠王上·七》。见朱熹:《孟子集注》卷1,页287—290。
② 同上。
③ 同上。
④ 仁斋曰:"齐桓晋文,皆用战伐会盟,才能济其事,固不免劳扰焉。若王天下之道,不过能保护其民而已,亦言其甚易也。"见伊藤仁斋:《孟子古义》卷1,页12。
⑤ 《论语·卫灵公·一》:"卫灵公问陈于孔子。孔子对曰:'俎豆之事,则尝闻之矣;军旅之事,未之学也。'明日遂行。"见朱熹:《论语集注》卷8,页225。
⑥ 《论语·泰伯·四》:"曾子有疾,孟敬子问之。曾子言曰:'鸟之将死,其鸣也哀;人之将死,其言也善。君子所贵乎道者三:动容貌,斯远暴慢矣;正颜色,斯近信矣;出辞气,斯远鄙倍矣。笾豆之事,则有司存。'"见朱熹:《论语集注》卷4,页139。
⑦ 《礼记·礼器·一六》:"孔子曰:'我战则克,祭则受福。'盖得其道矣。"

"同乐"章，①朱注："为邦之正道，救时之急务。"及"姑正其本"，②其说何不可也？仁斋以为陋矣，而曰："君民相安，上下一体，而后乐作。《周礼》所谓'六乐'者，皆先王所以与民同乐之迹也。"③可谓驷不及舌矣！《论语》曰："成于乐。"④又曰："乐则韶舞。"⑤又曰："移风易俗，莫善于乐。"⑥是何翅先王与民同乐之迹乎？先王之治，必须礼乐以成其终，故执一而废百者，孟子之所恶也。解《孟子》而不知孟子之所以为道，反犯孟子之所恶可乎！仁斋又曰："后世以钟律器数论乐，而不知乐之本，实不在于是，此徒之其末，而不知其本者也。故曰：'乐云乐云，钟鼓云乎哉！'"⑦夫道者，精粗本末，一以贯之，而徒守其本，而舍其末可乎？仁斋辈，率皆喜简而恶繁，喜而恶文，以仁义五伦为道，而以礼乐为粗迹，唯固执孟子与时人辨论之言，而至于《孟子》书所不言，则虽六经、《论语》，皆在所不取者，何其戾也！盖周道衰，而天下沦胥为夷，秦汉而后，华而夷者也，加以五胡，又加以金元，而至于满州，先王之道拂地矣。士之生其世，夷习所染，一代染一代，故其说皆趋径直，而不知文王之所以为文也，悲哉！绎其病根，亦由浅智小量之人，仅有一得之见，则辄骜然自夸，以为得圣人之心已。呜乎圣人之心，何可窥测哉？亦由讲说以为教，务取其可言者以

① 《孟子·梁惠王下·一》。见朱熹：《孟子集注》卷1，页295—296。
② 朱注引范祖禹曰："盖孔子之言，为邦之正道；孟子之言，救时之急务，所以不同。"并引杨时曰："孟子告齐王以此，姑正其本而已。"见朱熹：《孟子集注》卷2，页297。
③ 仁斋于《孟子·梁惠王下·一》章末附论曰："此章因齐王之好乐，而反覆推言，以明与百姓同乐，则可王也。即所谓古之人与民偕乐之意。盖圣王之治天下也，君民相安，上下一体，而后乐作，周礼所谓六乐者，皆先王所以与民同乐之迹也。"见伊藤仁斋：《孟子古義》卷1，页22。
④ 《论语·泰伯·八》，见朱熹：《论语集注》卷4，页141。
⑤ 《论语·卫灵公·一〇》，见朱熹：《论语集注》卷8，页229。
⑥ 《孝经·广要道》。
⑦ 仁斋于《孟子·梁惠王下·一》章末附论续曰："后世以钟律器数论乐，而不知乐之本，实不在于是，此徒之其末，而不知其本者也。故曰：'乐云乐云，钟鼓云乎哉'！"见伊藤仁斋：《孟子古義》卷1，页22。仁斋文中引《论语·阳货·一一》，见朱熹：《论语集注》卷9，页250。

言之,至于其不可得而言者,则舍而弗顾已。呜乎圣人之道,岂可以言尽哉? 圣人之道本诸天,合鬼与神为黔首则,故《传》曰:"礼乐者,德之则也。"[1] 又曰:"圣人以神道设教。"[2] 是其所以不可窥测故也。是以钟律器数之微,虽亘千岁之久,未有能通其微者也,唯其不易窥测,故虽有俊民,亦不敢轻视礼乐。"不识不知,顺帝之则",[3] 是礼乐之为教,王道之所以易易也,岂在讲说以为教哉? 今仁斋之辈,徒执与民同乐,今乐犹古乐,三线筌篌,亦非乐乎? 其作民好,益投于今俗,益顺民之乐,其上益甚,则其得民心,民由是归之如流者亦未可知矣! 然民既集矣,而不知所以齐之,舍礼乐之教,则讲说仁义以教之,则亿兆之众,不可户说人喻,则其究亦不过法律以齐之耳。夫讲说盛则长佞,法律详则长奸,何以能治? 呜呼秦汉以后,不学无术之治,皆不能出法律之外者,亦由不知先王礼乐之教,私智妄作,自以为足耳。夫倡王道而秦汉以后之治是归,非妄之甚邪? 学者思诸。

"于传有之",[4] "传"者,古所传也,凡称"传"者,皆言其可信也。仁斋曰:"盖后世稗说之类。"[5] 又曰:"孟子欲因宣王之问以明王道,故于文王之囿,不论其有无。"[6] 此其所以谓传为稗俾说之类之由也。深究其意,盖骇七十里之大耳,按文王本百里之君也,然其心在安天下之民,故能以百里而兴,何以知其然? 伊尹阙。

夫文王五百里之君,而心在天下,伊尹匹夫,而心在天下,岂凡

---

① 《左传·僖公二十七年》:"诗书,义之府也,礼乐,德之则也,德义,利之本也。"
② 《易经·观卦·彖传》:"圣人以神道设教,而天下服矣。"
③ 《诗经·大雅·皇矣》:"帝谓文王,予怀明德,不大声以色,不长夏以革。不识不知,顺帝之则。"
④ 《孟子·梁惠王下·二》,见朱熹:《孟子集注》卷2,页297。
⑤ 仁斋于《孟子·梁惠王下·二》"于传有之"一句注云"'传',谓书传,盖后世稗说之类",见伊藤仁斋:《孟子古义》卷1,页23。
⑥ 仁斋于《孟子·梁惠王下·二》章末论云"此章孟子欲因宣王之问以明王道,故于文王之囿,不论其有无。唯说刍荛雉兔之无禁,而深责宣王之不然也。"见伊藤仁斋:《孟子古义》卷1,页23。

情所能测哉？亦犹汉高祖睹始皇，而曰"大丈夫当如此"耳，[①] 后世法律之士，必谓之罪人矣。大氐大有为之人，其心本大，故其所为，亦有不可得而言者，况圣人乎？后世儒者，法律之习所囿，亦佛老之习所囿，乃谓富贵傥来之物，圣人之得天下，无心而得之，故不知其心之大，本与天地同量，辄以其瓮牖之见窥测之，以为虽圣人当如此，及见七十里之文，则骇然惊异。宜哉。然以"传有之"，为稗说之类，是不知古言者也。枉其解以从己之见，其害有不可胜言焉！孟子曰："传有之"，岂可不论其有无乎？祇圣人者，不可得而窥测之，乃以己之心窥测之，而谓文王必无之者，谬亦大矣！又按："问国之大禁，然后敢入"，朱注引礼可谓得古意。[②]

"以大事小"，[③] 仁斋曰："事者，恭而有礼之谓"，[④] 盖当时诸侯，小大相凌，以暴易暴，未有善邻讲睦，卑身谦让者。故孟子于大、小，皆以"事"而言之，可谓能说"事"字已。只孟子谓"仁者能以大事小，智者能以小事大"，及配以"乐天"、"畏天"者，盖本诸孔子，曰"仁者安仁，智者利仁"，[⑤] 又曰："仁者寿，智者乐。"[⑥] 由此而后，学者玩其义弗已、议论日盛，遂有是等之言，然亦非孔氏旧矣，何者审其实？智者未必不乐天，仁者未必不畏天，智者未必不以大事小，仁者未必不以小事大，何容分别？是特形容仁智之优劣，而仅发其一端者而已。后世种种分割，配隶差别，家家说所由生，故知其非孔氏之旧也，学者察诸。且孟子引诗证之，故知古无是言矣。又按："仁者以大事小"。朱注曰："仁人之心，宽洪恻怛，而无

---

① 《史记·高祖本纪》："高祖常繇咸阳，纵观，观秦皇帝，喟然太息曰：'嗟乎，大丈夫当如此也！'"
② 朱注："《礼》：入国而问禁。"见朱熹：《孟子集注》卷2，页297。
③ 《孟子·梁惠王下·三》。见朱熹：《孟子集注》卷2，页297—298。
④ "事者，恭而有礼之谓"，见伊藤仁斋：《孟子古义》卷1，页24。
⑤ 《论语·里仁·二》。见朱熹：《论语集注》卷2，页92。
⑥ 《论语·雍也·二一》。见朱熹：《论语集注》卷3，页121。

较订大小强弱之私。"① 仁斋曰："仁者忘己，而知与物同。"② 朱子以
"无私"解，仁斋以"忘己"解，皆其家言，大非古义。盖仁为安民之
谓，仁者以安民为心，故其心不在大小强弱之争，观于大王曰："君
子不以其所以养人者害人。"邠人曰："仁人也，不可失也。"③ 是古义
也，孟子既引之，亦当以此解孟子可矣。苟以安民为心，则忘己无
私，亦小矣哉！至于朱子以理释天，自其家法，今措而不论。又按：
"莒"，毛传作"旅"，上文曰："密人不恭，敢距大邦，侵阮徂共。"④
毛苌以"阮共"为国名，"旅"为地名，"徂"训"往"，郑玄以"阮徂
共"皆为国名，故此文"徂"字亦为国名，二"旅"字，皆为师旅之
义。朱子"徂"取毛解，"旅"取郑解。⑤ 今观《孟子》作"莒"，《书》
有《旅獒》，⑥ 则毛为胜。盖"旅"、"莒"音相近，故通用耳。然按孙
奭疏，引《春秋》"莒子誓于密"者，⑦ 非矣。《皇矣》之文，上有"串
夷"，⑧ 郑玄曰："西戎国名。"⑨ "密须"，杜预曰："安定密县。"下文
曰："依其在京，侵自阮疆。"又曰："居岐之阳，在渭之将。"⑩ 郑玄
曰："京，周地名"，⑪ 则接近周地，而春秋莒密，俱东方齐鲁近地，故
知"莒"是"旅"音转耳，非春秋莒国也。中国人不知地理，日本

① 朱熹：《四书章句集注》，页298。朱注为"而无较'计'大小强弱之私"。
② "言仁者忘己，而知与物同。"见伊藤仁斋：《孟子古义》卷1，页24。
③ 大王与邠人言，见《孟子·梁惠王下·一五》。朱熹：《孟子集注》卷2，页311。
④ 《诗经·大雅·皇矣》。
⑤ 朱注本章引《诗经·皇矣》"王赫斯怒，爰整其旅，以遏徂莒，以笃周祜，以对于天下"曰："旅，众也。遏，诗作'按'，止也。徂，往也。莒，诗作旅。徂旅，谓密人侵阮徂共之众也。"见朱熹：《孟子集注》卷2，页299。
⑥ 《尚书·周书·旅獒》："西旅献獒，太保作《旅獒》。惟克商，遂通道于九夷八蛮。西旅底贡厥獒，太保乃作《旅獒》，用训于王。"
⑦ 《孟子注疏》卷2："又案《春秋》鲁隐公二年书'莒子盟于密'，则莒者，密之近地。"
⑧ 《诗经·大雅·皇矣》第2章："帝迁明德，串夷载路。"
⑨ 《毛诗正义》卷16之4，笺云："串夷即混夷，西戎国名也。"
⑩ 《诗经·大雅·皇矣》第6章："依其在京、侵自阮疆，陟我高冈。无矢我陵、我陵我阿。无饮我泉、我泉我池。度其鲜原、居岐之阳、在渭之将。万邦之方、下民之王。"
⑪ 《毛诗正义》卷16，16之4笺云："京，周地名。"

人正之，异哉！又按引书，[①] 比今《尚书》，辞义太胜，当以孟子为是。"曷敢有越厥志？"[②] 旧注：如谓天下之人，自过越其心志，[③] 非矣。盖武王以安天下为志，"厥志"谓武王之志也，不曰"我"而曰"厥"，古文辞多此，然"天下何敢有违我志者乎？"辞气勇甚，故诸家疑武王不应尔，因以为天下之人，殊不知有罪无罪，惟我在，自任之甚，岂怪此也？又按："一怒"[④] 者，如三年不鸣，鸣必惊人；三年不飞，飞必冲天意，欲宣王蓄怒而不骤发之词。或泥此文，乃谓文王武王出兵不过一次者，大非矣。

"对曰：'有'"绝句。从朱子为是，[⑤] 赵注连下，非矣。[⑥] 祇朱注曰："言人君能与民同乐，则人皆有此乐"，[⑦] 大非词意。盖止言贤者有此乐耳，何必缠绕为解？"乐民之乐者，民亦乐其乐；忧民之忧者，民亦忧其忧"，孟子格言也。[⑧] "朝儛"，顾野王[⑨] 以为"南阳儛水"，地理隔远，大非矣。"无非事者"，朱注："皆无有无事而空行者。"[⑩] 果其解之是，则当曰"非无事者"。今曰"无非事者"，字

---

① 《孟子·梁惠王下·三》："《书》曰：'天降下民，作之君，作之师。惟曰其助上帝，宠之四方。有罪无罪，惟我在，天下曷敢有越厥志？'"见朱熹：《孟子集注》卷2，页298。

② 《孟子·梁惠王下·三》："《书》曰：'天降下民，作之君，作之师。惟曰其助上帝，宠之四方。有罪无罪，惟我在，天下曷敢有越厥志？'"见朱熹：《孟子集注》卷2，页298。

③ 孟子所引"予曷敢有越厥志"，见《尚书·周书·泰誓上》。徂徕所谓"旧注"者，朱注解此句云："我既在此，则天下何敢有过越其心志而作乱者乎？"见朱熹：《孟子集注》卷2，页298。

④ 《孟子·梁惠王下·三》："武王亦一怒而安天下之民。今王亦一怒而安天下之民，民惟恐王之不好勇也。"见朱熹：《孟子集注》卷2，页298。

⑤ 《孟子·梁惠王下·四》断句，朱子断为："齐宣王见孟子于雪宫。王曰：'贤者亦有此乐乎？'孟子对曰：'有。人不得，则非其上矣。'"见朱熹：《孟子集注》卷2，页299。

⑥ 同上注引文，赵氏断为"有人不得，则非其上矣"，并解"有人不得"为"人有不得其志也。"见焦循：《孟子正义》卷4，页119。

⑦ 《孟子·梁惠王下·四》。朱注："言人君能与民同乐，则人皆有此乐"，见朱熹：《孟子集注》卷2，页300。

⑧ 《孟子·梁惠王下·四》。见朱熹：《孟子集注》卷2，页299。

⑨ 顾野王（519—581），字希冯，吴郡吴县（今江苏省苏州市）人，南朝梁至陈时代的官员、作家。"南阳儛水"之说尚查无出处。

⑩ 朱熹：《四书章句集注》，页300。

分明，古言自有所指，赵注以"王事"解，[①] 仁斋以"民事"解，[②] 皆非不通，要为不稳。论语曰："其事也，如有政，虽不吾以，吾其与闻之。"[③] 旧说以"国政、家事"解，[④] 亦随文为解，未足为的据。《周礼》大司马所掌，谓之"政典"，大司空所掌，谓之"事典"，[⑤] 而大司马多是军旅田猎会同赏罚之类；[⑥] 大司空乃城隍筑作，及百工之事也。[⑦] 又大夫曰"从政"，士之为言"事"也，[⑧] 是等之类，合而观之，"政"者，普施于众而有所发号禁令；谓"事"者，人别有所勤励作为，而不普施于众者也。是《周礼》之义为尔；大夫统之，士各有所职，是《论语》之义为尔；至于此文"巡狩"、"述职"，以其大者言之，王者之政也，然就其节目言之，一皆有所勤励作为者也。故曰："无非事者"，巡狩、述职之所为事，不止省耕敛，晏子乃为景公困民而发，故言之耳。"夏谚"，"游"、"休"、"豫"、"助"、"度"五韵一叶，[⑨] 古韵也。"豫"，赵注引《左传》为确，[⑩] "师行"者，朱注"师，众也，二千五百人为师，《春秋传》曰：'君行师从。'"[⑪] 得之。赵岐

---

① 赵注："言天子诸侯出，必因王事有所补助于民"。见焦循：《孟子正义》卷4，页123。

② 仁斋解《孟子·梁惠王下·四》"无非事者"云"巡狩述职，皆莫非民事"，见伊藤仁斋：《孟子古义》卷1，页27。

③ 《论语·子路·一四》。见朱熹：《论语集注》卷7，页200。

④ 朱注："政，国政。事，家事。"见朱熹：《论语集注》卷7，页200。

⑤ 《周礼·天官冢宰》："大宰之职：掌建邦之六典，以佐王治邦国：一曰治典，以经邦国，以治官府，以纪万民。二曰教典，以安邦国，以教官府，以扰万民。三曰礼典，以和邦国，以统百官，以谐万民。四曰政典，以平邦国，以正百官，以均万民。五曰刑典，以诘邦国，以刑百官，以纠万民。六曰事典，以富邦国，以任百官，以生万民。"

⑥ 《周礼·夏官司马》："大司马之职：掌建邦国之九法，以佐王平邦国：制畿封国，以正邦国；设仪辨位，以等邦国；进贤兴功，以作邦国；建牧立监，以维邦国；制军诘禁，以纠邦国；施贡分职，以任邦国；简稽乡民，以用邦国；均守平则，以安邦国；比小事大，以和邦国。"

⑦ 《周礼》中似未载有"大司空"一职。

⑧ 《白虎通·爵》卷1，引《毛诗传》曰："进贤达能，谓之大夫也。士者事也，任事之称也。"成玄英疏：《毛诗正义》卷17中有"士者，事也，言其才可以理庶事，人行之成名，公卿以下总称之"。

⑨ 此指夏谚韵脚，见《孟子·梁惠王下·四》："吾王不游，吾何以休？吾王不豫，吾何以助？一游一豫，为诸侯度。"见朱熹：《孟子集注》卷2，页300。

⑩ 赵注引《春秋传》曰："鲁季氏有嘉树，晋范宣子豫焉。"见焦循：《孟子正义》卷4，页122。

⑪ 朱注见朱熹：《孟子集注》卷2，页301。

作"军旅"解，非也。[1]"粮"，[2]朱注谓"糗糒之属"，[3]得之，盖人各自赍行也。"谗"，朱注："谤也。"[4]非矣！人不得休息，必有过失，已有过失，辄谗其侪辈，以文己之过，势之所恒有也。"民乃作慝"，[5]赵注："民由是化之，而作其慝恶。"[6]得之，其以"师行"至"胥谗"，为在位在职者之事，朱注并上文以为民之事，[7]非矣。"方命虐民"，亦在位在职之事，盖虽晏子之时，君之所命，未必在使臣下虐民，是人君之常，只为好游，不恤臣民之困苦，而臣下不胜，遂至违其君命，虐民以自便耳。是虽臣所为，亦因上之所使。故晏子言此诫景公，旧注以"命"为"王命"，[8]殊失词意。"连"，[9]赵注"引也，使人徒引舟船，上行而忘友以为乐"，[10]得之。朱注削之，[11]其意盖谓"连日"之义欤，连日则上下何择？观于易往蹇来连，及颠连无告，皆有引意。"亡"，赵注，以"亡其身"解之，[12]非矣。"流连"与"荒"，皆是亡身。朱注："亡，犹失也，谓废时失事也。"[13]亦四者何择？[14]盖"亡"、"忘"古字通用，谓沉醉之状，惘然万事皆忘，比诸"流""连"与"荒"，殊为甚，故谓之"亡"也。"为诸侯忧"，[15]赵注："言王道

---

① 赵注："人君兴师行军。"见焦循：《孟子正义》卷4，页123。
② 《孟子·梁惠王下·四》："师行而粮食。"见朱熹：《孟子集注》卷2，页300
③ 朱注见朱熹：《孟子集注》卷2，页301。
④ 同上。
⑤ 《孟子·梁惠王下·四》。见朱熹：《孟子集注》卷2，页300。
⑥ 赵注见焦循：《孟子正义》卷4，页123。
⑦ 朱注以"怨"解"慝"，"言民不胜其劳而起谤怨"。见朱熹：《孟子集注》卷2，页301。
⑧ 朱注："命，王命也。"见朱熹：《孟子集注》卷2，页301。
⑨ 《孟子·梁惠王下·四》"流连荒亡"之"连"，见朱熹：《孟子集注》卷2，页300。
⑩ 赵注："连者，引也，使人徒引舟船，上行而忘反以为乐，故谓之连。"见焦循：《孟子正义》卷4，页126。
⑪ 朱注并无特别解"连"之字义，见朱熹：《孟子集注》卷2，页301。
⑫ 赵注："从兽无厌，若羿之好田猎，无有厌极，以亡其身，故谓之荒乱也。"见焦循：《孟子正义》卷4，页126。
⑬ 朱注："亡，犹失也，言废时失事也。"见朱熹：《孟子集注》卷2，页301。
⑭ 徂徕似谓"流"、"连"、"荒"、"亡"四者各有所指，赵注、朱注解此四字或重或略，皆有未当。
⑮ 《孟子·梁惠王下·四》。见朱熹：《孟子集注》卷2，页300。

亏,诸侯行霸,由当相匡正,故为诸侯忧也";[①] 仁斋曰:"诸侯互相效尤,故谓之忧也。"[②] 二说皆迂曲不通。朱注:"诸侯,谓附庸之国,县邑之长。"[③] 得之,盖春秋之时,诸侯大国拓地益大,既自有战国称王之渐。故晏子所云如此,后儒固执《春秋》之义以律之者,泥矣! 观于孔子称颛臾为"社稷之臣",[④] 附庸岂臣哉? 亦从时人之言耳! 按此章,"食"、"息"、"愿"叶韵,"流"、"忧"亦叶韵,且行文不与《孟子》同,乃《孟子》引《书》、《传》所载,盖春秋时,文章自别。

① 赵注:"言王道亏,诸侯行霸,由当相匡正,故为诸侯忧也。"见焦循:《孟子正义》卷4,页125。
② 仁斋解《孟子·梁惠王下·四》"流连荒亡,为诸侯忧"云:"诸侯互相效尤,故谓之忧也。"见伊藤仁斋:《孟子古义》卷1,页28。
③ 朱注见朱熹:《孟子集注》卷2,页301。
④ 《论语·季氏·一》孔子曰:"求! 无乃尔是过与? 夫颛臾,昔者先王以为东蒙主,且在邦域之中矣,是社稷之臣也。何以伐为? "见朱熹:《论语集注》卷8,页237—238。

3. 太宰春台（1680—1747）:《孟子论》

【引言】

太宰春台（1680［日本延宝 8 年、清圣祖康熙十九年, 朝鲜肃宗 6 年］—1747［日本延享 4 年、清高宗乾隆十二年, 朝鲜英祖 23 年］）, 名纯, 字德夫, 号春台, 信浓人。其为人 "严毅端方" [1], 以道自任。服部南郭撰《太宰先生墓碑》云: "前后所见诸侯甚多, 未常枉己而求见焉。进退必以礼, 安贫乐道, 终不复仕, 然其志则曰: 儒者之学, 折中孔子。" [2] 颇得孟子所说不 "枉己以正人" [3] 之风范。

太宰春台著《孟子论》《斥非》批驳孟子。徂徕学派之后起者如伊东蓝田撰《蓝田先生汤武论》（1774 年刊行）论汤武乃篡弑而非革命, 1778 年佐久间太华撰《和汉明辨》, 幕末的藤泽东畡著《思问录》、《原圣志》, 均批判孟子。由于徂徕学派斥孟言论激越, 引起了仁斋学派的深谷公干（生卒年未明, 推测与太宰春台为同一时代之人）[4] 发表《驳斥非》《辨非孟论》, 反驳春台非孟之论, 回护孟子及仁斋。又有肥后的程朱学者薮孤山, 于 1775 年刊《崇孟》, 批驳春台非孟立场。其后又引起服部栗山于 1782 年撰《读崇孟》一文补充薮孤山之说, 以及徂徕学派弟子中山城山著《崇孟解》, 支持太宰春台之非孟立场并驳斥薮孤山之尊孟论。[5]

太宰春台延续徂徕学派宗风, 首先批判孟子之君臣相对论, 主张 "君虽不君, 臣不可以不臣"。春台又驳孟子 "王霸之辨", 主张 "王" 与 "霸" 乃规

---

[1]　原念斋:《先哲丛谈》卷 6, 引文见页 199。
[2]　服部南郭:《南郭先生文集四编》卷 8《太宰先生墓碑》, 收入富士川英郎、松下忠、佐野正巳编:《日本漢詩》第 4 卷, 东京: 汲古书院, 1985 年, 页 380。
[3]　《孟子·万章上·七》, 见朱熹:《孟子集注》卷 9, 页 433。
[4]　见深谷公干:《駁斥非》附录, 页 27。
[5]　黄俊杰:《德川日本〈论语〉诠释史论》, 页 106—107。

模大小之别，而非本质之异。春台继承徂徕，二人均主张"王霸同质论"，与北宋李觏、王安石之"王""霸"论遥相呼应。

【出处】

太宰春台：《孟子論》，见太宰春台著，稻垣白嵓、原尚贤校：《斥非（付春台先生雜文九首）》，延享元年（1744）刊，收入关仪一郎编：《日本儒林叢書》第4卷《論弁部》编23，东京：凤出版株式会社，1978年，页17—23。

《孟子论·上》

昔者荀卿立言，非十二子，孟子与焉。[1] 汉王充仲任氏著《论衡》，中有《刺孟》篇，刺孟轲也。[2] 二子所讥，讥轲之言行，违道悖理也。其言悉中轲病，向使轲也闻之，其未必不受以为过矣。余尝因二子之言，以阅《孟子》七篇，则轲之过失，不止二子之所讥也。盖轲之所以出言多过者，其故有二焉。其与国君言，则冀见听；其与学士诸子辩，则欲服人。冀见听，则务为可悦之言；欲服人，则牵强持论。务为可悦之言，如为齐王言好货好色是已。[3] 牵强持论，如与告子论性是已。[4] 夫斯二者，轲之患也。轲有斯二者之患，宜其出言多过也。夫仲任之论，精矣详矣，而未尽孟子也，仲任之所置而不论，余请得而论之。夫好

---

① 《荀子·非十二子》："略法先王而不知其统，然而犹材剧志大，闻见杂博。案往旧造说，谓之五行，甚僻违而无类，幽隐而无说，闭约而无解。案饰其辞，而祇敬之，曰：此真先君子之言也。子思唱之，孟轲和之。世俗之沟犹瞀儒，嚾嚾然不知其所非也，遂受而传之，以为仲尼、子游为兹厚于后世，是则子思孟轲之罪也。"我曾研究荀子批孟主要原因在于，孟荀言"道"与"心"歧异颇大。参看黄俊杰：《孟学思想史论》卷二第3章《荀子对孟子的批判："思孟五行说"新解》，页107—129。
② 焦循云："孟子后征引《孟子》者，如荀卿、韩婴、董仲舒、刘向、扬雄、王充、班固、张衡、郑康成、许慎、何休等，皆所谓摭取而说之。"见焦循：《孟子正义》上册卷1，北京：中华书局，1996年，页19。
③ 《孟子·梁惠王下·五》。见朱熹：《孟子集注》卷2，页301—302。
④ 《孟子·告子上》第1—4章孟子与告子论性，见朱熹：《孟子集注》卷11，页455—457。

货好色之非美德也，不待智者而后知之。宣王既自以为疾，而孟子不敢因之以陈其戒，谓之陈善闭邪可乎？且以公刘为好货，太王为好色，是诬古人也。[①]君子之言，万世之法也，纵使其言之果有补于王政，然固所谓不通之论也，况未必有补于王政乎？孔子对定公曰："君使臣以礼，臣事君以忠。"[②]孟子告宣王曰："君之视臣如手足，则臣视君如腹心；君之视臣如犬马，则臣视君如国人；君之视臣如土芥，则臣视君如寇仇。"[③]夫君子不仕则已，仕则必敬其君。语曰："君虽不君，臣不可以不臣。父虽不父，子不可以不子。"[④]言尽其道也。故臣人者，不以夷险渝其心，乃若为其君之无礼而怼焉，是不臣也。仲尼之言，可以语君，亦可以语臣，故谓之通论。如轲之言，唯可以闻于君，决不可使人臣闻之，则亦不通之论也。仲尼尝称管仲曰："如其仁，如其仁。"[⑤]又曰："微管仲，吾其被发左衽矣。"[⑥]仲尼之称管仲也，可谓盛矣。孟子乃以管仲不足为，[⑦]不亦异乎？子贡曰："夫子之言性与天道，不可得而闻也。"[⑧]

---

① 孟子："昔者公刘好货，《诗》云：'乃积乃仓，乃裹糇粮，于橐于囊。思戢用光。弓矢斯张，干戈戚扬，爰方启行。'""昔者大王好色，爱厥妃。《诗》云：'古公亶甫，来朝走马，率西水浒，至于岐下。爰及姜女，聿来胥宇。'"见《孟子·梁惠王下·五》。朱熹：《孟子集注》卷2，页302。

② 《论语·八佾·一八》。见朱熹：《论语集注》卷2，页88。皇侃《论语义疏》云"君能使臣得礼，则臣事君必尽忠也"，似以前者为后者之前提或条件，语有未莹。朱子集注云"二者皆理之当然，各欲自尽而已"，较符合孔子所谓"大臣者，以道事君，不可则止"（《论语·先进·二三》）之意。萧公权师曰："推孔子之意，殆以为君臣父子苟能顾名思义，各依其在社会中之名位而尽其所应尽之事，用其所当用之物，则秩序井然，而后百废可举，万民相安。"（氏著：《中国政治思想史》上册，页61）其说可从。

③ 《孟子·离娄下·三》。见朱熹：《孟子集注》卷8，页406—407。

④ 伊东蓝田：《蓝田先生汤武论·弁汤武非放伐论后叙》，奈良毚编，收入《日本儒林丛书》第4卷《论弁部》编28，页4。

⑤ 《论语·宪问·一七》。见朱熹：《论语集注》卷7，页212。清人孙志祖主张"如其仁者，盖疑而不许之辞，非重言以深许之也"。见孙志祖：《读书脞录》卷2"管仲非仁"条。

⑥ 《论语·宪问·一八》。见朱熹：《论语集注》卷7，页213。

⑦ 《孟子·公孙丑上·一》："孟子曰：'子诚齐人也，知管仲、晏子而已矣。或问乎曾西曰：'吾子与子路孰贤？'曾西蹴然曰'吾先子之所畏也。'曰：'然则吾子与管仲孰贤？'曾西艴然不悦，曰：'尔何曾比予于管仲？管仲得君，如彼其专也；行乎国政，如彼其久也；功烈，如彼其卑也。尔何曾比予于是？'曰：'管仲，曾西之所不为也，而子为我愿之乎？'"见朱熹：《孟子集注》卷3，页315。

⑧ 《论语·公冶长·一二》。见朱熹：《论语集注》卷3，页106。

孔子曰:"性相近也,习相远也。"① 夫子之言性,唯此一言,既已明矣,亦又何言? 孟子乃道性善,及其与告子争论也,告子三易其说,以明相近,② 彼其意在诲孟子,而轲终不能悛,惑之深也。人心,能动之物也,故孔子曰:"操则存,舍则亡。出入无时。莫知其乡。其心之谓与? "③ 孟子乃曰:"我四十不动心。"④ 心岂能终不动乎? 是以乐正子之将见用于鲁也,孟子曰:"吾闻之,喜而不寐。"⑤ 是则轲之动心也。若心果不动耶,则与庄周之欲死灰其心,⑥ 何以异哉? 此万万无之之事也。孟子曰:"我善养吾浩然之气。"⑦ 夫养气者,卫生之术也。君子之养气也,曰礼乐而已矣。礼以养其阴,乐以养其阳,故曰:"礼乐不可斯须去身。"⑧ 此先圣王之教也,古之道也。古者君子习礼乐,而养气在其中矣,故仲尼不言养气也。子贡问曰:"伯夷叔齐何人也? "孔子曰:"古之贤人也。"⑨ 孟子谓伯夷,古之圣人也。⑩ 又曰:"伯夷隘,柳下惠不恭,隘与不恭,君子不由也。"⑪ 又曰:"伯夷,圣之清者也。柳下惠,圣之和者也。"⑫ 夫轲既违仲尼而谓伯夷圣人,又于夷惠,或谓之隘与不恭,或谓之圣,是何见之不定也? 且《礼记》曰"作者之谓圣",⑬ 夷惠非作者,

---

① 《论语·阳货·二》。见朱熹:《论语集注》卷9,页246。
② 《孟子·告子上》第1—4篇。告子论性曰:"性,犹杞柳也""性犹湍水也""生之谓性""食色,性也。"见朱熹:《孟子集注》卷11,页455—457。
③ 《孟子·告子上·八》。见朱熹:《孟子集注》卷11,页463。
④ 《孟子·公孙丑上·二》。见朱熹:《孟子集注》卷3,页317—320。
⑤ 《孟子·告子下·一三》。见朱熹:《孟子集注》卷12,页485。
⑥ 《庄子》内篇《齐物论》:"何居乎? 形固可使如槁木,而心固可使如死灰乎? "外篇《知北游》:"形若槁骸,心若死灰,真其实知,不以故自持。"以及杂篇诸章中,以"死灰"言心者,共5见。
⑦ 《孟子·公孙丑上·二》。见朱熹:《孟子集注》卷3,页317—320。
⑧ "礼乐不可斯须去身"一语见《礼记·乐记》《礼记·祭义》两篇。
⑨ 《论语·述而·一四》。见朱熹:《论语集注》卷4,页129。
⑩ 《孟子·公孙丑上·二》孟子言伯夷、伊尹与孔子三人"皆古圣人也"。见朱熹:《孟子集注》卷3,页320。
⑪ 《孟子·公孙丑上·九》。见朱熹:《孟子集注》卷3,页332。
⑫ 《孟子·万章下·一》。见朱熹:《孟子集注》卷10,页439—440,引文见页440。
⑬ 《礼记·乐记》:"作者之谓圣,述者之谓明;明圣者,述作之谓也。"

孟子乃谓之圣人，不亦妄乎？王天下之谓王，长诸侯之谓伯，所事大小之异耳，非有二道也。高以卑为基，大积小而成，天地之道也，王业亦然。是故，"伯"，"王"之未就也；"王"，"伯"之大成也。不能"伯"，未有能"王"者也。是故，"三分天下有其二，以服事殷"，[①] 西伯之伯也。"九合诸侯"、[②] "一匡天下"，[③] 桓公之伯也。西伯能由伯以训致王业，故孔子谓之"至德"。[④] 桓公终于"伯"而已，故孔子惜之，尝嗛其相曰："管仲之器小哉！"[⑤] 仲尼固不言"伯"，亦不言"王"，不言"王"者，非不言也，其所言皆先王之道也；不言"伯"者，非恶之也，言"王"而"伯"在其中也。夫仲尼之时，周之衰世也，于其时，诸侯有能行先王之道者，则孔子必起而相之，及其事济也，大者王，小者伯。吾知孔子必不以"伯"为不足为也，何以言之？尝观孔子之应聘于四方也，不必国君，虽公山佛肸之以陪臣召之，而夫子尚欲往。[⑥] 夫子之欲往也，将有以行其道焉。其道者何？先王之道也。[⑦] 向使仲尼得其君而相之，

---

① 《论语·泰伯·二〇》。见朱熹：《论语集注》卷4，页144。
② 《论语·宪问·一七》曰桓公"九合诸侯"。见朱熹：《论语集注》卷7，页212。
③ 《论语·宪问·一八》："管仲相桓公，霸诸侯，一匡天下。"见朱熹：《论语集注》卷7，页213。
④ 《论语·泰伯·一》子曰："泰伯，其可谓至德也已矣！三以天下让，民无得而称焉。"见朱熹：《论语集注》卷4，页137。
⑤ 《论语·八佾·二二》。见朱熹：《论语集注》卷2，页89。
⑥ 《史记·孔子世家》："佛肸为中牟宰。赵简子攻范、中行，伐中牟。佛肸畔，使人召孔子。孔子欲往。子路曰：'由闻诸夫子，"其身亲为不善者，君子不入也"。今佛肸亲以中牟畔，子欲往，如之何？'孔子曰：'有是言也。不曰坚乎，磨而不磷；不曰白乎，涅而不淄。我岂匏瓜也哉，焉能系而不食？'""公山不狃以费畔季氏，使人召孔子。孔子循道弥久，温温无所试，莫能己用，曰：'盖周文武起丰镐而王，今费虽小，傥庶几乎！'欲往。子路不说，止孔子。孔子曰：'夫召我者岂徒哉？如用我，其为东周乎！'然亦卒不行。"
⑦ 这是典型的徂徕学派命题。"道者，先王之道也"一语，屡见于徂徕著作，如《論語徵》及《弁道》各条。见荻生徂徕：《論語徵》，页79、82、149、297、324、308；《弁道》，页12以下。田原嗣郎（1924—　）对徂徕学中的"道"，有细致之探讨。参看田原嗣郎：《徂徕学の世界》，页53—130。荻生徂徕弟子太宰春台（1680—1747）进一步推演徂徕先王之道，说："先王之道，悉在《六经》。《六经》即《诗》《书》《礼》《乐》《易》《春秋》也。先王之道，天下之治道也；《六经》，治天下之道具也。"太宰春台纯就"治道"的政治层面以言六经之道，见氏著：《経済録》，收入《日本思想大系》37《徂徕学派》，东京：岩波书店，1972年，页43。

其能成王耶？伯耶？是未可知也。孔子岂恶伯哉？要之能伯者，王之渐也。至于孟子绌伯而专言王，然后王伯之分，遂成泾渭，岂不痛哉？孟子曰："予未得为孔子徒也，予私淑诸人也。"[①]又曰："乃所愿，则学孔子也。"[②]若是，则孟轲固学孔子者也。然其所著书三万言，而违孔子者，不止十五。以孔子之言观之，犹执规矩以正方圆也。兹举其大者而道之，余不可胜论也。夫荀卿、仲任者知言也，后唯宋司马君实，亦不悦孟子。[③]自汉赵邠卿[④]注《孟子》而后，推尊孟子著，莫若唐韩退之氏，然退之特推轲卫道之功而已，未始以轲道为至也，[⑤]盖有所见也。至宋程氏兄弟，尊孟子尤甚，品之以大贤，因以配孔子，于是乎有"孔孟"之称。以其书配《论语》，于是乎有《论》、《孟》之目，且其言曰："孟子性善、养气之论，皆前圣所未发也。"[⑥]其徒从而和之。及朱仲晦注《孟子》，尊其人若圣人，信其书若六经，嗟乎惑哉！夫人必有伦，故并称人者，美恶必以伦，如尧舜之德，桀纣之暴；伊傅之相，周召之公；管蔡之乱，成康之治；幽厉之昏，桓文之伯。或同时，或异世，而其为伦则一也，皆天下之公论也。至若后世言"孔墨"，则其人其道，皆非等伦，徒以其教之行于当世，适与儒者相敌，故有是称耳。至于"孔

---

① 《孟子·离娄下·二二》。见朱熹：《孟子集注》卷8，页414。

② 《孟子·公孙丑上·二》。见朱熹：《孟子集注》卷3，页320。

③ 司马光著《疑孟》，质疑孟子不尊周。参看黄俊杰：《孟学思想史论》卷二第4章《作为政治学的孟子诠释学（1）：宋儒对孟子政治思想的争辩及其蕴涵的问题》，页131—188。

④ 赵岐事迹见《后汉书》卷64《吴延史卢赵列传第五十四》。赵岐是史上第一个注解《孟子》者。我曾注释赵岐《孟子题辞》。见拙著：《孟学思想史论》卷二，页467—478。关于赵岐与汉末政治，参看狩野直祯：《赵岐考》，收入氏著：《後漢政治史の研究》，京都：同朋舍，1993年，页534—550。赵岐也是中国美术史上营造自己生圹，并在墓室中画自画像的第一人，参看谷口铁雄：《中国の自画像——赵岐の場合》，《美学》46（1961年），页19—27。拙著《孟学思想史论》卷二（附录一，页477，注14）曾据《后汉书》本传详考赵岐毕生历程。

⑤ 韩愈：《原道》："尧以是传之舜，舜以是传之禹，禹以是传之汤，汤以是传之文武周公，文武周公传之孔子，孔子传之孟轲。轲之死，不得其传焉。荀与扬也，择焉而不精，语焉而不详。由周公而上，上而为君，故其事行；由周公而下，下而为臣，故其说长。"

⑥ 程子语见朱熹：《孟子序说》，收入《四书章句集注》，页277。

孟"之称，予尝于马季长赋中一见之，[①] 盖非公论也。是称之行，自程
氏以来也已，夫宋帝尊《孟子》，诏孙奭疏其书，遂列诸九经，[②] 固已甚
矣。迨程氏学作也，《孟子》之书，与《论语》并行于宇内，岂非幸哉？
夫孟子、荀子，后仲尼而立言，各一是非，俱未达乎道，而二子诚不可
优劣，如其文辞，则孟子实卓越于诸子云。

《孟子论·下》

自古贤人君子，能有为于天下者，必为众人所不为者也。彼其为
之也，常道可行则行之，其或不可，则视时而行权。至若汤之放桀，武
王之伐纣，周公之诛二叔，皆圣人之事，后世无讥焉。乃若孔子于公
山佛肸之召皆欲往，夫子岂与二子者之畔哉？欲假其力以济已事耳，
譬之龙之得云以神其德，夫二子者，虽以陪臣畔其主，然力能动其国，
则足以为夫子之云，是以夫子欲往也。淳于髡谓孟子曰："男女授受
不亲，礼与？"孟子曰："礼也"曰："嫂溺则援之以手乎？"曰："嫂溺
不援，是豺狼也。男女授受不亲，礼也；嫂溺援之以手者，权也。"曰：
"今天下溺矣，夫子之不援，何也？"曰："天下溺，援之以道；嫂溺，援
之以手。子欲手援天下乎？"[③] 髡欲诘孟轲，故先以礼为问，轲应之
曰："礼也。"髡乃以事之危急，不可守礼者为问，轲知其守礼不援之近
于豺狼，故欲行权以援之，是诚知处变之道矣。髡则以为方今天下扰
乱，国行虐政，先王赤子，溺于渊水，不可不拯也。苟欲拯之耶？其术

---

① 马融：《长笛赋》中有"温直扰毅，孔孟之方也"一句，收入萧统编，李善注：《文选》卷18
（第 2 册），页 817。
② 北宋真宗（在位于 997—1021）大中祥符七年（1014）命孙奭（962—1033）作《孟子音
义》。北宋仁宗嘉祐六年（1061）刻石经，立于汴京开封国子监，共包括《易》《诗》《书》
《周礼》《礼记》《春秋》《孝经》《论语》及《孟子》等九经。见王应麟辑：《玉海》卷 43
《艺文》"嘉祐石经"条，页 816。
③ 《孟子·离娄上·一七》。见朱熹：《孟子集注》卷 7，页 397。

非一端，要当先其急而后其缓，今孟轲说人主以三代之治，其言虽可听，非当时急务，无益于天下之治；是犹坐视人溺而不援也。故诘之曰："今天下溺矣，夫子之不援，何也？"髡之言，乃有为者之言也。溺者，譬喻也。轲不觉悟曰："天下溺，援之以道。嫂溺，援之以手。"夫嫂溺，固援之以手。惟援之以手，非道乎？道有经有权，轲既言嫂溺援之以手者权也，权岂非道乎？溺，人之急难也，赴人之急难，何守常道？于是乎有权。轲既知之矣，独于天下溺，无权以援之乎？轲所谓"道"者，果何道哉？盖谓唐虞三代治平之道也。当此之时天下之乱极矣，轲乃欲以唐虞三代之德治之，譬如不脱桎梏，教之揖让，可谓不知急务也！卒曰："子欲手援天下乎？"夫天下不可以手援，愚夫亦知之，轲乃以之反难髡，非调髡，即自调也。且所谓"天下溺"者，本譬喻也，时无怀山襄陵之水，焉有天下溺哉？轲与其难手援天下，宁如难天下溺乎？于卒髡不复辩者，以轲为不可晓也，亦犹告子之于轲也。夫髡知时务者也，轲之言则迂甚，故他日髡与轲论名实，[1] 而言贤者之无益于国，[2] 亦非轲云尔。髡之所知，岂轲之所能及哉？吾闻医之治病法曰：缓则治其本，急则治其标。治天下国家，亦犹是也。《周官》《大司寇》建邦之三典，"刑新国用轻典，刑平国用中典，刑乱国用重典"，[3] 先王之制也。夫以先王之世，刑人尚有三典，而况衰乱之世，何可概用礼乐治之乎？故于周季之乱也，贤者诚欲治之，则虽合从连衡，攻伐战争可矣；虽为商鞅申韩亦可矣，要在其成功何如耳。夫战国之士，辩如苏、张、范、蔡，智如樗里、甘茂，学如惠施、邹衍、虞卿，用兵

---

[1] 《孟子·告子下·六》。见朱熹：《孟子集注》卷12，页479。

[2] 《孟子·告子下·六》："（淳于髡）曰：'鲁缪公之时，公仪子为政，子柳、子思为臣，鲁之削也滋甚。若是乎贤者之无益于国也！'"见朱熹：《孟子集注》卷12，页479。

[3] 《周礼·秋官司寇》："都士：中士二人，下士四人；府二人，史四人，胥四人，徒四十人。家士亦如之。大司寇之职：掌建邦之三典，以佐王刑邦国、诘四方：一曰刑新国用轻典，二曰刑平国用中典，三曰刑乱国用重典。"

如吴起、孙膑、廉颇、李牧、赵奢，兴利如李悝、白圭，皆奇才也。若遇文武之君，亦皆为国器矣。乡使战国之士，以其所能，戡乱靖难，退寇辟地，富国强兵，各济其事，各成其功，上见信于其君，下服士民之心，然后施仁政、正法令，遵先王之道，抚育其民，则九鼎可迁矣，诸侯可服矣，是则佐命也已。于其时也，人孰得术士视之哉？术士何厉佐命乎？彼其志在功名富贵，而不忧天下之民，是以止于战国之士而已。夫以德服人者上也，其次莫若立功。然德之服人，非一朝一名之故，必也以渐。孔子曰："如有王者，必世而后仁。"① 此之谓也。先王之世尚然，况于乱世乎？故其次莫若立功。立功于乱世者，莫若将帅，故为轲计者，莫若为乐毅于齐、梁之间，若能一将兵，与秦楚燕赵战，胜而得志，如乐毅为燕伐齐，则齐、梁王必举国听之，② 是贤者济事之势也。孔子于公山佛肸之召皆欲往，③ 其意在兹。轲既得志，则二国王，其一可王天下。于其时也，夏之时可行矣，殷之辂可乘矣，周之冕可服矣，韶箾可舞矣，灭国可兴矣，绝世可继矣，逸民可举矣。夫如是，则轲乃为伊吕周公矣，人孰谓不尔乎？轲不知此道，开口述唐虞三代之德，且称古之君子，以"行一不义、杀一不辜而得天下，不为也"④ 为口实，谬哉！夫述唐虞三代之德于战国，轲之不知时也，乃庄周所谓宋人鬻章甫于越也。⑤ "不义"固不可行也，"不辜"固不可杀也，然行

---

① 《论语·子路·一二》。见朱熹：《论语集注》卷7，页200。
② 《史记·乐毅列传》："诸侯害齐愍王之骄暴，皆争合从与燕伐齐。乐毅还报，燕昭王悉起兵，使乐毅为上将军，赵惠文王以相国印授乐毅。"
③ 《史记·孔子世家》："佛肸为中牟宰。赵简子攻范、中行，伐中牟。佛肸畔，使人召孔子。孔子欲往。子路曰：'由闻诸夫子，"其身亲为不善者，君子不入也"。今佛肸亲以中牟畔，子欲往，如之何？'孔子曰：'有是言也。不曰坚乎，磨而不磷；不曰白乎，涅而不淄？我岂匏瓜也哉，焉能系而不食？'""公山不狃以费畔季氏，使人召孔子。孔子循道弥久，温温无所试，莫能己用，曰：'盖周文武起丰镐而王，今费虽小，傥庶几乎！'欲往。子路不说，止孔子。孔子曰：'夫召我者岂徒哉？如用我，其为东周乎！'然亦卒不行。"
④ 《孟子·公孙丑上·二》。见朱熹：《孟子集注》卷3，页320。
⑤ 《庄子·逍遥游》："宋人资章甫而适诸越，越人断发文身，无所用之。尧治天下之民，平海内之政，往见四子藐姑射之山，汾水之阳，窅然丧其天下焉。"

大事者,时有所不恤。《书》曰:"火炎昆冈,玉石俱焚。天吏逸德,烈于猛火。"① 此之谓也。夫仁人之行事也,自旁观之,未必无可讥者焉,视其成功,然后其仁可知矣。况行天下之大事,立天下之大业者,何可拘小节以失机会哉? 孔子曰:"小不忍则乱大谋。"② 此之谓也。轲自以为孔子之徒,而其不达道如是。自是先王之道,降为儒家者流,遂令后世谓儒者难与进取。千百年来,儒生之谈,无补于国家,由轲误之也。然此祸胚胎于子思氏,而成于孟氏,则荀卿之非二子,可谓知言也。孔子曰:"人能弘道。"③ 乡使轲践仲尼之迹,必有可观之事业,而其身亦岂终于一儒生哉? 轲之终于儒生,乃其所自小也。嗟乎! 轲不啻自小,使后之学者皆自小,则轲之祸后生,不亦大乎? 学仲尼之道者,斯之不可不知也!

---

① 《尚书·夏书·胤征》。
② 《论语·卫灵公·二六》:"子曰:'巧言乱德,小不忍则乱大谋。'"见朱熹:《论语集注》卷8,页233。
③ 同上。

4. 薮孤山（1735—1802）:《崇孟》

【引言】

薮悫（1735［享保 20 年，清世宗雍正十三年，朝鲜英祖 11 年］—1802
［享和 2 年，清仁宗嘉庆七年，朝鲜纯祖 2 年］），字士厚，号孤山，熊本藩人。
孤山少力学，兼摄经史，能属诗文，郁然有声。藩侯岁赐白银 20 锭，以为学
资，命游学江户，翌年遂游京都，与中井竹山、中井履轩、赖春水定交。

藩侯下王霸之问，孤山乃上学士对策，其副札曰:"凡为人君者，先王之
道，固不可不志，而先王之学，尤不可不讲。夫徒志先王之道，而不讲先王
之学，譬犹欲鱼而不修网罟，欲禽而不修矰缴，未有获者也。臣闻先王之学，
《大学》而已矣，而大学之要，修身而已矣。……由是观之，王霸之分，由身
之修与否也。而身之修否，由讲先王之学与否也。令其说之详，载在于《大
学》之书，伏愿台下燕间，读而考之。尊王贱霸之说，又不待求乎外矣。"熊
本藩中老岛田贞孚为孤山遗稿序曰:"先生自少，蒙受家学，尊崇程朱，学术
既正矣，而又天资颖悟，洞达时势，通晓人情，实有为之士也。"[1]

在德川日本思想史的"孟子事件"中，薮孤山撰《崇孟》一文，批太宰春
台《孟子论》，重申孟子不屈道以从君之旨，并批判太宰春台的"王霸同质
论"。此最见其精神。

【出处】

薮孤山:《崇孟》，收入关仪一郎编:《日本儒林丛书》第 4 卷《论弁部》，
东京:凤出版株式会社，1978 年，页 1—17。

---

[1] 薮孤山生平，节略自松村操:《近世先哲丛谈》，收入上海交通大学出版社编:《日本汉文史
籍丛刊》第 4 辑《传记》18（据明治 31 年［1898］东京刻本影印，岛田贞孚序于文化 13 年
［1816］），上海:上海交通大学出版社，2014 年，页 52—54。

　　崇孟者何？崇孟子也。何崇孟子？孔孟同道，崇孟者所以崇孔也。孟崇矣，又崇之者何？有不崇者也。孰不崇之？有荀于周，[①] 有充于汉，[②] 有司马、李、郑于宋。[③] 数子之言中乎？何其中？何其中？何以知其不中？朱子、余氏辟之廓如也。又崇之者何？尚有不崇者也。孰不崇之？大宰纯也。大宰氏之言中乎？何其中？何其中？然而未有能辟之者也。吾惧其惑后学害正道，故不自揆，窃辨其非，孟子有言曰："能言拒杨墨者，圣人之徒也。"[④] 予虽未得为能言之士，抑亦得不为孟之徒乎？是辨大宰氏也。其曰"崇孟"者何？辨大宰氏者，所以崇孟也，作《崇孟》。

　　大宰《孟子论》曰：

　　　昔（者）荀卿立言，非十二子，孟子与焉，汉王充仲任氏著《论衡》，中有《刺孟》篇，刺孟轲也。二子所讥，讥轲之言行违道悖理也。其言悉中轲病，向（向）使轲也闻之，其未必不受以为过矣。[⑤]

　　辨曰：二子所讥，我未见其能病孟也。卿所非，无所指言；充所刺，前人既辨，何待余言。余允文作《尊孟辨》辨《刺孟》，余独举二子所病，以明其不足病孟也。夫自质其言，轻讥古人，二子之病也，何以知其然？卿目游夏子张，为贱儒；[⑥] 充疑孔子，而孔子不可疑，故

---

① 关于荀子非孟，参见拙著：《孟学思想史论》卷二第3章《荀子对孟子的批判："思孟五行说"新解》，页107—129。

② 王充《论衡》有《刺孟》篇。

③ 司马光、李觏、郑叔友批孟子经过，参见拙著：《孟学思想史论》卷二第4章《作为政治学的孟子诠释学（1）：宋儒对孟子政治思想的争辩及其蕴涵的问题》，页131—188。

④ 《孟子·滕文公下·九》："岂好辩哉？予不得已也。能言距杨墨者，圣人之徒也。"见朱熹：《孟子集注》卷6，页378—379。

⑤ 见资料3（太宰春台：《孟子論》）。

⑥ 荀子《非十二子》："弟陀其冠，神禪其辞，禹行而舜趋：是子张氏之贱儒也。正其衣冠，齐其颜色，嘿然而终日不言：是子夏氏之贱儒也。偷儒惮事，无廉耻而耆饮食，必曰君子固不用力：是子游氏之贱儒也。"

命其篇,曰《问孔》,虽曰问,实疑也。夫游夏子张,孔门高弟,未可轻非也,而卿非之;孔子大圣,不可疑,而充疑之,其既如此,何圣不可疑?而何贤不可非乎?苏轼曰:"荀卿者,喜为异说而不让,敢为高论而不顾。"[1]余于充亦云。故曰:自质其言,轻讥古人,二子之病也。人能知二子之病,则其不足病孟,盖不待辨焉。或曰:"卿非非游夏,非游夏之徒耳。故不曰'游夏',而曰'游夏氏'。"曰:不然。凡罪人,斥师而氏之者,师徒俱罪也;单斥徒名者,罪不及师也。宰予昼寝,[2]人皆曰"宰予"昼寝,未尝曰"孔氏之徒"尝昼寝;冉求为季氏聚敛,[3]人皆曰"冉求"聚敛,未尝曰"孔氏之徒"尝聚敛。何则?罪独在宰予、冉求,而不在孔子也?今卿不斥游夏之徒名,直曰"游夏氏"之贱儒,非非及游夏而何?

《论》曰:

> 轲之所以出言多过者,其故有二焉。其与国君言,则冀见听;其与学士诸子辨(辩),则欲服人。冀见听,则务为可悦之言;欲服人,则牵强持论,务为可悦之言,如为齐王言好货好色是已。牵强持论,如与告子论性是已。夫斯二者,轲之病(患)也。轲有斯二者之患,宜其出言多过也。[4]

辨曰:谓孟子与国君言,则冀见听;与学士诸子辨,则欲服人,固矣。谓务为可悦之言,牵强持论,则不然。夫君子之见诸侯也,欲以行其道也,其言不听,其道不行,言之见听,道行之始也,故孟子冀见听者,非求荣,而为道之故也。其与诸子辨也,欲以明其道也,其

---

[1]　苏轼:《荀卿论》,收于《苏东坡全集》下册,台北:世界书局,1969年,页774。
[2]　《论语·公冶长·九》。见朱熹:《论语集注》卷3,页105。
[3]　《论语·先进·一六》。见朱熹:《论语集注》卷6,页174。
[4]　见资料3(太宰春台:《孟子论》)。

人不服，邪说不止，邪说不止，正道不明，故孟子欲服人者，非好胜而为道之故也。当时诸侯所悦者，非纵横攻伐之事乎？所迁而笑之者，非唐虞三代之德乎？孟子弃其所悦，而述其所迁，谓之务为可悦之言可乎？其与诸子辨也，其道正，其辞直，其唯正，是以不移；其唯直，是以不挠，谓之牵强持论，可乎？大宰以好色好货，为可悦之言，以论性，为牵强持论，辨在于后。

《论》曰：

> 夫好货好色之非美德也，不待知（智）者而后知之。宣王既自以为疾，而孟子不敢因之以陈其戒，谓之陈善闭邪可乎？且以公刘为好货，大王为好色，是诬古人也。[①]

辨曰：大宰知好货好色之非美德，而不知好货好色之与民同之之为美德也。[②] 夫好货好色，人之情也。圣人岂无情哉？唯圣贤之情，莫不中节，故非其货不取，非其述不配。又知民之情不异于己，故发其政，施其教，使之各得其货，各有其室，皞皞自足，不愿其他焉。后世人君，唯欲是纵，不知节之；唯己是奉，不知有民，故陈粟溢仓，野有饥饿之色；靡曼充宫，氓有怨旷之嗟，岂非好货好色之形同，而好货好色之情异哉？且孟子称公刘大王与民同之之货色，而抑后世人主不与民同之之货色也。称与民同之之货色，非陈善乎？抑不与民同之之货色，非闭邪乎？又曰：以公刘为好货，大王为好

① 见资料3（太宰春台：《孟子論》）。
② 《孟子·梁惠王下·五》："王曰：'寡人有疾，寡人好货。'对曰：'昔者公刘好货，《诗》云："乃积乃仓，乃裹糇粮，于橐于囊。思戢用光。弓矢斯张，干戈戚扬，爰方启行。"故居者有积仓，行者有裹粮也，然后可以爰方启行。王如好货，与百姓同之，于何有？' 王曰：'寡人有疾，寡人好色。'对曰：'昔者大王好色，爱厥妃。《诗》云："古公亶甫，来朝走马，率西水浒，至于岐下。爰及姜女，聿来胥宇。"当是时也，内无怨女，外无旷夫。王如好色，与百姓同之，于王何有？'"见朱熹：《孟子集注》卷2，页302。

色,是诬古人也,固乎? 大宰之解书也。孟子曰:"说诗者,不以文害辞,不以辞害志,以意逆志,是为得之。"① 岂唯说诗,解书亦然。孔子曰:"富而可求也,虽执鞭之士,吾亦为之。如不可求,从吾所好。"② 纵使富而可求,夫子何敢执鞭求之! 盖富贵在天,求之无益,故假言之耳。今不逆夫子之意,直据其辞,曰:有可求之富,夫子欲执鞭求之可乎? 孟子亦谓公刘大王好货好色,然二君之所好,大异于时君之所好,今不逆孟子之意,直据其辞,曰:诬二君以好货好色可乎?

《论》曰:

> 孔子对定公曰:"君使臣以礼,臣事君以忠。"孟子告宣王曰:"君之视臣如手足,则臣视君如腹心;君之视臣如犬马,则臣视君如国人:君之视臣如土芥,则臣视君如寇仇。"夫君子不仕则已,仕则必敬其君。语曰:"君虽不君,臣不可以不臣。父虽不父,子不可以不子。"言尽其道也。故臣人者,不以夷险渝其心,乃若为其君之无礼而怼焉,是不臣也。仲尼之言,可以语君,亦可以语臣,教谓之通论。如轲之言,唯可以闻于君,决不可使人臣闻(之),(则)亦不通之论也。③

辨曰:孔子曰:"言岂一端而已夫,各有所当也。"④ 夫言有主教诲而言者,有主理势而言者。君臣之际,当各尽其道。假使君不尽其

---

① 《孟子·万章上·四》:"故说《诗》者,不以文害辞,不以辞害志。以意逆志,是为得之。"见朱熹:《孟子集注》卷9,页428。
② 《论语·述而·一一》:"子曰:'富而可求也,虽执鞭之士,吾亦为之。如不可求,从吾所好。'"见朱熹:《论语集注》卷4,页128。
③ 见资料3(太宰春台:《孟子論》)。
④ 《礼记·祭义》:"子曰:'济济者,容也远也;漆漆者,容也自反也。容以远,若容以自反也,夫何神明之及交,夫何济济漆漆之有乎? 反馈,乐成,荐其荐俎,序其礼乐,备其百官。君子致其济济漆漆,夫何慌惚之有乎? 夫言,岂一端而已? 夫各有所当也。'"

道,臣不可以不尽其道,是君臣当务之教诲也。如孔子对定公,及语所称是已,君亲臣则臣必亲君,君疏臣则臣必疏君,是人情必然之理势也,如孟子告宣王,是已。大宰不知言各有所当,而求之一端,其疑孟子,不亦宜乎? 又谓可以语君,亦可以语臣,谓之通论,可以闻于君,不可使人臣闻,谓之不通之论,姑借其所言,以难其所援。语曰:"君虽不君,臣不可以不臣。"① 是言唯可以闻于臣,决不可使人君闻,何则? 无道之君闻是言也,必责其臣曰:"我虽不君,汝不可以不臣。"是岂不启人君罪人之端哉? 禹汤罪己,其兴也勃焉;桀纣罪人,其亡也忽诸,然则语之所称,亦不通之论也。子路问:"闻斯行诸?"子曰:"有父兄在,如之何其闻斯行诸?"冉有问:"闻斯行诸?"子曰:"闻斯行之。"公西华问其故,子曰:"求也退,故进之,由也兼人,故退之。"② 是仲尼告子路者,不可使退者闻之;告冉求者,不可使兼人者闻之,然则夫子之言,亦不通之论也。然"言非一端,各有所当",知其所当,以达其意,可以知圣贤立言,果非不通已。昔宋高宗问尹焞曰:"纣亦君也,孟子何谓之一夫?"焞对曰:"此非孟子之言,武王牧师之辞也:独夫受,洪惟作威。"高宗又问曰:"君视臣如草芥,臣可遽视君如寇仇乎?"焞对曰:"此亦非孟子之言也,《书》曰:'抚我则后,虐我则仇。'"③ 呜呼! 彦明之对,亦可以解大宰之惑矣。前条之对,不关于此,并录者,亦以证孟子出言不苟云。

《论》曰:

---

① 伊东蓝田:《蓝田先生汤武论·弁汤武非放伐论後叙》,奈良毫编,页4。

② 《论语·先进·二一》:"子路问:'闻斯行诸?'子曰:'有父兄在,如之何其闻斯行之?'冉有问:'闻斯行诸?'子曰:'闻斯行之。'公西华曰:'由也问闻斯行诸,子曰"有父兄在";求也问闻斯行诸,子曰"闻斯行之"。赤也惑,敢问。'子曰:'求也退,故进之;由也兼人,故退之。'"见朱熹:《论语集注》卷6,页176。

③ 郝敬:《孟子说解》,收入《四库全书存目丛书》经部第161册,台南:庄严文化事业出版公司,1997年,页31。清儒孙奇逢(1585—1675)赞叹尹焞,并以明太祖斥孟子时群臣未能以尹焞之语进之为憾。见孙奇逢:《四书近旨》,收入《景印文渊阁四库全书》第208册,台北:台湾商务印书馆,1983年,页768。

仲尼尝称管仲曰："如其仁，如其仁"，又曰："微管仲，吾其被发左衽矣。"仲尼之称管仲也，可谓盛矣。孟子乃以管仲不足为，不亦异乎？①

辨曰：孔子论管仲，褒贬相半，其曰"夺伯氏骈邑三百，饭疏食，没齿无怨言"，②曰"如其仁"，③曰"微管仲，吾其被发左衽矣"，④褒也。曰"管仲之器小哉"，曰"焉得俭"，曰"管氏而知礼，孰不知礼"，⑤贬也。然则夫子之意何居乎？曰：是微言也，能知此说也，其于《春秋》，思过半矣。盖夫子于管仲也，尊其功，而贱其才；称其力，而薄其德。夫平王东迁，周道陵夷，诸侯内攻，夷狄外侵，向微管仲相桓公，内拯诸侯，外攘荆楚，则中国之不为夷狄者，无几矣，故孔子尊其功曰"如其仁"，⑥称其力曰"管仲之力"⑦也。然其为相也，不能行王道；其检身也，不能从礼俭，故贱其才曰"管仲之器小哉"，薄其德曰"焉得俭"，"不知礼"。⑧由是观之，其褒之者，以时无王者能拯诸侯、攘夷狄也，是言也。唯孟子知之，故曰："今之诸侯，五霸之罪人也"，⑨又曰："《春秋》无义战。彼善于此，则有之矣"。⑩其贬之

---

① 见资料3（太宰春台：《孟子論》）。
② 《论语·宪问·一〇》。见朱熹：《论语集注》卷7，页209。
③ 《论语·宪问·一七》。见朱熹：《论语集注》卷7，页212。
④ 《论语·宪问·一八》。见朱熹：《论语集注》卷7，页213。
⑤ "管仲之器小哉""焉得俭""管氏而知礼，孰不知礼"皆见《论语·八佾·二二》。见朱熹：《论语集注》卷2，页89。
⑥ 《论语·宪问·一七》。见朱熹：《论语集注》卷7，页212。《论语·宪问·一七》"如其仁"三字，历代儒者颇有争议。清人孙志祖（贻谷）云："如其仁者，盖疑而不许之词，非重言以深许之也。岂有夫子而轻以仁许管仲乎？自孔安国误解，而集注因之，后世学者遂疑圣人立论之偏，与器小章抑扬悬决。……"见孙志祖：《读书脞录》卷2"管仲非仁"条。孙志祖之说可以羽翼薮孤山之论。
⑦ 《论语·宪问·一七》。见朱熹：《论语集注》卷7，页212。
⑧ 《论语·八佾·二二》。见朱熹：《论语集注》卷2，页89。
⑨ 《孟子·告子下·七》："孟子曰：'五霸者，三王之罪人也；今之诸侯，五霸之罪人也；今之大夫，今之诸侯之罪人也。'"见朱熹：《孟子集注》卷12，页480—481。
⑩ 《孟子·尽心下·二》："孟子曰：'《春秋》无义战。彼善于此，则有之矣。征者上伐下也，敌国不相征也。'"见朱熹：《孟子集注》卷14，页511。

者，以其非王佐也，是言也。唯孟子知之，故曰管仲"不足为也"。^①
又曰，"仲尼之徒，无道桓文之事者"。^②由是观之，孟子论仲，吾未
见其异于夫子也。或曰：圣人之道，莫大乎仁，故夫子未尝轻许人以
仁，独于管仲，则曰"如其仁"，孔子既许仲以其大者，则其小者，未
足以病仲焉！且许仲之仁，而未尝曰所许者，"仁之功"也，^③非"仁之
德"也，则先儒将何据断之曰"仁之功"也？曰：孔子尝曰，"克己复
礼为仁"，^④焉有仁者而不知礼者哉？仲既不知礼，其不为仁者，亦已
昭昭矣！此先儒所以断之曰"仁之功"也。或曰：唯仁者然后宜有仁
之功，则仲既有仁之功，谓之仁者，不亦可乎？曰：《礼》云："与仁同
功而异情"，^⑤谓有非仁者而"与仁同功"者也，如管仲者，可谓与仁
同功矣！噫！日月既没，爝火之光，足赖也。文武不兴，管仲之功何
废也？虽然，由是遂谓爝火与日月同明，管仲与周邵比德，可乎？

　　论曰：

　　　子贡曰："夫子之言性与天道，不可得而闻也。"孔子曰："性
　　相近，习相远也。"夫子之言性，唯是（此）一言，既已明矣，亦又
　　何言？孟子乃道性善，及与告子争论也，告子三易其说，以明相

---

① 《孟子·公孙丑上·一》："孟子曰：'管仲，曾西之所不为也，而子为我愿之乎？'"见朱熹：
　　《孟子集注》卷3，页315。
② 《孟子·公孙丑上·一》："公孙丑问曰：'夫子当路于齐，管仲、晏子之功，可复许乎？'孟
　　子答曰：'管仲，曾西之所不为也，而子为我愿之乎？'"见朱熹：《孟子集注》卷3，页315。
③ 朱注《论语·宪问·一七》曰："盖管仲虽未得为仁人，而其利泽及人，则有仁之功。"见朱
　　熹：《论语集注》卷7，页212—213。
④ 《论语·颜渊·一》。见朱熹：《论语集注》卷6，页181—182。在孔子思想中，"仁"与
　　"礼"既不分割，又互为紧张，2000年来中朝日儒者说解纷纷，我曾有所析论，参看拙著：
　　《东亚儒家仁学史论》第4章《东亚儒家"仁"学之内涵（一）：孔子"克己复礼为仁"说与
　　东亚儒者的诠释》，页135—210。
⑤ 《礼记·表记》："子曰：'仁有三，与仁同功而异情。与仁同功，其仁未可知也；与仁同过，
　　然后其仁可知也。仁者安仁，知者利仁，畏罪者强仁。仁者右也，道者左也。仁者人也，道
　　者义也。厚于仁者薄于义，亲而不尊；厚于义者薄于仁，尊而不亲。道有至，义有考。至道
　　以王，义道以霸，考道以为无失。'"

近,彼其意在诲孟子,而轲终不能悛,惑之深也。^①

辨曰:自孔孟没,千百余年,天下道性,纷纷不定,盖主孔子相近之言,则违孟子性善之说。据孟子性善之说,则乖孔子相近之言。故学者伥伥,莫知适从,自宋程张二子本原气质之说出,而其说始定矣。于是孔孟之言,并行而不相悖也,其说谓自其出于天而言,谓之"本原之性","本原之性",无不善,如孟子所谓性善是已。自其形于人而言,谓之"气质之性",^②"气质之性",不能皆善,如孔子所谓相近是已。然论者犹有疑之者,曰:孔子未尝曰:"我所言者气质之性也。"孟子未尝曰:"我所说者本原之性也。"程张将何征?以知孔孟所道有气质本原之别乎?余间尝窃辨之曰:"本原气质之说,固经传所未发,而本原气质之意,则经传昭昭矣,请尽其说。盖圣贤道性,有首天而言之者,有单言之者,其首天而言之者,无不善,其单言之者,不能皆善。如《书》曰:'惟皇上帝降衷于下民,若有秉性,克绥厥猷,惟后';^③《易》曰:'一阴一阳,谓之道,继之者善也,成之者性也',^④又曰:'天地设位,而易行乎其中矣,成性存存,道义之门',^⑤又曰:'乾道变化,各正性命',^⑥《孝经》曰:'天地之性,人为贵',^⑦子思曰:'天命之谓性',^⑧孟子道性善,乃引《诗》云:'天生蒸民,有物有则,民之秉夷,好是懿德',^⑨是皆首天而言之

---

① 见资料3(太宰春台:《孟子論》)。
② 张载:《正蒙·诚明篇》曰:"形而后有气质之性,善反之,则天地之性存焉。故气质之性,君子有弗性者焉。"见氏著:《张载集》,台北:里仁书局,1981年,页23。
③ 《尚书·商书·汤诰》:"王曰:'嗟!尔万方有众,明听予一人诰。惟皇上帝,降衷于下民。若有恒性,克绥厥猷惟后。'"
④ 《周易·系辞上·五》:"一阴一阳之谓道,继之者善也,成之者性也。"
⑤ 《周易·系辞上·七》:"天地设位,而易行乎其中矣,成性存存,道义之门。"
⑥ 《周易·乾卦·象传》。
⑦ 《孝经·圣治》:"子曰:'天地之性,人为贵。人之行,莫大于孝。'"
⑧ 《中庸》第1章:"天命之谓性,率性之谓道。"见朱熹:《中庸章句》,页22。
⑨ 《孟子·告子上·六》。见朱熹:《孟子集注》卷11,页460。

者，无不善也。孔子曰：'性相近也。'①《书》曰：'习与性成。'②《礼》曰：'民有血气心知之性，而无喜怒哀乐之常。'③是皆单言之者，不能皆善也。夫唯无不善，此程张所以有'本原之说'也，不能皆善，此程张所以有'气质之说'也。由是观之，孟子道性善，乃与《诗》《书》《易》《礼》首天之性合矣，大宰讥以违孔子单言之性，何不深思乎？"

论曰：

> 人心，能动之物也，故孔子曰："操则存，舍则亡。出入无时。莫知其乡。其心之谓与？"孟子乃曰："我四十不动心"，心岂能终不动乎？是以乐正子之将见用于鲁也，孟子曰："吾闻之，喜而不寐"，是则轲之动心也。若心果不动邪，与庄周之欲死灰其心，何以异哉？④

辨曰：庄周之死灰其心者，灭绝思虑之谓也；孟子之不动心者，不为物扰动之谓也，何以知其然也？以全章问答知之。公孙丑问曰："子加齐之卿相，得行道焉，虽由此霸王不异矣。如此则动心否乎？"⑤谓霸王之业，任大责重，孟子虽大贤，亦恐其恐惧疑惑，以动其心也。此丑所问，不在于灭绝思虑，而在于不为物扰动也。孟子曰："我四十不动心，不动心有道，我知言养气，谓知言则不疑惑，养气则不恐惧，既不疑惑恐惧，虽霸王任大责重，不足以扰动我心

---

① 《论语·阳货·二》。见朱熹：《论语集注》卷9，页246。
② 《尚书·商书·太甲上》："伊尹曰：'兹乃不义，习与性成。'"
③ 《礼记·乐记》："夫民有血气心知之性，而无哀乐喜怒之常，应感起物而动，然后心术形焉。"
④ 见资料3（太宰春台：《孟子論》）。
⑤ 《孟子·公孙丑上·二》。见朱熹：《孟子集注》卷3，页317—320。

矣。"①此孟子所答，不在于灭绝思虑，而在于不为物扰动也。大宰不详全章问答之意，固执不动心三言，以同诸庄周之死灰，不亦谬乎？夫不逆其意，唯泥其文，则孔子之毋意，亦何异庄周之死灰哉？大宰又引孔子语，以证人心能动，不知夫子之意所重，在于人心能动乎，在于操则存乎，是不待变矣。夫人心能动，动而无节则亡，故君子操而存之，亦不动之谓也。大宰所援以破孟子，吾观适足以自破其说耳，且大宰非孟子，何不并非孔子曰："人心能动，岂能操之哉？"又曰："乐正子之将见用于鲁也，孟子喜而不寐，是则轲之动心也。"夫喜怒哀乐，情也，圣贤岂无情哉？唯圣贤之情，发而中节所以和也。夫舜者，大圣人也；《韶》者，大圣人之乐也，听大圣人之乐，而知大圣人之德，乐孰大焉，故夫子听《韶》，不知肉味，不知肉味者，乐之至也。②乐正子，鲁之善人也，善人见用，道将行焉，道之将行，喜孰大焉？故乐正子将见用，孟子喜而不寐，不寐者，喜之至也，是皆圣贤之情，发而中节者，而谓之动心可乎？

论曰：

孟子曰："我善养吾浩然之气。"夫养气者，卫生之术也。君子之养气也，（曰）礼乐而已矣。礼以养其阴，乐以养其阳，故曰："礼乐不可斯须去身"，此先圣王之教也，古之道也。古者君

---

① 《孟子·公孙丑上·二》："孟子曰：'否。我四十不动心。'……曰：'不动心有道乎？'曰：'有。北宫黝之养勇也，不肤挠，不目逃，思以一豪挫于人，若挞之于市朝。不受于褐宽博，亦不受于万乘之君。视刺万乘之君，若刺褐夫。无严诸侯。恶声至，必反之。孟施舍之所养勇也，曰："视不胜犹胜也。量敌而后进，虑胜而后会，是畏三军者也。舍岂能为必胜哉？能无惧而已矣。"孟施舍似曾子，北宫黝似子夏。夫二子之勇，未知其孰贤，然而孟施舍守约也。昔者曾子谓子襄曰："子好勇乎？吾尝闻大勇于夫子矣：自反而不缩，虽褐宽博，吾不惴焉；自反而缩，虽千万人，吾往矣。"孟施舍之守气，又不如曾子之守约也。'……曰：'我知言，我善养吾浩然之气。'"见朱熹：《孟子集注》卷3，页317—320。
② 《论语·述而·一三》。见朱熹：《论语集注》卷4，页129。

子习礼乐,而养气在其中矣,故仲尼不言养气也。①

辨曰:卫生之养气也,欲长生也;君子之养气也,欲立德也。卫生之养气也,道引而已矣;君子之养气也,集义而已矣。大宰同之,不亦疏乎? 又曰:"君子之养气也,礼乐而已矣",是固然,然不知大宰所谓礼乐者,谓其本乎? 将末乎?《记》曰:"黄钟大吕弦歌干戚,乐之末节也,故童子舞之,筵席俎豆笾豆升降,礼之末节也,故有司掌之。"② 由是观之,礼乐末节,非君子所专也,果谓本乎?《记》曰:"为礼不本于义,犹耕而不种也。"③ 又曰:"耳目鼻口心知百体,皆由顺正,以行其义,然后发以声音,而文以琴瑟。"④ 由是观之,义非礼乐之本乎? 大宰曰:"君子习礼乐,而养气在其中矣。"余亦曰:"孟子言集义,而礼乐在其中矣。"

论曰:

子贡(问)曰:"伯夷叔齐何人也?"(孔)子曰:"古之贤人也"孟子谓伯夷,古之圣人也。又曰:"伯夷隘,柳下惠不恭,隘与不恭,君子不由也。"又曰:"伯夷,圣之清者也。柳下惠,圣之和者也。"夫轲既违仲尼而谓伯夷圣人,又于夷惠,或谓之(隘与)不恭,或谓之圣,是何见之不定也? ⑤

辨曰:王充曰:"伊尹、柳下惠不及孔子,而孟子皆曰'圣人'者,

---

① 见资料 3(太宰春台:《孟子論》)。
② 《礼记·乐记》:"乐者,非谓黄钟大吕弦歌干扬也,乐之末节也,故童者舞之。铺筵席,陈尊俎,列笾豆,以升降为礼者,礼之末节也,故有司掌之。"
③ 《礼记·礼运》。
④ 《礼记·乐记》:"惰慢邪辟之气不设于身体,使耳目鼻口、心知百体皆由顺正以行其义。然后发以声音,而文以琴瑟,动以干戚,饰以羽旄,从以箫管。"
⑤ 见资料 3(太宰春台:《孟子論》)。

贤圣同类，可以共一称也。"①余谓古言不啻贤圣共称，其言圣，亦自
有轻重，有以全体言者，如孔子之圣是也；有以一节言者，如三子之
圣是也，是始于孟子乎？先于孟子矣。《书》曰："肃时雨若，乂时旸
若，哲时燠若，谋时寒若，圣时风若。"②苟谓圣指其全体，则肃乂哲
谋，莫所不该，而雨旸燠寒，亦莫所不若矣。然以圣联四德，以风并
四征，则圣之非全体，可知矣。《周官》六德曰："知、仁、圣、义、忠、
和。"③苟谓圣指其全体，则知、仁、义、忠、和，莫所不该矣。然以圣
联五德，则圣之非全体，可知矣。夫夷惠之圣，一德也，孔子之圣，大
成也，故孟子谓"夷德圣之清，惠德圣之和"。④然偏清之弊，遂至于
隘；偏和之弊，遂至于不恭，亦圣不思作狂之意也，唯孔子清而不偏
于清，和而不偏于和，所谓圣之时，而所以为大成也。大宰不知言圣
有轻重，以非孟子，可谓昧乎古言矣。

　　论曰：

　　　　《记》曰："作者之谓圣"，夷齐（惠）非作者，孟子乃谓之圣
　　人，不亦妄乎？⑤

　　辨曰：知礼乐之情者，能作；识礼乐之文者，能述。"作者之
谓圣，述者之谓明"，⑥谓圣人知礼乐之情，故能作礼乐，能作礼乐
故谓之圣人也，未始谓非作者不可谓之圣也。《记》曰："虽有其

---

① 王充：《论衡·知实》："夫伊尹、伯夷、柳下惠不及孔子，而孟子皆曰'圣人'者，贤圣同类，
可以共一称也。"
② 《尚书·周书·洪范》："曰肃，时雨若；曰乂，时旸若；曰晰，时燠若；曰谋，时寒若；曰圣，
时风若。"
③ 《周礼·地官司徒》："以乡三物教万民而宾兴之：一曰六德，知、仁、圣、义、忠、和。"
④ 《孟子·万章下·一》："孟子曰：'伯夷，圣之清者也；伊尹，圣之任者也；柳下惠，圣之和者
也；孔子，圣之时者也。孔子之谓集大成。'"见朱熹：《孟子集注》卷10，页440。
⑤ 见资料3（太宰春台：《孟子论》）。
⑥ 《礼记·乐记》："作者之谓圣，述者之谓明；明圣者，述作之谓也。"

位，苟无其德，不敢作礼乐焉；虽有其德，苟无其位，亦不敢作礼乐焉。"①夫舜之在侧陋也，岂不知礼乐之情哉？假使上无尧之让，则终匹夫耳，终匹夫，则不敢作礼乐焉，即不作，损圣哉？汤武之为诸侯也，岂不知礼乐哉？假使上无桀纣之暴，则终诸侯耳，终诸侯，则亦不敢作礼乐焉，即不作，损圣哉？且文王孔子未尝作，而谓之圣人，万世无异论矣。叔孙通作《礼》，后世无称圣者，岂非知礼乐之情者，虽不作，可谓之圣；不知礼乐之情者，虽作，不可谓之圣哉？且"言非一端，各有所当"，②故知礼乐之情，谓之圣可；能作礼乐，谓之圣可；博施济众，谓之圣可；修己以安百姓，谓之圣可；大而化之，谓之圣可；人伦之至，谓之圣可，言圣多矣，而大宰求之一端，局矣乎？

论曰：

> 王天下之谓王，长诸侯之谓伯，所事大小之异耳，非有二道（也）。……"伯"，"王"之未就也；"王"，"伯"之大成也。不能"伯"，未有能"王"者也，是以（故），"三分天下有其二，以服事殷"，西伯之伯也。"九合诸侯"、"一匡天下"，桓公之伯也。西伯能由伯以驯（训）致王业，故孔子谓之"至德"。桓公终于"伯"而已，故孔子惜之，尝嘛其相曰："管仲之器小哉。"仲尼固不言"伯"，亦不言"王"。……至于孟子黜伯而专言王，然后王伯之分，遂成泾渭，岂不痛哉？③

辨曰：黄震曰："天下之主，谓之'王'；诸侯之长，谓之'伯'，此

---

① 《中庸》第28章。见朱熹：《中庸章句》，页48。
② 《礼记·祭义》："夫言，岂一端而已？夫各有所当也。"
③ 见资料3（太宰春台：《孟子論》）。

指其定位而名也。"① 以德方兴，而为天下所归，则王转声为王，王政不纲，而诸侯之长，自整率其诸侯，则伯转声为伯。"《左传》四王之王，上如字，下音旺，五伯之霸，上伯字入声，下霸字去声。"② 由是观之，伯有二义，有以位言者，有以道言者，犹君子小人有德位之别也，故西伯之"伯"，"位"也，其"道"，"王道"也；桓公之"伯"，"位"也，其"道"，"霸道"也，故五伯多作五霸，而西伯未有为西霸者也，且西伯之与桓公，其德其道，相去何止霄壤。大宰观其同有"伯"称，遂至并称之，以为非有二道，夫孔孟并称，大宰尚谓拟不以伦，大宰之拟，何不伦之甚也。大宰又曰："至孟子，王伯之分，遂成泾渭。"夫王伯之分，非独孟子，荀卿亦言之，曰："粹而王，驳而伯。"③ 非独荀卿，左氏亦言之，曰："四王之王也，树德而济同欲焉，五伯之霸也，勤而抚之"；④ 非独左氏，管子亦言之，曰："强国众合，强以攻弱，以图王；强国少合，小以攻大，以图霸。"⑤ 由是观之，孟子以前，既有王伯之说，王伯果无二道邪？荀卿何说粹驳？左氏何说树德勤抚？而管氏何说图王伯之别邪？

论曰：

自汉赵邠卿注《孟子》而后，推尊孟子著，莫若唐韩退之氏，然退之特推轲卫道之功而已，未始以轲道为至也，盖有所见也。

辨曰：退之曰："尧以是传之舜，舜以是传之禹，禹以是传之汤，

---

① 《晏林子·卷五》："黄震曰：'天下之主谓之王，诸侯之长谓之伯，此指其定位而名也。《左传》四王之王，上如字，下音旺。五伯之霸，上伯字，入声，下霸字，去声。王字无别体，故同用王字。伯字有霸字为别体，故上用伯，下用霸。正音为静字，旁声为动字，则齐楚更霸，用霸，未为谬也。'"
② 同上。
③ 《荀子·王霸》："故曰：'粹而王，驳而霸，无一焉而亡。'此之谓也。"
④ 《左传·成公二年》："四王之王也，树德而济同欲焉，五伯之霸也，勤而抚之，以役王命。"
⑤ 《管子·霸言第二十三》："强国众，合强以攻弱，以图霸。强国少，合小以攻大，以图王。"

汤以是传之文武周公,文武周公传之孔子,孔子传之孟轲者。"① 谓传道之统也,又曰:"孟子醇乎醇者也者。"② 谓醇乎道也。又曰:"孟子贤圣者,贤而有余,故加以圣。"盖程子所谓大贤亚圣之意也。由是观之,退之尊孟子至矣,大宰唯读"功不在禹下"之一句,未暇检他文,遽谓退之特推轲卫道之功而已,未始以轲道为至也者,不独不知孟子,亦不知退之矣。③

论曰:

至宋程氏兄弟,尊孟子尤甚,品之以大贤,因以配孔子,于是乎有"孔孟"之称。以其书配《论语》,于是乎有《论》、《孟》之目……又曰,人必有伦,故并称人者,美恶必以伦……"孔孟"之称,予尝于马季长赋中一见(之),盖非公论也。是称之行,自程氏以来也已。④

辨曰:夫唯知孔子之统,传于孟子,而后知孔孟之称不妄也。夫唯知孟子之宗,出于孔子,而后知《论》、《孟》之目不虚也。大宰不知孟子,宜有是言也,且大宰知"孔孟"之称,出于季长赋中,而不知张协之先此也;知《论》、《孟》之目,起于程子,而不知柳宗元既有是言也,然张协、宗元,岂足轩轾孟子哉? 姑录所记,以备一考。

论曰:

淳于髡谓孟子曰:"男女授受不亲,礼与?"孟子曰:"礼也。"

---

① 韩愈:《原道》,收于《韩昌黎全集》卷 11。
② 韩愈《读荀》:"孟氏,醇乎醇者也。荀与扬,大醇而小疵。"收于《全唐文》卷 559。
③ 见资料 3(太宰春台:《孟子論》)。
④ 同上。

曰:"嫂溺(则)援之以手乎?"曰:"嫂溺不援,是豺狼也。男女授受不亲,礼也;嫂溺援之以手者,权也。"曰:"今天下溺矣,夫子之不援,何也?"曰:"天下溺,援之以道;嫂溺,援之以手。子欲手援天下乎?"髡欲诘孟轲,故先以礼为问……轲知其守礼不援之近于豺狼,故欲行权以援之,是诚知处变之道矣。髡则以为方今天下扰乱,国行虐政,先王赤子,溺于渊水,不可不拯也。苟欲拯之耶?其术非一端,要当先其急而后其缓,今孟轲说人主以三代之治,其言虽可听,非当时急务,无益于天下之治;是犹坐视人溺而不援也。故诘之曰:"今天下溺矣,夫子之不援,何也?"髡之言,乃有为言也。溺者,譬喻也。轲不觉悟曰:"天下溺,援之以道。嫂溺,援之以手。"夫嫂溺,固援之以手。(惟援之以手,)非道乎?道有经有权,轲既言嫂溺援之以手者权也,权岂非道乎?溺,人之急难也,赴人之急难,何守常道?于是乎有权。轲既知之矣,独于天下溺,无权以援之乎?轲所谓"道"者,(果)何道哉?盖谓唐虞三代治平之道也。当此之时天下之乱极矣,轲乃欲以唐虞三代之德治之,譬如不脱桎梏,教之揖让,可谓不知急务也!卒曰:"子欲手援天下乎?"夫天下不可以手援,愚夫亦知之,轲乃以是反难髡,非调髡,即自调也。且所谓(天下)溺者,本譬喻也,时无怀山襄陵之水,焉有天下溺哉?轲与其难手援天下,宁如难天下溺乎?于卒髡不复辨者,以轲为不可晓也。①

辨曰:嫂之与天下,所以溺者同,而所以援者则异矣。夫嫂溺不援,豺狼也,其为叔者,必不可不援,援之必不可不以手;天下溺不援,忍人也,其为君子者,必不可不援,援之必不可不以道。以手者,权也;以道者,有经焉,有权焉,不一定之谓也。嫂溺,惟权可

---

① 见资料3(太宰春台:《孟子論》)。

以援之,而常礼决不可守也;天下溺,君子有守经之时,有行权之时,所谓以道也。非若救嫂之一定于权也,故夫子曰:"用则行,舍则藏。"① 夫子之时,天下亦溺矣,夫子岂不急于援之哉! 然天下舍我则藏焉耳矣,夫不用而求行,必枉其道,舍之而不藏,必辱其身,枉道辱身,何以济天下乎? 故天下溺,君子有守经之时,有行权之时,所谓以道也,非若救嫂之一定于权也。孟子之时,天下之溺,固如髡言,然诸侯终无用孟子,则亦夫子舍则藏之时也,髡唯知嫂之与天下所以溺者同,而不知所以援者异矣,欲使孟子强起行权,故孟子答曰:"嫂溺援之以手,天下溺援之以道。"② 以手者,一定于权也;以道者,经权时用也,其一定于权者,用之救嫂则可,用之拯天下则不可;其经权时用者,用之拯天下则可,用之救嫂则不可,所以有手道之异也。今髡同之,以强孟子,故孟子反诘之曰:"子欲手援天下乎?"③ 谓援天下之不可一定于权也,髡言天下溺者,譬喻也,孟子谓手援天下者,亦譬喻也,彼以譬喻来,我以譬喻应,所以因其明也。大宰谓孟子不觉悟者,即自不觉悟也,且髡以辨自雄者也,纵使孟子迂阔,时人或以为好辨,则髡之不欲雌伏,亦已昭昭矣,其敢观其言之可折,衅之可乘,而吝一言之辨,以受调谑之侮乎? 故髡不再问者,自知屈也,大宰谓髡不复辨者,以轲为不可晓也,亦不知髡也。大宰又曰:"当此之时,天下之乱极矣,轲乃欲以唐虞三代之德治之,譬如不脱桎梏,教之揖让,可谓不知急务也。"不知大宰所谓唐虞三代之德者,果谓何物乎? 夫唐虞三代之德,可用之治世,可用之乱世,无适不可,圣人之德之所以为贵也,如谓唯可用之治世,不可用之乱世,则圣人之德,有时乎废矣,又何用夫圣人为?

---

① 《论语·述而·一〇》:"子谓颜渊曰:'用之则行,舍之则藏,唯我与尔有是夫!'"见朱熹:《论语集注》卷4,页128。
② 《孟子·离娄上·一七》。见朱熹:《孟子集注》卷7,页397。
③ 同上。

且汤武非三代之君乎？汤武之时，非乱世乎？汤武能平暴乱，济天下，则唐虞三代之德，何止可用之治世而已哉！故孟子述唐虞三代之德，不啻教之揖让，亦能脱桎梏之道也，当世之务，岂有急乎此者哉？今大宰亦迂而笑之，不欲师唐虞三代之德，吾惧桎梏益固，况揖让乎？

论曰：

《周官》《大司寇》建邦之三典，"刑新国用轻典，刑平国用中典，刑乱国用重典"，先王之制也。夫以先王之世，刑人尚有三典，而况衰乱之世，何概（可概）用礼乐治之乎？ ①

辨曰：礼乐教化之具，而非拨乱之器也。故孟子不言礼乐，专说仁义，而礼乐在其中矣。大宰何以概用礼乐而诬孟子乎？

论曰：

周季之乱也，贤者诚欲治之，（则）虽合从连衡，攻伐战争可矣；虽为商鞅申韩亦可矣。②

辨曰："大邦畏其力，小邦怀其德。"③此文王之合从连衡也。前徒倒戈攻后以北，此武王之攻伐战争也，"以义为利"，④商鞅不足为矣，"有耻且格"，⑤申韩不足为矣。

论曰：

---

① 见资料 3（太宰春台：《孟子論》）。
② 同上。
③ 《尚书·周书·武成》。
④ 《大学》第 10 章："此谓国不以利为利，以义为利也。"见朱熹：《大学章句》，页 15。
⑤ 《论语·为政·三》："子曰：'道之以政，齐之以刑，民免而无耻；道之以德，齐之以礼，有耻且格。'"见朱熹：《论语集注》卷 1，页 70。

战国之士，辨（辩）如苏、张、范、蔡，知（智）如樗里、甘茂，学如惠施、邹衍、虞卿，用兵如吴起、孙膑、廉颇、李牧、赵奢，兴利如李悝、白圭，皆奇材也。若遇文武之君，亦皆为国器矣。[①]

辨曰：《易》曰："君子豹变，小人革面。"[②] 谓先王之能化民也，如其终不可化也，圣人必诛刃之，虽有奇材异能，不能顾也。如尧于四凶，孔子于少正卯是也，如夫数子，果能豹变乎？则非复旧日数子矣，果止革面乎？则仅免于刑戮耳，尚何望为国器也。

论曰：

以德服人者上也，其次莫若立功。然德之服人，非一朝一名之故，必也以渐。孔子曰："如有王者，必世而（后）仁"，此之谓也。先王之世尚然，况于乱世乎？[③]

辨曰：服人之大，莫大乎德焉；服人之速，莫速乎德焉。故曰："为政以德，譬如北辰居其所，而众星共之。"[④] 又曰："君子之德风也，小人之德草也，草上之风必偃。"[⑤] 又曰："德之流行，速乎置邮而传命。"[⑥] 又曰："一日克己复礼，天下归仁。"[⑦] 故先王为政，未尝不由德焉？又何择治乱之世乎？如夫世仁之言，言教化之难浃于民耳，[⑧]

---

① 见资料3（太宰春台：《孟子論》）。
② 《周易·革卦·上六》："君子豹变，小人革面，征凶，居贞吉。"
③ 见资料3（太宰春台：《孟子論》），页7—8。
④ 《论语·为政·一》。见朱熹：《论语集注》卷1，页69。
⑤ 《论语·颜渊·一九》。见朱熹：《论语集注》卷6，页190。
⑥ 《孟子·公孙丑上·一》："孔子曰：'德之流行，速于置邮而传命。'"见朱熹：《孟子集注》卷3，页316。
⑦ 《论语·颜渊·一》。见朱熹：《论语集注》卷6，页181。
⑧ 《论语·子路·一二》注："仁，谓教化浃也。程子曰：'三年有成，谓法度纪纲有成而化行也。渐民以仁，摩民以义，使之浃于肌肤，沦于骨髓，而礼乐可兴，所谓仁也。此非积久，何以能致？'"见朱熹：《论语集注》卷7，页200。

非言民之难服也，何则武王之时，天下皆既悦服，然刑措之化，不在武王，而在成康之世也，岂非世而仁哉？如言德之服人，非世不能，则王者亦迂矣哉！夫德之服人，疾乎草偃，速乎邮传，而教化之浃，尚待于世，况不由德乎？如谓不由德，别有捷径，则孔子必先大宰言之。

论曰：

立功于乱世者，莫若将帅，故为轲计者，莫若乐毅于齐、梁之间，若能一将兵，与秦楚燕赵战，胜而得志，如乐毅为燕伐齐，则齐、梁王必举国听之，是贤者济事之势也。孔子于公山佛肸之召皆欲往，其意在兹。[1]

辨曰：大宰尝讥其师物茂卿曰"先生好著兵书，言刑名以干诸侯"，[2]今讥孟子曰"莫若为乐毅于齐、梁之间"，乐毅之事，岂唯好著兵书而已哉？始非孟子曰："其与国君言，则冀见听。"[3]终非孟子曰："莫若为乐毅于齐、梁之间。"乐毅之事，岂唯冀见听而已哉？大宰之言，何其相悖也。又曰："孔子于公山佛肸，其意在兹"，又何不忌惮之甚也。夫孔子岂欲为乐毅于公山佛肸之间乎？公山佛肸之强，孰与卫国，孔子果欲为乐毅于公山佛肸之间，则何不为乐毅于卫国，而灵公问陈，不对而行，[4]则不欲为乐毅于卫，亦昭昭矣，而况为乐毅于公山佛肸之间乎？

---

① 　见资料3（太宰春台：《孟子論》）。
② 　太宰春台：《春台先生紫芝園稿·後稿》卷12《与子遷書》第3篇，收入相良亨等编：《近世儒家文集集成》第6卷，东京：ぺりかん社，1986年，页7左半页，总页241。
③ 　见资料3（太宰春台：《孟子論》）："其与国君言，则冀见听；其与学士诸子辩，则欲服人"，页4。
④ 　《论语·卫灵公·一》："卫灵公问陈于孔子。孔子对曰：'俎豆之事，则尝闻之矣；军旅之事，未之学也。'明日遂行。"见朱熹：《论语集注》卷8，页225。

论曰：

轲称故【古】之君子，以"行一不义、杀一不辜而得天下，不为也"为口实，谬哉！"不义"固不可行也，"不辜"固不可杀也，然行大事者，时有所不恤。《书》曰："火炎昆冈，玉石俱焚。天吏逸德，烈于猛火。"此之谓也。[①]

辨曰：异乎大宰之解书也，所援以破孟子者，吾观适足以自破其说耳。《书》曰："火炎昆冈，玉石俱焚。天吏逸德，烈于猛火。"[②]谓火炎昆冈，不辨玉石之美恶而焚之，苟为天吏，而有过佚之德，不择人之善恶而戮之，其害甚于猛火不辨玉石，继之曰："歼厥渠魁，胁从罔治，旧染污俗，咸与惟新"，[③]谓但诛首恶之魁而已，胁从之党，则罔治之；旧染污俗之人，皆赦而新之。由是观之，《书》所言，即亦"不行一不义，不杀一不辜之意"耳。后世檄文往往有用斯语以威敌国者，大宰岂因其文，误解经义，而终谓先王之师，亦犹若是乎，可怪。

崇　孟　终

京师书肆　二条通柳马场　田中市兵卫

安永四年乙未九月吉日

浪速书铺　高丽桥一丁目　浅野弥兵卫

---

① 见资料3（太宰春台：《孟子論》）。
② 《尚书·夏书·胤征》。
③ 同上。

5. 深谷公干:《辨非孟论》

【引言】

深谷公干（ふかや　きんもと），生卒年及经历均不详，各类事典或人名辞典均无收录，仅知存世的著作有明和元年（1764）成书的《驳斥非》，现收入关仪一郎编:《日本儒林丛书》第 4 卷（东京: 凤出版株式会社，1978年）。东京大学综合图书馆藏有一写本《观海杂记》，作者为松崎观海（まつざき　かんかい，1725—1775，名惟时，字君修，一字子默，称才藏，号观海）。松崎观海 13 岁随父东迁，师事太宰春台，又学诗于高野兰亭，学业大进，涉九流百家，博览殆洽;仕于篠山藩，为世子傅，累迁为大夫;著有《论语针炳论》及附录 11 卷、《观海楼论语记闻》7 卷。[①]《观海杂记》内容收录包含他自己在内的许多人物的文稿，其中亦收录深谷公干的文字。根据该写本所收录深谷公干《答足立某兄书》文末所记之年月及自署为:"宝历壬申春二月/深谷公干　称口【一字不明】右卫门/岩槻大冈出云守殿内"，可知此文写于日本宝历 2 年（1752），此时深谷公干出仕于岩槻藩（今埼玉县）初代藩主大冈出云守（名忠光，1709—1760，第九代将军德川家重的心腹）。[②]

深谷公干的《辨非孟论》，驳斥徂徕学派太宰春台之管仲论，在日本思想史的"孟子事件"中有其意义。但公干未及深入徂徕学派之"功效伦理学"立场，故其批判虽有力却不致命。公干认为西汉以降"以孟子配孔子"亦与史实不合。

---

① 参看张文朝编译:《江户时代经学者传略及其著作》，台北:万卷楼图书公司，2014 年，页150。

② 深谷公干:《答足立某兄书》，收入松崎观海:《观海雜记》，https://jpsearch.go.jp/item/ utokyo_da-96eb753c_2e81_4484_96c6_f614993021f5（电子图片第 40—45 页）。以上有关深谷公干资讯，承蒙台湾大学日文系田世民教授提示JAPAN SEARCH 典藏数据库，衷心感谢，谨申谢意。

【出处】

深谷公干:《弁非孟論》,见氏著:《駁斥非》附录,收入关仪一郎编:《日本儒林丛书》第 4 卷《論弁部》,东京:凤出版株式会社,1978 年,页 15—20。

《弁非孟论·上》

余读太宰纯所著《孟子论》,甚矣纯之不知孟子! 其论曰:若孔子于公山佛肸之召皆欲往。[1]夫子岂与二子者之畔哉,欲假其力以济己事耳,譬之龙之得云以神其德。夫二子者,虽以陪臣畔其主,然力能动其国,则足以为夫子之云,是以夫子欲往也。又曰:

立功于乱世者,莫若将帅,故为轲计者,莫若为乐毅于齐、梁之间,若能一将兵,与秦楚燕赵战,胜而得志如乐毅,为燕伐齐,则齐、梁王必举国听之,是贤者济事之势也。孔子于公山佛肸之召皆欲往,其意在兹,轲既得志,则二国王,其一可王天下,于其时也,夏之时可行矣,殷之辂可乘矣,周之冕可服矣。……轲不知此道,开口述唐虞三代之德,且称古之君子以"行一不义、杀一不辜而得天下不为也"为口实,谬哉! 夫述唐虞三代之德于战国,轲之不知时也。[2]

呜呼甚矣! 纯之不知孟子,非啻不知孟子,虽孔子亦不知焉!

余举其一二论之:"卫灵公问陈于孔子,孔子对曰:'俎豆之事,则尝

---

① 见资料 3(太宰春台:《孟子論》)。
② 见资料 3(太宰春台:《孟子論》)。深谷公干引文与春台原文句读稍有出入,并删节了一小段文字。

闻之，军旅之事，未之学也。'明日遂行。"①齐景公以季孟之间待之，孔子行，②岂齐卫君，特公山佛肸之属也哉？若夫纯之言，则得齐卫君，而假其力，以济已事，足以为夫子之云，然不为之而遂行，亦不顾焉。菜色于此，畏缩于彼，而为子路所愠。曰："君子固穷，小人穷斯滥矣。"③尚奔走乎四方，停车问津，而不见答，④再归鲁就木，终莫为唐虞三代之治，何其迂也，太宰果以为迂耶？夫公山佛肸召夫子，子欲往，子路不说。⑤夫欲往者，彼洁已以进，与其进也，不保其往也，唯何已甚，然卒不果也。以此知夫子必不与焉，盖子路在政事之科，而何不说其为东周耶？抑纯也以子路为谬邪？纯又曰："于周季之乱也，使贤者诚欲治之，则虽合从连衡、攻伐战争可矣，虽为商鞅、申韩亦可矣，要在成功。"⑥夫如此则虽孔子，亦"无补于国家"、"自小"焉者，而碌碌一腐儒耳矣！"不啻自小焉，使后之学者皆自小"焉，⑦而祸后生，岂独孟子也哉？且子路问曰："卫君待子而为政，子将奚先？"子曰："必也正名乎。"子路以为迂也，子曰"野哉"。⑧呜呼！

---

① 《论语·卫灵公·一》。见朱熹：《论语集注》卷8，页225。

② 《论语·微子·三》："齐景公待孔子，曰：'若季氏则吾不能，以季、孟之间待之。'曰：'吾老矣，不能用也。'孔子行。"见朱熹：《论语集注》卷9，页256。

③ 《论语·卫灵公·一》。见朱熹：《论语集注》卷8，页225。

④ 《论语·微子·六》："长沮、桀溺耦而耕，孔子过之，使子路问津焉。……夫子怃然曰：'鸟兽不可与同群，吾非斯人之徒与而谁与？天下有道，丘不与易也。'"见朱熹：《论语集注》卷9，页258。

⑤ 《史记·孔子世家》："佛肸为中牟宰。赵简子攻范、中行，伐中牟。佛肸畔，使人召孔子。孔子欲往。子路曰：'由闻诸夫子，'其身亲为不善者，君子不入也'。今佛肸亲以中牟畔，子欲往，如之何？孔子曰：'有是言也。不曰坚乎，磨而不磷；不曰白乎，涅而不淄。我岂匏瓜也哉，焉能系而不食？'""公山不狃以费畔季氏，使人召孔子。孔子循道弥久，温温无所试，莫能已用，曰：'盖周文武起丰镐而王，今费虽小，傥庶几乎！'欲往。子路不说，止孔子。孔子曰：'夫召我者岂徒哉？如用我，其为东周乎！'然亦卒不行。"

⑥ 见资料3（太宰春台：《孟子论》）。

⑦ "无补于国家""自小""不啻自小焉，使后之学者皆自小"，皆为太宰春台批判孟子语，见资料3（太宰春台：《孟子论》）。

⑧ 《论语·子路·三》："子路曰：'卫君待子而为政，子将奚先？'子曰：'必也正名乎！'子路曰：'有是哉，子之迂也！奚其正？'子曰：'野哉由也！……君子于其言，无所苟而已矣。'"见朱熹：《论语集注》卷7，页196。

子路孔门之高弟,而亲炙于夫子,能政事者,犹以正名为迂矣,如纯
固陋鄙猥一瞽儒,何为知大体? 宜哉以孟子为迂也。

《弁非孟论·中》

　　纯曰:

　　　　至宋程氏兄弟,尊孟子尤甚,品之以大贤,因以配孔子,于
　　是乎有"孔孟"之称,以其书配《论语》,于是乎有《论》、《孟》
　　之目。……及【朱】仲晦注《孟子》,尊其人若圣人,信其书若六
　　经,嗟乎惑哉! 夫人必有伦,故并【并】称人者,美恶必以伦,如
　　尧舜之德,桀纣之暴;伊傅之相,周召之公;管蔡之乱,……至
　　于孔孟之称,予尝马季长赋中一见之,盖非公论也,是称之行,
　　自程氏以来也已。[1]

　　　　《孟子》之书与《论语》并行,岂非幸哉? 干按:以孟子配孔子,
　　盖自西汉以来载史籍者多矣! 汉文帝《论语》、《孝经》、《孟子》、
　　《尔雅》各置博士,赵岐注孟子,而以载于题辞焉。[2] 班孟坚亦并
　　称仲尼孟轲,[3] 又《淮南子》高诱注曰:邹谓孟子,鲁谓孔子,[4] 又张
　　协赋中称"孔孟",[5] 且韩氏曰:"孔子传之孟轲,轲之死不得其传

---

[1] 见资料3(太宰春台:《孟子論》)。
[2] 见《孟子注疏题辞》:"孝文皇帝广游学之路,天下众书往往稍出,由是《论语》、《孟子》、《孝经》、《尔雅》皆置博士,当时乃有刘歆九种《孟子》,凡十一篇。"
[3] 《汉书》并无"孔孟"连用之例或"仲尼孟轲"并称之处,然《汉书·楚元王传》有"赞曰:仲尼称'材难不其然与!'自孔子后,缀文之士众矣,唯孟轲、孙况、董仲舒、司马迁、刘向、扬雄"一句。
[4] 深谷公干此说出自《淮南子》"岂必邹鲁之礼之谓礼乎?"一句高诱注("邹孟轲邑,鲁孔子邑。")收入高诱注:《淮南子》卷11《齐俗训》,台北:艺文印书馆,1974年,页305。
[5] 张协诗赋收入《全晋文》中,但并无"孔孟"连用之处,唯有《洛禊赋》中"主希孔墨,宾慕颜柳"一句。见严可均辑:《全晋文》卷85(中册),北京:商务印书馆,1999年,页907。

焉"，① 向无孟子，则皆服左衽，而言侏离矣，故推尊孟氏，以为功不在禹下。纯曰："退之特推轲卫道之功而已，宋始以轲道为至也，盖有所见也。"② 韩氏所谓"孔子传之孟轲"，纯以为传其功耶？抑以为传其道耶？其所传者，果何也哉？韩氏又曰："自孔氏没，独孟轲氏之传得其宗，故求观圣人之道者，必自孟子始。"③ 然则韩氏岂未始以轲道为至哉？纯何其含糊孟浪也！苏老泉亦"孔孟"并称焉，④ 何自程氏始称之耶？凡并称人者，必以伦，奚待纯之言哉？如荀卿或称"尧禹"，或并"仲尼子弓"，⑤ 非好奇而何也？岂特程氏称不伦邪？顾太宰读书之眼，为翳障或热伤，而见空花耶，旁指鬼物耶，未可知也。纯又曰："仲尼尝称管仲曰：'如其仁，如其仁。'或曰：'微管仲吾其被发左衽矣。'仲尼之称管仲也，可谓盛矣。孟子仍以管仲不足为，不亦异乎？"⑥ 噫！纯何无眼也！子曰："管仲之器小哉。"或曰，"管氏而知礼，孰不知礼。"⑦ 可见夫子不偏称管仲也，且子路子贡疑管仲未仁，故夫子告曰云云，⑧ 岂可称管仲概言盛矣哉？夫公孙丑不知孟子之所志，而率尔问曰："夫子当路于齐，管仲、晏子之功，可复许乎？"⑨ 故以"管仲为曾西之所不为"，⑩ 若夫学孔子而当路，则五尺童子亦羞比管仲与晏婴，况于孟子乎？故

---

① 韩愈：《原道》："尧以是传之舜，舜以是传之禹，禹以是传之汤，汤以是传之文武周公，文武周公传之孔子，孔子传之孟轲。轲之死，不得其传焉。荀与扬也，择焉而不精，语焉而不详。"
② 见资料3（太宰春台：《孟子论》）。
③ 韩愈：《送王含秀才序》，收入《韩昌黎文集》。
④ 查苏洵《嘉祐集》中，"孔孟"并称者有两处：（1）卷16《杂诗27首》第4首："君子岂必隐，孔孟皆旅人。"及（2）《补遗·孔子论》："婴能知之，而莫能为之，婴非不贤也，其浩然之气以直养而无害塞乎天地之间者，不及孔孟也。"
⑤ 《荀子》中并称"尧禹"者11见，并称"仲尼子弓"者4见。
⑥ 见资料3（太宰春台：《孟子论》），页4。
⑦ 《论语·八佾·二二》。见朱熹：《论语集注》卷2，页89。
⑧ 《论语·宪问·一七》子路疑管仲未仁，《论语·宪问·一八》子贡疑管仲未仁。
⑨ 《孟子·公孙丑上·一》。见朱熹：《孟子集注》卷3，页315。
⑩ 同上。

以为不足为也。夫子于管仲，虽许以仁，七十子之徒，岂亦喜而期管仲耶？太宰果以愿管晏耶？纯又驳不动心曰："是庄周之所谓死灰心也"，① 夫子尝曰："君子不忧不惧。"② 而颜渊死，夫子哭恸曰："噫，天丧予！"③ 若夫纯之言，则是以不忧不惧，为死灰心也。尝曰"不忧不惧"，而遽为哭恸，不亦异乎？鲁欲使乐正子为政，孟子闻曰，喜而不寐，④ 纯为死灰心乎？况并举北宫黝、孟施舍、曾子，而以守气、守约、持志，则岂死灰心之谓也哉？太宰何其无见焉！

《弁非孟論·下》

太宰纯曰："礼记曰：'作者之谓圣。'夷惠非作者，孟子乃谓之圣人，不亦妄乎。"⑤ 干案：彼辈误认《乐记》之文，以为无制作则非圣也，遂以"作者"为"圣"字义，殊不知有明圣之德，而后得位者有述作。夫文王位为方伯，则未制礼乐也，然史传以圣人圣子称之。且子曰："若圣与仁，则吾岂敢。"⑥ 太宰问于子贡曰："夫子圣者与？何其多能也？"子贡曰："固天纵之将圣，又多能也"。⑦ 子贡又曰："学而不厌智也，诲而不倦仁也，仁且智，夫子圣也"。⑧ 孔子非作者，《论语》所载，亦为妄乎？且《诗》曰"具曰予圣"，⑨《书》称伊尹"元

---

① 见资料 3（太宰春台：《孟子論》）。
② 《论语·颜渊·四》。见朱熹：《论语集注》卷 6，页 184。
③ 《论语·先进·八》。见朱熹：《论语集注》卷 6，页 171。
④ 《孟子·告子下·一三》。见朱熹：《孟子集注》卷 12，页 485。
⑤ 见资料 3（太宰春台：《孟子論》）。
⑥ 《论语·述而·三三》。见朱熹：《论语集注》卷 4，页 136。
⑦ 《论语·子罕·六》。见朱熹：《论语集注》卷 5，页 149。
⑧ 文句不全相同。见《孟子·公孙丑上·二》："昔者子贡、问于孔子曰：'夫子圣矣乎？'孔子曰：'圣则吾不能，我学不厌而教不倦也。'子贡曰：'学不厌，智也；教不倦，仁也。仁且智，夫子既圣矣！'"朱熹：《孟子集注》卷 3，页 319。
⑨ 《诗经·小雅·正月》："具曰予圣、谁知乌之雌雄。"

圣",① 指比干曰"圣人之心有七窍",② 又曰"人之彦圣而违之,俾不通"。③ 或曰:"圣人有明德者,若不当世,其后必有达者。"④ 夫曰"遁世",或曰"不当世",则岂皆有制作耶?且舜在侧陋,时无制作,然非圣而何也?及升帝位,岂始以为圣邪?然则"圣"字义,何翅"制作"之谓也哉?纯不知"圣"字义,何以知伯夷之圣乎?虽夫子曰"夷齐古贤人,求仁得仁,而无怨",⑤ 则岂可不谓之圣乎?孟子并称伊尹伯夷柳下惠于仲尼为圣,亦奚疑焉?纯又驳"君之视臣如土芥,则臣视君如寇仇",⑥ 以为不通之论也。⑦ 然《书》云:"抚我则后,虐我则仇。"⑧ 且仲尼语哀公曰:"君者舟也;庶人者水也,水则载舟,水则覆舟,君以此思危,则危将焉至矣乎。"⑨ 是与孟子之意相表里矣,岂谓之不通之论耶?纯曰:⑩

夫好货好色之非美德也……宣王既自以为疾,而孟子不敢因之以陈其戒,谓之陈善闭邪可乎?且以公刘为好货,以文(太)王为好色,是诬古人也。君子之言,万世之法也,纵使其言

---

① "元圣"一句见于《尚书·商书·汤诰》:"聿求元圣,与之戮力,以与尔有众请命。"但本篇演说背景系"王归自克夏,至于亳,诞告万方",似与伊尹无直接相关。其余称伊尹元圣者,有袁桷《清容居士集》卷49:"伊尹元圣一德,身任天下,其就汤就桀,动皆至诚,固不可以后世常人之心议之也。"

② 《史记·殷本纪》:"纣怒曰:'吾闻圣人心有七窍。'剖比干,观其心。"《史记·宋微子世家》:"纣怒曰:'吾闻圣人之心有七窍,信有诸乎?'乃遂杀王子比干,刳视其心。"皆有此记录。"具曰予圣、谁知乌之雌雄。"(但未见于《尚书》)

③ "通"字应为"达"。《尚书·周书·秦誓》:"人之彦圣而违之,俾不达是不能容,以不能保我子孙黎民,亦曰殆哉!"

④ 《左传·昭公七年》:"圣人有明德者,若不当世,其后必有达人。"

⑤ 《论语·述而·一四》:"冉有曰:'夫子为卫君乎?'子贡曰:'诺。吾将问之。'入,曰:'伯夷、叔齐何人也?'曰:'古之贤人也。'曰:'怨乎?'曰:'求仁而得仁,又何怨。'出,曰:'夫子不为也。'"见朱熹:《论语集注》卷4,页129。

⑥ 《孟子·离娄下·三》。见朱熹:《孟子集注》卷8,页406—407。

⑦ 见资料3(太宰春台:《孟子論》)。

⑧ 《尚书·周书·秦誓下》古人有言曰:"抚我则后,虐我则仇。"

⑨ 见资料3(太宰春台:《孟子論》)。

⑩ 同上。

之果有补于王政,然固所谓不通之论也,况未必有补于王政乎?

干谓:夫《诗》活物也,盖子夏因论《诗》而知礼,子贡因论学而知《诗》,是孔子及门弟子之所引,列国盟会聘飨之所赋,与韩婴之所传,其诗之本义本事绝不相蒙,而引之、赋之、传之者多矣。夫诗在断章而取义也,"鸢飞戾天,鱼踊乎渊",①而取以明上下一理之察,②《旱麓》之章旨,果若是乎?"穆穆文王,于缉熙敬止",③"止"字是语辞,以"止"字为无不敬而安所止也,而曰"为人君止于仁,为人父止于慈",④岂作诗者本意为哉?浅揭深厉,本以刺淫奔尔,而因以讥不相时行止之义,而夫子曰:"果哉!末之难矣。"⑤《匏有苦叶》之章旨,⑥岂然耶?"绵蛮黄鸟止于丘隅",⑦行者慨叹尔,因以推物各得所之象。"高山仰止,景行行止",⑧旅人之览兴尔,而因以讽见贤而思齐之感。斯皆曲畅旁通,在断章取义,初不拘柄旨之所存也,古人取诗皆如此,纯何其特讥孟子,而嘿嘿于《礼记》、《左传》、《韩诗传》耶?不啻《诗》尔,《书》曰:"孝乎惟孝,友于兄弟,施于有政",而孔子取以曰:"是亦为政"也,⑨夫子非亦乖书之本义,而诬

---

① 《诗经·大雅·旱麓》:"鸢飞戾天、鱼跃于渊。岂弟君子、遐不作人。"
② 《中庸》第 12 章:"《诗》云:'鸢飞戾天,鱼跃于渊。'言其上下察也。君子之道,造端乎夫妇,及其至也,察乎天地。"见朱熹:《中庸章句》,页 29。
③ 《诗经·大雅·文王》。
④ 《大学》第 3 章:"《诗》云:'穆穆文王,于缉熙敬止!' 为人君,止于仁;为人臣,止于敬;为人子,止于孝;为人父,止于慈;与国人交,止于信。"见朱熹:《大学章句》,页 7。
⑤ 《论语·宪问·四二》:"子击磬于卫。有荷蒉而过孔氏之门者,曰:'有心哉!击磬乎!'既而曰:'鄙哉!硁硁乎!莫己知也,斯己而已矣。深则厉,浅则揭。'子曰:'果哉!末之难矣。'"见朱熹:《论语集注》卷 7,页 221。
⑥ 《诗经·邶风·匏有苦叶》:"匏有苦叶、济有深涉。深则厉、浅则揭。"
⑦ 《诗经·小雅·绵蛮》:"绵蛮黄鸟、止于丘阿。道之云远、我劳如何。"
⑧ 《诗经·小雅·车舝》:"高山仰止、景行行止。四牡骓骓、六辔如琴。觏尔新昏、以慰我心。"
⑨ 本段《尚书》引文系转引自《论语·为政·二一》。见朱熹:《论语集注》卷 1,页 77。今存《尚书》原文为《尚书·周书·君陈》:"王若曰:'君陈,惟尔令德孝恭。惟孝友于兄弟,克施有政。命汝尹兹东郊,敬哉! ……'"

古人乎？盖古人之说《诗》，如荻生、太宰之徒，岂贴文拘义，粘着凝泥，以说《诗》耶？纯曰：苟学孔子之道，则当以"孔子之言"为断，^①所谓"孔子之言"，果取何书乎？纯家别有孔氏之遗书耶？纯杜撰虚妄，大率如此，岂尽辨论焉耶？

---

① "若是，则孟轲固学孔子者也。然其所著书三万言，而违孔子者，不止十五。以孔子之言观之，犹执规矩以正方圆也。"见资料 3（太宰春台：《孟子論》），页 6。

6. 中山城山（1763—1837）:《崇孟解》

【引言】

中山城山（1763［日本宝历 13 年,清高宗乾隆二十八年,朝鲜英祖 39
年］—1837［日本天保 8 年,清宣宗道光十七年,朝鲜宪宗 3 年］),名鹰,
字伯鹰,号城山,赞岐（香川县）人。中山城山初从藤川东园学医学与儒学,
又在城山塾学古文辞学,属徂徕学派。中山城山同乡菊地高洲以城山未涉
国学为憾,于是城山又向渡边葆光学日本国学,以讲说为业。著述极多,有
《辨道辨名考》《周易考》2 卷、《尚书考》2 卷、《毛诗考》2 卷、《左氏传拨
乱》5 卷、《论语征考》2 卷、《孟子辨解》3 卷、《崇孟解》1 卷（刊）等书,并
曾撰赞岐的乡土史《全赞史》。城山弟子藤田东畡曾统计城山全部著作合计
共“47 部、125 册”。[①] 中山城山研究儒学,但也研究道教,曾撰《黄庭内景经
略注》。

在日本思想史的“孟子事件”中,中山城山所撰《崇孟解》展现了明显
的徂徕学派思路,尤在于:（1）主张“王霸同质论”,（2）主张作为“教化之
具”的“礼、乐、刑、政”先于作为“教化之道”的“仁义”。

中山城山治学甚勤,他指出《孟子》“天子之制,地方千里”之说与《周礼》
不合,孟子所谓“方”作何解,确是问题。我在本文注释中有长文试做回应。

【出处】

中山城山:《崇孟解》,见薮孤山:《崇孟（付读崇孟·崇孟解）》（安永 4
年［1775］刊）,收入关仪一郎编:《日本儒林丛书》第 4 卷《論弁部》编 25,

---

① 藤田东畡:《先師中山城山先生行状》,收入吾妻重二编著:《泊園書院歴史資料集——泊園
書院資料集成一》,大阪:关西大学出版部,2010 年,页 17—19,引文见页 19。参考张文
朝:《江户时代经学者传略及其著作》,页 170—171。

东京：凤出版株式会社，1978 年，页 21—25。

　　甚哉！理之毒于天下也，从宋儒一唱之，天下滔滔归之，遂废古
而唯理之求，于是乎是非蜂涌，而莫知所定底矣。吾孔门之学则不
然，笃信而好古，"非先王之法言不敢言，非先王之德行不敢行"，①
盖理无定准也，自孟轲氏好辨急乎救时，而不顾道之当否，是以间有
于道不合者也，春台太宰氏有见于此焉，作《孟子论》论之，其论确
实矣，其意精微矣，令轲也复起，必无所置喙乎其间也。肥后有薮
生者，宋儒之徒也，作《崇孟》辨之，其辨粗漏矣，其意偏固矣，所引
证古书，其义多乖违焉，从识者见之，不俟言其非自明也。而后觉之
徒，不知所折衷焉，则将必不能无惑矣，是以聊为之解，以骖乘春台
氏云。夫君子欲行道于世者仁也已，然亦有命而不可必矣，唯君子
知命，是以"居易以俟命"。②孔子曰："用之则行，舍之则藏。"③又曰：
"吾欲无言，天何言哉？四时行，百物生。"④盖俟天命也，而孟子则不
然，诬古人以媚时君，构巧言以御外言，是欲强行者也，且人不信己，
而返谋之信，则人益疑之，是必然之势也。孟子有此患，故有此蔽，
不知命也，夫君子行仁以安民，民罔常怀，怀于有仁，是先王道民之
道也，且君子"以义制事，以礼制心"，⑤若不然以好货好色而导民，⑥

---

① 《孝经·卿大夫》："非先王之法服不敢服，非先王之法言不敢道，非先王之德行不敢行。是
　故非法不言，非道不行；口无择言，身无择行。言满天下无口过，行满天下无怨恶。三者备
　矣，然后能守其宗庙。盖卿、大夫之孝也。《诗》云：'夙夜匪懈，以事一人。'"
② 《中庸》第 14 章："上不怨天，下不尤人。故君子居易以俟命，小人行险以徼幸。"见朱熹：
　《中庸章句》，页 31。
③ 《论语·述而·一〇》。见朱熹：《论语集注》卷 4，页 128。
④ 《论语·阳货·一九》："子曰：'予欲无言。'子贡曰：'子如不言，则小子何述焉？'子曰：
　'天何言哉？四时行焉，百物生焉，天何言哉？'"见朱熹：《论语集注》卷 9，页 252。
⑤ "以义制事，以礼制心"，见《尚书·汤誓·仲虺之诰》："王懋昭大德，建中于民，以义制事，
　以礼制心，垂裕后昆"。
⑥ "好货好色"见孟子与齐宣王之对话。《孟子·梁惠王下·五》，见朱熹：《孟子集注》卷 2，
　页 301—302。

则非吾所闻矣,而薮生云:"太宰知好货好色之非美德,而不知好货好色之与民同之之为美德也。"①夫好货好色既已为恶德也,然则与民同之,何美之有? 不思之甚也,假令惠王一旦翻然行轲之说乎,所救者少,而所蔽必多矣,宜矣其说之不行也。夫管仲晏子有为霸道之才,而无致王道之德,可谓善人者矣,不可谓君子者矣,是所以孔子惜管仲也。宋儒之徒,独尊性理不知善人君子之辨矣,是以其于圣人之言,漫而不能解也,宜矣于春台氏之言为疑矣! 且其言曰:性理之学,孔孟以下纷纷不定,故学者伥伥莫知适从,自宋程张二子本原气质之说出,而其说始定矣,然则程张贤乎孔孟远也,可谓不知类矣! 孟子尝对齐宣王曰:"仲尼之徒无道桓文之事者,是以后世无传焉。"②他日又曰:"王者之迹熄而诗亡,《诗》亡而后《春秋》作……其事则齐桓、晋文,其文则史。"③若此时而使宣王诘之,则孟子将何辞也? 又尝谓公孙丑曰:"我四十不动心。"④又曰:"今夫蹶者趋者,是气也,而反动心。"⑤夫礼遭先生于道,趋而进,君召使摈,趋进翼如也,然则孟子不行礼则已,苟行礼乎则不得不动心矣。且先王之道以仁为本焉,有仁斯有勇也,庸讵为养气哉? 太氏孟子之言,相反也如是矣,驳杂也如是矣。是以春台氏引死灰卫生言以嘲之也,⑥而薮生不察焉,絮絮叨叨将辨之,可笑之甚也。如引书而润色孟子,圣夷齐之说,则强辞轧理之尤甚者也。《书》曰:"睿为圣。"⑦圣则德之

---

① 见资料4（薮孤山:《崇孟》）,页5。

② 《孟子·梁惠王上·七》。见朱熹:《孟子集注》卷1,引文见页287。

③ 《孟子·离娄下·二一》:"孟子曰:'王者之迹熄而诗亡,诗亡然后春秋作。晋之乘,楚之梼杌,鲁之春秋,一也。其事则齐桓、晋文,其文则史。孔子曰:'其义则丘窃取之矣。'"见朱熹《孟子集注》,卷8,页413。

④ 《孟子·公孙丑上·二》。见朱熹:《孟子集注》卷3,页317—320,引文见页318。

⑤ 孟子曰:"志壹则动气,气壹则动志也。今有蹶者趋者,是气也,而反动其心。"《孟子·公孙丑上·二》。见朱熹:《孟子集注》卷3,页317—320,引文见页318。

⑥ "叔孙通作《礼》,后世无称圣者。"见资料3（太宰春台:《孟子論》）,页11。

⑦ 《尚书·周书·洪范》:"恭作肃,从作义,明作哲,聪作谋,睿作圣。"

名也，其德非睿者则必不堪当制作之任矣，故云"作者谓之圣"①也，是以孔子称"圣者皆作者也，未尝有指非作者者称圣人者矣，如以一德而已，则《书》曰："克念作圣。"②苟执是言乎，是"克念"者即"圣人"也，而今有克念者，谓之圣人可矣乎？可谓不通之论矣，如叔孙通者，不践迹，亦不入于室，是孔子所谓"不知而作"③之者也，岂可谓之圣人哉？且吾犹不信孟子之言，一言一行欲质之圣人，而薮生云："叔孙通之类，后世无称圣者。"④呜呼汝薮生欲质之后生乎？诚愚俗之见哉！王霸之辨，惑孟轲氏之言也。古者八州有八伯，八伯各以其属，属于天子之老。二人分天下以为左右曰"二伯"，管仲答楚使者曰："昔召康公命我先君大公曰：'五侯九伯，女实征之，以夹辅周室'……"⑤然则管仲所为必随周公之道也，是以楚子服之。且管仲为齐也，与周室制，大同小异也，是以夫子许之。而孟子驳之者，则说之术也，岂公论哉？荀子所谓"粹"、"驳"者谓其德义已至济之与宋至济也，岂绌伯之言哉？⑥左氏亦岂贬霸矣？伯入声霸去声，则后世韵学家之言岂足征哉？嗟乎！薮生之驳杂也，不折中之圣人，动折中之后世杂家，苟以此抗乎吾党，是布鼓过雷门也，多见

---

① 《礼记·乐记》："作者之谓圣，述者之谓明；明圣者，述作之谓也。"
② 《尚书·周书·多方》："惟圣罔念作狂，惟狂克念作圣。"
③ 《论语·述而·二七》："子曰：'盖有不知而作之者，我无是也。多闻择其善者而从之，多见而识之，知之次也。'"见朱熹：《论语集注》卷4，页133。
④ 见资料4（薮孤山：《崇孟》），页5。
⑤ 《左传·僖公四年》："四年，春，齐侯以诸侯之师侵蔡，蔡溃，遂伐楚。楚子使与师言曰：君处北海，寡人处南海，唯是风马牛不相及也。不虞君之涉吾地也，何故，管仲对曰，昔召康公命我先君大公曰，五侯九伯，女实征之，以夹辅周室，赐我先君履。"
⑥ 《荀子·王霸·八》："彼持国者，必不可以独也，然则彊固荣辱在于取相矣。身能相能，如是者王，身不能，知恐惧而求能者，如是者彊；身不能，不知恐惧而求能者，安唯便僻左右亲比己者之用，如是者危削；綦之而亡。国者，巨用之则大，小用之则小；綦大而王，綦小而亡，小巨分流者存。巨用之者，先义而后利，安不恤亲疏，不恤贵贱，唯诚能之求，夫是之谓巨用之。小用之者，先利而后义，安不恤是非，不治曲直，唯便僻亲比己者之用，夫是之谓小用。巨用之者若彼，小用之者若此，小巨分流者，亦一若彼，一若此也。故曰：'粹而王，驳而霸，无一焉而亡。'此之谓也。"

其不知量也。然螳螂当车前，其志可嘉也，韩愈道统之言，一时抗于浮屠氏也，何足以准矣？徒率其所好而不察其时势，是甘糟粕者之常也。孔子则百世之师也，何为阿时而矫道也哉？是圣典之与诸子之辨也。学者未知此辨，则未足共议矣。嫂溺之说，孟子御人以口给也，是孟子终身之为人也，髡之不复论，可谓温厚也。夫"为人君，止于仁"[1]，方夫孟子时也，上失其道而民散久矣，盖非一朝一夕之故也，而孟子欲使其君遽复其仁而后行其道，辟之犹活辙中之鲋鱼而激西江之水也，不亦迂乎？可谓不知时势矣！是所谓迂远而阔于事情也，故髡曰："今天下溺矣，夫子之不援，何也？"[2] 故春台氏曰："贤者诚欲治之，则虽合从连衡，攻伐战争可矣，虽为商鞅申韩亦可矣。"[3] 皆有为者之言也。先利其国，使其君臣信已，而后行其说可矣，是先国之急也。苟知孟子之迂远，则思过半矣，且薮生不知"仁"、"义"、"礼"、"乐"之别，而徒云说"仁"、"义"而"礼"、"乐"在其中矣，[4] 其所云"仁"、"义"何物也？夫"仁"、"义"也者，教化之道也，"礼"、"乐"、"刑"、"政"者，教化之具也，若欲舍其具而行其道，犹欲不持镃基而耕耨也，呜呼！难矣夫！苟有其具则其道可行也，是行"礼""乐"而"仁""义"在其中矣。且战国之士，各有经济之才，故各为其功，苟有圣人出，则豹变者，必在斯人也。而薮生云："圣人必诛刃之，虽有奇才（材）异能不能顾也，如四凶、少正卯是也。"[5] 恶是何言也？大氏圣人，嘉善而矜不能，况于奇才异能也，何以诛之？且所言如"四凶"、"少正卯"，有何异才乎？是皆猜

---

① 《大学》第3章。见朱熹：《大学章句》，页7。
② 《孟子·离娄上·一七》。见朱熹：《孟子集注》卷7，页397。
③ 见资料3（太宰春台：《孟子論》），页7。
④ "礼乐教化之具，而非拨乱之器也。故孟子不言礼乐，专说仁义，而礼乐在其中矣。大宰何以概用礼乐而诬孟子乎？"见资料4（薮孤山：《崇孟》），页14。
⑤ "圣人必诛刃之，虽有奇材异能，不能顾也。如尧于四凶，孔子于少正卯是也，如夫数子，果能豹变乎？"见资料4（薮孤山：《崇孟》），页15。

忌妒贤者之言哉。又"为政以德"①及"君子之德风"②也云云，皆就行政上而言也，若舍政而言仁，是内圣外王之见也？薮生之引圣言，其义皆违矣，苟如是以作说乎，"关关雎鸠"可以教淫也，③"羔羊之皮"可以致奢也。④鸣乎！孔子没，廑百有余年，虽其时不得已哉，舍礼乐而说性命，从是其后，圣日益远，道日益衰，道家一混之，释家再淈之，及宋儒至其极矣，终二道杂糅，不可以方物也。而及至我蘘园氏，精气旋复，圣道如日再中矣，而惟世之薄俗欲速成，是以舍此而取彼，不能复古，悲哉！其诸所以孔子有"莫我知也夫"⑤之叹欤？然而七十子之后有荀孟矣，而孟荀之后无孟荀，则孟轲氏之书，岂诸子所能及哉？且其文章守孔门之旧而不好怪僻，则有助圣道，复不亦鲜矣，是所以韩氏曰"醇乎醇者也"。⑥

杨氏之道，不便人；墨氏之道，不便身。城山更以释氏道稽之，不便人则声闻乘也，不便身则善萨乘也。于此二者，以义制之，则吾圣人之道也，于今存之，使人学之，助吾圣道实不少矣！从孟子辟之，千载之儒，固陋而不遍事情，遂至使千载君子言圣道不便于今矣，孟轲氏之罪也，悲夫！

孟子曰："天子之制，地方千里，公侯皆方百里，伯七十里，子、男五十里，凡四等。"⑦《王制》据《孟子》伪作者，故同之。⑧今以算术校

---

① 《论语·为政·一》。见朱熹：《论语集注》卷1，页69。
② 《论语·颜渊·一七》。见朱熹：《论语集注》卷6，页190。
③ 《诗经·关雎》，孔子称"乐而不淫，哀而不伤"。见《论语·八佾·二〇》，朱熹：《论语集注》卷2，页89。
④ 《诗经·羔羊》："羔羊之皮、素丝五紽。退食自公、委蛇委蛇。"《毛诗注疏》："《羔羊》、《鹊巢》之功致也，召南之国，化文王之政，在位皆节俭正直，德如羔羊也。"
⑤ 《论语·宪问·三七》。见朱熹：《论语集注》卷7，页219。
⑥ 韩愈《读荀子》："孟氏醇乎醇者也，荀与杨大醇而小疵。"
⑦ 《孟子·万章下·二》。见朱熹：《孟子集注》卷10，页441—442。
⑧ 《礼记·王制》："天子之田方千里，公侯田方百里，伯七十里，子男五十里。不能五十里者，不合于天子，附于诸侯曰附庸。天子之三公之田视公侯，天子之卿视伯，天子之大夫视子男，天子之元士视附庸。"

之，方千里，则方百里者百也；方百里，则方十里者百也；方七十里，则方十里者四十九也；方五十里，则方十里者二十五也。然则公侯者，天子百分之一，而伯子男者，公侯伯二分之一也，何其天子自私之甚乎？且与《周礼》龃龉何也？^①予每讲孟子，左支右吾护其说，至此一节甚窘矣，后进士幸质之。^②

---

① 《周礼·夏官司马》："方千里曰国畿，其外方五百里曰侯畿，又其外方五百里曰甸畿，又其外方五百里曰男畿，又其外方五百里曰采畿，又其外方五百里曰卫畿，又其外方五百里曰蛮畿，又其外方五百里曰夷畿，又其外方五百里曰镇畿，又其外方五百里曰蕃畿。""凡邦国千里，封公以方五百里，则四公；方四百里，则六侯；方三百里，则十一伯；方二百里，则二十五子；方百里，则百男。"

② 中山城山在此提出的是《孟子·万章下·二》中关于西周封建制度（北宫锜谓"周室班爵禄"）的关键问题。孟子已承认"其详不可得闻也"。中山城山的问题之核心，在于传说"天子之制，地方千里，公侯皆方百里……"这句话中的"方"字作何解释。东汉赵岐注曰："天子封畿千里，诸侯方百里，象雷震也。"对"方"字并无解释。朱熹在这一章《集注》之后，特加按语曰："愚按：此章之说，与周礼、王制不同，盖不可考，阙之可也。程子曰：'孟子之时，去先王未远，载籍未经秦火，然而班爵禄之制已不闻其详。今之礼书，皆掇拾于煨烬之余，而多出于汉儒一时之傅会，奈何欲尽信而刻为之解乎？然则其事固不可一一追复矣。'"（见朱熹：《孟子集注》卷 10《万章下·二》，页 443）朱子治学极严谨，凡无确证者，必疑而阙之，如《孟子·万章下·四》"殷受夏，周受殷，所不辞也。于今为烈……"一句，朱子引李郁云："李氏以为此必有断简或阙文者近之，而愚意其直为衍字耳。然不可考，姑阙之可也。"（朱熹：《孟子集注》卷 10《万章下·四》，页 446），皆为此种严谨态度之表现。清儒焦循（里堂，1763—1820）生活窘迫，但所撰《孟子正义》博采经史传注及清人著作，该博详赡，允为清代孟子学之最高峰。里堂《孟子正义》于"方千里"之"方"字，亦无完整解释。
　　日本汉学前辈宇野精一（1910—2008）译《孟子》为日文时，解释"地方千里"这句话说："指（天子）的土地方千里，也就是千里四方之意，并不是指（天子的）地方有千里。"（その土地は方千里、すなわち千里四方の意。地方が千里、というのではない）宇野先生引《诗经·商颂·玄鸟》"邦畿千里，惟民所止"与《礼记·王制》，认为孟子所谓"地方千里"的"地"，可能是指"田"而言。（宇野精一译著：《孟子》，东京：株式会社集英社，1973 年，页 348）宇野先生以"地方千里"的"方"指正方形的"方"，似尚有一间未达。刘殿爵（D. C. Lau, 1921—2010）先生英译《孟子》此章"天子之制，地方千里"一句云："The territory under the direct jurisdiction of the Emperor was a thousand *li* square…"（D. C. Lau tr. *Mencius* [Hong Kong: The Chinese University Press, 1979, 1984], p. 205），以"square"译"方"字，虽忠于原典文本，"信"、"达"、"雅"兼而有之，但亦无法回应中山城山之问题。
　　《诗·商颂》有"邦畿千里"一句，顾颉刚（1893-1980）先生云："古代王者有其直接管辖之地区，名之曰'畿'。"（见顾颉刚：《畿服》，收入氏著：《史林杂识（初编）》，北京：中华书局，1963 年，页 1）关于孟子所说"天子之制，地方千里"这个问题，可能必须先考虑周代封建制度的特质，邢义田先生指出："在周的封建体制下，是有一个理论上以天子为中心，诸侯为外围，四夷为更外围的层状防卫结构。"（邢义田：《天下一家——传统中国天下观的形成》，收入氏著：《秦汉史论稿》，台北：东大图书公司，1987 年，页 18）在这种防卫结构之中，"周人对中国天下观的贡献并不在延续这些殷商以来颇为机械的方位和层次的

（接上页）观念，而在孕育出一种文化的天下观"。（同上书，页 19）孟子所谓天子"方千里"、公侯"方百里"，必须放在周代的文化的天下观中来理解。

高明士先生对"方"字曾提出以下解释：

> "方"字如何解？此处宜用《仪礼·大射礼》曰："左右曰方"来解，旁证如孔颖达疏《禹贡》"二百里曰流"，曰"凡五服之别，各五百里，是王城四面，面别二千五百里，四面相距为方五千里也。"又孔颖达疏《周礼·大司马》"九畿"曰："（郑玄注）云：'王城以外五千里为界'者，两面相距则方万里。"就此例而言，所谓四面，如上图所示，实指同心圆的圆心（王都）所面对的四方；所谓面别，指由圆心所向的东、西、南、北各方。二面相距，及通过圆心的直径，也就是二个半径相连。四面，指东西直径或南北直径相距。这样的同心圆距离，才能出现等距。其实在圆周内正方形的四方，或所谓"天圆地方"的"方"，其四边仍可以无限放大到极限，此时的各边即可接近圆周。所以"方"字不能过分执着于正方形的方，而"方五百里"的"方"，实是以直径表示方位而言。（见高明士：《律令法与天下法》第 7 章《天下秩序与"天下法"》，台北：五南图书出版公司，2012 年，页 330—331）

高先生的解释平正通达，可以为孟子所说"方千里"、"方百里"之说进一解，亦可以为中山城山解惑。我想引用《大戴礼记·曾子天圆》中曾子曰"天之所生上首，地之所生下首，上首谓之圆，下首谓之方，如诚天圆而地方，则是四角之不掩也"这句话，来支持高先生以"天圆地方"说"方千里"的"方"。

高明士先生曾提出"先秦天下秩序三圈结构论"，其说如下：

> 《尚书·夏书·禹贡》的五服说，指甸、侯、绥、要、荒诸服；"服"谓事，服事天子。五服即以京师为中心所展开不同等级的天下政治秩序，而使"声教讫于四海"（《禹贡》）。五服的结构，包括三圈，以京师为圆心及于甸服（王畿）之地，是为内圈；侯服、绥服为中圈，是大小诸侯所在地；要服、荒服为外圈，是四夷之地；每服各五百里。（高明士：《律令法与天下法》，页 327）

在上述"天下秩序三圈结构"中，所谓"甸服"，《禹贡》曰："五百里，甸服。"孔安国传曰："规方千里之内，谓之甸服，为天子服治田，去王城面五百里。"孔颖达《正义》曰："甸服，去京师最近，赋税尤多"，所以"甸服"主要是在王畿之地，为天子从事耕作，需缴纳田赋，也就是刘殿爵先生英译《孟子》此章时所说"皇帝真辖"（under the direct jurisdiction of the Emperor）之实质义务。

上述事实可回答 2 个问题。第一，"规"指圆，"方"为直径，"面"即半径。第二，中山城山引孟子曰："天子之制，地方千里"，下曰："何其天子自私之甚乎？"这是用算术计算从数字所获得的结果，但不知"王都（方五百里）+王畿（甸服，方五百里）=方千里"，其王畿（甸服）为天子从事耕作，须缴纳田赋。其外的侯服等则不必缴纳田赋，因此，中山城山问"何其天子自私之甚乎"系因不了解古代中国历史事实所引起之误会。盖因中山城山解《孟子》时，只引《礼记》《周礼》，而不及《尚书·夏书·禹贡》，故有所蔽也。以上各项论点曾与高明士先生讨论，衷心感激，谨申谢意。

7. 松村九山（1743—1822）:《管仲孟子论》

【引言】

松村九山（1743〔日本宽保 3 年、清高宗乾隆八年、朝鲜英祖 19年〕—1822〔日本文政 5 年、清宣宗道光二年、朝鲜宣祖 22 年〕），名良猷，字公凯，称栖云，自号九山，系江户时期著名儒者。九山之父松村元畅为越前胜山藩医官。九山天生聪慧，受业于其父，幼年能讲《论》《孟》、作文赋诗，人称神童，及长学武技及算术。明和元年（1764）22 岁时被罢官，贬至大野藩，后任大野藩之侍医与侍讲。九山秉性谦恭，为人敦厚，老而闲居。文政 5 年（1822）5 月病逝，享年 80，门人私谥曰"文忠"。著有《艺园锄莠》《方野治筌》《有中篇》《医窖辟医新》等医学著作，此外也有《唐朱诗论》《岂好辩》《天民耦语》《义臣解难》《管仲孟子论》《论语古训余义》《读经谈一卷》《续九经谈一卷》《九山遗稿》等文学、儒学著作。[1]

松村九山《管仲孟子论》以自问自答之方式，申论对管仲之评论。他认为管仲之行止仍是"仁"者，惟其"仁"之量较尧舜之"仁"之量为小。

【出处】

松村九山:《管仲孟子論》（享和 3 年〔1803〕刊），收入关仪一郎编:《日本儒林叢書》第 12 卷《統続編随筆部及雑部》编 13，东京:凤出版株式会社，1978 年，页 1—17。

---

[1] 以上松村九山生平，参考有马祐政撰《松村九山の管仲及孟子論》（明治 45 年〔1912〕5月），"数位典藏与数位学习联合目录"，http://catalog.digitalarchives.tw/item/00/44/8f/16.html。

《管仲论》

　　有客问余曰："《论语》云：'子曰："管仲之器小哉！"或曰："管
仲俭乎？"曰："管氏有三归，官事不摄，焉得俭？"曰："然则管仲
知礼乎？"曰："云云，管氏而知礼，孰不知礼。"① 子路曰："桓公杀公
子纠，召忽死之，管仲不死。"曰："未仁乎？"子曰："桓公九合诸侯，
不以兵车，管仲之力也。如其仁！如其仁！"② 子贡曰："管仲非仁者
与？桓公杀公子纠，不能死，又相之。"子曰："管仲相桓公，霸诸侯，
一匡天下，民到于今受其赐。微管仲，吾其被发左衽矣。岂若匹夫
匹妇之为谅也，自经于沟渎而人莫之知也。"③' 司马子长曰：'管仲世
所谓贤臣，然孔子小之，岂以为周道衰微，桓公既贤，而不勉之至王，
乃称霸哉？'④ 刘子政曰：'王者劳于求人，佚于得贤，舜举众贤在位，
垂衣裳恭己，无为而天下治，汤文用伊、吕，成王用周、召，而刑措不

----

① 《论语·八佾·二二》："子曰：'管仲之器小哉！'或曰：'管仲俭乎？'曰：'管氏有三归，官
事不摄，焉得俭？''然则管仲知礼乎？'曰：'邦君树塞门，管氏亦树塞门；邦君为两君之
好，有反坫，管氏亦有反坫。管氏而知礼，孰不知礼？''见朱熹：《论语集注》卷2，页89。
② 《论语·宪问·一七》。见朱熹：《论语集注》卷7，页212。孔子所说"九合诸侯"的"九"，
朱子解为"纠"，清儒翟灏（？—1788）认为"九为实数"。翟灏说："自《公》《谷》以来俱
谓九为实数，周秦两汉人多以九合匡作偶语者，又如此之多。《释文》九字无音，则凡朱子
前诸儒俱如字读，未有因《左传》一据，遂欲改文为纠者。《左传》亦尝见九合字，襄公十一
年晋侯谓魏绛曰：'子教寡人八年之中，九合诸侯。'盖晋悼公复有九合之事，而先儒亦核
实数训之。《国语》载晋悼谓魏绛作七合诸侯。昭公元年祁午谓赵文子则曰：'子相晋国，
以为盟主。再合诸侯，三合大夫，再三与七，断必为数，则九字，尤无可无疑焉。'"见翟
灏：《四书考异》（清道光九年[1829]广东学海堂刊本），收入《皇清经解》（乌石山房文库
版）第64函第4号卷464，页9。赵纪彬（1905—1982）曾整理春秋会盟表，指出桓公盟
会诸侯共举行9次，在鲁庄公十三年（齐桓公五年，公元前681）春、鲁庄公十三年（齐桓
公五年，公元前681）冬、鲁庄公十四年（齐桓公六年，公元前680）冬、鲁庄公十五年（齐
桓公七年，公元前679）春、鲁庄公十六年（齐桓公八年，公元前678）冬、鲁庄公二十七
年（齐桓公十九年，公元前667）夏、鲁僖公元年（齐桓公二十七年，公元前659）秋、鲁僖
公二年（齐桓公二十八年，公元前658）秋、鲁僖公七年（齐桓公三十三年，公元前653）
秋。其说可从。见赵纪彬：《仁礼解故——〈论语新探〉补编初稿之一》，原刊于《新建设》
1962年第2期，收入哲学研究编辑部编：《孔子哲学讨论集》，北京：中华书局，1962年，页
412—445，9次会盟内容见页436—437。
③ 《论语·宪问·一八》。见朱熹：《论语集注》卷7，页213。
④ 司马迁：《史记·管晏列传第六十二》。

用,兵偃而不动,用众贤也,桓公用管仲则小也,故至于霸,不能以王也。'① 王子雍曰:'管仲、召忽之于公子纠,君臣之义未正成,故死之未足深嘉,不死未足多非,死事既难,亦在于过厚,故仲尼但美管仲之功,亦不言召忽不当死。'② 程子曰:'桓公兄也,子纠弟也。仲私于所事,辅之以争国非义也,桓公杀之虽过,而纠之死实当。仲始与之同谋,遂与之同死可也;知辅之争为不义,将自免以图后功亦可也,故圣人不责其死,而称其功,若使桓弟而纠兄,管仲所辅者正,桓夺其国而杀之,则管仲之与桓,不可同世之仇也。若计其后功而与其事桓,圣人之言无乃害义之甚,启万世反复不忠之乱乎? 如唐之王珪魏征不死建成之难,而从太宗,可谓害于义矣。后虽有功何足赎哉?'③ 朱子谓:'管仲有功而无罪,故圣人独称其功;王魏先有罪而后有功,则不以相掩可也。'④ 伊藤原佐曰:'管子及庄子荀子韩非越绝等书,皆以子纠为兄,桓公为弟,然则桓公之于子纠,是以弟杀兄,不义之甚者也,管仲亦不得免党不义之罪,夫子何故深与其功而不一论其不死之非乎,盖春秋之义,子以母贵,故嫡庶之辨甚严,而于众妾之子,亦不以兄弟之义论之,况管仲之于子纠,尽其心而已矣,运穷力屈,遂因于鲁,不避事仇之嫌,而成齐桓之业,是夫子之所以不言其非也。'⑤ 物茂卿曰:'桓公公子纠孰兄孰弟,议论纷如,孔子之取管仲,以其仁而已矣,必以小白兄子纠弟者,不知道者也,盖以子纠为弟者,自薄昭始,其言出于一时讳避之为,而后人弗之察已,子纠兄而小白弟,章章乎明哉,宋儒陋见,因孔子仁管仲,而固执薄昭之言,

① 刘向:《新序·杂事四》。
② 何晏《论语注疏·宪问·一七》:"王曰:'经,经死于沟渎中也。管仲、召忽之于公子纠,君臣之义未正成,故死之未足深嘉,不死未足多非。死事既难,亦在于过厚,故仲尼但美管仲之功,亦不言召忽不当死。'"
③ 程颐评价管仲之言,见朱熹:《论语集注》卷7,页213。
④ 朱子评价管仲之言,见朱熹:《论语集注》卷7,页213。
⑤ 伊藤仁斋:《論語古義》卷7,页212—213。

遂以罪王魏，王魏亦管仲耳，祗其人不及管仲，而太宗委任亦不及桓公，未免有优劣焉，然管仲自择其主，而王魏高祖所命，则王魏岂可罪哉，仁斋乃以春秋之义嫡庶之辨强为之说，以求通，夫乡人犹且序齿，推兄弟之序也，而谓众妾之子无兄弟之义可乎，孔子未尝仁桓公，而唯仁管仲，则桓公之罪可知已，然使管仲不遇桓公，则济世安民之功，岂能被天下后世哉，是管仲不可尤也。'① 物子又曰：'孔子无尺土之有，亦异于汤与文武焉，使孔子见用于世邪，唯有管仲之事已，然其时距文武五百年，正天命当革之秋也，使孔子居管仲之位，则何止是哉，故孔子与其仁而小其器，盖惜之也，亦自道也。'② 夫诸儒之说参差牴牾难适从如此，欲得子之论而折衷，敢问以为如何？"

余逡巡不肯曰："是天下之公论讲道之大义，谀闻何可当焉哉？"客曰："虽然，何以解惑？请语子之所安。"余再辞曰："浅识未足以解人之惑也。"客固请曰："子无说则已，有说则令吾得闻，忠告善道，非交友之道乎？"余乃幡然曰："善哉！言也。不语将获罪于知友，余敢语尔。"于是为论曰："夫管仲器小之解，子长、子政先论其概，西汉之时，诸儒不汲汲于议论，是以著书说义，多不切紧也，苟非有大过，则不宜痛尤之也。程子曰：'管仲奢而犯礼，其器之小可知。'③ 物子称之以为能言，而谓：'不解孔子之言何殊夫或人哉。'仁斋曰：'器小谓管仲所执之具甚小不济用也。'物子以为不知字义。④ 且谓'大氐后儒不知微言，故不达孔子之意。'⑤ 物子盖以器小为夫子

---

① 荻生徂徕：《論語徵》庚卷《子貢曰管仲非仁者章》，页270—271。
② 徂徕在《論語徵·管仲之器小章》中说："孔子无尺寸之有，亦异于汤与文武焉，使孔子见用于是邪，唯有管仲之事已。然其时距文武五百年，正天命当革之秋也，使孔子居管仲之位，则何止是哉。故孔子与其仁而小其器，盖惜之也，亦自道也。夫孔子小之，而终不言其所以小，可以见。夫管仲以诸侯之相，施政于天下，可谓大器已，而孔子小之，或人之难其解，不亦宜乎。"见《論語徵》乙卷，页68。
③ 程颐评价管仲之言，见朱熹：《论语集注》卷2，页90。
④ 徂徕解《管仲之器小章》："仁斋曰：'器小，谓管仲所执之具甚小，不济用也。'可谓不知字义已。"见《論語徵》乙卷，页68。
⑤ 徂徕云："大氐诗学不传矣，后儒之不知微言也。"见《論語徵》乙卷，页68。

之微言，是欲详解之而难乎其说，故云尔。余乃谓管仲之功，仁施于一世，而其于先王之道，不践迹，亦不入室，[①]所谓善人也。其所行，务在适时世，而不可以为万世之法，不能比大于伊傅周召也，故曰'器小哉'，其量之小也，复奚疑焉，而以王霸之分为说者非通论也。夫惟王霸之业，自有其时矣。殷汤王而周文伯，伊周摄而不可霸，桓文霸而不可摄，时势自殊也。楚庄王问鼎之轻重于周，王孙满辞而却之，言卜世三十，历年七百，周德未央，鼎之轻重未可问也。[②]夫齐桓先于此百年矣，周鼎尚重，不可迁也明矣。管仲之功止于霸，不亦宜乎，孟子志以王道自任，当时齐人唯知有管晏而已，故孟子引曾西之言，以其功烈卑折之，[③]又谆谆然论时势，可以见也已。孔子答子路之问曰：'云云，如其仁。'[④]孔安国曰：'谁如管仲之仁矣。'[⑤]太宰子《古训》取之者误矣。[⑥]余谓如犹同也，其字指管仲，言桓公之功业皆成于管仲之力，虽躬不在其位，而能令桓公行仁，则与管仲躬行仁，相同也，故曰：'如其仁。'重言者切称之也。"

---

① 《论语·先进·一九》："子张问善人之道。子曰：'不践迹，亦不入于室。'"见朱熹：《论语集注》卷6，页176。

② 司马迁《史记·楚世家》："周定王使王孙满劳楚王。楚王问鼎小大轻重，对曰：'在德不在鼎。'庄王曰：'子无阻九鼎！楚国折钩之喙，足以为九鼎。'王孙满曰：'呜呼！君王其忘之乎？昔虞夏之盛，远方皆至，贡金九牧，铸鼎象物，百物而为之备，使民知神奸。桀为乱德，鼎迁于殷，载祀六百。殷纣暴虐，鼎迁于周。德之休明，虽小必重；其奸回昏乱，虽大必轻。昔成王定鼎于郏鄏，卜世三十，卜年七百，天所命也。周德虽衰，天命未改。鼎之轻重，未可问也。'楚王乃归。"

③ 《孟子·公孙丑上·一》："孟子曰：'子诚齐人也，知管仲、晏子而已矣。或问乎曾西曰："吾子与子路孰贤？"曾西蹴然曰："吾先子之所畏也。"曰："然则吾子与管仲孰贤？"曾西艴然不悦，曰："尔何曾比予于管仲？管仲得君，如彼其专也；行乎国政，如彼其久也；功烈，如彼其卑也。尔何曾比予于是？"'"见朱熹：《孟子集注》卷3，页315。

④ 《论语·宪问·一七》："子路曰：'桓公杀公子纠，召忽死之，管仲不死。'曰：'未仁乎？'子曰：'桓公九合诸侯，不以兵车，管仲之力也。如其仁！如其仁！'"见朱熹：《论语集注》卷7，页212。

⑤ "如其仁如其仁注孔安国曰谁如管仲之仁矣。"见何晏集解，皇侃义疏：《论语集解》卷7。

⑥ 太宰春台云："夫自孟子不取管仲，而宋儒信孟子过于孔子，遂以管仲为不足为，彼岂知孔子称管仲之意哉？夫王霸之辨，仲尼所不道，自孟轲氏发之，后世腐儒，咸以为口实，岂不哀哉？余尝有所论著，当得信孔子与余同者，而后相与议之，兹不赘也。"见太宰春台：《論語古訓外伝》卷3《八佾第三·子曰管仲之器小哉章》，页11下。

客曰："桓公杀子纠与管仲召忽之生死及管仲又相桓公，其义不义果如何？"

余曰："当是时周纲纽解，国纪崩隤，齐襄淫虐之余，继之以无知之暴乱，无复存兄弟之义，然齐既无君，国卿乃迎小白，则桓公之立固其义也，桓公当立，则争夺之者，当诛而除之，夫国人将立其君以安社稷，何遑问兄弟之亲爱乎？杀纠者，国人杀之也，不当归咎于桓公。《春秋》书云：'齐人取子纠杀之。'① 圣断明文可证矣。曰然则管仲召忽辅社稷，则争拒之者，当胜而夷之，其不克者天也命也；纠被杀而召忽死之，忠矣义矣；管仲乃不死请囚者，亦是分之宜也，非不忠与不义也。何以言之？夫管仲一世之人杰，而天下之安危系焉，彼其志盖欲以齐一匡天下。故初微时，三仕三见遂，三战三走，其所自计，唯在全身而已。唯鲍叔能知其志，他人不能知焉。② 子纠之难，既射桓公中带钩，则桓公之怨可知也，而尚忍囚往见之者，素知鲍叔必进己于桓公举用之也，桓公不以其仇而厚礼举用之，所以为桓公也，夫然后得以济其所志焉。故管仲未遇桓公之时，其所为未尝有可以充其操者也，何节义之足责哉！譬如百工之作物，人弗观其成功，毁之于其初，则虽天下之良工无所成名矣，故子路子贡皆问其初，而孔子答以其成功，曰：'桓公九合诸侯，如其仁，一匡天下，民受赐，微管仲被发左衽矣。'③ 唯与其功而不论其罪者，盖无可论之罪也，朱子谓有功而无罪，④ 不其然乎？"

① 《左传·庄公九年》："九月，齐人取子纠杀之。"
② 《史记·管晏列传》："管仲曰：'吾始困时……吾尝三仕三见逐于君，鲍叔不以我为不肖，知我不遭时也。吾尝三战三走，鲍叔不以我怯，知我有老母也。公子纠败，召忽死之，吾幽囚受辱，鲍叔不以我为无耻，知我不羞小节而耻功名不显于天下也。生我者父母，知我者鲍子也。'"
③ 《论语·宪问·一八》："子曰：'管仲相桓公，霸诸侯，一匡天下，民到于今受其赐。微管仲，吾其被发左衽矣。岂若匹夫匹妇之为谅也，自经于沟渎，而莫之知也。'"见朱熹：《论语集注》卷7，页213。
④ 朱子评价管仲之言，见朱熹：《论语集注》卷7，页213。

客曰："管仲之罪之有亡,孔子措而不论,是以后儒之疑不能释然,论难以起。或以子路子贡听受夫子之说不再问病之,今以子之说考之,则似不容疑,然王仲任尝以不能论难短七十子,[①] 是非竟何如?"

余曰："夫七十子之徒闻夫子之说者,皆当知管仲之所以为管仲,而况子路子贡亲问而听之,则何疑以再问乎?王仲任以英拔之才好辩太过,故《论衡》所说,或令学者向义知所择,或令后执迷疑圣人,功过相半,慎勿兼取焉。徂徕先生有言曰:'古之人量己之力以为之,后儒皆言其可言耳,孔子曰:"为之难,言之得无讱乎?"'[②] 世儒之论管仲、孟子者殊多此过,亦多见不知其量也。"

客曰："从子之论,则管仲固无罪矣。敢问栾共子云:'民生于三,父生之,师教之,君食之,事之如一,唯其所在则致死焉。'[③] 王蠋云:'忠臣不事二君。'[④] 然则彼皆非邪?"

曰："固矣哉,何言之不达也。凡法言如是者,皆通天下之训,而所以规于常人也,非所以规于非常人也。吾明语子,古者殷之亡也,纣之昏德不悛,微子去之,箕子为奴,比干谏死,三子所行不同,而孔子一称之曰:'殷有三仁。'[⑤] 何以谓之仁也?夫微子既尽三谏之义,然后去以存其祀,得封于宋,宗庙享焉,子孙保焉,垂裕于后世,其仁

---

① 王充《论衡·问孔》:"论者皆云:'孔门之徒,七十子之才,胜今之儒。'此言妄也。……使当今有孔子之师,则斯世学者,皆颜、闵之徒也;使无孔子,则七十子之徒,今之儒生也。何以验之?以学于孔子,不能极问也。圣人之言,不能尽解;说道陈义,不能辄形。不能辄形,宜问以发之;不能尽解,宜难以极之。"

② 引文见荻生徂徕:《論語徵》庚卷《子貢曰管仲非仁者章》,页271。徂徕文中所引《论语·颜渊·三》"子曰:'为之难,言之得无讱乎?'"见朱熹:《论语集注》卷6,页183。

③ 《国语·晋语一》:"止栾共子曰:'苟无死,吾以子见天子,令子为上卿,制晋国之政。'辞曰:'成闻之:"民生于三,事之如一。"父生之,师教之,君食之,非父不生,非食不长,非教不知生之族也,故壹事之。唯其所在,则致死焉。报生以死,报赐以力,人之道也。臣敢以私利废人之道,君何以训矣?且君知成之从也,未知其待于曲沃也,从君而贰,君焉用之?'"

④ 《史记·田单列传》:"王蠋曰:'忠臣不事二君,贞女不更二夫。'"

⑤ 《论语·微子·一》:"微子去之,箕子为之奴,比干谏而死。孔子曰:'殷有三仁焉。'"见朱熹:《论语集注》卷9,页256。

以孝成者也；箕子佯狂就囚，委命于天，终封于朝鲜，演洪范以师于武王，为万世开治道，其仁以诚成者也；比干不暴君恶，死谏刳心，千岁之下足以兴起人臣之节，其仁以忠成者也。三人为人不同，故所行各殊途，而谓微子箕子忘义仕仇而可乎哉？至若孔子之相鲁也，鲁国几兴矣，于是齐人归女乐以沮之，季氏受之，定公怠惰，[①]孔子不谏而去鲁何也？盖不可谏也。孔子圣人也，其知洞观万古，其仁垂无穷，其行藏进退之所关系，兼天下而及万世矣，何拘拘于鲁哉！夫子既云："当不义则臣不可以不争于君。"[②]此岂亦可以规孔子哉？凡圣人之言行，不可妄议者多此类也。夫管仲虽不及圣人远，亦是非常之人也，其不可以常人之比规之亦犹是。余故谓召忽可死之，管仲可不死，不其然乎！诸儒论管仲，多不达此义，故是非锋起，争辩讻讻，若逐一论之，则喧豗可厌，且提其要言之，子长子政之论失之浅、子雍失之糊、程子失之拘、仁斋失之凿，皆非知管仲者也，独徂徕先生能知管仲矣，其论引而不发，唯能者从之耳。"

客又问曰："程朱徂徕以王珪魏征，比论管仲，敢问可与否？"余答曰："唯朱子得之，程子大失，但来亦为得。夫建成元吉，凶恶不减于管蔡，王魏辅翼之，虽以高祖之命亦不为无罪，何者？当彼方含毒于秦王也，二子不可不极谏争之，不听则当辞官退职也，乃不能尔，从而佐之，是济邪而害正者也，彼岂子纠与小白之伦乎哉？余故谓王魏之罪，不在不死于难而又从太宗，乃在去邪归正之晚矣，而比论管仲者可谓不知类也。"客又曰："或云孔子尝曰：'人而不仁，如礼何？'[③]

---

① 《论语·微子·四》："齐人归女乐，季桓子受之。三日不朝，孔子行。"朱子注："按史记：'定公十四年，孔子为鲁司寇，摄行相事，齐人惧，归女乐以沮之。'"见朱熹：《论语集注》卷9，页257。
② 《孝经·谏诤》："子曰：'是何言与，是何言与！……故当不义，则子不可以不争于父，臣不可以不争于君；故当不义，则争之。从父之令，又焉得为孝乎！'"
③ 《论语·八佾·三》："子曰：'人而不仁，如礼何？人而不仁，如乐何？'"见朱熹：《论语集注》卷2，页82。

又曰：'克己复礼为仁。'^① 此言仁之与礼相须而成，不可以偏废也。而孔子既讥管仲不知礼，又何称其仁哉？前后之言相矛盾，此说何如？"

　　曰："是不通之论也。夫仁大德也，道一贯焉，礼道之文也，人之大端也，故云：'人而不仁，如礼何？'^② 然有王公之'仁'，有士大夫之'仁'，有学者之'仁'，教之方不一，或大或细随所受而殊。故孔子答问'仁'，由其所问人而不同。'克己复礼'自王公达士大夫，简要而极大，其目曰：'非礼勿视听言动。'^③ 非颜子，孰能从事焉。然礼者先王之所制，学者是习，则亦学者之事也，故语颜子以此。由是观之，则'克己复礼'者，亦学者之'仁'也，其言也讱，^④ 亦学士大夫之'仁'也，其事细矣，故以语司马牛。其他难枚举，皆可类推矣。夫'仁'之工夫不同，尧舜自有尧舜之'仁'，汤武自有汤武之'仁'，伊周自有伊周之'仁'，管仲自有管仲之'仁'，^⑤ 此而同之，岂不诡哉？夫管仲所谓善人也，不践迹，亦不入室。^⑥ 虽先王之制不必从焉，随时而变，应俗以化，非圣人而自作，何屑屑从事于学者之务哉！故奢而失礼，亦不害于其仁也。惟夫非圣人而自作，是以继之者后世不免变成申、商、韩、李也。夫九合一匡之后，仲父卒而桓公惑，礼防壤而内宠僭，五公子争而尸虫出，管子不云：'仓

---

① 《论语·颜渊·一》：子曰："克己复礼为仁。一日克己复礼，天下归仁焉。为仁由己，而由人乎哉？"见朱熹：《论语集注》卷6，页181。

② 《论语·八佾·三》："子曰：'人而不仁，如礼何？人而不仁，如乐何？'"见朱熹：《论语集注》卷2，页82。

③ 《论语·颜渊·一》："颜渊问仁。子曰：'克己复礼为仁。一日克己复礼，天下归仁焉。为仁由己，而由人乎哉？'颜渊曰：'请问其目。'子曰：'非礼勿视，非礼勿听，非礼勿言，非礼勿动。'颜渊曰：'回虽不敏，请事斯语矣。'"见朱熹：《论语集注》卷6，页82—83。

④ 《论语·颜渊·三》："司马牛问仁。子曰：'仁者其言也讱。'曰：'其言也讱，斯谓之仁已乎？'子曰：'为之难，言之得无讱乎？'"见朱熹：《论语集注》卷6，页183。

⑤ 我曾研究日朝儒者的管仲论，发现日朝儒者多不承许孟子对管仲之酷评，均评管仲为"仁"者。参看拙著：《东亚儒家仁学史论》第9章，页377—414。

⑥ 《论语·先进·一九》："子张问善人之道。子曰：'不践迹，亦不入于室。'"见朱熹：《论语集注》卷6，页176。

廩实而知礼节,衣食足而知荣辱。'① 至此既实矣已足矣,然而礼节泯焉,荣辱遗焉,其奈之何哉? 惟先王存而不言,管子言而不存,于先王之礼,其所关不亦大乎? ”

客又问曰:“近者大阪牛尾文行,著《管仲论》,扬榷诸说,臞括无遗,而不言太宰子,此可异已。而今子之论,亦不及牛尾子者何也? ”

余答曰:“昔太宰子作《斥非》,辩驳古今,确论尤多矣,于卒也,有《对客论文》一条,讥宇野三平谓:‘率天下之人而祸文章者也。'②其论固当矣。然同时而诋毁人者,非德义之事也,余也厌之。太宰子又有《孟子论》,其所辩斥太甚,此欲矫宋儒及仁斋之尊崇孟子已盛而过激害之者也,且其人崇称管仲殆逼周孔,而孟子既卑管仲甚矣,故反揄扬管仲以压孟子者,亦过激之势使然也。太宰子已好管仲过实,牛尾子反是,所以不相容也。今余之所论,大异乎牛尾子之撰。然余尝闻诸其徒,牛尾子质直好义,不苟合取容,狷介自守,盖是方正严毅之人也,而举其说驳之,则有类诋毁者,余岂尤而效之乎? 牛尾子自道常恶乡原,而不屑世儒,因叹学之难讲,人莫深思焉,慷慨之志可见矣。余论旨虽异,恶乡原则同,庶几学者由余言知畏圣人之言,而有笃信焉耳,夫然后可与入尧舜之道矣。”

《孟子论》

古称:“太上有立德,其次有立功,其次有立言。”③ 夫五帝立德之祖也,三王立功之祖也,仲尼立言之祖。然五帝三王立德立功,而

---

① 《管子·牧民》:“仓廪实,则知礼节;衣食足,则知荣辱;上服度,则六亲固。四维张,则君令行。”
② 太宰春台《对客论文》:“悲夫! 率海内之人而祸文章者,其三平乎? ”见太宰春台:《斥非(付春台先生杂文九首)》,页39—41。
③ 《左传·襄公二十四年》:“大上有立德,其次有立功,其次有立言。”

立言在其中,谓之法言,祖述宪章系焉,仲尼立言,而德功在其中,而德兼至圣,功及万世,立言之于功与德,亦大矣哉！夫儒者学立言者也,故其道皆折衷于孔子,七十子已下思孟荀卿皆是也,荀卿尝著书,非十二子,孟子与在其中;[①] 汉王仲任亦有《刺孟》篇,降圣人一等则必有是非焉,[②] 二子之言虽间有中,未以足伤于孟子也,况若后世一二诽议孟子者乎？可以见先贤之不可妄议矣。至本邦徂徕物子出,见孟子之言有差乎孔子者,故为道讯而排子,其言凿凿乎有明据,炳乎若悬烛于暗中,大为学者辟榛塞见大道,而无复余蕴,不可以已乎,于是春台太宰子嗣亦深论孟子,以可以已而复甚之,夫以程朱仁斋尊信孟子太过矣,故势不得不然也。古谚云："矫枉者过直。"[③] 太宰子之论,竟令后学蔑视孟子弃其书而无所取焉,不亦憨乎？余不忍其如此,敢为是论以辨之,有道君子幸莫罪余多言焉。太宰子论曰："孟轲之言行违道悖理,荀卿仲认之言悉中其病,以阅孟子七篇,则轲之过失不止二子之所讯也。盖轲之所以出言多过失者,其故有二焉,其与国君言则冀见听,其与学士诸子辩则欲服人,冀见听则务为可悦之言,欲服人则牵强持论,如为齐王言好货好色[④],与告子论性[⑤]是已,夫斯二者轲之患也,夫好货好色之非美德也,不待智者而后知之,宣王既自以为疾,而孟子不敢因之以陈其

---

① 《荀子·非十二子》:"略法先王而不知其统,然而犹材剧志大,闻见杂博。案往旧造说,谓之五行,甚僻违而无类,幽隐而无说,闭约而无解。案饰其辞,而祗敬之,曰:此真先君子之言也。子思唱之,孟轲和之。世俗之沟犹瞀儒、嚾嚾然不知其所非也,遂受而传之,以为仲尼子弓为兹厚于后世:是则子思孟轲之罪也。"荀子批孟主要原因在于孟荀言"道"与言"心"均有差异,我曾有所析论。参看拙著:《孟学思想史论》卷二第3章《荀子对孟子的批判:"思孟五行说"新解》,页107—129。

② 《论衡》第30篇《刺孟》。萧公权师曾说:《论衡》呈现以"自然主义为根据之宿命论"(见萧公权:《中国政治思想史》上册,页369),故王充批评孟子"天命"观,实不知孟子所持修德可移天命之政治思想宗旨。松村九山谓王充未足以伤孟子,其说甚是。

③ 《汉书·卷九七·外戚传下·孝成许皇后传》:"盖矫枉者过直,古今同之。"

④ 《孟子·梁惠王下·五》。见朱熹:《孟子集注》卷2,页301—302。

⑤ 《孟子·告子上》第1—4篇,为孟子与告子论性。见朱熹:《孟子集注》卷11,页455—457。

戒，谓之陈善闭邪可乎？且以公刘为好货，大王为好色，是诬古人也。① 君子之言万世之法也，彼所谓不通之论也。"②

余谓太宰子之言误矣。夫宣王之所言假托而非至言也，虽使孟子为之陈其戒，王决不可从矣，故因其所好导之者所谓权也，公刘阜其财富货，虽谓之好货何不可乎？诗云：爰及姜女，聿来胥宇，大王好色亦不为诬也。③ 传曰："关雎好色而不淫。"④ 亦类此，何可尤乎？孟子唯以与民同乐劝王，亦所谓权也，太宰子反谓诬古人不通之论也，岂不误乎？太宰子又论："君臣相视之说"，⑤ 其言有旨宜省之，然未可以此毁孟子也，何者？虽孔子有为言者或时有之，所谓"死不如速朽之愈，丧不如速贫之愈"，不知其由，则有子以为非君子之

---

① 《孟子·梁惠王下·五》孟子对曰："昔者公刘好货，《诗》云：'乃积乃仓，乃裹糇粮，于橐于囊。思戢用光。弓矢斯张，干戈戚扬，爰方启行。'""昔者大王好色，爰厥妃。《诗》云：'古公亶甫，来朝走马，率西水浒，至于岐下。爰及姜女，聿来胥宇。'"见朱熹：《孟子集注》卷2，页302。

② 太宰春台《孟子論》："以阅《孟子》七篇，则轲之过失，不止二子之所讥也。盖轲之所以出言多过者，其故有二焉。其与国君言，则冀见听；其与学士诸子辩，则欲服人。冀见听，则务为可悦之言；欲服人，则牵强持论。务为可悦之言，如为齐王言好货好色是已。牵强持论，如与告子论性是已。夫斯二者，轲之患也。轲有斯二者之患，宜其出言多过也。夫仲任之论，精矣详矣，而未尽孟子也，仲任之所置而不论，余请得而论之。夫好货好色之非美德也，不待智者而后知之。宣王既自以为疾，而孟子不敢因之以陈其戒，谓之陈善闭邪可乎？且以公刘为好货，太王为好色，是诬古人也。君子之言，万世之法也，纵使其言之果有补于王政，然固所谓不通之论也，况未必有补于王政乎？"（页17）

③ 《孟子·梁惠王下·五》："王曰：'寡人有疾，寡人好货。'对曰：'昔者公刘好货，《诗》云："乃积乃仓，乃裹糇粮，于橐于囊。思戢用光。弓矢斯张，干戈戚扬，爰方启行。"故居者有积仓，行者有裹粮也，然后可以爰方启行。王如好货，与百姓同之，于王何有？'王曰：'寡人有疾，寡人好色。'对曰：'昔者大王好色，爰厥妃。《诗》云："古公亶甫，来朝走马，率西水浒，至于岐下。爰及姜女，聿来胥宇。"'当是时也，内无怨女，外无旷夫。王如好色，与百姓同之，于王何有？"见朱熹：《孟子集注》卷2，页302。

④ 《毛诗传笺通释卷二·周南·关雎》。《毛传》云："后妃说乐君子之德无不和谐，又不淫其色。"

⑤ 太宰春台《孟子論》："孔子对定公曰：'君使臣以礼，臣事君以忠。'孟子告宣王曰：'君之视臣如手足，则臣视君如腹心；君之视臣如犬马，则臣视君如国人；君之视臣如土芥，则臣视君如寇雠。'夫君子不仕则已，仕则必敬其君。语曰：'君虽不君，臣不可以不臣。父虽不父，子不可以不子。'言尽其道也。故臣人者，不以夷险渝其心，乃若为其君之无礼而怼焉，是不臣也。仲尼之言，可以语君，亦可以语臣，故谓之通论。如轲之言，唯可以闻于君，决不可使人臣闻之，则亦不通之论也。"（页17—18）

言，^①岂亦可以难孔子哉？孟子为齐王言之，其非通论，庸何伤哉？

太宰子又曰："仲尼尝称管仲曰：'如其仁，如其仁。'^②又曰：'微管仲吾其被发左衽矣。'^③仲尼之称管仲也可谓盛矣，孟子乃以管仲不足为，^④不亦异乎？"^⑤夫管仲孟子之论，世儒明达其义者几希矣。余尝著《管仲论》详辨之，今不复赘此，但以未论及者言之，孔子之于管仲，非专盛称而已也，时又有讥之者，曰："管仲之器小哉。"^⑥又言："管仲奢而不知礼。"^⑦虽孟子亦非专卑管仲而已也，或又称扬之，其言曰："舜发于畎亩之中，傅说举于版筑之间，胶鬲举于鱼盐之中，管夷吾举于士，孙叔敖举于海，百里奚举于市。"次曰："天将降大任于斯人也。"^⑧又曰："汤之于伊尹，桓公之于管仲，学焉然后臣之。"^⑨此以管仲与大舜及伊傅诸贤比论也。凡论人事者各有所引证比拟，故低昂抑扬由事随时有之，太宰子而不知之者独何哉！且夫孟子之时，七雄皆以王称，不久天下将定一矣，齐桓之业何足望哉？故孟子谓：

---

① 《礼记·檀弓上》："有子问于曾子曰：'问丧于夫子乎？'曰：'闻之矣：丧欲速贫，死欲速朽。'有子曰：'是非君子之言也。'"
② 《论语·宪问·一七》。见朱熹：《论语集注》卷7，页212。
③ 《论语·宪问·一八》。见朱熹：《论语集注》卷7，页213。
④ 《孟子·公孙丑上·一》："孟子曰：'子诚齐人也，知管仲、晏子而已矣。或问乎曾皙曰："吾子与子路孰贤？"曾皙蹴然曰："吾先子之所畏也。"曰："然则吾子与管仲孰贤？"曾皙艴然不悦，曰："尔何曾比予于管仲？管仲得君，如彼其专也；行乎国政，如彼其久也；功烈，如彼其卑也。尔何曾比予于是？"'曰：'管仲，曾皙之所不为也，而子为我愿之乎？'"见朱熹：《孟子集注》卷3，页315。
⑤ 太宰春台《孟子論》："仲尼尝称管仲曰：'如其仁，如其仁。'又曰：'微管仲，吾其被发左衽矣。'仲尼之称管仲也，可谓盛矣。孟子乃以管仲不足为，不亦异乎？"（页18）
⑥ 《论语·八佾·二二》。见朱熹：《论语集注》卷2，页89。
⑦ 同上。
⑧ 《孟子·告子下·一五》："舜发于畎亩之中，傅说举于版筑之间，胶鬲举于鱼盐之中，管夷吾举于士，孙叔敖举于海，百里奚举于市。故天将降大任于是人也，必先苦其心志，劳其筋骨，饿其体肤，空乏其身，行拂乱其所为，所以动心忍性，曾益其所不能。人恒过，然后能改；困于心，衡于虑，而后作；征于色，发于声，而后喻。入则无法家拂士，出则无敌国外患者，国恒亡。然后知生于忧患而死于安乐也。"见朱熹：《孟子集注》卷12，页487。
⑨ 《孟子·公孙丑下·二》："故汤之于伊尹，学焉而后臣之，故不劳而王；桓公之于管仲，学焉而后臣之，故不劳而霸。"见朱熹：《孟子集注》卷4，页337。

"管仲不足为。"^① 不亦宜乎？

太宰子又引子贡及孔子之言以绳孟子道性善，其言大然，但曰："及孟子与告子争论性也，告子三易其说以明相近，^② 其意在诲孟子，而轲终不能悛，惑之深也。"^③ 此胡言之过也。夫太宰子之意，急乎短孟子，故不识告子之说有误也。夫人之为仁义也，教导其性，养以成其德者也，譬之树木，如培育之扶持之以成其材也。今以杞柳为桮棬，岂徒培育扶持之所能成哉？必待戕贼曲折之功而后可成其器矣。^④ 人之为仁义，岂其然哉？湍水之喻，告子知东西而未达上下之理，故孟子辨正之耳，^⑤ 是孟子诲告子也，告子岂足以诲孟子者哉？孟子之言性未见大谬者也，独以仁义争内外，余不得从其说耳。

太宰子又引孔子之言曰："'操则存舍则亡，出入无时，莫知其乡'，其心之谓与？^⑥ 孟子乃曰：'我四十不动心。'^⑦ 心岂能终不动乎？是以乐正子之将见用于鲁也，孟子曰：'吾闻之喜而不寐。'^⑧ 是

① 《孟子·公孙丑上·一》："曰：'管仲以其君霸，晏子以其君显。管仲、晏子犹不足为与？'"见朱熹：《孟子集注》卷3，页315。
② 《孟子·告子上》第1—4篇，告子论性曰："性，犹杞柳也。""性犹湍水也。""生之谓性。""食色，性也。"见朱熹：《孟子集注》卷11，页455—457。
③ 太宰春台：《孟子論》："子贡曰：'夫子之言性与天道，不可得而闻也。'孔子曰：'性相近也，习相远也。'夫子之言性，唯此一言，既已明矣，亦又何言？孟子乃道性善，及其与告子争论也，告子三易其说，以明相近，彼其意在诲孟子，而轲终不能悛，惑之深也。"（页18）
④ 《孟子·告子上·一》："告子曰：'性，犹杞柳也；义，犹桮棬也。以人性为仁义，犹以杞柳为桮棬。'孟子曰：'子能顺杞柳之性而以为桮棬乎？将戕贼杞柳而后以为桮棬乎？如将戕贼杞柳而以为桮棬，则亦将戕贼人以为仁义与？率天下之人而祸仁义者，必子之言夫！'"见朱熹：《孟子集注》卷11，页455。
⑤ 《孟子·告子上·二》："告子曰：'性犹湍水也，决诸东方则东流，决诸西方则西流。人性之无分于善不善也，犹水之无分于东西也。'孟子曰：'水信无分于东西。无分于上下乎？人性之善也，犹水之就下也。人无有不善，水无有不下。今夫水，搏而跃之，可使过颡；激而行之，可使在山。是岂水之性哉？其势则然也。人之可使为不善，其性亦犹是也。'"见朱熹：《孟子集注》卷11，页455—456。
⑥ 《孟子·告子上·八》："孟子曰：'……孔子曰：操则存，舍则亡；出入无时，莫知其乡。惟心之谓与？'"见朱熹：《孟子集注》卷11，页463。
⑦ 《孟子·公孙丑上·二》："孟子曰：'否。我四十不动心。'"见朱熹：《孟子集注》卷3，页318。
⑧ 《孟子·告子下·一三》："鲁欲使乐正子为政。孟子曰：'吾闻之，喜而不寐。'"见朱熹：《孟子集注》卷12，页485。

则轲之动心也,遂引庄周'死灰其心'①之说以为不动心,万万无之之事也",②何言之僻也。夫孟子志专学孔子,孔子曰:"吾四十而不惑。"③孟子四十不动心,亦不惑之类也,岂与庄周"死灰之心",同口之谭也哉?孟子闻乐正子之将用于鲁,而喜而不寐者,诚心之所为也,不可谓之动心;昔者周公勤劳于国家,仰而思之,坐以俟旦者,亦非不寐乎?则可以动心遂短周公乎?夫不动心者,谓不变动其心,而非不举动之谓也,太宰子混同之何哉,果其论之是乎?设曰归市者不止耕者不动,则可谓之耕者之状若槁木万万无之也乎?孟子曰:"我善养吾浩然之气者。"④亦孟子自道也,非立言以训学者也。所谓"富贵不能荡,贫贱不能移,威武不能屈,是之谓大丈夫是已。"⑤宋儒扬以为学之工夫,反令其累及古人也,太宰子之徒盍察诸。子贡曰:"伯夷叔齐何人也?"孔子曰:"古之贤人也。"⑥孟子谓:"伯夷古之圣人也。"⑦又曰:"伯夷隘,柳下惠不恭,隘与不恭,君子不由也。"⑧又曰:"伯夷圣之清者也,柳下惠圣之和者也。"⑨此言竟不免乎战国之

---

① 《庄子》内篇《齐物论》:"何居乎?形固可使如槁木,而心固可使如死灰乎?"、外篇《知北游》:"形若槁骸,心若死灰,真其实知,不以故自持。"以及杂篇诸章中,以"死灰"言心者,共5见。

② 太宰春台《孟子論》:"孔子曰:'操则存,舍则亡。出入无时。莫知其乡。其心之谓与?'孟子乃曰:'我四十不动心',心岂能终不动乎?是以乐正子之将见用于鲁也,孟子曰:'吾闻之,喜而不寐',是则轲之动心也。若心果不动耶?则与庄周之欲死灰其心,何以异哉?此万万无之之事也。"(页18)

③ 《论语·为政·四》:"子曰:'吾十有五而志于学,三十而立,四十而不惑,五十而知天命,六十而耳顺,七十而从心所欲,不踰矩。'"见朱熹:《论语集注》卷1,页70—71。

④ 《孟子·公孙丑上·二》:"曰:'我知言,我善养吾浩然之气。'"见朱熹:《孟子集注》卷3,页318。

⑤ 《孟子·滕文公下·二》:"孟子曰:'富贵不能淫,贫贱不能移,威武不能屈。此之谓大丈夫。'"见朱熹:《孟子集注》卷6,页371。

⑥ 《论语·述而·一四》:"【子贡】曰:'伯夷、叔齐何人也?'曰:'古之贤人也。'"见朱熹:《论语集注》卷4,页129。

⑦ 《孟子·尽心下·一五》:"孟子曰:'圣人,百世之师也,伯夷、柳下惠是也。'"见朱熹:《孟子集注》卷14,页516。

⑧ 《孟子·公孙丑上·九》:"孟子曰:'伯夷隘,柳下惠不恭。隘与不恭,君子不由也。'"见朱熹:《孟子集注》卷3,页332。

⑨ 《孟子·万章下·一》:"孟子曰:'伯夷,圣之清者也;伊尹,圣之任者也;柳下惠,圣之和者也;孔子,圣之时者也。'"见朱熹:《孟子集注》卷10,页440。

气习也，太宰子驳之者中矣。[①] 若其论王霸诸说，泛视之，则亦不免战国之气习也，审味之，则孟子之言大有条理。孟子曰："五霸三王之罪人也，今诸侯五霸之罪人也，今大夫今诸侯之罪人也"。[②] 云云，其说正且确矣，是孟子所谓霸者，谓桓文以下也明矣。太宰子泛引文王为西伯而论之，[③] 论则正矣，非所以论孟子也，且王霸各有时，余尝辨之，详见于《管仲论》。

太宰子又曰："孟子、荀子后仲尼而立言，各一是非，但未达乎道，而二子诚不可优劣，如其文辞，则孟子实卓越于诸子云。"[④] 余尝闻孔门之贤哲各有圣人之一体，唯冉闵、颜子具体而微，因谓孟荀共大儒皆务学孔子者也，而孟子能得其筋骨而失皮肤，荀子只得其皮肤而遗筋骨，故夷考其言行，其相违也远矣，孟子固豪杰之性，不苟合取容，故称唐虞三代之德于攻伐之世，与时君背驰，犹能后车数十乘，从者数百人，以传食于诸侯，其节行高矣哉；若夫荀卿则否，其博而寡要，儒者之态也，而公其言，私其行，禄仕于春申君而甘死于兰陵，一何辽落也，惟夫得皮肤而遗筋骨，故其门遂出韩李焉。若乃孟子则辟杨墨，卫正道，其功不少矣，董仲舒韩退之既论其功，后代历朝从祀乎先圣，其书或时收诸经传，有以也哉！惟夫得筋骨而失皮肤，故其门止有章丑焉，其书竟媲体于诸子，是所以物子之有辨也。

太宰子又曰："淳于髡谓孟子曰：'男女授受不亲礼与？'孟子

---

① 太宰春台《孟子論》："子贡问曰：'伯夷叔齐何人也？'孔子曰：'古之贤人也。'孟子谓伯夷，古之圣人也。又：'伯夷隘，柳下惠不恭，隘与不恭，君子不由也。'又曰：'伯夷，圣之清者也。柳下惠，圣之和者也。'夫轲既违仲尼而谓伯夷圣人，又于夷惠，或谓之隘与不恭，或谓之圣，是何见之不定也？"（页18）。

② 《孟子·告子下·七》："孟子曰：'五霸者，三王之罪人也；今之诸侯，五霸之罪人也；今之大夫，今之诸侯之罪人也。'"见朱熹：《孟子集注》卷12，页480。

③ 太宰春台《孟子論》："伯，王之未就也；王，伯之大成也。不能伯，未有能王者也。是故，三分天下有其二，以服事殷，西伯之伯也。九合诸侯、一匡天下，桓公之伯也。西伯能由伯以训致王业，故孔子谓之至德。"（页19）

④ 太宰春台《孟子論》："夫孟子、荀子，后仲尼而立言，各一是非，俱未达乎道，而二子诚不可优劣，如其文辞，则孟子实卓越于诸子云。"（页20）

曰：'礼也。'曰：'嫂溺则援之以手乎？'曰：'嫂溺不援是豺狼也。男女授受不亲礼也；嫂溺援之以手者权也。'曰：'今天下溺矣，夫子之不援何也？'曰：'天下溺援之以道；嫂溺援之以手，子欲手援天下乎？'① 髡欲诘孟轲，故以礼为问，轲应之曰：'礼也。'髡乃以事之危急不可守礼者为问，轲知其守礼不援之近于豺狼，故欲行权以援之，是诚知处变之道矣，髡则以为方今天下扰乱，国行虐政，先王赤子溺于渊水，不可不拯也，苟欲拯之耶？其术非一端，要当先其急而后其缓，今孟轲说人主以三代之治，其言虽可听，非当时急务，无益于天下之治，是犹坐视人溺而不援也，故诘之云尔，髡之言乃有为者之言也，溺者譬喻也，轲不觉悟曰：'天下溺援之以道；嫂溺援之以手。'道有经有权，轲既言以手者，权也，权岂非道乎？赴人之急难，何守常道，于是乎有权，轲既知之，独于天下溺无权以援之乎？当此时天下之乱极矣，轲乃欲以唐虞三代之德治之，譬如不脱桎梏教之揖让，可谓不知急务也，卒曰：'子欲手援天下乎？'夫天下不可以手援，愚夫亦知之，轲乃以之反难，非调髡，即自调也，且所谓天下溺者本譬喻也，时无怀山襄陆之水，焉有天下溺哉！轲与其难手援天下，宁如难天下溺乎？于卒髡不复辨者，以轲为不可晓也，夫髡知时务者也，轲之言则迂甚，故他日髡与轲论名实，② 而言贤者之无益于国，③ 亦非轲云尔，髡之所知，岂轲之所能及哉！"④

---

① 《孟子·离娄上·一七》："淳于髡曰：'男女授受不亲，礼与？'孟子曰：'礼也。'曰：'嫂溺则援之以手乎？'曰：'嫂溺不援，是豺狼也。男女授受不亲，礼也；嫂溺援之以手者，权也。'曰：'今天下溺矣，夫子之不援，何也？'曰：'天下溺，援之以道；嫂溺，援之以手。子欲手援天下乎？'"见朱熹：《孟子集注》卷7，页397。
② 《孟子·告子下·六》。见朱熹：《孟子集注》卷12，页479。
③ 《孟子·告子下·六》："（淳于髡）曰：'鲁缪公之时，公仪子为政，子柳、子思为臣，鲁之削也滋甚。若是乎贤者之无益于国也！'"见朱熹：朱熹：《孟子集注》卷12，页479。
④ 太宰春台《孟子論》："淳于髡谓孟子曰：'男女授受不亲，礼与？'孟子曰：'礼也'曰：'嫂溺则援之以手乎？'曰：'嫂溺不援，是豺狼也。男女授受不亲，礼也；嫂溺援之以手者，权也。'……轲与其难手援天下，宁如难天下溺乎？于卒髡不复辨者，以轲为不可晓也，亦犹告子之于轲也。夫髡知时务者也，轲之言则迂甚，故他日髡与轲论名实，而言贤者之无益于国，亦非轲云尔。髡之所知，岂轲之所能及哉？"（页20—21）

余谓太宰子之论于是乎愈见大误矣。夫嫂溺云者谓实溺者也，故可援之以手，天下溺者固譬喻也，故不能有如嫂溺之援之以手，故孟子云尔，且髡之发此问也，其意欲以难辞折孟子之高节，故知天下之不可援，而故设是难也，孟子已觉其意，故以捷语反难髡以调之已，孟子之意盖谓一人溺则可以手援之，万人溺则岂以手之所能拯哉？况救天下之大乱者，非啻拯溺之比也，其道兼存文武，武能戡乱，而文能成治者也，非成汤文武之道则不能焉，必有斯君有斯相，而后足以救之矣。髡之所比喻，大失其伦，故曰："天下溺援之以道，今子以援一人溺之权，欲救天下之乱乎？"髡素辩士，其言捷给，故孟子不以多言，只辞反诘之也，是焉在孟子之不知权乎？又焉在其言之迂乎？急常权往处而有之，孟子岂不知之哉，故其答齐、梁之君，乃言："今之乐犹古之乐。"[①] 好货好色，先贤皆有之，务在与民同乐而已，皆救时之急务，而孟子能以之，不可谓不知时务也。髡果能知时务而知孟子之所不及，则何不自为之而劝孟子也乎？夫髡实滑稽之士也，彼其禳田之笑语，尝驺之微言，[②] 乌足以治天下哉！孟子乃百世之师也，立言之大儒也，太宰子反颠倒言之，不亦悠乎！不亦悠乎！

太宰子又曰："治病之法，缓则治其本，急则治其标，治天下国家亦犹是也，《周官》《大司寇》建邦之三典，'刑新国用轻典，刑平国用中典，刑乱国用重典'，[③] 夫先王之世，刑人尚有三典，而况衰乱之世，

---

① 《孟子·梁惠王下·一》："曰：'王之好乐甚，则齐其庶几乎！今之乐犹古之乐也。'"见朱熹：《孟子集注》卷2，页295。

② 《史记·滑稽列传》："齐王使淳于髡之赵请救兵，赍金百斤，车马十驷。淳于髡仰天大笑，冠缨索绝。王曰：'先生少之乎？'髡曰：'何敢！'王曰：'笑岂有说乎？'髡曰：'今者臣从东方来，见道傍有禳田者，操一豚蹄，酒一盂，祝曰："瓯窭满篝，污邪满车，五谷蕃熟，穰穰满家。"臣见其所持者狭而所欲者奢，故笑之。'"

③ 《周礼·秋官司寇》："都士：中士二人，下士四人；府二人，史四人，胥四人，徒四十人。家士亦如之。大司寇之职：掌建邦之三典，以佐王刑邦国、诘四方：一曰刑新国用轻典，二曰刑平国用中典，三曰刑乱国用重典。"

何可概用礼乐治之乎？故贤者诚欲治周季之乱，则虽合从连横攻伐战争可矣，要在成功何如耳，夫战国之士辩如苏、张、范、蔡，智如樗里、甘茂，学如惠施、邹衍、虞卿，用兵如吴起、孙膑、廉颇、李牧、赵奢，兴利如李悝、白圭皆奇才也，使此人士皆以其所能戡乱靖难，退寇辟地，富国强兵，各济其事，各成其功，上见信于其君，下服士民之心，然后施仁政正法令，遵先王之道抚育其民，则九鼎可迁矣，诸侯可服矣，是则佐命也已，于其时孰得术士视之哉，术士何厉佐命乎，彼其志在功名富贵，而不忧天下之民，是以止于战国之士而已。夫以德服人者上也，其次莫若立功，然德之服人，非一朝一夕之故，必也以渐。孔子曰：'若有王者，必世而后仁。'^① 此之谓也，先王之世尚然，况于乱世乎？故其次莫若立功，立功于乱世者莫若将帅，故为轲计者，莫若为乐毅于齐、梁之间，若能一将兵，与秦楚燕赵战，胜而得志如乐毅为燕伐齐，则齐、梁王必举国听之，^② 是贤者济事之势也，孔子于公山佛肸之召，皆欲往，^③ 其意在兹；轲既得志，则二国之王其一可王天下，于其时也，夏之时可行矣，殷之辂可乘矣，周之冕可服矣，韶箾可舞矣，灭国可兴矣，绝世可继矣，逸民可举矣。夫如是则轲乃为伊吕周公矣，人孰谓不尔乎？轲不知此道，开口述唐虞三代之德，且称古之君子，以'行一不义杀一不辜，而得天下不为也'，^④ 为口实，谬哉！夫述唐虞三代之德于战国，轲之不知时也，乃庄周所谓

---

① 《论语·子路·一二》："子曰：'如有王者，必世而后仁。'"见朱熹：《论语集注》卷7，页200。

② 《史记·乐毅列传》："诸侯害齐湣王之骄暴，皆争合从与燕伐齐。乐毅还报，燕昭王悉起兵，使乐毅为上将军，赵惠文王以相国印授乐毅。"

③ 《史记·孔子世家》："佛肸为中牟宰。赵简子攻范、中行，伐中牟。佛肸畔，使人召孔子。孔子欲往。子路曰：'由闻诸夫子，"其身亲为不善者，君子不入也"。今佛肸亲以中牟畔，子欲往，如之何？'孔子曰：'有是言也。不曰坚乎，磨而不磷；不曰白乎，涅而不淄。我岂匏瓜也哉，焉能系而不食？'"、"公山不狃以费畔季氏，使人召孔子。孔子循道弥久，温温无所试，莫能己用，曰：'盖周文武起丰镐而王，今费虽小，傥庶几乎！'欲往。子路不说，止孔子。孔子曰：'夫召我者岂徒哉？如用我，其为东周乎！'然亦卒不行。"

④ 《孟子·公孙丑上·二》。见朱熹：《孟子集注》卷3，页320。

'宋人鬻章甫于越也'，^①不义固不可行也，不辜固不可杀也，然行大事者，时有所不恤，《书》曰：'火炎昆冈，玉石俱焚，天吏逸德，烈于猛火。'^②此之谓也。夫仁人之行事也，自旁观之，未必无可讥者焉，视其成功然后其仁可知矣，况行天下之大事，立天下之大业者，何可拘小节以失机会哉？孔子曰：'小不忍则乱大谋。'^③此之谓也，轲自以为孔子之徒，而其不达道如是，自是先王之道降为儒家者流，遂令后世谓儒者难与进取，千百年来儒者之谈无补于国家，由轲误之也，然此祸胚胎于子思氏而成于孟子，则荀卿之非二子可谓知言也。孔子曰：'人能弘道。'^④向使轲践仲尼之迹，必有可观之事业，而其身亦岂终于一儒生哉！轲之终于儒生，乃其所自小也，嗟乎轲不啻自小，使后之学者皆自小，则轲之祸后生，不亦大乎？学仲尼之道者斯之不可不知也。"^⑤

　　余读太宰子之论，初眩其文辞以为甚善，三复而审之，深省而察之，亦唯无用之辩而已。何以言之？凡人材性之不同也，犹草木之区以别，薰犹异性，松柏殊材，菽不可以代麦，桑不可以代漆，令人行盗以觅富，得富而行仁，则何不可之有，几可跖而取富贵，舜而居此矣，果能尔，则又将使嬴秦以诈术创业，以仁义守之；新莽以伪饰篡天禄，以恩德安抚万民，苟能如此，则何有系颈之戮乎？^⑥何有肉之诛

---

① 《庄子·逍遥游》："宋人资章甫而适诸越，越人断发文身，无所用之。"
② 《尚书·夏书·胤征》："火炎昆冈，玉石俱焚。天吏逸德，烈于猛火。"
③ 《论语·卫灵公·二六》："子曰：'巧言乱德，小不忍则乱大谋。'"见朱熹：《论语集注》卷8，页233。
④ 《论语·卫灵公·二八》："子曰：'人能弘道，非道弘人。'"见朱熹：《论语集注》卷8，页233。
⑤ 太宰春台《孟子論》："吾闻医之治病法曰：缓则治其本，急则治其标。治天下国家，亦犹是也。《周官》《大司寇》建邦之三典，刑新国用轻典，刑平国用中典，刑乱国用重典，先王之制也。夫以先王之世，刑人尚有三典，而况衰乱之世，何可概用礼乐治之乎？……轲不啻自小，使后之学者皆自小，则轲之祸后生，不亦大乎？学仲尼之道者，斯之不可不知也！"（页21—23）
⑥ 《史记·高祖本纪》："汉元年十月，沛公兵遂先诸侯至霸上。秦王子婴素车白马，系颈以组，封皇帝玺符节，降轵道旁。"

乎？^①其不能尔者,以其材性殊故也。夫材性以人殊,君臣以时遇,故虽以孔子之圣,欲有为而终不能有为乎不可为之时也;若其可为,则孔子何不先为孙武、范蠡,而后为伊尹、傅说乎？故云:"太上立德,其次立功,其次立言。"^②是立言在德与功之下,而孔子为此不为彼者时也,夫然后德功加于万世,光被乎宇宙矣。孟子亦人杰也,其言称古人曰:"行一不义,杀一不辜,而得天下不为也。"^③人有不为,而后可以有为;又曰:"以齐王若反手,虽有镃基不如待时。"^④事半古人,功必倍之,唯此时为然;又对魏襄王之问曰:"不嗜杀人者能一天下。"^⑤夫战国之祸乱延及秦汉之间,汉高独不嗜杀人,约法三章,秦民不战而服,^⑥楚兵不克而溃,孟子之所见如指掌,岂一切要功之士所能及哉？故孟子之与战国之术士,材性自殊,孟子之志,管仲乐毅非其所愿,所愿乃学孔子者,无他,立言之谓也。立言者儒之道也,太宰子乃望之以将帅之功,可谓不知类矣。夫太宰子亦非儒乎？立言之于德功,其大也亦必识之,盍亦反其本,乃訾訾诋毁先儒乎？且其人饱知礼义,独于此论也。告子以子称,字王仲任,孟子则名,大失敬先贤之礼,学者其思旃,且夫以先王之道降为儒家者流,归罪于孟子者何悖也！此

① 《汉书·王莽传下》:"商人杜吴杀莽,取其绶。校尉东海公宾就,故大行治礼,见吴问绶主所在。曰:'室中西北陬间。'就识,斩莽首。军人分裂莽身,支节肌骨脔分,争相杀者数十人。"
② 《左传·襄公二十四年》:"大上有立德,其次有立功,其次有立言。"
③ 《孟子·公孙丑上·二》:"曰:'有。得百里之地而君之,皆能以朝诸侯有天下。行一不义、杀一不辜而得天下,皆不为也。是则同。'"见朱熹:《孟子集注》卷3,页320。
④ 《孟子·公孙丑上·一》:"曰:'以齐王,由反手也。'曰:'若是,则弟子之惑滋甚。且以文王之德,百年而后崩,犹未洽于天下;武王、周公继之,然后大行。今言王若易然,则文王不足法与?'曰:'文王何可当也? ……齐人有言曰:「虽有智慧,不如乘势;虽有镃基,不如待时。」'"见朱熹:《孟子集注》卷3,页315—316。
⑤ 《孟子·梁惠王上·六》:"'孰能一之?'对曰:'不嗜杀人者能一之。'"见朱熹:《孟子集注》卷1,页286。
⑥ 《史记·高祖本纪》:"沛公曰:'……与父老约,法三章耳:杀人者死,伤人及盗抵罪。余悉除去秦法。诸吏人皆案堵如故。凡吾所以来,为父老除害,非有所侵暴,无恐! 且吾所以还军霸上,待诸侯至而定约束耳。'乃使人与秦吏行县乡邑,告谕之。秦人大喜,争持牛羊酒食献飨军士。"

非孟子之辜，乃当时人君之辜也，非特孟子之时人君之辜，乃自孔子之时有之也。观《史记》世家可见也。鲁乱，孔子适齐，齐景公问政者再，孔子对云云，景公说："将欲以尼谿之田封孔子。"晏婴进曰："夫儒者滑稽而不可轨法，倨傲自顺，不可以为下；崇丧遂哀，破产厚葬，不可以为俗；周室既衰，礼乐缺有间，令孔子盛容饰，繁登降之礼趋详之节，累世不能殚其学，当年不能究其礼，君欲用之以移齐俗，非所以先细民也。"，云云，景公遂止。① 由此观之，则是以儒流视孔子也，孔子亦不能有为于时，终知天命，垂教于后世，后世儒者皆以孔子为祖，此非儒自小，时势乃尔，而太宰子反谓轲自小也，不啻自小，使后之学者皆自小，轲之祸后生亦已大矣，② 吁嗟！胡然其言之滥且刻也，硕儒之言既如此，则后学之惑将何如？冀论者莫重误以贻祸于后世焉。

管仲孟子论终
越前大野松村栖云著　文化十年癸酉五月
大阪心斋桥通北久宝寺町
书林　加贺屋弥助

---

① 《史记·孔子世家》："景公说，将欲以尼谿田封孔子。晏婴进曰：'夫儒者滑稽而不可轨法；倨傲自顺，不可以为下；崇丧遂哀，破产厚葬，不可以为俗；游说乞贷，不可以为国。自大贤之息，周室既衰，礼乐缺有间。今孔子盛容饰，繁登降之礼，趋详之节，累世不能殚其学，当年不能究其礼。君欲用之以移齐俗，非所以先细民也。'后景公敬见孔子，不问其礼。异日，景公止孔子曰：'奉子以季氏，吾不能。'以季孟之间待之。齐大夫欲害孔子，孔子闻之。景公曰：'吾老矣，弗能用也。'孔子遂行，反乎鲁。"

② 太宰春台《孟子论》："轲之终于儒生，乃其所自小也。嗟乎！轲不啻自小，使后之学者皆自小，则轲之祸后生，不亦大乎？"（页23）

8. 日尾瑜（1788—1858）：《管仲非仁者辨》

【引言】

日尾瑜（1788［日本天明 8 年、清高宗乾隆五十三年、朝鲜正祖 12 年］—1858［日本安政 5 年、清文宗咸丰八年、朝鲜哲宗 9 年］），又称日尾荆山，名璞、瑜，字葆光、德光，师事江户中后期折衷学派重要人物龟田鹏斋（1752—1826），是日本幕末折衷学派与兵学派的代表学者；著有《至诚堂大学诸说折衷》《春秋左氏传折衷辨断》《训点复古》《燕居杂话》《世谚问答考证》《书经蔡传浑天仪图考》《鞭妄》等书。日尾瑜思想主张"仁义"，认为古代诗书礼乐均出之于仁义孝悌，主张"六经"之内容皆出自仁义孝悌，不接受徂徕学派的"六经中心主义"。①

日尾瑜所撰《管仲非仁者辨》，显示"诚"已成为 19 世纪上半叶日本儒家思想中的核心价值理念。日尾瑜主张以"诚"重新定义儒家的"五伦"，呈现反宋儒形上学之思想。日尾瑜亦主张管仲不能被视为"仁"者。

【出处】

日尾瑜：《管仲非仁者弁》，收入关仪一郎编：《日本儒林叢書》第 5 卷编 28，东京：凤出版株式会社，1978 年，页 1—7。

客谓日尾子曰："管子之为仁，至孔子而论定矣，人未尝献疑，而子特以为非仁也，争辩纵横，强欲折服人，要是执拗狠戾，其非圣侮贤，不亦太甚乎？"日尾子曰："余以为非仁者，持论固然，所谓非

---

① 参看张崑将：《日本德川时代古学派之王道政治论：以伊藤仁斋、荻生徂徕为中心》，台北：台大出版中心，2004 年、2012 年，页 245。

圣侮贤者何也？”客曰：“昔者子路问于孔子曰：‘桓公杀公子纠，召忽死之，管仲不死。’曰：‘未仁乎？’子曰：‘桓公九合诸侯，不以兵车，管仲之力也。如其仁！如其仁！’^①子贡亦曰：‘管仲非仁者乎！桓公杀公子纠，不能死，又相之。’子曰：‘管仲相桓公霸诸侯，一匡天下，民到于今受其赐，微管仲，吾其被发左衽。岂如匹夫匹妇为谅也，自经于沟渎，而莫知之也。’^②圣人既许管子以仁，而子强非之，是岂不非圣侮贤乎！”

日尾子曰：“陋哉见也，夫仁也者人也，^③人各尽其诚，对物无耻之谓。孝悌也，忠恕也，慈爱也，礼也，信也，义也，森然罗列乎其中，故一介背其诚，则不得为仁为，是以孔子许仁者，仅不过五六人，其难可以观也已。若夫管仲者旷世之豪杰，一时之英才，无以尚为，然律之先王之法，则鳖矣，其焉得仁？请举其征辨之。《左传》云：齐襄公立无常，大夫鲍叔牙曰：‘君使民慢，乱将作矣。’奉公子小白出奔莒，及公孙无知杀襄公，^④管仲召忽奉公子纠出奔于鲁，齐人杀无知，鲁伐齐纳子纠，小白自莒先入，是为桓公，于是乎鲁师及齐师战于乾时，鲁师败绩，鲍叔帅师来于鲁言曰：子纠亲也，请君讨之，管仲仇也，请受而甘心焉，鲁乃杀子纠于生窦，召忽死之，管仲请囚，终相桓公霸诸侯，^⑤夫君臣父子夫妇兄弟朋友五者，天下大伦也，能以诚处于其间，大之天下国家，小之一乡一邑，中心说服不能忘焉，此之

---

① 《论语·宪问·一七》。见朱熹：《论语集注》卷7，页212。
② 《论语·宪问·一八》。见朱熹：《论语集注》卷7，页213。
③ 出自《中庸》第20章，但《中庸》原典无“也”字。
④ 《左传·庄公八年》：“初，襄公立无常，鲍叔牙曰，君使民慢，乱将作矣，奉公子小白出奔莒，乱作，管夷吾、召忽奉公子纠来奔，初，公孙无知虐于雍廪。”
⑤ 《左传·庄公九年》：“九年，春，雍廪杀无知。公及齐大夫盟于蔇，齐无君也。夏公伐齐，纳子纠，桓公自莒先入。秋，师及齐师战于乾时，我师败绩，公丧戎路，传乘而归。秦子、梁子，以公旗辟于下道，是以皆止，鲍叔帅师来言曰，子纠，亲也，请君讨之，管召，雠也，请受而甘心焉，乃杀子纠于生窦，召忽死之，管仲请囚，鲍叔受之，及堂阜而税之，归而以告曰，管夷吾治于高傒，使相可也，公从之。”

谓仁也。如小白子纠兄弟争国，姑置焉，设令兄弟相仇，奉其兄者仇其弟，奉其弟者仇其兄，各以其所奉为君，以其所见奉为臣，于义为然，管仲未知君臣之义乎？又未知兄弟之友乎？其初出也奉公子纠，子纠为小白所杀，而请自囚，反相桓公霸诸侯，是遗君而奉仇也，弑兄者不友也，贰君者不忠也，嗟呼仲也抱不忠之罪，奉不友之君，恬乎如不知者，汲汲图霸，后世有背君亲侮兄长党不义行不仁，管仲为之俑而已，其何仁之有？"

客艴然掉首曰："噫！不然，当时小白之杀子纠也，召忽死之，管仲不死，盖其意以为执小信以死之，于天下何益矣，不如全生以逞功绩也，即请囚以相桓公终霸之，是夫子之所以为，岂若匹夫匹妇为谅也，自经于沟渎，莫知之也。若以管仲奉小白为奉仇，以小白杀子纠为不友，则周公杀管叔，亦不友也。何则？殷者天子之旧邦，管叔奉周之命以辅之，见武庚之惨怛无聊也，乃谓圣王之裔，何至于此极也？中心不忍，遂有意于谋恢复，实是人情所不忍，周公宜有所置，而伐而杀之，于礼为不义，于伦为不友，然人不称其不义不友也。所谓管仲奉小白，小白杀子纠，皆从事宜而立功于万事矣，均不可以区区论者也。孔子尝答于子路，其辨明哲，载在《家语》，孔子谓管仲为仁，[1] 亦何疑之有？"

曰尾子曰："否。武王之伐殷也，闵其祀绝，封武庚以为后；周公使管叔监殷焉，管叔遗其德，包藏祸心，以谋周室，流毒言于天下，以诬周公，终受其诛。设使管叔辅武庚以道，北面朝周，虽欲诛得乎？周公以大义诛逆贼，何不义之有？桓公之于子纠异之，夫兄弟争国，以序言之，子纠庶长宜立，而小白杀之，若子纠不死，则齐民不安

---

① 指《论语·宪问·一七》，"子路曰：'桓公杀公子纠，召忽死之，管仲不死。'曰：'未仁乎？'子曰：'桓公九合诸侯，不以兵车，管仲之力也。如其仁！如其仁！'"。见朱熹：《论语集注》卷7，页212。

乎？小白不立，则社稷必绝乎？管仲不相，则国必灭乎？由是观之，其所为悉出于私，而非关大义也。古人不言乎，拟人必于其伦，今客取周公拟桓公，可谓失伦矣。余虽不敏，信而好古，唯义之比，如管仲之事，置而不辨，恐害于大义，岂其可已哉。孔子尝谓管仲，管仲之器小哉，或曰：管仲俭乎！曰：管氏有三归，官事不摄，焉得俭，然则管仲知礼乎！曰：邦君树塞门，管氏亦树塞门，邦君为两君之好，有反坫，管氏亦有反坫，管氏而知礼，孰不知礼？[①]是夫子未许管仲以俭与礼也，苟不知俭与礼，而可得称仁，则弑君弑父，僭上逼下，谓之非乱臣贼子，亦可矣。况管仲奉不友之君，抱不忠之罪，恃其才伐其功，以衒名利于后世乎，又焉得仁？野儒不辨甚，疾其言之不伸，伪作家语，以托孔子，诬说欺人，复悉足论。"

曰："然则夫子称如其仁如其仁，圣言赫赫，以为何如？"

日尾子曰："世儒皆不能解此言，雷同剿说，遂归不知仁尔，请解其惑，如其仁如，读为不如已之如，盖始于孔安国，安国亦苦其不通，更添一谁字，强为之解曰：谁如其仁，[②]朱熹从之，又添再言以深许之之六字，[③]愈解愈塞，学者悉奉其说，以为金科玉条，何其惑也！若从孔氏说，本文仁字下，非有乎字，若哉字，则不通，况谁字本文所无，而注者妄为谁如其仁之解，可谓凿矣。今为客断之，如读为何如，如其仁犹言何如其仁也，言九合诸侯不以兵车，实是管仲之力也，其功不为不多，然是非服膺先王之道以得民者也，假孟义以威服之者也，何如其仁哉！是即夫子之原旨，确乎不可易者也！"

[①]《论语·八佾·二二》："子曰：'管仲之器小哉！'或曰：'管仲俭乎？'曰：'管氏有三归，官事不摄，焉得俭？''然则管仲知礼乎？'曰：'邦君树塞门，管氏亦树塞门；邦君为两君之好，有反坫，管氏亦有反坫。管氏而知礼，孰不知礼？'"见朱熹：《论语集注》卷2，页89。
[②]"'如其仁如其仁'注：孔安国曰：'谁如管仲之仁矣。'"何晏集解，皇侃义疏：《论语集解》卷7。
[③]朱熹评价管仲言："如其仁，言谁如其仁者。又再言，以深许之。盖管仲虽未得为仁者，而其利泽及人，则有仁之功矣。"见朱熹：《论语集注》卷7，页212。

客曰:"如之为何如,古书有可以例乎?"

曰:"有。在扬子《法言》,其《问道篇》云,或曰:'申、韩之法非法欤? 曰:法者,谓唐、虞、成周之法,如申、韩。'① 又《渊骞篇》云:'渊、骞之徒恶乎在? 曰:在寝。或曰:渊、骞曷不寝? 曰:攀龙鳞、附凤翼以扬之,勃勃乎其不可及,如其寝,如其寝。'② 又《吾子篇》云:'或问屈原智乎? 如玉如莹,爰变丹青,如其智,如其智。'③ 又《问道篇》云:'或问威震诸侯,须于征欤,狙诈之力也,如其亡?'④ 此皆以'如'为'何如'者也,特或问屈原章,及或问威震章,全原《论语》以属辞,同文同例,足最相征焉,且以此章,参校臧文仲居蔡山节藻棁何如其知章,⑤ 亦是同例,如之为何如,又奚疑,此言犹可疑,请试使孔朱读《法言》,孔朱又必曰:唐、虞、成周谁如申、韩,渊、骞之徒谁如其寝,屈子节操时变,谁如其智,再言深许之,其余以谁如解之,圆凿方枘,果其说之是邪? 岂啻其说之不是而已,又使斯仁不明于后世,害名教亦甚矣。余伤其如此,奋激厉志,就经传而正之,遂得征于扬雄书,圣人垂戒之微意,粲然明白,千古之疑团,一时融释。余尝曰:能知《论语》者,孟子以来,独扬雄一人而已矣,岂不然哉!"

客曰:"辨则辨矣,然是拘儒之言耳,若以其实论之,管子功覆天下,使民各得其处,谓之仁亦何妨。春秋之世,纲纪解纽,诸侯力征,以攻伐为贤,王统不绝如线,臣弑其君,子弑其父者有之,管子忧之,奉桓公霸之,北面朝周,于是天下大定,黎民安堵,君臣父子夫妇昆弟朋友,道立伦叙,其功巍巍如泰山,其德灼灼如日月,彼而不仁,其

---

① 扬雄:《扬子法言·问道卷第四》。
② 扬雄:《扬子法言·渊骞卷第十一》。
③ 扬雄:《扬子法言·吾子卷第二》。
④ 扬雄:《扬子法言·问道卷第四》。
⑤ 《论语·公冶长·一七》:"子曰:'臧文仲居蔡,山节藻棁,何如其知也?'"见朱熹:《论语集注》卷3,页107。

余焉有哉？夫子不言乎，微管仲吾其被发左衽，^①以是观之，夫子许管子也深矣，夫子若得志于中国，亦必为管子而已矣。子未知道之活用，物事空论，所谓非圣侮贤者非耶！"

日尾子曰："否，不然，功覆天下，犹有不仁者焉，如管仲是也。自孔门朱子而观之，有慊于心，屡问及其未仁乎？夫子答之，或曰'器小'，或曰'焉得俭'，或曰'不知礼'，^②其言尽中管仲之膏肓，于是由赐之辈，见管仲甚卑，并其功小之，故夫子特举其功之伟者曰：九合诸侯不以兵车管仲力也，^③称其功而其不仁自见，圣人立言之妙可观矣，岂翅之哉。荀况书云：'子谓、子家驹续然大夫，不如晏子；晏子功用之臣也，不如子产；子产惠人也，不如管仲；管仲之为人，力功不力义，力知不力人。'^④所引孔子之言，明白确实，而犹未信，谓孔子许管仲以仁，则非盲则聋，又奚足谈圣经知蕴奥哉。然则夫子所云，微管仲吾其被发左衽，此言乃无过欤，噫何为其然，是夫子折子贡之辨，激诱之实行而已，何以知之，子贡问于夫子，以管仲非仁者与，夫子唯称其伟绩答之，未曾及非仁之辨，抑扬亦甚过矣，是以知之。客为窥孔门之一斑，妄谓夫子亦必为管仲，呜呼何无忌惮之甚也，圣灵在天，照监咫尺，安可诬哉！余窃观当今称儒流者，浮华是竞，以水涌蹄岑之学，眩惑凡俗，钩取名利，复何遑说仁义道德，或有笃学修行之士出于其间，韬晦湮没，终身不售，于是乎，经学或近乎

---

① 指《论语·宪问·一八》，"微管仲，吾其被发左衽矣。岂若匹夫匹妇之为谅也，自经于沟渎而莫之知也"。见朱熹：《论语集注》卷7，页213。

② 指《论语·八佾·二二》，"子曰：'管仲之器小哉！'或曰：'管仲俭乎？'曰：'管氏有三归，官事不摄，焉得俭？''然则管仲知礼乎？'曰：'邦君树塞门，管氏亦树塞门；邦君为两君之好，有反坫，管氏亦有反坫。管氏而知礼，孰不知礼？'"。见朱熹：《论语集注》卷2，页89。

③ 指《论语·宪问·一七》，"子曰：'桓公九合诸侯，不以兵车，管仲之力也。如其仁！如其仁！'"。见朱熹：《论语集注》卷7，页212。

④ 《荀子·大略》："子谓子家驹续然大夫，不如晏子；晏子功用之臣也，不如子产；子产惠人也，不如管仲；管仲之为人，力功不力义，力知不力仁，野人也，不可为天子大夫。"

息。瑜虽不敏，潜心于遗经，三十年于兹矣，虽颇有所著作，不敢出
闻外，如此辨，亦其一端，虽实似琐琐焉，于其解百世之惑，则自以为
不敢以让于人，瑜之所以为瑜者，斯而已"，客怃然为间曰："子之言
是矣。"

瑜最后得清仁和孙志祖《读书脞录》读之，载《管仲非仁》说云：
"管仲才优于德，辅翼桓公，尊周攘夷，其功元不可没，夫子所云：'九
合诸侯一匡天下。'亦第褒其功尔【尒】。'如其仁，如其仁'者，盖
疑而不许之词，非重言以深许之也，岂有夫子而轻以仁许管仲【者】
乎？ 自孔安国误解，而《集注》因之，后世学者，遂疑圣人立论之偏，
与《器小章》抑扬悬绝，而欲置此二章于齐论之内，以为齐人衹知有
管仲云尔（尒），不知齐论之所多者，《问王》《知道》二篇，非此二十
篇中，亦有鲁论所无而为齐论所增者也，且齐论亦必是孔门之旧，岂
容齐人删润点窜于其间乎？"[1] 此说全与余见相符，而以如其仁为疑
而不许之词，不是甚同，虽然余之所证左，确然著明，终不可以易，则
孙氏亦必首颔于地下矣，呜呼！ 不意烟雾洪涛之外，得隔世之友如
斯人也，说以录于此。

---

[1] 孙志祖（贻谷）:《读书脞录》卷2 "管仲非仁" 条。日尾瑜所引文字并无大误，唯 "尒" 字
改作 "尔" 字。孙志祖原文 "岂有夫子而轻以仁许管仲乎？" 一句增 "者" 字，已标记于引
文括号内。

9. 伊东蓝田（1734—1809）:《蓝田先生汤武论》

【引言】

伊东蓝田（1734［日本享保 19 年,清世宗雍正十二年,朝鲜英祖 10 年］—1809［日本文化 6 年,清仁宗嘉庆十四年,朝鲜纯祖 9 年］）,本姓菱田氏,名龟年,号蓝田,江户人。伊东蓝田问学于荻生金谷（1703—1776）,后又师从大内熊耳（1697—1776）、中根东平（君美,1741—1805）,以讲学为业,属徂徕学派。著有《大戴礼记补注》、《论语征正文》（训读）、《论语韩文公笔解考》。①

伊东蓝田是荻生徂徕再传弟子。他在 1774 年刊行《蓝田先生汤武论》,否定孟子的汤武放伐论,直斥汤武乃篡弑之乱臣,主张:桀纣虽无道,仍为天子;汤武虽圣,毕竟是臣;故汤武起兵不可视为放伐,而是以下夺上之篡弑行为。②蓝田极度尊君,维护天皇万世一系的传承制度,亦不承认镰仓、室町、德川幕府以来的武家政权是“革命”现象。③蓝田此文亦可略窥 18 世纪下半叶日本皇权上升在思想史之反映。

【出处】

伊东蓝田:《藍田先生湯武論》（安永 3 年［1774］刊）,收入关仪一郎编:《日本儒林叢書》第 4 卷《論弁部》编 28,东京:凤出版株式会社,1978 年,页 1—4。

---

① 张文朝:《江户时代经学者传略及其著作》,页 163。
② 黄俊杰:《德川日本〈论语〉诠释史论》第 3 章《日本儒学中的〈论语〉:与〈孟子〉对比》,页 73—112,尤其是页 107—108。
③ 张崑将:《日本德川时代古学派之王道政治论:以伊藤仁斋、荻生徂徕为中心》第 5 章《王道政治论在德川儒者的回响》,页 237—238。

《辩汤武非放伐论·上》

汤武，非放伐也。"汤武"者，孰谓？谓成汤周武也。何言乎非放伐？篡弑也。汤武圣人也，曷为篡弑？篡弑也，臣杀君之谓"弑"，下夺上之谓"篡"，尺地莫非王土也，一民莫非王臣也。成汤，夏后氏之诸侯也；周武，商之西伯之子也，虽圣，然臣。桀纣虽失道，天子也，夷齐扣马语，[①] 可以见也，故成汤，假上帝誓师，既胜夏，维有惭德。[②] 周武载文王木主，自称大子以伐殷，示不敢自专。[③] 则虽汤武，亦心知其为篡弑矣。然则古之贤圣夷齐外，皆弗篡弑之者何？大讳也。其大讳奈何？伊尹，臣也；周公，弟也，臣也；孔子，陪臣也，三圣者大讳其所大讳也。孔子作《春秋》，为周鲁讳篡弑及大恶？是也，孔子作《春秋》，为周鲁讳篡弑及大恶，然人皆知之矣。至若汤武，人皆不知，其为篡弑奈何？天子之大祖也，伊周当国，定一代礼乐刑政，大讳其所大讳也，则其小人无得而知，其君子知而不言，大为天子之大祖讳也。周孔为汤讳何？周孔不以汤为放，则武之为弑者，自著尔。未知孔子讳之，为周与？为殷与？夫汉高起布衣，帝天下也，非秦之纯臣也，且杀子婴者，项羽也，而景帝犹以马肝喻汤武受命，盖为嫌疑讳矣，黄生与辕固生，争论汤武非受命乃弑也。[④]

---

① 《史记·伯夷列传》："西伯卒，武王载木主，号为文王，东伐纣。伯夷、叔齐叩马而谏曰：'父死不葬，爰及干戈，可谓孝乎？以臣弑君，可谓仁乎？'"

② 《尚书·商书·仲虺之诰》："成汤放桀于南巢，惟有惭德。曰：'予恐来世以台为口实。'"

③ 《史记·周本纪》："九年，武王上祭于毕。东观兵，至于盟津。为文王木主，载以车，中军。武王自称太子发，言奉文王以伐，不敢自专。"

④ 《史记·儒林列传》："清河王太傅辕固生者，齐人也。以治诗，孝景时为博士。与黄生争论景帝前。黄生曰：'汤武非受命，乃弑也。'辕固生曰：'不然。夫桀纣虐乱，天下之心皆归汤武，汤武与天下之心而诛桀纣，桀纣之民不为之使而归汤武，汤武不得已而立，非受命为何？'黄生曰：'冠虽敝，必加于首；履虽新，必关于足。何者，上下之分也。今桀纣虽失道，然君上也；汤武虽圣，臣下也。夫主有失行，臣下不能正言匡过以尊天子，反因过而诛之，代立践南面，非弑而何也？'辕固生曰：'必若所云，是高帝代秦即天子之位，非邪？'于是景帝曰：'食肉不食马肝，不为不知味；言学者无言汤武受命，不为愚。'遂罢。是后学者莫敢明受命放杀者。"汉景帝（在位于公元前157—公元前141）时的这一场关于"汤武革命"的争论中，黄生采取"名分论"立场，而辕固生采取"行事论"立场。参看拙著：《东亚儒家仁学史论》，页418。

班固称道:"京迁镐亳,遂自北面,虎螭其师,革灭天邑。"① 王充云:"武王以臣伐纣。"② 其无所难言也。若夫孔子谓泰伯至德,"以为三以天下让,民无得而称焉";③ 又以文王有其二,服事殷,为德至。④ 臧哀伯谓"武王克商,迁九鼎,义士或非之";⑤ 大史公称:"伯夷丑周,饿死首阳山,而文武不以其故贬王。"⑥ 季札见舞韶濩,曰"犹有惭德,圣人之难也",⑦ 岂不诚皆微言哉?然则伊尹周公,皆非义邪?曰:从而不变者也。武庚是而微子箕子非乎?曰:然,武庚子而微箕臣,钧是弗与共戴天者也。则武庚之举,孝也;箕之为奴、微之去,或为诸父,或为庶兄。且革命之际,天下归于一,君臣分定,则其无仇亦可也。夫道也者,礼与义也,故称天子为圣,不以为谄者,为礼举也;君杀不辜,不以为仇者,为义屈也,故曰:君虽不君,臣不可以不臣;父虽不父,子不可以不子。秦汉以降,唯金、元、清,自外域来有华夏,其余概不为无嫌矣。是以豪杰之士,犹或钳口与?抑亦后世疏于礼,故以不知其为讳邪?独我 日本,虽越在海东,自剖判以迄于今,天子一姓,传之无穷,莫有革命,则可以辨汤武非伐已矣!

---

① 班固:《后汉书·班彪列传下》:"至乎三五华夏,京迁镐亳,遂自北面,虎离其师,革灭天邑。是故义士伟而不敦,武称未尽,护有惭德,不其然与?"
② 王充:《论衡·恢国》:"武王为殷西伯,臣事于纣。以臣伐君,夷、齐耻之。"
③ 《论语·泰伯·一》:"子曰:'泰伯,其可谓至德也已矣!三以天下让,民无得而称焉。'"见朱熹:《论语集注》卷4,页137。
④ 《论语·泰伯·二〇》:"舜有臣五人而天下治。武王曰:'予有乱臣十人。'孔子曰:'才难,不其然乎?唐虞之际,于斯为盛。有妇人焉,九人而已。三分天下有其二,以服事殷。周之德,其可谓至德也已矣。'"见朱熹:《论语集注》卷4,页144。
⑤ 《左传·桓公二年》:"臧哀伯谏曰:'……武王克商,迁九鼎于雒邑,义士犹或非之。'"见杨伯峻:《春秋左传注》上册,页86—89。
⑥ 《史记·游侠列传》:"鄙人有言曰:'何知仁义,已飨其利者为有德。'故伯夷丑周,饿死首阳山,而文武不以其故贬王;跖、蹻暴戾,其徒诵义无穷。由此观之,'窃钩者诛,窃国者侯,侯之门仁义存',非虚言也。"
⑦ 《左传·襄公二十九年》:"吴公子札……见舞《韶濩》者,曰:'圣人之弘也,而犹有惭德,圣人之难也。'"见杨伯峻:《春秋左传注》下册,页1161—1165。

《辩汤武非放伐论·下》

　　然则子舍诗书，于何征之？曰：以《诗》、《书》征之，犹考信于"六经"，折衷孔子。夫《书》，四代典谟誓诰，虞夏尽美与善也，吾无间然而已矣。商周亦各自极口称其美，尚且假天以神之，视己非利夏商，然而以其迹之不可尽掩，汤惭德，[①]武去帝，故曰："疏通知远而不诬，则深于《书》者也"。[②]《诗》，一代雅颂讽谣，故"温柔敦厚"而其失"愚"。[③]《礼》、《乐》，亦各一代礼乐也，虽然，三纲有统，五伦有叙，使人日徒善远害而不自知，则礼乐之本也。故"广博易良而不奢"、"恭俭庄敬而不烦"，则深于《礼》、《乐》者也。[④]《易》，穷理尽性，以至于命，故其失"贼"。[⑤]《春秋》，见之于行事，垂法万世，以立劝惩。即于周鲁，则讳篡弑及大恶而不书也，于诸夏，则探其情，书赵盾、许止弑其君，故"属辞比事而不乱，则深于《春秋》者也"。[⑥]又有若《论语》之审于礼而精乎义，至严如《春秋》之法也，如陈司败问昭公，孔子对曰"知礼"。[⑦]陈恒弑其君，孔子沐浴而朝，告于哀公请讨之。[⑧]孔子对叶公："父为子隐，子为父隐，直在其中。"[⑨]斯其

---

① 《尚书·商书·仲虺之诰》："成汤放桀于南巢，惟有惭德。曰：'予恐来世以台为口实。'"
② 《礼记·经解》："其为人也：温柔敦厚而不愚，则深于《诗》者也；疏通知远而不诬，则深于《书》者也。"
③ 《礼记·经解》：孔子曰："入其国，其教可知也。其为人也：温柔敦厚，《诗》教也……故《诗》之失，愚。"
④ 《礼记·经解》："广博易良而不奢，则深于《乐》者也……；恭俭庄敬而不烦，则深于《礼》者也。"
⑤ 《礼记·经解》："洁静精微，《易》教也……；《易》之失，贼。"
⑥ 《礼记·经解》："属辞比事而不乱，则深于《春秋》者也。"
⑦ 《论语·述而·三〇》："陈司败问昭公知礼乎？孔子曰：'知礼。'孔子退，揖巫马期而进之，曰：'吾闻君子不党，君子亦党乎？君取于吴为同姓，谓之吴孟子。君而知礼，孰不知礼？'巫马期以告。子曰：'丘也幸，苟有过，人必知之。'"见朱熹：《论语集注》卷4，页134—135。
⑧ 《论语·宪问·二二》："陈成子弑简公。孔子沐浴而朝，告于哀公曰：'陈恒弑其君，请讨之。'公曰：'告夫三子！'孔子曰：'以吾从大夫之后，不敢不告也。君曰"告夫三子"者。'之三子告，不可。孔子曰：'以吾从大夫之后，不敢不告也。'"见朱熹：《论语集注》卷7，页214。
⑨ 《论语·子路·一八》："叶公语孔子曰：'吾党有直躬者，其父攘羊，而子证之。'孔子曰：'吾党之直者异于是。父为子隐，子为父隐，直在其中矣。'"见朱熹：《论语集注》卷7，页202。

至易知者,譬诸大匠授人以规矩绳墨,其曲直方圆,不待言而可见也。然则孔子谓"武王、周公达孝"[①]何也? 曰:孔子美天下通称武王周公为孝也,虽然,武王犹未也,第周公,实所谓其人也邪? 然亦偏于孝而未备者也,犹言"尽美矣",盖"未尽善"已,[②]苟为不尔,则是非君子之言也。若其"尽善",则事君不忠,非孝也。夫经传之存于今,不完者多矣! 吾舍其粗而取其精尔,孟子于武成取二三策而已矣,[③]况乎秦焚《诗》、《书》、坑儒,汉兴尚有挟书律,孝惠才除其律,逮至武帝,始购典籍,典籍多出乎陋儒氏乎! 古书岂可尽信乎哉? 若是,则孟子据《书》为诛独夫纣何也? [④]曰:此是孟子援经而高其说,以劝齐、梁之君也。故君子审礼义,不可诬以非道,夫古与今,犹如一丘貉也,虽然,必汤武而后天下,后世可以不知其为篡弑也。

《辩汤武非放伐论·後叙》

凡为论者,亡论举子之应试,即豪杰之士,务立一家言,异义相假,巧譬相移,好新奇其说,而惊人耳目者,滔滔皆是也。要亦坚白同异之辩耳,今吾辨汤武非放伐论,则异于是,言虽不文,辞虽不修,折衷孔氏,取合于礼,以正其名,小不让云。

---

① 《中庸》第 19 章:"武王、周公,其达孝矣! "见朱熹:《中庸章句》,页 35。
② 《论语·八佾·二五》:"子谓韶,'尽美矣,又尽善也。'谓武,'尽美矣,未尽善也。'"见朱熹:《论语集注》卷 2,页 91。
③ 《孟子·尽心下·三》:"孟子曰:'尽信《书》,则不如无《书》。吾于武成,取二三策而已矣。仁人无敌于天下。以至仁伐至不仁,而何其血之流杵也?'"见朱熹:《孟子集注》卷 14,页 512。
④ 《孟子·梁惠王下·八》:"【齐宣王】曰:'臣弑其君可乎?'【孟子】曰:'贼仁者谓之贼,贼义者谓之残,残贼之人谓之一夫。闻诛一夫纣矣,未闻弑君也。'"见朱熹:《孟子集注》卷 2,页 306;《孟子·滕文公下·九》:"孟子曰:'周公相武王,诛纣伐奄,三年讨其君,驱飞廉于海隅而戮之。灭国者五十,驱虎、豹、犀、象而远之。天下大悦。《书》曰:"丕显哉,文王谟! 丕承哉,武王烈! 佑启我后人,咸以正无缺。"'"见朱熹:《孟子集注》卷 6,页 378—378。

前附

神门奈良髦叙，竹冈细井庸书：刻汤武论并附

录叙

　　夫论也者，辨是非也，我以吾坚白同异之辨，巧譬饰辞，追琢其章，是吾所是，以非彼所是也。彼亦是其所是，以非吾所是也，是岂非以指喻指之非指也哉？人心如面，一非一是，论奚定焉？然则天下之是非，终不可辨乎？道隐于小成，言隐于荣华，第以非指喻指之非指也，然后庶几乎足矣辨天下之真是非乎？人心如面，一非一是，纵是以非指喻指之非指也，彼囿其所习，不能照之于天，则天下之真是非，终不可辨乎？虽然，高天，厚地，白雪之白，黑乌之黑，而闻之者，平其心而无私，则论恶乎往而不言，道如大路，载在方策，《诗》、《书》虽缺，据经析理，审礼正名，则庶几乎足以辨天下之真是非乎？夫若是而后论可以定也，吾蓝田先生尝撰《辨汤武非放伐论》上下二篇，及后叙一首，是实据经析理，如黑乌之黑，审礼正名，如白雪之白，然而先生生平，心休于天均，弗喜议论之文，而且以兹论倜傥卓伟，难为浅寡道也，乃厌曲学拘儒，见以为立异，喷喷以开争端，秘而不出，即二三社友，亦承其肯，深葆其光，不敢告人。虽然，岁月之久，其光不无漏泄，近者涂说之徒，有窃兹论以为帐秘，大服人者，髦也不佞，愤发不忍坐视，欲为上木，即私询诸社友山生君彻，君彻固为髦也扼腕，亦畏先生，依违弗果云，盖不佞得羸疾，十五年于此，日甚一日，今兹四十之年方至，气力益衰，八九十不膏，实是濒死，朝不谋夕，顾髦也辱知最厚且久，而不上之木而死，则目视而不□暝，是为遗憾，于是乎奋然决策，遂与君彻俱校而命剞劂，将无间执勤说之口哉！盖兹论，不过数号，今乃附以余尝所私录先生之文，说解题赞记各一，序二，书牍五，共十二，并兹论上下二篇及后叙一首，合为十五首，厘为一卷，并是不告而锓，传之其人，今所附录，多涉议论者，盖以类相聚已，幸先生亦恕情而不咎遂事云尔。

10. 藤田东湖（1806—1855）:《孟轲论》

【引言】

藤田东湖（1806［日本文化3年、清仁宗嘉庆十一年、朝鲜纯祖6年］—1855［日本安政2年、清文宗咸丰五年、朝鲜哲宗6年］）是日本幕末水户学学派代表学者，字斌卿，名彪，小名虎之介，为水户藩藩士。1829年德川齐昭（字子信，号景山，1800—1860）为水户第9代藩主时，藤田东湖担任彰考馆总裁代理，辅佐德川齐昭改革藩政，主张尊崇皇室并加强海防。藤田东湖曲折的幽囚生活，始于39岁之龄。所撰《回天诗史》、《常陆带》与《和文天祥正气歌》，都是其政治活动之自传。东湖在幽居3年之后，于1847年放归水户，完成《弘道馆记述义》一书。1855年，藤田东湖死于安政大地震。[①]

藤田东湖的思想受其父藤田幽谷影响，父子二人都是日本水户学学派的代表学者。水户学包括水户藩第二代藩主德川光圀主导编纂《大日本史》过程中所孕育的尊王思想，以及藤田幽谷、藤田东湖父子和会泽正志斋等人以国家论形式呈现的尊王的政治经济思想，后者影响了幕末尊王攘夷运动思想之后期（幕末）水户学。[②]藤田东湖宣扬日本国体优越性，并强调树立国民必须忠君之思想，藤田东湖也展现了后期水户学将学问与政事合一之经世思想。[③]藤田东湖政治思想与18世纪末以降日本的"皇国"意识之茁壮一脉相承，渡边浩先生指出，从18世纪末以后，"似曾渗透于日本人精神的、本应具有普世性的'道'所诞生的母国【按：指中国】，则被看成枉自尊大好

---

① 藤田东湖生平与著书，参见朱谦之：《日本哲学史》，北京：人民出版社，2002年，页60—63。

② 徐兴庆：《导言》，收入张宝三、徐兴庆编：《德川时代日本儒学史论集》，台北：台大出版中心，2012年，页xxii。参看本乡隆盛：《藤田幽谷〈正名论〉的历史地位：水户学研究的现况》，陈文松译收入张宝三，徐兴庆编：《德川时代日本儒学史论集》，页203—242。

③ 参看吕玉新：《政体、文明、族群之辩：德川日本思想史》，页264。

讲道理但又与实际不符的西方之国,对这个国家的排斥和侮蔑也不断扩大了。另一方面,与之相反,天皇的存在作为本国优越性的象征逐步带上了强烈的光辉。自夸为拥戴天皇的无与伦比之国、优越于外国的独特之国的'皇国'世界观,就这样形成了。"① 藤田东湖在《孟轲论》中所称"神皇之道",即为"皇国"世界观之表现。

藤田东湖《孟轲论》主张"孔子之学"异于"儒者之学",显示了非孟及反朱思想的政治用意。② 藤田东湖更主张不应该以《孟子》与孔子之书并列,认为孟子思想绝对不可用之于日本。③ 水户学者藤田东湖既区隔孔孟,故不云"孔孟之教",仅称"周孔之教"。藤田东湖主张:"宜体周孔之本意,资明伦正名之大义,以光隆神皇之道。"④《孟轲论》一文亦显示19世纪上半叶日本主体意识之茁壮。

【出处】

藤田东湖:《孟轲論》,收入高须芳次郎编:《藤田東湖全集:新釈》第4卷,东京:研文书院,1943—1944年,页1—28。⑤

　　吾每读孟轲之书,观其说王道,深痛孔子之志孤也,遂有知其道绝不可用于神州矣。夫圣人之教,莫重于彝伦,彝伦叙则三纲尊严,上下又安;彝伦斁则弑逆相踵,天下昏乱,是理之昭然著明,亘万世而不可易者也。孔子生于衰世,常叹周道之不振,其于君臣之义,盖

---

① 渡边浩:《东亚王权与思想》,区建英译,页130。
② 参看张崑将:《德川学者对孔子思想的异解与引伸》,收入黄俊杰编:《东亚视域中孔子的形象与思想》,页220。
③ 参看张崑将:《安藤昌益的儒教批判及其对〈四书〉的评论》,收入黄俊杰编:《东亚儒者的四书诠释》,页209。
④ 藤田东湖:《弘道館記述義》,收入《藤田東湖全集:新釈》第2卷,页125。东湖称"周孔"而不言"孔孟",实以孔子附周公之骥尾,所重在周公之"业",而不在孔子之"德"。
⑤ 日本国立国会图书馆扫描书影, https://dl.ndl.go.jp/info:ndljp/pid/1038073?tocOpened=1。

尤致意焉。尝窃瞻其言论之迹，于泰伯也，称以"至德"；[1] 于武王也，曰"未尽善也"，[2] 其言虽微，而其旨深矣。于夷齐，则曰"求仁得仁，又何怨"；[3] 于由与求，则曰"弑父与君，亦不从也"，[4] 其言显然，其旨直见，其所以重彝伦、垂训戒，何其切切也。公山不狃之召也，欲借以起周道；陈恒弑君也，欲讨之以伸大义，虽身不在其位乎，其所以严名分、尊周室者，亦何汲汲也。道之不行，终身遑遑，遂发其志于《春秋》，盖其意未尝莫侯于后来也。

孔子既没，周室益微，至于威烈慎靓之间，而衰弱极矣，弑父弑君者，所在有之，[5] 诸子百家、异端邪说，又纷然杂乎其间。当是时，孟轲独学圣人之道，述先王之德，其宏才雄辩，亦固足以风靡一世，所谓孔子之侯于后来者，轲而不任，则孰复能之？为轲者，诚宜奉孔子之遗意，明《春秋》之大义，苟可以扶彝伦、尊周室者，汲汲为之不遗余力。今也不然，开口则谈王道，要其说之所归，不过使其齐、梁之君王于天下而已，呜呼！周室虽衰，尚有正统在焉，轲生于周之世，食周之粟，何心能忍而发其说耶？

抑轲称道文武，则其将使齐、梁之君，三分天下有其二，以服事周欤？抑亦将使其为牧野之战，定天下于一举耶？当时周王，未闻有殷纣之暴，而宣惠之不可为文武，不必俟智者而知也，而轲欲使宣惠成文武之业，周王处殷纣之地，周王亦非文武之胤邪？轲何厚于

---

① 《论语·泰伯·一》。见朱熹：《论语集注》卷4，页137。
② 《论语·八佾·二五》："谓武，'尽美矣，未尽善也。'"见朱熹：《论语集注》卷2，页91。
③ 《论语·述而·一四》："冉有曰：'夫子为卫君乎？'子贡曰：'诺。吾将问之。'入，曰：'伯夷、叔齐何人也？'曰：'古之贤人也。'曰：'怨乎？'曰：'求仁而得仁，又何怨。'出，曰：'夫子不为也。'"见朱熹：《论语集注》卷4，页129。
④ 《论语·先进·二三》："季子然问：'仲由、冉求可谓大臣与？'子曰：'吾以子为异之问，曾由与求之问。所谓大臣：以道事君，不可则止。今由与求也，可谓具臣矣。'曰：'然则从之者与？'子曰：'弑父与君，亦不从也。'"见朱熹：《论语集注》卷6，页177。
⑤ 《史记·太史公自序》："春秋之中，弑君三十六，亡国五十二，诸侯奔走不得保其社稷者，不可胜数。"

信文武，而薄于报文武？辅宣惠之至，而不之宣惠之甚也。且夫齐
桓、晋文之事，不必莫可议者，然桓文犹能尊王室，纠合诸侯，今田氏
魏氏尝事桓文者也，子孙强僭，篡其国而有之，实名教之所不容。轲
平生贵仁义、贱霸术，而无一语及名分，迺反欲隐然移周室之鼎于田
魏强僭之国，其为仁为义果何物？假使桓文而在，则鸣罪讨之，将不
旋踵，轲岂暇于贱霸术乎哉？由是言之，轲之王道，非孔子所与也亦
明矣。盖孔子之遗意，轲优知之？而轲不继也，轲死而《春秋》之义
不可复伸，昏乱之极，至于胡秦吞天下而止，岂不大可痛哉？吾故
曰：轲说王道，而孔子之志孤矣。

王蠋有言曰："忠臣不事二君，烈女不更二夫。"[1]确乎其言，不啻
臣于君、妇于夫，虽奴仆婢妾事其主之道，亦宜若是。虽然以蠋之
言，责之于臣与妇，则善矣，欲悉责之于奴仆婢妾，则不能，其势然
也。西土之为邦，能言彝伦，而彝伦常不明，尤疏于君臣之义，夫禅
让放伐，姑置不论，周秦以降，易姓革命，指不胜屈，人臣视其君，犹
奴仆婢妾之于其主，朝向夕背，恬不知耻，其风土然也。轲生于其
邦，习于其俗，社稷为重，"君为轻"，[2]不忍坐视生民之苦于涂炭，乃
慨然欲兴起其王道，以致皋皋之治，在西土而言之，则其志盖不足深
咎，而后世奉其书，以与孔子之书并行者，亦其奴仆婢妾习俗之所
致，固无足怪者，独赫赫神州，天地以来，神皇相承，宝祚之盛，既与
天壤无穷，则臣民之于天皇，固宜一意崇奉，亦与天壤无穷，而腐儒
曲学，不辨国体，徒眩于异邦之说，亦以轲之书与孔子之书并行，欲
以奴仆婢妾自处，抑亦惑矣。

夫舟于水，车于陆者，自然之道也，若反之则或苦或溺，以用舍

---

① 《史记·田单列传》："王蠋曰：'忠臣不事二君，贞女不更二夫。'"
② 《孟子·尽心下·一四》："孟子曰：'民为贵，社稷次之，君为轻。'"见朱熹：《孟子集注》卷14，页515。

失所也,有伊尹之志,则可以放其君;[①]有殷纣之暴,则其臣视以为一夫者,[②]言之于易姓革命之邦,则或可也,苟言之于万古一姓之域,则身遭大戮,名不免叛逆,其祸岂窨荡舟于陆,行车于水之比哉?

昔者奸僧道镜,罪恶贯盈,敢觊觎神器,时明神凭人曰:国家君臣分定矣。以臣为君未之有也,天日之嗣必立皇绪,无道之人宜剪除,于是乎奸僧窜死,无复遗类矣。今推轲之说,则以臣为君之道也,神明之所不与也,天诛之所宜加也,吾故曰:其之道决不可用于神州矣。

然则轲之书可悉废乎?曰:奚其然也,凡物有利甚大而害亦大者,水火是也,人皆虞其焰焰滔滔之患,而不废烹炊灌溉之用者,恶其害而爱其利也。轲之王道决不可用于神州,然至于其存心养气之论,治国安民之说,与彼辨异端熄邪说,以间先圣之道者,则虽孔子复生,必不易其言矣,取于人为善者,神皇之道,则轲之书岂亦可悉废耶?顾取舍如何耳,为《孟轲论》。

---

① 《孟子·尽心上·三一》:"孟子曰:'有伊尹之志,则可;无伊尹之志,则篡也。'"见朱熹:《孟子集注》卷13,页503。
② 《孟子·梁惠王下·八》:"齐宣王问曰:'汤放桀,武王伐纣,有诸?'孟子对曰:'于传有之。'曰:'臣弑其君可乎?'曰:'贼仁者谓之贼,贼义者谓之残,残贼之人谓之一夫。闻诛一夫纣矣,未闻弑君也。'"见朱熹:《孟子集注》卷2,页306。

志　谢

本书下列各章初稿，曾在下列场合发表，收入本书时曾大幅修订，谨向下列学术出版单位敬申谢意：

第一章第二节，收入《贵州大学学报（社会科学版）》2020 年第 6 期。

第一章第三节，收入《深圳社会科学》2020 年第 1 期。

第一章第四节第二小节部分文字，收入黄俊杰、安藤隆穗编：《东亚思想交流史中的脉络性转换》第一章第二至四节，台北：台湾大学人文社会高等研究院东亚儒学研究中心，2022 年。

第二章第三节，收入《深圳社会科学》2020 年第 1 期。

第五章第二节第一小节论朱子读书法部分文字，收入《经学》创刊号（韩国经学学会，2020 年 2 月）。

第七章，收入"中研院"《中国文哲研究集刊》第 55 期（2019 年 9 月）。

引用书目

【古代文献】

一、中

《道德经》

《大戴礼记》

毛亨传，[汉]郑玄笺，[唐]孔颖达疏:《毛诗正义》

《毛诗注疏》

《毛诗传笺通释》

《管子》

《白虎通》

《国语》

《孝经》

[战国]吕不韦著，[汉]高诱注:《吕氏春秋》，上海:上海古籍出版社，1989年。

[汉]班固撰，[唐]颜师古注:《汉书》，北京:中华书局，1997年。

[汉]班固:《后汉书》

[汉]高诱注:《淮南子》，台北:艺文印书馆，1974年。

[汉]公羊寿传，[汉]何休解诂，[唐]徐彦疏:《春秋公羊传注疏》，北京:北京大学出版社，1999年。

[汉]孔安国传，[唐]孔颖达疏:《尚书正义》，收入十三经注疏整理委员会编:《十三经注疏整理本》，北京:北京大学出版社，2000年。

[汉]刘向:《新序》

[汉]司马迁:《史记》，北京:中华书局，1985年。

[汉]王充:《论衡》

［汉］扬雄著，汪荣宝义疏，陈仲夫点校：《法言义疏》，北京：中华书局，1987 年。

［汉］赵岐：《孟子注疏》

［三国魏］王弼注，［唐］孔颖达疏，李学勤等编：《周易正义》，收入十三经注疏整理委员会编：《十三经注疏整理本》，北京：北京大学出版社，2000 年。

［三国魏］何晏：《论语注疏》

［三国魏］何晏集解，［南朝梁］皇侃义疏：《论语集解》

［南朝梁］皇侃：《论语义疏》，大阪：怀德堂刊本，1923 年。

［南朝梁］梁元帝：《金楼子》，台北：世界书局，未著出版日期。

［南朝梁］萧统编，［唐］李善注：《文选》，上海：上海古籍出版社，1986 年。

［唐］韩愈：《韩昌黎全集》

［唐］皮日休：《皮子文薮》

［唐］王定保撰，姜汉椿校注：《唐摭言》，上海：上海社会科学院出版社，2003 年。

［后晋］刘昫等撰：《旧唐书》，北京：中华书局，1997 年。

［宋］晁公武：《郡斋读书志》（国学基本丛书本），上海：商务印书馆，1937 年。

［宋］陈振孙：《直斋书录解题》，上海：上海古籍出版社，1987 年。

［宋］程颢、［宋］程颐著，王孝鱼点校：《二程集》，北京：中华书局，1981 年、2004 年。

［宋］程颢、［宋］程颐撰，［宋］李籲、［宋］吕大临等辑录，［宋］朱熹编定：《程氏遗书》，收入朱杰人、严佐之、刘永翔主编：《朱子全书外编》第 2 册，上海：华东师范大学出版社，2010 年。

［宋］李觏：《李觏集》，北京：中华书局，1981 年。

［宋］黎靖德编：《朱子语类》，收入《朱子全书》第 14—18 册，上海：上海古籍出版社；合肥：安徽教育出版社，2002 年。

［宋］陆九渊：《陆九渊集》，台北：里仁书局，1981 年。

［宋］陆九渊：《陆象山全集》，北京：中国书店，1992 年。

［宋］陆九渊：《象山先生全集》（四部丛刊初编缩本），上海：商务印书馆，1935 年。

［宋］欧阳修：《相州昼锦堂记》

［宋］欧阳修：《欧阳修集》

［宋］欧阳修、［宋］宋祁等撰：《新唐书》，北京：中华书局，1975 年。

［宋］沈括著，胡道静校注：《新校正梦溪笔谈》，上海：上海人民出版社，2011 年。

［宋］邵雍著，郭彧整理：《邵雍集》，北京：中华书局，2010 年。

［宋］司马光：《司马文正公传家集》，上海：商务印书馆，1937 年。

［宋］司马光：《温国文正司马公文集》（四部丛刊初编缩本），上海：商务印书馆，1936 年。

［宋］司马光著，［元］胡三省注，章钰校记：《新校资治通鉴注》，台北：世界书局，1976 年。

[宋]苏轼:《苏东坡全集》,台北:世界书局,1969 年。

[宋]苏洵:《嘉祐集》

[宋]王安石:《临川先生文集》,上海:中华书局,1959 年。

[宋]王溥:《唐会要》,北京:中华书局,1955 年。

[宋]王应麟撰,[清]翁元圻注:《困学纪闻》,上海:商务印书馆,1959 年。

[宋]王应麟辑:《玉海》,扬州:广陵书社,2003 年。

[宋]谢良佐著,[宋]曾恬、[宋]胡安国辑录,[宋]朱熹删定:《上蔡语录》,收入朱
　　杰人、严佐之、刘永翔主编:《朱子全书外编》第 3 册,上海:华东师范大学出版社,
　　2010 年。

[宋]叶适著,刘公纯、王孝鱼、李哲夫点校:《叶适集》,北京:中华书局,1983 年。

[宋]尹焞:《尹和靖集》(正谊堂丛书本),收入王云五主编:《丛书集成初编》,上海:
　　商务印书馆,1936 年。

[宋]余允文:《尊孟辨》,北京:中华书局,1985 年。

[宋]张九成:《张九成集》,杭州:浙江古籍出版社,2013 年。

[宋]张栻:《南轩孟子说》,通志堂经解本。

[宋]张载:《张载集》,台北:里仁书局,1981 年。

[宋]赵顺孙:《四书纂疏》,台北:学海出版社,1988 年。

[宋]周敦颐撰,徐洪兴导读:《周子通书》,上海:上海古籍出版社,2000 年。

[宋]朱熹:《孟子或问》,收入《朱子全书》第 6 册,上海:上海古籍出版社、合肥:安
　　徽教育出版社,2002 年。

[宋]朱熹、[宋]吕祖谦编:《近思录》,收入《朱子全书》第 13 册,上海:上海古籍出
　　版社、合肥:安徽教育出版社,2002 年。

[宋]朱熹:《晦庵先生朱文公文集》,收入《朱子全书》第 20—25 册,上海:上海古籍
　　出版社、合肥:安徽教育出版社,2002 年。

[宋]朱熹:《四书章句集注》,台北:台大出版中心,2016 年。

[元]白珽:《湛渊静语》,知不足斋丛书本。

[元]胡炳文著,宋健点校:《孟子通》,上海:华东师范大学出版社,2020 年。

[元]马端临:《文献通考》,收入《景印摛藻堂四库全书荟要》第 227 册,台北:世界
　　书局,1988 年。

[元]脱脱等撰:《金史》,北京:中华书局,1997 年。

[元]脱脱等撰:《宋史》,北京:中华书局,1997 年。

[明]蔡清:《四书蒙引》,收入《景印文渊阁四库全书》第 206 册,台北:台湾商务印
　　书馆,1986 年。

[明]郝敬:《孟子说解》,收入《四库全书存目丛书》经部第 161 册,台南:庄严文化
　　事业出版公司,1997 年。

［明］黄宗羲:《黄宗羲全集》,杭州:浙江古籍出版社,1985 年。

［明］李之藻:《頖宫礼乐疏》(景印明万历刊本),台北:"中央"图书馆,1970 年。

［明］刘三吾等修纂:《孟子节文》,收入北京图书馆古籍出版编辑组整理:《北京图书馆古籍珍本丛刊拟目》之 1《经部》,北京:书目文献出版社,1987 年。

［明］宋濂等撰:《元史》,北京:中华书局,1997 年。

［明］王艮:《王心斋全集》,京都:中文出版社,据日本嘉永元年(1846)和刻本影印。

［明］王守仁撰,吴光等编校:《王阳明全集》,上海:上海古籍出版社,1992 年。

［明］谢肇淛:《五杂组》,沈阳:辽宁教育出版社,2001 年。

［明］张岱:《四书遇》,杭州:浙江古籍出版社,1985 年。

［明］章潢:《图书编》(景印四库全书珍本五集),台北:台湾商务印书馆,1974 年。

［清］陈澧著,杨志刚编校:《东塾读书记》,香港:三联书店,1998 年。

［清］翟灏:《四书考异》,清道光九年(1829)广东学海堂刊本,收入《皇清经解》(乌石山房文库版)第 64 函第 4 号。

［清］崔述著,顾颉刚编订:《崔东壁遗书》,上海:上海古籍出版社,1983 年。

戴震研究会编撰:《戴震全集》,北京:清华大学出版社,1991—1999 年。

［清］郭庆藩撰,王孝鱼点校:《庄子集释》,北京:中华书局,1961 年。

［清］郝懿行、王念孙、钱绎、王先谦:《尔雅、广雅、方言、释名 清疏四种合刊》,上海:上海古籍出版社,1989 年。

［清］纪昀等编:《四库全书总目提要》,台北:台湾商务印书馆。

［清］焦循:《孟子正义》,北京:中华书局,1987 年。

［清］康有为:《孟子微》,台北:台湾商务印书馆,1970 年。

［清］康熙:《御制日讲四书解义·孟子解义》,钦定四库全书本。

［清］凌廷堪:《校礼堂文集》,北京:中华书局,1998 年。

［清］刘宝楠:《论语正义》,北京:中华书局,1990 年。

［清］陆陇其:《四书大全》,清康熙戊寅三十七年(1698)三鱼堂刊本。

［清］马国翰:《玉函山房辑佚书》,长沙:琅环馆,1883 年。

［清］钱大昕:《潜研堂答问》,收入徐德明、吴平主编:《清代学术笔记丛刊》第 24 册,北京:学苑出版社,2005 年。

［清］钱大昕著,杨勇军整理:《十驾斋养新录》,上海:上海书店出版社,2011 年。

［清］全祖望撰,詹海云校注:《全祖望〈鲒埼亭集〉校注》,台北:鼎文书局,2003 年。

［清］苏舆撰,钟哲点校:《春秋繁露义证》,北京:中华书局,1992 年。

［清］孙承泽著,王剑英点校:《春明梦余录》,北京:北京古籍出版社,1992 年。

［清］孙奇逢:《四书近旨》,收入《景印文渊阁四库全书》第 208 册,台北:台湾商务印书馆,1983 年。

［清］孙希旦:《礼记集解》,北京:中华书局,1989 年。

［清］孙诒让：《墨子间诂》，北京：中华书局，1986 年。

［清］孙志祖：《读书脞录》，收入江杏溪编：《文学山房丛书》第 14 册，成都：巴蜀书
　　社，2010 年。

［清］王夫之：《读通鉴论》，收入《船山全书》第 10 册，长沙：岳麓书社，2011 年。

［清］王夫之：《鼓棹初集》，收入《船山全书》第 15 册，长沙：岳麓书社，1998 年。

［清］王先谦撰，沈啸寰、王星贤点校：《荀子集解》，北京：中华书局，1988 年。

［清］吴定：《紫石泉山房文集》（据清嘉庆十五年［1810］鲍桂星科本景印），收入
　　《清代诗文集汇编》编纂委员会编：《清代诗文集汇编》，上海：上海古籍出版社，
　　2010 年。

［清］徐松辑，刘琳等点校：《宋会要辑稿》，上海：上海古籍出版社，2014 年。

［清］严可均辑：《全晋文》，北京：商务印书馆，1999 年。

［清］雍正帝撰：《大义觉迷录》，台北：文海出版社，1985 年。

［清］赵翼著，王树民校证：《廿二史札记校证（订补本）》，北京：中华书局，1984 年。

［清］张廷玉等撰：《明史》，北京：中华书局，1997 年。

二、日（按五十音图排序）

浅見絅斎『性理字義講義』、写本、若林強斎筆録、福井県小浜市立図書館酒井家文
　　庫所蔵。

浅見絅斎『中国弁』、西順蔵等校注『日本思想大系』34『山崎闇斎学派』、東京：岩
　　波書店、1982 年。

石川正恒『弁道解蔽』、出版地不明、京都大学準貴重庫所蔵、1775 年。

伊藤仁斎『語孟字義』、井上哲次郎・蟹江義丸編『日本倫理彙編』第 5 巻『古学派の
　　部（中）』、東京：育成会、1903 年。

伊藤仁斎『童子問』、井上哲次郎・蟹江義丸編『日本倫理彙編』第 5 巻『古学派の部
　　（中）』、東京：育成会、1903 年。

伊藤仁斎『論語古義』、関儀一郎編『日本名家四書注釈全書』第 3 巻『論語部 1』、
　　東京：鳳出版株式会社、1973 年。

伊藤仁斎『孟子古義』、関儀一郎編『日本名家四書注釈全書』第 9 巻『孟子部 1』、
　　東京：鳳出版株式会社、1973 年。

伊藤仁斎『易経古義』、関儀一郎編『日本儒林叢書』第 5 巻『解説部 1』、東京：鳳出
　　版株式会社、1978 年。

伊藤仁斎『古学先生詩文集』、相良亨等編『近世儒家文集集成』第 1 巻、東京：ぺり
　　かん社、1985 年。

伊東藍田著、奈良鬟編『藍田先生湯武論・弁湯武非放伐論後叙』、関儀一郎編『日
　　本儒林叢書』第 4 巻『論弁部』編 28、東京：鳳出版株式会社、1978 年。

上月専庵『徂徠学則弁 』、関儀一郎編『日本儒林叢書』第 4 巻『論弁部』、東京：鳳出
　版株式会社、1978 年。

宇野明霞『論語考』1—3 巻、大阪：河内屋、江戸：須原屋、京都：菱屋。同、4—6 巻、
　尾洲：和泉屋。1789—1801 年。

岡白駒『論語批徴』、台北：芸文印書館、1966 年。

岡本巍『序孟子養気章或問図解』、山田準編『山田方谷全集』第 2 冊、東京：山田方
　谷全集刊行会、1951 年。

荻生徂徠『弁道 』、井上哲次郎・蟹江義丸編『日本倫理彙編』第 6 巻『古学派の部
　（下）』、東京：育成会、1903 年。

荻生徂徠『弁名 』、井上哲次郎・蟹江義丸編『日本倫理彙編』第 6 巻『古学派の部
　（下）』、東京：育成会、1903 年。

荻生徂徠『復安澹泊第三書』、吉川幸次郎等校注『日本思想大系』36『荻生徂徠』、
　東京：岩波書店、1973 年。

荻生徂徠『論語徴 』、関儀一郎編『日本名家四書注釈全書』第 7 巻『論語部 5』、
　東京：鳳出版株式会社、1973 年。

荻生徂徠『孟子識 』、今中寛司・奈良本辰也編『荻生徂徠全集』第 2 巻、東京：河出
　書房新社、1978 年。

荻生徂徠『太平策』、吉川幸次郎等校注『日本思想大系』36『荻生徂徠』、東京：岩
　波書店、1973 年。

荻生徂徠『蘐園十筆』、関儀一郎編『日本儒林叢書』第 7 巻『続編随筆部』、東京：鳳
　出版株式会社、1978 年。

荻生徂徠『蘐園随筆』、関儀一郎編『日本儒林叢書』第 2 巻『随筆部』、東京：鳳出版
　株式会社、1978 年。

荻生徂徠『政談』、龔頴訳、北京：中央編訳出版社、2004 年。

尾藤二洲『静寄余筆 』、関儀一郎編『日本儒林叢書』第 2 巻『随筆部』、東京：鳳出版
　株式会社、1978 年。

大橋正順『性理鄙説 』、関儀一郎編『日本儒林叢書』第 5 巻『解説部 1』、東京：鳳出
　版株式会社、1978 年。

片山兼山『論語徴廃疾 』、『崇文叢書』第 2 輯 41 ～ 43、東京：崇文院、1930 年。

蟹維安『非徂徠学 』、関儀一郎編『日本儒林叢書』第 4 巻『論弁部』、東京：鳳出版株
　式会社、1978 年。

海保元備『経学古義古訓 』、関儀一郎編『日本儒林叢書』第 6 巻『解説部 2』、東京：
　鳳出版株式会社、1978 年。

熊谷荔墩『性理字義首書 』、京都：中野宗左衛門、寛文 10 年（1670）。

五井蘭洲『非物篇 』、東京：吉川弘文館、1989 年。

佐久間大華『和漢明弁』、関儀一郎編『日本儒林叢書』第 4 巻『論弁部』、東京：鳳出版株式会社、1978 年。

佐藤敬庵『名義録』、関儀一郎編『続続日本儒林叢書』第 1 冊『解説部』、東京：東洋図書刊行会、1935—1937 年。

太宰春台『論語古訓外伝』、江戸：嵩山房、延享 2 年（1745）。

太宰春台『経済録』、『日本思想大系』37『徂徠学派』、東京：岩波書店、1972 年。

太宰春台著、稲垣白嵓・原尚賢校『斥非（付春台先生雑文九首）』、関儀一郎編『日本儒林叢書』第 4 巻『論弁部』編 23、東京：鳳出版株式会社、1978 年。

太宰春台『春台先生紫芝園稿』、相良亨等編『近世儒家文集集成』第 6 巻、東京：ぺりかん社、1986 年。

津田左右吉『津田左右吉全集』、東京：岩波書店、1965 年。

冢田大峯『聖道得門』、関儀一郎編『続続日本儒林叢書』第 1 冊『解説部』、東京：東洋図書刊行会、1935—1937 年。

冢田大峯『聖道合語』、関儀一郎編『続続日本儒林叢書』第 1 冊『解説部』、東京：東洋図書刊行会、1935—1937 年。

冢田大峯『随意録』、関儀一郎編『日本儒林叢書』第 1 巻『随筆部』、東京：鳳出版株式会社、1978 年。

冢田大峯『聖道弁物』、関儀一郎編『日本儒林叢書』第 6 巻『解説部 2』、東京：鳳出版株式会社、1978 年。

富永仲基『翁の文』、関儀一郎編『日本儒林叢書』第 6 巻『解説部 2』、東京：鳳出版株式会社、1978 年。

富永瀾『古学弁疑』、関儀一郎編『日本儒林叢書』第 5 巻『解説部 1』、東京：鳳出版株式会社、1978 年。

东条琴台：《先哲丛谈后编》卷 6（据文政 12 年〔1829〕江户刻本影印），收入上海交通大学出版社编：《日本汉文史籍丛刊》第 4 辑《传记》17，上海：上海交通大学出版社，2014 年。

中井竹山『非徴』、東京：吉川弘文館、1988 年。

中井履軒『中庸逢原』、関儀一郎編『日本名家四書注釈全書』第 1 巻『学庸部 1』、東京：鳳出版株式会社、1973 年。

中井履軒『孟子逢原』、関儀一郎編『日本名家四書注釈全書』第 10 巻『孟子部 2』、東京：鳳出版株式会社、1973 年。

中山城山『崇孟解』、安永 4 年（1775）刊、藪孤山『崇孟（付読崇孟・崇孟解）』、関儀一郎編『日本儒林叢書』第 4 巻『論弁部』編 25、東京：鳳出版株式会社、1978 年。

服部南郭『南郭先生文集四編』、富士川英郎・松下忠・佐野正巳編『日本漢詩』第 4 巻、東京：汲古書院、1985 年。

原念斎『先哲叢談』、上海交通大学出版社編『日本漢文史籍叢刊』第 4 輯『伝記』17、上海：上海交通大学出版社、2014 年。

林羅山『論語和字解』、尊経閣所蔵。

林羅山『性理字義諺解』、京都：山口市郎兵衛、万治 2 年（1659）、京都：荒川四郎左衛門、万治 2 年（1659）。

林羅山『論語諺解』、日本島原市立公民館図書館「松平」文庫、日本国立国会図書館所蔵。

林羅山『性理字義諺解序』、京都史跡会編纂『林羅山文集』下巻、東京：ぺりかん社，1979 年。

日尾瑜『管仲非仁者弁』、関儀一郎編『日本儒林叢書』第 5 巻『解説部 1』、東京：鳳出版株式会社、1978 年。

深谷公幹『駁斥非』、関儀一郎編『日本儒林叢書』第 4 巻『論弁部』、東京：鳳出版株式会社、1978 年。

藤田東湖『弘道館記述義』、高須芳次郎編『藤田東湖全集：新釈』第 2 巻、東京：研文書院、1943—1944 年。

藤田東湖『孟軻論』、高須芳次郎編『藤田東湖全集：新釈』第 4 巻、東京：研文書院、1943—1944 年。

藤田幽谷『幽谷遺稿』、菊池謙二郎編『幽谷全集』、東京：康文社印刷所、1935 年。

藤原貞幹『閒見録』、『日本随筆大成』、東京：吉川弘文館、1927 年。

藤澤東畡『思問録附批評』、関儀一郎編『日本儒林叢書』第 4 巻『論弁部』編 26、東京：鳳出版株式会社、1978 年。

藤澤東畡『先師中山城山先生行状』、吾妻重二編著『泊園書院歴史資料集——泊園書院資料集成一』、大阪：関西大学出版部、2010 年。

松下見林『異称日本伝』、物集高見編『新注皇学叢書』、東京：広文庫刊行会、1927 年。

松村九山『管仲孟子論』、享和 3 年（1803）刊、関儀一郎編『日本儒林叢書』第 12 巻『続続編随筆部及雑部』編 13、東京：鳳出版株式会社、1978 年。

松宮観山『三教要論』、関儀一郎編『日本儒林叢書』第 6 巻『解説部 2』、東京：鳳出版株式会社、1978 年。

山鹿素行『山鹿語類』、井上哲次郎・蟹江義丸編『日本倫理彙編』第 4 巻『古学派の部（上）』、東京：育成会、1903 年。

山鹿素行『聖教録』、広瀬豊編『山鹿素行全集：思想編』第 11 巻、東京：岩波書店、1940—1942 年。

山鹿素行『中朝事実』、広瀬豊編『山鹿素行全集：思想編』第 13 巻、東京：岩波書店、1940—1942 年。

山田球『孟子養気章或問図解』、山田準編『山田方谷全集』第 2 冊、東京：山田方谷全集刊行会、1951 年。

渡辺弘堂『字義弁解』、関儀一郎編『日本儒林叢書』第 14 卷『儒林雑纂』、東京：
　鳳出版株式会社、1978 年。

三、朝

朝鲜国史编纂委员会编：《朝鲜王朝实录》，首尔：朝鲜国史编纂委员会，1955—1963 年。

成近默：《果斋集》，收入民族文化推进会编：《韩国文集丛刊》第 299 辑，首尔：保景
　文化社，1990—2005 年。

崔致远：《孤云先生文集》，收入韩国文集编纂委员会编：《韩国历代文集丛书》第 2
　册，首尔：景仁文化社，1997 年。

丁若镛著，茶山学术文化财团编：《定本与犹堂全书》，首尔：茶山学术文化财团，
　2012 年。

韩元震：《南塘集》，收入民族文化推进会编：《韩国文集丛刊》第 201 辑，首尔：保景
　文化社，1990—2005 年。

洪泰猷：《耐斋先生文集》，收入韩国文集编纂委员会编：《韩国历代文集丛书》第 647
　册，首尔：景仁文化社，1997 年。

金昌协：《农岩先生文集》，收入韩国文集编纂委员会编：《韩国历代文集丛书》第 249
　册，首尔：景仁文化社，1997 年。

金富轼：《进三国史记表》，收入末松保和编：《东文选》卷 44《表笺》（第 2 册），首
　尔：太学社，1975 年。

金富轼：《三国史记》，收入任东权、李元植、娄子匡合编：《韩国汉籍民俗丛书》，台
　北：东方文化书局，1971 年。

金龟柱：《可庵遗稿》，收入民族文化推进会编：《韩国文集丛刊（续）》第 98 辑，首尔：
　民族文化推进会，2005—2011 年。

李谷：《稼亭先生文集》，收入民族文化推进会编：《韩国文集丛刊》第 3 辑，首尔：保
　景文化社，1990—2005 年。

李恒老：《华西集》，收入裴宗镐编：《韩国儒学资料集成》中，首尔：延世大学出版部，
　1980 年。

李恒老：《华西集·附录卷 5 语录（柳重教录）》，收入民族文化推进会编：《韩国文集
　丛刊》第 305 辑，首尔：保景文化社，1990—2005 年。

李滉：《朱子书节要》，收入《陶山全书》三（据旧抄樊南本陶山全书影印），首尔：退
　溪学研究院，1988 年。

李榘：《活斋先生文集》，收入民族文化推进会编：《韩国文集丛刊（续）》第 32 辑，首
　尔：民族文化推进会，2005—2011 年。

李奎报：《东国李相国全集》，收入韩国文集编纂委员会编：《韩国历代文集丛书》

第 8 册, 首尔: 景仁文化社, 1997 年。

李民宬:《敬亭先生文集》, 收入韩国文集编纂委员会编:《韩国历代文集丛书》第 902 册, 首尔: 景仁文化社, 1997 年。

李祘:《弘斋全书》, 首尔: 文化财管理局藏书阁事务所, 1978 年。

李万敷:《息山集》, 收入民族文化推进会编:《韩国文集丛刊》第 178 辑, 首尔: 保景文化社, 1990—2005 年。

李惟泰:《草庐集》, 收入民族文化推进会编:《韩国文集丛刊》第 118 辑, 首尔: 保景文化社, 1990—2005 年。

李惟泰:《四书问答·孟子》, 收入《韩国经学资料集成》第 36 册, 首尔: 成均馆大学校大东文化研究院, 1991 年。

李羲发:《云谷集》, 收入民族文化推进会编:《韩国文集丛刊(续)》第 111 辑, 首尔: 民族文化推进会, 2005—2011 年。

李彦迪:《晦斋先生文集》, 收入韩国文集编纂委员会编:《韩国历代文集丛书》第 638 册, 首尔: 景仁文化社, 1997 年。

李彦迪:《晦斋集》, 收入民族文化推进会编:《韩国文集丛刊》第 24 辑, 首尔: 保景文化社, 1990—2005 年。

李植:《泽堂先生别集》, 收入《韩国文集丛刊》第 88 辑, 首尔: 保景文化社, 1990—2005 年。

柳元之:《拙斋先生文集》, 收入韩国文集编纂委员会编:《韩国历代文集丛书》第 905 册, 首尔: 景仁文化社, 1997 年。

柳成龙:《西厓文集附惩毖录》, 首尔: 成均馆大学校大东文化研究院, 1958 年。

柳楫:《白石遗稿》, 收入民族文化推进会编:《韩国文集丛刊(续)》第 22 辑, 首尔: 民族文化推进会, 2005—2011 年。

权得己:《晚悔集》, 收入《韩国经学资料集成》第 35 册, 首尔: 成均馆大学大东文化研究院, 1988 年。

权得己:《晚悔先生文集》, 收入韩国文集编纂委员会编:《韩国历代文集丛书》第 598—599 册, 首尔: 景仁文化社, 1997 年。

权尚夏:《孟子或问精义通考》, 收入《韩国经学资料集成》第 36 册, 首尔: 成均馆大学校大东文化研究院, 1991 年。

权正忱:《平庵集》, 收入韩国文集编纂委员会编:《韩国历代文集丛书》第 2479 册, 首尔: 景仁文化社, 1997 年。

任圣周:《鹿门集》, 裴宗镐编:《韩国儒学资料集成》中, 首尔: 延世大学出版部, 1980 年。

申教善:《读孟庭训》, 收入《韩国经学资料集成》第 45 册, 首尔: 成均馆大学校大东文化研究院, 1988 年。

宋时烈:《尤庵先生文集》,韩国文集编纂委员会编:《韩国历代文集丛书》第1541册,首尔:景仁文化社,1997年。

宋时烈:《宋子大全》,收入民族文化推进会编:《韩国文集丛刊》第108—116辑,首尔:保景文化社,1990—2005年。

宋时烈:《论孟或问精义通考》,收入《韩国经学资料集成》第19册,首尔:成均馆大学校大东文化研究院,1990年。

孙舜孝:《勿斋集》,收入民族文化推进会编:《韩国文集丛刊(续)》第1辑,首尔:民族文化推进会,2005—2011年。

许传:《性斋先生文集》,收入韩国文集编纂委员会编:《韩国历代文集丛书》第848册,首尔:景仁文化社,1997年。

尹东源:《一庵遗稿》,收入民族文化推进会编:《韩国文集丛刊》第208辑,首尔:保景文化社,1990—2005年。

俞棨:《市南集》,收入民族文化推进会编:《韩国文集丛刊》第117辑,首尔:保景文化社,1990—2005年。

鱼有凤:《杞园集》,收入《韩国文集丛刊》第184辑,首尔:保景文化社,1990—2005年。

赵翼:《浦渚集》,收入民族文化推进会编:《韩国文集丛刊》第85辑,首尔:保景文化社,1990—2005年。

郑宗鲁:《立斋集》,收入裴宗镐编:《韩国儒学资料集成》中,首尔:延世大学出版部,1980年。

郑齐斗:《霞谷集》,收入民族文化推进会编:《韩国文集丛刊》第160辑,首尔:保景文化社,1990—2005年。

【中文论著】

一、专著

(一)中

蔡振丰:《朝鲜儒者丁若镛的四书学:以东亚为视野的讨论》,台北:台大出版中心,2012年。

陈登原:《国史旧闻》(影印本),台北:台湾大通书局,1971年。

陈立胜:《入圣之机:王阳明致良知工夫论研究》,北京:生活·读书·新知三联书店,2019年。

陈荣捷:《宋明理学之概念与历史》,台北:"中研院"中国文哲研究所,1996年。

陈荣捷:《王阳明传习录详注集评》,台北:台湾学生书局,1983年。

陈荣捷:《朱子门人》,台北:台湾学生书局,1982 年。

陈启天:《增订韩非子校释》,台北:台湾商务印书馆,1969 年。

陈少明:《经典世界中的人、事、物》,上海:上海三联书店,2008 年。

陈玮芬:《近代汉学的"关键词"研究:儒学及相关概念的嬗变》,台北:台大出版中心,2005 年。

陈昭瑛:《儒家美学与经典诠释》,台北:台大出版中心,2005 年。

冯友兰:《中国哲学史》,台北:台湾商务印书馆,2015 年。

干春松:《重回王道:儒家与世界秩序》,上海:华东师范大学出版社,2012 年。

高明士:《东亚传统教育与法文化》,台北:台大出版中心,2008 年。

高明士:《律令法与天下法》,台北:五南图书出版公司,2012 年。

高明士:《隋唐贡举制度》,台北:文津出版社,1999 年。

葛兆光:《何为中国? 疆域、民族、文化与历史》,香港:牛津大学出版社,2014 年。

顾颉刚:《史林杂识(初编)》,北京:中华书局,1963 年。

韩东育:《从"道理"到"物理"——日本近世以来"化道为术"之格致过程》,台北:台湾大学人文社会高等研究院东亚儒学研究中心,2020 年。

何宁:《淮南子集释》,北京:中华书局,1998 年。

侯外庐:《中国古代社会史》,上海:中国学术研究所,1948 年。

黄俊杰:《春秋战国时代尚贤政治的理论与实践》,台北:问学出版社,1977 年。

黄俊杰:《德川日本〈论语〉诠释史论》,台北:台大出版中心,2007 年、2015 年。

黄俊杰:《东亚儒学:经典与诠释的辩证》,台北:台大出版中心,2007 年。

黄俊杰:《东亚儒家仁学史论》,台北:台大出版中心,2017 年。

黄俊杰:《东亚儒学史的新视野》,台北:台大出版中心,2015 年。

黄俊杰:《东亚文化交流中的儒家经典与理念:互动、转化与融合》,台北:台大出版中心,2016 年。

黄俊杰:《孟学思想史论》卷一,台北:东大图书公司,1991 年。

黄俊杰:《孟学思想史论》卷二,台北:"中研院"中国文哲研究所,1997 年、2022 年。

黄俊杰:《儒家思想与中国历史思维》,台北:台大出版中心,2014 年。

黄俊杰:《思想史视野中的东亚》,台北:台大出版中心,2016 年。

黄俊杰:《台湾意识与台湾文化》,台北:台大出版中心,2006 年。

金观涛、刘青峰:《观念史研究:中国现代重要政治术语的形成》,香港:香港中文大学当代中国文化研究中心,2008 年。

劳思光:《儒学精神与世界文化路向——思光少作集》一,台北:时报文化出版公司,1986 年。

劳思光:《新编中国哲学史》,台北:三民书局,1983 年。

李明辉:《孟子重探》,台北:联经出版公司,2001 年。

李明辉:《四端与七情:关于道德情感的比较哲学探讨》,台北:台大出版中心,2008
　　年、2012年。

李泽厚:《历史本体论:己卯五说(增订本)》,北京:生活·读书·新知三联书店,
　　2008年。

李泽厚:《中国古代思想史论》,北京:生活·读书·新知三联书店,2008年。

林月惠:《异曲同调——朱子学与朝鲜性理学》,台北:台大出版中心,2012年。

林远泽:《儒家后习俗责任伦理学的理念》,台北:联经出版公司,2017年。

梁漱溟:《东西文化及其哲学》,上海:商务印书馆,1935年。

梁漱溟:《梁漱溟讲孔孟》,北京:中国和平出版社,1993年。

刘汝霖:《汉晋学术编年》,台北:长安出版社,1979年。

刘述先:《黄宗羲心学的定位》,台北:允晨文化公司,1986年。

刘海峰:《科举学导论》,武汉:华中师范大学出版社,2005年。

吕玉新:《政体、文明、族群之辩:德川日本思想史》,香港:香港中文大学出版社,
　　2017年。

吕思勉:《读史札记》(影印本),台北:木铎出版社,未著出版年。

吕政倚:《人性、物性同异之辨——中韩儒学与当代"内在超越"说之争议》,台北:新
　　文丰出版公司,2020年。

马一浮:《复性书院讲录》,台北:广文书局,1971年。

牟宗三:《牟宗三先生全集》,台北:联经出版公司,2020年;共8辑,33册。

牟宗三:《生命的学问》,台北:三民书局,2018年。

欧阳竟无:《孔学杂著》,济南:山东人民出版社,1997年。

庞朴:《帛书五行篇研究》,济南:齐鲁书社,1980年。

彭国翔:《儒家传统:宗教与人文主义之间》,北京:北京大学出版社,2007年。

钱基博:《四书解题及其读法》,台北:台湾商务印书馆,1996年。

钱基博:《经学通志》,台北:台湾中华书局,1962年。

钱穆:《国史大纲》,台北:台湾商务印书馆,1996年。

钱穆著,《钱宾四先生全集》编辑委员会编辑:《钱宾四先生全集》,台北:联经出版公
　　司,1998年。

钱穆:《论语新解》,香港:新亚研究所,1964年。

屈万里:《书佣论学集》,台北:开明书局,1969年。

孙卫国:《从"尊明"到"奉清":朝鲜王朝对清意识的嬗变(1627—1910)》,台北:
　　台大出版中心,2018年。

孙中山:《民族主义》,台北:黎明文化事业公司,1980年。

唐君毅:《中国哲学原论·原道篇》,香港:新亚研究所,1974年、1976年,1974年台
　　湾学生书局初版。

唐君毅：《中国哲学原论·导论篇》，香港：东方人文学会，1966年、1974年。

王汎森：《权力的毛细管作用：清代的思想、学术与心态》，台北：联经出版公司，2019年。

王勇编：《东亚坐标中的书籍之路研究》，北京：中国书籍出版社，2013年。

吴震：《东亚儒学问题新探》，北京：北京大学出版社，2018年。

萧公权：《问学谏往录》，北京：中国人民大学出版社，2014年。

萧公权：《中国政治思想史》，台北：联经出版公司，1982年。

邢义田：《秦汉史论稿》，台北：东大图书公司，1987年。

熊十力：《读经示要》，台北：广文书局，1970年。

徐复观：《儒家政治思想与民主自由人权》，台北：八十年代出版社，1979年。

徐复观：《中国人性论史·先秦篇》，台北：台湾商务印书馆，1969年。

徐复观：《中国思想史论集》，台北：台湾学生书局，1975年。

徐复观：《周秦汉政治社会结构之研究》，台北：台湾学生书局，1972年。

严可均：《铁桥漫稿》，台北：新文丰出版公司，1988年。

杨伯峻：《春秋左传注》，台北：源流出版社，1982年。

杨儒宾：《异议的意义：近世东亚的反理学思潮》，台北：台大出版中心，2012年。

姚永概：《孟子讲义》（据安徽省图书馆藏姚氏手稿排印本），陈春秀校点，合肥：黄山
　　书社，1999年。

杨祖汉：《从当代儒学观点看韩国儒学的重要论争》，台北：台大出版中心，2005年。

杨祖汉：《从当代儒学观点看韩国儒学的重要论争续篇》，台北：台湾大学人文社会
　　高等研究院东亚儒学研究中心，2017年。

余英时：《论戴震与章学诚》，香港：龙门书店，1976年。

余英时：《论天人之际：中国古代思想起源试探》，台北：联经出版公司，2014年、2017年。

余英时：《宋明理学与政治文化》，台北：允晨文化公司，2004年。

余英时：《中国文化与现代变迁》，台北：三民书局，1992年。

张宝三、徐兴庆编：《德川时代日本儒学史论集》，台北：台大出版中心，2012年。

张崑将：《德川日本"忠""孝"概念的形成与发展——以兵学与阳明学为中心》，台
　　北：台大出版中心，2012年。

张崑将：《日本德川时代古学派之王道政治论：以伊藤仁斋、荻生徂徕为中心》，台北：
　　台大出版中心，2004年、2012年。

张崑将：《阳明学在东亚：诠释、交流与行动》，台北：台大出版中心，2011年。

张文朝：《江户时代经学者传略及其著作》，台北：万卷楼图书公司，2014年。

张玉法：《中华民国史稿（修订版）》，台北：联经出版公司，2015年。

郑孝胥：《王道管窥》，"满洲国国务院"总务厅情报处，1934年。

钟彩钧：《明代程朱理学的演变》，台北："中研院"中国文哲研究所，2018年。

朱谦之：《日本的古学及阳明学》，上海：上海人民出版社，1962年。

朱谦之:《日本哲学史》,北京:人民出版社,2002 年。

(二)日

福泽谕吉:《福泽谕吉自传》,马斌译,北京:商务印书馆,1995 年。

沟口雄三:《李卓吾·两种阳明学》,孙军悦、李晓东译,北京:生活·读书·新知三联书店,2014 年。

松村操:《近世先哲丛谈》,收入上海交通大学出版社编:《日本汉文史籍丛刊》第 4 辑《传记十八》(据明治 31 年[1898]东京刻本影印),上海:上海交通大学出版社,2014 年。

吾妻重二:《朱子学的新研究——近世士大夫思想的展开》,傅锡洪译,北京:商务印书馆,2017 年。

(三)韩

姜智恩:《被误读的儒学史》,蒋薰谊译,台北:联经出版公司,2020 年。

民族与思想研究会编:《四端七情论》,姜日天等译,林月惠、李明辉中文编校,台北:"中研院"中国文哲研究所,2019 年。

尹丝淳:《韩国儒学史:韩国儒学的特殊性》,邢丽菊、唐艳译,北京:人民出版社,2017 年。

(四)欧美各国

哈洛·卜伦:《西方正典》,高志仁译,台北:立绪文化事业公司,1988 年。

加达默尔:《真理与方法:哲学诠释学基本特征》,洪汉鼎译,台北:时报文化出版公司,1993 年。

里克尔:《诠释的冲突》,林宏涛译,台北:桂冠图书公司,1995 年。

米歇尔·福柯:《福柯读本》,汪民安主编,北京:北京大学出版社,2010 年。

葛瑞汉:《中国的两位哲学家:二程兄弟的新儒学,程德祥等译》,郑州:大象出版社,2000 年。

马克思:《马克思恩格斯选集》第 1 卷(上)中共中央编译局编译,北京:人民出版社,1972 年。

马克思:《马克思恩格斯选集》第 1 卷(下)中共中央编译局编译,北京:人民出版社,1972 年。

苏费翔、田浩:《文化权力与政治文化——宋元时期的《中庸》与道统问题》,肖永明译,北京:中华书局,2018 年。

二、论文

(一)中

陈立胜:《恻隐之心"同感"、"同情"与"在世基调"》,《哲学研究》2011 年第 12 期,页 19—27。

陈荣捷:《从朱子晚年定论看阳明之于朱子》,收入氏著:《朱学论集》,台北:台湾学生书局,1982 年,页 353—383。

陈立胜:《朱子读书法:诠释与诠释之外》,收入李明辉编:《儒家经典诠释方法》,台北:台大出版中心,2004 年,页 207—234。

高明士:《常鸿墓志与隋代宾贡科》,收入吕建中、胡戟编:《大唐西市博物馆藏墓志研究续一》上册,西安:陕西师范大学出版社,2013 年,页 81—88。

葛兆光:《地虽近而心渐远——十七世纪中叶以后的中国、朝鲜和日本》,《台湾东亚文明研究学刊》第 3 卷第 1 期(总第 5 期,2006 年 6 月),页 275—292。

韩东育:《清朝对"非汉世界"的"大中华"表达》,收入张崑将编:《东亚视域中的"中华"意识》,台北:台大出版中心,2017 年,页 103—143。

胡适:《我们对于西洋近代文明的态度》,收入《胡适文存(第 3 集)》卷 1,台北:远东图书公司,1961 年。

黄冠闵:《世界中的文化交错配置》,收入黄冠闵、张国贤主编:《世界:欧洲与亚洲的共通哲学旨趣》,台北:政大出版社,2015 年,页 251—272。

黄俊杰:《东亚近世儒学思潮的新动向:戴东原、伊藤仁斋与丁茶山对孟学的解释》,收入黄俊杰:《儒学传统与文化创新》,台北:东大图书公司,1983 年,页 77—108。韩文译本见郑在仁译:《東亞近世儒學思潮의 신동향——戴東原·伊藤仁齋와 다산의 孟學에 대한 해석》,《茶山学报》6(1984 年),页 151—181。

黄俊杰:《东亚儒家经典诠释史中的三个理论问题》,《山东大学学报(哲学社会科学版)》2018 年第 2 期,页 143—150;后收入《中国诠释学》第 17 辑,济南:山东大学出版社,2018 年,页 1—10。

黄玉顺:《前主体性诠释:主体性诠释的解构:评"东亚儒学"的经典诠释模式》,《哲学研究》2019 年第 1 期,页 55—64。

林启屏:《朱子读书法与经典诠释:一个信念分析的进路》,《中正汉学研究》第 23 期(2014 年 6 月),页 1—23。

齐思和:《周代锡命礼考》,收入氏著:《中国史探研》,石家庄:河北教育出版社,2000 年,页 99—129。

容肇祖:《明太祖的〈孟子节文〉》,《读书与出版》第 2 卷第 4 期(1947 年 4 月),页 16—21。

邵东方:《清世宗〈大义觉迷录〉重要观念探讨》,《汉学研究》第 17 卷第 2 期(1999 年 12 月),页 61—89。

施振荣:《王道价值系统观:翻转"士农工商"的传统思维》,《联合报》2020 年 12 月 3 日 A13 版。

施振荣:《王道与民主》,《联合报》2021 年 6 月 21 日 A13 版。

施振荣:《王道与第六伦》,《联合报》2021 年 2 月 1 日 A13 版。

孙中山:《演讲·大亚洲主义(民国 13 年 11 月 28 日在神户高等女校对神户商业会议所等五团体演讲)》,收入国父全集编辑委员会编:《国父全集》第 3 册,台北:近代中国出版社,1989 年,页 535—542。

王雪卿:《读书如何成为一种工夫——朱子读书法的工夫论研究》,《清华学报》第 13 期(2015 年 6 月),页 49—106。

吴凯雯:《汉代孟子学的转变与实践》,台北:政治大学中文研究所硕士学位论文,2017 年 6 月。

伍振勋:《从"声训"到"字义":东亚儒学发展中的"仁说"典范》,《台湾东亚文明研究学刊》第 10 卷第 2 期(总第 20 期,2013 年 12 月),页 187—210。

信广来:《〈孟子·告子上〉第六章疏解》,收入李明辉编:《孟子思想的哲学探讨》,台北:"中研院"中国文哲研究所,1995 年,页 98—104。

杨联陞:《中国文化的媒介人物》,收入《大陆杂志史学丛书》第 1 辑第 1 册《史学通论》,台北:大陆杂志社,未著出版日期,页 243—250。

杨儒宾:《朱子的格物补传所衍生的问题》,《史学评论》第 5 期(1983 年),页 133—172。

余英时:《唐、宋、明三帝老子注中之治术发微》,收入氏著:《历史与思想》,台北:联经出版公司,1976 年,页 77—86。

余英时:《戴东原与伊藤仁斋》,《食货月刊》复刊第 4 卷第 9 期(1974 年 12 月),页 369—376。

张光直:《中国人文社会科学该跻身世界主流》,《亚洲周刊(香港)》第 8 卷第 27 期(1994 年 7 月 10 日),页 64。

张崑将:《安藤昌益的儒教批判及其对〈四书〉的评论》,收入黄俊杰编:《东亚儒者的四书诠释》,台北:台湾大学出版中心,2005 年,页 179—216。

张崑将:《从"王道"到"皇道"的近代转折》,《外国问题研究》第 225 期(2017 年 3 月),页 4—12。

张崑将:《德川学者对孔子思想的异解与引伸》,收入黄俊杰编:《东亚视域中孔子的形象与思想》,台北:台湾大学出版中心,2015 年),页 215—237。

赵纪彬:《仁礼解故——〈论语新探〉补编初稿之一》,原刊于《新建设》1962 年第 2 期,收入哲学研究编辑部编:《孔子哲学讨论集》,北京:中华书局,1962 年,页 412—445。

(二)日

本乡隆盛:《藤田幽谷〈正名论〉的历史地位:水户学研究的现况》,陈文松译,收入张宝三、徐兴庆:《德川时代日本儒学史论集》,台北:台湾大学出版中心,2012 年,页 203—242。

宫城公子:《日本的近代化与儒教的主体》,许婷婷译,收入张宝三、徐兴庆编:

《德川时代的日本儒学史》，台北：台大出版中心，2004 年，页 243—275。

藤井伦明：《东亚儒家经典诠释的基本特色——响应黄俊杰〈东亚儒家经典诠释史中的三个理论问题〉一文〉，《中国诠释学》第 17 辑（2018 年 12 月），页 67—78。

小仓芳彦：《〈左传〉中的霸与德——"德"概念的形成与发展》，收入刘俊文主编：《日本学者研究中国史论著选译》第 7 卷《思想宗教》，许洋主等译，北京：中华书局，1993 年，页 1—27。

中纯夫：《朝鲜阳明学的特质》上，陈晓杰译，收入郭齐勇主编：《阳明学研究》第 4 辑（2019 年 6 月），页 55—71。

子安宣邦：《伊藤仁斋与"人的时代"的《论语》解——"知天命"说》，陈玮芬译，收入子安宣邦：《东亚儒学：批判与方法》，台北：台大出版中心，2004 年，页 37—53。

佐藤仁：《北溪先生字义详讲解题》，收入《北溪字义详讲》（影印和刻近世汉籍丛刊本），台北：广文书局，1972 年，页 1—3。

佐野公治：《四书学之成立——朱子的经书学构造》,，张文潮译，《中国文哲研究通讯》第 23 卷第 1 期（2013 年 3 月），页 147—183。

（三）韩

李康齐译：《韩国〈孟子〉学著作提要》，《中国文哲研究通讯》第 14 卷第 3 期（2004 年 9 月），页 133—184。

姜文植：《宋时烈的朱子书研究与编纂：以〈朱子大全札疑〉、〈节酌通编〉为中心》，收入黄俊杰编：《朝鲜儒者对儒家传统的解释》，台北：台大出版中心，2012 年，页 197—212。

郑仁在：《西学和丁茶山的"性嗜好"说》，收入黄俊杰编：《东亚视域中的茶山学与朝鲜儒学》，台北：台大出版中心，2006 年，页 177—209。

（四）美

史华慈（Benjamin I. Schwartz）：《研究中国思想史的一些方法问题》，《近代中国史研究所通讯》，台北："中研院"近代史研究所，1987 年，页 56—63。

【英文论著】

一、专著

Andrews, A., *The Greek Tyrants*, New York: Harper & Row Publishers, 1963.

Becker, Carl L., *The Heavenly City of the Eighteenth-Century Philosophers*, New Haven: Yale University Press, 1932.

Bell, Daniel A. *The China Model: Political Meritocracy and the Limits of Democracy*,

Princeton: Princeton University Press, 2015。（贝淡宁:《贤能政治——为什么尚贤制比选举民主制更适合中国》,吴万伟译,北京:中信出版社,2016 年）

Birdwhistell, Joane D., *Mencius and Masculinities: Dynamics of Power, Morality, and Maternal Thinking*, Albany: State University of New York Press, 2007.

Brandauer, Frederick P. & Huang, Chun-chieh (eds.), *Imperial Rulership and Cultural Change in Traditional China*, Seattle and London: University of Washington Press, 1994, 2014.

Cassirer, Ernst, *An Essay on Man: An Introduction to a Philosophy of Human Culture*, New Haven: Yale University Press, 1944.

Chan, Wing-tsit (陈荣捷) tr., *Neo-Confucian Terms Explained: the Pei-hsi Tzu-i*, New York: Columbia University Press, 1986.

Chow, Kai-wing, *The Rise of Confucian Ritualism in Late Imperial China: Ethics, Classics, and Lineage Discourse*, Stanford: Stanford University Press, 1994。（ 周启荣:《清代儒家礼教主义的兴起——以伦理道德、儒学经典和宗族为切入点的考察》,毛立坤译,天津:天津人民出版社,2017 年 ）

Chung, Edward Y. J., tr. & ann. & intro., *The Great Synthesis of Wang Yangming Neo-Confucianism in Korea: The Chonŏn (Testament) by Chŏng Chedu (Hagok)*, Lanham; New York: Lexington Books, 2020.

De Bary, Wm. Theodore, *Neo-Confucian Orthodoxy and the Mind of Learning of the Mind-and-Heart*, New York: Columbia University Press, 1981.

De Bary, Wm. Theodore, *The Message of the Mind in Neo-Confucianism*, New York: Columbia University Press, 1989.

Deuchler, Martina, *The Confucian Transformation of Korea: A Study of Society and Ideology*, Cambridge, Mass. and London: Council on East Asian Studies, Harvard University, 1992.

Eco, Umberto, et al., Stefan Collini (ed.), *Interpretation and Overinterpretation*, Cambridge and New York: Cambridge University Press, 1992.（ 安贝托·艾柯等著,柯里尼编:《诠释与过度诠释》,王宇根译,北京:生活·读书·新知三联书店,1997 年 ）

Eco, Umberto, *The Open Work*, Anna Cancogni tr., Cambridge, Mass.: Harvard University Press, 1989.（ 艾柯:《开放的作品》,刘儒庭译,北京:新星出版社,2005 年 ）

Foucault, Michel, *Archareology of Knowledge*, London and New York: Routledge, 2002. （ 福柯:《知识的考掘》,王德威译,台北:麦田出版公司,1993 年。

Geertz, Clifford, *The Interpretation of Cultures: Selected Essays*, New York: Basic Books, Inc., 1973.

Henderson, John B., *The Construction of Orthodoxy and Heresy: Neo-Confucian, Islamic,*

Jewish and Early Christian Patterns, Albany: State University of New York Press, 1998.

Hirsch, E. D. Jr., *Validity in Interpretation*, New Haven: Yale University Press, 1967.

Huang, Chun-chieh (黃俊杰), *East Asian Confucianisms: Texts in Contexts*, Göttingen and Taipei: V&R unipress and National Taiwan University Press, 2015.

Hobbes, Thomas, *Leviathan*, Richard Tuck (ed.), Cambridge: Cambridge University Press, 1991.

Ji, Xiao-bin (冀小斌), *Politics and Conservatism in Northern Song China: The Career and Thought of Sima Guang (A.D. 1019-1086)*, Hong Kong: The Chinese University Press, 2005.

Jiang, Qing (蒋庆), *A Confucian Constitutional Order: How China's Ancient Past Can Shape Its Political Future*, Edmund Ryden tr., Daniel A. Bell & Ruiping Fan (eds.), Princeton: Princeton University Press, 2013.

Lakoff, George, *Moral Politics: How Liberals and Conservatives Think*, Chicago: University of Chicago Press, 1996.

Lau, D. C. (刘殿爵) tr., *Mencius*, Hong Kong: The Chinese University Press, 1979, 1984.

Linton, Ralph, *The Study of Man*, New York: Appleton-Century Company, 1936.

Liu, James T. C. (刘子健), *Reform in Sung China: Wang An-shih (1021-1086) and His New Policies*, Cambridge, Mass.: Harvard University Press, 1959.

Lovejoy, Arthur O., *The Great Chain of Being: A Study of the History of Ideas*, Cambridge, Mass.: Harvard University Press, 1961.

Merleau-Ponty, Maurice, *Phenomenology of Perception*, Colin Smith tr., London: Routledge & Kegan Paul, 1962.

Merleau-Ponty, Maurice, *The Visible and the Invisible: Followed by Working Notes*, Claude Lefort (ed.), Alphonso Lingis tr., Evanston Ill.: Northwestern University Press, 1968.

Mori, Arinori, *Education in Japan: A Series of Letters*, New York: D. Appleton and Company, 1873, pp. lv-lvii. (大久保利谦编『 森有礼全集 』、東京: 宣文堂書店、1972 年)

Munro, Donald, *The Concept of Man in Early China*, Stanford: Stanford University Press, 1969. (孟旦:《早期中国 "人" 的观念》, 丁栋、张兴东译, 北京: 北京大学出版社, 2009 年)

Najita, Tetsuo (奈地田哲夫), *Visions of Virtue in Tokugawa Japan: The Kaitokudo Merchant Academy of Osaka* , Chicago: University of Chicago Press, 1987. (子安宣邦訳『 懷德堂: 18 世紀日本の 「德」 の諸相』、東京: 岩波書店、1992 年, 1998 年)

Ng, Wai-ming (吴伟明), *Imagining China in Tokugawa Japan: Legends, Classics, and*

Historical Terms, Albany: State University of New York Press, 2019.

Nietzsche, Friedrich, *On the Genealogy of Morality*, Keith Ansell-Pearson (ed.), Carol Diethe tr., Cambridge and New York: Cambridge University Press, 2007.（尼采:《论道德的系谱: 一本论战著作》, 赵千帆译, 台北: 大家出版社, 2017 年）

O' Dwyer, Shaun, *Confucianism's Prospects: A Reassessment*, Albany, NY.: State University of New York Press, 2019.

Olberding, Garret P. S., *Dubious Facts: The Evidence of Early Chinese Historiography*, Albany: State University Press of New York, 2012.

Otto, Rudolf, *The Idea of the Holy: An Inquiry into the Non-Rational Factor in the Idea of the Divine and Its Relation to the Rational*, John W. Harvey tr., New York: Oxford University Press, 1964.

Palmer, Richard E., *Hermeneutics*, Evanston: Northwestern University Press, 1969.（帕玛:《诠释学》, 严平译, 台北: 桂冠图书股份有限公司, 1992 年）

Ricoeur, Paul, *Hermeneutics and the Human Science*, John B. Thompson (ed.) & tr., New York: Cambridge University Press, 1981.

Ricoeur, Paul, *The Conflict of Interpretation: Essays in Hermeneutics*, Don Ihde (ed.), Evanston: Northwestern University, 1974.（里克尔:《诠释的冲突》, 林宏涛译, 台北: 桂冠图书公司, 1995 年）

Schwartz, Benjamin I., *The World of Thought in Ancient China*, Cambridge, Mass.: Harvard University Press, 1986.

Searle, John R., *Speech Acts: An Essay in the Philosophy of Language*, Cambridge: Cambridge University Press, 1969.

Shun, Kwong-loi (信　广　来), *Mencius and Early Chinese Thought*, Stanford: Stanford University Press, 1997.

Tillich, Paul, *Systematic Theology*, Chicago: University of Chicago Press, 1967.（田立克:《系统神学》, 龚书森、尤隆文译, 台南: 东南亚神学院协会台湾分会, 1980 年）。

Toynbee, Arnold Joseph, *The World and the West*, London: Oxford University Press, 1953.（汤因比:《世界与西方》, 钟建闳译, 台北: 中央文物供应社, 1953 年）

Tucker, John Allen, *Itō Jinsai's Gomō Jigi and the Philosophical Definition of Early Modern Japan*, Leiden: E. J. Brill, 1998.

Weber, Max, *The Theory of Social and Economic Organization*, A. M. Henderson & Talcott Parsons tr., New York: The Free Press, 1964.（韦伯:《支配的类型: 韦伯选集（Ⅲ）》, 康乐编译, 台北: 远流出版事业股份有限公司, 1989 年）

Yü, Ying-shih (余英时), *Chinese History and Culture*, New York: Columbia University Press, 2016.（余英时:《人文与理性的中国》, 台北: 联经出版公司, 2008 年）

二、论文

Baker, Don, "Tasan Between Catholicism and Confucianism: A Decade under Suspicion, 1797-1801", *Journal of Tasan Studies*, 5 (June, 2004), pp. 55-86.

Baker, Don, "Thomas Aquinas and Ch ǒ ng Yagyong: Rebels Within Tradition", *Journal of Tasan Studies*, 3 (June, 2002), pp. 32-69.

Brown, Roger H., "A Confucian Nationalist for Modern Japan: Yasuoka Masahiro, the Nation-state, and Moral Self-cultivation, 1898- 1983", Ph.D. diss., University of Southern California, 2004.

Chan, Wing-tsit (陈荣捷), "Chu Hsi' s Completion of Neo-Confucianism", in *Études Song in Memoriam Étienne Balazs, Editées par Françoise Aubin*, Serie II, #I, Paris: Mouton & Co. and École Practique de Haute Études, 1973, pp. 60-90.(陈荣捷:《朱熹集新儒学之大成》, 收入氏著:《朱学论集》, 台北: 台湾学生书局, 1982 年, 页 1—35)

Chan, Wing-tsit (陈荣捷), "On the Chin-ssu Lu and Its Commentaries", in Wing-tsit Chan tr., *Reflections on Things at Hand: The Neo- Confucian Anthology*, New York: Columbia University Press, 1967, pp. 328-358.

Chan, Wing-tsit (陈荣捷), "The Ch' eng-Chu School in Early Ming", in Wm. Theodore de Bary (ed.), *Self and Society in Ming Thought*, New York: Columbia University Press, 1970, pp. 29-51.(陈荣捷:《早期明代之程朱学派》, 收入氏著:《朱学论集》, 台北: 台湾学生书局, 1982 年, 页 331-351)

Chang, Kun-chiang (张崑将), "The Modern Contextual from 'Kingship' to 'Emperorship' ", in Shaun O' Dwyer (ed.), *Confucian Thought in Modern Japan*, Tokyo: Japan Documents Publishing, 2022.

De Bary, Wm. Theodore, "Some Common Tendencies in Neo-Confucianism", in David S. Navision & Arthur F. Wright (eds.), *Confucianism in Action*, Stanford, California: Stanford University Press, 1959, pp. 25-49.

Fung, Yu-lan (冯友兰), "Why China Has No Science: An Interpretation of the History and Consequences of Chinese Philosophy", *The International Journal of Ethics*, vol. 32, no. 3 (Apr., 1922), pp. 237-263.

Han, Hyong-Jo (韩亨祚), "Lixue (Ihak) the Lost Art: Confucianism as a Form of Cultivation of Mind", in *Educational Philosophy and Theory*, vol. 48, no. 1 (January, 2016), pp. 75-84.

Huang, Chun-chieh (黄俊杰), " 'Time' and 'Supertime' in Chinese Historical Thinking", in Chun-chieh Huang & John B. Henderson (eds.), *Notions of Time in Chinese Historical Thinking*, Hong Kong: Chinese University Press, 2006, pp. 19-44.

Huang, Chun-chieh (黄俊杰), "Historical Discourses in Traditional Chinese Historical Writings: Historiography as Philosophy", in Chun-chieh Huang & Jörn Rüsen (eds.),

Chinese Historical Thinking: An Intercultural Discussion, Göttingen and Taipei: V&R unipress and National Taiwan University Press, 2015, pp. 25-40.

Huang, Chun-chieh (黄俊杰), "Historical Thinking in Classical Confucianism: Historical Argumentation from the Three Dynasties", in Chun-chieh Huang & Erik Zürcher (eds.), *Time and Space in Chinese Culture*, Leiden: E. J. Brill, 1995, pp. 72-88.

Huang, Chun-chieh (黄俊杰), " 'Humane Governance' as the Moral Responsibility of Rulers in East Asian Confucian Political Philosophy", in Anthony Carty & Janne Nijman (eds.), *Morality and Responsibility of Rules: European and Chinese Origins of a Rule of Law as Justice for World Order*, Oxford: Oxford University Press, 2018, pp. 270-291.

Huang, Chun-chieh (黄俊杰), "On the 'Contextual Turn' of Ethical Stance from Zhu Xi to Tokugawa Japanese Confucians", Unpublished manuscript.

Huang, Chun-chieh (黄俊杰), "On the Interaction between Confucian Knowledge and Political Power in Traditional China and Korea: A Historical Overview", *Taiwan Journal of East Asian Studies*, vol. 8, no. 1, issue 15 (June 2011), pp. 1-19.

Huang, Chun-chieh (黄俊杰), "On the Relationship between Interpretations of the Confucian Classics and Political Power in East Asia: An Inquiry into the Analects and Mencius", in *East Asian Confucianisms: Texts in Contexts*, Goettingen, Germany: V&R unipress, 2015, pp. 25-40.

Huang, Chun-chieh (黄俊杰), "The Idea of Zhongguo and Its Transformation in the Contexts of Early Modern Japan and Contemporary Taiwan", in *East Asian Confucianisms: Texts in Contexts*, Göttingen: V&R unipress, 2015, pp. 215-223.

Huang, Chun-chieh (黄俊杰), "The Role of Dasan Learning in the Making of East Asian Confucianisms: A Twenty-First-Century Perspective", in *East Asian Confucianisms: Texts in Contexts*, Göttingen and Taipei: V&R unipress and National Taiwan University Press, 2015, pp. 81-92.

Huang, Chun-chieh (黄俊杰), "Yamada H ō koku on Mencius' Theory of Nurturing Qi: A Historical Perspective", in Tsuyoshi Ishii (石井刚) (ed.), *Life, Existence and Ethics— The Philosophical Moment in East Asian Discourse, APF Series 2*, Tokyo: The University of Tokyo Center for Philosophy, 2014, pp. 13-34, 后收入 Huang Chun-chieh, *East Asian Confucianisms: Texts in Contexts*, Göttingen: V&R unipress, 2015, pp. 199-214。

Iriye, Akira, "The Ideology of Japanese Imperialism", in Grant K. Goodman (ed.), *Imperial Japan and Asia: A Reassessment*, Occasional Paper of the East Asia Institute, Columbia University, 1967, pp. 32-45.

Jang, Seungkoo, "Tasan' s Pragmatic View of Ethics", *The Review of Korean Studies*,

Seoul: The Academy of Korean Studies, 4 (2000), pp. 19-33.

Kojima, Tsuyoshi (小岛毅), "Politics and Interpretations of the Confucian Canon during the Sung: Differences and Similarities between Wang An-shih and Chu His", *Acta Asiatica*, No. 110 (Feb., 2016), pp. 1-17.

Kalton, Michael C., "Chǒng Tasan and Mencius: Towards a Contemporary East-West Interface", Proceedings of the 2nd International Conference on the Meeting of East and West in the Thought of Tasan, Cambridge, MA.: The American Academy of Arts and Sciences and Tasan Cultural Foundation, November, 2003, pp. 1-34.

Lau, D. C. (刘殿爵), "Theories of Human Nature in *Mencius* (孟子) and *Shyuntzyy* (荀子)", *Bulletin of the School of Oriental and African Studies*, vol. 15, no. 3 (1953), pp. 541-565.

Lee, Ming-huei (李明辉), "Studies of Chinese Philosophy from a Transcultural Perspective: Contextualization and Decontextualization", in Sor-hoon Tan (ed.), *The Bloomsbury Research Handbook of Chinese Philosophy Methodologies*, London/New York: Bloomsbury, 2016, pp. 115-124.

Lee, Ming-huei (李明辉), "Studies of Chinese Philosophy from a Transcultural Perspective: Contextualization and Decontextualization", in Sor-hoon Tan (ed.), *The Bloomsbury Research Handbook of Chinese Philosophy Methodologies*, London/New York: Bloomsbury, 2016, pp. 115-124.

Lakoff, George, "Metaphor, Morality, and Politics, Or, Why Conservatives Have Left Liberals In the Dust", http://www.wwcd.org/issues/Lakoff.html.

Mandelbaum, Maurice, "The History of Ideas, Intellectual History, and the History of Philosophy", *History and Theory*, vol. 9, beiheft 5 (1965), pp. 33-66.

Miyakawa, Hisayuki (宫川尚志), "An Outline of the Naito Hypothesis and Its Effects on Japanese Studies of China", *Far Easter Quarterly*, vol. XIV, no. 4 (August, 1955), pp. 533-552.

Nah, Seoung, "Tasan and Christianity: In Search of a New Order", *The Review of Korean Studies*, Seoul: The Academy of Korean Studies, 4 (2000), pp. 35-51.

Nakagane, Katsuji (中兼和津次), "Manchukuo and Economic Development", in Peter Duus & Ramon H. Myers & Mark R. Peattie (eds.), *The Japanese Informal Empire in China, 1895-1937*, Princeton: Princeton University Press, 1989, pp. 133-157.

Ng, On-cho (伍安祖) & Chow, Kai-wing (周启荣), "Introduction: Fluidity of the Confucian Canon and Discursive Strategies", in Kai-wing Chow & On-cho Ng & John B. Henderson (eds.), *Imagining Boundaries: Changing Confucian Doctrine, Texts, and Hermeneutics*, Albany: State University of New York Press, 1999, pp. 1-16.

Paul, Gregor, "The Human Rights Question in Context. Establishing Universal Ethics in the Context of Urban Culture: The Notions of Human Dignity and Moral Autonomy in Itō Jinsai's Gomō jigi", in Chun-chieh Huang & Gregor Paul & Heiner Roetz (eds.), *The Book of Mencius and Its Reception in China and Beyond*, Wiesbaden: Harrassowitz Verlag, 2008, pp. 75-95.

Schwartz, Benjamin I., "Some Polarities in Confucian Thought", in David S. Nivison & Arthur F. Wright *(*eds.), *Confucianism in Action*, Stanford, Calif.: Stanford University Press, 1959, pp. 50-62.

Searle, John R., "A Taxonomy of Illocutionary Acts", in K. Gunderson (ed.), *Language, Mind, and Knowledge*, Minneapolis: Minnesota University Press, 1975, pp. 344-369.

Setton, Mark, "A Comparative Study of Chŏng Yagyong's Classical Learning (Susahak) and Japanese Ancient Learning (Kogaku)", *Journal of Tasan Studies*, vol. 3 (June, 2002), pp. 230-245.

Shun, Kwong-loi (信广来), "Conception of the Person in Early Confusion Thought", *Confusion Ethics: A Comparative Study of Self, Autonomy and Community*, Cambridge: Cambridge University press, 2004, pp. 183-199.

Tucker, John A., "Chen Beixi, Lu Xiangshan, and Early Tokugawa (1600-1867) Philosophical Lexicography", *Philosophy East and West*, vol. 43, no. 4 (Oct., 1993), pp. 683-713.

Tucker, John A., "The Meaning of Words and Confucian Political Philosophy: A Study of Masunage Seikigo's Ethincs", in Chun-chieh Huang & John Allen Tucker (eds.), *Dao Companion to Japanese Confucian Philosophy*, Dordrecht; Heidelberg; New York; London: Springer, 2014, pp. 31-68.

Tucker, John A., "Two Mencian Political Notions in Tokugawa Japan", *Philosophy East and West*, vol. 47, no. 2 (Apr., 1997), pp. 233-253.

Tsujimoto, Masashi (辻本雅史), "The Corporeality of Learning: Confucian Education in Early Modern Japan", in *Educational Philosophy and Theory*, vol. 48, no. 1 (January, 2016), pp. 64-74.

Von Glahn, Richard, "Community and Welfare: Chu Hsi's Community Granary in Theory and Practice", in Robert P. Hymes & Conrad Schirokauer (eds.), *Ordering the World Approaches to State and Society in Sung Dynasty China*, Berkeley, Los Angeles and Oxford: University of California Press, 1993, pp. 221-254.

Weber, Max, "Politics as a Vocation", in W. G. Runciman (ed.) & E. Matthews tr., *Max Weber: Selections in Translation*, Cambridge and New York: Cambridge University Press, 1978, pp. 212-225.

Wu, Kuang-ming (吴光明), "Counterfactuals, Universals, and Chinese Thinking", Tsing

Hua Journal of Chinese Studies, New Series, vol. 19, no. 2 (Dec., 1989), pp. 143.

Yü, Ying-shih (余英时), "Changing Conceptions of National History in Twentieth-Century China", in Erik Lönnroch et al. (eds.), *Conceptions of National History: Proceedings of Nobel Symposium 78*, Berlin and New York: Walter de Gruyter, 1994, pp. 155-174，收入 Ying-shih Yü, *Chinese History and Culture: Seventeenth Century Through Twentieth Century*, vol. 2, New York: Columbia University Press, 2016, pp. 275-293。

Yü, Ying-shih (余英时), "Confucian Culture vs. Dynasitc Power in Chinese History", *Asia Major*, 3d ser., vol. 34.1 (2021), pp. 1-10.

Yü, Ying-shih (余英时), "Dai Zhen and the Zhu Xi Tradition", in his *Chinese History and Culture* vol. 2, New York: Columbia University Press, 2016, pp. 40-56.

Yü, Ying-shih (余英时), "The Radicalization of China in the Twentieth Century", *Daedalus, Journal of the American Academy of Arts and Sciences*, vol. 122, no. 2 (Spring, 1993), pp. 125-150，收入 Ying-shih Yü, *Chinese History and Culture: Seventeenth Century Through Twentieth Century* vol. 2, New York: Columbia University Press, 2016。

【 日文论著 】
（ 按五十音图排序 ）

一、专著

荒木見悟『明代思想研究──明代における儒教と仏教の交流』、東京：創文社、1972 年。

井上順理『本邦中世までにおける孟子受容史の研究』、東京：風間書房、1972 年。

今中寬司『徂徠学の基礎的研究』、東京：吉川弘文館、1966 年。

岩橋遵成『徂徠研究』、東京：関書院、1934 年。

羽田正編・小島毅監修『東アジア海域に漕ぎだす 1 海から見た歴史』、東京：東京大学出版会、2013 年。（ 羽田正编, 小岛毅监修:《从海洋看历史》, 张雅婷译, 新北：广场出版, 2017 年)

宇野精一訳著『孟子』、東京：株式会社集英社、1973 年。

大濱晧『中国古代思想論』、東京：勁草書房、1977 年。

愛宕松男『アジアの征服王朝』、東京：河出書房新社、1969 年。

桂川中良『桂林漫録』、『日本随筆大成』巻 1、東京：吉川弘文館、1927 年。

垣内景子『「心」と「理」をめぐる朱熹思想構造の研究』、東京：汲古書院、2005 年。

狩野直喜『中国哲学史』、東京：岩波書店、1953 年。

狩野直禎『後漢政治史の研究』、京都：同朋舎、1993 年。

子安宣邦『伊藤仁斎：人倫的世界の思想』、東京：東京大学出版会、1982 年。

子安宣邦『伊藤仁斎の世界』、東京：ぺりかん社、2004 年。

子安宣邦『「事件」としての徂徠学』、東京：青土社、1990 年。

近藤正則『程伊川の『孟子』の受容と衍義』、東京：汲古書院、1996 年。

相良亨『相良亨著作集』第 2 巻『日本の儒教 II 』、東京：ぺりかん社、1996 年。

相良亨『近世の儒教思想——「敬」と「誠」について』、東京：塙書房、1966 年。

佐野公治『四書学史の研究』、東京：創文社、1988 年。

佐藤仁訳『朱子学の基本用語：北渓字義訳解』、東京：研文出版、1996 年。

渋沢栄一『論語と算盤』、東京：国書刊行会、1985、2001 年。（涩泽荣一：《论语与算盘》，洪墩谟译，台北：正中书局，1988 年）

島田虔次『中国における近代思惟の挫折』、東京：筑摩書房、1949 年。（岛田虔次：《中国近代思维的挫折》，甘万萍译，南京：江苏人民出版社，2010 年）

田原嗣郎『徂徠学の世界』、東京：東京大学出版会、1991 年。

津田左右吉『シナ思想と日本』

陶德民『懐徳堂朱子学の研究』、大阪：大阪大学出版会、1994 年。

遠山茂樹『戦後の歴史学と歴史意識』、東京：岩波書店、1968 年。

友枝龍太郎『朱子の思想形成』、東京：春秋社、1979 年。

中純夫『朝鮮の陽明学：初期江華学派の研究』、東京：汲古書院、2013 年。

野口武彦『王道と革命の間：日本思想と孟子問題』、東京：筑摩書房、1986 年。

服部蘇門『燃犀録』、岸上操編『少年必読日本文庫』、東京：博文館、1891 年。

福沢諭吉『文明論の概略』、東京：岩波書店、1997 年。（北京编译社译：《文明论概略》，北京：商务印书馆，1959 年）

松本健一『『孟子』の革命思想と日本——天皇家にはなぜ姓がないのか』、東京：昌平黌出版会、2014 年。

増淵龍夫『歴史家の同時代史的考察について』、東京：岩波書店、1983 年。

丸山眞男『日本政治思想史研究』、東京：東京大学出版会、1972 年。（丸山真男：《日本政治思想史研究》，王中江译，北京：生活・读书・新知三联书店，2000 年）

丸山眞男『現代政治の思想と行動（増補版）』、東京：未来社、1970 年（丸山真男：《现代政治的思想与行动：兼论日本军国主义》，林明德译，台北：联经出版公司，1984 年）

三浦秀一『科挙と性理学——明代思想史新探』、東京：研文出版、2016 年。

三浦藤作『日本倫理学史』、東京：中興館、1928 年。

源了圓『近世初期実学思想の研究』、東京：創文社、1980 年。

宮崎市定『九品官人法の研究——科挙前史』、京都：東洋史研究会、1956 年。（宫崎市定《九品官人法研究——科举前史》，韩升、刘建英译，北京：中华书局，2008 年）

宮崎市定『論語の新研究』、東京：岩波書店、1974 年。

溝口雄三・濱下武志等編『アジアから考える』（全7巻）、東京：東京大学出版会、1994年。

諸橋轍次『諸橋轍次著作集』第1巻『儒学の目的と宋儒慶暦至慶元百六十年間の活動』、東京：大修館書店、1975年。

安岡正篤『東洋政治哲学——王道の研究』、東京：玄黄社、1932年。

山室信一『キメラ——満洲国の肖像（増補三版）』、東京：中央公論新社、2006年。

柳川剛義撰『朱子静坐説』、京都：山田茂助刊，1915年。

藍弘岳『漢文圏における荻生徂徠：医学・兵学・儒学』、東京：東京大学出版会、2017年。

渡辺浩『近世日本社会と宋学』、東京：東京大学出版会、1985年。

渡辺浩『東アジアの王権と思想』、東京：東京大学出版会、1997年。（渡边浩：《东亚的王权与思想》，区建英译，上海：上海古籍出版社，2016年）

二、论文

青木晦蔵「伊藤仁斎と戴東原」、『斯文』第8編第1号（1926年2月）、21—49頁。同、同、第8編第2号（1926年4月）、16—43頁。同、同、第8編第4号（1926年7月）、21—27頁。同、同、第8編第8号（1926年11月）、25—30頁。同、同、第9編第1号（1927年1月）、19—25頁。同、同、第9編第2号（1927年2月）、21—31頁。（《中国文哲研究通讯》，第10卷第2期［2006年6月1日］，页19—66)

石田秀実「拡充する精神——中国古代における精神と身体の問題」、『東方学』第63輯（1982年）、1—15頁。

井上順理「近世邦人撰述孟子注釈書目稿」、池田末利博士古稀記念事業会実行委員編『池田末利博士古稀記念東洋学論集』、広島：池田末利博士古稀記念事業会、1980年、903—942頁。

井上順理「孟子伝来考」、『鳥取大学学芸学部研究報告（人文・社会科学）』第15巻（1964年12月）、211—232頁。

宇野精一「五経から四書へ：経学史覚書」、『東洋の文化と社会』第1輯（京都、1952年）、1—14頁。

岡田武彦「戴震と日本古学派の思想——唯理論と理学批判論の展開」、同『江戸期の儒学——朱王学の日本的展開』、東京：木耳社、1982年、74—110頁。（《中国文哲研究通讯》第10卷第2期［2006年6月1日］，页67—90）

大島晃「林羅山の『性理字義諺解』——その述作の方法と姿勢」、『漢文学：解釋与方法』第5輯（東京：漢学研究会、2002年）、1—28頁。

大島晃「林羅山の『性理字義諺解』と朝鮮本『性理字義』の校訂」、『漢文学：解釋与方法』第6輯（東京：漢学研究会、2003年）、1—41頁。

大槻信良「朱子の読書法」、『東方学』第 10 期（1955 年）、97—107 頁。

大濱晧「読書論」、同『朱子の哲学』、東京：東京大学出版会、1983 年、361—381 頁。

河村義昌「江戸時代における尊孟非孟の争論について」、『都留文科大学研究紀要』
　　第 5 集（1968 年 6 月）、21—40 頁。

近藤正則「王安石における孟子尊崇の特色——元豊の孟子配享と孟子聖人論を中
　　心として」、『日本中国学会報』第 36 集（1984 年）、134—147 頁。

斉木哲郎「『塩鉄論』中の賢良・文学と孟子——漢代における孟子の展開緒論」、
　　『東方学』第 87 輯（1994 年 1 月）、42—56 頁。

相原俊二「孟子の五覇について」、池田末利博士古稀記念事業会実行委員編『池田
　　末利博士古稀記念東洋学論集』、広島：池田末利博士古稀記念事業会、1980 年、
　　195—210 頁。

高橋正和「孟子字義疏証と語孟字義」、『別府大学国語国文学』10（1968 年 10 月）
　　10、63—70 頁。后收入『中国関係論説資料』第 11 冊第 1 分冊（上）、550—556 頁。

田尻祐一郎「徳川儒教と「他者」の問題——伊藤仁斎『孟子古義』を読む」、『日本
　　の哲学』第 13 号（2012 年 12 月）、85—101 頁。

谷口鉄雄「中国の自画像——趙岐の場合」、『美学』46（1961 年）、19—27 頁。

橘樸「鄭総理の王道政策批判」、『満洲評論』第 8 号（昭和 9 年［1934］2 月 20 日）。
　　収入橘樸『大陸政策批判・橘樸著作集第二巻』、東京：勁草書房、1966 年、118—
　　123 頁。

土田健次郎「朱熹の「敬」——儒教的修養法の試み」、伊東貴之編『「心身／身心」
　　と環境の哲学——東アジアの伝統思想を媒介に考える』、東京：汲古書院、2016
　　年、5—22 頁。

豊島睦「韓詩外伝に見える思想の原流」、池田末利博士古稀記念事業会実行委員編
　　『池田末利博士古稀記念東洋学論集』、広島：池田末利博士古稀記念事業会、1980
　　年、453—468 頁。

内藤湖南「概括的唐宋時代観」、『歴史と地理』第 9 巻第 5 号（1922 年 5 月）、1—11
　　頁。（内藤湖南：《概括的唐宋时代观》，黄约瑟译，收入刘俊文主编：《日本学者研
　　究中国史论著选译》第 1 卷《通论》，北京：中华书局，1992 年，页 10—18）

西嶋定生「総説」、『岩波講座世界歴史』第 4 冊『古代 4』、東京：岩波書店、1969—
　　1980 年、5 頁。

西村茂樹「開化ノ度ニ因テ改文字ヲ發スヘキノ論」、『明六雑誌』第 1 号（1874 年 4
　　月）、10 下—12 上頁。

野村英登「佐藤直方の静坐説における実践的側面について」、『東洋大学学学情報
　　リポジトリ』11（2017 年 3 月）、59—65 頁。

原貴史「徂徠学派の管仲評価——『論語』解釈をめぐって」、『北海道大学大学院文

学研究科研究論集』第 8 号（2009 年 1 月）、1—20 頁。

吹野安「皮日休と孟軻」、『国学院雑誌』第 80 巻第 9 期（1979 年 9 月）、1—11 頁。

本田済「趙岐『孟子章句』について」、池田末利博士古稀記念事業会実行委員編『池田末利博士古稀記念東洋学論集』、広島：池田末利博士古稀記念事業会、1980 年、503—518 頁。

宮城公子「幕末儒学史の視点」、『日本史研究』232（1981 年 12 月）、1—29 頁。

吉田公平「山田方谷の「氣は理を生ずる」の説について」、『集刊東洋学』第 100 期（2008 年）、289—305 頁。

安岡正篤「皇道と王道」、『国維』第 11 期（1933 年）。収入安岡正篤『経世瑣言』、東京：刀江書院、1940 年、65—69 頁。

吾妻重二「泊園書院に関する史実について」、吾妻重二編『泊園記念会創立 50 周年記念論文集』、大阪：関西大学出版部、2011 年、1—30 頁。

渡辺浩「伊藤仁斎・東涯——宋学批判と「古義学」」、相良亨・松本三之介・源了圓編『江戸の思想家たち』上、東京：研究社、1979 年、256—287 頁。

【 网络资料 】

日本国文学研究馆，日本古典籍综合目录数据库（日本古典籍総合目録データベース），https://base1.nijl.ac.jp/~tkoten/。

京都大学清家文库收藏，《永正钞本宣贤自笔孟子》，https://rmda.kulib.kyoto-u.ac.jp/reuse。

深谷公幹「答足立某兄書」、松崎観海『観海雑記』、https://jpsearch.go.jp/item/utokyo_da-96eb753c_2e81_4484_96c6_f614993021f5，电子图片第 40—45 頁。

韩国民族文化大百科辞典，http://encykorea.aks.ac.kr/Contents/Item。

韩国历代人物综合信息系统，http://people.aks.ac.kr/index.aks。

人名索引

名词索引

图书在版编目（CIP）数据

孟学思想史论 . 卷三 , 东北亚域外孟子学诠释的流衍 /
黄俊杰著 . -- 北京 : 商务印书馆 , 2024. -- (东西哲学
与文明互鉴文库). -- ISBN 978-7-100-24582-1

I . B222.55

中国国家版本馆 CIP 数据核字第 2024V31G80 号

东西哲学与文明互鉴文库

孟学思想史论　卷三

东北亚域外孟子学诠释的流衍

黄俊杰　著

商 务 印 书 馆 出 版
（北京王府井大街 36 号　邮政编码 100710）
商 务 印 书 馆 发 行
北京虎彩文化传播有限公司印刷
ISBN　978-7-100-24582-1

2024 年 11 月第 1 版　　　开本 710 × 1000　1/16
2024 年 11 月北京第 1 次印刷　印张 38

定价：198.00 元